人类减贫史上伟大壮举

——"十三五"千万贫困人口易地扶贫搬迁纪实

国家发展和改革委员会 编

人民出版社

目　录

典型案例——安置区篇

典型案例——搬迁群众篇

典型案例——基层干部篇

附　录

前　言

习近平总书记指出,易地搬迁是解决一方水土养不好一方人、实现贫困群众跨越式发展的根本途径,也是打赢脱贫攻坚战的重要途径。自 2015 年年底新时期易地扶贫搬迁政策启动实施以来,国家发展改革委会同国务院扶贫办等有关部门和 22 个省(自治区、直辖市),深入学习贯彻习近平总书记关于扶贫工作的重要论述,坚决落实党中央、国务院决策部署,始终把易地扶贫搬迁作为脱贫攻坚的"头号工程"和标志性工程来推进,牵头印发实施《"十三五"时期易地扶贫搬迁工作方案》《全国"十三五"易地扶贫搬迁规划》《新时期易地扶贫搬迁工作百问百答》等文件,协调有关部门和地方陆续出台一大批专项政策,构建了新时期易地扶贫搬迁"四梁八柱"的政策体系。

着眼于"搬哪些人",精确瞄准生活在"一方水土养不好一方人"地区的约 1000 万建档立卡贫困人口。紧扣深山石山、边远高寒以及生态环境脆弱、地质灾害频发的四类地区,经过两轮贫困识别,在全国扶贫开发信息系统中识别认定了近 1000 万需易地搬迁的建档立卡贫困人口,涉及 22 个省(自治区、直辖市)的 1300 多个县。

着眼于"搬到哪里去",紧紧围绕脱贫目标科学合理选择安置区和安置方式。结合推进新型城镇化,指导地方以脱贫为目标,采取集中安置为主、集中安置与分散安置相结合的安置方式,按照"靠县城、靠园区、靠乡镇、靠旅游景点、靠交通干道"的"五靠"原则建设安置区。

着眼于"新房如何建",以保基本、保安全的扶贫房严守脱贫攻坚目标标准。从 2015 年年底制定的《"十三五"时期易地扶贫搬迁工作方案》到 2016 年印发的《关于严格控制易地扶贫搬迁住房建设面积的通知》，均明确了"建档立卡贫困户人均住房建设面积不超过 25 平方米"的标准，反复强调安置住房是保基本、保安全的扶贫房，不是小康房、致富房，坚决杜绝建大房吊高群众"胃口"。

着眼于"钱从哪里来"，创新机制拓展渠道满足易地扶贫搬迁建设资金需求。在大幅增加中央预算内投资的基础上，首次引入了开发性、政策性金融资金，明显提高了建设资金保障能力。为切实加强地方政府债务管理，经报请国务院同意，财政部牵头将贷款融资统一规范调整为地方政府发债融资，确保人均筹资标准不降低。

着眼于"借款如何还"，出台土地增减挂钩政策提供融资资金还款渠道。为推动形成融资资金筹措和偿还的良性循环，自然资源部牵头出台了土地增减挂钩支持易地扶贫搬迁的特殊政策，并进行了三次拓展：2016 年，允许 832 个国家级贫困县将增减挂钩节余指标在省域范围内流转使用；2017 年，明确省级贫困县可以将增减挂钩节余指标在省域内流转使用；2018 年，明确"三区三州"及其他深度贫困县增减挂钩节余指标可跨省调剂。

着眼于"搬后怎么脱贫"，因户因人精准施策促进搬迁群众增收脱贫。2019 年以来，大力推动各地将工作重心由工程建设逐步向后续扶持转移，组织召开多次全国易地扶贫搬迁后续扶持工作现场会，联合多个部门印发《关于进一步加大易地扶贫搬迁后续扶持工作力度的指导意见》《2020 年易地扶贫搬迁后续扶持若干政策措施》等，从完善安置区配套设施、加强安置区产业培育和就业帮扶、加强安置区社区管理、保障搬迁群众合法权益等方面明确了具体政策措施。

着眼于"社区怎么融入"，强化搬迁群众权益保障和安置区社会治理。自然资源部印发《关于尽快完善易地扶贫搬迁安置住房项目手续切实做好安置住房不动产登记的意见》，对易地扶贫搬迁安置住房不动产登记工作作出专门安排，要求手续完备的安置住房于 2020 年年底前完成登记发证,给搬迁群众吃下"定心丸"。民政部出台《关于做好易地扶贫搬迁集中安置社区治理工作的指导意见》,不断加强安置区社区管理。共青团系统深度参与安置区社区治理,帮助搬迁群众融入新社区。公安部积极指导各地大力推行户口迁移"一站式"办理,并引导暂不愿意在安置地落户的群众申领居住证,确保搬迁群众持有居住证也可在安置地享有基本公共服务。

着眼于"问题怎么改",建立常态化监管巡查机制纠错纠偏。鉴于新时期易地扶贫搬迁工作链条长、点多面广、情况复杂、实施难度大,国家发展改革委不断完善事中事后监管巡查工作机制,强化上下联动联合监管,开展问题大排查和"十三五"易地扶贫搬迁工作成效全面评估核查,督促指导地方实现各类问题整改清零,确保了政策执行不走偏、工作落实不走样。

5年来,经过各地区、各部门和广大干部群众的共同努力,"十三五"易地扶贫搬迁任务已全面完成,累计投入各类资金约6000亿元,建成集中安置区约3.5万个,建成安置住房266万余套,总建筑面积2.1亿平方米,户均住房面积80.6平方米,配套建设了一大批教育、医疗设施和产业基地、扶贫车间等,960多万建档立卡贫困群众已乔迁新居、实现全部脱贫。

"十四五"时期,国家发展改革委将联合有关部门和地方,深入贯彻落实习近平总书记关于易地扶贫搬迁后续扶持的重要指示批示精神,按照党的十九届五中全会关于"实现巩固拓展脱贫攻坚成果同乡村振兴有效衔接"的部署要求,结合推进乡村振兴和新型城镇化战略,坚持分区分类精准施策,聚焦"三区三州"等深度欠发达地区、大型集中安置区以及搬迁群众中少数民族、"老幼病残弱"等特殊群体,进一步健全后续扶持组织体系完善后续扶持政策体系,继续加大搬迁群众产业就业帮扶力度,提升完善安置区配套公共服务设施,持续加强社区管理,促进社会融入,不断巩固易地搬迁脱贫成果,实现搬迁群众"稳得住、有就业、逐步能致富"。

习近平总书记"十三五"时期考察调研易地扶贫搬迁工作

2016 年 7 月 19 日,习近平总书记考察宁夏回族自治区永宁县闽宁镇原隆移民村。习近平总书记指出,移民搬迁是脱贫攻坚的一种有效方式。要总结推广典型经验,把移民搬迁脱贫工作做好。

2016 年 8 月 23 日,习近平总书记考察青海省海东市互助土族自治县班彦村。习近平总书记指出,移民搬迁是脱贫攻坚的一种有效方式。移民搬迁要充分征求农民群众意见,让他们参与新村规划。新村建设要同发展生产和促进就业结合起来,同完善基本公共服务结合起来,同保护民族、区域、文化特色及风貌结合起来。

2017 年 6 月 21 日,习近平总书记考察山西省忻州市岢岚县宋家沟新村。习近平总书记强调,脱贫攻坚工作进入目前阶段,要重点研究解决深度贫困问题。实施整村搬迁,要规划先行,尊重群众意愿,统筹解决好人往哪里搬、钱从哪里筹、地在哪里划、房屋如何建、收入如何增、生态如何护、新村如何管等具体问题。

2018 年 2 月 11 日,习近平总书记考察四川省凉山彝族自治州昭觉县解放乡火普村。习近平总书记指出,这里的实践证明,易地扶贫搬迁是实现精准脱贫的有效途径,一定要把这项工作做好做实。搬迁安置要同发展产业、安排就业紧密结合,让搬迁群众能住下、可就业、可发展。

2019 年 8 月 21 日,习近平总书记考察甘肃省武威市古浪县黄花滩生态移民区富民新村。习近平总书记强调,党的一切工作都是为老百姓利益着想,让老百姓幸福就是党的事业。贫困乡亲脱贫是第一步,接下来要确保乡亲们稳定脱贫,扶贫政策和扶贫队伍要保留一段时间,从发展产业、壮大集体经济等方面想办法、找出路,让易地搬迁的群众留得住、能就业、有收入,日子越过越好。

2020 年 4 月 21 日,习近平总书记考察陕西省安康市平利县老县镇锦屏社区。习近平总书记强调,易地搬迁是解决"一方水土养不好一方人"、实现贫困群众跨越式发展的根本途径,也是打赢脱贫攻坚战的重要途径。搬得出的问题基本解决后,后续扶持最关键的是就业。乐业才能安居。解决好就业问题,才能确保搬迁群众稳得住、逐步能致富,防止返贫。易地搬迁群众来自四面八方,加强社区建设很重要。基层党组织要发挥领导核心作用,把社区管理和服务工作抓好,求真务实,让人民群众获得实实在在的好处。

2020 年 5 月 11 日,习近平总书记考察山西省大同市云州区西坪镇坊城新村。习近平总书记指出,易地搬迁不仅是为了解决住得好的问题,更是为了群众能致富。要加强易地搬迁后续扶持,因地制宜发展乡村产业,精心选择产业项目,确保成功率和可持续发展。易地搬迁群众来自不同的村,由过去的分散居住变为集中居住。要加强社区建设和管理,加强社区环境整治,开展乡村精神文明建设和爱国卫生运动,确保群众既能住上新居所,又能过上新生活。

2020 年 6 月 8 日,习近平总书记考察宁夏回族自治区吴忠市红寺堡区红寺堡镇弘德村。习近平总书记强调,要坚决打赢脱贫攻坚战,对标"两不愁三保障",瞄准突出问题和薄弱环节,一鼓作气、尽锐出战,确保如期实现脱贫目标。要完善移民搬迁扶持政策,确保搬迁群众搬得出、稳得住、能致富。

＊以上内容根据新华社新闻通稿进行整理。

总　报　告

人类减贫史上伟大壮举

——"十三五"千万贫困人口易地扶贫搬迁纪实

穷则变,变则通,通则久。

中国,世界上最大的发展中国家。5 年来,发生在 22 个省(自治区、直辖市)、约 1400 个县近 1000 万人的大迁徙,宛如史诗,波澜壮阔。

习近平总书记高度重视易地扶贫搬迁工作,作出一系列重要指示批示,为易地扶贫搬迁工作提供了科学指引和根本遵循。2020 年 4 月和 5 月,习近平总书记先后赴陕西、山西考察时,专门调研易地扶贫搬迁安置区和后续产业发展情况,强调易地搬迁是解决"一方水土养不好一方人"、实现贫困群众跨越式发展的根本途径,也是打赢脱贫攻坚战的重要途径。

新时期的易地扶贫搬迁,堪称继土地改革、实行家庭联产承包责任制之后,在中国贫困地区农村发生的又一次伟大而深刻的历史性变革,堪称人类迁徙史和世界减贫史上的伟大壮举。①

这不仅仅是千万贫困群众在地理位置上的迁移,亦是生产生活方式的重建、城乡格局的重构和社会关系的重塑,更是在以习近平同志为核心的党中央的坚强领导下,全党全国全社会凝心聚力帮助搬迁群众摆脱贫困、走向富裕的真实写照。这一伟大减贫成就,是中华民族为人类文明作出的重大贡献,为其他国家类似地区的减贫和移民事业提供了重要借鉴。

一、担 纲

北起大渡河,南至金沙江,西连横断山脉,东邻四川盆地。这片土地地貌万千、

---

① 发展改革委:《"十三五"易地扶贫搬迁任务已全面完成》,国新网,见 http://www.scio.gov.cn/video/42600/42601/Document/1693922/1693922.htm。

风光奇绝,孕育了灿烂的彝族文化,见证过长征中的结盟传奇,却也是全国连片深度贫困地区之一。

地处大凉山腹地的凉山州昭觉县,是四川省最后 7 个将要脱贫摘帽的贫困县之一。"衷心感谢共产党,彝族儿女住新房!"2020 年 5 月 14 日,随着"悬崖村"支尔莫乡阿土列尔村 84 户建档立卡贫困户全部下山,来自 28 个乡镇、92 个边远山村的 3914 户 18569 人,全部入住昭觉县易地扶贫搬迁县城集中安置区。

这是四川省规模最大的易地扶贫搬迁安置区,也是全国易地扶贫搬迁、决战决胜脱贫攻坚的缩影。

国家发展改革委最新数据显示,"十三五"期间,全国累计投入各类资金约6000 亿元,建成集中安置区约 3.5 万个,其中城镇安置区 5000 多个,农村安置点约3 万个;建成安置住房 266 万余套,总建筑面积 2.1 亿平方米,户均住房面积 80.6平方米;配套新建或改扩建中小学和幼儿园 6100 多所、医院和社区卫生服务中心1.2 万多所、养老服务设施 3400 余个、文化活动场所 4 万余个,960 多万建档立卡贫困群众已全部乔迁新居、全部脱贫。

反贫困乃古今中外治国理政之要事,中国一直是世界减贫事业的积极倡导者和有力推动者。

新中国成立后,全面推行农村土地改革,3 亿多无地农民实现"耕者有其田",消除了"农民无地"这一发展中国家致贫的主要根源和制约减贫的制度性障碍;改革开放后,农村全面推行家庭联产承包责任制,激发了农民生产积极性,随后国家确立开发式扶贫方针,实施大规模扶贫开发行动。

党的十八大以来,我国进入了精准扶贫精准脱贫新时代,党中央庄严承诺,到2020 年,稳定实现农村贫困人口不愁吃、不愁穿,义务教育、基本医疗和住房安全有保障。实现贫困地区农民人均可支配收入增长幅度高于全国平均水平,基本公共服务主要领域指标接近全国平均水平。确保我国现行标准下农村贫困人口实现脱贫,贫困县全部摘帽,解决区域性整体贫困。

立下愚公移山志,风雨无阻勇向前。2015 年 11 月 27 日,中央召开扶贫开发工作会议,决定实施"五个一批"精准脱贫工程,坚决打赢脱贫攻坚战。2015 年 12 月1 日,国务院召开全国易地扶贫搬迁电视电话会议,揭开了新时期易地扶贫搬迁的序幕,这是中央扶贫开发工作会议后部署的首个精准脱贫工程,被称为脱贫攻坚战的"当头炮"。

易地扶贫搬迁是脱贫攻坚的"头号工程"和标志性工程,也是"五个一批"精准脱贫措施中最难啃的"硬骨头",事关脱贫攻坚工作全局。

2018年3月,在十三届全国人大一次会议记者会上,国家发展改革委党组书记、主任何立峰指出,用5年时间对近1000万贫困人口实施易地扶贫搬迁,在中国乃至世界历史上都是空前之举,"只有在中国共产党领导下,充分发挥社会主义制度的优越性,才能实施如此规模、如此艰巨的伟大工程"。

回望我国扶贫开发史,1983年发端于宁夏、甘肃等"三西"地区的"吊庄移民"扶贫,开启搬迁扶贫的先河。从2001年开始到2015年,国家发展改革委组织实施了易地扶贫搬迁工程,在贫困地区用15年时间易地搬迁了680多万人。

然而,新时期易地扶贫搬迁要在5年内搬迁近1000万人,搬迁规模之大、搬迁对象贫困程度之深、工作链条之长、实施难度之大,前所未有。

这1000万人,占2015年年底全国贫困人口总量的近1/5。其中,80%以上分布在深度贫困地区和连片特困地区。

这1000万人,是三峡库区移民的近10倍。全世界227个国家和地区中,超过千万人口的也只有80余个。

冲锋的号角已经吹响,历史的重任扛在肩头。国家发展改革委作为易地扶贫搬迁工程的牵头部门,认真学习、深刻领会习近平总书记"我将无我、不负人民"的为民情怀和责任担当,坚决贯彻落实党中央、国务院决策部署,始终坚持精准扶贫、精准脱贫的基本方略,坚守"搬迁是手段、脱贫是目的"的如磐初心,会同国务院扶贫办、财政部、中国人民银行、自然资源部、人力资源和社会保障部、国家开发银行、中国农业发展银行等部门单位和22个省(自治区、直辖市)攻坚拔寨、闯关夺隘,全面启动实施了"十三五"易地扶贫搬迁工程。

二、谋　篇

开对"药方子",才能拔掉"穷根子"。

人往哪里搬、钱从哪里筹、地在哪里划、房屋如何建、收入如何增、生态如何护、新村(区)如何管?易地扶贫搬迁环节多链条长,考验政策制定者的智慧和能力。

如何攻克这一历史性难题,确保近1000万贫困群众搬得出、稳得住、逐步能致富?国家发展改革委给出的答案是,必须坚持精准扶贫、精准脱贫基本方略,统筹谋划、统筹部署、统筹推进。

虑于民也深，则谋其始也精。上至规划编制，下到户型设计，围绕关键环节，国家发展改革委会同有关部门系统谋划政策制度体系，让地方有据可依、有章可循。

——先后制定《全国"十三五"易地扶贫搬迁规划》《"十三五"时期易地扶贫搬迁工作方案》《新时期易地扶贫搬迁工作百问百答》，发布《中国的易地扶贫搬迁政策》白皮书和安置住房典型户型图集，做好政策制定"最先一公里"，打通政策落实"最后一公里"。

——及时出台易地扶贫搬迁工作成效考核办法、中央预算内投资管理办法、后续扶持工作指导意见等配套文件；推动有关部门出台住房建设面积控制、长期低息贷款筹措、土地增减挂钩、住房安全质量管理、就业帮扶、安置社区治理、安置住房不动产登记等政策，构建了新时期易地扶贫搬迁"四梁八柱"的政策制度体系，打造了多部门系统性推进国家重大民生工程的典范。

响鼓重锤、高位推进。

习近平总书记以马克思主义政治家的恢弘气魄、远见卓识，亲自指挥、亲自部署、亲自督战，先后7次召开脱贫攻坚座谈会，对易地扶贫搬迁工作作出一系列重要指示，多次深入易地扶贫搬迁安置点视察工作、看望群众，足迹遍布青海、山西、四川、甘肃、陕西、宁夏等省区，为易地扶贫搬迁工作指明了方向。

李克强总理多次作出指示批示，对易地扶贫搬迁工作提出了明确要求。汪洋、韩正、胡春华等领导同志也多次调研搬迁安置区、看望搬迁群众，出席全国易地扶贫搬迁现场会。

4年多来，国务院办公厅每年通报表扬易地扶贫搬迁工作积极主动、成效明显的省份，激发地方政府干事创业的积极性、主动性、创造性。

国家发展改革委党组深入学习贯彻习近平总书记关于扶贫工作的重要论述，坚决落实党中央、国务院决策部署，累计组织召开7次全国易地扶贫搬迁现场会和电视电话会议，连续5年举办全国易地扶贫搬迁论坛，部署推进易地扶贫搬迁具体工作。国家发展改革委党组书记、主任何立峰多次赴地方宣讲解读政策，开展调查研究，督促工作落实。

中央各有关部门和单位各司其职，协调联动，创新政策，加大投入；22个任务省份精心谋划，统筹部署，强力推进。中央部门一手抓政策供给和资金保障，"给枪给炮给子弹"，一手抓监督检查和考核评估，确保政策落到实处。以"政策出台—解读培训—观摩交流—典型推介—督促检查—宣传引导"为特色的重大民生工程推进机制，在探索中不断成熟定型。

在各地方、各部门的共同努力下,全国易地扶贫搬迁工程实施有节奏有力度,规划建设任务已全面完成,转入以做好后续扶持工作为重点的新阶段。

三、创　　新

兵马未动,粮草先行。工程既启,资金驰援。

根据测算,5年内搬迁近1000万贫困人口,中央和地方政府共需投入6000亿元的资金。

"在如此短的时间内,以如此大的力度,搬迁如此大规模的人口,在中国乃至世界史上都前所未有。"国家发展改革委地区振兴司负责同志说。

治理贫困,同样唯改革者进,唯创新者强,唯改革创新者胜。

观察新时期易地扶贫搬迁,一项重大创新就是,首次引入了政策性、开发性金融资金和地方政府债务资金,通过创新筹资方式,拿出"真金白银",保障工程建设需求。

近年来,国家发展改革委在大幅增加易地扶贫搬迁中央预算内投资规模、提高人均建房补助标准的基础上,积极拓宽筹资渠道,充分发挥800亿元中央预算内投资的撬动作用,带动专项建设基金、中长期低息贷款、地方政府债务资金、群众自筹资金等各类资金5200多亿元支持易地扶贫搬迁。

为了让贫困群众花少量钱就住上安全房,国家发展改革委加大中央预算内投资投入力度,明确东中部省份按人均7000元,西部省份按人均8000元,新疆、西藏和四省藏区按人均10000元标准补助。

输血更要造血,由建档立卡搬迁人口自筹部分资金,目的是体现扶贫对象的主体意识和责任意识,引导其通过自力更生、艰苦奋斗实现脱贫。

为减轻贫困地区还款压力,自然资源部专门出台城乡建设用地增减挂钩政策支持易地扶贫搬迁,并允许深度贫困地区节余指标跨省调剂。

如何确保资金用到刀刃上、实现阳光搬迁廉洁搬迁?国家发展改革委为各地易地扶贫搬迁立"标尺"、悬"利剑":

——坚持严守"四条标准"。一是搬迁对象精准的"界线",即搬迁对象必须为生活在"一方水土养不好一方人"地区的建档立卡贫困人口;二是住房面积的"标线",即建档立卡贫困户人均住房建设面积不得超过25平方米;三是搬迁不举债的

"底线",即贫困搬迁户原则上自筹建房资金人均不超过3000元或户均不超过1万元;四是资金项目规范管理的"红线",即不得超范围使用搬迁专项资金、不得贪污挪用相关资金。

——高悬监管巡查"利剑"。一方面,不断完善事中事后监管巡查工作机制,加大常规性和机动式监管巡查力度;另一方面,通过下达整改通知、通报、约谈等手段,督促指导地方深化问题整改,确保政策执行不走偏、工作落实不走样。5年来,国家监管巡查共覆盖300多个贫困县、1000多个安置区,访谈群众6000多户、干部1万多人,行程20余万公里,为易地扶贫搬迁工程落地实施提供了坚强保障。2020年,国家发展改革委在各地县级自查评估、省级抽查核查的基础上,组织力量对"十三五"易地扶贫搬迁工程执行情况进行全面评估核查,确保易地扶贫搬迁工程完满收官。

通过5年的探索实践,"发现问题—核查问题—整改问题—举一反三"的事中事后监管巡查工作机制逐步成熟,监管效果和作用充分彰显。这套行之有效的易地扶贫搬迁推进实施机制,可以为其他国家重大民生工程的组织实施提供参考借鉴。

四、滴　灌

怎样让搬迁群众端上结实的新饭碗?安置区产业发展和就业扶持是重中之重。

从小木耳大产业到小黄花大产业,从锦屏社区到坊城新村,习近平总书记2020年在陕西、山西考察时特别强调,"后续扶持最关键的是就业","要加强易地搬迁后续扶持,因地制宜发展乡村产业,精心选择产业项目,确保成功率和可持续发展"。

2019年以来,随着易地扶贫搬迁工作重心全面转向后续扶持,国家发展改革委针对不同安置方式,立足不同类型安置区资源禀赋,努力推动易地扶贫搬迁后续扶持工作与推进新型城镇化、乡村振兴战略有效衔接,确保贫困搬迁人口稳得住、有就业、逐步能致富。

2019年6月,国家发展改革委等11个部门印发《关于进一步加大易地扶贫搬迁后续扶持工作力度的指导意见》。

2020年2月,国家发展改革委等13个部门制定出台《2020年易地扶贫搬迁后续扶持若干政策措施》,从完善安置区配套基础设施和公共服务设施、加强安置区产业培育和就业帮扶、加强安置社区管理、保障搬迁群众合法权益、加大工作投入力度、加强统筹指导和监督检查等 6 个方面明确了 25 条具体措施,进一步为搬迁群众安居乐业提供政策助力。

早在搬迁伊始,国家发展改革委就积极鼓励和引导地方通过产业扶贫贷款、扶贫小额信贷等,支持安置区后续产业发展。2019 年专门安排中央预算内投资 35.29 亿元,支持大型安置区补齐配套教育、医疗设施短板,并在下达社会服务兜底、就业实训基地建设等领域中央预算内投资计划时,对安置区予以倾斜支持。2020 年以来,协调配合财政部安排地方政府一般债务规模 264 亿元,支持大型安置区配套设施建设,并在中央财政扶贫资金中专门安排 48 亿元,用于支持易地扶贫搬迁安置区就业帮扶和产业培育。财政部在安排支持脱贫攻坚补短板综合财力补助资金时,专门切出 79 亿元支持易地扶贫搬迁集中安置区配套设施建设、发展产业和带动就业。

与此同时,国家发展改革委督促指导有关省份对 70 个万人以上特大型安置区制定实施了后续扶持专项方案,指导地方分区分类施策加大对大、中型安置区和小微型安置点的帮扶力度,统筹整合各类政策资源,分类解决产业就业、社区管理、社会融入等后续发展问题,推动每个安置区、每名搬迁群众都能获得及时有效的帮扶。

2019 年年底,国家发展改革委会同有关部门组织开展"十三五"易地扶贫搬迁全面排查时,入户走访的 782 户建档立卡搬迁户中,752 户已有稳定的收入来源,搬迁群众满意率接近 100%。

据 2020 年下半年组织开展的"十三五"易地扶贫搬迁工作成效全面评估核查数据,全国易地扶贫搬迁劳动力就业率已达 92%,有劳动能力的搬迁家庭全部实现至少 1 人就业目标,国家验收组随机入户的 2333 户中,户均就业达 2.09 人,"两不愁三保障"实现率达 100%,搬迁群众满意度达 100%。

过去,一方水土养不好一方人,而今,换一方水土富一方人。

五、跨　　越

"这个场景,取材于习近平总书记视察过的山西省忻州市岢岚县易地扶贫搬迁安置区。全面建成小康社会，一个也不能少。当前，脱贫攻坚战已进入决战决胜阶段，幸福不会从天而降，好日子是干出来的。"

在 2019 年举办的"伟大历程辉煌成就——庆祝中华人民共和国成立 70 周年大型成就展"上，解说员指着"青灰色的砖瓦小院"，热情地为观众解说道。

"绿树村边合，青山郭外斜。"诗人笔下的山村风光，如今成为岚漪河畔——山西省忻州市岢岚县宋家沟村的写照。

曾经大山深沟里的村民，如今已经蜕变为新市民，有的甚至一步跨千年。

罗应和是贵州 188 万易地扶贫搬迁群众的一员，也是 2019 年全国脱贫攻坚奖奋进奖获得者。2016 年 7 月 8 日，罗应和同 5000 余名村民一起搬到了位于惠水县经济开发区的新家。社区附近还办起扶贫车间，方便大家就近就业，大家日子越过越红火。

"现在人均年收入 1.1 万元，社区集体经济收入 30 多万元。"罗应和说，"作为社区党支部书记，我要带领和我一起搬出来的居民们加油干，过上更好的生活。"

实践证明，大力推进易地扶贫搬迁，把贫困群众从大山里搬出来，让他们接触和融入现代文明，取得了经济、社会、生态等多方面的综合效益，这是新时代的伟大跨越。

——在拉动经济发展方面，易地扶贫搬迁工程直接投资 6000 多亿元，加上撬动的各级财政资金、东西部扶贫协作和社会帮扶、群众自筹资金等，总投资超过 1 万亿元，有力拉动了贫困地区固定资产投资和相关产业的发展，为城乡经济增长增添了新引擎。仅贵州省就直接投资超过 1000 亿元，有力带动了相关工业、建筑业、生产性服务业的发展，创造了大量就业岗位，增加了贫困群众务工收入。通过搬迁，推动中西部省份 500 多万人在城镇集中安置，城镇安置率达52%，西南地区部分省份城镇安置率超过 90%，大幅提升了贫困地区城镇化率，优化了城乡空间布局，为推进中国特色新型城镇化道路开辟了新空间。如，贵州、陕西、广西等省份城镇化率因易地搬迁分别提升了 5 个、4.2 个、3 个百分点，云南昭通市、贵州黔西南州、云南怒江州城镇化率分别提升了 7 个、12 个和近 20 个百分点。

——在促进社会发展方面，全面改善了贫困地区教育、医疗、文化等设施条件，促进了基本公共服务水平的大幅提升，大山里的贫困群众吃水难、就学难、就医难等突出困难得到"一揽子"解决。据有关研究机构抽样调查，易地搬迁后，搬迁家庭到小学的平均距离缩短了 5.2 公里、到初中的平均距离缩短了 8.5 公里、到诊所的平均距离缩短了 3.9 公里、到乡镇卫生院的平均距离缩短了 5.5 公里。搬迁群众搬出来以后,他们孩子的就学条件明显改善,学习成绩也明显提高,很多孩子考上了大学,其中不乏清华、北大、复旦、上海交大等名校。如,2020 年贵州省搬迁群众子女中共有 9745 人考上大学,其中有 1334 人考取了一本院校;黔西南州晴隆县三宝乡整乡迁入县城后,搬迁家庭子女学习成绩平均提高了 60% 以上。还有一些搬迁群众迁入新居后,很快就告别了单身,仅湖北省恩施州宣恩县 2019 年就有 62 对新人在安置区喜结良缘。通过深化安置区社区治理,有效促进社会融入,使"听党话、感党恩、跟党走"的观念深入人心,广大搬迁群众的获得感、幸福感、安全感明显提升,发自内心地感恩党和政府。"三区三州"等民族地区通过易地扶贫搬迁,推动了不同民族之间的交往交流交融,铸牢了中华民族共同体意识,让各族群众像石榴籽一样紧紧地抱在一起,促进了民族地区社会稳定和长治久安。

——在生态保护修复方面,各地共复垦复绿搬迁后的旧宅基地 100 多万亩,推动迁出区生态环境明显改善,不少因承载人口过多而破坏生态环境的贫困地区恢复了"绿水青山",实现了脱贫攻坚与生态保护一个战场、两场战役的双赢。如,湖北省易地扶贫搬迁拆旧复垦应拆已拆率达 100%,实现复垦耕地面积 8.8 万亩、生态修复面积 2.9 万亩。山西省复垦复绿旧宅基地 7.13 万亩,对整体搬迁的 3350 个深度贫困自然村腾退土地实施退耕还林 358 万亩,千百年来荒凉干旱的黄土高原上呈现出"山庄窝铺搬出来、陡坡耕地退下来、荒山荒坡绿起来"的新景象,实现了精准脱贫与生态文明建设的同频共振。通过对搬迁后退出的承包地和山林打包开发、规模经营,形成了搬迁群众的"生态股",把农村资源变资产、把资产变资金,将生态价值转化为搬迁户长期收益。

在如此短的时间内,一栋栋新楼房、一个个新社区拔地而起,使世世代代生活在大山深沟里的贫困群众,搬迁到了生产生活条件较好的地区,享受到了更优越的基础设施条件和基本公共服务,迅速融入现代文明,从根本上阻断了贫困的代际传递,有效解决了贫困群众脱贫致富和长远发展问题。

国家发展改革委地区振兴司负责同志感慨道,"这样的工作推进力度、速度和伟大成就,足以向全世界证明中国共产党领导的政治优势和中国特色社会主义制度优势。可以说,易地扶贫搬迁的成功实践,为全球减贫事业贡献了中国智慧和中国方案"。

六、冲　刺

行进至 2020 年,新冠肺炎疫情突如其来。在决战决胜脱贫攻坚和全面建成小康社会的收官之年,当"战贫"遇到"战疫",如何答好疫情带来的"加试题"?

"夺取脱贫攻坚战全面胜利,坚决完成这项对中华民族、对人类都具有重大意义的伟业!"2020 年 3 月 6 日,习近平总书记在决战决胜脱贫攻坚座谈会上发出打赢脱贫攻坚战的最强号令,为如期完成全面脱贫目标注入强大信心和动力。

较真碰硬"督",凝心聚力"战"。面对这场自第二次世界大战以来最严重的全球危机,国家发展改革委第一时间部署推动各地分类施策,有序推动安置区配套设施"扫尾"工程复工,加快推进后续产业项目和扶贫龙头企业复产,优先组织贫困劳动力返城返岗和外出务工,对因疫返贫致贫人员及时帮扶。

2020 年以来,全国易地扶贫搬迁扶贫战场上捷报频传:3 月 31 日,全国第二大跨县易地扶贫搬迁安置区——云南省昭通市鲁甸县卯家湾实现全部搬迁入住;截至 4 月底,已有 17 个省份全面完成搬迁入住;5 月 10 日开始,在凉山州昭觉县,四川省规模最大易地扶贫搬迁安置区迎来住户……

截至 2020 年年底,"十三五"易地扶贫搬迁任务已全面完成,960 多万建档立卡贫困群众已全部乔迁新居、全部脱贫。"十三五"易地扶贫搬迁工作成效全面评估核查结果显示,搬迁群众住房质量安全验收率达 100%,子女就学条件改善率达 99%、就医条件改善率达 99.87%,"两不愁三保障"实现率达 100%,搬迁群众满意度达 100%。

壮阔迁徙的背后凝聚着发改人的付出,彰显了发改人的担当。

在国家发展改革委地区振兴司贫困地区发展处,有一张 2020 年易地扶贫搬迁巨幅作战图,云贵川桂等省份密密麻麻标注着红色三角形,每一个红色三角代表着建档立卡贫困人口达万人以上的集中安置区。像这样的特大型安置区就有 70 个。5 年来,全处同志夜以继日、加班加点、埋头苦干,起草文件、制定方案、下达资金、调研督战、监管巡查,推动 3 万多个安置区工程项目落地落实。

"如果我们选择了最能为人类福利而劳动的职业,那么,重担就不能把我们压倒,因为这是为大家而献身;那时我们所感到的就不是可怜的、有限的、自私的乐趣,我们的幸福将属于千百万人,我们的事业将默默地、但是永恒发挥作用地存在下去，而面对我们的骨灰，高尚的人们将洒下热泪。"卡尔·马克思 1835 年在中学毕业论文《青年在选择职业时的考虑》中写下的这段话，一直激励着国家发展改革委地区振兴司贫困地区发展处的"80 后"们拼搏奋斗，他们通过参与易地扶贫搬迁这一伟大事业，践行了无悔的热血青春。

在各个相关部门和地方，特别是在全国发展改革系统，还有一大批从事易地扶贫搬迁工作的干部，他们 1800 多个日日夜夜的艰辛付出，换来了近千万易地搬迁群众的幸福笑容。

党的十九届五中全会明确指出，要做好易地扶贫搬迁后续帮扶，实现巩固拓展脱贫攻坚成果同乡村振兴有效衔接。新时代的发改人，将深入贯彻落实党的十九届五中全会精神，善始善终、善作善成，坚持分区分类精准施策，结合推进乡村振兴和新型城镇化战略，进一步完善后续扶持政策体系，继续加大搬迁群众产业就业帮扶力度，提升完善安置区配套公共服务设施，加强社区管理，促进社会融入，持续巩固易地搬迁脱贫成果，实现搬迁群众"稳得住、有就业、逐步能致富"。

工作纪实——部门篇

国务院扶贫办全力打赢
易地扶贫搬迁攻坚战有关情况

◇◇

新时期易地扶贫搬迁是我国脱贫攻坚标志性工程,也是近千万贫困群众获得感和幸福感最强的民生工程。

党的十八大以来,党中央、国务院把易地扶贫搬迁纳入"五个一批"精准扶贫工程,成为解决"一方水土养不好一方人"地区贫困群众脱贫问题的治本之策。2020年3月6日,习近平总书记在决战决胜脱贫攻坚座谈会上的重要讲话中指出,"960多万贫困人口通过易地扶贫搬迁摆脱了'一方水土养活不了一方人'的困境"。在中国反贫困斗争的伟大实践中,再一次向世界表明了中国战胜绝对贫困的坚定信心,展示了中国减贫方案。

近5年来,国务院扶贫办紧盯目标标准,配合国家发展改革委等有关部门,搭建起易地扶贫搬迁"四梁八柱"的政策体系,精准确定搬迁对象,积极落实搬迁资金及搬迁后续扶持等工作,让960多万贫困群众搬离险山恶水,让全面小康一个都不能少。

一、瞄准攻坚对象

2015年11月27日,习近平总书记在中央扶贫开发工作会议上的重要讲话中指出,"生存条件恶劣、自然灾害频发的地方,通水、通路、通电等成本很高,贫困人口很难实现就地脱贫,需要实施易地搬迁。……"

这是脱贫攻坚的标志性工程,扶贫人奋勇争先,扛起了这份光荣使命。

贫有千种,困有百样。而一方水土造成的千贫百困,归根到底都是长在一个"穷根"上。养不好一方人的水土,却能让"穷根"盘根错节、根深蒂固。易地扶贫搬迁,是从根本上解决"一方水土养不好一方人"地区脱贫问题最直接、最有效的重要举措。而精准确定搬迁对象,是做好全部搬迁工作的基石。

2014年,国务院扶贫办组织在全国范围内建立了贫困户、贫困村、贫困县和连片特困地区电子信息档案,并向贫困户发放《扶贫手册》,构建了全国扶贫信息网络系统,识别登记现行标准下贫困人口。其中,约1000万人口生活在"一方水土养不好一方人"地区。

2015年,国务院扶贫办开始牵头组织各地开展"十三五"易地扶贫搬迁对象摸排,将生活在"一方水土养不好一方人"地区且有搬迁意愿的贫困人口纳入搬迁范围,基本确定了搬迁对象的规模。

在西藏雪域高原上,一些高海拔地区虽风景秀丽,但不适合人类生存发展,稀薄的空气、贫瘠的资源,羁绊住了很多藏族群众脱贫致富的步伐。一定要把这部分群众搬下来,给他们更好的生活环境和发展条件!

2016年,国务院扶贫办、国家发展改革委、财政部等部门,用8天时间深入西藏4个地市、9个县、16个乡镇、13个村,用平均每天12个小时的行程,详细调研了西藏易地扶贫搬迁工作,指导帮助西藏科学精准确定了搬迁规模。这让西藏党委、政府对今后全区易地扶贫搬迁工作充满信心,对打赢脱贫攻坚战坚定了信念,也为各地扎实找准搬迁对象树立了典范。

为进一步打牢搬迁工作基础,确保搬迁对象精准,国务院扶贫办与国家发展改革委等部门一道,根据各地提出的因群众意愿变化等原因导致搬迁对象发生变化需求,按照"应纳尽纳"原则,在搬迁规模基本不变条件下,适时部署各地开展了搬迁对象调整工作,并对各省"十三五"搬迁规模进行调整,最终确定了1400个县中960多万人的搬迁对象。全国生活在"一方水土养不好一方人"地区的贫困人口全部纳入"绝境突围"的最终目标。

打开"全国扶贫开发信息系统",可以看到960多万搬迁群众的详实数据信息,从哪里搬出来的,家里搬了几口人,什么时候搬迁的,搬到了哪个安置点,搬迁房屋面积多少,搬迁后收入怎么解决的,一目了然。

二、紧盯攻坚目标

搬迁只是手段,脱贫才是目的。

960 多万搬迁群众如何脱贫？2015 年 11 月 27 日，习近平总书记在中央扶贫开发工作会议上的讲话，为"十三五"易地扶贫搬迁后续扶持工作擘画出了蓝图："要想方设法为搬迁人口创造就业机会，保障他们有稳定的收入，同当地群众享受同等的基本公共服务，确保搬得出、稳得住、能致富。"

"搬得出、稳得住、能致富。"搬迁，更是一个完整的体系，让发展更加平衡，让发展机会更加均等、发展成果人人共享。

为进一步凝聚各地区、各部门合力，持续加大易地扶贫搬迁后续扶持力度，实现"搬得出、稳得住、能致富"的目标，2019 年以来，国家发展改革委、国务院扶贫办等部门印发《关于进一步加大易地扶贫搬迁后续扶持工作力度的指导意见》《关于印发 2020 年易地扶贫搬迁后续扶持若干政策措施的通知》，明确易地扶贫搬迁后续扶持顶层政策设计。让搬迁群众不仅要实现安居，生产生活方式实现改变，就业、教育、医疗、保障等难题也要得到根本性解决。

班彦村是互助县深度贫困地区重点贫困村，共有 8 个社，其中五社、六社的 129 户 484 人直到 2015 年还居住生活在海拔 2800 米的沙沟山山头，其中贫困户多达 73 户，贫困率高达 56%。村民吃水难、行路难、就医难、娶妻难……

忽如一夜春风来。自精准扶贫工作开始后，班彦村五社、六社被省上确定为易地扶贫搬迁项目村。自此五社、六社村民搬下了穷山头，奔向了新生活。如今的班彦新村，院落整齐美观、基础设施齐全、家家户户通自来水，步行 10 多分钟就可以到镇卫生院，小学就在旁边。

今昔对比，村民吕有荣老人说，以前住在山上，距离镇上较远，山路崎岖，看病就医非常困难，也耽误了很多人，现在搬下来，干啥都方便了。

2016 年 8 月 23 日，是青海省海东市互助土族自治县五十镇班彦新村村民难忘的一天，习近平总书记冒雨看望搬出大山的乡亲们。习近平总书记动情地说，一定要把易地扶贫搬迁工程建设好，保质保量让村民们搬入新居。大家生活安顿下来后，各项脱贫措施要跟上，把生产搞上去。

浩大的易地扶贫搬迁工程，在一些迁出地区引起了一场深刻的农村产业革命：把农民搬离土地，既搬走了传统落后的小农耕作方式，又引进了新型经营主体和现代经营方式。

乘着东风好扬帆！近年来，国务院扶贫办与行业部门一同指导各地根据安置点的资源禀赋和产业发展重点，为各地易地扶贫搬迁后续产业扶持提供充足"粮草"。同时，多地制定了后续产业发展实施方案，聚焦易地扶贫搬迁大型集中安置区,把集中安置区的产业帮扶作为东西协作和对口支援的实施重点,积极引进培育产业经营主体,做好迁出地资源盘活和安置区产业发展。对于在农村的集中安置点,指导各地因地制宜发展优势特色产业,让搬迁群众原有的生活技能继续成为收入技能。

对于西藏自治区曲水县达嘎乡三有村的 739 名搬迁群众来说,三有村名副其实。

2016 年 3 月,西藏首个易地扶贫搬迁安置点在曲水县达嘎乡三有村动工。按照"有房子、有产业、有健康"的"三有"要求,统一规划,配套建设了水、电、路、讯等基础设施和村委会、幼儿园、卫生室等公共服务设施,同步建设了奶牛和藏鸡养殖、药材种植等产业基地。

搬进三有村的群众,再也不愁致富门路了。想发展产业的群众,村里建设了 300 亩的藏鸡、奶牛养殖基地;想就业的群众,村里有公益性岗位、园区有就业岗位,想出去打工的政府给他们找到了拉萨、林芝等地的工作。

促进就业,也是国务院扶贫办作为易地扶贫搬迁后续扶持工作的重中之重。在后续扶持工作中,国务院扶贫办一手抓产业培育,一手抓就业帮扶,依托对口帮扶机制,积极与相关行业部门推动省际间、省内发达地区与安置区之间的劳务协作,指导各地面向搬迁群众开展有针对性的职业技能培训,促进搬迁群众务工增收。

截至 2019 年年底,各地在安置区周边累计建设近 1.2 万个配套产业园区。河北省坚持安置区和产业园区"两区同建",支持易地扶贫搬迁任务较重的县在安置区周边布局劳动密集型、生态友好型扶贫产业,在全省规划建设 632 个扶贫产业园,充分发挥配套产业园区的带贫减贫作用,搬迁群众脱贫率达到 98.5%。

从"移出来"到"富起来",山西省岢岚县宋家沟村民只用了 3 年多时间。宋家沟村是岢岚县一个易地扶贫搬迁的集中安置点。2017 年 6 月,习近平总书记来到这里,听取岢岚县精准扶贫工作及易地扶贫搬迁整体情况介绍,了解宋家沟新村规划及建设情况。当时,村民新居已经建好,村民正陆续搬迁,搬来的几乎都是贫困户。

移出来不等于富起来,贫困户靠什么摘掉穷帽子?除了村里小杂粮、土豆、沙棘、蘑菇、经济林等特色产业,务工就业也是宋家沟村民"富起来"的措施之一。近年来,宋家沟打了一套就业扶贫"组合拳":依托省总工会扶贫工作队新型职业农民培训站,累计培训贫困户 4 次 168 人;以妇女手工制作和厨师培训 2 项为主打品牌,加大劳动力培训力度,带动12户贫困户在内的农户,户均年增收1100元;开办"扶贫车间",引进箱包厂带动30户年增收8000元,新上拉链加工项目带动25户年户均增收4000元……

三、确保攻坚状态

打赢这场960多万贫困群众的搬迁硬仗,没有任何商量余地。"骨头"之硬、"战事"之艰,要求各级、各部门党委、政府在冲锋时不能迟疑,在战场上不能跑偏,在攻坚时不能懈怠。

易地扶贫搬迁成效如何,考一考才知道。每年的省级党委和政府脱贫攻坚工作成效考核都把易地扶贫搬迁工作开展情况作为重要内容。省际交叉考核、第三方评估、媒体暗访考核等工作聚焦易地扶贫搬迁。国务院扶贫开发领导小组组织的督查巡查、国务院扶贫办开展的调研督导等工作,都把易地扶贫搬迁工作作为重点督查、调研工作重要内容之一,科学精准地为地方易地扶贫搬迁工作把脉问诊。

"在明天的入户调研过程中,大家要重点关注一下凤翔县易地扶贫搬迁工作,看看安置社区配套建设、产业后扶等,群众是否真正能稳得住?"2019年7月,在陕西省凤翔县巡查工作中,国务院扶贫办巡查组第二小组到达凤翔县的第一天,就把易地扶贫搬迁工作作为主要内容。

"跨县易地扶贫搬迁贫困群众由于刚从农村搬进城镇,缺乏技能和门路,在疫情期间务工就业方面受到了一定影响……"2020年4月中旬,国务院扶贫办组成的督导调研组,在疫情发生后赴贵州省望谟县易地扶贫搬迁群众家中调研。

新冠肺炎疫情暴发后,国务院扶贫办通过建立疫情对易地扶贫搬迁影响的分析应对机制,及时了解各地搬迁扫尾工程复工复产、搬迁群众入住就业和防疫等情况,组织开展专题调研和实地督导,督促指导地方采取有效措施,最大限度地减轻疫情对搬迁工作的影响。

如今,全国960多万易地扶贫搬迁人口,在安置区迎来新的生活,奔向小康。

财政部"十三五"以来支持易地扶贫搬迁工作有关情况

◇◇◇

一、创新研究提出财政支持易地扶贫搬迁有关政策

为贯彻落实习近平总书记的重要指示精神,从根本上解决居住生活在"一方水土养不好一方人"地区贫困人口的脱贫发展问题,中央财政积极拓宽思路,创新性研究提出了支持易地扶贫搬迁的一揽子政策,支持打响脱贫攻坚"揭幕战"。

（一）研究提出市场化筹资方式

按照党中央、国务院的决策部署,"十三五"期间要完成约 1000 万建档立卡贫困人口的易地扶贫搬迁脱贫任务,总投资规模达约 6000 亿元。2015 年年底,在经济运行进入新常态、财政收支形势严峻的情况下,中央财政拓宽筹资思路,提出发挥财政投入的杠杆作用,利用市场化机制筹集易地扶贫搬迁所需资金的筹资思路。经报国务院领导同意,"十三五"易地扶贫搬迁筹资渠道主要包括:支持各省调整地方政府债务结构,安排 1000 亿元专门用于支持易地扶贫搬迁,并注入省级投融资主体作为项目资本金;通过国家开发银行和农业发展银行设立的专项建设基金,为省级投融资主体注入 500 亿元项目资本金;通过增加中央基建投资和鼓励、引导群众自筹资金筹集 1000 亿元;剩余资金缺口通过向国家开发银行、中国农业发展银行申请长期贷款解决。市场化筹资思路的提出,对尽快启动易地扶贫搬迁具有决定性作用,得到党中央、国务院领导同志高度肯定。

(二)及时出台易地扶贫搬迁贷款和专项建设基金贴息政策

为支持各地开展易地扶贫搬迁贷款筹资,2016年3月,财政部会同国务院扶贫办印发了《财政部 国务院扶贫办关于做好易地扶贫搬迁贷款财政贴息工作的通知》,对贴息相关政策做了明确。中央财政通过财政专项扶贫资金对各地符合条件的易地扶贫搬迁贷款,按照4%的贷款利率测算,给予90%的贴息。为引导地方更好地控制贷款规模,中央财政对贷款贴息资金实行总额控制,贴息资金如有结余,各省按规定的程序批准后可用于其他扶贫项目。同时,对国家开发银行、中国农业发展银行发行支持易地扶贫搬迁的专项建设债券,在债券发行端给予90%的贴息。

(三)配合相关部门制定易地扶贫搬迁工作方案和规划

中央层面易地扶贫搬迁准备工作启动后,财政部按照部门职责分工,积极配合国家发展改革委等部门研究编制"十三五"时期易地扶贫搬迁工作方案和全国"十三五"易地扶贫搬迁规划,就如何发挥市场化主体在筹资和搬迁实施中的作用、落实筹资和还贷资金来源、合理确定搬迁建房和补助标准等问题提出政策建议,为易地扶贫搬迁项目顺利实施打下制度基础。

(四)配合相关部门出台支持易地扶贫搬迁税费优惠政策

为支持打好易地扶贫搬迁攻坚战,2018—2019年,财政部会同国家税务总局、国家发展改革委等相关部门先后出台了多项支持易地扶贫搬迁的税费优惠政策,对易地扶贫搬迁贫困人口按规定取得与易地扶贫搬迁相关的货币化补偿和安置住房免征个人所得税,取得易地扶贫搬迁安置住房免征契税;对易地扶贫搬迁安置住房建设运营免征相关的契税、城镇土地使用税和印花税;对易地扶贫搬迁项目免征城市基础设施配套费、不动产登记费等。2016年9月,印发《财政部关于城乡建设用地增减挂钩支持易地扶贫搬迁有关财政政策问题的通知》,明确连片特困地区、国家扶贫开发工作重点县和贫困老区利用增减挂钩政策开展易地扶贫搬迁符合政策规定的,可以不缴纳新增建设用地土地有偿使用费、耕地开垦费。上述政策的实施,切实减轻了易地扶贫搬迁贫困人口和贫困地区搬迁负担,有效促进了易地扶贫搬迁工作的顺利进行。

二、及时调整规范融资方式，防范化解易地扶贫搬迁领域债务风险

为贯彻落实习近平总书记在 2017 年 7 月 14 日第五次全国金融工作会议上的重要讲话精神以及汪洋主席等中央领导的重要指示，统筹做好防范化解重大风险和易地扶贫搬迁工作，财政部会同国家发展改革委、国务院扶贫办，通过座谈研讨、反复测算，及时研究提出将易地扶贫搬迁贷款融资等统一规范调整为发行地方政府债券融资的建议，并报经国务院同意。2018 年，财政部、国家发展改革委、国务院扶贫办、中国人民银行先后联合印发《关于调整规范易地扶贫搬迁融资方式的通知》和《关于进一步做好调整规范易地扶贫搬迁融资方式有关工作的通知》，明确以 2017 年 7 月 14 日为时间节点，将易地扶贫搬迁贷款等融资方式统一调整规范为发行地方政府债券。这次易地扶贫搬迁融资方式的调整，"开前门、堵后门"，避免地方假借易地扶贫搬迁名义违规举债融资，推动化解了易地扶贫搬迁领域可能存在的隐性债务风险。同时，调整规范易地扶贫搬迁融资方式时，坚持"渠道调整、标准不变、支持力度不减"的原则，确保易地扶贫搬迁融资不受影响，中央支持力度不减，地方利益不受影响，且搬迁资金调度不出现大的问题。

三、足额落实中央财政支持政策，推动易地扶贫搬迁工程建设顺利完成

"十三五"期间，中央财政按照中央明确的易地扶贫搬迁政策，逐项抓好落实工作，为推动搬迁工作如期完成提供了有力支撑。

（一）分年度落实易地扶贫搬迁贷款贴息资金

2016 年起，中央财政通过专项扶贫资金分年度安排易地扶贫搬迁贷款贴息资金。调整规范易地扶贫搬迁融资方式后，中央财政按照对地方支持力度不减的原则，对地方调整为发行地方政府债券筹资的，仍按照 4% 的利率测算，给予 90% 的补助。据统计，2016—2020 年，中央财政累计安排用于易地扶贫搬迁贷款贴息和

发债融资补助的专项扶贫资金456.37亿元。

（二）调整规范易地扶贫搬迁融资方式后，有序安排债务规模支持地方筹资

按照渠道调整、标准不变的原则，2018—2020年，中央财政累计安排相关省份支持易地扶贫搬迁的地方政府债券规模2450亿元，对各省易地扶贫搬迁发债筹资所需债券规模足额保障。同时，在年度债券规模安排时，做实做细测算工作，对搬迁资金调度相对困难的省份予以优先保障。

（三）用好土地指标跨省域交易政策，拓展易地扶贫搬迁资金来源

为贯彻党中央、国务院决策部署，2018年，财政部配合自然资源部建立了跨省域补充耕地和增减挂钩节余指标跨省域调剂机制，筹集资金全部用于巩固脱贫攻坚成果和支持实施乡村振兴战略。其中，下达供地省份的跨省域补充耕地资金，优先用于高标准农田建设等补充耕地任务；增减挂钩节余指标跨省域调剂资金优先和重点保障产生节余指标深度贫困地区的安置补偿、拆旧复垦、基础设施和公共服务设施建设、生态修复、耕地保护、高标准农田建设、农业农村发展建设以及易地扶贫搬迁等。

（四）配合做好银行贷款支持易地扶贫搬迁工作

截至2020年5月末，国家开发银行在全国有易地扶贫搬迁任务的22个省（自治区、直辖市）累计发放贷款1128亿元，累计发放搬迁后续发展贷款项目134个，发放贷款282亿元；中国农业发展银行累计投放易地扶贫搬迁贷款3123亿元，贷款余额1938亿元。

四、加大易地扶贫搬迁后续扶持力度，推动巩固易地扶贫搬迁成效

易地扶贫搬迁只是手段，脱贫才是目的。"十三五"期间，财政部在支持各地易地扶贫搬迁工程建设的同时，还采取有效措施支持易地扶贫搬迁后续扶持工作。

(一)支持易地扶贫搬迁后续产业发展

"十三五"期间,统筹利用财政专项扶贫资金等涉农资金,通过贫困县涉农资金整合试点政策,支持易地扶贫搬迁后续产业发展,帮助搬迁群众增收脱贫。2020年,在测算分配中央财政专项扶贫资金时,统筹考虑易地扶贫搬迁后续扶持工作,专门安排47.83亿元,支持中西部省份贫困人口较多的集中安置区后续产业发展。在此基础上,2020年中央财政在安排支持脱贫攻坚补短板的一次性综合财力补助资金时,专门安排79.39亿元支持易地扶贫搬迁后续扶持,包括用于支持集中安置区发展产业。

(二)支持易地扶贫搬迁贫困人口就业

2019年,财政部配合人社部等相关部门印发《关于做好易地扶贫搬迁就业帮扶工作的通知》,指导各地把16周岁以上、有劳动能力的搬迁群众,特别是建档立卡贫困劳动力作为重点人群,将城镇和工业园区安置区,特别是"三区三州"等深度贫困地区安置、人口规模800人以上大型安置区作为重点区域,坚持普惠性政策和超常规举措并举,强化培训服务与兜底保障并重,全力做好搬迁群众的就业帮扶工作,努力促进有劳动能力和就业意愿的搬迁贫困劳动力就业创业,确保其家庭至少一人实现就业。同时,指导各地以搬迁建档立卡贫困人口为主要扶持对象,统筹使用就业补助资金等相关资金,加强就业扶贫支持力度。此外,有关地方还可统筹使用支持脱贫攻坚补短板的一次性综合财力补助资金,支持搬迁贫困群众就近就地就业。

(三)支持集中安置区配套设施建设

2019年,教育部、国家发展改革委、财政部联合印发《关于切实做好义务教育薄弱环节改善与能力提升工作的意见》,计划用2年时间,基本消除城镇"大班额",基本补齐乡镇寄宿制学校和乡村小规模学校短板,等等。其中,明确要求地方统筹做好扶贫移民搬迁学校规划建设工作。同年,中央财政设立共同财政事权转移支付"义务教育薄弱环节改善与能力提升补助资金",重点向基础薄弱、财力困难、易地扶贫搬迁人口规模大的省份和"三区三州"等深度贫困地区倾斜。2019—2020年,中央财政每年安排293.5亿元。在此基础上,有关地方还可统筹使用支持脱贫攻坚补短板的一次性综合财力补助资金,支持易地扶贫搬迁集中安置区教育、医疗等配套公共服务设施建设,以及必要的生活生产配套服务设施建设等。

（四）会同相关部门及时出台易地扶贫搬迁后续扶持政策

2020 年,财政部与国家发展改革委等部门联合印发《关于印发 2020 年易地扶贫搬迁后续扶持若干政策措施的通知》,明确安置区配套基础设施和公共服务设施、产业培育和就业帮扶等政策措施。切实加大对易地扶贫搬迁群众的后续扶持力度,全力推进产业培育、就业帮扶等各项工作,确保搬得出、稳得住、逐步能致富。

民政部"十三五"以来
支持易地扶贫搬迁工作有关情况

一、加强易地扶贫搬迁地区社区管理服务

实施易地扶贫搬迁,是贯彻落实中央精准扶贫方略、加快贫困人口精准脱贫的重要举措。习近平总书记对此高度重视,多次强调指出:要有序推进易地扶贫搬迁,让搬迁群众搬得出、留得下、能致富,真正融入新的生活环境。党的十八大以来,全国易地扶贫搬迁960多万贫困人口,中西部地区还同步搬迁500万非贫困人口,新建安置社区约3.5万个。各地严格按照"群众自愿、应搬尽搬"原则,将易地扶贫搬迁安置与新型城镇化、美丽乡村、产业集聚区建设等有机结合,综合考虑地理环境、资源条件等实际,科学选定安置地点,形成县、乡、村"三级梯度"搬迁安置态势。对搬迁群众的生产生活带来重大变革。

民政部作为牵头社区建设和治理的职能部门,始终认真贯彻落实习近平总书记重要指示和中央决策部署,把指导易地扶贫安置区社区建设和治理作为落实脱贫攻坚政治责任的重要任务,扎实推动贫困地区乡村治理和脱贫攻坚协同发展。一是加强顶层设计。提请印发《中共中央 国务院关于加强和完善城乡社区治理的意见》,明确"加快贫困地区农村社区综合服务设施建设,率先推动易地搬迁安置区综合服务设施建设全覆盖"的工作部署。会同中央组织部等16部门制定印发《城乡社区服务体系建设规划(2016—2020年)》,明确提出"加快推进各级农村社区综合服务设施建设,优先支持易地扶贫搬迁安置区开展配套建设"等具体要求。二是狠抓工作落实。2019年10—11月,以全国社区建设部际联席会议名义开展"全国城乡社区治理督查",将"贫困地区农村社区综合服务设施建设情况"列入督查内容,确保中央关于贫困地区农村社区服务设施建设,特别是易地扶贫搬迁安置

区社区建设和治理决策部署落地见效。指导有关易地搬迁地区依法撤并村委会，并根据实际需要，依法有序做好新的村委会选举和出缺村委会成员的补选，推动村党组织书记"一肩挑"和村"两委"成员交叉任职。通过会议发言、培训分享、简报交流等方式，总结推广易地扶贫搬迁安置区社区建设和治理经验。三是加强工作指导。联合中央组织部等6部门部署开展村规民约制定修订工作，指导各地采取约束性强的措施，完善对婚丧陋习、天价彩礼、"等靠要"、懒汉行为等突出问题的奖惩机制。指导易地扶贫搬迁地区注重发挥村（居）民议事会、人民调解委员会、道德评议会、红白理事会、禁毒禁赌会等群众组织的作用，推动扶贫与扶志相结合，营造勤劳致富、脱贫光荣的良好氛围。四是深化政策研究。加大实地调研力度，结合加强基层民政工作蹲点调研，加强对易地扶贫搬迁安置区社区服务体系建设情况的调查研究，实现了贫困省份特别是"三区三州"等深度贫困地区全覆盖。通过调查研究，总结基层经验、梳理工作难点、了解群众诉求，为加强对易地扶贫搬迁安置区社区建设和治理政策供给提供了科学依据。

二、强化易地搬迁贫困人口基本生活保障

为保障易地搬迁贫困人口基本生活，民政部指导各地民政部门将符合条件的易地搬迁贫困人口纳入最低生活保障和特困人员救助供养范围，确保其基本生活。保持对困难群众社会救助政策的连续性，对易地扶贫搬迁前已纳入低保等社会救助范围的困难群众，若其家庭收入、家庭财产和共同生活的家庭成员没有发生变化，由迁出地、迁入地县级民政部门做好相关衔接工作；对搬迁后符合条件的困难群众，按照低保相关政策和程序，及时纳入迁入地最低生活保障范围。贵州省将易地扶贫搬迁至城镇的农村低保对象及时调整为城市低保对象，并对已搬迁的易地扶贫搬迁建档立卡贫困人口和未纳入建档立卡贫困人口范围的农村低保对象发放一次性临时救助金。宁夏回族自治区迁出地、迁入地民政部门主动、及时做好易地搬迁移民名单提供、低保对象接收等工作，解决易地搬迁低保对象的后顾之忧。湖北省民政部门在搬迁过程中对社会救助对象进行了特别帮扶，保证对象直接入住即可安居、生活。广西壮族自治区民政部门规定，对于易地搬迁后的建档立卡贫困对象暂时无就业和产业支撑导致生活困难，且家庭财产状况符合规定的，可以在迁入地申请6个月的低保救助，6个月后按照低保动态管理机制进行管理。

自然资源部"十三五"以来支持易地扶贫搬迁工作有关情况

––

"十三五"以来,自然资源部以习近平新时代中国特色社会主义思想为指导,认真学习贯彻习近平总书记关于扶贫工作的重要论述,增强"四个意识",坚定"四个自信",做到"两个维护",坚决贯彻落实党中央、国务院决策部署,出台了一系列自然资源扶贫政策,助力打赢脱贫攻坚战,特别是在支持贫困地区易地扶贫搬迁方面,发挥了重要作用,取得了显著成效。

一、充分发挥规划引领和管控作用

(一)通过土地利用总体规划调整完善保障易地扶贫搬迁用地空间

按照党中央、国务院决策部署,2016年,原国土资源部在组织开展的土地利用总体规划调整完善的工作中,充分考虑易地扶贫搬迁等脱贫攻坚用地需求,对全国和各省(自治区、直辖市)建设用地规模和耕地保有量、永久基本农田保护面积进行了优化调整,对于易地扶贫搬迁等脱贫攻坚项目,要求各地在土地利用总体规划调整完善工作中落实布局,充分予以保障。

(二)将易地扶贫搬迁安置纳入国土空间规划统筹安排

结合正在编制的国土空间规划,在资源环境承载能力和国土空间开发适宜性评价的基础上,充分考虑易地扶贫安置空间需求,科学有序统筹布局生态、农业、城镇等功能空间,合理配置各类空间资源。在安排大型易地扶贫搬迁安置区时,统筹考虑后续产业发展,以及新建和改扩建必要的配套基础设施、公共服务设施等。

（三）妥善处理自然保护地原住居民易地扶贫搬迁问题

起草并报请中共中央办公厅、国务院办公厅印发《关于在国土空间规划中统筹划定落实三条控制线的指导意见》，自然资源部联合国家林草局出台《关于做好自然保护区范围及功能分区优化调整前期有关工作的函》，研究起草《生态保护红线管理办法》，指导贫困地区结合国土空间规划编制，完成生态保护红线、永久基本农田、城镇开发边界三条控制线划定和落地，协调解决矛盾冲突，同时明确生态保护红线、自然保护区管控规则以及允许开展的人为活动清单。自然保护地核心保护区原住居民应实施有序搬迁，对暂时不能搬迁的，可以设立过渡期。过渡期内在不扩大现有建设用地和耕地规模的情况下，允许修缮生产生活设施，保留生活必需的少量种植、放牧、捕捞、养殖等活动。已经实施易地扶贫搬迁的安置区处于生态保护红线内的，应当调整出生态保护红线。国家公园和自然保护区的核心保护区内，以及其他生态功能极重要、生态极脆弱区域内的易地扶贫搬迁配套产业项目、基础设施等应当逐步退出。拟划入生态保护红线内但对重要生态功能不造成明显影响的易地扶贫搬迁安置区及其配套产业项目和基础设施建设区域，应当不划入生态保护红线。

二、加强易地扶贫搬迁用地保障力度

（一）专项安排新增建设用地计划指标

2016 年，对全国 592 个国家扶贫开发工作重点县每县专项安排新增建设用地计划指标 600 亩；2017 年以来，每年对全国 832 个贫困县每县分别安排新增建设用地计划指标 600 亩。同时，足额保障深度贫困地区基础设施建设、易地扶贫搬迁、民生发展等用地需求，土地利用规划计划指标不足部分由国家协同所在省份解决。

（二）实施特殊用地审批政策

允许深度贫困地区建设用地，涉及农用地转用和土地征收的，在做好补偿安置前提下，可以边建设边报批；涉及占用耕地的允许边占边补，确实难以落实占优补优、占水田补水田的，可按补改结合方式落实，并按用地审批权限办理用地手续。

同时,积极做好用地服务保障工作,对深度贫困地区易地扶贫搬迁等重大项目即到即办、急事急办,确保重大建设项目依法依规及时落地。

(三)实施特殊耕地保护政策

按照法律规定,一般建设项目不得占用永久基本农田,重大建设项目确实难以避让永久基本农田的,需报国务院批准。为支持深度贫困地区脱贫攻坚,2017年,原国土资源部出台《关于支持深度贫困地区脱贫攻坚的意见》,规定"深度贫困地区省级以下基础设施、易地扶贫搬迁、民生发展等建设项目,确实难以避让永久基本农田的,可纳入重大建设项目范围"。2019年,自然资源部会同农业农村部印发《关于加强和改进永久基本农田保护工作的通知》,将这项政策适用范围拓展到深度贫困地区、集中连片特困地区、国家扶贫开发工作重点县等全国832个贫困县。这些地区的省级以下基础设施、易地扶贫搬迁、民生发展等建设项目,一律视为重大建设项目,确实难以避让永久基本农田的,由省级自然资源主管部门办理用地预审,按规定办理农用地转用和土地征收,进一步提高对贫困地区建设用地保障力度。同时,对移民搬迁后确实无法耕种的耕地,综合考虑粮食生产实际种植情况,经国务院同意,结合生态退耕有序退出永久基本农田。根据生态退耕检查验收和土地变更调查结果,以实际退耕面积核减有关省份的耕地保有量和永久基本农田保护面积,在国土空间规划编制时予以调整。

三、创新增减挂钩政策为易地扶贫搬迁提供重要资金支持

不断深化完善和创新城乡建设用地增减挂钩政策,完成贫困地区增减挂钩节余指标在县域内流转,突破县域在省域内流转,以及"三区三州"及其他深度贫困县由国家统筹跨省域调剂的"三部曲"。省域内流转方面,集中连片特困地区、国家和省级扶贫开发工作重点县、开展易地扶贫搬迁的贫困老区,增减挂钩节余指标可在省域范围流转使用。自2016年2月政策实施以来,已有19个省份开展了省域内流转,累计流转指标超过45万亩,流转收益超过1300亿元。跨省域调剂方面,2018年3月,国务院办公厅印发《城乡建设用地增减挂钩节余指标跨省域调剂管理办法》明确,"三区三州"及其他深度贫困县,允许将增减挂钩节余指标由国家

统筹跨省域调剂。自然资源部配套印发《城乡建设用地增减挂钩节余指标跨省域调剂实施办法》,明确了具体实施办法。考虑到 2020 年实现脱贫的目标要求,调剂任务分 2018 年和 2019 年两个年度分解下达,年均 600 亿元,两年的增减挂钩节余指标跨省域调剂工作已圆满完成。2018 年,帮扶省份确认调入节余指标 15.05 万亩,附加规划建设用地规模 1.2 万亩,调剂资金 743.78 亿元,超额完成国家下达任务 103.78 亿元;深度贫困地区所在省份确认调出节余指标 19.43 万亩,获得资金 607.28 亿元。2019 年,帮扶省份确认调入节余指标共计 21.60 万亩,附加规划建设用地规模 3.28 万亩,调剂资金 1152.40 亿元,超额完成国家下达任务 641.60 亿元;深度贫困地区所在省份确认调出节余指标共计 20.88 万亩,获得资金 640.06 亿元。超额完成的 641.60 亿元将在 2020 年增加一批调剂任务分解到深度贫困地区所在省份。

四、专项开展易地扶贫搬迁安置住房不动产登记

研究出台《关于做好易地扶贫搬迁安置住房不动产登记工作的通知》,对易地扶贫搬迁安置住房不动产登记作出部署。要求各地以"十三五"期间建档立卡搬迁人口的安置住房为主,地方政府认定的非建档立卡同步搬迁人口的安置住房可一并纳入工作范围,特事特办,设置绿色通道,统一组织,集中办理登记,手续完备的安置住房要在 2020 年年底前完成登记发证。对因规划许可、用地审批、竣工验收等手续不完善导致不能登记的,有关地方自然资源主管部门要加强与发展改革、扶贫等部门沟通协调,抓紧摸清情况,梳理问题清单。按照"缺什么补什么、谁审批谁负责"的原则,报请当地政府建立工作联动机制,采取联合会审方式,尽快统一完善相关手续,及时办理不动产登记,做到安置住房不动产权证书应发尽发。根据安置住房土地性质和取得方式、安置方式,分类办理安置住房不动产登记,并在不动产登记簿和不动产权证书附记栏注明"易地扶贫搬迁保障性住房"。对易地扶贫搬迁安置住房,一律不得收取不动产登记费,为搬迁群众做好产权登记服务。

五、加强易地扶贫搬迁安置区地质灾害防治

"十三五"期间,查清全国集中连片特困地区地质灾害隐患点 10 万余个,研发

7种地质灾害监测预警普适型仪器设备,推动群专结合监测预警网络建设,指导建立全国地质灾害监测预警体系,有效支撑贫困地区数十个城镇选址和重大地质隐患点避险搬迁,成功避让地质灾害3762起,涉及可能伤亡人员127350人,避免直接经济损失39.4亿元。

下一步,自然资源部将深入贯彻落实习近平总书记重要指示批示精神,认真贯彻党中央、国务院决策部署,落实"摘帽不摘责任、摘帽不摘政策、摘帽不摘帮扶、摘帽不摘监管"的要求,强化易地扶贫搬迁后续扶持政策,着力巩固脱贫攻坚成果。

中国人民银行"十三五"以来支持易地扶贫搬迁工作有关情况

近年来,中国人民银行认真贯彻落实党中央、国务院关于脱贫攻坚部署,积极发挥金融扶贫牵头作用,制定并完善易地扶贫搬迁金融政策,全面做好易地扶贫搬迁综合金融服务,为"十三五"期间易地扶贫搬迁提供强有力的金融支撑。

一是制定完善金融支持政策,支持易地扶贫搬迁顺利开展。2015年,中国人民银行与国家发展改革委等部门联合印发《"十三五"时期易地扶贫搬迁工作方案》,提出用5年时间对"一方水土养不好一方人"地方建档立卡贫困人口实施易地扶贫搬迁。2016年,制定《易地扶贫搬迁信贷资金筹措方案》,明确易地扶贫搬迁专项金融债发行额度(总计3500亿元)、发行方式、发行期限、支持措施以及资金用途等内容,保障信贷资金顺利筹集。同时,制定印发《中国人民银行关于做好2016年易地扶贫搬迁信贷资金筹措及信贷管理服务工作的通知》,指导国家开发银行、中国农业发展银行制定信贷资金使用具体管理办法,并结合各地搬迁项目进展和信贷资金实际需求,做好与相关省(自治区、直辖市)的项目衔接,扎实做好信贷资金投放与管理服务工作,支持各地搬迁工程顺利开展。

二是及时组织扶贫专项金融债券发行,为易地扶贫搬迁贷款提供资金保障。创新推出易地扶贫搬迁专项金融债,明确由国家开发银行、中国农业发展银行在国家政策确定限额内,在银行间市场发行专项金融债券,为易地扶贫搬迁筹集信贷资金。同时,为了保证扶贫专项金融债的规范顺利发行,中国人民银行专门核定易地扶贫搬迁年度发债额度,保障发债资金需求,积极引导机构投资者以市场化方式投资购买,并明确扶贫专项债可按有关规定纳入中国人民银行货币政策操作的抵(质)押品范围。截至2020年5月末,按照市场化发行方式累计发行易地扶贫搬迁专项债券1939亿元。其中,国家开发银行、中国农业发展银行分别发行979亿元、

960 亿元专项债券。

三是加强督促指导,保证易地扶贫搬迁资金专款专用。中国人民银行牵头印发《关于加快 2016 年易地扶贫搬迁信贷资金衔接投放有关事宜的通知》,要求相关金融机构对接落实辖区内贴息贷款规模任务,并明确易地搬迁合同贷款利率原则上在扶贫专项金融债券发行成本基础上加 1.3 个点,最高不超过同期限贷款基准利率,适当简化贷款手续,控制贷款风险。推动相关部门建立项目审批绿色通道,加快完善审批手续,促进信贷资金及时申请和发放。

四是做好政策衔接,加强易地扶贫搬迁综合金融服务。根据中央要求,2018 年 6 月,中国人民银行联合财政部印发《关于调整规范易地扶贫搬迁融资方式的通知》,明确自 2017 年 7 月 14 日之后,各地易地扶贫搬迁资金需求全部调整为发行地方政府债券筹集。2018 年 9 月,中国人民银行联合财政部印发《关于进一步做好调整规范易地扶贫搬迁融资方式有关工作的通知》,进一步规范做好易地扶贫搬迁融资政策调整后衔接工作,指导国家开发银行、中国农业发展银行做好政策衔接,支持各地发行地方政府债券,协助做好易地扶贫搬迁专项贷款资金的置换工作,加强资金跟踪管理,确保易地扶贫搬迁项目工程进度不受影响。

五是创新金融产品和服务,支持搬迁安置区后续发展。2016—2019 年,中国人民银行相继出台金融助推脱贫攻坚、金融支持深度贫困地区、切实做好 2019—2020 年金融精准扶贫工作等政策文件,多次强调加大对易地扶贫搬迁安置区后续产业发展的金融支持。2019 年,中国人民银行联合国家发展改革委、财政部等部门制定易地扶贫搬迁后续扶持政策,鼓励金融机构根据安置区资源禀赋和周边产业特点,加大对搬迁安置区基础设施和公共服务建设支持力度,支持搬迁安置区产业发展和搬迁人口生产生活。同时,加大创业担保贷款、扶贫贴息贷款、扶贫小额信贷等政策实施力度,支持易地扶贫搬迁贫困人口就近就地生产生活和就业创业。如中国人民银行西安分行指导陕西安康金融机构对搬迁安置社区的新社区工厂,提供单户最高 200 万元、最长期限为 1 年、纯信用、低利率的"新社区工厂贷",截至 2020 年 5 月末,累计发放贷款 7874 万元,共计吸纳 7079 人就业。中国人民银行成都分行推广"政担银企户"五方联动模式,助推搬迁安置区引入产业化龙头企业,带动贫困人口稳定增收。中国人民银行贵阳中心支行指导地方金融机构推出"迁企贷""迁户贷"信贷产品,建立"搬迁人口+企业+银行"的联结机制,实现金融扶持产业发展带动搬迁移民就业。

银保监会推动加大易地扶贫
搬迁信贷支持力度有关情况

新时期易地扶贫搬迁是脱贫攻坚的重要举措,也是"五个一批"精准扶贫工程中最难啃的"硬骨头"。"十三五"以来,中国银保监会认真贯彻习近平总书记关于"发挥好政策性金融在脱贫攻坚中的作用"的重要指示,全面落实党中央、国务院关于易地扶贫搬迁的决策部署以及相关工作要求,强化政策保障和监管引领,指导国家开发银行、中国农业发展银行(以下分别简称"开发银行""农发行")把支持易地扶贫搬迁作为金融服务脱贫攻坚的重要一环,发挥了易地扶贫搬迁金融主力军的作用。两家银行合计投放易地扶贫搬迁贷款4251亿元,贷款余额2572亿元,惠及836万建档立卡贫困人口。

一、背景情况

2015年,党中央、国务院印发的《中共中央 国务院关于打赢脱贫攻坚战的决定》中明确提出,对居住在生存条件恶劣、生态环境脆弱、自然灾害频发等地区的农村贫困人口,加快实施易地扶贫搬迁工程,"由国家开发银行中国农业发展银行发行政策性金融债,按照微利或保本的原则发放长期贷款,中央财政给予90%的贷款贴息,专项用于易地扶贫搬迁"。《"十三五"易地扶贫搬迁工作方案》和《全国"十三五"易地扶贫搬迁规划》进一步明确了开发银行、农发行支持易地扶贫搬迁的工作职责,要求两家银行为省级投融资主体提供易地扶贫搬迁长期贷款和专项建设基金,用于规划范围内建档立卡搬迁人口住房建设,以及包括同步搬迁人口在内的安置区配套基础设施、公共服务设施建设。

随着易地扶贫搬迁融资政策调整,两家银行已不再新发放易地扶贫搬迁贷款。2018年,在规范地方政府隐性债务背景下,财政部等五部委印发《关于调整规范易地扶贫搬迁融资方式的通知》,要求新增搬迁人口的资金需求不足部分由各省(自治区、直辖市)通过发行地方政府债券筹集或地方政府财政预算安排,不得再通过投融资平台举债。中国银保监会第一时间督促两家银行落实文件要求,合规开展业务,多次通过监管通报等方式要求银行严格遵守地方政府债务管理的有关法律法规和政策要求。目前,两家银行已停止新发放中央财政贴息易地扶贫搬迁贷款,正在有序稳妥收回存量贷款,余额相比最高时已下降40%。

二、主要工作

(一)加强监管引领,出台差异化政策

一是指导两家银行设立扶贫金融事业部。落实《中共中央 国务院关于打赢脱贫攻坚战的决定》要求,中国银保监会指导开发银行、农发行设立"扶贫金融事业部",对扶贫业务单列计划、单给政策、单独考核,引导全行资源向脱贫攻坚凝焦聚力。二是出台差异化监管政策。结合中央贴息易地扶贫搬迁贷款决策机制、业务模式、政策支持情况等因素,对开发银行、农发行发放的中央贴息易地扶贫搬迁贷款给予较低的风险权重,适度降低其资本占用。三是组织召开扶贫工作座谈会。中国银保监会党委委员、副主席周亮同志主持召开政策性金融机构扶贫工作座谈会,总结包括易地扶贫搬迁在内的金融扶贫工作成绩,指出存在的问题,提出下一步工作要求。

(二)加强调查研究,鼓励探索创新

一是组织调查研究。中国银保监会将"开发银行、农发行精准扶贫金融服务情况"列为2018年部门重点调研课题,组织广西、四川、甘肃、贵州、黑龙江、江西、内蒙古等10个银保监局在辖内开展了专题调研,实地赴甘肃、青海、江西进行调研,实地了解金融服务易地扶贫搬迁中的良好做法、存在的问题和困难。二是鼓励加强易地扶贫搬迁模式研究和总结。开发银行探索出了对接省级投融资主体"统一贷款、统一采购、统一还款"的融资模式,被中央有关部门采纳。农发行摸索总

结出了"整体推进、统分结合、精准落地、封闭运行"的易地扶贫搬迁实践经验,并率先在银行间债券市场成功发行扶贫专项金融债和普通扶贫债,开启引导社会资金支持扶贫事业的筹资新模式。三是鼓励为贫困地区提供融智服务。鼓励两家银行通过提供培训、加强干部交流等方式,帮助贫困地区提高干部队伍素质,解决贫困地区缺思路、少方法的问题。

(三)坚持问题导向,及时提示风险

一是及时提示问题风险。中国银保监会通过现场检查、非现场监管、专项调研等方式,持续关注两家银行支持易地扶贫搬迁中可能存在的问题和风险,以监管通报等方式提示机构。中国银保监会先后在监管通报中提示银行个别易地扶贫搬迁项目存在配套设施建设费用占比过高、贷款被项目公司挪用等问题,提出监管意见并督促整改。二是结合扶贫领域作风专项治理,扎实做好整改工作。中国银保监会督导两家银行结合扶贫领域作风问题专项治理,扎实做好中央脱贫攻坚专项巡视反馈问题以及监管发现问题整改工作,要求两家银行认真做好易地扶贫搬迁贷款发放过程中存在的问题整改并严肃问责。三是做好政策衔接,合规开展业务。2018 年,易地扶贫搬迁融资政策进行调整,新增资金缺口不得再通过投融资平台举债。中国银保监会第一时间督导两家银行落实政策要求,合规开展业务,并多次通过监管通报等方式要求银行严格遵守地方政府债务管理的有关法律法规和政策要求。

三、工作成效

(一)以"融资"保障资金供给,发挥金融主力军作用

两家银行立足职能定位,主动担当作为,发挥了易地扶贫搬迁金融主力军的作用。截至 2020 年 5 月末,在全国有易地扶贫搬迁任务的 22 个省(自治区、直辖市),开发银行累计投放易地扶贫搬迁贷款 1128 亿元,贷款余额 634 亿元,支持 312 万建档立卡贫困人口实施易地扶贫搬迁。农发行累计投放易地扶贫搬迁贷款 3123 亿元,贷款余额 1938 亿元,支持 524 万建档立卡贫困人口实施易地扶贫搬迁。农发行易地扶贫搬迁贷款审批额、投放额、余额、同业占比均位列银行业第一位。

（二）以"融智"破解业务瓶颈，提升金融扶贫质效

一是发挥自身专业优势。两家银行积极参与地方编制"十三五"易地扶贫搬迁规划，主动对接政府部门，协助22个省（自治区、直辖市）做好省级扶贫投融资主体组建工作，并提供咨询服务。二是融资与融智并重，实现人才上下贯通。开发银行将基层干部"请上来"，介绍金融支持易地扶贫搬迁的经验和实践。农发行将业务骨干"派下去"，赴贫困地区开展专职工作，为脱贫攻坚提供一线战斗力，解决贫困地区缺思路、少方法的问题。三是探索模式创新，构筑内生动力。农发行贵州分行依托水城县旅游资源，结合当地"资源变资产、资金变股金、农民变股东"的"三变"改革，探索创新"易地扶贫搬迁+特色乡村旅游+三变"的新模式，投放2.5亿元贷款支持水城县易地扶贫搬迁，协助规划打造当地民族旅游特色产业，将融资与融智相结合，将景区建设与易地扶贫相结合，惠及搬迁人口2042户8631人，让贫困农户"搬得出、稳得住、能致富"。

（三）以"融制"实现合规发展，防控银行信贷风险

一是迅速建章立制，构建信贷产品体系。两家银行结合易地扶贫搬迁业务实际，出台了覆盖授信评审、信贷管理、贷款定价、审批流程各个环节的系列制度文件，明确了借、用、管、还等方面的差异化要求，在简化流程的同时，根据中央的原则和要求，强调了贷款管理与使用的底线、红线，完善了易地扶贫搬迁信贷产品体系。二是健全风控体系，加强信贷管理。两家银行加强精细化管理，严格执行国家关于易地扶贫搬迁项目、搬迁对象、贷款额度相关规定标准，对各类易地扶贫搬迁贷款资金分户管理，封闭运行，严格资金支付程序，加强延伸管理，确保贷款精准落地。

四、下一步工作

下一步，中国银保监会将深入落实党中央、国务院关于做好易地扶贫搬迁后续扶持工作的各项部署要求，增强"四个意识"，坚定"四个自信"，做到"两个维护"，指导两家银行持续加大易地扶贫搬迁后续扶持力度，做好"后半篇文章"，助力如期全面打赢脱贫攻坚战。

（一）坚决打赢脱贫攻坚战

习近平总书记在中央经济工作会议上指出，2020 年全党工作的重中之重是全面建成小康社会，脱贫攻坚是全面小康的重中之重。3 月 6 日，习近平总书记专门主持召开决战决胜脱贫攻坚座谈会，强调必须如期实现全部脱贫目标，没有任何退路和弹性。中国银保监会将督导两家银行深刻认识决战决胜脱贫攻坚的重要性和紧迫性，认真对照脱贫攻坚三年行动方案，高质量完成各项收官工作，确保如期全面打赢脱贫攻坚战。

（二）持续加大工作力度，做好易地扶贫搬迁"后半篇文章"

习近平总书记强调："要加大易地扶贫搬迁后续扶持力度……现在搬得出的问题基本解决了，下一步重点是稳得住、有就业、逐步能致富。"中国银保监会将深入贯彻习近平总书记在陕西、山西、宁夏考察调研时关于易地扶贫搬迁工作的重要指示精神，指导两家银行持续加大易地扶贫搬迁后续扶持工作力度，为易地扶贫搬迁后续扶持提供多元化、市场化、全方位的金融服务，做好易地扶贫搬迁后半篇文章。确保到 2020 年，搬迁群众实现"搬得出、稳得住、能脱贫"，到 2025 年，搬迁群众在稳定脱贫的基础上实现"能发展、可致富"。

（三）处理好支持易地扶贫搬迁和防范金融风险的关系

督导两家银行既要大力支持精准脱贫，又要防范可能出现的风险，把好事办好，把握好信贷投入和风险防控的平衡点，充分研判疫情的潜在冲击，密切关注易地扶贫搬迁扶贫贷款面临的地方政府隐性债务风险，摸清风险底数，制定应对方案。

共青团中央"十三五"以来
支持易地扶贫搬迁工作有关情况

2016 年以来,团中央认真学习贯彻习近平总书记关于扶贫工作的重要论述,坚决落实党中央、国务院关于脱贫攻坚决策部署,先后出台《关于共青团助力脱贫攻坚战的实施意见》《共青团投身打赢脱贫攻坚战三年行动》等文件,聚焦深度贫困地区和特殊困难群体,积极支持易地扶贫搬迁社区建设和后续帮扶工作。

一、明确工作路径

团中央书记处召开专题会议、全国电视电话会议,推动全团深入了解易地扶贫搬迁社区青少年的思想动态、成长需求等有关情况,进而策划实施针对性强的工作项目,大力推动社区共青团组织体系建设;制定出台《共青团参与易地扶贫搬迁社区治理工作的实施方案》,通过活跃社区文化生活、青少年创业帮扶、重点群体关爱、环境美化整治等工作,建立以基层团组织和团属青年社会组织为基本力量、以社区服务项目为重点、以"青年之家"为依托、以政府购买服务为基本保障的共青团参与社区治理阵地、人员、项目、资源"四位一体"工作模式,服务社区整体发展,助力稳定脱贫。

二、深入调研推动

为更好地参与易地扶贫搬迁社区治理工作,书记处第一书记贺军科先后到四川、贵州、湖北、山西、安徽等深度贫困地区和易地扶贫搬迁社区调研慰问,实地勘踏帮扶项目;团中央机关会同省级团委遴选30个规模合理、示范性强、基础较好的易地扶贫搬迁社区开展专题调研,与基层同志现场研究确定相关事项,推动共青团服务社区青少年相关举措落到实处。

三、开展学业就业创业扶贫

根据团的十八大工作部署,支持包括易地扶贫搬迁社区在内的贫困地区开展学业就业创业帮扶。围绕学业资助,设立"希望工程10万+"精准助学基金、"光华助学金"等专项基金,累计筹资4.6亿元、资助建档立卡贫困家庭大中专毕业生159294名;新冠肺炎疫情期间,发起"一起学习、希望同行"项目,累计拨付资金700余万元,为湖北40个具区的5867名贫困家庭学生提供"平板电脑+网络流量+课程资源"等在线教育服务。围绕就业援助,大力实施"千校万岗"大中专学生就业精准帮扶行动,各级团干部共与16.86万名建档立卡贫困家庭学生结成对子,通过多种渠道帮助11.63万名建档立卡贫困家庭毕业生就业;累计动员47万家企事业单位提供岗位1091.6万个,举办专场招聘会2.9万场,尽最大可能覆盖易地扶贫搬迁社区的贫困家庭。围绕创业扶助,目前已推动795个贫困县成立青年创业服务组织,吸纳联系6.7万名创业青年,开展创业服务4200余场次,联合金融机构提供贷款25.347亿元,累计服务易地搬迁社区等贫困地区创业青年40万人次。

四、广泛推动社区青少年服务

一是实施"深度贫困地区青春行"大学生暑期社会实践活动,组织全国100余所学校的1900余名学生及指导教师深入易地扶贫搬迁社区等地开展理论宣讲、法制宣传、文艺汇演、农业知识讲解、留守儿童关爱等工作,使贫困地区群众对党的理论、国家政策及扶贫理念产生情感认同。二是关爱农村留守儿童健康成长,发动1251所高校、企事业单位与774个县区结对,3800多个团支部与9300多所中小学结对,以易地扶贫搬迁社区为重点服务农村留守儿童;在114个村建成"童心港湾",为农村留守儿童提供亲情陪伴、情感关怀、自护教育、励志教育等服务。三是联合安踏集团在四川雷波、昭觉、普格 3 个县的 7 个易地扶贫搬迁社区捐赠了价值 500 万元的运动装备。

五、积极引入智力资源

一是深入实施大学生志愿服务西部计划和中国青年志愿者扶贫接力计划,向 782 个国家级贫困县派遣西部计划志愿者 71838 人,以易地扶贫搬迁社区为重点开展教育扶贫、公益扶贫、创业扶贫等志愿服务活动。二是联合中央文明办等实施关爱农村留守儿童"七彩假期"志愿服务项目,在 704 个国家级贫困县设立服务点,直接服务易地扶贫搬迁社区等地 18.4 万名农村留守儿童和随迁子女,志愿服务时长 402.6 万小时。三是持续组织"新时代·艺起来"——新文艺青年进社区(乡村)活动,建设街舞公益教室 733 个,开展公益课堂 1588 次,18 万青少年获益。

国家开发银行"融资、融智、融制"助力易地扶贫搬迁有关情况

"十三五"以来,国家开发银行作为金融扶贫的主力军,坚决贯彻党中央、国务院决策部署,以习近平总书记关于扶贫工作的重要论述为指引,在国家发展改革委等部委的指导下,坚持开发性金融机构定位,坚持履行政治责任和使命担当,积极运用开发性金融原理和方法,用真心、付真情、出真力,全面支持和服务易地扶贫搬迁工作,为易地扶贫搬迁提供了有力保障,为开发性金融支持脱贫攻坚事业积累了实践经验。截至 2020 年 6 月 15 日,国家开发银行在全国有易地扶贫搬迁任务的22 个省(自治区、直辖市)累计发放贷款 1127 亿元;审批专项建设基金 216 亿元,投放 199 亿元;合计投放资金 1326 亿元,累计支持约 312 万建档立卡贫困人口实施易地扶贫搬迁。

一、易地扶贫搬迁是一项光荣伟大的政治任务

2017 年 12 月 31 日,新年前夕,习近平总书记在新年贺词中向全国各族人民、世界各国各地区的朋友们郑重宣告:"'安得广厦千万间,大庇天下寒士俱欢颜!'340 万贫困人口实现易地扶贫搬迁、有了温暖的新家。"这段话,朴素却深情,回响耳畔、直抵人心,是对易地扶贫搬迁工作的肯定和鼓励,亦是期许和承诺,充分体现了习近平总书记的为民情怀、赤子之心,体现了党中央对实施"挪穷窝""拔穷根"的坚定信心。

古往今来,移民搬迁是人民追求美好生活的一种重要途径。从"三西吊庄移民"开始,搬迁成为中国开发式扶贫的重要措施。经过历次扶贫开发后,约有 1000

万贫困群众仍生活在"一方水土养不好一方人"地区，成为"十三五"时期最难脱贫的一批。从黄土高坡到雪域高原，从大山深处到棚户陋室，习近平总书记走遍14个集中连片特困地区，连续6年在春节前夕赴艰苦地区慰问，始终念兹在兹、心有牵挂。习近平总书记亲自挂帅，全党全社会广泛动员，"中央统筹、省负总责、市县抓落实"合力攻坚的局面迅速形成：党中央决策部署，国家发展改革委、国务院扶贫办、财政部、自然资源部、中国人民银行、国家开发银行、中国农业发展银行等有关部门统筹政策供给和资金安排；22个省（自治区、直辖市）负责组织领导和协调推进；约1400个县负责动员和落实具体工作。截至2020年4月底，全国累计建成安置住房266万余套，累计实施搬迁960万余人，搬迁入住率达到99.4%，易地扶贫搬迁工作取得决定性进展，进入最后攻坚阶段。

易地扶贫搬迁"一站式"实现了安居乐业，实现了绝大多数贫困户毕生的梦想。正安县桐梓村的村民说："过去家里早晨滑落个盆，捡回来要一个上午。"现在，他们终于可以点燃鞭炮庆祝乔迁新居和新生活的开始。搬迁实实在在地给老百姓带来幸福，给区域发展带来实质变化。2018年2月，习近平总书记在四川考察时指出，这里的实践证明，易地扶贫搬迁是实现精准脱贫的有效途径，一定要把这项工作做好做实。参与易地扶贫搬迁的每一位同志都深深感到责任重大、使命光荣。

二、打好易地扶贫搬迁战必须做到讲政治有担当

2015年11月，《中共中央　国务院关于打赢脱贫攻坚战的决定》印发，并明确了国家开发银行对易地扶贫搬迁的金融支持责任。国家开发银行即把易地扶贫搬迁这一重大政治任务作为全行工作的重中之重，举全行之力，汇全行之智，不断提高政治站位，努力成为易地扶贫搬迁战场上的金融担当。

工作伊始，部分地区对"省负总责"融资机制理解存在疑虑，对有关政策、标准的把握和理解不一。国家开发银行作为中央指定的融资机构，有责任严格执行中央政策标准，守住红线，把好融资准入关，同时也面临诸多压力与挑战。一方面是加快资金投放的压力，另一方面坚守底线，就要面对高压力，稍有松懈，或将触碰高压线。面对考验和抉择，国家开发银行始终坚守底线，坚决执行"省负总责"融资机制。总行党委身先士卒，全行上下齐心协力，积极与中央和国家有关单位反复沟

通汇报,争取支持;在国务院有关会议、全国易地扶贫搬迁现场会、国际减贫论坛、省级高层联席会上宣介政策,争取认同;组织承办地方扶贫干部专门培训20余场,累计向1550人次地方干部详细讲解政策,争取理解。矢志不渝的坚守最终赢得了各级政府的信心和认可,促进了中央政策的实施落地,做到了资金的上下贯通,保障了搬迁安置的工作进度。

政治担当是擂起战鼓时的冲锋陷阵,也是鸣金收兵时的令行禁止和整装待发。2018年,中央关于地方政府债务管理要求不断加强,各地关于易地扶贫搬迁资金筹措和使用方式的顾虑不断出现,突击提款冲动不同程度存在。国家开发银行始终保持政治定力,正确理解中央政策导向,保持与有关部门密切沟通,并对可能的政策变化作出了预研预判,要求各分支机构逐步做好相关准备。收到财政部等5部委关于规范调整融资方式的通知后,国家开发银行党委高度重视,行领导第一时间作出重要批示指示。国家开发银行总行迅速响应,召开全行会议传达中央精神;制定贯彻措施、印发工作通知并组织分行抓好贯彻落实;向国家发展改革委、财政部、中国人民银行等有关部委汇报国家开发银行有关举措,得到一致认可。目前,22个有搬迁任务的省份全都制订了贷款置换偿还计划,政策调整转换过渡平稳。

三、易地搬迁战场上"融资、融智、融制"一个都不能少

(一)"融资"是稳定资金供给的"压舱石"

在"十三五"易地扶贫搬迁工作初期,国家开发银行批量、长期资金为工程资金缺口提供了有力支持。2001—2015年,国家实施易地扶贫搬迁工程投资总和为1193亿元。"十三五"期间,易地扶贫搬迁总投资达5922亿元,是前15年的5倍。其中,约3500亿元资金缺口需要信贷资金解决。国家开发银行对所需资金进行了全额承诺,并在近几年棚改、水利、交通等领域资金需求旺盛、信贷规模紧张的背景下,全行上下统一思想,确立了优先保障易地扶贫搬迁资金需求的工作原则。只要地方有需求、满足贷款发放条件,国家开发银行确保易地扶贫搬迁贷款及时、足额发放,为稳定易地扶贫搬迁资金供给起到了关键作用。

（二）"融智"是破解业务瓶颈的"金刚钻"

国家开发银行始终以扶智、脱贫为落脚点，为贫困地区提供全面的融智服务，提升其内生发展动力。一是参与搬迁融资模式的顶层设计。发挥专家、行业优势，研究设计了省级投融资主体"统一贷款、统一采购、统一还款"的融资模式，并被中央有关部门采纳。二是规划引领搬迁地区科学发展。因地施策、量体裁衣，支持和参与地方编制"十三五"易地扶贫搬迁规划，协助22个省（自治区、直辖市）组建投融资主体，并提供咨询服务。三是实现人才智力的上下贯通。通过召开全国易地搬迁工作培训会、地方干部培训会等会议，将基层干部"请上来"，宣介开发性金融支持搬迁的理念和方法，拓宽脱贫致富的思路和举措。选派专员赴贫困地区开展专职工作，"走下去"看实情、听心声，为脱贫攻坚提供一线战力。

（三）"融制"是保障合规发展的"定盘星"

为保障业务高效、合规推进，国家开发银行在建章立制上大下了一番"绣花"功夫。一是为搬迁业务量身打造一套信贷制度。这套制度覆盖了授信评审、信贷管理、贷款定价、审批流程各个环节，明确了借、用、管、还等方面的差异化要求，在开通绿色通道、简化流程的同时，根据中央的原则和要求，强调了贷款管理与使用的底线、红线。二是完善了风险防控的手段。加强对工作的精细化管理和成效监测，主动出击，排查问题，不断完善制度，整改问题，确保稳健合规发展。三是建立与外部检查的联动机制。积极配合国家发展改革委、审计署、中国银保监会等单位开展监督检查，直面问题，逐一剖析，积极协助引导地方政府开展整改工作。

四、聚焦持久稳定脱贫，大力支持易地扶贫搬迁后续发展

（一）深入调研，完善金融支持政策体系

国家开发银行认真贯彻落实全国易地扶贫搬迁后续扶持工作现场会精神，在国家发展改革委、国务院扶贫办的指导下，及时组织10个调研组深入易地扶贫搬迁重点省份调研，掌握大型搬迁点的规模、分布、工程进展、入住及就业等第一手数据，形成《着眼"人的发展"做好易地扶贫搬迁后续支持工作》报告上报中共中央办

公厅、国务院办公厅,并被相关部门采纳。通过调研,研究提出以发展安置区产业带动搬迁群众就业、保障和改善搬迁群众生产生活条件作为工作重点,优先支持大中型集中安置区所在区域全面发展的工作思路。设立搬迁后续发展贷款,支持对搬迁的建档立卡贫困人口有就业脱贫带动作用的产业扶贫项目,以及基础设施补短板项目。从 2019 年开始,按年度制定易地扶贫搬迁后续发展贷款计划,并将任务分解到相关分行,加强组织推动,确保落到实处。

(二)聚焦重点,助力搬迁群众就业脱贫发展

一是发展农村特色产业。根据各地资源禀赋,紧扣市场需求,支持发展现代农业、农产品加工流通业以及乡村旅游等新型业态。二是着力培育壮大县域经济。在打造有区域特色的产业集群,结合优势资源大力培育主导产业的同时,鼓励和发动安置区域内企业客户尽可能吸收搬迁群众参与生产稳定就业。三是在安置区域引导龙头企业落地。积极支持龙头企业到安置区所在县城及园区内投资兴业,引导东部发达地区的资金、资源、项目、技术等向搬迁安置县域投放,带动搬迁人口就业增收。四是提高集中安置人口迁入区域的承载能力。大力推进安置区与城镇一体化建设发展,支持涉及搬迁群众切身利益的水、电、气、暖、污水管网等基础设施新建、改扩建。五是补齐大型安置区配套设施和公共服务短板。积极支持大型安置区周边的教育、医疗、养老等配套基础设施建设,进一步完善安置区所在区域的公共服务水平。

(三)加大力度,推动后续扶持工作取得实效

截至 2020 年 5 月 31 日,累计发放搬迁后续发展贷款金额 281.5 亿元,辐射 1549 个集中安置区,惠及搬迁群众约 37 万人。一是聚焦特大型安置区,体现"集中力量办大事"优势。如在甘肃古浪移民安置区,发放扶贫贷款 5000 万元,支持 800 余户搬迁群众养殖肉牛、肉羊,带动搬迁群众增收。二是以产业扶贫支持为主力,实现安置区稳增长稳就业。如在四川绵阳 12 个安置区,累计发放贷款 123 亿元支持京东方集团疏解非首都功能,延伸产业布局,带动周边 106 名建档立卡贫困人口就业增收。三是补齐安置区基础设施短板,解决"最后一公里"问题。如在江西赣州良瑞佳园等 6 个县 29 个集中安置区,贷款 2.8 亿元支持搬迁安置区域与城乡一体化实施供水工程,惠及搬迁群众 2.5 万人。

五、有关工作思考

（一）以系统性思维做好统筹

习近平总书记指出，易地扶贫搬迁要突出让贫困家庭"搬得出、稳得住、能脱贫"，着力加强产业配置和就业安置。易地搬迁不易，稳定脱贫更难。实施好易地扶贫搬迁这一复杂的系统工程，不仅要把安置房建好，更要把贫困户后续发展办法考虑好；不仅要把工程建设好，更要把文化、民族、宗教等社会治理问题解决好；不仅要各级政府积极作为，更要把金融机构、投融资平台、建设主体、搬迁群众等众多参与主体的主观能动性调动好；不仅要整合各渠道资金，更需要整合各种社会资源、平衡资源环境承载能力、创新管理体制机制。

开发性金融不仅提供资金保障，更应在规划研究、服务战略、扶智建制、社会共建等领域发挥综合优势，多维度、多领域，在易地扶贫搬迁攻坚战战前、战时、战后，承担更大责任。

（二）以发展的眼光看待问题

我国从 2001 年起有组织成规模地开展易地扶贫搬迁工程，已积累了丰富实践经验，取得巨大成果。与之前相比，"十三五"易地扶贫搬迁规模与前 15 年的总和相当，资金量是前 15 年总和的 5 倍，而任务时间却缩短到 5 年，时间之紧、任务之重，在中外历史上前所未有。新时期易地扶贫搬迁政策不但有历史经验的总结，也有"摸着石头过河"的探索和创新。随着工程推进，各种新情况、新问题不断出现，相关政策不断完善、不断细化，更加精准。近年来，在党中央的正确领导下，国家发展改革委等有关部门积极作为，易地扶贫搬迁工作在安置方式、搬迁标准、资金用途、融资模式等诸多领域正在经历"政策制定—政策执行—效果检查—问题整改—政策完善"的历程。认识问题、解决问题的线性过程，带来了易地扶贫搬迁政策执行效果的螺旋式上升。

（三）以科学全面的方式推动发展

扶贫收官之年遭遇新冠肺炎疫情，对后续扶持工作提出了更高的要求。

习近平总书记指出,越是在这个时候,越要用全面、辩证、长远的眼光看待我国发展。搬迁后续扶持工作情况复杂、意义重大,涉及社会治理、经济发展等多个层面。在具体推动过程中如不能科学合理制定支持政策和部署工作,有可能出现安置区"空心化"、产业发展薄弱、搬迁人口外流、社会矛盾激化等多种风险。做好搬迁后续扶持工作,应坚持搬迁人口脱贫与区域经济发展相结合,合理把握个体精准与整体布局的关系;坚持国家统筹与"一县一议"相结合,有效填补搬迁后续发展短板;坚持财政与金融相结合,强化资金供给有效性;坚持政府与市场相结合,实现风险可控的持续发展。

下一步,国家开发银行将继续认真贯彻落实党中央、国务院的有关部署,以合规存量贷款为抓手,继续在融智、扶志、建制等领域服务好易地扶贫搬迁和后续发展工作,以"随时备战"的状态迎接脱贫攻坚新任务、新战役,为脱贫攻坚工作贡献开发性金融智慧和力量。

中国农业发展银行支持
易地扶贫搬迁有关情况

易地扶贫搬迁是脱贫攻坚的"头号工程"和标志性工程。自 2015 年以来,中国农业发展银行坚决贯彻落实党中央、国务院关于打赢精准脱贫攻坚战的决策部署,严格执行国家发展改革委、财政部等部委的工作要求,把支持易地扶贫搬迁摆在重中之重,自觉提升站位,率先主动作为,紧紧围绕建档立卡贫困人口"搬得出、稳得住、能脱贫"的目标,创新信贷产品、优化金融服务,保障资金供给,全力服务中央和地方易地扶贫搬迁规划实施,打响了金融服务易地扶贫搬迁的"当头炮",成为易地扶贫搬迁主力银行。

一、工作成效

2015 年 11 月,《中共中央 国务院关于打赢脱贫攻坚战的决定》明确提出,对居住在生存条件恶劣、生态环境脆弱、自然灾害频发等地区的农村贫困人口,加快实施易地扶贫搬迁工程,由中国农业发展银行发行政策性金融债,按照保本或微利的原则发放长期贷款,专项用于易地扶贫搬迁。国家《"十三五"时期易地扶贫搬迁工作方案》和《全国"十三五"易地扶贫搬迁规划》的出台,进一步明确了中国农业发展银行支持易地扶贫搬迁的工作职责,要求中国农业发展银行为省级投融资主体提供易地扶贫搬迁长期贷款和专项建设基金,用于规划范围内建档立卡搬迁人口住房建设,以及包括同步搬迁人口在内的安置区配套基础设施、公共服务设施建设。

中国农业发展银行总行党委高度重视,秉承家国情怀,率先主动作为,确定了以服务脱贫攻坚统揽业务全局的战略定位,将支持易地扶贫搬迁作为服务脱贫攻坚的"切入点"和"突破口",推动各项工作、各种资源、各方力量向服务脱贫攻坚聚合,构建全行全力全程扶贫的工作格局,树立扶贫银行的品牌形象。2015 年,中国农业发展银行在支持易地扶贫搬迁方面实现了"五个率先":率先在全国金融系统成立扶贫金融事业部;率先投放首笔易地扶贫搬迁贷款;率先向县级延伸扶贫金融服务机构并实现对国家级贫困县全覆盖;率先制定政策性金融扶贫五年规划;率先在银行间债券市场成功发行扶贫专项金融债和普通扶贫债,打响了金融服务易地扶贫搬迁的"当头炮"。目前,全行累计投放易地扶贫搬迁贷款 3123 亿元,贷款余额 1938 亿元,惠及建档立卡搬迁人口 524 万人,实现了易地扶贫搬迁贷款审批、投放、余额、同业占比以及省级投融资主体在中国农业发展银行开立基本账户数量"五个第一",成为易地扶贫搬迁主力银行。

二、工作历程及主要做法

(一)完善体制机制,强化组织保障

2015 年 8 月,在全国金融系统率先成立扶贫金融事业部;在全国 22 个扶贫工作重点省(自治区、直辖市)分行,专门设立单独的扶贫业务处;在有扶贫开发任务的市级分行,设立了扶贫业务部;在全国 832 个国家级贫困县,设立中国农业发展银行县支行"扶贫金融事业部",实现政策性金融服务对贫困地区的覆盖,为政策性金融支持脱贫攻坚提供强有力的组织保障。总行与 22 家省(自治区、直辖市)分行党委签订脱贫攻坚责任书,推动信贷、计划、人力、财力等各项资源向脱贫攻坚聚合,构建全行全力全程的服务脱贫攻坚工作格局。

(二)迅速建章立制,构建信贷产品体系

根据地方政府推进易地扶贫搬迁资金短缺、迫切需要贷款支持的实际,中国农业发展银行 2015 年 8 月出台了易地扶贫搬迁贷款管理办法等一系列文件,8 月 14 日实现第一笔易地扶贫搬迁贷款投放,标志着中国农业发展银行易地扶贫搬迁贷款业务正式启动。2015 年 9 月 22 日,印发了《中国农业发展银行易地扶贫搬迁地方政府补助资金专项贷款管理办法(试行)》,完善了易地扶贫搬迁信贷产品体系。

国家"十三五"时期易地扶贫搬迁工作方案和规划正式出台后,中国农业发展银行紧密对接国家政策要求,于2017年2月印发了《中国农业发展银行易地扶贫搬迁专项贷款办法(2017年修订)》,按照"中央统筹、省负总责、市县抓落实"的原则,全面构建了"整体推进、统分结合、精准落地、封闭运行、保本经营"的易地扶贫搬迁信贷支持模式,采取了"办贷优先、规模倾斜、利率特惠、期限延长"等优惠政策,精准定位1000万建档立卡贫困人口,严格按照建设标准,合理确定贷款规模,有力支持各省(自治区、直辖市)易地扶贫搬迁规划实施。

(三)倾力融资融智,优化金融服务

主动对接省级政府及易地扶贫搬迁主管部门,积极配合做好省级投融资主体组建工作,为省级投融资主体提供账户服务,参与研究易地扶贫搬迁各渠道资金的衔接机制,打通省级投融资主体与市县项目实施主体之间的资金渠道。在贷款审批阶段,实行一次审批、分次发放的方式,开辟绿色办贷通道,前后台紧密协作,优先调查评估,优先上会评审,加快项目评审进程,提高办贷质效,充分发挥中国农业发展银行机构健全优势,贴身提供金融服务,确保贷款资金迅速用到项目建设上,切实提高资金效率。全额减免资金支付结算手续费,进一步减轻贫困地区财政负担。

(四)保障资金供应,拓宽筹资渠道

为保障在"十三五"期间为地方提供稳定的低成本易地扶贫搬迁信贷资金,确保各地易地扶贫搬迁工程顺利推进,中国农业发展银行积极加大资金筹措,通过银行间债券市场发行专项扶贫金融债。2016年4月1日,成功发行金融系统首笔易地扶贫搬迁专项金融债券,筹资100亿元。中国农业发展银行扶贫专项金融债券成功发行,是金融扶贫模式的重大创新,也是债券市场的创新之举,开启了引领社会资金支持扶贫事业的筹资新模式。新华社第一时间发布了《农发行成功发行100亿元扶贫专项金融债》的消息,搜狐网等几十家媒体纷纷转发,社会反映良好。4年来先后发行扶贫专项金融债960亿元,发行普通扶贫金融债600亿元,精准对接易地扶贫搬迁资金需求,为脱贫攻坚信贷资金拓宽筹资渠道。

(五)执行国家政策,做好政策衔接工作

2018年6月份以来,财政部、国家发展改革委、国务院扶贫办等部委先后联合下发了2份通知文件,对易地扶贫搬迁融资方式作出相应调整,将易地扶贫搬迁贷款融资调整为地方发债解决。针对国家易地扶贫搬迁融资政策的变化,为切实做好信贷政策衔接工作,防范地方政府隐性债务风险,中国农业发展银行先后下发了《关于坚决贯彻落实财政部等五部委〈关于调整规范易地扶贫搬迁融资方式的通知〉的意见》和《关于贯彻落实财政部等四部委关于进一步做好调整规范易地扶贫搬迁融资方式工作的通知》,要求各行坚决贯彻落实国家政策要求,不得再审批和投放易地扶贫搬迁贷款,积极配合各级地方政府做好易地扶贫搬迁融资方式调整政策衔接工作,有序稳妥收回易地扶贫搬迁存量贷款。

（六）强化贷款管理,切实防控信贷风险

中国农业发展银行不断健全信贷风险防控体系,加强易地扶贫搬迁贷款贷后管理,扎实做好日常监测,切实防控信贷风险。加强贷款贷后管理,及时印发《关于进一步加强扶贫贷款贷后管理工作的通知》,指导业务条线进一步规范和加强扶贫信贷业务贷后管理工作,切实提高风险防控水平,确保扶贫贷款精准、合规、稳健、可持续发展。加强贷款档案管理,指导各省级分行逐项目建立完善易地扶贫搬迁档案资料,并对易地扶贫搬迁项目建设及变更、资金支付、贷后管理等各类资料及时归档,做到每一个项目都有据可查、说得清楚。加强贷款风险监测,充分利用CM2006、扶贫贷款台账等信息系统,持续做好易地扶贫搬迁存量贷款风险监测工作,及时消除风险隐患,确保问题早发现、早预警、早处置。目前,中国农业发展银行易地扶贫搬迁信贷资产质量良好,无不良贷款。

三、主要经验

通过近几年扎根地方易地扶贫搬迁金融服务工作,中国农业发展银行积累了丰富的实践工作经验,所取得的工作成绩和扶贫成效,也获得了广大搬迁户和社会各界的认可。同时,摸索总结出了"整体推进、统分结合、精准落地、封闭运行"的易地扶贫搬迁工作经验,为持续抓好易地扶贫搬迁金融服务工作,特别是易地扶贫搬迁后续扶持提供了思路和遵循。

一是整体推进。根据"十三五"时期易地扶贫搬迁方案和各省易地扶贫搬迁实际,中国农业发展银行易地扶贫搬迁信贷支持统筹考虑了全国1000万建档立卡人口搬迁和同步整村搬迁的资金需要,同时按照两类人口执行的国家搬迁政策和标准区别,有针对性地推出了易地扶贫搬迁专项贷款和易地扶贫搬迁项目贷款等贷款品种,一揽子解决各地易地搬迁各类资金需求,帮助建档立卡人口搬迁和同步整村搬迁整体推进。

二是统分结合。在贷款模式上,根据两类搬迁责任主体的不同,采取统分结合的贷款方式。对1000万建档立卡人口搬迁的信贷支持,按照"省负总责、市县抓落实"的工作要求,通过统贷的方式,向省级投融资主体发放易地扶贫搬迁专项贷款。对同步整村搬迁,按照地方负责筹资、实施的特点,通过分贷的方式,向地方政府授权的市、县级公司发放易地扶贫搬迁项目贷款,两类贷款资金在地方实施易地扶贫搬迁工程中充分发挥协同作用。

三是精准落地。在信贷支持上,突出"精准",搬迁项目必须纳入各省"十三五"易地扶贫搬迁规划,必须符合地方年度实施方案;搬迁对象必须纳入全国1000万搬迁人口,同步整村搬迁对象必须是各地划定的搬迁区域内的人口。贷款额度必须严格执行国家规定的搬迁标准,不超范围、超标准提供贷款支持。确保中国农业发展银行投放的每一笔易地扶贫搬迁贷款都能精准对接地方搬迁实际需要,实现精准落地。

四是封闭运行。在各类易地扶贫搬迁资金管理上,实现分户管理,封闭运行,严格资金支付程序,加强延伸管理,确保易地搬迁信贷资金精准用于易地搬迁人口的安置房建设、配套生活设施改善、后续产业发展等,确保资金专项专用,坚决防止挤占挪用,充分发挥扶贫资金质效。

当前,中国农业发展银行正转入全力支持易地扶贫搬迁后续扶持的新阶段。习近平总书记强调:"要加大易地扶贫搬迁后续扶持力度。全国易地扶贫搬迁960多万贫困人口,中西部地区还同步搬迁500万非贫困人口,相当于一个中等国家的人口规模。现在搬得出的问题基本解决了,下一步重点是稳得住、有就业、逐步能致富。"后续扶持工作能否做好,决定易地扶贫搬迁的成败。中国农业发展银行继续发挥好政策性金融扶贫重要作用,主动作为,尽锐出战,切实加大易地扶贫搬迁后续扶持工作力度。中国农业发展银行及时转发国家发展改革委等13部委《关于印发2020年易地扶贫搬迁后续扶持若干政策措施的通知》,印发《关于开展信贷支持易地扶贫搬迁后续扶持专项行动的通知》,对金融服务易地扶贫搬迁后续扶持作出顶层设计,明确了任务目标、支持领域、优惠政策和工作措施等,继续发挥政策性金融优势,围绕"三专一多"(专项行动、专项政策、专项额度、多种产品),明确中国农业发展银行支持易地扶贫搬迁后续扶持力争做到"三个实现":力争实现对搬迁贫困人口超过 1 万人的集中安置区易地扶贫搬迁后续扶持贷款投放全覆盖;力争实现对搬迁贫困人口超过 800 人的集中安置区易地扶贫搬迁后续扶持贷款投放覆盖比例不低于 50%;有易地扶贫搬迁任务的 22 个省级分行全部实现易地扶贫搬迁后续扶持贷款投放。同时,明确 22 个重点省级分行贷款投放专项目标任务,早对接、早投放、早见效,切实彰显金融扶贫先锋主力模范作用。

下一步,中国农业发展银行将深入贯彻习近平总书记在决战决胜脱贫攻坚座谈会上的重要讲话和在陕西、山西考察调研时关于易地扶贫搬迁工作的重要指示精神,落实党中央、国务院关于做好易地扶贫搬迁后续扶持工作的部署要求,开展好易地扶贫搬迁后续扶持专项行动,持续加大易地扶贫搬迁后续扶持工作力度,为易地扶贫搬迁后续扶持提供多元化、市场化、全方位的金融服务,确保到 2020 年,搬迁群众实现"搬得出、稳得住、能脱贫";到 2025 年,搬迁群众在稳定脱贫的基础上实现"能发展、可致富"。

工作纪实——地方篇

易地扶贫搬迁的燕赵画卷

——河北省"十三五"易地扶贫搬迁工作纪实

"全面建成小康社会,一个不能少;共同富裕路上,一个不能掉队。"习近平总书记的殷殷寄语依然在燕赵大地上回响!

河北是"新中国从这里走来"的热土,脱贫攻坚是习近平总书记心里最牵挂的大事。党的十八大以来,习近平总书记先后7次视察河北,第一次赴农村地区视察,就来到老区、山区、贫困地区三区合一的河北省阜平县,冒严寒、踏冰雪看望困难群众,共商脱贫之策。在这里,习近平总书记向全党全国发出了脱贫攻坚的进军令:没有农村的小康,特别是没有贫困地区的小康,就没有全面建成小康社会。

易地扶贫搬迁是脱贫攻坚的"头号工程"和标志性工程,是"五个一批"中最难啃的"硬骨头"。河北省牢记习近平总书记谆谆教导,传承红色基因,弘扬"赶考"精神,按照"省负总责、市县抓落实"总体要求,精准施策、合力攻坚,推动易地扶贫搬迁政策在燕赵大地落地生根、开花结果,谱写了生动的实践画卷。

一、破局——迁离故土,逐梦小康路上

2019年9月,保定市阜平县石滩地易地扶贫搬迁安置区。

初秋的阳光将张根容100平方米的新家照得亮堂温馨,与电视柜上摆放的旧家老屋留念照形成了鲜明对比。说起过去的生活,这位老实巴交的农民不停地叹息:"那里山是石头山,地无几垄田,交通也不便,靠天来吃饭,根本攒不下钱……"

追溯贫困的由来,我们可以清晰地看到:从燕山和太行山地到坝上高原,从山路崎岖到朔风卷地,河北省地形地貌的多样性,导致一些偏僻的深山区和气候恶劣

的坝上高寒地区交通不便,信息闭塞,土地贫瘠,条件艰苦,穷根难拔,一方水土难养一方人。数据显示,"十三五"时期,河北省搬迁总规模为30.2万人,其中建档立卡贫困人口13.6万人,同步搬迁人口16.6万人,主要分布在燕山和太行山深山区、坝上高寒地区和漳河河道行洪区,涉及石家庄、承德、张家口、秦皇岛、保定、邢台、邯郸等7市35县。

古有愚公移太行,今有壮志拔穷根。自易地扶贫搬迁工作启动以来,河北省委、省政府坚决贯彻落实习近平总书记重要指示精神和党中央决策部署,省委书记、省长多次深入张家口、保定等贫困地区调研,河北省发展改革委牵头制定出台了"十三五"易地扶贫搬迁规划和实施方案、2016—2020年年度实施计划等50余份政策文件,搭建了易地扶贫搬迁工作的"四梁八柱",为搬迁工作顺利开展提供了有力支撑。同时,扶贫、民政、财政、人社、国土、住建等职能部门协同作战、合力攻坚,出台配套文件30余份,扎实推进易地扶贫搬迁工作有力、有序、有效开展。一场改变全省搬迁群众命运的壮丽诗篇,正在大笔书写!

2018年冬,张家口市康保县。室外气温已是零下30℃,滴水成冰,但在新建成的康保县城易地扶贫搬迁安置小区内,家家户户暖意融融。77岁的吴志玉和老伴王玉娥坐在沙发上看电视,笑得合不拢嘴。吴志玉说:"每年一入冬都冷得要命,穿着厚厚的棉衣棉裤也挡不住铺天盖地的冷风。现在好了,新家有暖气,再不用担心过冬了。"

作为易地扶贫搬迁的第一批群众,早在2018年年底,吴志玉夫妇便从原来的土房搬迁到了这里。按照每人不超过25平方米、建档立卡贫困户每人自筹3000元的标准,老两口只花了6000元,就住进了水、电、暖等设施齐全的新房。用吴志玉的话说,"搬进来每天都欢喜得很,浑身上下都有劲儿!"

吴志玉和王玉娥的好日子不过是河北省易地扶贫搬迁工作的一个缩影。在他们身后,一个规模庞大的搬迁群体正在脱贫攻坚的征程上,一步一个脚印向幸福迈进!那一个个笑容背后传达出的是喜悦,是希望,更是对美好生活的憧憬和向往!

二、慎微——精准识别,一个都不落下

易地扶贫搬迁工作的基础在于精准识别搬迁对象。河北省以县乡村干部、驻

村工作队为主要力量,严格按照易地扶贫搬迁贫困人口精准识别政策标准,逐村、逐户识别,确保识别工作"村不漏组、组不漏户、户不漏人",实现全覆盖。

"导致群众贫困的原因有很多种,有因病致贫的,有丧失劳动能力致贫的,也有家里突发意外致贫的,这需要我们在工作中做到一一识别,应该搬的力争全部搬迁,不应该搬的一定不搬。"邯郸市大名县搬迁办主任说。

走进位于邯郸市大名县铺上镇的常元康居社区,乔迁新居的申和平感慨万千:"原来家里生活条件不好,老人还有病,三个孩子都在上学,经济负担很大,单靠我打零工,养活一家几口,真的非常吃力。在老家的时候,不要说盖新房子了,日子都不知道怎么过下去。"

对此,包村干部马俊英和同事经过数次走访调查,深入了解申和平一家的实际情况,又经村民大会评议,村、乡、县三级审核公示后,确定他们一家为建档立卡贫困户,享受易地扶贫搬迁的优惠政策,一家 6 口人只花了 1.8 万元就住进了宽敞明亮的新居,同时他的大女儿还享受"雨露计划"的上学补助,圆了她的求学梦。谈到现在的生活,一家人的欣喜之情溢于言表。

"精准识别搬迁人口是易地扶贫搬迁工作的'第一粒扣子',要深入宣传,讲清讲透搬迁政策,充分征求贫困户意见,按照统一的标准,通过规范的流程和方法去开展,不错报一户,更不漏报一户。"河北省发展改革委易地扶贫搬迁办公室主任如是说。

三、疏渠——畅通高效,强化资金保障

易地扶贫搬迁是一项复杂的系统工程,政策性强、投入资金多、涉及面广,推进难度大!对此,河北省委、省政府始终把该项工作作为"一把手工程",深入学习国家政策,借鉴外省经验做法,在做好顶层设计的同时,又出台了资金管理办法、项目管理办法、分散安置管理意见、后续扶持意见等多个政策性规范文件,明确了土地、金融、产业扶持等多项支持性政策举措。

在资金筹措和运转上,河北省按照国家要求,由河北建设投资集团组建省级投融资公司,与县项目公司主动对接,建立了高效通畅的资金运转渠道;通过政府购买服务,聘请项目管理公司、会计师事务所等专业机构,扭住项目和资金两个"牛鼻子",从不同角度、不同领域开展综合性、点穴式抽查核查,力促项目建设。

此外,河北省认真测算资金平衡账,提前谋划资金筹措渠道,不断加大腾退旧房拆除和宅基地复垦复绿工作力度,加速增减挂钩节余指标变现,助力按期偿还贷款融资。截至2020年上半年,全省累计拆除旧房8.3万套,复垦复绿1.8万亩,交易土地指标实现收益25.8亿元。在易地扶贫搬迁工作中,除了财政资金和政策性长期贷款支持外,企业扶贫一直是国家精准扶贫的重要力量。华夏幸福实施对口帮扶涞源县整县脱贫工作,便是企业饮水思源,回报社会的体现。

"怎么也想不到,崭新的小房子,还安装有暖气,以前冬天受冻的日子过去了。屋里接有自来水,不用再像祖祖辈辈那样挑水过日子。华夏幸福来了,把我们几辈子的难事都解决了。"保定市涞源县十八盘村村民张记年脸上洋溢着幸福。

涞源县是国家级深度贫困县,属于燕山—太行山集中连片特困区域,自然环境恶劣、地质灾害频发,贫困人口比例高,贫困程度深,产业基础薄弱。2017年,涞源县人民政府与华夏幸福签订了《华夏幸福对口帮扶涞源县整县脱贫框架协议》,成立对口帮扶涞源县整县脱贫工作领导小组,抽调近百位专业人员进驻精准扶贫一线,充分发挥自身在规划设计、土地整理、基础设施建设、公共配套建设以及产业发展等方面的经验及优势,采取"搬迁安置、危旧房屋改造、基础设施建设、光伏产业扶贫"的模式,助力涞源县扶贫开发项目建设与产业发展,带动当地贫困居民脱贫。

"我们是一家在河北成长起来的民营企业,要勇担企业社会责任,发挥整体优势,在脱贫攻坚中贡献出自己的力量!"2018年河北省脱贫攻坚奖获得者,华夏幸福基业股份有限公司董事长如是说。

四、筑巢——为民筹谋,建设广厦万间

搬迁容易搬"心"难。在易地扶贫搬迁工作中,贫困群众看的不只是住房,更关注搬迁后是否有生计、可致富。

(一)巧布局选地址,完善配套设施

易地扶贫搬迁工作中,安置区选址是成败的关键。河北省坚持把科学选址作为易地扶贫搬迁的重中之重,统筹规划,合理布局,坚持集中安置为主,宜集中则集中、宜分散则分散,通过依托县城、小城镇、产业园区、旅游景区,建设移民新村进行集中安置。其中,整行政村搬迁群众主要向乡镇和县城集中,整自然村搬迁主要向中心村集中,以便于充分发挥公共服务设施效益。保定市阜平县石滩地村的村支部书记也感受颇深,"搬到新家后,上学有幼儿园,看病有诊所,买东西有超市,交通、医疗和孩子入学都有了保障"。在承德平泉市,从交通闭塞的柞栎树镇北洞子村搬迁到八十亩地新村的杨翠英一家,对周围的居住环境非常的满意。"搬过来最大的优点就是去哪儿都方便,再也不用被'困'在山里了!"杨翠英笑着说。

搬迁只是手段,脱贫才是目的。产业扶贫是贫困群众脱贫致富的最有效保障,也是搬迁群众能致富的基础。规划选址中,一方面靠近旅游景区、产业园区,促进搬迁群众就近就业和稳定脱贫;另一方面以县城周边、中心镇区为主要安置区,加快城镇化步伐,保障群众享受便利服务,推动城乡布局进一步优化,配套设施基本实现农村人口全覆盖。据统计,全省有24.8万搬迁群众实现集中安置,其中依托乡镇和县城安置占27%,依托中心村安置占51%,依托旅游景区、产业园区安置占22%。

（二）详规划抓进度,项目加速推进

易地扶贫搬迁工程量大、时间紧、任务重,如何才能在保证质量的基础上按时交房并让搬迁群众尽早入住,开始新生活?

对此,河北省针对406个集中安置项目逐个制订推进计划,督导各地倒排工期,挂图作战,实现以旬保月、以月保季、以季保年。对未开工项目逐县研究调度,落实安置方式,制定推进方案;对在建项目抢抓有效施工期,加派施工力量,优化施工方案;对完工项目完善配套基础设施和公共服务,为搬迁入住创造条件;对建成待分配项目抓紧组织验收分房,全省提前一年完成搬迁安置任务,让搬迁群众早日迁入了新居。

张家口坝上地区自然条件恶劣,生态环境脆弱,无霜期不足97天,有效施工期5个半月。基于此,康保县坚持"有霜期抓前期,无霜期抢工期"的办法,创造了坝上当年开工、当年竣工、当年入住的历史纪录。康保县易地扶贫搬迁项目负责人说:"在一期工程建设中,从施工到完工只用了不到七个月,基本完成了20栋楼13万平方米的建设。在这个过程中,我们提前规划,昼夜赶工,有时候甚至细化到一周调度工作2—3次。"

（三）破瓶颈强监管,确保工程质量

河北省委、省政府高度重视易地扶贫搬迁安置区的建设,发改、住建等职能部门纷纷出台保障政策,为安置房的建设保驾护航。河北省发展改革委优化集中安置项目招投标程序;河北省住建厅加快项目规划和施工许可办理工作;河北省自然资源厅开辟项目用地审批绿色通道,河北省大气办做好采暖季和重污染天气期间施工保障工作,诸多行之有效的政策措施有力破解了工程建设中的制约瓶颈,保障了各安置区项目如期交付使用。

易地扶贫搬迁工程质量事关脱贫攻坚大局,河北省住建厅多次组织在全省范围内开展易地扶贫搬迁集中安置项目工程质量排查工作,除对工程质量、竣工验收、工程保修等进行排查外,还随机抽取搬迁户,入户查看排查和质量问题整改情况,听取搬迁群众对排查工作意见建议,并要求各地进一步提高政治站位,杜绝侥幸心理和松劲心态,总结质量监管和排查工作经验,建立长效机制,实行常态化管理,做好后续处置工作,确保搬迁群众住得安心。

数据显示,截至2019年11月底,河北省406个集中安置项目如期交付使用,规划利用学校288所,其中新建和改扩建22所;规划利用幼儿园299所,其中新建47所;规划利用卫生室(所)361所,其中新建105所;新建活动室120个、派出所等其他设施197个。

一栋栋新房拔地而起,一个个社区从创建到成熟,正不断见证着30.2万搬迁群众住进新居后的幸福和喜悦!

五、安家——居而求稳,广拓增收门路

习近平总书记强调,乐业才能安居。对于易地扶贫搬迁来说,帮助困难群众"挪穷窝"只是手段,"扶上马送一程",做好后续帮扶工作,激发其内生动力,才能真正让他们"换穷业",实现过上安稳日子、小康生活的目的。这不但需要政府的顶层设计以及长期关注与跟进,更离不开贫困群众自立自强的奋斗精神。

(一)两区同建,就业就在家门口

为提升搬迁群众的后续发展能力,确保其稳定脱贫,河北省大力推进集中安置区与产业园区"两区同建"。各县结合当地资源状况和产业规划,因地制宜发展农林业、光伏产业、电商、旅游业、家庭手工业等扶贫产业。截至2020年6月,全省配套建设了632个扶贫产业园区或项目,113个集中安置点配建光伏发电项目。

在保定市阜平县途锐编织加工厂，十几名妇女正在缝纫机前忙碌着。"我们现在不光是家庭主妇，也能上班挣钱了！"女工郑利芳说。

阜平县搬迁办主任介绍："我们针对每名贫困搬迁户都制订了一套扶持计划，一户一策，找准稳定增收脱贫渠道，确保产业覆盖精准到户。"

在邯郸市魏县户村社区，村民魏爱娜同样在家门口找到了工作。作为一名留守妇女，她不但要照顾老人还要养育孩子，家庭责任让她无法外出打工，单靠爱人的工资仅仅勉强维持全家生计。自从搬来新社区，在乡镇的帮助下，她在社区内的微工厂找到一份计件工作，不但上班时间灵活，更重要的是能兼顾家庭。

随着魏丽娜的手艺越来越熟练，收入也逐渐递增。而同为女工的郑利芳亦是如此。这样的家庭手工业工厂让她们告别了原来的"主妇"生活，当上了既能赚钱又能照顾家的"职业女性"。这让她们在满足现状的同时，还对未来的生活充满了乐观和期待。

（二）社区帮助，生活稳定不发愁

为解决搬迁群众就业问题，河北省以社区为单位建立就业岗位库、人力资源库和脱贫就业库，通过企业用工、自主创业、提供公益性岗位等渠道，尽可能增加就业岗位。

在邢台市内丘县，为解决贫困群众就业，当地人社部门将工作下沉基层，在搬迁安置区楼下设立"有事做"服务站，并定期举办招聘会，先后为200多名搬迁群众找到了合适的工作。

内丘县侯家庄乡张北洼村贫困群众巩振花，就是通过"有事做"服务站找到工作的。这位40多岁的朴实农村妇女，做梦都没有想到，她那一双只会种植果树的手，有一天会在饭馆后厨的面点工作台上擀制出深受客人喜爱的手工面条来；曾经的日出而作日落而息，被现在的轮班倒休所取代，工作轻松了，收入变高了，还住进了城里的房子。用她的话来形容现在过的日子，那真是"天上掉馅饼"了。

家住邯郸市大名县金乡水岸小区的王春法，因前两年老家的一场大火，多年积蓄毁于一旦，自己在外地打工不小心伤了胳膊，不能再干重活。家中老伴儿常年患有慢性病，更无法打工维持家用，家里的日子越来越难。搬来金乡水岸小区后，社区根据两人的实际情况，为他们分别安排了门卫和保洁两个公益性岗位，不但工作轻松，还有了一份稳定的收入，两人对现在的生活非常的满足。

（三）兜底保障，后顾之忧不再有

对于那些没有劳动能力的贫困群众，河北省出台兜底政策，将这部分人群纳入低保范围，保障其基本生活。2017年搬进保定市涞源县福泽园安置区的赵家井村村民赵立新，由于糖尿病后遗症丧失了劳动能力，社区便帮他申请了低保金，到医院治病还可以先诊疗再付费，新农合给报销98%，一定程度上缓解了他的生活压力。此外，河北省还将易地扶贫搬迁政策和养老事业有机结合，在安置点设立养老服务中心、幸福互助院等机构，解决了当地孤寡老人养老的后顾之忧。

在张家口市张北县公会镇集中安置区的幸福港湾养老社区，温暖的阳光照进房间，两位五保户老人坐在床边笑着聊天。说起现在的生活，他们表示很满足。在这里，一日三餐有人管，衣服脏了有人洗，生病有专职医生给诊治，平时社区还会组织一些老年人参加集体活动，每一天都过得祥和而安乐。

六、圆梦——社区管理，解民忧促和谐

让搬迁群众融入新社区、适应新生活，是加强易地扶贫搬迁后续扶持工作的关键所在。据了解，全省搬迁人口依托乡镇和县城安置约占40%，超万人社区4个，5000人以上8个。群众从分散居住变为集中居住，特别是从平房搬入楼房的群众，生活方式发生根本性变化，加上风俗习惯各不相同，容易滋生矛盾隐患，因此，健全社区基层组织便显得尤为重要。

群众搬到哪里，党支部就建到哪里。为了发挥基层党组织战斗堡垒作用，扎实做好安置区基层组织建设，小区组建了党支部和社区服务中心，同时健全工会、团委、妇联等群团组织，制定完善了小区文明公约，加强文化建设和群众教育，帮助群众改变陈规陋习，尽快融入新环境，养成好习惯。

截至2020年上半年，全省各安置区新成立党支部等党组织62个，纳入当地党组织管理268个；新成立村委会等基层管理组织43个，依托迁出地组织管理66个，依托迁入地组织管理221个；新成立居民自治组织等其他组织82个。

张家口市蔚县宜兴社区便是其中一个成功案例。该社区坚持以党建工作为引领，以服务管理为保障，以产业覆盖为支撑，以文化建设为载体，在建设了便民服务中心、教学楼、卫生室、便民超市、理发店、便民食堂、管理监控等一系列基础配套设施的同时,还面向搬迁群众设置"一站式"综合性服务平台,做到事事有人管、困难有人帮。

蔚县县委副书记说:"目前我们已经做到了搬得出、稳得住,今后我们将集中更多人员、精力、资源投入后续扶持工作中去,扎实做好易地扶贫搬迁'后半篇文章'"。

在保障搬迁群众稳定生活的同时,河北省还以社区为单位,加强对易地搬迁群众的公共意识、文化素质和道德规范的教育和培养,大力推进移风易俗,形成社会主义新风尚,进而增强搬迁群众的归属感。

丰宁县为了激发群众内生动力,创新提出了"道德银行+爱心超市"新模式,有力推进了易地扶贫搬迁的社会治理工作。走进丰宁人才家园小区,便会看到一个小超市内人头攒动,超市里面小到香皂、文具、图书、衣裤鞋帽日常用品,大到电饭煲、液晶电视、电脑、洗衣机等常用家电一应俱全。居民只需参加社区的各种活动、为社区作出贡献,就可以得到爱心积分,用来兑换自己心仪的商品。

据丰宁县委书记介绍,"道德银行"是一个特殊的银行,可以存入"物质文明、政治文明、精神文明、社会文明、生态文明"等道德行为,群众做了好事可以自荐,也可以他荐,由道德评议委员会评定积分。积分情况既可以作为"文明群众""好儿媳""好公婆"等年终评选的重要依据,还可以在特别设置的"爱心超市"里兑换商品。自从推行"道德银行+爱心超市"的模式以后,社区里打麻将、喝大酒、传闲话的少了,大家参加集体活动蔚然成风,勤劳致富的干劲越来越足,带动了整个社区精神风貌的改善。

七、情怀——搬迁背后,谁在默默付出

回顾河北省易地扶贫搬迁工作5年来的风雨征程。省委、省政府顶层设计、方向鲜明;相关职能部门协调联动、众擎易举;社会各界群策群力、共筹大计!特别是大批基层党员干部在易地扶贫搬迁的战场上冲锋陷阵、攻坚拔寨,不断推动政策落地、工作落实!

为了让贫困群众"搬得出、稳得住、能脱贫",从河北省易地扶贫搬迁工作领导小组办公室到各市县搬迁部门,全省搬迁战线的同志们一直冲锋在第一线!拼意志、拼担当、拼智慧,全力以赴往前赶!数不清的搬迁调度会议接连召开,一份份政策文件不断撰写,入户动员,风雨无阻,做好宣传,解民之忧,让群众真正明白"惠从何来、惠在何处",让大家真正看到脱贫致富的灿烂曙光!

翻开记忆的一页:搬迁之初,有人故土难离,不想搬;有人不信还有这等好事,不肯搬;还有人觉得搬出去没意义,不愿搬。孤举者难起,众行者易趋,各搬迁村党员干部纷纷做表率,带头搬迁。邢台市内丘县侯家庄乡张北洼村党支部书记喊出"我来开这个头儿",带领乡亲们一起搬出大山!

自易地扶贫搬迁工作开展以来,邢台市内丘县发展改革局股长便和同事们公开了自己的手机号码,群众对搬迁政策有什么不明白的随时都可以打电话咨询。"每一天我都要接上几十个电话,兜里经常揣着充电宝,有时天不亮就被手机铃声叫醒。对此,我们都耐心解答,一遍又一遍。只有群众充分了解政策,才会自愿申请搬迁,这样才能加快推进搬迁进程,让贫困群众早日开启新生活。"

搬迁安置房的建设,关系搬迁群众切身利益和基本生活。张家口坝上地区施工时间短,恶劣天气多,为了在加快进度的同时保证质量,张北县公会镇镇长自项目开工后就盯着工地不放,先后多次召集业主、施工、监理三方共同商讨解决办法,加派施工人员,明确分工,加班加点,大干晴天,强干阴天,巧干雨天,在冬季来临之前,保质保量地让群众搬进了暖暖和和的新家……

衣带渐宽终不悔,为伊消得人憔悴!近5年来,河北省搬迁办全体干部夜以继日、以岗为家、默默奉献,有的同志没有休完婚假就投入工作中,有的同志全年有近百天奔波在出差的路上,顾不得照顾怀孕的妻子、上学的孩子和年迈的父母,家仿佛成了"宾馆"。大家戏称通宵加班是"吃大餐",至于工作到晚上十一二点更是成了"家常便饭"。谈起同志们的故事,河北省发展改革委一位二级巡视员动情地说:"为了让贫困群众能够住上好房子、过上好日子,实现对美好生活的向往,全办同志们夙兴夜寐,将工作一步步向前推进,其中遇到了不少难关硬坎,但没有一个人退缩。大家始终坚信,只要心在群众身上,真正为群众着想,那么再大的困难都能想到解决的办法。这场易地扶贫搬迁的硬仗,也一定能取得最后的胜利!"

何其幸哉!正是这样一批人,坚守初心、牢记使命、尽职尽责、任劳任怨。他们把项目现场当作战场,把搬迁群众当作亲人。正是他们的努力,让一个个曾经的梦想,筑起希望的高楼;一张张规划的蓝图,变为落地的项目;一次次无悔的付出,托举起贫困群众幸福的新生活!

2020年是河北省易地扶贫搬迁工作的收官之年,搬迁群众都已住进了宽敞明亮、配套设施齐全的新房,有了新工作,开启了新生活。13.6万搬迁贫困人口全部落实后续帮扶举措,全部实现脱贫。国家统计局河北调查总队调查结果显示,搬迁户对搬迁工作满意度达 99.7%。

河北省发展改革委主任表示:"经过全省上下持续攻坚,易地扶贫搬迁取得了决定性胜利,我们要下更大力气,加大后续扶持工作力度,强化返贫监测预警和动态帮扶,不断巩固搬迁脱贫成果,推进全面脱贫与乡村振兴战略有效衔接。"

一路回望,不负韶华!

用汗水浇灌收获,以实干笃定前行。从今往后,险峻的山路,不再成为群众逐梦小康的"拦路石";崭新的社区,幸福的生活在这里正开花结果!河北用实际行动,为易地扶贫搬迁群众铸就了一幅幸福画卷!

新房新业新天地

——山西省"十三五"易地扶贫搬迁工作纪实

"整村搬迁是解决深度贫困的有效办法。"

2017年6月21日,习近平总书记视察山西,先后来到忻州市岢岚县赵家洼村和宋家沟移民新村,肯定整村搬迁是解决深度贫困的有效办法。

2020年5月11日,习近平总书记再次踏上这片土地,来到大同市云州区坊城新村这个移民搬迁村看望搬迁百姓,肯定了山西易地扶贫搬迁取得的成效。

天还是那片天,人还是那群人。只是他们的生活早已改变了模样。

5年来,山西省委、省政府坚持以习近平总书记关于扶贫工作的重要论述和视察山西重要讲话为根本遵循,把易地扶贫搬迁作为脱贫攻坚的头号工程,深入实施精准方略,大力实施易地扶贫搬迁,向深度贫困发起总攻,奋力书写人民群众美好生活新答卷。

5年来,山西规划建设的1502个易地扶贫搬迁集中安置点全部建成,36.2万建档立卡贫困人口和11万同步搬迁人口,全部迁入新居。贫困山区的搬迁群众大步跨越长期以来公共服务缺失、社会保障水平低下的鸿沟,开始享受城乡一体化发展的阳光雨露。

5年来,山西创新思路和办法,破解"一方水土养不好一方人"难题,以3350个深度贫困自然村整村搬迁为重点,实施"六环联动",易地扶贫搬迁工作连续3年受到国务院表彰激励,走出了一条中国特色山西特点的扶贫搬迁路径。

对于47.2万搬迁群众来说,这是一个时代的跨越。

对于山西这个内陆省份来说,这是在决战脱贫攻坚、决胜全面小康路上啃下的一块最硬的"骨头",也为新时期山西在转型发展上率先蹚出一条新路打下了坚实的基础。

仲夏,群山叠翠,汾河蜿蜒。

从太行深处到吕梁山下,从黄河岸边到雁门关外,山西贫困地区正在呈现出山庄窝铺搬出来、陡坡耕地退下来、荒山荒坡绿起来、光伏产业亮起来、转移就业走出来、群众生活好起来的生动局面。

一、谋篇布局——担当使命攻堡垒

"河曲保德州,十年九不收。汉子走口外,婆姨挖野菜。"这首千百年来流传于晋西北一带的民歌,是吕梁山贫困地区生态环境和人民生活的历史写照。

曾经的岢岚县赵家洼是吕梁山深处的一个小山村,不通电,不通网络,没有卫生室,房屋破旧不堪,吃水全靠村里的一口老井,当地老百姓生活极其艰辛。提起村子的过去,原村委会主任李云虎感慨不已:"前些年有能力有办法的都走了。4年前,常住人口从200多人,走得只剩下6户13位老人。"

在黄河东岸的版图上,镶嵌着河曲、保德、岢岚等13个国定贫困县,同属吕梁山集中连片贫困地区,境内沟壑纵横,生态脆弱,贫困发生率高达33.82%。然而这仅仅是山西省集中连片贫困地区的一隅。

平顺县,地处太行山集中连片贫困地区,山大沟深、石厚土薄,交通闭塞。提起以前山里的生活,青行头村党支部书记郭献中不住地摇头:"山沟里没条像样的村道不说,就连一块儿平整的土地都没有! 先别说穷,就是有钱也没地儿盖房子啊!""平顺",这个县名十分贴切地表达了当地百姓千百年来对美好生活的希冀。

"雁门关外野人家,不养桑蚕不种麻。"这是明代诗人对山西雁北地区人烟稀少、气候冷凉的描述。

大同市云州区西坪镇的大坊城村,土地盐碱化,村民大多居住在20世纪五六十年代修建的土窑洞里。"地里庄稼产量低,饮用水不达标,下雨天破窑洞漏雨,地上老鼠乱窜,村子就像一个'贫民窟'。"村党支部书记兼村委会主任刘世贵回忆起往事这样说。

......

山西地处黄河中游、黄土高原东部,是典型的黄土覆盖的山地高原,"两山夹一河"的特殊地貌导致区域内水土流失严重。

翻开山西的地图,可以看到,山西的贫困人口主要集中在东部太行山干石山区、西部吕梁山黄土残垣沟壑区和晋北高寒冷凉区。多少年来,由于居住分散,这些地方教育、卫生、水利、交通和通信等公共服务难以覆盖和延伸,吃水难、行路难、上学难、就医难、娶妻难等问题像一条条难以逾越的鸿沟,阻隔了现代文明社会的进程。近年来,随着大量农村青壮年劳动力的转移外出,这些村庄更加凋敝,村里年老体弱、想搬又没有能力搬的人们,只能无奈地守着贫穷过日子。

生态环境恶劣,基础设施薄弱,信息资源闭塞,社会治理落后。在山西,像赵家洼、青行头、大坊城村这样的深度贫困自然村,全省有 3350 个。

回望过去,山西在易地扶贫搬迁的路上,一直也没有停下脚步。从"八七"扶贫攻坚时期的 1996 年开始,山西就不断探索和尝试推进扶贫移民搬迁,随着城镇化步伐的加快,90 多万人陆续走出了大山。

但是由于贫困村多、小、散,加上当时政策、资金、人力等方面的局限,有意愿有能力的借着政策的东风搬迁了,体弱有病没有能力搬的留了下来。把这些贫困群众从山沟沟里搬出来,成了山西打赢脱贫攻坚战必须攻克的堡垒。

山西是革命老区,又是深度贫困地区,也是脱贫攻坚的主战场。全国 14 个集中连片特困地区,山西就有吕梁山、燕山—太行山 2 个,117 个县(市、区)有 36 个国定贫困县,22 个省定贫困县,10 个深度贫困县更是艰中之艰、难中之难。深度贫困和生态脆弱相互交织、互为因果,这是山西的特殊省情,也是贫困的根源。当一方水土养不好一方人,搬,是唯一的选择。

搬出来,是这些贫中之贫、困中之困群众的迫切愿望。

搬出来,是打赢打好脱贫攻坚战的关键之举。

搬出来,更是贫困群众同全省、全国人民一同跨入小康社会的历史使命。

党的十八大以来,以习近平同志为核心的党中央把贫困人口脱贫作为全面建成小康社会的底线任务和标志性指标,在全国范围全面打响了一场声势浩大的脱贫攻坚战。易地扶贫搬迁成为打赢脱贫攻坚战的"头号工程"。

山西省委、省政府勇于担当,务实笃行,精准谋划,为打通脱贫"最后一公里"开出破题药方。

一场前所未有声势浩大的易地扶贫搬迁工程在三晋大地拉开帷幕。

二、规划先行——精准施策拔穷根

仲夏的傍晚,凉风习习。在吕梁市临县易地扶贫搬迁城北安置点万安苑小区的文化活动广场上,居民们休闲纳凉好不热闹。正在散步的王恩贵高兴地说:"楼下有超市,小区有药店,旁边有学校,打工有扶贫车间,自打去年搬到县城的新小区,我们可是过上了好日子。"

临县城北安置点是山西省规划建设的最大的搬迁集中安置点,工程分三期分步实施,安置搬迁人口 12138 人。

山西省"十三五"易地扶贫搬迁规划,分年度分期建设 1502 个集中安置项目,搬迁建档立卡贫困人口 36.2 万,其中 3350 个深度贫困村 13.77 万贫困人口实施整村搬迁,同步搬迁 11 万人,涉及 11 个市、71 个县。

人往哪里搬?钱从哪里来?房屋如何建?收入如何保障?产业如何发展?

从规划设计、资金投入、工程进度到质量管控,时间之紧、地域之广、难度之大,前所未有。这对于财政尚不宽裕的山西来说是一种严峻的考验和挑战。

房子怎么办?地怎么种?搬不起怎么办?搬出去靠啥生活?对于世世代代身处穷乡僻壤、观念还十分传统保守的农民来说,搬迁这是一个天大的事情。群众对未来的恐慌茫然和对政策的不甚明了成了易地搬迁启动之初最大的困扰和难题。

万事开头难。

2016 年 10 月,时任代省长的省委书记楼阳生赴深度贫困县静乐县调研,指出易地扶贫搬迁要规划引领,安置点建设要做到与城镇化、产业化、群众意愿相结合;要在提高精准识别率、项目开工率、投资完成率、工程竣工率、居民入住率、群众满意率上下功夫,坚决完成目标任务。

规划先行,精准施策,因地制宜,踏实作为。

作为易地搬迁牵头部门的省扶贫办身先士卒。省扶贫办主任带领扶贫办工作人员放弃休息日节假日,足迹踏遍全省 83 个项目县。为了让政策精、准、细,基层调研座谈会百余次,入户走访群众上千人,一字一句推敲,多方反复讨论研究,从落实搬迁对象、制定搬迁规划、出台政策措施、保障资金投入等方面,提出了土地利用规划计划指标、生态退耕、增减挂钩、土地整治项目资金、零星小块地开发、采煤沉陷区土地复垦、占补平衡指标异地交易、资源惠民等 8 项政策组合拳,全面完善了支持易地扶贫搬迁的政策体系,为推动易地扶贫搬迁提供了有力的政策支撑。

——省级层面先后出台《关于大力推进易地扶贫搬迁工程的指导意见》《"十三五"时期易地扶贫搬迁实施方案》以及系列配套政策措施,《关于进一步做好易地扶贫搬迁的若干意见》《关于深度贫困自然村整体搬迁的实施意见》《关于做好易地扶贫搬迁后续扶持工作的实施意见》《进一步做好易地扶贫搬迁的若干意见》

等 37 个政策文件,统筹谋划、统筹部署、统筹推进。

——相关部门在工程用地、搬迁方案、整村搬迁、资金保障、风貌设计、工程质量、后续扶持、绩效评价等方面实化细化,形成了上下联动、部门协同的易地扶贫搬迁工作格局。

把谁搬出来?对居住在太行山干石山区、吕梁山黄土残垣沟壑区和晋北高寒冷凉区、限制或禁止开发区、煤炭等矿产开采沉陷区、地质灾害威胁区等区域的建档立卡贫困人口实施搬迁,确需同步搬迁的纳入易地扶贫搬迁规划。

房子在哪儿建?搬迁用地一次性规划,依托县城、重点乡镇、中心村、产业园区、旅游景区及交通便利、水源安全的区域合理选址,避免二次搬迁。

钱从哪里来?在争取国家支持的同时,创新融资模式,在全国首家挂牌成立扶贫开发投资有限公司,作为政府购买易地扶贫搬迁服务的承接主体,依据协议进行融资,积极承接金融机构贷款,破解资金难题。

用地怎么保?省自然资源部门对易地扶贫搬迁单列用地计划指标。使用城乡建设用地增减挂钩的项目县,指标给予充足保障。支持贫困地区加快土地利用总体规划调整完善,确保易地扶贫搬迁建设用地需求。

质量怎样管?每个项目县都制定了建设工程质量和安全管控方案,实行建设单位、勘察单位、设计单位等七方质量安全终身责任制。各市县建立工程质量安全责任"点长制",严把工程建设质量关。

特别值得一提的是在建筑风貌设计方面,安置点突出依山就势、错落有致,充分体现黄土高原地域特色和乡土风情。省住建厅副厅长翟顺河介绍,省扶贫办和省住建厅组织专家团队,对集中安置点的规划设计逐个审核、逐项落实,不符合标准的坚决整改。

"我们遇到的最大的难题是许多人存在'想迁不敢迁、敢迁迁不起、迁起住不起'的想法,贫困户顾虑纠结,各种问题复杂多样。"提起搬迁,吕梁市人大常委会副主任、临县县委书记张建国这样说。

临县是山西 10 个深度贫困县之一,城北安置点搬迁过程遇到的问题,也是山西其他贫困县需要面对的难题。

故土难离。从世代居住的家乡到完全陌生未知的地方,老百姓不愿搬、不想搬、不敢搬。如何打消群众疑虑?

找准病根,对症下药。

——安置点依托县城、重点乡镇、中心村、产业园区、旅游景区及交通便利、水源安全区域合理选址,规避滑坡、泥石流等自然灾害隐患点。住宅户型图样设计要征求群众意见,体现地方特色,兼顾残疾人的无障碍需求。

——同步规划产业基地、产业园区、商贸物流、乡村旅游,充分考虑搬迁户的就业门路和产业发展;同步规划水、电、路、气、暖、通信等基础设施和教育、医疗、文化等公共服务设施。

各级党委、政府知重扛重,统筹人力、物力、财力向易地扶贫搬迁倾斜,把精准扶贫精准脱贫贯穿全过程,凝心聚力破解前进道路上的一个个难题,千方百计攻克搬迁扶贫进程中的一个个堡垒。

晋城市在启动易地扶贫搬迁工作之初,就把易地扶贫搬迁与农村养老捆在一起,利用乡、村两级闲置集体资产,统筹整合扶贫移民与农村养老政策资金,沁水县建设了8个"幸福大院",陵川县建成2个特困移民敬老院,从根本上解决了五保户和特困群体的后顾之忧。

保德县创新建设模式搞搬迁。采取委托代建方式,在建设进度滞后的情况下,"人休机器转,三班轮流干",倒排工期,资金拨付与工程进度挂钩,搬迁群众代表全程参与监督,三年任务两年完成。

不因事艰而不为,不因任重而畏缩。

一大批基层干部舍小家为大家,不顾自身得失,勇于担当,他们的艰辛付出换来了搬迁群众的信任。

阳曲县扶贫办主任侯爱荣,一名女扶贫干部,在脱贫一线一干就是三年。为了实现搬迁群众"住有所安",她把单位当成家,父亲去世、女儿高考,都没能陪在身边。阳曲县创下了11个移民搬迁安置点当年建设、当年竣工,1187户3225名贫困群众当年入住的佳绩。

"我家还有十几亩核桃,住到城里靠什么活?"为了消除农民的担忧,垣曲县解峪乡副乡长武京多次上门,动之以情做工作,不厌其烦讲政策,村民王红军终于在拆除复垦协议书上摁下手印。武京又帮助王红军家的核桃树实施高接换优,年收入2万多元,帮扶两口子农闲外出打工一年收入3万多元。

……

2016年10月7日,全省首个安置点夏县兴和新村开工建设;

2019年9月30日,全省最后一个安置点临县城北柏林苑竣工。

几年来,山西省脱贫攻坚领导小组深入实施精准方略,逐月逐季推进落实,扶贫、发改、财政、自然资源、住建、环保、林业、民政等单位齐心协力,施工单位加班加点日夜奋战;全省广大基层干部走进千家万户,深入田间地头,以"不破楼兰终不还"的工作激情,攻坚克难、砥砺前行,攻克了一个又一个难关,创造了一个又一个奇迹,1502个各具特色的易地搬迁安置点成了黄土地上一道道亮丽的风景线。

2016年12月,太行山的青行头村另择新址建起移民新村。村里建起了卫生室和文化活动室,街巷铺上了柏油,家里通了自来水,村民们的生活大变样。

2017年9月22日,吕梁山赵家洼村村名在民政部门正式销号。贫困户曹六仁激动地说:"住上新楼房,感恩不忘党,现在的日子那是过去盖上十八床被子也梦不到的。"

2018年3月,大坊城村整村搬迁到了坊城新村,村民告别了土窑洞,住进了砖瓦房,种上了致富花,学到了新本领。村民白高山高兴地说:"搬迁后房子、儿媳妇、票子、孙子都有了,没想到还在家里迎来了总书记!"

从窑洞到楼房、从乡村到县城、从务农到务工,在这片黄土地上越来越多土里刨食的"老庄户",告别了面朝黄土背朝天的"旧光景",变成了县城的"新市民"。

三、六环联动——整村搬迁破难题

贫困人口多、贫困程度深,生产落后、生态脆弱,基础设施和公共服务薄弱,这是山西3350个深度贫困自然村的真实写照,也是易地扶贫搬迁中最难啃的"硬骨头"。

非常之事要有非常之策,解决深度贫困要有超常举措。

山西创造性地蹚出路径:深度贫困村实施整村搬迁,精准识别对象、新区安置配套、产业就业保障、社区治理跟进、旧村拆除复垦、生态修复整治"六环联动"闭环推进,从方法上统筹迁入地和迁出地的资源,重点解决群众生产和生活保障,解决群众最关心、最现实的利益,从根子上挪穷窝、拔穷根。

2017年6月,习近平总书记视察山西,充分肯定了山西省整村搬迁解决深度贫困的探索实践。山西的做法在全国推广。

整村搬迁如何确保贫困人口"搬得出、稳得住、可融入、能致富"?

精准识别对象环节解决了"搬迁谁"的问题。按照划定区域、确定村,最后确认搬迁户的程序,严格个人申请、村里公示、乡镇审核、县级审定等环节,做到户有明白卡、村有花名册、乡镇有档案、县级有台账,同时双签搬迁安置协议和旧宅拆除复垦协议。

新区安置配套环节解决了"搬得出"的问题。重点在县城、小城镇、中心村、产业园区和旅游景区等地科学规划选址,坚持安置点路水电网等基础设施和医疗、教育等公共服务同步配套。

产业就业保障环节解决了"能脱贫"的问题。同步规划产业就业创业项目,提供公益性岗位,保障每户至少有一人就业,确保搬迁群众生活生计。

社区治理跟进环节解决了"稳得住"的问题。及时构建搬迁后的乡村治理体制机制,让搬迁群众办事有地方、议事有组织、纠纷有人管、困难有人帮,融入新社区,开启新生活。

旧村拆除复垦环节解决"群众权益"的问题。出台拆除复垦奖补政策,保障搬迁农户在过渡期的农村土地、社保政策、财政转移支付等方面的合法权益。

生态修复治理环节解决"生态脆弱"的问题。对旧村腾退和既有土地宜农则农、宜林则林、宜游则游。是对生态脆弱地区进行退耕还林,实现增收增绿并重,生态生计统一。

旧村拆除复垦是整体搬迁的关键环节,是衡量易地扶贫搬迁工作的重要指标。山西省创造性地出台拆除复垦奖补政策,鼓励支持早腾早拆。省里按人均1.5万元的标准拨付到县,按期拆除的人均奖励1万元,自行完成复垦人均再奖励5000元。旧村腾退和既有土地宜农则农、宜林则林、宜牧则牧、宜游则游,让荒山秃岭重现绿水青山。

整村搬迁过程中,省扶贫办围绕竣工率、入住率、资金拨付率、脱贫率、拆除率、复垦率"六个率"强力推进,六环联动,环环紧扣。

"善张网者引其纲"。

尊重群众意愿、保障群众权益是成功实施整村搬迁的关键。

为了解决该搬不想搬、占新不腾旧、拆除复垦顾虑多等问题,山西统筹迁出迁入两地,从解决搬迁群众最关心的现实问题入手,用足用好开发性扶持政策和社会保障兜底政策,采取"四捆绑、两提供、一衔接、五不变"等措施,守住"五条"底线红线,确保群众搬得开心、顺心、放心。

"四捆绑"即捆绑使用扶持政策,将退耕还林项目、光伏扶贫项目、经济林项目、承包地托管等捆绑起来,让搬迁群众获得资产收益;"两提供""一衔接"即为特殊群众提供公益性岗位和养老中心,做好搬迁群众社会保障兜底等政策的衔接,解决搬迁群众后顾之忧。

"五不变"即搬迁后,贫困户享有的退耕还林等各类政策补贴保持不变,承包地、林地、宅基地和集体资产收益分配权等合法权益保持不变,农村医保、养老、低保、五保等社会保障权益保持不变,对农村、农民的财政转移支付政策和渠道保持不变,享有的脱贫攻坚各项支持政策保持不变。

"五条"底线红线即严守搬迁对象界线,防止"搬了不该搬的"或"搬谁是谁";严守住房面积标线,人均住房面积不得超过 25 平方米,这是硬杠杠;严守搬迁不举债底线,用好用足基础设施和公用事业补助资金,及时兑现住房奖补资金,控制建房成本;严守项目管理红线,严格执行招投标制度;严守资金使用高压线,对胆敢向扶贫资金财物"动奶酪"的严惩不贷。

山路崎岖,挡不住各级党员干部的脚步。一次一次地入户坐在农家炕上讲解政策,一家一家地算收入账,一件事一件事的落实,掏心窝子交流,实打实地帮扶,最终赢得了群众的信任和支持。

忻州岢岚县赵家洼帮扶干部陈福庆的电话从不关机,家里有事他也顾不上去管,但贫困户有事,他总是随叫随到。

大同天镇县马家皂乡人大主席杨建新三次上门都没有做通村民郝老头的思想工作。第四次上门,郝老头直接抄了把铁锹在手里。"今儿,你说不倒我,我就放倒你。""让你们'戳眼窝'好受,让老百姓'戳脊梁骨'难受。"老杨的诚意终于让郝老头放下了铁锹。

运城市夏县埝掌镇党委书记韩俊峰被村民亲切地称为"田埂干部"。"从做动员搬迁的思想工作,到建新拆旧搞好安置,再到找门路帮组就业增收,一户一户推、一项一项抓、一年一年稳,看到大家都好起来,累一点也值得",岢岚县委书记王志东在回顾搬迁安置工作时多了几分欣慰。

细致入微、指向明确的政策护住了群众的权益,稳住了群众的幸福;各级干部不计得失、冲锋在前,磨破嘴、跑断腿般的执着,为了让百姓过上好日子呕心沥血般的情怀化解了搬迁群众心中最后的一丝犹豫和顾虑。

截至 2020 年 5 月底,山西省"十三五"易地扶贫搬迁旧房拆除完成率达99.48%,复垦复绿率达 96.3%。其中,全省 3350 个深度贫困自然村整村搬迁拆除完成率达 98.7%,复垦复绿率达 92.1%。

"六环联动"让原先看似无解的难题迎刃而解,经济、社会、生态效益开始逐步显现。

繁峙县金山铺乡新苑村旧貌换新颜。整村搬迁复垦新增耕地 103 亩,全村耕地净增近 60 亩,土地产出率、利用率提高,挖掘城乡建设用地增减挂钩和易地扶贫搬迁的政策红利,村集体的收入大幅增长。2020 年经村民代表大会决定,将旧村 1318 亩土地的承包经营权流转给忻州华茂精密铸造有限公司从事农业生产经营,村民不但有租金,还可挣薪金。搬迁户杨丙义笑开了花:"以前土地是吃饭的命根子,现在是我们致富的钱袋子。"

岢岚县宋家沟乡的东沟村是全省最先完成整村搬迁的村。搬迁那天,63 岁的贫困户王成仁老两口去祖坟祭拜了先人,在家门口燃放了鞭炮。他激动地说,"过去在村里,刨个坡坡,吃个窝窝,还得看老天爷脸色,是党的好政策让我从穷山沟沟搬出来,住上了这么好的新房,做了环卫工,每月能领 800 块钱工资,再加上养老保险、退耕还林补助、低保金,没想到老了老了,活成宝了,日子越过越红火了,共产党真的是咱老百姓的贴心人"。

"整村搬迁对于贫困群众来说,无论是从搬迁补助、拆旧奖补、复垦奖励,还是新环境的就近就业、快捷就医、方便就学,无疑是最直接、最实惠、最值得的。"时任忻州市委书记李俊明深有感触。

吕梁山南段的大宁县岭头村集中安置点,34 户 104 人来自 12 个自然村。旧宅基地拆除和院落复垦都由村内成立的股份经济联合社实施,人退林进,村退绿进,集体经济破零,贫困群众增收。村委会主任闫成平眉开眼笑:"复垦的土地,适宜耕种的种上了庄稼,不适宜耕种的全部退耕还林,12 个自然村现在都是一片片绿色。"

雁门关外,天镇县二里畔"万家乐"移民小区,共安置 28 个整体搬迁村和 58 个插花搬迁村的搬迁群众 10232 名,配套建设扶贫产业园,引进京津冀 15 家劳动密集型企业,提供 5000 个就业岗位。

"一孔窑洞挤三代,一粒药片治百病,一身布衣穿四季,一顿细粮过新年。"这曾是南高崖乡大老沟村村民的活法。村民李桂花笑嘻嘻地说:"整村搬迁不但让我告别了破窑洞,还让我学会了缝纫技术,在扶贫车间上了班,原来靠天吃饭,现在靠技术赚钱,前后对比真是一个天一个地。"

在山西省扶贫办主任刘志杰看来,整村搬迁是集约发展实现社会公平最彻底的手段,不仅是搬迁群众生存环境的改变,更是他们传统生产生活方式的重大变革,更是农村社会的又一场深刻革命,是继家庭联产承包责任制之后,对农村、农民、农业和生产、生活、生态的重构和空间布局的重大调整,也是实现乡村振兴的必由之路。

可以说,整村搬迁是山西省贯彻2017年习近平总书记视察山西重要讲话的山西方案,是落实习近平总书记解决好"人、钱、地、房、树、村、稳"七个问题的山西答案,也是易地扶贫搬迁取得成功的山西经验。

2020年5月11日,习近平总书记来到云州区坊城新村看望搬迁群众,一句"一定会越过越好! 更好日子还在后头呢!"温暖着每一个人,也激励着山西干部群众在追梦路上继续奋斗、笃定前行。

四、后续扶持——政策接续是关键

搬迁只是手段,脱贫才是目的。

国家3A级景区、全国乡村旅游重点村、山西省100个旅游示范村、山西省"省级卫生村"的美誉让岢岚县宋家沟已然成了乡村旅游打卡地。

"小康路上一个都不能少。我们现在看到的这个农家小院取材于山西省忻州市岢岚县整村搬迁集中安置点宋家沟村。2017年,习近平总书记到宋家沟村视察……"

2019年在北京展览馆举办的"伟大历程辉煌成就——庆祝中华人民共和国成立70周年大型成就展"上,讲解员向来自全国各地的观众热情介绍着。这个"农家小院"是全国易地扶贫搬迁成就的唯一展示。

这几年,搬迁到宋家沟的村民大力发展旅游和农业特色产业,绿水青山成就金山银山,宋家沟成了后续扶持成功转型的典范。

随着易地扶贫搬迁的持续推进,工作重心由工程建设、搬迁入住转移到了后续扶持。

如何做好易地扶贫搬迁的"后半篇文章"? 山西省委、省政府深入调查研究,广泛征求意见,先后出台《易地扶贫搬迁后续扶持工作实施意见》《易地扶贫搬迁后续扶持若干政策措施》等。省长多次主持专题会议,强调要把保障搬迁群众利益放在首位,推进政策有效接续、资源合理统筹,确保搬迁群众安居乐业。并深入所有深度贫困县调研,了解到基础设施建设资金缺口大的问题后,安排1.4亿元财政资金予以重点支持。

埋下头一锤接着一锤敲,俯下身一步紧跟一步行。

在易地扶贫搬迁实践中,山西围绕解决搬迁地区群众生产方式和生活方式并重、生存权和发展权并重、开发式和保障式并重、农村现代化和城镇化并重,安置点规划建设与县域经济社会发展、城乡建设、土地利用、产业发展、环境保护等规划相衔接,同步建设教育、文化、医疗、商业、养老、村级组织活动场所等公共服务设施,确保贫困人口尽快融入新社区,过上新生活。

要安置更要安心。搬迁群众稳得住,产业就业是关键支撑。

在农村安置点,依托特色资源优势,配套建设现代农业园区。依托种养资源大力发展现代农副产品加工流通业,延长农业产业链条,不断拓展安置区农产品销售渠道。发展乡村旅游、文化体验、健康养生等现代新型业态,充分挖掘绿水青山、田园风光、古村落、乡土文化等乡村资源价值,培育壮大农村安置区乡村产业。同时完善乡村产业的带贫益贫机制,让搬迁贫困群众分享产业发展红利。

在城镇安置点,依托现有各类园区为县城大型安置点配套建设扶贫产业园区,大力发展扶贫车间,优先安排贫困劳动力就地就近就业。出台优惠政策,鼓励龙头企业对有劳动能力的搬迁贫困家庭实施就业帮扶,鼓励搬迁贫困群众自主择业创业。同时加大就业培训和劳务输出力度,强化服务保障优先,提供公益性岗位,建立分散安置搬迁群众就业帮扶动态跟踪机制和管理台账,确保不漏一户,不漏一人。

还是那块黄土地,如今结出了红红的"脱贫果"。

阳高县古城镇道贤村安置点,配套建设日光温室产业园区种植西红柿,19个村的95户贫困户每户都分到了1个大棚,高品质的"阳高红"西红柿销到了北京、上海等地。58岁的贫困户昝晓果高兴地说:"在农业产业园区干活,每天80元,月收入都在2000元以上。"昔日军民抗战"小延安",如今贫困群众生活新家园。

"爱人在外打工,我在家门口工作,再不用靠着几亩薄田过日子了。"兴县蔡家崖柳叶沟安置点与城镇一体化发展同步规划、同步建设、同步管理,极大地方便了群众的生活,贫困户刘小美自打搬迁后就像变了个人,每天打扮得漂漂亮亮,到楼下的龙圣隆制衣扶贫车间上班。她和车间里的女工一样,免费培训,持证上岗。这个安置点配套建设的扶贫车间,吸纳了169户贫困户就业。

山西省扶贫办主任介绍,全省1502个安置点整合分年度分期项目后,确定1122个集中安置区。截至目前,建起了229个农业产业园,331个扶贫车间,13.3万户落实产业就业保障。

要安置更要安稳。搬迁群众能融入,社区治理是根本保证。

在基础设施配套方面,按照城镇一体化建设思路,统筹考虑安置点规模、人口结构和未来发展,按照"两不愁三保障"标准和"缺什么补什么"的原则,与城镇同一标准、一体规划、同步建设,达到通路、通电、通水、通电视、通网络,有活动广场、购物点、卫生室、文化站、垃圾收运点、污水处理设施"五通六有"建设标准,确保搬迁群众在安置地享有基本公共服务、公平发展和公共资源均等分享的机会。

在加强组织建设方面,建立完善安置区基层自治组织,建立健全基层党组织和村(居)民自治组织,增强搬迁群众主动参与社区治理和自我服务的能力。

建立健全符合安置点特点的管理体系,配齐服务机构,户籍管理、就业、就学、就医、社保等公共服务窗口,提供"一站式"报务;完善公共服务均等化政策体系,让搬迁群众与当地居民平等享有各项民生政策优惠和发展机会,消除融入新环境的社会障碍。

关注特困群体实行兜底保障,资产收益优先安排,公益性岗位优先提供,提高农村低保标准,落实大病慢性病医疗保障、养老保险、临时救助、残疾人补助等政策;开展城镇基本生活技能培训,加强公共意识、规则意识培养,强化文化素质和道德规范教育,促进安置点群众融入新环境。

平定县引导农产品加工产能向全县唯一一个集中安置点鹊山安置区周边集聚,投资1.3亿打造扶贫产业园、全屋定制生产区、农特产品加工区、品牌农产品运营中心的"一园两区一中心",引进6家农产品精深加工企业为搬迁贫困户提供就业岗位400余个。

"床上软乎乎,地上暖嘟嘟,没想到我一个没有劳动力的贫困老人能住上这样的养老院,感谢共产党、感谢习近平主席"。75岁的吴亮恒老人激动地说。

正值盛夏,榆社文峰敬老院的院子里绿草茵茵。老人们的宿舍里,生活用品齐全,电视、网络、热水24小时保障,医务室、护理站、康复治疗室、运动训练室、药房等康养设施一应俱全。敬老院院长刘晓青介绍,只要是县内的特困五保老人,这里全部接收,医、养、护一体,让更多贫困老人老有所医、老有所享、老有所乐。

搬迁到哪里,支部就建到哪里;移民在哪里,党的组织就覆盖到哪里;困难在哪里,党员干部服务的身影就在哪里。

保德县城的惠民家园安置点,配套设立卫生室、警务室、议事厅、就业信息平台等,来自13个乡镇的2166户6583口搬迁群众,在这里安居乐业。保德县居民事务中心主任胡耀介绍,新社区实现了搬迁群众办事有地方、议事有组织、纠纷有人管、困难有人帮。

眼下,"搬得出、稳得住、可融入、能致富"的目标正在三晋大地变成现实,搬迁群众的获得感、幸福感和安全感大大提升。

五、慎终如始——奋斗点亮新生活

搬出来不是终点,而是新生活、新奋斗的起点。

6月的塞外,阳光热烈。

这些天,大同市云州区在西坪万亩黄花片区,黄花进入了成熟采摘期,田野里一簇簇的黄花孕育着无穷的希望。在大同市志海黄花合作社打工的村民王利开心地说:"今年黄花长势不错,收成肯定差不了,这些天光打工我每天就挣了二三百元了,只要肯劳动就能创造美好的生活。"

黄花又名萱草、忘忧草,既能食用,也能药用。大同黄花种植有600多年历史,近年来大力发展标准化、规模化种植,种植面积达到26万亩,年产值达9亿元。云州区黄花产业以"支部+合作社+贫困户"的模式,创办了50家乡办、村办一体化合作社,3.3万贫困户有90%从黄花产业中受益。

2020年5月11日,习近平总书记来山西考察第一站就来到这里,当他听到这些年黄花产业在龙头企业、合作社引领下,通过深加工,延长产业链,提升综合效益,带领当地老百姓走出了一条幸福路时非常高兴。他叮嘱当地干部,一定要保护好、发展好黄花这个产业,让它成为乡亲们致富的一个好门路,变成群众的"致富花"。

"搬迁全凭政策好,脱贫永远感党恩"。这是大同市云州区黄花种植基地群众自发立的标语,也说出了搬迁群众的心里话。

"人民群众对美好生活的向往就是我们的奋斗目标"。

党的十八大以来,山西省委、省政府坚持以习近平总书记扶贫工作重要论述和视察山西重要讲话为根本遵循,始终把易地扶贫搬迁放在脱贫攻坚工作的突出位置来抓,聚焦最困难的地方,紧盯最困难的人群,扭住最急需解决的问题,分类施策、较真碰硬,以超常举措攻坚深度贫困。

省级成立易地扶贫搬迁工作领导小组,有搬迁任务的市和县均成立了领导小组或攻坚指挥部,党政主要领导任"双组长",实行专项扶贫"双组长"制,市县党委、政府把易地扶贫搬迁工作列入重要议事日程,纳入经济社会发展的总体布局统筹推进,完善工作机制,落实工作责任,集中力量"攻坚拔寨"。

从2016年到2020年,连续5年,一年一个易地搬迁现场推进会,从规划引领到精准识别,从项目开工到加快进度,从设施配套到产业就业,从后续扶持到社区治理,从搬迁入住到拆除复垦,一年一个重心,一步一个台阶,易地扶贫搬迁稳扎稳打,各项工作如期推进,搬迁群众生活越过越红火。

2017年、2019年易地扶贫搬迁工作受到国务院表扬激励。2018年11月,国务院第五次大督查通报表扬忻州市坚持"六环联动"推进整村搬迁的做法。

2020年6月21日,一场"幸福奔小康"接力跑拉开了宋家沟第三届乡村旅游季序幕。

搬迁后的宋家沟以特色风貌整治为牵引,通过构建"政府主导+公司孵化+合作社经营+农户参与"的旅游产业运营体系和"人居环境+生态+产业+文化生活+治理"五位一体的乡村协调发展模式,提升传统产业,壮大特色产业,培育新兴产业,发展乡村旅游,让村民在脱贫之时就开启了乡村振兴的新征程。

2017年6月21日,习近平总书记在岢岚县宋家沟村三棵树广场号召大家"和党中央一起,撸起袖子加油干"。

现如今,宋家沟村旅游、小杂粮、沙棘、经济林等特色产业蒸蒸日上,蹚出了一条"立足脱贫、着眼小康、衔接振兴"的融合发展之路。用村党支部书记雷文斌的话就是:"我们走在了大路上!"

实践证明,易地扶贫搬迁彻底改变了贫困家庭的生产生活条件,有力地激发了搬迁群众追求美好生活的信心,全面夯实了乡村振兴的基石;易地搬迁也正在成为贫困群众稳定脱贫的新起点、走向全面小康的新支点、实现乡村振兴的新亮点。

2020年是全面建成小康社会目标实现之年,是全面打赢脱贫攻坚战收官之年。面对突如其来的新冠肺炎疫情,山西战"疫"又战"贫",不懈怠,不松劲。

2020年5月,习近平总书记在视察坊城新村时指出,易地搬迁不仅是为了解决住得好的问题,更是为了群众能致富。要加强易地搬迁后续扶持,因地制宜发展乡村产业,精心选择产业项目,确保成功率和可持续发展。

山西省出台具有山西特色的2020年易地搬迁后续扶持7个方面26条政策措施,各部门细化实化配套文件18个。其中,保留搬迁户护林员资格,支持搬迁群众参与生态扶贫工程,延长土地增减挂钩政策,创新金融产品撬动社会资金支持搬迁后续扶持等政策稳定了贫困户的收入;省财政厅安排地方政府一般债务31.97亿元,专门用于易地搬迁配套建设及后续扶持;省人社厅、省扶贫办出台一系列帮扶政策,稳定贫困人口就业;省自然资源厅加快推进安置住房确权颁证,确保年底全部完成,让搬迁群众吃上定心丸……

当前,脱贫攻坚进入最后冲刺阶段,易地扶贫搬迁作为脱贫攻坚的头号工程仍需加油奔跑,后续扶持仍需加劲冲刺。

时代于时序更替中前行,梦想在砥砺奋进中成真。

在省扶贫办主任刘志杰的办公室,墙上"脱贫攻坚 善作善成"8个大字引人注目。他这样解释:"这不仅是我对自己的要求,也是对全省扶贫干部的要求。"

"志行万里者,不中道而辍足。"

山西是革命老区,无论是革命战争年代,还是社会主义建设的伟大实践中,太行精神、吕梁精神和右玉精神一直激励着三晋儿女勇担使命,无私奉献。在新时期脱贫攻坚这场战役中,三晋儿女有信心有底气,厚植为民情怀,砥砺实干精神,倾力以干部的责任感换得老百姓的满意度,以干部的辛苦指数换得老百姓的幸福指数,以脱贫攻坚的精准度换得老百姓的满意度,实现山西几千年发展史上首次整体消除绝对贫困的目标,在中国减贫史册上留下鲜明的山西印迹,和全国人民携手一道迈入全面小康的新时代!

同心奏响"搬迁"曲　擘画幸福新生活

——内蒙古自治区"十三五"易地扶贫搬迁工作纪实

历史总是在一些特殊年份给人以汲取智慧、继续前行的力量。

2001 年国家发展改革委安排专项资金,全国易地扶贫搬迁工程陆续启幕。

行百里者半九十。2015 年 11 月,习近平总书记在中央扶贫开发工作会议上指出,生存条件恶劣、自然灾害频发的地方,通水、通路、通电等成本很高,贫困人口很难实现就地脱贫,需要实施易地搬迁。这是一个不得不为的措施,也是一项复杂的系统工程,政策性强、难度大,需要把工作做深做细。

按照党中央、国务院要求,2015 年 11 月 29 日,国家发展改革委、国务院扶贫办、财政部、国土资源部和中国人民银行等 5 部委联合印发了《"十三五"时期易地扶贫搬迁工作方案》,明确用 5 年时间对"一方水土养不好一方人"地方的建档立卡贫困人口实施易地扶贫搬迁,力争在"十三五"期间完成 1000 万人口搬迁任务,帮助他们与全国人民同步进入全面小康社会。2015 年 12 月 1 日,全国易地扶贫搬迁电视电话会议召开,标志着新时期易地扶贫搬迁工作正式拉开序幕。

潮平两岸阔,风正一帆悬!"十三五"时期,内蒙古自治区党委、政府将易地扶贫搬迁工程作为脱贫攻坚的"头号工程"和标志性工程,排险艰难险阻,压实各方责任,汇聚磅礴力量,奏响内蒙古易地扶贫搬迁的奋进曲。一批又一批草原人民借助国家和自治区持续释放的政策红利,告别简陋居所,住上宽敞明亮的新房,开启幸福生活新纪元。

一、直面现实　面临难啃"硬骨头"

在中华人民共和国地图的正北方,有一块狭长的横跨东北、华北、西北的区域。

这个区域,看似一只矫健的雄鹰,振羽展翅,雄踞在祖国的边疆;又似一匹奔腾的骏马,昂首奋蹄,驰骋在祖国的北方。这个区域,就是辽阔、美丽、富饶的内蒙古自治区。

辽阔的内蒙古东西之间的直线距离就有 2400 多公里,当太阳从它的东端冉冉升起的时候,它的西端还沉睡在甜蜜的梦乡之中;它南北跨距 1700 多公里,当南端已是春风送暖、草长莺飞的季节时,北端还是一片白雪皑皑的世界。那茂密的兴安岭,巍巍的贺兰山,滔滔的黄河水,茫茫的戈壁滩……内蒙古的美不胜枚举。

美丽的内蒙古脱贫攻坚任务却很艰巨。"十三五"初期,内蒙古 103 个旗县(市、区)中,有 31 个国贫旗县、26 个区贫旗县。

"远看一堆泥,近看有玻璃。外面下大雨,屋里下小雨。"这是 10 年前内蒙古偏远农村的真实写照。

2016 年年初,负责易地扶贫搬迁的工作人员是满肚子苦水:"经过前 15 年的易地扶贫搬迁,有能力、有条件的贫困人口多数已经迁出,而仍未搬迁的地区和群众,所处环境更恶劣、贫困程度更深、搬迁成本更高,按原有的搬迁政策,确实搬不动、搬不起,属于经过多轮扶持仍未啃下来的'硬骨头'。"

正如这位工作人员所述,"十三五"初期,内蒙古贫困地区发展滞后的问题还没有得到根本解决,农村牧区贫困人口是全面建成小康社会最大的"短板",扶贫开发工作进入啃硬骨头、攻坚拔寨的冲刺期。生活在"一方水土养不好一方人"地区的贫困群众是短板中的短板。细细"把脉",内蒙古易地扶贫搬迁工作面临着诸多"症结":

内蒙古"十三五"时期易地扶贫搬迁对象覆盖全区 11 个盟市、71 个旗县。贫困群众生存条件十分艰苦,移民搬迁十分紧迫,而且从需要搬迁贫困人口的区域分布看,分布在不具备基本生存条件地区、生态脆弱区、限制或禁止开发区和其他地区的人口分别占 17.5%、40.2%、13.7% 和 28.7%。搬迁的重点地区在大兴安岭岭东南地区、科尔沁沙地风沙区、阴山南北麓风蚀沙化区、黄土高原丘陵沟壑区、鄂尔多斯半荒漠化草原地区以及阿拉善风蚀沙化区;尚未搬迁出的贫困人口贫困程度更深,老龄化程度更高,劳动力不足,文化程度低,残疾多病,自筹资金落实困难,实施易地搬迁难度较大。据统计,需搬迁人口中 65 岁以上人口占 36.9%。初中及以下文化程度劳动力占 98%,其中文盲占 15.6%。人均纯收入 2688 元,仅相当于全区平均水平的 12%。

搬迁人口不仅面临着土地调整难、产业基础薄弱等硬约束,也面临着搬迁群众故土难离、习俗难改、谋生困难等软约束。多重因素叠加,都使搬迁安置工作成为打赢脱贫攻坚战中最难啃的"硬骨头"。

二、运筹帷幄　下好制度"先行棋"

唯其艰难,方显勇毅。内蒙古自治区党委、政府运筹帷幄之中,决胜千里之外,迎难而上,把人民对美好生活的向往作为奋斗目标,坚定抓好顶层设计,坚决下好制度"先行棋",决心向国家及内蒙古各族人员交一份满意的答卷。"挪穷窝""换穷业""拔穷根",一场空前的易地扶贫搬迁行动在广袤内蒙古轰轰烈烈地展开。

2016年3月23日,内蒙古自治区政府召开全区易地扶贫搬迁工作协调小组联席会议,专题研究全区易地扶贫搬迁工作事宜。吹响了新时期内蒙古易地扶贫搬迁工作的号角。会议议定易地扶贫搬迁人均住房补助标准:自治区对建档立卡贫困人口人均补助建房资金2万元。其中:中央预算内资金补助0.8万元、自治区本级补助1.2万元。对同步搬迁的10万人所需建房资金,自治区本级补助标准为人均1万元,用自治区本级每年安排的生态脆弱地区扶贫移民资金统筹解决。盟市可根据当地实际情况对搬迁户拆除旧房及宅基地复垦进行适当奖励,奖励标准由各地自行确定。集中安置点基础设施配套、公共服务设施建设和产业发展资金,主要用专项建设基金以及中国农业发展银行和国家开发银行长期低息贷款解决。

内蒙古响亮打响精准脱贫的"当头炮"后,如何确保搬迁人口搬得出、稳得住、能致富、可发展成为摆在自治区党委、政府面前的系列大考。

2017年5月12日,内蒙古再出实招——内蒙古自治区发展改革委、扶贫办联合印发《内蒙古自治区"十三五"时期易地扶贫搬迁规划》,进一步明确了总体目标,细化了搬迁规模和方式、安置方式等,并确定了扶贫建档立卡贫困人口脱贫"路径":发展特色农牧业脱贫一批,发展劳务经济脱贫一批,发展现代服务业脱贫一批,资产收益脱贫一批,社会保障兜底脱贫一批。

2017年11月29日,内蒙古拿出"定海神针"——自治区政府下发《支持易地扶贫搬迁项目有关政策的通知》,作出税收优惠、免征森林植被恢复费、经营服务性收费减免重大决策,加快推进内蒙古自治区易地扶贫搬迁工作。

2018年7月,内蒙古自治区党委、政府印发《关于打赢脱贫攻坚战三年行动的实施意见》,明确今后3年,内蒙古将重点实施产业扶贫、就业扶贫、易地扶贫搬迁、生态扶贫、教育扶贫、健康扶贫、危房改造、社会保障兜底、贫困残疾人脱贫、智志双扶等10项精准脱贫重点工程,确保到2020年贫困地区和贫困群众同全国一道进入全面小康社会。

围绕易地扶贫搬迁工程实施、拆旧复垦、后续帮扶等工作,作为主抓部门,内蒙古自治区发展改革委研究制定出台《全区易地扶贫搬迁工作三年行动方案》等多项政策措施,并提请自治区政府印发《关于加快易地扶贫搬迁拆旧复垦工作的通知》《关于切实做好易地扶贫搬迁后续扶持工作的指导意见》等政策文件,为科学规范指导易地扶贫搬迁工作提供了基本遵循。

三、击楫勇进　草原儿女搬新居

逐梦征程,离不开伟大精神的激励与支撑。2019年7月15日至16日,习近平总书记在内蒙古考察时指出,要切实保障和改善民生,着力解决教育、就业、社保、医疗、住房等各方面存在的突出问题、紧迫问题,坚决打赢三大攻坚战,把脱贫攻坚重心向深度贫困地区聚焦,重点攻克"三保障"面临的难题,确保如期全面建成小康社会。内蒙古牢记习近平总书记的殷殷嘱托,以更大决心更强力度推进易地扶贫搬迁工作,决胜全面建成小康社会。

"十三五"以来,内蒙古各地、各部门以一往无前、永不懈怠的"蒙古马"精神状态瞄准靶向、击楫勇进,全面完成了全区12.49万建档立卡贫困群众的易地扶贫搬迁建设任务,共建设了易地扶贫搬迁集中安置点1141个,安置住房5.33万套,农村道路1602公里,配套管网1465公里,配套污水及垃圾处理设施3000多个,新建学校、幼儿园、村卫生室、村活动室、广场等1130个,为全区整体脱贫攻坚奠定了扎实基础,"模范自治区"的崇高荣誉在新时代绽放出更加夺目的光彩。

沧桑巨变,换来的是老百姓满满的获得感、幸福感。那一张张幸福的笑脸是对易地扶贫搬迁工作的最美回馈!

2019年5月16日,对于乌兰察布市卓资县温都花村72岁的贫困户李玉翠来说是终生难忘的一天。当天,她在"2018—2019年卓资山易地扶贫搬迁福安、福康小区第二批分房仪式"中抽到了一套心仪的楼房。

那一天,老人起了个大早。她洗了头、换了新衣裳,像过节一般欢欢喜喜赶到卓资山镇党政办公大楼分房仪式现场。"下面请抽到签的居民按顺序上台抽取正式房号……"上午 11 时,随着乌兰察布市卓资县公证处工作人员一声庄严宣布,老人几十年的安居梦变为现实。

当她在工作人员的陪伴下走进日思夜想的新楼房时,眼里满是激动的泪花:"昨晚我就梦到住上新楼啦! 没想到今天就变成真的啦! 真是赶上好时代、好政策了! 要不然,我们贫困户哪有钱盖新房,更别说买新楼房了……以前每次进城都得搭村干部的车。这次搬到县城,看病买药可方便了,冬天也不用受冷冻了!"

老人之前住的温都花村交通不便,出门是"晴天一身土、雨天一身泥",吃水困难,破旧的土坯房既不保暖又脏乱差。而新分配的楼房位于卓资山镇火车东站东西两侧。楼房内地板砖、墙砖、洗浴设施一应俱全。小区还配套有便民超市、药房和学校等,为易地搬迁户出行、就医、上学提供了多种便利。

"这是卓资县在脱贫攻坚战中举行的第三次易地搬迁集中分房仪式,涉及 8 个乡镇 992 户 2474 人,其中贫困户 701 户 1758 人,同迁户 291 户 716 人。搬迁涉及 213 个村庄,大多处于偏远山区,交通不便、吃水困难、住房质量差,是全县最贫困的乡村。新分配的楼房每套 50 平方米左右,贫困户只需出 1 万元、同迁户只需出 2 万元就能搬入,这是国家为扶贫人口送的一份'大礼'!"在分房仪式现场,卓资县一位工作人员激动地说。

一枝独放不是春,百花齐放春满园。在包头市固阳县,易地扶贫搬迁工作让各方都非常满意。

从 2016 年开始,固阳县根据全县村庄布点规划和脱贫实际,依托县城周边及工业园区、乡镇政府所在地及临近交通主干道,一共确定建设了 8 个易地扶贫搬迁集中安置区。

走进安置区——县城益民小区 5 期某栋 3 单元 2 楼张小喜家让人眼前一亮:干净整洁的客厅一侧是厨房,里面一排整齐的白色橱柜,分布着洗菜池、燃气灶等厨房用具。大小卧室的床和衣柜都是新定制的,卫生间里坐便、洗手池、电热水器、大小洗衣机一应俱全。

65 岁的张小喜家是因残致贫。5 年前,他的老伴突发脑梗,从此瘫痪。此前,张小喜在下湿壕镇的老家靠给别人种地为生,每月能挣一两千元,加上养羊,足够一家人生活,可是老伴生病改变了这一切。在乡下,屋里没有下水道和厕所,照顾一个瘫痪病人有诸多不便。于是张小喜拆除了老家的旧房,拿到拆迁补偿后,于 2017 年冬天搬到了县城里的易地扶贫搬迁益民安置区。现在他在县环卫中心工作,每月收入 1600 元。

从茫茫林海到广袤草原,从万顷良田到戈壁沙漠,一个个易地扶贫搬迁项目精准落地,一个个贫困地区生机勃发,一个个贫困家庭气象一新。

2019 年的新春对于呼伦贝尔市阿荣旗三岔河镇新胜村的董翠艳来说别样不同。整个正月她都哼着小曲,心里像灌了蜜一样甜:"我没用花一分钱住上了敞亮的砖瓦房。我们原来居住的地方交通不便、基础设施差,还老担心发生山洪。现在我们村实施了易地扶贫搬迁,对村民进行了集中安置。我家还享受了菜单产业扶贫和入股分红等好政策,一年收入约有 1 万多元呢,日子更有奔头啦!"

4 年来,"董翠艳"们告别脏乱差,走向宜居宜业新生活。内蒙古牢记习近平总书记的殷殷嘱托,不负草原各族人民群众的美好期待,阔步行走在经济高质量发展和全面建设小康社会的康庄大道上,在内蒙古脱贫攻坚史上留下浓墨重彩的一笔。

四、生态优先　复垦复绿谋新篇

富起来,还要绿起来!

2019 年 3 月 5 日,习近平总书记在参加十三届全国人大二次会议内蒙古代表团审议时强调,保持加强生态文明建设的战略定力,探索以生态优先、绿色发展为导向的高质量发展新路子,加大生态系统保护力度,打好污染防治攻坚战。

牢记习近平总书记嘱托,内蒙古将生态优先、绿色发展理念贯穿在易地扶贫搬迁各项工作中,让搬迁荒地焕发出绿色生机。

2019 年 10 月 17 日是中国第六个"扶贫日",自治区易地扶贫搬迁拆旧复垦复绿试点项目启动仪式在乌兰察布市四子王旗供济堂镇举行。

拆旧复垦复绿是易地扶贫搬迁"后半篇"文章的重要章节,国家相关政策指出,通过实施易地扶贫搬迁拆旧复垦项目,充分释放城乡建设用地增减挂钩节余指标跨区域交易政策红利,不仅可以增加扶贫资金来源,而且对集约利用土地资源、优化城乡用地利用总体结构、改善农村牧区生态人居环境将起到积极的促进作用。

此次启动的易地扶贫搬迁拆旧复垦复绿试点项目,由内蒙古扶贫投资公司联合四子王旗政府、四子王旗国源投资有限公司合作开展,采取"政府组织、部门协同、乡镇实施、群众参与、市场化运作"的模式,扶贫投资公司先期投入项目启动资金 7500 万元,由四子王旗政府承担拆旧复垦的组织实施工作,四子王旗国源投资有限公司负责承接、管理和偿还项目资金。

绿水青山就是金山银山。易地扶贫搬迁不光要把新家园建设好，还要充分利用好腾退的土地，"宜垦则垦，宜绿则绿"，达到增加耕地、恢复生态的目的。对此，内蒙古自治区发展改革委不断加强与有关部门的沟通协作，加大拆旧复垦推进力度，按照分类指导、分区施策的原则，指导好拆旧复垦工作，探索可复制、可推广的经验模式，确保"应拆尽拆、应垦尽垦、应绿尽绿"。

截至 2020 年 6 月，内蒙古应拆除旧房 6.09 万套，已拆 5.98 万套，腾出土地 2.88 万亩，拆除率和复垦率居于全国前列。另据统计，近 2 年来，自然资源部门推动 15 个自治区深度贫困旗县共完成城乡建设用地跨省域节余指标交易 7200 亩，交易金额 22.48 亿元；自治区内完成 3130 亩节余指标交易，交易金额 2.52 亿元，有力地支持了贫困地区脱贫致富。

生态优先、绿色发展！内蒙古还积极探索脱贫攻坚的新路子，一些贫困旗县立足自身资源禀赋，发展绿色生态产业，绿水青山变金山银山，民族群众靠手艺得收益，古老文化在传承中迎来新生。

鄂温克族民族传统手工艺在脱贫攻坚中焕发生机。在鄂温克族自治旗民族文化产业创业园，有达斡尔木雕、布里亚特食品、巴尔虎服饰等民族特色企业 192 家，囊括 23 项非遗传承项目，2019 年为全旗近 300 户建档立卡贫困户开展特色产业培训。内蒙古不少贫困旗县把民族文化打造成产业，培育出蒙古袍、蒙医药、笤帚苗、蒙古族刺绣等扶贫产业，带动贫困人口"甩穷帽"。

五、后续帮扶　搬迁群众富起来

易地扶贫搬迁，"搬得出"只是前提，"稳得住、能脱贫"才是关键。易地扶贫搬迁工程将贫困户从不适宜生产生活的地区搬出来只是手段，最终目的是要使广大搬迁群众达到脱贫致富。随着全区安置住房建设和搬迁任务竣工完成，工作重点也由"求进度、重项目建设"向"求质量、重后续扶持"转变。

2020 年 5 月 11 日，习近平总书记在山西考察易地扶贫搬迁工作时强调："易地搬迁不仅是为了解决住得好的问题，更是为了群众能致富。要加强易地搬迁后续扶持，因地制宜发展乡村产业，精心选择产业项目，确保成功率和可持续发展。"

发令枪打响！内蒙古各地迅速作为，后续帮扶工作"遍地开花"。

通辽市重点围绕"后续扶持、社区融入"目标,多措并举,有效解决搬迁户"稳得住、有事做"难题,逐步提升搬迁群众"归属感、幸福感、安全感"。该市通过发展庭院经济带动 581 户搬迁户增收;通过发展脱贫产业,使户均年收入提高 2000—3000 元;通过就业创业,使人均收入提升 2500—4000 元;通过发展光伏产业(新建 9 个光伏扶贫项目),使户均增收 1000—3000 元。另外,通过产业用房、扶贫车间入股企业、合作社建立利益联结机制,搬迁户以"保底+分红"的方式实现收益。2016 年至今,通辽市累计投入后续产业资金 9576 万元,已实现脱贫 5192 人,脱贫率达到 99.8%。

阿拉善右旗精心培育和发展地方特色产业,大力培育新型职业农牧民,成立新型的合作经济组织,发展现代化农业的经济实体,构建科学合理的利益联结机制,夯实贫困嘎查村、贫困户稳定脱贫的基础,着力激发内生动力。该旗按照贫困户意愿确定扶持产业,2016 年以来以每户不低于 1 万元标准,扶持发展舍饲养殖、传统牧业、沙草产业、驼产业、奇石产业、旅游业等,实现产业扶持全覆盖。同时发挥龙头企业带动作用,带动 111 户搬迁户发展特色种养、旅游、餐饮等产业,引导和鼓励 120 户搬迁户加入农牧民专业合作社,有效提高搬迁户抗风险能力。该旗还与"内蒙古沙漠之神生物科技有限公司"等自治区龙头企业建立利益联结机制,与 10 多家养驼专业合作社和 140 多户养驼牧民签订了鲜奶收购协议,形成了"公司+基地+合作社+农牧户和贫困户""党组织+合作社+农牧民和贫困户"驼产业发展模式,扶持带动贫困户 58 户,有效保证了贫困户生产生活收益。

各地的帮扶有声有色,涌现出林西县"易地搬迁+扶贫模式案例"、乌兰察布市卓资县"社区扶贫车间就业"等先进典型。

在 2019 中国扶贫国际论坛上,林西县"易地搬迁+扶贫模式案例"荣获"全球减贫案例有奖征集活动"最佳减贫案例。

"林西模式在易地扶贫搬迁方面,为全球减贫事业贡献了中国智慧,提出了中国方案!"获奖后,赤峰市林西县扶贫办主任欣喜地说。

林西县建档立卡的贫困人口近 2 万人,有五分之一居住在偏远山区,一方水土养不好一方人。在这些需要搬迁的贫困人口中,60 岁以上老人和无劳动能力的又占了六成以上。如何让这些贫困人口搬得出、稳得住、能致富? 县里因人施策,对有劳动能力的贫困户实行"易地搬迁+产业"的方式,先谋产业后搬迁,让产业围着房子转;对没有劳动能力的,实行"易地搬迁+互助幸福院+光伏养老"的方式,在社会保障兜底的基础上,贫困老人们晒着太阳就能养老。

在十二吐乡达康扶贫产业园,8000 多亩的日光温室蔚为壮观。2017 年,贫困户兰国利一家从 10 公里外的深山沟搬迁到这里,分到了 1 栋大棚和 48 平方米的安置房,从此结束了吃水难、行路难的历史。让兰国利感到幸福的,不仅仅是屋里干净的卫生间、配套的锅炉和暖气,还有这栋能"生金长银"的大棚。他算了一笔账:1 亩大棚一季能产 1.5 万斤番茄,两季能达到 3 万斤,按这两年的番茄均价每斤 2.3 元计算,每个棚都能纯赚 7 万多元。

自 2016 年以来,林西县整合各类资金 3.6 亿多元,用于易地扶贫搬迁的安置房、基础设施和后续产业建设,其中后续产业的人均投资力度达到 1.89 万元。县里在尊重群众意愿的基础上,探索以 PPP 方式建设移民工程,加快了工程建设进度。如今,县里以"易地搬迁+产业"的方式,建设集中安置点 24 个,产业涵盖种养业、旅游业等方面,其中建设日光温室 522 栋、冷棚 236 栋,有 589 户贫困户靠种大棚蔬菜过上了好日子。

"易地搬迁+产业",这样的样板正在内蒙古易地扶贫搬迁后续帮扶中不断复制。截至 2020 年 4 月中旬,内蒙古自治区共为易地搬迁集中安置点配套建设设施农业、养殖棚圈和光伏等后续产业项目 835 个,其中,已建成项目 728 个,完成投资 13.25 亿元;正在建设项目 107 个,预计将完成投资 6.33 亿元。

六、不畏艰辛　建设者写下时代答卷

伟大时代谱写伟大变迁!

如今,内蒙古贫困农牧民正从"住得好"向"富起来"转变。这背后凝结着无数从事易地扶贫搬迁工作人员的艰辛跋涉。

按照内蒙古自治区党委、政府《关于打赢脱贫攻坚战三年行动的实施意见》的总体部署,内蒙古自治区发展改革委举全力推进相关工作,完善举措,强化指导,打了一个又一个漂亮的搬迁脱贫仗。

自治区发展改革委始终强化政治责任担当,充分发挥牵头协调作用,主要领导亲自挂帅,成立自治区发展改革委易地扶贫搬迁工作领导小组,下设办公室,明确专人专司易地扶贫搬迁工作。牵头建立全区易地扶贫搬迁工作厅际联席会议制度,通过召开工作推进会、实地督导、定期调度等方式,全力抓好项目实施,确保项目按计划推进。

有了制度保障,如何能吃准吃透国家政策,进而精准施政?两个字"培训"!
2018年随着易地扶贫搬迁工作职能的转移,一批新人也加入了易地扶贫搬迁事
业。为尽快熟悉政策、融入其中,自治区发展改革委多次在全区举办易地扶贫搬迁
政策业务培训会、政策答疑会。聘请国家发展改革委相关领导及专家为大家解读
易地扶贫搬迁政策,梳理在项目建设和资金管理方面应关注的重点、难点、热点问
题,有力地推动项目建设。

他山之石,可以攻玉。自治区发展改革委组织盟市、旗县易地扶贫搬迁牵头部
门工作人员赴贵州、四川、湖北、广西等省区学习考察,与当地扶贫干部、搬迁群众
深入交流,了解先进地区易地扶贫搬迁工作好的经验和具体的做法。根据学习调
研掌握大量鲜活的第一手资料,提出相关工作建议,为进一步做好易地搬迁工作提
供决策参考。

敲定制度"定盘心",把握政策"方向盘",推进工作"里程表"……一项项工
作、一个个成果,凝结着发改人的心血和汗水。

制定计划,上情下达,下情上报,政策宣讲,问题答疑,实地调研,现场督导,加
班加点……这些在易地扶贫搬迁工作中,已经是发改人的常态。他们不辞辛苦,上
山下乡,早已将自己的疲乏置之度外。他们拼的正是老百姓的一个安居乐业梦。

"为了让大家搬得出、稳得住、能脱贫,我们在富安、富康等5个安置小区创办
了5个扶贫车间,主要安置半劳动力农牧民就业,年龄最大的有70多岁。"卓资县
易地扶贫搬迁服务中心工作人员说。

这2年来,丁瑞芳一向心仪的高跟鞋也"退役"了。"搬迁工作千头万绪,为了
做好各项工作,让老百姓满意,我们是'白加黑','5+2',东村跑西村串。今天,看
到老百姓欢欢喜喜迎新年,我们也很高兴。我们的辛苦没有白费!"她激动地说。

"芨芨草,风吹不弯,雨打不倒……"芨芨草属于禾本科芨芨草属植物,秆直
立、坚硬、耐旱、生命力顽强。阿拉善阿右旗阿朝苏木查干德日斯嘎查驻村工作队
队长郭晶如大漠戈壁芨芨草,在易地扶贫搬迁工作中勇毅前行。

2020年春节,当大多数人沉浸在与家人欢庆新春佳节的美好时光中时,郭晶
却收拾行李乘车赶往防控一线帮扶搬迁群众。

李雯旦是从嘎查搬迁到巴丹吉林镇安置点的搬迁户,在巴丹吉林镇经营着一
家快餐店,李雯旦父亲多重残疾、生活不能自理,弟弟上大学,了解到李雯旦想要开
快餐店,郭晶积极帮她争取贷款、参加专业培训、多做宣传、寻找客源,在她的帮助
下,李雯旦很快开起了快餐店并经营得红红火火。

搬迁户吉日格乐有加工石头、做雕刻的手艺,想开店,苦于没有经营场所,了解到这个情况后,郭晶带着他找地方、看房子,帮助置办开店所需用具,让吉日格乐很是感动。春天到了,骆驼、羊容易生虫,搬迁户朝勒孟扣就给郭晶打来了电话:"队长,这么早打扰你啦! 我想买点治骆驼、羊的药,常去的兽药店都关着门,哪里可以买到?"郭晶马上帮他联系兽医站,很快就买到了药品。

2020年是脱贫攻坚决战决胜之年,千百年来困扰中华民族的绝对贫困问题即将历史性地画上句号。冲锋号已经吹响,内蒙古易地扶贫搬迁工作再乘风破浪:聚焦搬迁入住、实现应搬尽搬,聚焦补齐短板、加强配套保障,聚焦"两不愁三保障"、完善后续扶持措施,聚焦社区融入、强化服务管理,聚焦与乡村振兴战略相结合,谋划更加壮美的篇章……

沧海横流,方显英雄本色。内蒙古正在按下脱贫攻坚的"快进键",奏响各民族群众全面奔向小康社会的北疆大合唱! 今天,易地扶贫搬迁工作的建设者们正一步一个脚印,用脚步丈量这个时代的伟大变迁;今天,内蒙古各地正破浪前行,用情用心谱写一支搬迁奋进曲;今天,内蒙古各族儿女正昂首向前,在宜居宜业中擘画美好新生活。

白山松水展新颜

——吉林省"十三五"易地扶贫搬迁工作纪实

‧‧

打开吉林省经济社会发展的宏伟画卷,在波澜壮阔的振兴图景中,有一抹温馨幸福的底色浓厚绵长,其上陈列着"一个也不能少"的精彩故事——

建档立卡贫困人口由 70 万锐减至 1 万;

贫困发生率由 4.9% 降至 0.07%;

15 个贫困县全部退出……

几年来,全省上下心往一处想、劲儿往一处使,坚持把脱贫攻坚这一重大政治任务和第一民生工程抓在手上,牢牢把握正确工作方向,因地制宜制定脱贫攻坚路径和方法,精心谋划、精准发力,带领建档立卡贫困群众翻越贫困高山,全省脱贫攻坚迈出坚实步伐,取得决定性成就。

现如今,从长白山麓到西部瀚海,整齐漂亮的农家院舍和充满活力的创业人群随处可见。

这其中,有 1.4 万居住在深山、高寒山区、荒漠化区、地质灾害和地方病多发等地区的建档立卡贫困群众受益于易地扶贫搬迁,从环境恶劣的老旧居所中搬出,住进了宽敞明亮的新楼房,开启了往后余生的幸福时光。

一、溯源·一方水土难养一方人

初夏刚过,微风不燥。站在延边州和龙市南坪镇柳洞村村口放眼望去,一栋栋白墙蓝瓦的房屋分布在道路两侧,墙上画着一幅幅具有浓郁民族特色的图画,一派幸福的美丽乡村景象跃然眼前。

院子是清一色的木栅栏,水泥路在院子前后延伸出去,路边石头砌成的花坛里,一棵棵小树迎着暖暖的春风摇曳着。这个边境线上的朝鲜族小山村在静谧、祥和中展现出勃勃生机。

作为远近闻名的贫困村,整村易地搬迁让这里发生了翻天覆地的变化。

"以前的老柳洞村,房子破旧,住起来也不舒坦。2016年新房建好后,我们拿着锅碗瓢盆就搬进来了。现在,环境好,房子好,住得是真舒心。"提起切切实实发生在自己身上的变化,村民们的脸上都挂满了笑容。

据驻村第一书记金浩介绍,搬迁前,柳洞村7个自然屯分布在15公里的公路沿线上。由于外出打工人员较多,3个村民小组常住人口不足10户,基础设施和公共服务设施薄弱。再加上自然环境恶劣,村民生产生活条件十分艰苦。

2016年年末,柳洞村整村实施了易地搬迁,新建56栋房子,其中易地扶贫搬迁建档立卡贫困户39户,村民们在新家里开始了崭新的生活。

2016年以来,吉林省遵照"一方水土养不好一方人"的特征,将分布在东部长白山高寒山区和西部科尔沁沙地干旱盐碱沙化地区人口作为搬迁重点,兼顾国家主体功能区规划中的禁止或限制开发区、交通基础设施薄弱和地方病严重及地质灾害频发地区,实施"十三五"易地扶贫搬迁工程。

经过几轮精准识别,国务院扶贫办确认吉林省"十三五"易地扶贫搬迁建档立卡贫困人口7056户14074人,涉及白城、延边、白山、通化4个市(州)的13个县(市、区)。其中,通榆县9418人,占全省总量的66.9%;柳洞村所在的和龙市3479人,占全省总量的24.7%;两县市搬迁规模占总规模的91.6%。

令人欣喜的是,经过几年的不懈努力,吉林省现已全部完成易地扶贫搬迁建设任务。

选址、重建、搬迁、后续扶持……时间紧,任务重。为顺利实现万余人举家迁徙,吉林省建立了健全的组织领导方式和工作机制——

做好顶层设计。吉林省发展改革委牵头编制完成《吉林省"十三五"易地扶贫搬迁实施方案》和《吉林省"十三五"易地扶贫搬迁规划》;为指导协调推进全省易地扶贫搬迁工作,经省政府同意,建立了易地扶贫搬迁工作联席会议制度;配合省财政厅、省自然资源厅分别出台了《吉林省易地扶贫搬迁资金管理办法》和《吉林省运用城乡建设用地增减挂钩政策支持扶贫开发和易地扶贫搬迁实施办法》。

强化人员培训。4年来,多次召开易地扶贫搬迁现场会、培训会和工作推进会议,指导各地开展易地扶贫搬迁工作。

加强调度协调。吉林省发展改革委和扶贫办作为易地扶贫搬迁工作的牵头部门,对各地搬迁工作定期调度,及时推进,对项目进展进行跟踪。

严格监督检查。制定《省发展改革委加快推进易地扶贫搬迁包保帮扶工作方案》,成立吉林省发展改革委脱贫攻坚成效考核反馈问题整改工作领导小组,督促各项目县进一步明确易地扶贫搬迁工作内容和要求,对搬迁对象精准、工程组织实施、资金管理使用、投融资主体运行以及脱贫政策制定、脱贫效果等情况进行逐项监督检查。

二、筑巢·微光成束　聚沙成塔

每天上午 10 点至 11 点,白城市通榆县边昭镇五井子村在搬迁新区新建的村部里都热闹非凡,村里准时在这组织志愿者们为大家免费理发、磨刀剪和代充燃气费。自从搬进了新盖的楼房,这座远近闻名的"穷"村从环境到村民的精神面貌都大大变了样。

村里搬迁前,成排的泥草房随处可见,房龄大多为三四十年的老房子,屋子里的设施也很简单,家家都是一个老炕柜,两面挂在墙上的大镜子,一个老式摆钟,家庭条件好的能有一个电视机。全村除一个豆腐坊外,没有一丝工业气息,这样的环境让驻村第一书记等外来帮扶的人心里酸酸的,"入屯的道路坑坑洼洼,遇到下雨天,汽车根本无法进屯入户,遇有紧急情况,只能靠人传递或拖拉机运进运出"。

易地搬迁开始后,五井子村召开了村民代表大会,各屯代表都把国家的这项惠民政策做了宣传。但乡土之情难以割舍,老年人,不想搬;面对未来的不确定性,年轻人心里在打鼓。了解到这一情况后,驻村工作队与村班子一起研究对策,驻村第一书记与村干部挨家挨户做工作,针对各户面临的不同问题,逐一给出解决方案。由副书记带队核对各家各户需补偿的数量,丈量各户面积,全程公正、公开、透明。

整整三个月,干部们走访完全部住户,有些住户是反复入户解答,核实多次后才完成草签合同,使五井子村完成了易地搬迁前的准备工作。

穷家难舍,故土难离。

但是,面对极其恶劣的环境,如果不搬迁,百姓想要过上好日子只能难上加难。

为了掌握群众搬迁工作的第一手资料,和龙市福洞镇扶贫办主任在主动学习搬迁政策的基础上,采取政策宣讲、入户调研、座谈了解等形式与镇村包片领导、驻村干部、帮扶责任人及村内群众进行了深入交流。通过走屯入户的宣传动员、农户申请、村民大会评议、村委会初审及公示、乡镇审核及公示等程序,和龙市福洞镇累计安置搬迁贫困群众 259 户 567 人。"感谢党和国家的政策好,给我盖了新房子,谢谢你们对我这个老头的关照",这是 79 岁的易地扶贫搬迁户曾北富从武金元手中领到新房钥匙时的肺腑之言。

随着易地扶贫搬迁冲锋号吹起,全省各地各部门全都动起来、干起来。吉林省委、省政府督促各地组织相关部门认真开展踏勘和论证,科学确定搬迁安置点:一是选择交通较为便利、基础设施和公共服务设施较为完善、产业发展具有一定基础的中心村、小城镇、产业聚集园等;二是选择地势相对平坦开阔,满足环境承载力要求,有安全可靠水源保障的优质建设用地区;三是选择旅游景点、历史古迹、民俗文化等特色资源优势突出、开发利用潜力较大地区;四是规避山体滑坡、泥石流、地质灾害等自然灾害隐患点。同时,认真谋划配套设施和公共服务设施建设,按照"渠道不乱、用途不变、统筹安排、捆绑使用"原则,严格按照国家的建设要求,严把工程质量关、安全关,按照谁监管谁负责、谁建设谁负责、谁施工谁负责、谁监理谁负责的原则,确保工程建设质量安全。

遵循以上原则,五井子村与临近的铁西村、腰围子村一道,在边昭镇政府所在地北侧、231 国道东选址建设起三村联建安置新区。作为通榆县在 2017 年实施的 20 个集中安置点中投资额度最高、占地面积最大的项目,安置新区总建筑面积 9.6 万平方米,覆盖边昭镇铁西、腰围子、五井子 3 个村,共 20 个屯、24 个社,涉及常住人口 1287 户 3622 人。

"全村原有贫困户 182 户,2019 年年末全部脱贫,多亏实施易地扶贫搬迁项目,如今村民们过得乐,还在小区里结交了新朋友。"腰围子村党支部书记欣喜地说,"村民们在 2017 年年末搬到新家后,多年的生活习惯也随之改变。"

众人拾柴火焰高。经过各方共同努力,"十三五"时期,吉林省共建设集中安置点 73 个,其中依托县城附近和乡镇建设集中安置点 28 个,建设移民新村 45 个,集中安置建档立卡贫困人口 5603 户 11374 人;采取自建房、购房和投亲靠友等方式,分散安置建档立卡贫困人口 1453 户 2700 人。

同时,按照国家要求,吉林省易地扶贫搬迁资金来源主要为中央预算内投资补助资金、省投融资主体承接的金融机构贷款、专项建设基金、地方债和省财政预算内资金,建档立卡搬迁群众人均补助约 6.7 万元。统筹考虑吉林省农村地区住房建设成本、群众自筹能力等情况,确定吉林省建档立卡贫困人口住房建设最低补助标准 27000 元/人,各项目县根据当地实际建设成本和人工成本,确定补助标准。

三、新颜·新环境 新观念 新生活

走进白山市靖宇县花园口镇花园村,整齐平坦的街道、干净整洁的庭院,一排排灯架向远处延伸。据副镇长崔景仁介绍,灯柱都在两边住户的院中,下面栽种了葡萄,一到夏天,灯光从叶子中照射出来,景色更美。

"快进屋。"70 岁的王桂兰热情地邀请着。50 多平方米的砖瓦房里,一间卧室、一个客厅,厨房、卫生间俱备。谈到之前的居住情况,她打开了话匣子:"我们老两口以前住在营南沟的泥草房里,年久失修,都快塌了,一刮风下雨就担惊受怕。"

2016 年,县、镇、村三级对花园村标准沟、营南沟屯 22 户 50 人实施了整体易地扶贫搬迁,使他们的生产生活条件得到彻底改善。同时,在帮扶单位和镇、村各级的共同努力下,22 户搬迁群众借助因户施策、以奖代补和"一谷一城"等各类惠民利农政策资金,积极发展特色种植养殖,收入水平也得到明显提高。

无独有偶,2017 年 1 月,通榆县乌兰花镇陆家村的村民们也第一次住进了有自来水、有地热、有网络、有燃气的新家,过上了和城里人一样的生活。

搬迁后,陆家村安置点内建成了公共文化广场、幼儿园、敬老院,还建设了包括村卫生室、图书室、文体活动室、电商服务平台、农村金融服务站、村办事大厅等综合服务功能为一体的村综合服务中心,总面积 1251.2 平方米,配套基础设施及公共服务基础设施统一在安置区建设项目的施工范围内。

同时,村里建档立卡贫困户原有房屋全部拆除,并于 2017 年全部复垦耕种;耕地全部入股土地股份合作社,出台《陆家整村土地经营权流转实施方案》,明确在不改变农村土地所有权和农村土地用途基础上,将股权化的土地经营管理权出租给市场其他经营主体。土地股份合作社按照《陆家村整村土地承包经营权出租合同》,将土地经营权出租给本村农民成立的家庭农场,家庭农场实行土地集中连片经营。

2018 年春节期间,五井子村昭福家园小区华灯初上,宽敞明亮的新居内传出阵阵的欢声笑语。随着年初易地搬迁新址完工,拿到楼房钥匙的村民们带着对美好生活的憧憬,带着在春节时能住在宽敞明亮的楼房里的愿望,在一周的时间内集中搬迁进了新建成的昭福家园小区。

五井村驻村第一书记告诉我们,在搬迁中,村民都知道这是个好事,但心中还是有不同的顾虑。针对搬迁中遇到的各类问题,各级党委、政府帮助村委会出台了多项政策,如免除入住村民的物业费、水费和部分采暖费,并在小区建起了天然气站,使村民用上造价更为便宜的天然气,利用光伏扶贫资金开发出一些公益性岗位,让一些弱、半劳动力的建档立卡户通过清扫小区及周边卫生,获得一定的工资收益,并且在当地党委、政府和帮扶单位的努力下,在搬迁新区建成了爱心超市,由驻村工作队负责运营,组织小区里三个村的建档立卡户参加各种活动,获取积分,如组织清扫小区绿地卫生,捡拾小区周边垃圾,爱心菜园种菜,爱心示范田劳动,参加扶贫政策宣传会等都会获得积分,每周都能用积分兑换到所需的米、面等生活用品。

据统计,截至 2020 年 6 月,全省易地扶贫搬迁工作涉及 7056 户 14074 名建档立卡贫困户全部完成搬迁入住。4 年来,按照精准扶贫工作要求,经国务院扶贫办扶贫系统动态调整、精准识别后,根据省扶贫办相关文件,项目县对搬迁人员进行了调整,确保全省 14074 人易地扶贫搬迁任务圆满完成。

四、奔小康·从此告别"靠天吃饭"

随着全省各地易地扶贫搬迁工作不断深入进行,贫困户们陆续搬离故土,迁入了城镇。但搬出来后,没有了一亩三分地,他们要靠什么生活?如何才能实现"搬得出、稳得住、能致富"?

对此,吉林省有针对性地起草了《进一步加大易地扶贫搬迁群众后续扶持工作力度实施意见》和《吉林省 2020 年易地扶贫搬迁后续扶持工作方案》,内容包括切实保障搬迁群众权益、解决易地扶贫搬迁群众就业问题、抓好搬迁安置区后续产业发展、搬迁安置区服务和管理水平、稳步推进拆旧复垦和土地流转等工作任务和工作举措,任务涉及省发展改革委、省扶贫办等 30 余个厅局。

发展特色农林业脱贫一批。依托资源和政策优势,重点支持搬迁群众因地制宜发展特色林果、蔬菜、杂粮、特色养殖及农畜产品加工等产业。在安置区培育新型经营主体,推进产业基地建设,建立利益联结机制,增加搬迁户家庭经营收入。

发展劳务经济脱贫一批。统筹做好劳务输出、技能培训、公益性岗位设立等工作,加强搬迁户的职业技能培训,对参加培训的搬迁对象,按规定落实培训补贴和职业技能鉴定补贴政策。建立基层劳动力就业和社会保障服务平台,加强输出地和输入地劳务对接,优先输出建档立卡搬迁人口务工。

发展现代服务业脱贫一批。支持建档立卡搬迁人口从事传统服务业。加大电商扶贫培训力度,鼓励建档立卡搬迁人员开设网店和电子商务服务点,拓宽农产品销售渠道。开展乡村旅游扶贫,吸纳搬迁人口就地就近就业。

资产收益扶贫脱贫一批。对政府投入安置区的设施农业、光伏产业和乡村旅游形成的资产,折股量化给建档立卡搬迁人口。土地、矿产等资源开发利用占用集体土地的,通过赋予集体股权的方式,让建档立卡搬迁人口分享资源开发收益。引导建档立卡搬迁人口以农村土地承包经营权、林权、宅基地使用权等折价入股专业合作社和龙头企业,带动建档立卡搬迁人口增收。

社会保障兜底脱贫一批。将符合条件的建档立卡贫困搬迁人口纳入农村最低生活保障。做好搬迁对象迁出地和迁入地医疗保险转移接续工作。搬迁后转为城镇居民的,与当地城镇居民享有同等子女教育、养老保险、社会救助福利等社会保障政策;搬迁后仍保留农村户籍的,在原住地享受的最低生活保障、医疗救助、养老保险政策不变。

方向有了,政策定了,如何能让世代面朝黄土背朝天的农民转变观念、取得一技傍身?

面对这一新的"课题",吉林省的扶贫干部们又动起了新"脑筋"。

五井子村村民张洪志四口之家,两个孩子智障,两个大人身体多病,不能劳动,不搬迁,虽然住的条件不好,但有一个庭院能维持全家的吃菜问题,如果搬迁了,不光吃菜成了问题,还要担负水费、物业、取暖等费用,这笔钱解决不了,对他的家庭来说,明知道搬迁是好事,但不敢搬,用他的话说"没法活呀!"很多的家庭都有同样的想法,贫困户刘洪斌老两口,本人患有脑血栓,行动不便,孩子都不在身边,看到别人都签了合同,心里一直犹豫,想签不敢签,一是怕上楼后没钱买菜,二是怕抽到高层下不来楼。村书记得知这一情况后,主动登门给其家里吃上一颗安心丸,为其家协调一个一楼的住房。

自从搬迁后,张洪志受聘于村里开发的公益性岗位,收入有了保障;刘洪斌老两口积极参加爱心超市的活动,每月的米、面、油、盐都不用买了,日常衣物两个积分一件,在爱心超市随时可兑换。搬迁后住上一楼的刘洪斌老伴于金兰逢人便说:"做饭再也不会烟熏火燎了,冬天睡觉的时候,后半夜再也不会冻得头皮发麻了,平时没事的时候参加点爱心超市组织的活动就能挣点积分,吃的用的都能兑换到,现在的生活太幸福了!"老人的这番话,道出了五井子村搬迁村民们的心声。

搬迁只是手段,脱贫才是目的。五井子村通过加大资金整合力度,以特色种养、农村电商等产业为重点,建立健全扶贫产业项目,积极发展壮大五井子村合作社经济;积极开发各类公益性岗位,吸纳贫困户就近就业;大力推进农村土地适度规模经营,制定土地流转发展规划;积极建设棚膜经济园区,提升村集体经济,扶持贫困劳动力园区就业。支持扶贫车间做强做大,确保平稳运行,让群众安稳就业;鼓励有劳动能力的贫困户外出务工就业,打通有规模、有组织外出务工大门,实现一人就业带动全家稳定脱贫,有效提高脱贫户家庭生活质量。持续为贫困户提供保洁员、护林员等社会服务类就业扶贫专岗。同时,通过产业开发、公益金分配、扶贫公益岗、爱心超市帮扶等措施,增强村民就业和增收能力,实现了"搬得出、稳得住、能致富"目标。做到既"挪穷窝",又换"穷业",阔步在脱贫致富的康庄大道上迈进。

现如今的昭福家园小区,村民们的精神面貌有很大改观,卫生习惯、大局意识明显增强,谈论的话题也从原来的家长里短变为爱心超市开展的各项活动,此举既方便了群众的生活,也为他们节省了开支。用大家的话说就是:"住上了和城里人一样的新房子,咱这习惯也得向人家看齐不是!"

包括五井子村在内,边昭镇易地扶贫整村搬迁 3 个村共有建档立卡户 516 户 940 人。有劳动力家庭数为 311 户,无劳动力家庭数为 205 户。安置点主要通过发展现代农业、光伏产业和劳务输出扶持搬迁群众增收脱贫。通过建立扶贫车间、公益性岗位、劳务输出、当地企业吸纳共提供岗位 413 人。通过发展光伏扶贫项目、特色种植和养殖产业项目,带动搬迁群众 217 户,户均增收 3258 元。

2016 年,通榆县陆家村实现了整体搬迁后,宅基地复垦与长春新区用地指标挂钩,全村原有宅基地改造为高标准水田,节余建设用地指标 103 公顷,全部出售给长春新区增加建设用地指标,实现收入 16326.6 万元,支出工程投资、现金补偿、复垦土地费等共计 11378.3 万元,收益 4948.3 万元,用于易地扶贫搬迁。2018 年,陆家村农民土地流转、务工加上政策补贴人均纯收入达 1.75 万元,是原来的 3.2 倍。复垦后的高标准农田归村集体统一发包,2018 年村集体收入 158 万元,是原收入的 3.4 倍。

易地搬迁完成后,陆家村还建起了蔬菜种植园区,园区内为每户村民统一规划了 50 平方米的蔬菜种植园,农民可以根据个人喜好种植时令蔬菜,在满足家庭需要的同时,还可以对外出售。

通榆县震泽牧业有限公司鉴于陆家村具有优越的种植养殖资源及开发建设条件,投资建设年出栏5万只肉羊养殖及年屠宰16万只肉羊生产线建设项目,总投资2970万元,推行种养结合发展模式,建设占地32公顷(盐碱地)肉羊养殖园区,已于2017年6月14日正式开工建设。陆家村贫困户、养殖户拿羊作价入股通榆县震泽牧业有限公司,作价标准不低于市场行情,没有羊源的可以用资金入股,按股分红。由公司统一管理肉羊养殖园区,贫困户、养殖户可以到公司务工(贫困户优先),长期工每年基本工资24000元左右,可解决50名搬迁人口就业。公司可为贫困户、养殖户提供担保贷款,专项用于贫困户、养殖户入股养羊。村集体帮助公司协调解决养殖饲料供应问题,公司与租用土地股份合作社土地的6个家庭农场签订玉米、花生等饲料购销合同,实现共赢互利。

而吉林省另一个易地扶贫搬迁"大户"和龙市,则依托产业园实现搬迁户项目收益全覆盖。重点发展以种貂、黑毛驴、延边黄牛、冷水鱼等为主的特色养殖业,以有机大米、药用菌、有机蔬菜、林下参为主的特色种植业,以景区、民宿为主的旅游产业,实现了所有贫困户和行政村产业双覆盖,脱贫资金有保障。同时,因地制宜开发公益岗保障搬迁群众稳定就业。

五、结语·吉林答卷　笔力千钧

经过全省上下几年的辛勤耕耘,吉林省易地扶贫搬迁工作取得的成效不言而喻——

搬迁群众生产居住环境明显改善。通过易地扶贫搬迁,将深山区、石山区、偏远山沟等地方的贫困群众搬迁到旅游景区、产业园区周边及中心城镇等,彻底改善了搬迁群众恶劣的生存环境,居住条件更加优越,配套设施和公共服务设施更加到位,改变了群众住房难、用电难、饮水难、出行难等问题,用上了室内卫生间,洗上了热水澡,从根本上实现了安居,搬迁群众幸福指数得到提升,为加快脱贫致富创造了良好的条件。

搬迁群众生产生活状态发生改变。凡是搬出来的群众基本改变了原来的生活方式和精神状态,过去室内环境卫生较差,搬迁后群众家里基本都收拾得干干净净,使搬迁群众接受了新环境、新观念,整体生活水平得到较大的提高。

搬迁群众增收致富渠道逐步拓宽。大部分搬迁群众原来都是务农,入不敷出,搬到新的安置点以后,因交通便利、离城镇近、信息渠道广、就业选择多,不再依赖原有土地过"靠天吃饭"的日子,而是依托居住地附近的城镇、产业园区、龙头企业、专业合作社,通过畜禽养殖、劳务输出、商贸流通、发展第三产业等多种渠道,极大地拓宽了增收门路。

搬迁群众民生工程得到保障。教育、卫计等部门持续跟进帮助搬迁群众解决了上学、就医等困难,适龄儿童享受到了县城的优质教育,得病老人享受到了县城的医疗条件,住院后的费用报销更加便利。民政、残联、人社等整合部门资源,主动上门服务,通过衔接好农村低保、城市医保和养老保险三类保障,扎实做好民生保障工作。

增强了搬迁群众劳动技能。整合部门培训资源,优先覆盖搬迁对象,确保受到培训的人员都有一项谋生技能。各地积极开发就业岗位,积极开展技能培训,加强外出务工组织引导。搬迁群众的市场意识不断增强,逐渐变成了有技术、懂经营、思发展的新型农民,增收方式正在逐步由"靠土吃饭"向"农旅工商共同发展"转变。

挪穷窝,改穷业,换新颜。

一步住上新房子,快步过上好日子。一张张朴实的笑脸是搬迁群众幸福感和获得感的最好诠释;一场易地扶贫搬迁的战役,让1.4万贫困群众搬出了活力,搬出了奔向小康的坚定信心。

坚持"六个强化" 坚决打赢
易地扶贫搬迁攻坚战

——安徽省"十三五"易地扶贫搬迁工作纪实

安徽省委、省政府高度重视易地扶贫搬迁工作,按照"省负总责、市县抓落实"的要求,坚持把易地扶贫搬迁作为脱贫攻坚的"头号工程"和重中之重来抓。在国家发展改革委精心指导下,全省各级发展改革部门充分发挥牵头抓总、协调各方的作用,全力以赴推动政策落实和工程实施。在各级各有关部门的共同努力下,安徽省易地扶贫搬迁工作取得了阶段性成果。截至 2019 年年底,安徽省已全面完成"十三五"规划确定的 8.5 万人的住房建设及搬迁入住任务,累计建成集中安置点(6 户以上)869 个、安置住房 26869 套。安徽省主要做法就是始终做到"六个坚持、六个强化"。

一、坚持高位推动,强化组织领导

自上而下健全组织架构。2015 年年底,安徽省政府成立省易地扶贫搬迁工作领导小组,常务副省长担任组长、分管副省长任副组长,20 个部门为成员单位,办公室设在省发展改革委。具有易地扶贫搬迁任务的 9 市 28 个县(市、区)都按要求成立了领导小组和工作专班,由党委、政府主要负责同志任组长。2016年 3 月,经省政府同意,省建设投资公司组建易地扶贫搬迁省级投融资主体——易安公司,落实省级政府统贷统还职责。

自上而下传导工作压力。省委书记、省长、常务副省长、分管副省长亲自过问、多次专题调研易地扶贫搬迁工作。2016 年以来,安徽省政府及领导小组先后召开 10 次专题会议,研究重大政策和推进措施。2016 年、2017 年,省政府先后召开 2 次全省电视电话会、3 次现场推进会,全面动员部署、现场调度、推动落实。

自上而下层层压实责任。按照"省负总责、市县抓落实"的要求,明确有搬迁任务的 9 个市、28 个县(市、区)党委、政府的主体责任,党政主要负责同志是第一责任人,形成一级抓一级、层层抓落实的工作责任体系。

二、坚持系统谋划,强化政策保障

不断完善政策体系。2016 年年初,安徽省政府制定下发易地扶贫搬迁工程实施意见,明确工作目标和总体要求;2016 年 6 月,领导小组制定印发《"十三五"时期易地扶贫搬迁实施办法》,明确政策标准和操作程序。相关部门出台配套政策和办法 14 个。2017 年,为提高工作质量和水平,领导小组出台《易地扶贫搬迁工作"重精准、补短板、促攻坚"专项行动实施方案》,进一步明确了相关要求。2019 年 4 月,领导小组印发《关于进一步加强易地扶贫搬迁后续产业发展和就业扶持等工作的指导意见》,2020 年 6 月,领导小组办公室印发《关于进一步加强易地扶贫搬迁后续扶持工作的通知》,指导各地做好易地扶贫搬迁"后半篇"文章。

及时组织规划修编。2016 年 9 月国家"十三五"规划印发后,领导小组及时制定出台《安徽省"十三五"易地扶贫搬迁规划》。2017 年 10 月,统筹考虑各地搬迁需求的变化,领导小组对《安徽省"十三五"易地扶贫搬迁规划》进行了重新修订,对部分县规划任务进行了合理调整。

切实加强作风建设。2017 年,根据安徽省纪委要求,研究制定扶贫领域突出问题专项整治实施方案,将易地扶贫搬迁工程作为专项整治的重点领域。2018 年,按照国家发展改革委和安徽省扶贫开发领导小组的部署,制定印发《关于开展发展改革系统扶贫领域作风建设的通知》,进一步强化易地扶贫搬迁工作作风建设。2020 年,按照安徽省纪委监委工作部署,制定印发《省发展改革委开展易地扶贫搬迁领域腐败和作风问题专项整治工作安排方案》,深化易地扶贫搬迁领域腐败和作风问题专项整治。

三、坚持上下联动,强化宣传引导

加强会议培训。2016—2020年,安徽省易扶办牵头举办8次专题培训班和1次工作研究班,详细解读政策,深入宣传动员,市、县相关部门和乡镇负责同志共3000多人次参加培训,成效明显。各市、县也持续加大对部门、乡镇、村居的培训力度。

加强政策指导。为帮助地方吃透政策,安徽省易扶办编印《易地扶贫搬迁政策文件汇编》,省发展改革委网站开设"十三五"易地扶贫搬迁专栏,省易扶办定期编发工作简报,全面解读政策、总结推广各地的好做法好经验。同时各市、县也通过喜闻乐见的方式,让搬迁政策做到家喻户晓。

加强宣传引导。组织新华社、安徽电视台、安徽日报等主流媒体,对各地易地扶贫搬迁工作进展、成效、做法进行不间断宣传报道,讲好搬迁脱贫故事,努力营造良好的舆论氛围。

四、坚持目标导向,强化精准指导

在搬迁对象确定、安置方式选择、安置点选址方面坚持做到"三个精准"。一是搬迁对象识别严格按照"户申请、组评议、村票决、镇审核、县认定"的程序和"两公示一公告"的办法进行识别,完善一户一档资料,守住搬迁对象精准的"界线"。二是安置方式选择,坚持因地制宜,充分尊重搬迁群众意愿,做到"宜城则城""宜镇则镇""宜旅则旅""宜农则农"。三是安置点选址,坚持做到"五靠五不选",即:靠城镇、靠产业园区、靠旅游景区、靠美丽乡村、靠交通要道;有安全隐患的不选、无发展后劲的不选、基础设施难改善的不选、上学就医难的不选、群众不满意的不选。例如颍上县在规划选址上坚持"四统一、四靠近"(统一规划、统一设计、统一风格、统一质量标准;靠近县城、靠近园区、靠近集镇、靠近市场),有力提高了搬迁群众幸福感、安全感、获得感。

在安置房户型设计、安置点规划设计、安置点基础设施和公共服务设施配置方面坚持做到"三个合理"。一是安置房户型设计,由各县(市、区)政府组织专业机构统一设计1—6人/户（按25—150平方米标准控制）多种参考户型，供安置点和搬迁群众选择，确保户型精准到户，从源头上控制住房面积超标。二是安置点规划设计，坚持做到"四个结合"：与新型城镇化相结合、与美丽乡村建设相结合、与一二三产融合发展相结合，与迁出区生态修复相结合。三是安置点基础设施和公共服务设施配置，按照"宜居宜业、功能配套、量力而行"的要求，统筹谋划、合理布局每个安置点的基础设施和基本公共服务设施，切实提高规划水平，防止因规划不合理导致"二次搬迁"。如金寨县全军中心村安置点统一规划设计、统一建筑风格、统一集中建设，基础配套设施和学校、卫生室、农民文化乐园等公共服务配套设施齐全，农村田园风光得以保留，"宜居、宜业、宜游"的秀美山村景象得以充分显现。

在防止住房面积超标、建房（购房）负债超标、豪华装修方面坚持做到"三个严控"。通过加强政策培训宣讲，耐心细致做好搬迁户思想工作，建立"一户一档"系统跟踪调度，加强督查检查，发现问题及时督促整改，守住人均住房面积不超过25平方米的"标线"，搬迁不举债的"底线"，同时严格控制搬迁户豪华装修，防止因负债返贫。

在项目建设管理、资金使用管理、档案资料管理方面坚持做到"三个规范"。一是规范项目建设程序。要求统规统建项目严格落实基本建设"四制"（法人责任制、招标投标制、建设监理制、合同管理制）规定。工程完工后，要求建立健全"乡（镇）初验、县统验、市抽验"的三级竣工验收制度，及时做好竣工验收工作。二是加强资金使用管理。建立健全易地扶贫搬迁资金审核审批、台账管理、公告公示等制度，严格做到专户管理、专账核算、专款专用、封闭运行。三是完善档案资料管理。要求县级发展改革委、县级融资平台、项目所在乡镇、项目施工单位、监理单位做好工程档案资料整理归集工作，确保有据可查。例如太湖县在全省率先开展第三方评估，引入第三方机构对全县的易地扶贫搬迁工作进行全覆盖评估，深入每一户，重点了解住房面积、补助政策、资金拨付等方面情况，根据评估发现的问题，主动落实整改措施，确保搬迁工作符合国家政策规定。

在拆旧复垦、搬迁入住、后续帮扶措施落实方面坚持做到"三个到位"。在组织搬迁入住的同时，要求各地同步做到，搬迁后旧房拆除和宅基地复垦及时跟进到位；安置点配套设施和环境整治、规范化管理、社区融入等工作及时跟进到位；产业扶贫、就业扶贫等帮扶措施持续跟进到位。截至2020年6月，全省累计应拆旧房24189套，实际拆除24188套，对连体房和具有保护价值等不宜拆除的旧房，各地按照《新时期易地扶贫搬迁工作百问百答》要求，由县级政府建立台账统一管理，目前安徽省已基本实现"应拆尽拆"。到2019年年底，全省已搬迁的8.5万人，已脱贫8.4万人,脱贫率达98.8%。

五、坚持问题导向,强化督查整改

建立调度督查机制。建立工程建设进度"旬报告"制度,组织开发集中安置点信息、一户一档信息网上直报系统,及时掌握各地工作进展并定期通报。2016年以来,省级先后组织开展7次全覆盖专项督查,重点督查工程进度和政策落实等情况。各有关市、县也建立了常态化督导制度。

建立问题督办机制。对督查发现问题比较突出的县,由省发展改革委、省扶贫办主要负责同志约谈其党政主要负责同志,2016年、2017年分别约谈了4个县党政一把手。对存在问题的县,由省易扶办下发整改通知书进行督办,2016年、2017年分别向10个县(市、区)下发了问题督办单,2019年下发了19份整改通知书,2020年下发了10份督办单、4份提醒函。

建立整改问效机制。针对国家专项稽查、抽查检查、监管巡查发现的问题,按照国家要求和省领导批示,领导小组制定印发《安徽省易地扶贫搬迁工作整改方案》《安徽省易地扶贫搬迁工作监管巡查整改方案》,下发整改通知,要求各地按要求落实整改措施,并实行跟踪问效。对整改不力的,按相关规定进行问责。

建立暗访排查机制。2019年以来,按照中央巡视要求,安徽省坚持以"四不两直"方式(不打招呼、不定路线、不要陪同、不宣传报道,直插现场、直接入户)为主,深入基层调研督导,做到在一线发现问题、在一线督导工作、在一线推动整改。2019年3月、8月、11月和2020年5月,14位委领导率队组成14个暗访组,先后开展了4次全覆盖暗访调研,暗访组采取随机抽点、实地走访方式,通过进点看、入户访、县里核,深入了解基层工作推进和问题整改情况,能够现场解决的问题现场解决。暗访调研结束后,形成专题调研报告,省易扶办汇总形成问题清单,针对有关问题,通过下发整改通知书、督办单等方式督促各地整改落实。

六、坚持精准施策,强化后续帮扶

一是坚持规划先行。2019年,安徽省易地扶贫搬迁工作领导小组印发《关于进一步加强和完善易地扶贫搬迁产业发展和就业扶持等后续帮扶工作的指导意见》,要求每个安置点都制定产业发展规划,超前谋划安置点产业发展方向,因地制宜选择适宜搬迁户发展的产业和项目;2020年,安徽省易地扶贫搬迁工作领导小组办公室印发《关于进一步加强易地扶贫搬迁后续扶持工作的通知》,根据不同类型、规模的安置区特点,分区分类实施精准帮扶措施,引导农产品加工产能向安置区周边集聚,鼓励劳动密集型企业在安置区建立就业扶贫车间,积极开发公益性岗位兜底就业;加强社区管理和环境整治,促使搬迁群众尽快适应新生活、融入新环境。

二是坚持精准帮扶。根据不同类型、规模的安置区特点,分区分类实施精准帮扶措施,确保每一个安置区、每一位搬迁群众都能获得及时有效的帮扶,确保8.5万搬迁贫困人口2020年全部脱贫。对于分散安置的搬迁群众,按照"一户一方案、一人一措施"的要求,建立跟踪帮扶机制,确保全部纳入扶持范围。引导农产品加工产能向安置区周边集聚,推动搬迁户与带贫主体建立稳定紧密的利益联结机制。支持符合条件的安置区建设省级农民工返乡创业示范园,鼓励劳动密集型企业在安置区建立就业扶贫车间,通过产业培育和就业帮扶,进一步拓展就业渠道,激发搬迁群众内生动力,确保搬迁贫困户"搬得出、稳得住、逐步能致富"。

三是坚持激发动力。通过加强典型宣传,讲好搬迁脱贫故事,树标杆、做示范等多种方式,引导搬迁群众参与,激发搬迁贫困群众的内生动力和脱贫决心。

通过全省上下的共同努力,安徽省"十三五"易地扶贫搬迁工作取得积极成效,在2016年度国家易地扶贫搬迁工作成效考核中安徽省位列第一等次,为4个综合评价较好的省份之一;2017年度安徽省易地扶贫搬迁工作受到国务院通报激励;2019年度工作成效获得国家发展改革委通报表扬。具体成效体现在直接和间接两个方面。

(一)直接成效

一是带动了搬迁贫困群众稳定脱贫。通过搬迁,解决了8.5万贫困群众的住房安全问题,实现了安全住房有保障的目标,达到了"挪穷窝"的目的。到2019年年底,8.5万搬迁贫困人口实现脱贫8.4万人,累计脱贫率达98.8%。如岳西县菖蒲镇严良淑户,因病致贫,一家4口无收入来源,长年靠低保维持生活,寄居在老旧危房内。2016年搬入易地扶贫搬迁安置点,并通过发展养殖等,年收入超5万元,成功迈入小康生活。

二是改善了搬迁贫困群众的生产生活条件。搬迁到县城、产业园、集镇或中心村后,交通条件明显改善,就业机会明显增多,搬迁群众通过外出务工、就地打工实现增收的机会明显增加。如潜山市源潭镇长和安置点依托省级经济开发区及刷业特色产业,安置的152户462人中,有131人在园区刷业企业实现就业,搬迁后,搬迁群众能够就近享受当地的教育、医疗资源,就医、就学条件得到明显改善;金寨县铁冲乡铁冲中心村安置点坐落于依山傍水的村部、教学点和医疗室中间,基础设施配备齐全,先后建成40个联户猪舍,45亩蔬菜大棚,近4000平米的联户菜园和占地18亩的香菇种植基地及50余亩滁菊种植基地,解决了群众的产业发展问题,同时还为搬迁户提供了就业岗位,实现了搬迁户持续稳定增收和村产业的发展壮大。

三是转变了搬迁贫困群众的思想观念和生产生活方式。搬迁后,各地通过开展安置点"六净一规范"、文明搬迁家庭创建等活动,着力转变搬迁群众思想观念和生活方式。如:临泉县成立由镇、村安置区负责人组成的安置区管理委员会,同时,在每个安置点建立"四会一约"(村民议事会、红白理事会、道德评议会、禁毒禁赌会和村规民约)制度,实现安置区社区居民自我管理、自我教育和自我服务。颍东区、岳西县利用宣传手册、开展扶贫夜校等形式,大力倡导"扶贫不扶懒、扶干不扶看、扶志不扶靠"和"贫困不可耻,安于贫困才可耻"思想,充分激发搬迁群众的内生动力。

(二)间接成效

一是促进了当地产业发展。安徽省各地牢牢把握搬迁脱贫目标,坚持因地制宜、分类指导、多措并举、综合施策,积极培育壮大适宜搬迁户发展的主导产业,不仅有效带动了搬迁贫困户稳定脱贫,也为当地产业发展提供了有力支撑。如:岳西县积极引导搬迁贫困户开展土地流转,流转的土地承包给新型农业经营主体实行规模化种植,主要发展茶叶、高山蔬菜等特色产业,同时组织搬迁贫困户在流转的土地上打工,搬迁户实现"土地租金+务工收入"双丰收。这种做法既增加了搬迁户收入,也壮大了当地主导产业。霍山县上土市镇依托旅游资源开发,以省级特色小镇——温泉小镇为中心,布置9个安置点,安置97户341人,其中在景区从事旅游服务业的达27户,搬迁贫困户不仅增加了收入,也为当地旅游服务业发展作出了贡献。利辛县胡集镇为镇区安置点配建了扶贫车间,引进12家劳动密集型企业入驻,吸收120多名搬迁群众就业,搬迁群众基本实现了"楼上居住、楼下就业",同时通过搬迁也促进了胡集镇产业发展。

二是推进了新型城镇化建设。易地搬迁对提高集镇的人口规模、增强城镇集聚功能作用明显。如:萧县杨楼镇结合新型城镇化和美丽乡村建设,实行整村搬迁,按照城镇标准化小区模式,规划建设集中安置点(移民新村)3 个,累计安置5188 人,其中贫困人口和同步搬迁人口各占一半,搬迁群众实现就地城镇化。金寨县关庙乡在乡镇所在地安置搬迁群众 268 户 959 人,使集镇人口增加了三分之一,集镇规模迅速扩张,影响力明显增强。

三是改善了农村生态环境。安徽省各地严格执行国家政策,强力推进拆旧复垦工作。目前,按照规定安徽省旧房拆除已实现应拆尽拆,旧房拆除后同步开展复垦复绿工作,复垦复绿面积达 7315 亩。旧房拆除和宅基地复垦复绿为改善和恢复迁出区生态环境作出了积极贡献。

当前,从决定性成就到全面胜利,仍需攻坚克难。下一步,安徽将继续加大对易地扶贫搬迁后续扶持力度,对全省易地扶贫搬迁的 8.5 万人,以安置点为基本管理单元,紧紧围绕搬迁群众最关心最直接最现实的利益问题,持续完善安置区配套基础设施和公共服务设施、加强安置区产业培育和就业帮扶、强化安置区社区管理促进社会融入、全力保障搬迁群众合法权益,推动易地扶贫搬迁后续扶持工作与推进新型城镇化、压茬推进乡村振兴战略有机衔接,有效提升群众的获得感、幸福感、安全感。

自作始也简,其将毕必也巨。一鼓作气、连续作战,不获全胜、决不收兵。这场硬仗必须打赢,也一定能打赢。安徽将深入贯彻习近平总书记在决战决胜脱贫攻坚座谈会上的重要讲话和在陕西、山西考察易地扶贫搬迁工作时的重要指示精神,按照党中央、国务院关于打赢脱贫攻坚战的部署要求,进一步压实责任、精准施策、过细工作,千方百计做好易地扶贫搬迁"后半篇文章",坚决夺取易地扶贫搬迁工作的全面胜利,在中国反贫困斗争伟大决战的时代画卷上镌刻出新的成就。

易地搬迁挪穷窝　造福百姓新生活

——福建省"十三五"易地扶贫搬迁工作纪实

俗话说：一方水土养一方人。福建地处东南沿海，山清水秀、天蓝海碧，自然风光旖旎、文化底蕴深厚、气候舒适宜人，是一个宜居、宜养、宜游的福地。

然而，美好河山中也有"养不好一方人"的地方，或深山老林、交通闭塞，或地质复杂、生态脆弱……"穷"，对于居住在这些地方的民众来说，就像是宿命，难以逃脱。

久困于穷，冀以小康。

易地扶贫搬迁，是习近平总书记亲自出的考题，是实现全面小康的一项浩大工程，更是人类向贫困宣战的一次伟大创举。福建将易地扶贫搬迁作为脱贫攻坚的"头号工程"，高位谋划、高质量推进，坚持建设、服务、帮扶"三张牌"一起打，从源头破解"一方水土养不好一方人"的困境。

为民谋福祉，造出新天地。"十三五"期间，福建全省共建成易地扶贫搬迁安置住房 20666 套，搬迁国定标准贫困人口 65138 人，搬迁人口入住率、脱贫率100%，全面实现了挪穷窝、换穷貌、改穷业、拔穷根。

一、一以贯之　搬出扶贫"新路子"

福建历届省委、省政府认真贯彻落实中央战略部署，始终将人民对美好生活的向往作为奋斗目标，积极探索扶贫开发政策措施和工作机制。早在 20 世纪 80 年代末，时任宁德地委书记的习近平同志就在全省率先组织实施了"连家船民"上岸和"茅草房"下山搬迁工程，被群众赞誉为"造福工程"。

所谓"造福工程",就是把生活在偏僻困难地方的群众,搬迁到条件较好的地方,从根本上改变生产生活条件,增加收入,发展致富。习近平同志在宁德工作期间,提倡并推动把分散居住在山上的群众搬迁下来,集中到基础条件比较好的地方。群众搬迁后大都过上了好日子,对党衷心拥护,有的在自己家门口贴上对联,上面写着:造就一方新天地;福到农家感党恩。这上下两句的第一个字"造""福",与习近平同志讲的不谋而合,于是就把这个搬迁工作定名为"造福工程"。

当时,福建的一些地方,特别是闽东的贫困地区,不少人靠山吃山(打柴)、靠海吃海(打鱼),祖祖辈辈散居在山上的"茅草屋"或海上的"连家船"中,居住条件非常恶劣,生活也非常贫困。"连家船"上的渔民终生漂泊在水上,世代以木船为家,居无定所,是一个上无片瓦、下无寸土的特殊贫困群体。那些渔船大都是破败不堪的,没有电、没有水,低矮、昏暗、潮湿,一家几代人都住在里面。有的渔民连船都没有了,只好在岸上用油毛毡、编织袋搭一个窝棚,夏热冬寒、难挡风雨,还不如黄土高原上的农民住的窑洞。习近平同志在宁德、福州和后来到省里工作期间,多次到这些群众的家中走访,也一直在思考如何能使这些困难群众彻底摆脱贫困、安居乐业。

1994年起,在习近平同志亲自倡导、推动下,福建省委、省政府大力推广闽东做法,实施大规模的"造福工程"扶贫搬迁。习近平同志任福建省委副书记和省长期间,始终都在亲自组织和推进这项工作,把它作为扶贫开发的一项重要举措。1997年他带队调查,推动省委、省政府把"连家船民搬迁上岸"和"茅草房改造搬迁"纳入为民办实事项目,出台了一系列政策措施,解决搬迁和生产就业等问题。1998年还在福安亲自主持召开了"连家船民"上岸定居现场会,指出"古人尚且讲'意莫高于爱民,行莫厚于乐民',我们共产党人看到群众生活如此困苦,更应感到寝不安席、食不甘味!没有'连家船民'的小康,就没有全省的小康。这件事非做好不可,要让所有的'连家船民'都能跟上全省脱贫致富奔小康的步伐,实实在在地过上幸福生活"。经过几年的艰苦努力,到2000年年底基本解决了历史上长期遗留的"茅草房"和"连家船民"问题,数万人告别了风雨飘摇的生活,过上了安稳日子。

20多年来,福建省委、省政府一以贯之、持续把"造福工程"扶贫搬迁列为为民办实事项目,滴水穿石、久久为功,全省累计搬迁群众170多万人,整体搬迁自然村7300多个,建设各类集中安置区(点)3400多个。

2016年,国家把福建国定贫困人口纳入"十三五"易地扶贫搬迁政策实施范围后,福建认真落实国家易地扶贫搬迁政策,建立"省负总责、市县抓落实、工作到村、帮扶到户"的工作机制,制定出台了规划建设和用地支持、集中安置区建设补助等系列政策,完成了国定标准贫困人口20666户65138人的搬迁任务,有效改善了搬迁群众特别是贫困户的生产生活条件,提高了搬迁群众收入水平,深受农村广大干部群众的欢迎,被誉为"民心工程""德政工程"。

二、提纲挈领　开对搬迁"药方子"

易地扶贫搬迁事关贫困群众的稳定脱贫和长远发展,是打赢脱贫攻坚战的重要抓手,是解决"一方水土养不好一方人"问题的根本之策,也是打赢脱贫攻坚战的"关键战役"。

虑于民也深,则谋其始也精。福建省坚决贯彻落实党中央、国务院关于易地扶贫搬迁的决策部署,在省扶贫开发工作领导小组下专门成立全省易地扶贫搬迁工作小组,坚持精准识别、精准搬迁,建立任务明确、分级负责的工作机制,统筹谋划、统筹部署、统筹推进,做好政策制定"最先一公里",打通政策落实"最后一公里"。

谁可以搬迁? 福建省严格对照《全国"十三五"易地扶贫搬迁规划》,坚持群众自愿、应搬尽搬,全面摸排搬迁对象,把偏远自然村农户、地灾隐患点农户、生态保护地需搬迁农户等国定建档立卡贫困户纳入搬迁任务,把其他需要搬迁改造农户作为同步搬迁人口。

具体怎么搬? 省发展改革委会同扶贫办、财政厅等有关部门系统制定易地扶贫搬迁政策体系,为有效推进搬迁夯实制度保障。编制实施省内"十三五"易地扶贫搬迁实施方案,制定出台易地扶贫搬迁中央预算内投资管理办法、工作成效考核办法、专项建设基金细则、项目资金管理办法、结余资金管理办法、后续扶持工作实施意见等配套文件,梳理编印《福建省易地扶贫搬迁政策汇编》,搭建起省内扶贫政策制度"四梁八柱"。推动有关部门设计发布安置住房户型图和平面图,配套出台就学、就医、就业、社会保障、户籍、社区管理等一系列政策,确保实现"搬得出、稳得住、能致富"目标有据可依、有章可循。

人到哪里去? 如果选址不合理,搬迁去向与搬迁户的谋生能力不适应,就会搬而难安、搬而难富,甚至返迁回流。福建省把易地扶贫搬迁与小城镇发展、工业园区开发、灾后重建有机结合起来,综合考虑福建"八山一水一分田"的省情特点和各地实际,采取集中与分散相结合的方式对搬迁群众进行安置。一方面,对搬迁安置区进行科学选址、合理布局,依托中心村、集镇、工业园区以及旅游区周边交通便利、公共服务配套条件好和就业方便的地方安置;另一方面,同步规划建设水、电、路等基础设施和公共服务设施,统筹解决群众行路难、看病难、上学难问题,方便搬迁群众生活。

钱从哪里来?用好易地扶贫搬迁中央预算内投资、专项建设基金、地方政府债、财政贴息贷款等国家补助资金。组建省扶贫开发投资有限公司作为省级易地扶贫搬迁投融资主体,并协调推动有搬迁任务的54个县(市、区)成立相应的投融资平台。加大省级财政补助力度,省级财政按人均3000元的标准对搬迁群众给予补助。提高易地扶贫搬迁工程集中安置区配套设施建设补助标准,对百户以上安置区,在补助150万元的基础上,每增加10户增加补助10万元,每增加100户增加补助150万元;对20户以上安置区,每增加10户补助10万元;共下达集中安置区基础设施建设省级补助资金3.5亿元。完善土地增减挂钩收益分配政策,搬迁户按规定开展旧宅基地复垦的优先纳入交易,并从增减挂钩收益中给予每户一定的补助。

"搬下山后,老婆看病方便了,我也有时间就近做一些泥水工技术活,一天收入200多元。孩子在电商公司工作,去年家庭收入超过3万元,实现脱贫。"政和县星溪乡同心安居小区居民许绍善由衷地说,"感谢党和政府,安排给我这么好的房子。"许绍善原住在政和县星溪乡后坝林场,妻子身患糖尿病多年,孩子待业。"后坝林场原有住户16户,看到别人都在政和城关购房了,自己只能干着急。"许绍善说,"2017年年初,乡干部和林场领导告诉我可以搬下山,住上由乡里统一建设的安居房,当时别提有多高兴了。"从抽签选房到装修入住,不到3个月时间,许绍善一家搬进了星溪乡同心安居小区75平方米的房子,实现了自己的安居梦。

三、质量并重　打造搬迁"好房子"

青山绿水间,水泥路像白丝带蜿蜒环绕;蓝天白云下,灰瓦白墙清新别致;房前庭院旁,草绿花红相映成趣;明沟暗渠里,浊水变清流汩汩流动;田园山林间,鸡鸭白鹭怡然自得……这,就是今日的浦城县山下乡小溪村。

昔日的小溪村,是偏僻贫困村的典型代表,村子地理位置偏僻、基础设施薄弱、交通极为不便,发展举步维艰。"当时村里人均只有七分耕地,村民只能靠吃'回销粮'度日。"村里的老支委祝德全说,高山村的日子不好过,全村近千亩的水田有六成在五公里外的山下,村民收粮要挑上山,碾米又要挑下山。搬出大山,一度成为小溪村民最大的愿望。

如今,新建的小溪新村已发生翻天覆地的变化,街道干净整洁,房前屋后花草掩映,社区服务中心、幼儿园、文化读书室、灯光球场、体育健身场所、家庭宾馆等配套设施完善。提起村里的变化,村民李福英兴奋地说:"全托国家易地扶贫搬迁政策的福,让我们也能过上和城里人一样的幸福生活。"

位于富屯溪畔的顺昌县大干镇易地扶贫搬迁集中安置区——大里社区,一栋栋楼房整齐矗立,电视信号、手机信号全覆盖,幼儿园、中小学、医院、超市等生活配套设施一应俱全。"社区环境好,学校就在家附近,孙子孙女上学方便;离园区近,孩子打工、上班方便;身体有点小毛病,到医院看病也方便;住120平方的房子,我觉得很舒心、很好!"几年前,尤鹤兴老人一家从15公里之外、山沟沟里的武坊村搬到大里社区,老人一下子从"山里人"变成了"城里人",过上了他想要的幸福生活,"每天都可以在小区里溜达找人聊天,带孙子,赶集买菜又很方便,孩子在外打拼都很放心。"

带给李福英和尤鹤兴老人新生活的,正是易地扶贫搬迁工程的实施。

为确保群众"搬得出、稳得住、能致富",福建省委、省政府精心谋划、科学施策,高标准、高要求、高质量打造易地扶贫搬迁精品工程。

——层层压实责任。强化党政一把手负总责的责任制,省委书记、省长亲自抓,分管副省长具体负责,落实"省负总责、市县抓落实、工作到村、扶贫到户"的工作机制,形成"省市县乡村"五级书记抓扶贫的工作格局。

——狠抓住房安全。福建省把质量安全作为易地扶贫搬迁工程建设的底线任务,组织有资质的第三方机构,开展易地扶贫搬迁安置点地质勘查、地灾评估工作,做好安置住房工程验收、质量安全鉴定,确保搬迁群众住上"安全房、放心房"。

——强化督查检查。健全考核督查机制,持续不断开展自查自纠、专项稽查、抽查检查和专项治理,建立健全常态化监管机制,加强易地扶贫搬迁质量管理与风险防范,确保搬迁政策措施和目标任务落实到位。

如今,走进每一个易地扶贫搬迁新村,一个个集中安置点、一栋栋崭新房屋,如同一道道亮丽风景,给如诗如画的八闽大地增添了现代和幸福的色彩。

四、多措并举　鼓起群众"钱袋子"

在政和县铁山镇锦绣小区的新居室里,贫困户郑立标正在准备晚饭。"之前住在下马山自然村的高陡边坡地段,土房子一下雨就漏水。"回想起之前的日子,郑立标感慨地说,"现在住上了新房子,还在附近的临江四季农场找到了工作。"2017年,郑立标一家从偏远自然村下马山搬迁到铁山镇集中安置点锦绣小区,告别了那间住了22年的土房子。郑立标说,得益于江上村实施"党支部+合作社+科特派+贫困户"的精准扶贫机制,他在临江四季农场工作,妻子在江上村做保洁员,一家年收入可达到5万元左右。

政和县星溪乡念山村的方佳非也脱贫了。5年前,下楼梯时摔了一跤,方佳非遭遇了人生中非常严峻的挑战,"右侧后背至腋下一道数十厘米长的伤口,头两年完全没法干活,生活一下子没了着落。每天都在想:穷日子什么时候是个头啊?"方佳非回忆,刚受伤的时候,他失去外出打工的能力,全家的收入只能靠六七亩贫瘠的茶园和稻田,"穷得连化肥都用不起"。2017年,念山村被列入易地扶贫搬迁项目,方佳非和村子里其他16户贫困户,从大山深处搬到了距离县城不远的同心小区。方佳非从逼仄的土房子,搬进了两室一厅干净明亮的房子,生活有了新奔头。"好政策源源不断。"方佳非笑着说,他不但拿到了5万元小额信贷扶贫贷款,新承包了10亩橘子园,乡镇科技特派员还教会他修剪茶树、科学管理和施肥,每亩茶多收1000元。在乡镇的帮扶下,方佳非又和其他5户贫困户一起承包了80多亩地,种植西瓜芋子和玉米,很快便甩掉了穷帽子。

连城县文亨福坑村的范忠铭,一家六口全靠他一人赚钱养家,生活十分困难。建档立卡前,范忠铭一家挤在3间低矮破旧的老祖屋,雨天漏雨,晴天见光。根据补助标准,范忠铭一家共获得各级补助16.8万元,在村主干道旁建起了砖混结构房子。2017年春节前入住时,90多岁的老祖母激动得落泪,连声说:"感谢共产党!感谢政府好政策!"镇里通过"雨露计划"为他提供了养鸡技术培训,发放了6000元生产帮扶资金和以奖代补资金,范忠铭把三黄鸡养殖规模扩大到3000只,成为李屋片3个行政村最大的养鸡专业户。他的两个孩子也充分享受了教育扶贫政策的福利——上小学的女儿享受了"两免一补"政策、获得250元/学期的餐费补助,上幼儿园的女儿获得1500元/学期的学前教育阶段补助,一年就能获得3500元。

这些搬迁户的经历，正是福建省通过后续扶持，让易地搬迁贫困户脱贫的具体体现。

"十三五"以来，福建省委、省政府紧紧围绕"搬得出、稳得住、能致富"的目标，坚持工作向脱贫攻坚聚焦、资源向脱贫攻坚聚集、力量向脱贫攻坚聚合，全力加强搬迁后续扶持，探索出了一条具有福建特色的易地搬迁致富路。

——突出"产"，资金扶助与风险防范相结合。福建把培育产业作为推动脱贫攻坚的根本出路，大力扶持贫困户因地制宜发展种养业、特色手工业、电子商务、休闲农业、乡村旅游等增收脱贫项目。对贫困户发展增收脱贫项目，给予每户不超过1万元补助和5万元以下免抵押、免担保的无息贷款支持，做到应扶尽扶、应贷尽贷。对2201个贫困村每村安排60万元，用于投资运营获取收益，促进贫困户增收。

——突出"工"，职业培训与就业服务相结合。持续实施"雨露计划"，每年培训4万多人次。对建档立卡贫困家庭子女接受中、高等职业教育和技工院校教育，按规定给予扶贫助学补助。开展"扶贫入户、送岗上门"服务，每年向有就业意愿的贫困家庭劳动力适时推送人岗适配的岗位信息。鼓励引导各地开发保洁、保绿、治安、护路、护林、管水、扶残助残、养老护理等公益性岗位，安排贫困家庭劳动力就业。

——突出"学"，就学资助与助学贷款相结合。对因学致贫的贫困家庭，全面落实控辍保学制度，对建档立卡贫困家庭学生给予免除学杂费和提供助学资助、助学贷款等政策支持，确保适龄学生不因贫困失学辍学。

——突出"保"，基本医保与叠加保险相结合。福建从2017年7月开始实施精准扶贫医疗叠加保险政策，省、市、县三级每年筹集2.4亿元资金，用于补助提高贫困户基本医疗保障政策范围内医疗费用的报销比例。省、市、县、乡四级定点医院分别按7%、11%、14%、15%叠加报销，对贫困患者个人负担较重的30种大病进行医疗救助。对完全或部分丧失劳动能力、无法通过开发性扶贫措施实现脱贫的全部纳入低保兜底。

——突出"扶"，自我发展与挂钩帮扶相结合。坚持扶贫与扶志扶智相结合，积极宣传"自强不息、勤劳肯干""滴水穿石""弱鸟先飞"等精神，激发贫困户通过生产就业实现增收脱贫的热情和内生动力。实施省领导、省直部门及经济较发达县（市、区）挂钩帮扶重点县制度，深入开展市、县、乡干部挂钩帮扶贫困户活动，做到每个贫困户都有1名干部进行挂钩帮扶，帮助贫困群众用好各项扶贫政策，实现可持续就业,找准增收脱贫项目,提升挂钩帮扶实效。

福建以"户户有增收项目、人人有脱贫门路"为目标,做到"挪穷窝"与"换穷业"并举、安居与乐业并重、搬迁与脱贫同步,有力夯实搬迁群众脱贫根基。目前,全省"十三五"实施搬迁的国定标准贫困人口65138人已全部实现脱贫。

五、着眼长远　奋笔书写"新篇章"

党的十八大以来,福建深入学习贯彻习近平总书记关于扶贫工作重要论述,深入学习和弘扬习近平总书记在福建工作时推进扶贫开发的重要理念和创新实践,脱贫攻坚取得决定性成绩,到2019年年底全省现行标准下建档立卡贫困人口全部脱贫,2201个建档立卡贫困村全部摘帽,全省建档立卡贫困户人均纯收入由2015年的3653元增加到2019年的12525元,年均增长近25%。

然而,脱贫摘帽不是终点,而是新生活、新奋斗的起点。福建省切实将易地扶贫搬迁工作重心全面转向后续扶持,探索建立脱贫攻坚与乡村振兴的有效衔接机制,帮扶搬迁群众逐步能致富。

在霞浦县三沙镇东山村,12户2017年已脱贫的贫困户分别领到了5000元分红,他们都是福家山农业专业合作社的股东。脱贫不脱钩,扎实的产业基础让他们迈开大步奔小康。

在屏南县双溪镇下村集中安置点,当地根据各搬迁点的资源特点、搬迁户的资源条件进行分类指导,引进企业、发展合作社,建立"经济实体+贫困户""合作社+农户"等产业扶贫模式。搬迁户张振有高兴地说:"在帮扶资金的帮助下,我现在种植4亩锥栗,年增收1万多元。"

古田县大桥镇搬迁安置点积极引导搬迁群众到"天天源生态农业开发有限公司"等食用菌加工企业,或镇区附近市场、超市、工厂务工就业,月工资可达2500—3000元。此外,对家中缺乏劳动力的搬迁户,当地帮助在小区或临水宫景区联系安排保安、卫生保洁等公益性岗位,每人每月可收入1800元左右。

政和县镇前镇下圆村贫困户高基平说,2015年村里帮他担保贷款买牛,还带他去学养牛的技术。2017年10月,他将养了三年的小牛卖了,加上10多亩玉米田的收入,不仅还清了贷款,还住进了三层半的新房。

除了外力帮扶,福建因地制宜,挖掘各地禀赋资源,提升内生动力。很多搬迁群众依靠绿水青山、历史人文,吃上了"旅游饭""生态饭"。福安市溪邳村2019年10月投入运营的"渔民之家",是一家集餐饮、住宿、娱乐为一体的旅游综合项目,开业当月的营业额就达到17万元。此外,溪邳村深入挖掘疍民历史文化,扩建村史馆,将其与连家船民上岸定居点、疍民历史文化展示馆、"海上莲花岛屿"、"白海豚观察站"、垂钓中心等"串点成线",打造渔村特色旅游观光路线,渔旅结合成为渔民增收新引擎。

安居乐业,更要宜居宜业。搬迁群众对美好生活的向往,给定居点居住环境提出了更高的要求。连日来,福安市溪尾镇溪邳村村民们忙着进行人居环境整治。"大家日子越过越好,卫生环境不能落下。我们村打算进行村道白改黑,还计划改造外立面11000平方米。"溪邳村群众自豪地说。

易地扶贫搬迁让搬迁群众搬出了新天地、过上了新生活,一张张笑脸绽放在青山绿水中、幸福生活里。福建全省各部门通力协作、各市县屡出奇招,千万党员干部身先士卒,投身这场史无前例的攻坚大战,凝聚起易地扶贫搬迁的磅礴伟力!经过几年苦干实干,全省上下用奋斗谱写了一曲众志成城、战天斗地的动人赞歌,在八闽大地树起了易地扶贫搬迁的时代丰碑。

住上好房子,还要过上好日子。脱贫攻坚的路上,福建省各级各部门不忘初心、共同努力,让贫困群众跨出大山融入城市,让产业造血力量强起来、沉睡的资源活起来、分散的资金聚起来、群众的腰包鼓起来,实现了从"一方水土养不好一方人"到"换一方水土富一方人"的精彩跨越。

红日初升,其道大光。山再高,往上攀,总能登顶;路再长,走下去,定能到达。在消除贫困的道路上,福建将继续心系百姓、情系民生,知民所盼、急民所急,多方施策、精准发力,一路艰辛一路歌,坚定有力地走出具有福建特色的乡村振兴之路。

写好挪掉穷窝的江西故事

——江西省"十三五"易地扶贫搬迁纪实

◇◇

新时代,江西继续书写属于这个时代的光辉篇章。

这片豪杰辈出的红土,是人民军队诞生的摇篮,是我们党开辟早期革命根据地的地方,孕育了红色古都,是万里长征的出发地。

这方秀美壮阔的大地,山河奔涌幸福、原野滋长希望,在新时代的春风里,贯彻落实习近平新时代中国特色社会主义思想,脱贫攻坚战捷报频传,扶贫成效位列全国"第一方阵"。

在这里,我们读懂新中国——江西,承载着我们党"为中国人民谋幸福,为中华民族谋复兴"的初心和使命,穿越风雨、历久弥新,升腾着亿万老区人民对党的信赖、对美好生活的期待。

站在这样的角度,我们激赏新中国——在生存发展条件较为恶劣的偏远山区、库区、地质灾害区,134696名易地扶贫搬迁的江西"老表",在党委、政府帮助下,"搬得出、稳得住、能脱贫"——与4600万江西人民一起,同写全面小康的江西华章。

"小康路上,一个都不能掉队!"掷地有声的话语里,饱含习近平总书记热爱人民的拳拳之心——我们的党,带领广大人民,奋进在中华民族伟大复兴的航程上。

"跟党走、颂党恩",不同时代的江西人民,在省委、省政府的坚强领导下,演绎着同样神奇的发展壮歌——党的伟大,镌刻在江西人民的心底里。

一、永恒的初心　神圣的使命

打赢脱贫攻坚战是全面建成小康社会的底线任务,让贫困人口和贫困地区同全国一道进入全面小康社会,是我们党的庄严承诺。

早在 2003 年,江西省委、省政府就将易地扶贫搬迁工作作为扶贫开发的重要措施来抓,先后从深山区、库区和地质灾害区搬迁安置群众 80 多万人。"十三五"以来,江西省易地扶贫搬迁工作按照国家的部署和要求,在原有工作的基础上,继续稳步推进。

赣鄱大地,演绎了一个个动人的故事,定格下一个个感人的瞬间。

江西井冈山,晨曦微露。

刚吃过早饭,大陇镇爱心公寓的杨小飞一家都忙碌起来:孩子步行上学,他和妻子去瓷厂上班,老人到集市买菜。

一路上,杨小飞讲起了他的故事。

杨小飞一家原来住在井水村雷公坳组,"报道敌军宵遁"的黄洋界保卫战,就发生在那附近。村里曾流行一句顺口溜:"雷公坳、雷公坳,雷公来了绕三绕。"每当春夏之交,这里经常遭受雷电之灾、暴雨之袭、泥石流之害。村里几辈人都想走出大山,兜兜转转,就是搬不出去。

易地扶贫搬迁实施后,政府出资在镇里统一建了易地扶贫搬迁安置房,每户只要出资不超过 1 万元,就可以搬进宽敞明亮的新房子。他们小组的 32 户村民从此搬出大山,搬进了新生活。

"去年家里收入近 8 万元,这在以前想都不敢想啊!"杨小飞说。

"十三五"期间,像杨小飞这样品尝着易地扶贫搬迁成果的江西家庭,逾 3.5 万户。他们想不到、不敢想的幸福,早已化作共产党人的初心和使命,标注在航程上、实践在奋斗里。

2016 年 2 月 2 日,南方小年。习近平总书记沿着崎岖的山路,来到井冈山。他深情地说:"我们党是全心全意为人民服务的党,将继续大力支持老区发展,让乡亲们日子越过越好。"

2019 年 5 月,习近平总书记再次深入江西考察,在长征出发地,他动情地说:"我这次来江西,是来看望苏区的父老乡亲,看看乡亲们的生活有没有改善,老区能不能如期脱贫摘帽。"

易地扶贫搬迁是脱贫攻坚"五个一批"工程中难啃的"硬骨头"。江西省认真贯彻落实习近平总书记扶贫工作的重要论述,立下军令状,坚持把做好易地扶贫搬迁作为树牢"四个意识",坚定"四个自信",坚决做到"两个维护"的重要检验,不断提升政治站位,以时不我待、只争朝夕的精神,全力推进这项事关全面建成小康社会的关键一战。

在省级层面,历届江西省委、省政府高度重视,强力推进这项脱贫攻坚的民生工程。特别是全国易地扶贫搬迁后续扶持工作现场会后,江西省委、省政府把易地扶贫搬迁摆在坚决打赢脱贫攻坚战的突出位置,省委书记刘奇批示"要结合江西实际,抓好贯彻落实",省长批示"要认真落实会议精神,强化后续管理"。省政府成立了由分管副省长任组长,省扶贫办、省发展改革委牵头,财政、自然资源、人民银行、国开行、农发行、省投融资平台等多个部门组成的易地扶贫搬迁领导小组,建立全省易地扶贫搬迁工作省直单位联席会议制度,及时协调解决重大问题。省扶贫办、省发展改革委建立联合办公机制,共同研究推进工作。

在基层,60个有易地扶贫搬迁项目的县,均成立易地扶贫搬迁领导小组,由县级党政主要负责人任组长,形成了凝聚合力、务实高效的工作格局。

对"十三五"规划易地扶贫搬迁建档立卡人口,县乡村组织扶贫干部逐一上门进行调查核实、精准识别,按照"户申请、村审核、乡调查、县审批"规范认定工作程序逐步推进。全省"十三五"易地扶贫搬迁建档立卡人口134696人,根据实际情况,从2016年起分三年下达搬迁计划,分步分期、保质保量完成易地扶贫搬迁任务。

易地扶贫搬迁工作牵涉面广、情况复杂、政策性强。江西从实际出发,在总结"十二五"深山区移民搬迁工作经验的基础上,制定了详细的"十三五"易地扶贫搬迁工作实施方案和搬迁安置规划,明确了统筹规划、精确瞄准、安置方式、补助标准、整合资金、创新方式、完善政策等举措,出台了易地扶贫搬迁项目实施、资金管理、问题整改、后续帮扶、社区管理、拆旧复垦等政策文件,建立健全了完善的易地扶贫搬迁政策体系,做到安居与乐业并举,搬迁与脱贫同步。为了保证政策执行不走样,全省上下还开展了形式多样的政策宣传培训和深入调研,强化了对项目、资金和后续帮扶等工作的政策指导。

顶层设计科学严谨、微观落子妙着迭出,江西的"十三五"易地扶贫搬迁工作,按照"五个三"模式,呈现出百花齐放、百舸争流的态势。

二、一样的搬迁　梯度的安置

全面建成小康社会的最基本要求就是消除贫困。易地搬迁的目的,就是让群众"能脱贫"。

2020年3月6日,习近平总书记在决战决胜脱贫攻坚座谈会上的讲话中指出,"现在搬得出的问题基本解决了,下一步的重点是稳得住、有就业、逐步能致富"。

以问题为导向,立足资源禀赋、尊重群众意愿,江西易地扶贫搬迁工作着力提升群众的获得感、幸福感、安全感。

70多岁的泰和县上圯乡西岗村贫困户温著德,跟大山打了一辈子交道,妻子死后,他一个人含辛茹苦把儿女抚养成人。村里200多户村民陆续搬出了大山,但温著德故土难离,虽然住的土坯房已经开裂,但一想到要去别的地方重新开始,心里就舍不得。他想搬到一个既安全舒适,又乡土乡音不改的地方,可以继续熟悉的生活。

30多岁的遂川县大汾镇庄坑村贫困户李海平住在大山深处,祖祖辈辈过着面朝黄土背朝天的日子。心有不甘的他,18岁那年扛起背包,南下打工,当过流水线工人、做过保安。虽然一直没赚到钱,可他对城里的生活已经不再陌生,还十分向往。他最大的愿望就是能搬进城里,重新开始,一步到位。

搬迁是人生中的一件大事,不同的人有着不同的想法。

实行"三级安置",因地制宜规划选址。江西在推行易地扶贫搬迁的过程中,坚持政府主导,充分尊重群众的意愿,以集中安置为主,实行县乡村安置。各地因地制宜,高起点搞好规划,县乡村都拿出位置最好的地块,用于安置点建设。重点将县城(工业园)、乡镇和中心村作为集中安置点规划选址,形成县、乡、村"三级梯度"搬迁安置模式。对有劳动能力的家庭或已有成员在县城或工业园区务工的,引导进县城进园区集中安置;对要求留在乡镇兼顾原有耕种资源的,集中安置到乡镇所在地;对没有离乡意愿、打算在农村发展的或没有劳动能力的特困户,安排到中心村安置,并对特困户实行住房保障性安置,满足群众多层次的需求。

与此同时,江西牢牢把握"易地扶贫搬迁安置房是扶贫房,不是致富房、小康房"的要求,高标准、严要求做好易地扶贫搬迁工作。坚决守住搬迁对象精准的"界线",对搬迁户进行严格核实、动态管理,确保精准搬迁、应搬尽搬;坚决守住住房面积的"标线",既满足搬迁需要,又控制面积不超标;坚决守住搬迁不举债的"底线",确保搬迁群众不因搬迁影响脱贫;坚决守住项目规范管理的"红线",确保工程建设质量和安全。

易地扶贫搬迁项目推进,没有资金可不行。2016年以来,江西严格资金管理,用好用足专项资金,全省累计筹集各类易地扶贫搬迁资金83.3亿元。2017年,还将原来由县级财政偿还的长期贴息贷款、专项建设基金改为全部由省本级财政承担,切实减轻县级财政负担。

人搬走了,土地可不能浪费。为了提高土地资源的使用效益,江西把握"三个节点",有力破解拆旧难题,即在确定搬迁户之初,就大力宣传"一户一宅"和"新建必须拆旧"的政策要求,签订搬迁安置协议的同时,全覆盖签订拆旧协议,明确拆旧过渡期。推进中,拆除旧房给予适当补助,发放"奖励金"。搬迁后,以乡镇为单位建立旧房拆除档案,安置住房不动产权登记与旧房拆除实现挂钩,确保应拆尽拆。

据统计,"十三五"期间,江西共建设6户以上易地扶贫搬迁集中安置点886个,其中有3.74万人在45个县城(工业园)安置点集中安置,4.43万人在270个乡镇安置点集中安置,3.61万人在571个村级安置点集中安置,集中安置率为87.5%。截至2020年6月底,全省应拆旧房2.39万套,已拆2.35万套,拆旧率达98.6%。

易地扶贫搬迁,让梦想照进现实。

如今,温著德搬到村委会附近的集中安置点,离他原来的家走路只有10分钟,乡亲邻舍大都住在那里;应荣花带着全家搬进了芦田乡易地扶贫搬迁安置点,住进三室两厅南北通透的楼房;李海平搬迁到县工业园区旁边的"梦想家园"小区,打工生活都方便。

赣鄱大地上,千千万万的贫困户按自己的心愿,搬出了穷窝。正如应荣花所说:"做了一辈子的梦,终于实现了。"

三、升腾的希望 红火的日子

望着田里生机勃勃、已经剪了2道枝芽的金丝皇菊,修水县汤桥村易地扶贫搬迁的53户贫困户知道,2020年又将是一个丰收年。

2016年年底,这53户214名贫困群众通过易地扶贫搬迁,搬进了位于村部不远的集中安置点。人虽然搬下了山,但今后怎么发展呢?搬迁户原来在山里以小农经济为生,习惯了"红薯饭、茶壳火,除了神仙就是我"的生活。他们发展产业缺动力、缺资金、缺技术、缺土地,更缺抗风险的能力。

为改变这一现状，2017年，汤桥村"两委"干部带领部分党员和村民四处学习，最终选定了菊花这种当年收益、市场前景好的产业。在发展模式上，采取"合作社+基地+搬迁户"模式，通过免田租、免费提供种苗、免费技术指导和管理、保底价收购的"三免一保"方式，按人均3—5亩地提供给有能力的搬迁户栽种菊花，让搬迁户深度参与产业扶贫。

这样的好政策，吸引了搬迁户的广泛参与。汤桥村党支部书记佐赣锋告诉记者："村里的合作社已经累计种植菊花700多亩，创收500多万元，带动贫困户增收70多万元。大家都夸这个产业好呢。"

搬迁的目的是脱贫。贫困群众易地扶贫搬迁后，江西积极探索行之有效的帮扶措施，建立健全到户到人的后续帮扶管理台账，定期跟踪回访调度，确保贫困群众都有帮扶措施，逐步"能脱贫"。

突出"三个优先"，着力抓好就业扶持。帮扶就业促进增收。发挥安置点临近工业园区的优势，优先安排搬迁对象到园区企业就业，在安置点附近建设产业基地、扶贫车间、帮扶工厂、商店等，帮助搬迁群众就近就地就业。优先做好技能培训和就业服务，根据企业用工需求和贫困户自身实际，大力开展职业技能培训，并通过线上招聘和线下安置点专场招聘会等方式，做到"人岗对接""送岗上门"。优先安排"4050"就业困难搬迁贫困户在公益性岗位就业。统筹开发保洁保绿、护林员、治安协管员、图书管理员、保安物管等公益性岗位。

落实"三种形式"，多元发展后续产业。鼓励自主发展产业。采取"易地扶贫搬迁+特色产业"发展形式，依托各地资源禀赋，因地制宜发展特色种植业、养殖业、加工业和传统手工业，积极推进光伏发电、休闲农业、乡村旅游业等新型业态，落实好产业发展奖补政策，安排产业扶贫发展资金扶持搬迁户发展产业，让贫困户宜工则工、宜农则农、宜商则商、宜游则游；落实"一领办三参与"产业合作形式，鼓励合作社、能人带动，大力推行村干部与能人带头领办、村党员主动参与、村民自愿参与、贫困群众统筹参与，带动搬迁贫困户脱贫增收；落实资产收益扶贫形式。充分发挥扶贫资金红利和搬迁户山林、农田资源优势，整合资金入股分红，引导、动员搬迁户把其原居住地山林土地实行统一有偿流转，其原有的集体资产收益权不变，切实增加其股金、租金收入。通过租赁联结、劳务联结、股份联结、订单联结等多种联结机制，紧密完善搬迁贫困户与合作社的利益联结。

据统计，截至2020年6月，江西在安置点和周边已建成扶贫车间（加工点）575个、产业基地475个，搬迁贫困户实现就业3万户6.1万人，较2019年年底增加

1.03 万人，基本实现了有就业意愿的贫困劳动力家庭中每户最少一人就业。搬迁劳动力中发展种养产业 1.11 万户 2.13 万人，较 2019 年年底增加 0.36 万人。

汤桥村搬迁贫困户万继华给我们算了这样一笔账：以前在山里生活，每年只有种田和生态公益林补助的一点钱，一年下来，满打满算能挣 1 万元。2016 年搬下山后，他参加了村里的合作社，种了 4 亩菊花，每年收入 2 万元，妻子在工业园务工每月 3000 元，他还买了辆小货车，帮人跑运输，去年轻轻松松赚了 10 万元。

"当年搬迁，政府只帮我们做了一层楼，等明年脱贫攻坚结束了，我准备自己把这二层小楼给盖上。我这日子是越过越红火，好日子，还在后头呢！"万继华憧憬地说。

四、贴心的服务　长久的稳定

"迁新居告别穷乡僻壤，跟党走迎来温馨小康"，"笑脸迎春添异彩，深山搬迁住新居"……虽然春节早已过去，但走进武宁县最大的易地扶贫搬迁安置点——武安锦城锦宁社区，搬迁贫困户门口的对联依然鲜艳。

锦宁社区比邻县工业园，周围的超市、卫生所、警务室、中学、小学、幼儿园等配套设施一应俱全，公交路线四通八达。小区内，绿树成荫、干净整洁、安定和谐，1000 多平方米的社区服务中心里，阅览室、心理咨询室、运动健身室、扶贫车间，应有尽有。

最受群众欢迎的是社区里安排的"四点半课堂"，12 名专业的志愿者老师轮流细心地给孩子们辅导功课，那些在工业园务工的家长们，再也不用担心孩子们放学后没人管、没地方去了。

锦宁社区有居民 1000 多户，分别来自武宁县 20 多个乡镇场。他们从偏远的山区"洗脚进城"，虽然成了居民，但对城市生活还有很多不适应。社区党支部书记李世荣回忆说，刚搬来时，搬迁户的生活习惯和城里大相径庭，他们我行我素，养鸡养鸭的，拔了绿化种蔬菜的，闹矛盾吵架打架的，甚至还有人住不惯、闹着要回去的，什么情况都有。"我们只有把贫困户当家人，以真心换真心，提供更多更好的社区服务，才能让他们在这找到家的温暖。"李世荣说。

易地扶贫搬迁，不是简单的一搬了之，如何让群众"稳得住"，是摆在广大干部面前的一道难关。

为了让搬迁贫困户生活得更加舒心,江西加大了安置点配套基础设施的建设。全省新建安置点配套道路 1000 余公里,新建或改扩建医院(卫生室)332 个、幼儿园 177 个、义务教育阶段学校 205 个,实现了易地扶贫搬迁安置点就业、教育、医疗、公共文化等基本公共服务的集约化、均等化,进一步完善了乡村基本公共服务。

有的搬迁贫困户人虽然进城了,心还惦记着乡下,他们放心不下家里的那点土地、那片山林。为此,江西明确贫困户搬迁后原有的土地、山林、水面承包权及所有权不变,收益仍归搬迁贫困户所有。搬迁后村干部待遇不变,既承担原村委会的集体资金、集体资产、集体资源的管理职责,又承担安置点社区的社会管理职责,彻底解决了搬迁贫困户的后顾之忧,让其"稳得住"。

抓住"三个到位",规范完善社区治理。在安置点后续管理上,江西本着因地制宜、高效便利、属地管理的原则,设置相应的管理服务机构。安置规模较大、人数较多的安置点,设立党组织和管理服务机构(中心),并安排相应的工作场所;安置规模较小的纳入安置地村(居)委会统一管理。规模较大的安置点,还根据需要配备相应的专(兼)职管理人员;规模较小的安置点,则明确当地村(居)委会 2—3 名干部作为专(兼)职管理人员,做到"三到位",即管理服务机构设置到位、社区管理人员配备到位、管理服务工作落实到位。

围绕搬迁贫困户的需求,设置了技能培训、就业介绍、产业服务、心理疏导等功能,做好搬迁户入住教育、感恩教育,以及医疗、教育、社会保障等方面的接续服务,着力改善贫困户搬迁后"衣食住行"等实际问题,让贫困群众搬得放心、住得顺心、过得舒心。

江西 886 个集中安置点中已经成立易地扶贫搬迁社区管理机构的有 406 个,其他 480 个小型安置点全部纳入所在地村(居)委会管理。

"经过这几年的生活适应,我感觉自己从里到外都是城里人了,城里的生活,真好!"搬迁贫困户方丽燕道出了很多易地扶贫搬迁进城群众的心声。

五、不朽的精神　不变的作风

"三更风雨行,道义担肩,一念身心系乡梓;万里扶摇去,勋名载史,满城父老送英雄。"

2017 年 6 月 29 日,修水县殡仪馆里,四里八乡的群众自发赶来送杭口镇扶贫专干程扶摇最后一程,灵堂里高高悬挂的挽联,道尽了乡亲们的不舍。

那一年,修水县遭遇历史罕见的特大暴雨袭击,全县短时间降雨量高达174.5毫米,引发了百年一遇的洪灾。6月24日凌晨1时多,刚准备下班的程扶摇接到指令,赶往受灾村庄疏散群众,在途中被暴涨的洪流卷走,不幸罹难,年仅28岁。

"表我已经交了,如果还有需要修改的地方,请随时打电话给我。"这是程扶摇牺牲前1个小时,给县扶贫办副主任发送的一条短信,内容是报送易地扶贫搬迁的有关数据,而这条短信也成为他对易地扶贫搬迁工作最后的"告别"。

英雄已逝,牵挂绵长。

修水县是秋收起义的重要策源地和率先爆发地,是主要军事力量的集结地和出发地,这里的土地浸染着烈士的鲜血。硝烟逝去,反抗国民党反动派的战场变为反贫困战场。这里没有枪林弹雨,却同样有流血牺牲,同样考验理想信念——

肖新泉,31岁,会昌县小密乡罗田村驻村队员,主要负责村里的易地扶贫搬迁工作,2019年9月在村里不幸牺牲,原本3天后他将步入婚姻殿堂。

周友才,36岁,余干县东塘乡副乡长,负责全乡易地扶贫搬迁点的建设,2019年2月,在脱贫攻坚调度会上突发心源性心梗,永远离开了他心爱的岗位。

……

党的十八大以来,江西共有40位扶贫干部倒在基层一线,其中很多都参与了易地扶贫搬迁工作,他们成了新时代的一座座精神丰碑。

不朽的是精神,不变的是作风——

兴国县长冈乡长冈村村民曹承凤家,80多年前盖的土坯房,至今矗立。

1933年春,苏区贫农马荣海家不慎失火。时任乡苏维埃政府主席谢昌宝闻讯赶来,发动互济会和群众捐钱募料,帮助他家盖新房。毛泽东同志在著名的《长冈乡调查》中,引用此事,述说鱼水深情。80多年间,马家几代后人都没舍得拆除这栋闲置多年的土房子。马荣海的孙媳妇曹承凤说:"人要记恩,这栋土坯房里有党的恩情,老马家要一直传下去!"

老屋装着苏区干部好作风,也见证着精神的传承。

刘超是上饶市广信区扶贫办易地扶贫搬迁负责人,部队转业回来后,刚好碰到易地扶贫搬迁对象重新精准识别。

花厅镇白塔村十八排,10户43人居住,下车后还需步行2个小时,沿途要穿过一座座山林,道路曲折泥泞;应家乡佛母村黄金坪,17户74人居住,下车后须沿着黄沙古道步行一个多小时……那个如火的夏天,刘超不分昼夜地深入全区各地深山区、库区、地质灾害区、地方病多发区调查核实,真正做到"不漏一村、一户、一人"。

两年时间里,广信区 20 个安置点要完成规划、选址、设计、建设、交房,时间紧、任务重。刘超高频率地在各地安置小区工地上奔波,下地基、浇筑楼板、封顶、验收,每一个重要环节,他都坚持和监理、理事会一起在现场督促指导,直到全区 772 户 2822 名易地扶贫搬迁群众,全部搬进了新居。

"看到群众顺利住进了新房,我这心就踏实了,所有的辛苦都值得。"刘超说。

始终同人民想在一起、干在一起——

于都河畔,长征渡口。

1934 年,于都人民主动送来门板、床板搭设浮桥,帮助 8.6 万余名红军渡河,踏上万里征程。"唤起工农千百万,同心干,这是中国革命取得胜利的根本所在!"中央红军长征集结出发纪念馆副馆长张小平说。

90 多年后,在易地扶贫搬迁的战场上,共产党人与百姓同心战贫。从罗霄山区到鄱湖之滨,一个个安置点、一项项扶持措施,搬迁群众用勤劳和智慧谱写出催人奋进的脱贫壮歌。

距长征渡口不远的易地扶贫搬迁进城进园小区思源社区,从偏远山村搬到城区的杨流生在新家建起一个"扶贫车间",靠制衣年收入超 6 万元。他说:"政府把我们迁出来,只要勤劳肯干都能脱贫!"

"幸福都是奋斗出来的",社区广场上的 9 个大字是他们新生活的最好注脚。

六、永驻的民心　崭新的征程

"精准扶贫暖人心,安居乐业赋新篇。"在南康区家具产业园易地扶贫搬迁安置点,搬迁户王小荣的家门口贴着这样一副红对联。

42 岁的王小荣是南康区龙回镇油田村坳背组村民。搬迁前,王小荣的家在距离城区近 40 公里的大山深处,生活条件恶劣,基础设施薄弱,购买日常生活用品要到十几公里外的圩镇,一家人守着一亩三分地过着清苦的日子。2018 年,他搬到了位于家具产业园的梦想家园小区。"现在的生活跟搬迁前相比,差别真是大,不仅眼界开阔了,心也跟着敞亮了,感谢党和政府的好政策。"王小荣感慨地说。

"现在我在南康团团圆家具公司就业扶贫车间上班,工作比较稳定,每个月工资近 5000 元,而且工厂距离家不到 2 公里,上下班非常方便。"王小荣说,他有两个女儿一个儿子,都在附近上学,"搬到这里住后,孩子上学再也不用走远路了。我老婆同时也在城区的制衣厂上班,我们夫妻下班之后还可以照顾孩子,生活是越过越有奔头。"

铜鼓县棋坪镇丰坦村地处大山深处,交通不便。以前,贫困户李裕昆一家人住的是干打垒房子,家里没有一样值钱的家具。望着连绵不断的大山,他几乎认为贫困将是自己的宿命。

2016 年,李裕昆的命运开始转折。通过易地扶贫搬迁,他们一家搬到镇里的富民小区。在这里,他参加了县里组织的培训,成了一名泥瓦匠,还带起了徒弟,业务越做越大。2018 年,35 岁的李裕昆娶了四川姑娘卢小美为妻,隔年还生了个胖小子。因为搬出大山,短短几年,李裕昆一家从村里的贫困户一跃成为"富裕户"。

李裕昆终于过上了小康生活。

穿过簇新的门楼,来到宁都县小布镇大土楼新村,墙上的一张大幅拼版照片引人注目:左边土楼泥墙裸露,逼仄狭窄;右边新楼窗明几净,静谧祥和。

村里 187 户群众见证了土楼村的蝶变:一幢幢新楼拔地而起,一条条水泥路四通八达,粉墙黛瓦,花红草绿,曾经交通不便的小布镇成为旅游小镇,年接待游客近30 万人次。2019 年年底,一个 5G 基站落成,在外务工的年轻人回村搞起了电商,把山里的茶叶、蜂蜜、笋干等销往全国各地。

土楼村里无土楼。

易地扶贫搬迁改善民生,赢得了民心,百姓以最朴素的方式表达对党的感激。

和谐秀美的铭恩新村,原来是一片杂草丛生的荒地。那时,村民们住在周边 5个村庄的土坯房里,低矮破旧、透风漏雨。当年乡干部上门宣传易地扶贫搬迁政策,村民杨学生根本不相信:"天底下还有这样的好事?"

不敢相信的好事,就这样发生了。在距县城 5 公里的枫林村,兴国县划出 1 平方公里的土地,陆续建起一幢幢青瓦白墙的三层联排楼房。杨学生等 309 户搬迁贫困户,终于告别土坯房,搬进了梦寐以求的新居。

新村建好后,乡亲们聚在一起商量,要为自己的新家取个好名字。有人提议,就叫"铭恩新村",我们世世代代都在这里居住,要世世代代记住党的恩情,乡亲们一致赞成。

现在,"铭恩新村"4 个大字镌刻在村头的大石头上。

实践证明:通过易地扶贫搬迁,充分体现了社会主义制度的无比优越性,充分体现了党的坚强领导和以人民为中心的发展理念。江西取得了"多、快、好、省"的扶贫效果。"多",即从根本上解决居住在偏远山区群众的行路难、上学难、就医难等多种困难;"快",即相对于传统的就地扶贫,快速有效地实现减贫效果;"好",即不仅帮助贫困群众解决当代人的贫困问题,而且有利于子孙后代的发展,阻断贫困在代际之间的传递;"省",即比传统就地扶贫模式,更能有效地节省大量财力物力。

史无前例的举措,带来的是史无前例的减贫效果。截至 2019 年年底,江西建档立卡贫困人口从 2015 年年末的 200 万人减至 9.6 万人,减贫 190.4 万人,其中通过易地扶贫搬迁脱贫人口占已脱贫人口的 7.8%;全省 25 个贫困县全部脱贫摘帽,贫困县"十三五"易地扶贫搬迁建档立卡人口 9.62 万人,占全省搬迁人口的 71.43%。

缔造减贫奇迹,中国的脱贫攻坚和江西的易地扶贫搬迁引起世界的关注——

2019 年 9 月,德国电视一台派出一行 4 人,专门到石城县就易地扶贫搬迁进行采访。从横江镇珠玑村谢屋组的贫困户迁出地,到县城旁边的铜锣湾易地扶贫搬迁安置点,从搬迁的贫困户雷尾秀、熊石连到扶贫干部刘必应……德国电视一台的记者用了整整 4 天时间,进行了详细了解。

采访结束后,记者 Daniel Satra 深有感触地说:"易地扶贫搬迁真是一项了不起的工程,江西的经验是一个有益的样本,值得我们研究。"在德国电视一台黄金时段的新闻中,他将向世界讲述中国脱贫攻坚的故事,展现易地扶贫搬迁的江西篇章。

"脱贫摘帽不是终点,而是新生活新奋斗的起点。"江西永远不会停下奋斗的脚步,正在整装待发,开启接续推进全面脱贫与乡村振兴有效衔接的崭新征程。

6 月的瑞金,骄阳似火,照耀在红军烈士塔上,发出夺目的鲜红。

那抹红,穿越战火硝烟,见证苦难辉煌;

那抹红,温暖百姓心头,照亮小康征程。

时代的使命与战场：
易地扶贫搬迁齐鲁样板

—— 山东省"十三五"易地扶贫搬迁工作纪实

仲夏时节，天气多变。一场不大的急雨让正在修剪桃枝的张建香结束了上午的劳作。桃园离家不远，她撑伞走在平坦的柏油路上，步履轻快。"没搬迁之前，这条路都是土路，这样的雨会让鞋子沾上至少两斤泥。"

63岁的张建香是山东省临沂市费县大田庄乡大田庄社区村民，2017年，她和大田庄128户500人从处在半山腰的村子里搬到如今宽敞整洁的社区中。泥泞不堪的土路、破败的山居砖房、闭塞的交通、穷困的生活成为过往的记忆，新的生活因一场历时五年的浩大工程而开启。

这便是改变无数人命运的易地扶贫搬迁工程。

党的十八大以来，以习近平同志为核心的党中央作出超强部署，在全国范围全面打响了脱贫攻坚战。易地扶贫搬迁就是脱贫攻坚的"头号工程"。在生存条件恶劣、自然灾害频发的地方，实施易地扶贫搬迁，是从根本上解决居住在"一方水土养不好一方人"地区的贫困人口脱贫发展的问题，是中国特色开发式扶贫的一个重要创举，是中央发出脱贫攻坚战总动员后的第一场大仗、硬仗。

2015年年底，全国易地扶贫搬迁工作电视电话会议在北京召开，山东省易地扶贫搬迁工作同步启动。2016年4月18日，山东省人民政府以鲁政字〔2016〕83号文件，正式批复由省发展改革委组织编制的《山东省"十三五"易地扶贫搬迁规划》，明确了搬迁的总体要求、建设任务和政策保障措施。

一场涉及数万人命运的易地扶贫搬迁在齐鲁大地上演，"张建香"们的命运从此得到改变。

山东省"十三五"期间，易地扶贫搬迁涉及济南市南部山区、泰安市东平县、临沂市沂南县、沂水县、费县和菏泽市鄄城县共 4 市 6 县区，共实施搬迁人口 12507 户 39834 人。其中建档立卡贫困人口 4206 户 11335 人。按照靠近中心村、靠近镇驻地、靠近城区、靠近产业园区、靠近旅游区的原则，整体易地扶贫搬迁工程共建设集中安置点 39 个，集中安置建档立卡贫困人口 3827 户 10517 人；分散安置建档立卡贫困人口 379 户 818 人。

截至 2018 年年底，计划搬迁建档立卡贫困人口全部搬迁入住并实现脱贫。

搬出世居的村庄，作别眷恋的土地。故园，不再是"肠断处"；新家，"日夜柳条新"。

住房问题是关系搬迁群众安居乐业的一件大事。山东以雷霆手段，强化资金、项目、住房质量管理，实行易地扶贫搬迁项目质量终身负责制，确保不碰项目管理的"红线"。

按照省委、省政府关于易地扶贫搬迁工作的部署要求，山东省发展改革委、省扶贫开发办、省自然资源厅、省住房城乡建设厅开展质量安全排查，各部门严把责任落实关、严把建设过程关、严把检查验收关，对全省 39 个集中安置点及分散安置住房开展质量安全排查，逐一建立问题排查台账，通过建立长效机制确保安置住房工程质量安全。

易地扶贫搬迁不是人口的简单空间位移，而是一个小社会的搬迁。对于常住僻远农村，世代日出而作、日暮而归的农民来说，安居方能乐业，搬迁是手段，脱贫致富是目的。

在临沂，费县大田庄安置点附近建设了东方润宝高效农业扶贫产业园，通过大棚合作种植、入股分红、入园务工、土地流转等方式，带动贫困户 400 余人稳定脱贫；在菏泽，鄄城县每个安置区都配套建设一个扶贫就业车间，吸引了藤编、发制品、服装等劳动密集型产业入驻；在泰安，东平县通过做好"两区共建"和土地流转"两篇文章"，实现搬迁户既能"安居"，又能"乐业"；在济南，南部山区为两个搬迁村增加投资性扶贫资金，专门用于扶贫公益金分配，确保贫困户稳定脱贫，支持产业发展，提升基础设施等。

针对搬迁群众脱贫发展，山东提出了一系列精准脱贫政策措施，增强搬迁户获得感、幸福感，实现"搬得出、稳得住、能脱贫、逐步能致富"。

走过一个个长期盘踞深度贫困的山头，蹚过一处处脱贫不稳固的险滩——波澜壮阔的山东易地扶贫搬迁工作，正是借助于每一步脚踏实地的行走，才让无力者有力,让前行者幸福。

一、穷山窝:赶不走的贫困

地处偏远、交通不便、公共服务设施薄弱,这是所有易地扶贫搬迁村庄所存在的一个共同特征。也正因此,穷根难断,难以摆脱的代际贫困,始终困扰着山野深处的村庄。

东平县地处鲁中山区到鲁西南平原的过渡带上,境内有黄河、汶河、大运河众水汇聚,东平湖是宋代"八百里水泊"的唯一遗存水域,周围群峰竞秀,绿柳绕堤,构成一幅优美壮丽的山水画卷。

就是这样一个"美得让人心醉"的地方,亦曾是"穷得让人揪心"的地方。东平县境内库区、山区、滩区"三区"叠加,贫困人口规模大、脱贫攻坚任务重,也是山东省易地扶贫搬迁工作任务最重的县份之一——全部搬迁人口约占全省的40%,涉及5个乡镇、16个村、15748人,其中建档立卡贫困人口3272人。

东平县大羊镇西王村是省级贫困村,该村地处地质塌陷区,住宅多为平房宅院,居住零散,村容破败,公共卫生条件、环境设施条件差,不仅生产生活十分不便,地质塌陷也给村民们带来了安全隐患。

"原来村里旱的时候刮大风,雨天院子里拔不出脚,上厕所都要戴着草帽打着伞;在外的年轻人有时间都不愿回家住,厕所是旱厕,没有太阳能,好多村民别说洗澡了,连脖子都不洗。"西王村村民刘含运说。

47岁的李忠慧从小生活在济南南部山区积米峪村海拔最高的自然村——弯弯地。到李忠慧山上的老房子,是一件非常考验车技的事情,路上要经过无数次急转弯,到了山顶还要沿着山崖步行几分钟才到。李忠慧的家距悬崖仅几米远,院子里已破败不堪,一口斑驳的大水缸记载了她那些年的心酸:

"山上没有自来水,吃和用的水都从缸里出,到了干旱的时候,村里的井就干了,走两公里去找水,再用扁担挑水回家,一缸水省着用,得撑半个月。"

"冬天地被冻得梆梆硬,风大得把树皮都吹下来,遇到雨水少的年景,粮食就颗粒无收。"在她的记忆中,因为自然条件恶劣,许多容易事成了生活中迈不过去的"坎儿"。"村里孩子上学只能拼车,天不好车不来,只能背着孩子走上一个多小时的山路去上学,天气实在不行,就不去学校了。赶上下雪,两三个月下不了山。"

郓城左营乡丁杨寺村，"晴天一身土，雨天一身泥"的生活是村民曾经的日常生活。左营乡郭集小学老教师吕建军清楚地记得旧村的教学条件："我教了38年书，一直在黄河滩区，因为洪水，经历了四五次校舍重建。冬天窗子关不上，学生的手上冻得都是疮，脸上也有，看着很心疼。"

上胡同峪是沂水县诸葛镇的一个小山村。"峪"是诸葛镇的一种独特地貌，通俗来说，就是一条山沟。胡同峪是诸葛镇众多山峪的一条，因狭长似胡同而得名。上胡同峪村就位于胡同峪的上游，多年以来，干旱贫瘠，交通不便。

革命战争年代，上胡同峪曾是沂蒙山抗日根据地的核心地区之一。偏僻的位置、蜿蜒的山路在战争时期掩护了革命军队和当地群众。据说日军曾多次进犯，却总是损兵折将，铩羽而归。当时的沂水县委和八路军多支主力部队曾驻扎于此。

战争时期的天然屏障，到了和平时期成了当地群众脱贫致富的障碍。65岁的崔以生在那个山村有过两次建房经历。20世纪70年代左右，建了几间草房，90年代左右，又盖了几间瓦房。早先在村里种红薯、花生，之后又种了桃树，限于交通条件，收入也就处于一般水平。"早年间，一说到我们上胡同峪，那就是偏、远、穷，那时候到趟镇里就跟现在去趟北京似的。"

沂水县诸葛镇大崮后村，也有着类似的历史。该村位于海拔520米高山的半山腰，村里有一块石碑，记载了1935年村民躲避土匪的情形："吾沂苦匪患久矣，赖此山以保全者，不下数千户。委以此山形势险峻，除南北盘路可通出入外，四面悬崖峭壁，攀援莫登……"

乱世躲土匪之地，必定是荒僻的山野。有一首民谣在当地流传："大崮后，缺三缺。缺水、缺菜、缺老婆。"靠天吃饭，井都打不出水的村庄，缺水是常态；因为缺水，连辟出一块地种蔬菜都是枉然，根本种不活；这样的贫困山区，有多少外地姑娘愿意嫁进来？

临沂的搬迁户间还流传着这样一个段子：一户村民女儿要出嫁，因为用水困难，姑娘多年来就没洗过脸，父母都不太记得她干净时候是什么样子。等到出嫁那天洗了把脸，父母一看，原来闺女这么漂亮，开玩笑说："不嫁了不嫁了，闺女这么漂亮，这得找个条件更好的。"

同在一片蓝天下，水、路、电、互联网，这些现代城市最基本的基础设施，在这些村庄中或多或少，都有短板存在。"一方水土养不好一方人"，这个严峻的现实阻碍了村民们自由地分享现代化的红利，贫困赶不走，小康进不来，要解决这个根深蒂固的穷根子，"搬"是最好的选择。

二、搬迁策:7个关键问题,4个"坚持""严格"

"实施易地扶贫搬迁,是从根本上解决居住在'一方水土养不好一方人'地区的贫困人口脱贫发展的问题,是我国特色开发式扶贫的一个重要创举,是国家脱贫攻坚的'头号工程'和标志性工程,也是最难啃的'硬骨头'。"山东省发展改革委党组书记、主任表示,山东实施易地扶贫搬迁工程,是深入贯彻党中央、国务院和省委、省政府打赢脱贫攻坚战总体部署的实际行动,是实施精准扶贫、精准脱贫,实现搬迁人口与全省人民同步迈入全面小康社会的有力抓手,对山东全面打赢脱贫攻坚战具有重要意义。

以上率下,全体干部凝心聚力易地扶贫搬迁。山东省委、省政府高度重视易地扶贫搬迁工作,自这项工作启动以来,省委、省政府领导同志专门对易地扶贫搬迁工作的书面批示达20多次。

具体工作中,山东省认真贯彻落实"中央统筹、省负总责、市县抓落实"的工作要求,在省扶贫开发领导小组领导下,省级由省发展改革委、扶贫开发办共同牵头,财政、自然资源、人民银行、住房城乡建设等相关部门配合联动,各相关市、县区及乡镇也都成立搬迁工作领导小组或指挥部,形成了省市县乡联动推进、部门协同配合的齐抓共管工作机制,确保了搬迁工作有序开展。

在易地扶贫搬迁投融资平台设立和资金承接使用方面,分别确定了省级和县级投融资主体。

省级由山东省丝路投资发展有限公司作为山东省易地扶贫搬迁金融平台公司,承接承贷易地扶贫搬迁地方政府债、国家专项建设基金、政策性贷款等专项资金,支持建档立卡贫困人口安置住房以及安置区配套基础设施和公共服务设施建设。

有易地扶贫搬迁任务的6个县区,全部采取新设立或指定现有综合性国有投融资公司,作为易地扶贫搬迁县级投融资平台和实施主体,承接易地扶贫搬迁专项资金,负责建档立卡贫困人口住房和安置区配套基础设施、公共服务设施建设与后续帮扶项目的具体实施。

截至目前,山东省共计借入、发放易地扶贫搬迁融资资金18.77亿元,为扶贫搬迁项目提供了有力的资金保障,圆满完成了山东省"十三五"易地扶贫搬迁规划确定的融资和投放任务。

人往哪里搬、钱从哪里筹、地在哪里划、房屋如何建、收入如何增、生态如何护、新村如何管,围绕这7个关键性问题,山东谋篇布局,细化政策,探索出了易地扶贫搬迁的山东路径。

——坚持规划引领,严格落实省负总责。早在2016年4月,山东就出台了"十三五"易地扶贫搬迁规划,明确了搬迁的总体要求、建设任务和政策保障措施,在资金、土地、后续发展和融资方面都作出了详细安排,进一步加强了全省易地扶贫搬迁工作的组织领导,落实了相关部门责任,为易地扶贫搬迁工程推进打下坚实的基础。

——坚持质量优先,严格落实搬迁政策。山东始终坚持把提高易地扶贫搬迁工作质量放在首位,严格执行国家政策标准,认真守好易地扶贫搬迁"四条线",即:严把识别程序,确保精准确定建档立卡搬迁对象;严控住房面积,鼓励集中安置、统一建设;按照人均不超3000元,户均不超1万元的标准,严格控制建档立卡搬迁户自筹资金"底线";强化资金、项目、住房质量管理,实行易地扶贫搬迁项目质量终身负责制,确保不碰项目管理的"红线"。

——坚持强化监管,严格落实市县责任。坚持问题导向,紧紧围绕政策执行、工程进度、项目质量、资金安全、拆旧复垦、后续扶持等重点问题,既建立常态化调度机制和严格资金管理机制,又建立有效风险防控机制,通过国家稽察、省督查检查、专项审计、第三方调查等渠道,及时发现工程实施中存在的问题,着力督促问题整改。

——坚持问题导向,严格落实排查整改。易地扶贫搬迁实施以来,山东不存在超计划搬迁、超标准补助和搬迁进度滞后问题。针对住房面积问题,2017年8月底前,山东通过产权分割、重新修改设计和按国家标准重新建设等措施整改,坚决守住了"建档立卡贫困户人均安置住房建设面积不超过25平方米"的标线。2019年3月、2020年4月,通过聘请第三方机构的方式,开展了针对所有建档立卡贫困搬迁人口的入户调查和对所有集中安置区和分散安置住房的工程质量安全随机抽查评估。针对发现问题,通过召开座谈培训会、下发自查整改通知等安排部署整改工作并到现场抽查检查。

"值得一提的是,我省统筹考虑水土资源条件、城镇化进程、后续扶持及搬迁对象意愿,采取集中安置为主,分散安置为辅的方式,效果显著。"山东省发展改革委党组书记指出,在确保地质安全的前提下,山东按照靠近中心村、靠近镇驻地、靠近城区、靠近产业园区、靠近旅游区"五靠近"的原则确定集中安置点选址,39 个集中安置区共安置建档立卡贫困人口 10517 人,集中安置率为 92.8%。

细密、精准的政策让群众和扶贫干部吃了定心丸。2017 年年底,8 栋崭新的楼房在诸葛镇驻地暖阳河畔拔地而起,上胡同峪整村搬迁到了镇驻地,圆了多年来走出大山的梦。

搬家时的情形,有不舍,更有新的期待。沂水县诸葛镇大崮后村搬迁当日,82 岁黄建爱正在过生日。他们一家在这座需要连翻三个山头才能走出去的小山村中生活了四辈,老人家的四女一儿齐聚一堂,和她过完了老房子中的最后一个生日,新的生活在十几公里外宽敞、明亮的社区中等待着他们。

三、能致富:从"要我搬"到"我要搬"

即便是如此精准、细密的政策,在推行过程中,也难免会遇到阻碍。穷窝难舍,在那里生活了大半生的村民对未来的生活难免抱有顾虑。

72 岁的东平县大羊镇西王社区贫困户刘桂水,一开始并不支持搬迁工作,"俺是个农民,去楼上住啥呀,家里的地不能种了,鸡、羊、猪、牛也不能养了"。刘桂水不愿搬迁的另一层原因则出于对土地的眷恋,"守着祖宗的地,过着祖宗的生活"是他头脑里难易的观念。

群众不买账,"出力不讨好"的"尴尬"局面让搬迁工作一度陷入困境。

如何让"刘桂水"们从"要我搬"到"我要搬"?

最大的担忧仍然来自生计,"搬出去后干什么?"这几乎是每一个面对面动员群众搬迁的干部需要解答的首要问题。

山东统筹规划,出台《山东省易地扶贫搬迁后续扶持工作方案》等系列措施,按照宜农则农、宜工则工、宜商则商、宜游则游的原则,对有劳动能力的搬迁户,加强就业创业培训,确保每户至少有 1 人实现稳定就业,对完全或部分丧失劳动能力的,统筹协调农村最低生活保障和"五保"供养等政策,加大多种形式的社会救助力度。通过引导发展生产、创业就业、社会保障等措施,让搬迁贫困户获得稳定收入,增强搬迁户获得感、幸福感,实现"搬得出、稳得住、能脱贫、逐步能致富"。

土地是农民的命根子,如何在确保农民利益的前提下开发土地价值,这是每一个安置社区都在考虑的问题。

2017年年底，沂水县诸葛镇上胡同峪村整体搬迁完毕，搬出去的群众怎么稳定致富，又成为一条"胡同"，等待上胡同峪人去选择。一家旅游开发公司的进驻，打开了上胡同峪的乡村振兴之门。在与工商资本的合作上，上胡同峪村没有简单地一包了之，而是尝试起了农村土地"三权"分置的新办法。

"村里先和农户进行土地流转，然后由村集体与企业签订土地经营权流转合同，将所有土地和地上的经济作物全部承包给了旅游开发公司。"上胡同峪村支部委员说，"承包价格的计算以地上桃树的多少计算，每棵树每年收取企业33元，3元作为村集体管理费用，30元给农户作为承包费，企业拥有了土地和地上作物的经营、收益权，村集体、农户、企业三方共赢。"

上胡同峪村1000亩土地和地上15万株桃树的经营权整体流转给了旅游开发公司，村集体每年收取管理费45万元，村民每年获得承包费450万元。同时，有100多名村民成为公司的员工，月平均工资3000多元。

除此之外，诸葛镇在搬迁社区周边大力培植服装针织、鞋业加工、食品加工等劳动密集型企业，方便搬迁群众就近就业。例如在常庄社区、上胡同峪社区附近建设的工业园区，既着眼贝亿食品厂等大企业入驻，也积极开展劳动密集型的小微企业的招商，可解决300多名群众就业。

"社区+园区"的建设也吸引了村民的回流。37岁的上胡同峪村民刘德和原本在沂水县开餐馆，贝亿食品入驻上胡同峪园区后，他选择了到这个离家100米左右的企业工作，如今已是该企业比萨生产车间主任。

费县朱田镇崔家沟村，曾因地处偏僻，村里的小伙存在找对象难的现象。自打20多岁起，村民裴彬就有人给介绍对象，可到34岁了，还是光棍一个，"曾有外村的姑娘嫁过来，走到半道儿就悔婚了，还不是嫌弃咱这穷山沟呗"。

裴彬的转机因易地扶贫搬迁而出现。2016年，按照同步规划建设新型居住社区、就业安置园区和高效农业示范区的"三区同建"模式，崔家沟整村搬迁到15公里外的朱田镇驻地。裴彬不仅住进了宽敞的新房，还到县里纸板厂打工，当上了车间主任，上门提亲的不断。这回没费啥周折，裴彬就定下了意中人。2017年，崔家沟社区举行了集体婚礼，有9对大龄新人喜结良缘。

不止在临沂，社区、园区共建成为了山东省易地扶贫搬迁后续帮扶工作的通用模式。

东平县发展和改革局党组成员、副局长说，"在大力推进搬迁集中安置社区'筑巢'的同时，东平始终将搬迁群众的后续产业就业问题放在首位，统筹实施搬迁社区、产业园区'两区共建'"。

围绕这一目标,社区建设伊始,东平县大羊镇西王村在超前谋划产业发展,做好土地这篇大文章的同时,确定了"用产业支撑社区、以就业加快脱贫"的工作思路。多次前往北京、济南等地,通过区位优势和优惠政策引进一批成长性好、带动力强的劳动密集型项目。

2018年以来,通过将扶贫资金和社区闲置房屋作为投资,并且提供部分优惠政策,西王村吸引了类似利平手工专业合作社等新型经营主体在社区附近建设社区工厂、扶贫车间带动贫困户增收。

在社区东侧,红尚制衣有限公司年纳税150万元,2017年10月投产运营当年就实现了贫困户分红受益;恒瑞泰手套厂项目可提供30余人的就业岗位,每年村集体增收8万余元。

当年扶贫干部们每次都和刘桂水一家人仔细算好一笔账:搬迁后全家人居住条件会得到彻底改变,即使搬迁后不能种地,政府会引进些企业,到企业打工赚钱,或通过土地流转来解决种地远、种地难的问题等,让群众既能住上楼,又能有钱赚。

"两区共建"、土地流转……一项项政策,一座座车间给"刘桂水"们的搬迁之问写出了鲜活的答案——既能"安居",又能"乐业",才能真正实现村民向社区居民的转变。

四、新生活:"人创造了条件,条件改变了人。"

4幢6+1多层,8幢11+1小高层,全部为电梯房。柏油大道、林荫小道,多种景观苗木立体搭配,配套完善,富有城镇气息而又不失乡村风情。这便是东平县大羊镇西王社区如今的风貌。谁也不曾想到,两年前的这里还是七零八落的荒地,还有废弃多年的养殖场。

村民刘含运是个利索人,100平方米的房子收拾得整洁干净,白色电视柜上摆放的铁牛工艺品,阳台上郁郁葱葱的绿植和一把老藤椅,酒柜里的几瓶老酒,都显示着主人对生活情趣的追求。客厅墙上挂着一帧电脑数码万年历,两行红色大字尤为醒目:"易地搬迁政策好,村民心中感党恩。"

新的社区生活改变了以前脏乱差的生活习惯。"现在有条件了,大家天天洗澡,穿得也干干净净的,看着就舒心。一到周末,社区里的车都停得满满的,孩子们都愿意回家了。"刘含运把这种精神面貌的变化总结为"人创造了条件,条件改变了人"。

"没想到这辈子能住上楼房。"村民吴修德告诉记者。吴修德住在鄄城左南安置区一套119平方米的新房里。房子收拾得干净利落,门口贴着一张"精准扶贫明示栏",显示着2019年度,吴修德一家的收入及各项补助:土地流转收入2700元,项目分红305元,教育资助6000元,粮补762.5元,务工收入3万元。

吴修德有三个孩子,11岁的小儿子和14岁的二女儿都在社区学校入了学,可以享受一定的教育补助,大女儿读卫校,每年有3000元的"雨露计划"补助。

他最高兴的是孩子们的教育条件得到了极大改善。现在,左南社区24班制小学、9班制幼儿园已经成为易地扶贫搬迁项目的标志性建筑。不仅有封闭式"风雨操场"、标准的实验室、微机室,连阅览室、舞蹈室、音乐室、美术室、书法室等专用活动室也配置齐全,师资也是各大院校毕业的专业教师,吴修德说"比以前强太多了"。

在济南,过去一提起南部山区的积米峪村和老峪村,由于位置偏远且深藏群山之中,村民的生活苦不堪言。封闭的环境,也让村庄经济发展严重滞后,年轻人纷纷逃离村庄,剩下的只有留守老人和儿童。

如今,当走进搬迁后的积米峪村,只见一排排整齐的小楼错落有致,一条条平坦的水泥路四通八达,一片片果林布满山头……一个风景如画、荡漾新风的社会主义新农村迎面而来。

安置房屋不仅要建得让群众放心,还要住得安心、住得舒心。以沂水县为例,该县从安置社区规划入手,邀请具备专业资质的设计公司,进行高标准规划,做到布局合理、功能齐备、实用美丽。同时,加大在新建社区的"五化"和基础设施配套上的投入。诸葛镇常庄社区规划中考虑到农村实际,确定楼间距在26米以上,保证了住户房间的采光,小区绿化面积达到3.3万平方米,安装太阳能路灯100盏,建设了专门的群众文化健身广场,配备了娱乐健身设备。同时,实现了户户通可直接饮用的自来水,户户通天然气,有线电视、网络等可方便接入,昔日的农民过上了城里人的生活。

从雨天泥泞的小路到宽阔的柏油路,从狭小的窗户到明亮的落地窗,从旱厕到抽水马桶,从需要步行10多里的上学路到出门一二百米就是学校,"这样的生活还能说什么呢? 全靠党和政府的政策好啊",83岁的沂水县诸葛镇上胡同峪村民张文起说。

五、他们的奋斗与担当:从梦想到现实

在这项工程中,有数不清的干部工作服务在一线战场,他们承担着做大量的群众工作。沂南县孙祖镇代庄村大组长吉光兴从 2015 年就参与了代庄村的易地扶贫搬迁工作,这个工作量非常之大,每家每户都需要到门走访,平均每户人家至少要走访 30 次,有的甚至达到了 50 次。在吉光兴的观察中,"年轻人都喜欢搬出来,工作很好做。难的是老年人,他们恋家,对搬到一个新地方生活有一定的抵触情绪"。

他们所顾虑的问题大都比较简单,"没法喂鸡了,以后怎么去卖鸡蛋?""家里的柴火以后堆到哪里?"

费县大田庄乡大田庄村村民刘道新顾虑的是家里养的两只羊怎么办,为了解决这个难题,大田庄乡党委副书记自掏腰包,买下了刘道新的两只羊。刘道新的身体不好,走不了远路,儿子又在外打工。交电费交煤气费的任务就落到了大田庄乡人社所所长蔡强身上。老人一直以为蔡强是"顺路",直到有天才知道蔡强到缴费点也需要骑车走很远。

为了做好群众工作,大田庄乡党委副书记专门给大田庄村做了一个"家谱",摸清了村里复杂的人际关系,跟每一户村民都交上了朋友。看到孙书记这样累,村民左百香颇为感动,"人家跟你又没什么亲戚关系,这么替咱们老百姓着想,咱们也不能拖后腿"。她领头搬迁,也不辞辛苦地帮着村里做工作。

"所有的工作都做到公正、公平、公开、透明,只要坚持这个原则,搬迁工作就不会引起非议。"沂水县诸葛镇党委副书记说,每完成一项工作,他就会在朋友圈里留下一条工作笔记,他的朋友圈就是一部微型的易地扶贫搬迁史。

沂水县诸葛镇大崮后村原村支书刘力学一直忙着村民搬迁的工作,一户一户做村民工作,还承担监督工程建设等诸多任务,妻子又去临沂看孩子不在身边,终因积劳成疾去世。续任的村支书刘庆东临危受命,接过了这项繁杂、细致的工程,最终顺利完成了搬迁工作。

济南南部山区西营街道西营办事处书记,在入户动员搬迁的时候,前前后后去了十多趟帮扶户家,连门前的小狗见到他都不叫了。

从政策宣传到方案制定,从手续办理到测量评估,从项目建设到搬迁拆旧,时时处处彰显着党员干部的奉献精神。

有些村支部书记带头签字,带头做群众思想工作,在分房时主动将自己抽到的序号让给了其他村民,让其他村民优先选择位置和户型;有些老同志不顾年老体衰,加入"五老"组织,按照网格承包责任制,在自己负责的范围内专门记录村民在分房后遇到的问题,写在记录本上。哪个地方存在安全隐患?谁家的地板砖开裂?谁家的门窗有问题?谁家的插座需要改动……他们知道,对于村民来讲,这是家里的大事,是挂在心上的事。

发改系统干部的使命与担当在这个伟大工程中同样体现得淋漓尽致。攻坚重任面前,发改系统干部以一往无前的勇气和坚忍不拔的毅力迎难而上,务实进取,在决策部署上精准谋划、在项目建设上精准布局、在工作推动上精准施策,用实干的担当和过硬的作风为易地扶贫搬迁工作提供了强有力的支撑。

从梦想到蓝图再到施工图,最终变为实实在在的社区和园区,推动这股变革的,谋划这场现实的,是所有"在人世间辛勤劳作以此追求幸福的人们",是所有在易地扶贫搬迁工作中心怀使命的人们。

他们心连心,手牵手,拧成了一杆时代的画笔,绘就了这幅改天换地的历史画卷。

以焦裕禄精神绘就易地扶贫搬迁中原画卷

——河南省"十三五"易地扶贫搬迁工作纪实

嵩岳巍巍,黄河滔滔。曾经孕育出华夏文明的中原大地,仍有一些群众承受着贫困之痛。其中,太行山、伏牛山、大别山和黄河滩区"三山一滩"是河南脱贫攻坚的主战场,易地扶贫搬迁是破解"三山"深山地区贫困群众脱贫的根本之策。"十三五"期间,河南计划易地扶贫搬迁 25.97 万人,主要分布在"三山"的 50 个县(市、区),其中国家和省级贫困县 24 个、占比近半,四个深度贫困县中有 3 个居其间,"出行两条腿,种地靠老天,九沟十八岔,岔岔有人家"是真实写照,只有通过实施易地搬迁安置,才能改善其生存和发展环境,从根本上解决他们的生计问题,从源头上斩断贫困之根。

从无到有,从小到大。随着易地扶贫搬迁工程在中原大地上全面铺展开来,河南易地扶贫搬迁,正从一张白纸变成一幅绚丽的画卷。短短的几年时间,25.97 万贫困人口告别了故土、搬离了穷窝、改变了居住环境,生活质量、精神面貌都发生了翻天覆地的变化。

一、嬗变　喜悦

八百里伏牛山山峦绵延,峰岭逶迤。4000 多个山头,2400 多条河流涧溪,这里是河南省面积最大、平均海拔最高、贫困发生率最高的深山区县——三门峡市卢氏县,易地搬迁任务最重,占到河南省总搬迁量的 1/8。2016 年年初,卢氏县有贫困人口 19645 户 63134 人,贫困发生率高达 18.9%。

位于县城西南部洛河南岸 209 国道南侧的兴贤里社区则是当地 55 个搬迁安

置点中最大的易地扶贫搬迁安置点。2017 年 7 月开始兴建,2018 年 8 月高标准完工,建设速度令人赞叹,社区里 2749 户 11212 人从 18 个乡镇搬迁而来。

中国经济导报记者日前走进三门峡市卢氏县兴贤里搬迁社区,83 栋新楼房接踵而立,社区内"四纵三横"新的道路是县城南区主要街道,直接融入城区当中,实行开放式建设管理。南北主干道春华一街直接与 209 国道相连,西连卢栾高速入口公路,交通十分便利。而在这个新的社区里听到了一个个平凡人讲述他们不平凡故事,让记者不仅感动,同时也感到振奋。人类减贫和搬迁史上的壮举正在悄然形成!

搬迁户崔历英原住横涧乡大村,位置偏远、居住分散,一家 5 口人住在 3 间土坯房里,守着几亩薄地苦熬受穷,现在他们一家通过易地扶贫搬迁住上免费分的 125 平方米三室两厅,女婿和未成家的儿子打工每人月收入 3000 多元,随他生活的外孙子上了安置点附近的学校,他高兴地说:"过去 5 口人住 3 间土坯瓦房很紧张,经济上也不宽裕。现在国家政策好,给我们解决了住的问题,生活上对我也特别优待,帮我办了低保,领上了养老金,艰难岁月已经熬过来了,以后我们的好日子还在后头呢。"

同住在兴贤里社区的田喜会,原来也住在深山里,生存条件恶劣,生活非常艰辛,母亲因病走得早,父亲年迈体弱常年卧病在床,还有一个弱智哥哥和一个患有精神残疾的弟弟,全家靠他一人维持操劳。初中未毕业便辍学外出谋生,年幼的他尝遍了生活中的酸甜苦辣。2018 年对于田喜会来说是苦尽甘来、幸福的一年,好事接二连三前来报到。田喜会通过易地扶贫搬迁分到了一套新房,终于圆了他梦寐以求的新房梦。同时,因为他的忠厚老实、热情肯干,被安排到兴贤里管委会上班负责劳务输出,给了他更加广阔的活动天地。每年都有上百工人经田喜会介绍实现稳定就业,年龄涉及 16—55 岁,有电子、食品、建筑、消防等各种工种,每年带动贫困群众经济收入 200 万—300 万元。不到四年时间,田喜会完成了从贫困人家向小康之家的华丽蜕变,就在他下乡招工时,爱情之花也不期而遇,田喜会在 2019 年腊月步入婚姻殿堂。

55 岁的刘黑旦搬迁新居后,成立了卢氏县宝林林果种植农民专业合作社,带领贫困群众 50 余人,建起了千亩连翘基地,当年就实现贫困群众人均增收 600 元,他本人也于 2018 年成功摘掉了贫困户的帽子,并竞选上了社区楼长和秋实街坊理事会主任。2019 年 6 月,他又成立了带有兴贤里社区贫困群众印记的卢氏县兴昌劳务有限公司,寓意"希望兴贤里兴旺昌达",共带领兴贤里社区 200 余名贫困群众就近务工,累计为社区贫困群众增收70余万元。刘黑旦也因此被社区居民亲切地称为"搬迁群众的致富领路人",他还被三门峡市评选为全市2019年"百姓学习之星"。

像崔历英、田喜会、刘黑旦一样,一万多人从山沟沟里搬出来,在兴贤里社区安了家、就了业。

像兴贤里社区一样,河南省50个县(市、区)的858个易地扶贫搬迁集中安置点拔地而起,7.5万套安置住房帮助25.97万搬迁群众圆了安居梦、小康梦。

一座座房屋坚固美观,一排排路灯鳞次栉比,一条条道路花红柳绿,一处处产业如火如荼,一个个居民笑逐颜开……构成了易地搬迁群众的幸福家园。2017年、2018年、2019年河南省连续三年获得国务院激励表彰。2018年10月全国易地扶贫搬迁工作现场会在河南省召开,国务院副总理、国务院扶贫开发领导小组组长胡春华对河南省近年来集中力量打好易地扶贫搬迁攻坚战取得的成效予以充分肯定。他指出,河南贫困人口多、搬迁难度大,河南省委、省政府坚持把易地扶贫搬迁作为脱贫攻坚的重头戏,探索出了一些符合省情、群众满意的路子。

二、传承 弘扬

"意莫高于爱民,行莫厚于乐民"。对焦裕禄,习近平总书记一直十分崇敬,视为人生榜样,指出"焦裕禄精神一直是一盏明灯""学习焦裕禄精神诠释了中国共产党人的优秀品质"。

河南省委、省政府认真贯彻落实习近平总书记视察河南时的重要讲话精神,传承焦裕禄全心全意为人民的精神,把"十三五"时期易地扶贫搬迁任务纳入新型城镇化、现代产业发展、乡村振兴战略实施中统筹推进,让群众既能住上新房子,又能过上新生活。

河南省发展改革委作为易地扶贫搬迁牵头部门,认真落实党中央、国务院决策部署,坚持把易地扶贫搬迁作为头等大事抓紧抓实,大力弘扬焦裕禄同志"三股劲"精神,深入践行"敢于担责、敢于担难、敢于担险,在推动高质量发展中当好探路人、当好解题人"的"三敢两当"机关文化,以地区振兴处为主体成立工作专班,先后抽调业务骨干20余人专职推进全省易地扶贫搬迁工作,会同50个市县的搬迁办,三年多风雨兼程,三年多夙兴夜寐,交出了易地扶贫搬迁"河南答卷"。

三年多来，全省搬迁战线同志坚持心中有党、心中有民、心中有责，舍小家、顾大局，把自己的酸甜苦辣深埋心中，顶风冒雨、日晒雪侵成为平常，"无节休""连轴转"成为日常，"马上办""一起干"成为自觉。河南省发展改革委副主任、省搬迁办负责同志经常要求大家"把搬迁当事业干，把群众当亲人看"，一定不要辜负党中央、国务院及贫困搬迁群众的期望，一定要高质量完成搬迁任务。省搬迁办全体同志都以能够成为脱贫攻坚大决战的一名战斗员为荣耀，把易地扶贫搬迁当作落实"四个意识"、检验对党忠诚的主战场，遇到任务比奉献、遇到困难比担当、遇到成绩比不足，心往一处想，劲往一处使，勠力同心、尽锐出战。有的同志一连几个月没有休过完整的周末，"5+2""白加黑"成为家常便饭，起早贪黑、披星戴月，成为年幼孩子的"隐形爸爸"；有的同志全年近三分之一的时间穿梭在安置点之间，累计行程上万公里，走访搬迁群众近千户；有的同志每天驱车七十公里耗时 3 个小时上下班，经常性吃住在办公室，行军床、方便面成为"标配"；有的同志因工作繁重连续加班无休，错失了异地置换房屋的有利时机，最后不得不多付出几十万元。地区振兴处负责同志陈静虽然是一名女同志，但穿行在"九沟十八岔"却能如履平地，在大家的印象中永远是干净利索的"铁汉"，谈起同志们的故事，她动情地说："搬迁办的同志们干工作是个顶个的棒，只是对家庭付出太少，内心实在有些过意不去。"

焦裕禄精神是焦书记的高尚品格，也是全体党员自觉追求的榜样力量，更是每个党员干部苦干实干的具体行动。作为脱贫攻坚头号工程，易地扶贫搬迁只有在全省各级搬迁办干部的共同努力下，才能真正取得最后胜利。

鲁山县是一个集深山区、水库淹没区、革命老区为一体的国家秦巴山片区贫困县，七山二水一分田，易地扶贫搬迁任务极其繁重。为做好集中安置点的选址和产业规划工作，县发展改革委主任曹大伟认真研究上级政策，多次到乡镇实地踏勘，经常深入搬迁群众家中座谈，最终按照"四靠"（靠县城、靠乡镇、靠产业园区、靠旅游景区）原则，规划建设了 32 个集中安置点；并免费为搬迁群众测绘、审图、报批，协调相关部门"特事特办"、靠前服务，发放了第一批不动产权证书 1200 本，让搬迁群众吃下了"定心丸"。

桐柏县发展改革委副主任刘杨，被称为易地扶贫搬迁工作中挑大梁的"拼命三郎"，自接手工作 3 年间，几乎每周至少一次前往现场督导工作进度，让 1125 户 4268 名贫困人员得到安置。2017 年 12 月，正值工程建设紧要时期，刘杨突感心跳加速、绞痛难忍，经检查被留院做了心脏搭桥手术，术后仅 20 天就不顾医生劝告返回了岗位。2019年6月9日,刘杨又突感身体不适,不得不转送到省人民医院。临出发前,他还是放心不下手头的各项工作再三交代,"三五天我不一定回得来,工作上的事你们要盯紧点"。最终,刘杨被确诊为脑梗,幸运的是,因为发现及时,救治23天后病情逐渐稳定下来。

泌阳县发展改革委副主任白中华把别人眼里"出力不讨好、操心受累、责任大、出成绩难"的易地扶贫搬迁工作当成是为群众办实事、办好事。作为单位的"老黄牛",接受搬迁工作时,他当场表态:"为群众办实事的事,我干""易地扶贫搬迁工作责任重大,我作为发展改革委的一名老党员,没啥说的,服从组织安排。既然党组织信任我,为了易地扶贫搬迁群众再拼一把,值!"他边学习、边实践,很快理清工作头绪,摸索出一套行之有效的工作方法,迅速打开工作局面,在平凡的工作岗位上践行了共产党员的初心,成为泌阳县易地扶贫搬迁工作中的一面旗帜。

张学兵同志作为三门峡市搬迁办负责同志,对他来说,"搬迁脱贫是使命,也是战斗命令"。在工程建设的攻坚阶段,连续65天早上六点半出门,晚上九点回住所,走遍全市所有安置点,实地查看工程进展;和县乡领导座谈,探讨解决他们在工作中遇到的难题;查看档案资料,纠正基层工作中出现的错误;走村入户,对搬迁群众的政策困惑进行答疑。那时,他对大家说得最多的一句话是"易地扶贫搬迁工作是国家在特殊时期的一项特殊举措,我们一生可能都不会再有这样的机会去做这样一项利国利民的伟大工作了"。在他的具体组织推进下,三门峡圆满完成了全市6.52万人易地扶贫搬迁任务。

在河南易地扶贫搬迁的战场上,这样的干部数不胜数,这样的故事比比皆是,一个个易地扶贫搬迁干部的感人事迹,生动地诠释了焦裕禄精神的实践内涵,共同在中原大地上书写着感人的篇章。

三、谋篇　破难

"搬迁是手段,脱贫是目的",这是易地扶贫搬迁工作的生命线。围绕生命线,河南以"怎么搬""搬后怎么办"为重点,以七个"着力"为抓手,多点发力、综合施策,全力确保"搬得出、稳得住、能致富、生活好"。

"一手抓搬迁住房建设,一手抓搬迁群众脱贫",着力解决"收入怎么增"。河南省统筹整合、多策并举,推动搬迁任务县盘活迁出区和安置点各项资源,深入开展产业扶贫"五个1"专项行动,在有条件的安置点建设1个村级光伏小电站,因地制宜落实1项产业帮扶措施,引导龙头企业建设1个扶贫车间,有劳动意愿和劳动能力的贫困家庭至少有1人稳定就业,贫困户有1份集中理财、定期返还的稳定收益,每个搬迁户至少有一项以上脱贫措施,已累计脱贫24.9万人、占比95.9%,逐步从根本上解决搬迁贫困人口稳定脱贫和后续发展问题。

"保障基本、缺啥补啥",着力解决"配套如何建"。为了让搬迁群众能够同步享有就医、就学等基本公共服务,河南省在规模以上安置点同步配建公共服务设施,实现有社区服务中心、有义务教育学校、有幼儿园、有卫生室、有文化场所,共新建社区服务中心525个、文化广场558个、综合活动室316个、卫生室234个、幼儿园133个、学校220所,累计铺设饮水管道1220公里、道路硬化949公里、电网567公里,做到配套设施共建共享、公共服务覆盖到位,较好满足群众需求。

因地制宜、突出特色,着力解决"产业如何抓"。依托搬迁安置点"靠县城、靠园区、靠乡镇、靠乡村旅游点"的"四靠"区位优势,突出本地资源禀赋,积极推动扶贫车间、卫星工厂、农产品加工等产业扶贫项目向搬迁群众聚焦发力;依托龙头企业发展特色产业,实现一乡一业、一村一品、一户一策,不断增强带贫效用,完善利益联结机制,充分发挥产业扶贫"造血"作用。曾经的大别山鄂豫皖苏区首府所在地——信阳市新县通过发展茶叶种植和生产,产茶时节搬迁户可以在附近茶厂采茶,季节性收入能达到约3000元。南阳市内乡县探索推进"党委、政府+合作社+龙头企业+金融机构+贫困户"的"5+"产业扶贫模式,贫困户年均获得稳定分红约6000元。

精准发力、施策到人,着力解决"人岗怎么配"。将就业帮扶作为后续扶持工作的重要内容,建立精准就业台账,加强就业跟踪服务,省、市、县三级联动,在800人以上安置区开展就业对接活动,送政策、送信息、送服务、送岗位上门,让有劳动能力的搬迁群众"足不出户"了解就业扶贫惠民政策、获得就业信息、加快稳定就业。据统计,全省实现就业的搬迁劳动力中,县内就业占比过半,达到56.3%,县城仍然是就业主要流向;劳务务工、中介组织就业等方式占比51.2%,稳定就业基础不断增强;有培训意愿且符合受训条件的人数8.17万人,基本实现"应训尽训"。通过一系列就业帮扶举措,改变了搬迁群众"靠天吃饭"的日子,拓宽了增收渠道。不少搬迁群众反映,搬迁前,由于远离集镇县城,交通不便,信息闭塞,只能靠一点土地维持生计,非常困难,根本谈不上外出就业;搬迁后,靠城镇近了,消息灵通了,找工作也方便了,既能顾家又能就业。南阳市内乡县搬迁群众自发编写了一句顺口溜:门口务工真好,兼顾庄稼老小;转移就业一人,实现全家脱贫。

实事求是、分类处置,着力解决"生态如何护"。对于搬迁群众原有宅基地等迁出区资源,根据实际情况进行分类处置,具备条件的,优先复垦为耕地;不宜复垦的,积极开展生态环境整治工作,做到"宜生态则生态,宜林则林、宜园则园",促进生态系统结构与功能恢复。全省已实施生态修复1.03万亩,一大批生态脆弱地区实现了绿水青山,并通过休闲游等方式,吸引周边不少群众观赏体验,带动贫困群众脱贫致富,实现搬迁脱贫和生态环境保护双赢。

组织引领、群事群办,着力解决"治理怎么优"。"给钱给物,还要建个好支部。"河南注重发挥好基层党组织的战斗堡垒作用,全面摸排全省易地扶贫搬迁安置点党的基层组织建设情况,对人数较多的安置点采取新建的方式建立基层组织、服务机构,对人数较少的采取就近纳入管理的方式,基本实现集中安置点基层组织、服务机构全覆盖,做到"搬迁到哪里、党组织就建到哪里"。不少社区还设立便民综合服务窗口、爱心超市、农村电商服务站等,有条件的地方将社区管理运行经费纳入地方财政预算给予保障,切实做到有场地、有人员、有制度,实现搬迁群众有困难能找到人、有事情能解决。面对2020年突如其来的疫情,搬迁安置区社区服务机构和基层党组织在抗击疫情、确保搬迁群众生命健康安全方面发挥了重要作用,全省858个搬迁安置区没有一人感染。

科学布局、有机发展,着力解决"新村如何融"。党中央在《乡村振兴战略规划(2018—2022年)》中提出,"坚持村庄搬迁撤并与新型城镇化、农业现代化相结合,依托适宜区域进行安置,避免新建孤立的村落式移民社区"。河南省顺应新农村发展形势变化,紧扣以人为本的新型城镇化,坚持改善生产生活条件的易地扶贫搬迁初衷,明确以集中安置为主,占比达90%,最大安置点为1.03万人,积极推动易地扶贫搬迁与乡村振兴、新型城镇化有机衔接。

四、转换 跨越

从山里到山外,这是一条搬迁之路;

从穷困到脱贫,这是一条幸福之路;

从富裕到小康,这是一条梦想之路。

搬入新家园,条件变好了。搬迁前,由于远离集镇县城,交通不便,信息闭塞,只能靠一点土地维持生计，非常困难，根本谈不上外出就业；搬迁后，靠城镇近了，消息灵通了，找工作也方便了，既能顾家又能就业。桐柏县月河镇政东社区安置点的搬迁户蔡源昌，十年前在福建打工结识了当地姑娘吕秀丽，并与之结婚。后来因为各种原因，两口子回到桐柏老家，面对3间土瓦房和满地泥泞，外地媳妇吕秀丽心凉了半截儿，虽然还是留了下来，但过得很艰难。现在他们一家在镇上的安置点社区分到了两层新房，两个女儿到校上学只用五分钟时间，吕秀丽也在社区旁的就业车间打工，每月能收入2000元左右，还能帮着丈夫养殖一千多只鸭，业余生活也变得丰富多彩，每天晚上都要在社区广场学跳广场舞，对现在的生活，吕秀丽表示嫁到桐柏不后悔，现在的生活质量不比福建老家差。

搬来新命运，劲头攒足了。不少搬迁群众从原来分散在各个山沟的零散住户搬入集中安置点后，告别了"出行两条腿，种地靠老天"的落后生产生活方式，直接享受到"靠县城、靠园区、靠乡镇、靠乡村旅游点"的各种优势和资源，既开阔了视野，增长了见识，又在基层组织和周边群众的带动下，利用"搬新居、住新房"的良好契机，重新燃起了靠自己双手创造美好生活的信心和决心，在奔赴小康生活的路上，"我要脱贫"的劲头更足。进入内乡县马山口镇幸福社区安置点，映入眼帘的是徽派建筑，联排成行，白墙黑瓦，交映生辉，服务大厅、洗衣房、澡堂、图书室、同心超市、卫生室、励志堂一应俱全，置身其中，如在画中，一派农村现代都市气象。安置点以"三带五联"为载体，树典型正向激励，促后进加压紧逼，将"十星级文明户""最美小康户""最美脱贫户""最美脱贫攻坚户""优秀联户组长"等评选活动引入安置点，引导贫困户创模范组、模范户和先进个人，同时开展"黄红黑"旗评选，表彰先进，激励后进，使"讲文明、树新风、除陋习"成为搬迁群众的内在自觉要求，激发贫困户脱贫致富的动力和信心。

搬出新气象，梦想更近了。随着易地扶贫搬迁各项工作的渐次开展，不仅改变了搬迁群众精神面貌，激发了内生动力，逐渐找到了归属感，让他们从此走上了稳定致富的小康之路，在奔向追求美好生活的梦想之路上越走越稳、越走越宽、越走越甜。栾川县秋扒乡雁坎村居民崔战松作为新时期易地扶贫搬迁户一员，沐浴党恩，一家5口人搬出大山，挪出穷窝，喜迁新居，住进了条件便利、温暖舒适的秋扒乡幸福佳苑。老崔每当提及此事都幸福得合不拢嘴，一个劲地竖起大拇指，高兴地说："党的政策好！做梦也没想到今天的好日子！"汝阳县响地村贫困户郑长水，以前住王长沟组，通过易地扶贫搬迁住上了新房，家里享受到户增收和产业带贫项目，高兴地说："现在房子换了，村里环境好了，工作也方便了，钱也赚得多了，感谢党的好政策。"

告别"九沟十八岔"搬进新社区,各种新资源蜂拥而至,人们的生产方式和生活方式都发生了质的变化。因搬迁而小康的人们已汇入实现"中国梦"的强大力量之中。河南省发展改革委主任说,易地扶贫搬迁工作绝不是"下山"与"上楼"的简单转换,而是让搬迁群众从"好房子"到"好日子"的品质进阶,这是河南25.97万易地扶贫搬迁群众的期望,也是我们的奋斗目标。

"想过上跟城里人一样的日子",记者在采访过程中,感受到这就是搬迁群众的人生"奔头",也是河南各级搬迁干部的使命担当。只有让群众有奔头,才能留住他们;只有让搬迁与地方发展共济互补,易地扶贫搬迁成效才能牢固。

2020年是易地扶贫搬迁工作的收官之年,而后续扶持工作又是决定易地扶贫搬迁成败的"最后一公里",直接影响搬迁群众能否同步进入小康社会。令人欣喜的是,河南正在朝着"生活好"的目标,扛起如山责任、立起更高标准,切实做好易地扶贫搬迁"后半篇文章",让搬迁群众"零压力"轻松拥抱新生活,从思想追求和生活品质上变成真正的"城里人",为夺取全面建成小康社会伟大胜利、谱写新时代中原更加出彩绚丽篇章作出新贡献。

愚公壮志耀荆楚　穷根不拔誓不休

——湖北省"十三五"易地扶贫搬迁工作纪实

◇◇

"长太息以掩涕兮,哀民生之多艰!"

2300多年前,荆山楚水滋养出来的伟大的爱国主义诗人屈原在其不朽诗篇《离骚》中,对劳动人民的苦难寄予了深深的同情,又因无力改变而陷入极度的苦闷中。

沧桑变幻,岁月如歌。当历史的车轮滚滚驶入公元之后的第三个千年,伴随着中国昂首阔步跻身全球第二大经济体,伴随着全面建成小康社会的嘹亮号角,作为党的十九大以来全国"三大攻坚战"之一的精准扶贫进入到了决战决胜的冲刺阶段。

"对居住在'一方水土养不好一方人'地方的贫困人口,要实施易地搬迁,将这部分人搬迁到条件较好的地方,从根本上解决他们的脱贫问题。"湖北省委、省政府牢记习近平总书记的重要指示精神,坚决贯彻党中央、国务院的决策部署以及国家发展改革委、国务院扶贫办等部委的科学安排,把易地扶贫搬迁作为打赢脱贫攻坚战具有标志性意义的"头号工程",作为脱贫攻坚"五个一批"中的关键一批、首要一役,始终牢牢抓在手上,统筹谋划、聚焦脱贫、严守政策、高位推进。

在湖北省委、省政府的坚强领导下,湖北省发展改革委、省易迁办牢记脱贫攻坚初心,紧紧围绕易地扶贫搬迁户"搬得出、稳得住、逐步能致富"的主要目标,加强协调服务,推进项目建设,督导问题整改,强化后续帮扶,协调引领各地易迁办在易地扶贫搬迁工程谋划实施、扶贫车间的大规模建设、集中安置区公共服务体系建设和社区治理模式创新等方面大胆探索,走出了一条符合省情民情、群众满意、成效日显的易地扶贫搬迁路子。

撸起袖子加油干,穷根不拔誓不休! 截至2019年10月底,湖北省已提前一年完成"十三五"易地扶贫搬迁建设安置任务,31.84万户88.23万人走出深山,99%以上的搬迁户实现脱贫,搬迁群众生产生活正在从"搬得出"向"稳得住、有就业、逐步能致富"加速转变。

一场史无前例的扶贫"大迁徙",不仅让湖北近90万人告别了贫困,也力推全省贫困发生率已从2013年年底的14.4%逐年降至2019年年底的0.14%,脱贫攻坚已取得决定性胜利!

湖北卓有成效的易地扶贫搬迁工作,得到了国家层面的充分认可,在全国有地位、有影响。2017年4月,湖北省作为落实易地扶贫搬迁工作真抓实干成效明显的省份,受到国务院办公厅的通报表扬。2016—2019年,湖北省连续三年在全国易地扶贫搬迁现场会上作经验交流发言,连续四年在国家扶贫日减贫与发展论坛上作经验交流。2019年8月,国家发展改革委在湖北省恩施州召开全国发展改革系统易地扶贫搬迁工作现场会,推广湖北易地扶贫搬迁经验做法。2019年12月,在全国扶贫开发工作大会上,湖北省就易地扶贫搬迁工作作典型发言。2020年5月,国家发展改革委对全国22个有易地扶贫搬迁任务的重点省份考核排名,湖北省再次名列前茅。

一、响鼓重锤,高位推进

——有一种使命叫"责任如山"

湖北,九省通衢,得"中"独厚。

然而,湖北也是一个"山重水复"之省——除了江河湖泊密布外,鄂西北的秦巴山、鄂西南的武陵山、鄂东的大别山、鄂东南的幕阜山,崇山峻岭,在造就巍巍武当、神农架茫茫林海、恩施大峡谷等世界级自然美景的同时,也形成了四大集中连片特困地区,区域性贫困现象延续数千年之久。

湖北省发展改革委介绍,湖北集革命老区、民族地区和集中连片特困地区于一体,是全国脱贫攻坚的主战场之一。"十三五"期间,湖北计划对分布在12个市州的37个贫困县、31个插花贫困县共68个县,实施易地扶贫搬迁31.84万户88.23万人,约占全国总搬迁人口的十分之一,总规模在22个省份中排名第五,居中部第一。

多少年来,生活在大山里的许多贫困户还住着土坯房,吃水、购物、看病、孩子上学都要翻山越岭,走好远好远的山路。他们怀揣着走出深山大川、摆脱贫困的渴望。他们的冷暖牵动着无数关注的目光。

"小康路上一个都不能掉队""确保到2020年贫困人口和贫困地区同全国一道进入全面小康社会"。这是我们党向人民的庄严承诺,也是习近平总书记向全世界发出的政治宣言。

"责任如山,全力以赴!"自从2015年11月习近平总书记在中央扶贫开发工作会议上向全国发出易地扶贫搬迁动员令的那一刻起,湖北省委、省政府按照党中央、国务院决策部署,把易地扶贫搬迁作为脱贫攻坚的"当头炮",全面实行省、市、县、乡、村"五级书记抓扶贫",坚持精准方略,强化政策举措落实,围绕"搬得出、稳得住、逐步能致富"目标,决战决胜易地扶贫搬迁。筚路蓝缕开新篇,在荆楚大地上谱写出了一曲壮丽的伟业华章。

一级抓一级,层层抓落实。湖北省委、省政府主要领导对易地扶贫搬迁工作亲自部署、亲自督导,多次深入贫困县实地调研指导。省政府定期组织现场拉练,4年多来,全省分别组织召开现场推进会10次,每次现场会省领导都亲临现场、亲自安排部署工作,有力推动工作高效落实。特别是在2018年4月习近平总书记视察湖北之后,全省上下更加斗志昂扬,牢记总书记的殷殷嘱托,把易地扶贫搬迁作为脱贫攻坚的头号工程、作为切实改善民生的重中之重,摆在关乎湖北现代化强省建设的战略高度,在精细上抓落实,在落细上现服务,在服务中见真情。

"上下同欲者胜。"近百万人的搬迁难度可想而知,尤其是在经历过当年三峡库区、丹江口库区大移民的湖北省。当初非开发式移民模式留下的伤痛至今还难以平复。当初祖辈们是逐生产生活资料而居,如今搬出大山的渴望和后怕的矛盾心理交织,故土难离。

大事小事先抓认识。2015年12月10日,湖北省政府专题召开全省易地扶贫搬迁工作动员大会,统一思想,明确目标,宣讲政策,划出红线。各级深入动员,充分把握易地扶贫搬迁政策的核心要义。易地扶贫搬迁不仅仅是解决贫困人口住房问题,更重要的是解决脱贫和发展问题,是将贫困人口从不能脱贫、不能发展的地区搬迁到能脱贫、能发展的地区,从根本上改善搬迁群众的生产生活条件,即"挪穷窝""换穷业""拔穷根",斩断贫困人口代际传递的根脉,其标志是长期来看搬迁户不再依赖于搬迁前的生产生活资料脱贫和发展,而是充分享受好易地扶贫搬迁政策资源,内生动力得到充分激发,最终实现脱贫致富,过上安居乐业的幸福生活。

"人往哪里搬、钱从哪里筹、地在哪里划、房屋如何建、收入如何增、生态如何护、新村如何管",这是习近平总书记针对易地扶贫搬迁提出的七个关键问题,直指易地扶贫搬迁工作的难点、重点。

早在 2016 年 2 月,国务院一位领导同志到秦巴山深处郧西县土门镇唐家坪村考察时,与当地村干部交谈中得知,有些贫困户为入住 105 平方米、125 平方米的易迁房而负债 5 万—8 万元不等。该领导同志感到这样下去不行,连夜召开座谈会,强调一届政府无限责任、有限目标,易地扶贫搬迁建房是保基本的"安全房"而不是"小康房",不能因搬迁举债影响我们党承诺的 2020 年如期脱贫目标的实现。就在湖北,国务院领导同志划出了"住房不超面积""搬迁不举债""建新必须拆旧"等易迁红线,同时要求不能"从屎窝挪到尿窝"。

湖北省委、省政府立即行动! 湖北省人民政府迅速组织省发展改革委、省扶贫办等省易地扶贫搬迁工作领导小组成员单位认真研究,于当年 3 月初研究提出了易地扶贫搬迁"湖北方案",省委书记、省长向国务院分管领导呈送专题报告并得到肯定。2016 年 3 月 23 日,湖北省委召开易地扶贫搬迁座谈会,省"四大家"主要领导、省直相关部门和四大片区部分市、县、乡三级一把手参加会议,一锤定音!

为确保守住建房不超面积、不因搬迁而举债的"红线",湖北省借鉴南水北调中线工程安置经验,拿出政府"交钥匙工程"的撒手锏,即全面实行由政府"统一规划设计、统一招标建设、统一质量监管、统一竣工验收、统一分配到户"的"五统一"模式。"交钥匙工程"成为湖北实施易地扶贫搬迁的扛鼎之作。

针对"易迁七问",湖北省政府早谋划、早部署,2016 年 4 月印发了《湖北省 2016 年度易地扶贫搬迁实施计划》,明确坚持"保基本、促脱贫"的目标要求,省级统筹制定相关政策控制标准,实行资金、项目、招投标、管理、责任"五个到县"的管理办法,县(市、区)政府细化政策措施,做到"两公开"(公开评定搬迁对象、公开搬迁政策)、"两不准"(不准超面积建设、不准搬迁户因建房增贫)、"两配套"(配套基础设施和公共服务、配套脱贫项目)、"一统配"(政府统一建设,实行"交钥匙工程")。接着于 2017 年 7 月编制印发了《湖北省"十三五"易地扶贫搬迁规划》,从宏观上指导全省"十三五"期间易地扶贫搬迁工作走深走实。

易地扶贫搬迁启动之后,各种难题接踵而至,湖北省易地扶贫搬迁办公室可谓"逢山开路,遇河架桥"。

"贫困户的帽子必须戴到该戴的人头上",贫困户如何识别? 湖北创新精准识别"五步法",举办"屋场会""院子会",大伙民主讨论,谁是搬迁户,由老百姓自己说了算。实施"史上最严"的精准识别,省纪委进行大数据比对、"回头看"和专项审计,确保该进的对象一个不落,实现应搬尽搬。

人均建房面积 25 平方米如何建才好住?这是全省动员会上大家疑惑最多的问题。"胸中有全局,手中有样板"。湖北省发展改革委、省易迁办的同志就遍访全省各大山区,终于在大别山蕲春县找到了安居房户型雏形,在此基础上,他们联合高水平设计院先后 6 次赴蕲春县,创新户型设计,精致地设计出了 25、50、75、100、125 平方米的户型,25 平方米的户型也确保了厨卫功能齐全,适用够住。2016 年 5 月,全省第一个易地扶贫搬迁现场推进会在蕲春县召开,与会的 68 个有易地扶贫搬迁任务的县(市、区)领导,看了标准户型房屋,通过"例证"开阔了人们的视野,消除了大家的疑虑,增强了信心。国家第一时间向全国转发推广了蕲春户型设计,该设计方案为全省、全国树立了标杆,具有破冰意义,堪称"湖北样板"。

湖北省发展改革委负责同志说,现在回头来看,蕲春谓之"湖北省易地扶贫搬迁的小岗村"一点不为过。

湖北坚持问题导向,紧紧围绕政策执行、工程进度、项目质量、资金安全、拆旧复垦、后续帮扶等重点问题,不断创新工作机制,强化监管,真正把好事办好。

2016 年,湖北省提出"五个把握一个确保"的目标要求,即把握易地扶贫搬迁的核心要义,把握规划引领,把握科学安置,把握基本政策,把握工作重点,确保完成年度任务。2017 年根据易地扶贫搬迁工作推进的情况,提出了"一统四抓"工作思路,即以搬迁户需求为统揽,抓任务、抓质量、抓配套、抓产业,确保将以服务搬迁户为中心的理念落到实处。2018 年提出"五个聚焦",即聚焦建设任务、聚焦问题整改、聚焦基础配套、聚焦资金管理和聚焦产业发展。2019 年提出"六个清零",即建设任务清零、搬迁入住清零、拆旧复垦清零、帮扶到户清零、社区管理清零、问题整改清零。2020 年将易地扶贫搬迁重心转移到后续扶贫上来,提出了抓好"五个基本",即基本产业、基本就业、基本公共服务、基层社区治理、基层党组织建设,并通过建立定期问题会商机制、督导通报机制、考核评估机制、约谈问责机制和信息共享机制等五大机制,有效提升易地扶贫搬迁质量和成效。

其中,"十堰模式"可圈可点,2016 年该市创造的坚持领导上阵、市县两级同部署;坚持对象精准、扣好纽扣强基础;坚持规划引领、优化户型守底线;坚持科学安置、因地制宜挪穷窝;坚持脱贫同步、因户施策换穷业;坚持细化节点、完善机制抓落实的"六个坚持"模式被国务院领导批示转发。

经国务院领导牵线搭桥,郧西县将贫困户劳动力大量输送到广东就业,并构建了贫困人口定向劳务输出的后续扶持"四个结合"新模式,即县外输出与县内转移相结合、外出打工与回归创业相结合、服务贫困人口与服务非贫困人口相结合、劳务输出脱贫与其他脱贫方式相结合,受到国家肯定。

"高位推进、创新机制、监管问责,这些措施非常及时有效",湖北省发展改革委主任表示,一系列创新机制的实施强化了全省易地扶贫搬迁工作的组织领导,压实了相关市县、部门的责任,确保了易地扶贫搬迁工作的有序、规范、高效推进,这是湖北省贯彻落实习近平总书记关于扶贫工作的重要论述和决战决胜脱贫攻坚座谈会上的重要讲话精神的具体体现。

二、家门口打工,既增收又能顾家

——有一种愿望叫"就地就近就业"

就业是民生之本、财富之源。搬迁只是手段,脱贫才是目的。湖北在抓好搬迁建房的同时,坚持把发展产业、增加就业创业作为实现搬迁群众稳定脱贫的根本途径。

龙韵新村,十堰市郧阳区柳陂镇的易地扶贫搬迁安置小区,贫困户明刚的新生活就从搬进这个小区开始。

2020年5月中旬,记者走进他家时,明刚正在一台织袜机前忙碌着。他早年间因意外左腿致残,生活贫困。2017年,他一家4口人搬进龙韵新村的新楼房时,社区书记告诉他,为帮助贫困户找工作,社区引进了柳航袜业公司。明刚迅速接受了技术培训,成为该公司袜子缝头的加工户,按件计酬,每月收入三四千元,还可领料回家做。

在龙韵新村扶贫车间培训中心,记者看到十多人戴着口罩接受织袜加工技术培训。和明刚一样,掌握技术后,他们还可以拿回家做。龙韵新村安置点共集中安置该镇24个村865户3071人,配套建设3条文化扶贫商业街、1个袜业扶贫车间和100万棒香菇种植观光园。

龙韵新村兴旺的背后,是郧阳区2017年以来在城市规划核心区杨溪铺镇青龙泉社区投资数十亿元重点打造的"香菇小镇",方圆2000多亩。

"郧阳香菇小镇是被逼出来的!"郧阳区委书记向记者介绍,该区有个大柳乡,大山里安置点选不出平地,就拟将一部分人安置在县城周边的杨溪铺,要解决他们生计问题,就试着搞些香菇。临城区的杨溪铺安置点共安置来自全区 19 个乡镇就近选址难、产业配套难、就业增收难的贫困群众 4173 户 15072 人,配建 1000 万棒香菇产业基地和 5 万平方米袜业扶贫车间,国内袜业龙头企业上海中昊针织有限公司投资约 10 亿元入驻。目前,青龙泉社区已建成全省最大的易地扶贫搬迁单体项目,带动全区年织袜达 10 亿双,近万名农村群众在家门口务工。

郧阳区委书记说,近几年,郧阳区坚持把产业扶贫作为治本之策,推行劳务经济+香菇、袜业两个主导产业+N 个发展项目的"1+2+N"产业扶贫模式,区建扶贫产业园、镇村建扶贫车间、户建扶贫作坊,上联优质企业、下联贫困户,让贫困群众生活在组织中、依附在产业链上稳定增收。

目前,郧阳探索出的"大集中、大配套、大产业"安置模式正在全省乃至全国推进。宣恩县 800 人以上安置点就有 11 个,全县集中安置率达 95%。全省 800 人以上的集中安置点有 53 个,其中 3000 人以上大型安置点 7 个,集中安置率达76.23%。这背后是每一级党委和政府的担当和作为。

湖北省易迁办负责人介绍,各地根据自身资源禀赋,瞄准市场需求,按照宜农则农、宜旅则旅、宜务工则务工的原则,因地制宜遴选扶贫产业,加大招商引资力度,引进农业龙头企业和劳动密集型企业入住安置小区扶贫小微产业园,为易地扶贫搬迁户提供更多就近就业岗位,构建易地扶贫搬迁户与市场主体的利益联结机制。

十堰是秦巴山集中连片特困地区,许多贫困户因文化程度低、需要照顾家庭、身体不好等原因没有外出务工。为此,该市着力建设"扶贫车间",将扶贫工厂、家庭作坊、产业基地建到乡镇村组、田间地头,办到扶贫安置小区,延伸到贫困群众的家门口。十堰市委常委、常务副市长刘荣山介绍,截至 2020 年 4 月上旬,十堰全市扶贫车间已吸纳贫困劳动力 13455 人。

不仅在十堰,在湖北许多贫困县、贫困村,近几年一个个扶贫车间犹如雨后春笋般拔地而起,点燃了脱贫的星星之火。据统计,目前全省已建起数千家扶贫企业和扶贫车间、扶贫产业园,带动数十万建档立卡贫困人口就业。

郑远宝过去在江浙一带服装厂打工,其父母及孩子一家三口常年住在距离恩施州宣恩县高罗镇集镇将近 1 个小时车程的车道湖村。现在,他们搬到了宽敞又舒适的龙河小区安置房里,郑远宝还在小区服装厂担任车间组长,"我这么多年都一直想回家,但是无奈家里的一亩三分田无法养活我们一家人。现在好了,我有了舒适的房子,还有稳定的票子,我真的很满足。"他说。

近年来,宣恩县充分利用县级产业发展资金和东西部扶贫协作资金,共在易地扶贫搬迁安置区建设标准厂房2.7万平方米,并利用安置点配套的一楼架空层引进电子元件、服装加工、卫生洁具等劳动密集型企业55家,吸纳1200余名易地扶贫搬迁对象就业。高罗镇从浙江引进展旭服装有限公司、从恩施引进鑫华服饰公司等企业,并签订用工协议,要求其按照不低于30%的比例为贫困户提供就业岗位,现已带动240余人就业,人均月收入3500元,有的师傅最高月收入近万元。

在全国重点贫困县建始县,易地扶贫搬迁14269户48830人,占总贫困人口的35%。该县因地制宜、因户施策,现已建成160个产业项目,配套28个就业扶贫车间,带动5000余贫困人口就业。易地扶贫搬迁,让该县三分之一的贫困人口挪了穷窝、断了穷根。

一条"网红街",让利川市柏杨坝镇永兴家园易地扶贫搬迁安置小区声名远播。该小区共8栋楼,统规统建,采取一底三层建筑模式,一层为商用门面房,二三层为安置户住房,一层共有门面房124间,通过前3年内减免租金的方式,引进本土企业入驻,目前已建成柏杨豆干制造生产企业、制鞋厂、制衣厂、水厂、面厂、茶厂、电商等扶贫车间78间,提供岗位180余个。柏杨坝镇借此大力弘扬豆干文化和土苗民族文化,建蜡像馆,搞直播带货,打民俗体验牌,打造出人气旺旺的"网红街"。

除了扶贫车间,湖北各地还探索出"企业+基地+易迁户""公司+基地+合作社+农户+科研院所""农家作坊+旅游商品+特色民宿""电商+基地+合作社+农户/贫困户"等多种共建共赢的联动扶贫模式。巴东县将军山农牧开发有限公司"80后"老板谭显猛,请来省农科院专家引种黄金梨,建设500亩"双臂顺行式棚架"作为安置点的配套产业园。他探索出"五统一分"路子,即由公司统一供种、统一管理、统一品牌、统一经营、统一销售,梨园有收入后贫困户与公司按3∶7比例分成。梨园投资由公司包揽,易地扶贫搬迁户土地入股分红、务工创收挣双份钱,一下子从农民变股东、上班族。郧西县恒达扫帚专业合作社发展铁扫帚基地8000余亩,带动2000余户贫困群众种植铁扫帚,参与基地管理,户年均收入8000元以上,"一把小扫帚"带富了众乡亲。

专业市场、商业门面,也为易地扶贫搬迁户创造了大量的就业机会,易地扶贫搬迁户在家门口打工,既增收又顾家,告别了背井离乡、老人无人照料、孩子沦为留守儿童之苦。

"以前我是'两头难兼顾'。在外打工顾不了孩子,回家带孩子就上不成班。

搬迁后,通过政府引荐,我在家门口超市上班,既照顾了孩子,每个月还能挣一两千块钱,真是太好了。"在保康县黄堡镇前后海易地扶贫搬迁安置点,30岁的刘芳说。

在建设该安置点时,黄堡镇开发临街商铺,规划建成以茶叶交易、茶文化展示为主的茶叶专业市场,先后引进近百名客商投资建设或入驻。2018年以来,像刘芳这样实现了在家门口务工就业的搬迁户累计达360多人。

"最好的地用于安置最贫困的人"。各地在城区和镇区挑选最好的地段腾地安置。通过易地扶贫搬迁对山区农村进行碎片化整理,走出一条与美丽乡村建设和新型城镇化结合的搬迁新路子,打造一批特色小镇,使贫困群众搬出大山,搬来希望,搬向幸福。

湖北省在安置点的遴选上,舍得拿出最优资源,安置点尽可能"五靠近",即靠近城区、靠近集镇、靠近中心村、靠近生态旅游景区、靠近工业园区,做到盖房子与壮产业、加速城镇化齐头并进,做到同步谋划、同步实施、同步考核,大大增强了易地扶贫搬迁安置区的承载力和吸引力,有效激发了群众的搬迁意愿。

以"扶贫车间"等为代表的产业扶贫模式,正成为推动乡村振兴的重要引擎。湖北省社科院经济所所长叶学平认为,"扶贫车间"将民营企业的扶贫力量有效引入贫困地区,优化资源配置,扩大有效供给,在一定程度上破解了劳动力就地就近就业难题,促进了农村新兴产业培育以及一二三产业融合发展,是实施乡村振兴战略的生动实践。

三、就近上学看病,讲文明有积分
——有一种梦想叫"农民变市民"

正如习近平总书记所说"脱贫摘帽不是终点,而是新生活、新奋斗的起点",易地扶贫搬迁,不仅是贫困群众地理位置的迁移,也不仅是搬进了一栋新房子,更是生产生活方式和思想观念上的革命、城乡格局的重构和社会关系的重塑。

湖北省在易地扶贫搬迁安置区规划建设中,高度重视水电路网、教育、医疗等基础设施的配套,尽可能让易地扶贫搬迁群众享受到跟城市市民一样的基本公共服务,逐步由"农民变市民"。

易地扶贫搬迁户张文中是经过再三犹豫才决定搬迁的。"之前母亲一直担心,离开村里的田土,到这边来了怎么生活,可后来看到安置小区的建设和城里的小区一模一样,水电路网邮样样俱全,还给我们分配了菜地,我们就决定搬过来了,现在我们过得很舒服。"他说。

完善的配套设施、便民的服务,是引导贫困群众搬迁意愿和激发搬迁动力的"强心剂"。在安置小区建设上,宣恩县在易地扶贫搬迁集中安置点创新推行"1+6"配套建设模式,即每个集中安置小区按社区建设标准,设立一个社区服务中心、一个标准卫生室、一个文体活动广场、一个便民超市、一户一块菜地,尽力完善功能解民忧。

截至 2020 年 6 月,全省累计建设易地扶贫搬迁安置房 2330.83 万平方米,搬迁入住率达 100%;建设集中安置点 10359 个,集中安置率达 76.23%;建设道路6682.6 公里、管网 1.6 万公里、污水处理设施 1.01 万个、垃圾处理设施 1.5 万个;还建起了 206 所幼儿园、328 所学校、1406 个医疗卫生设施以及一大批社区服务设施、综合活动室、文化广场。

李巧乐和张馨烨是两姐妹,2020 年在宣恩县高罗中心小学上四年级,爸爸在外务工,妈妈在安置点附近的展旭服装有限公司上班,爷爷奶奶在家安享晚年,每天四点半放学后她们都准时到小区的"四点半学堂"报到,学堂设有爱心阅读室、作业辅导室、亲情聊天室、手工制作室、智力游戏娱乐室等功能区,可容纳 100 余名孩子学习、玩耍。该学堂还是恩施州图书馆的第一个乡镇分馆,由州图书馆提供5000 册图书、自主借阅机等设备,小区管理人员和义工轮流值班辅导孩子作业。李巧乐说:"这里有好多的朋友、有好玩的玩具、有好看的书,还有老师帮忙辅导作业,妈妈也可以安心上班,不用担心我,我真是太喜欢这里了!"

在就学、就医、兜底保障方面,宣恩县下足"绣花"功夫,确保易地扶贫搬迁群众稳得住。织好保学助学网,安置点改扩建小学 20 所,新建幼儿园 5 所,确保适龄儿童有学上,每个安置区设立"四点半学堂"。织好健康扶贫网,在安置区新(改)建卫生院(室)21 个,所有安置点实现医疗服务全覆盖。织好兜底保障网,将"无业可扶、无力脱贫"的易地扶贫搬迁户应保尽保。

搬迁是走出贫困、拥抱小康的路程,也是易地扶贫搬迁户从农民到居民的身份、思想转变的历程。从分散居住到集中居住,从"农具随手丢、随地放"到"收干净、摆整齐",湖北易地扶贫搬迁地区注重引导易地扶贫搬迁群众物质、精神"双脱贫",思想和房屋同步"翻新"。

"我一直觉得有政策给我兜底,我有房子住而且饿不死,所以就得过且过了,可是看到其他贫困户受表彰,生活水平越来越高,我心里也不是个滋味,还是要加油干才行。"从清水塘村搬迁到宣恩县高罗镇高龙河安置点的李文斌说。

扶贫先扶志,有对比、有奖惩才会有动力。郧西县夹河镇兰草岗安置小区,通过开展"十星级文明农户""好公公、好婆婆、好儿媳""最美家庭""传家风、立家规、树新风""道德模范评选"等系列活动,大力宣传先进模范、励志扶贫先进典型,弘扬脱贫致富正能量,激发搬迁户存感恩之心、鼓奋进之气、立脱贫之志。针对"婚丧嫁娶、乔迁升学"等内容进行重点的宣教,号召广大安置区群众积极参与践行"喜事新办、丧事简办、拒绝赌博、反对迷信"等活动,杜绝大操大办、铺张浪费等陋习,2020年以来,镇党委、政府在兰草岗安置点共评选出脱贫模范5人,给全安置区贫困群众设立了良好的奋斗标杆。

如何变"贫困区"为"新社区",破解"怎么管"的难题?恩施州率先申报湖北省易地扶贫搬迁安置点社区治理体制机制建设试点,1000人以下的70个安置小区作为所在行政村的农村社区,加挂农村社区标识管理;1000人至2000人的4个安置点与本乡(镇)直单位居民共同设立社区,由所在乡镇管理;2000人以上的3个安置小区申报成立社区。

着眼于融社区治理于便民服务之中,恩施州实施易地扶贫搬迁服务"6个1",即易地搬迁群众搬入安置点居住时,结对帮扶干部帮助易地扶贫搬迁户搬1次新家、开好1次家庭会议、组织1次入住培训、每月1次走访、每月组织1次院落会或活动、建立1本易地扶贫搬迁工作台账。

在湖北不少县市,都在探索"易迁+党建"模式,以安置小区为单位设立党组织,选派党建指导员;组织德高望重的"五老"、乡贤、脱贫励志人物组成宣讲团,办好感恩课堂和道德讲堂,引导搬迁群众感党恩、听党话、跟党走;成立邻里互助理事会、推选楼栋长,负责文明行为引导、矛盾纠纷化解等;开展环境评比活动,实行"文明计分制"和积分兑换,根据日常表现分值兑换米、油、电饭煲、扫帚等生活用品,改变部分群众随手扔、随地吐的习惯,哪家有不文明行为,还会扣减积分,今后表现更好才能把积分换回来。

"如果我们楼栋这个月是清洁,我心里就格外高兴。若是较清洁,就想着下个月努把力,把卫生做好,争回清洁。"在保康县黄堡镇前后海易地扶贫搬迁集中安置点,楼栋长王德芳说,社区每个月对各楼栋的卫生情况进行评比,结果张贴在最显眼的地方。评比虽然只是一种形式,但大伙儿的荣誉感特别强,月月都在争优秀,有效提升了居民文明素质,增强了大家的归属感、认同感、幸福感。

四、易地扶贫搬迁干部"干"字当头,攻坚克难

——有一种精神叫"勇于担当、奋发有为"

短短 3 年多,湖北全省就完成了近 90 万人的易地扶贫搬迁工作,这里面凝集着无数易地扶贫搬迁干部的心血,他们以对党的事业、百姓的福祉高度负责的精神,勇于担当、奋发有为,"5+2""白+黑""抢晴天、战雨天",谱写出一曲曲动人的易地扶贫搬迁之歌!

在宣恩县,副县长胡晓洪 3 年来走遍了全县所有 77 个集中安置点的角角落落,查看了每一栋房屋建设,多次把易地扶贫搬迁调度会从"会场"搬到了"现场",对工程质量问题"零容忍"。2018 年 5 月 3 日,在万寨乡一安置点调研时,他发现几扇门窗的吻合度有问题,当即要求重新检查所有门窗,有问题立马更换,并强调"要把自己当成这里的住户""如果存在违规违纪问题,发现一起,移交一起"。全县 9631 户近 3.4 万人的安置房全部达标。2018 年,宣恩县政府蝉联湖北省易地扶贫搬迁工作先进集体荣誉称号。

在巴东县茶店子镇,镇党委副书记徐静,3 年多来常常早出晚归、风雨兼程,每每忙碌一天才发现已是深夜,拖着疲惫的身躯回到住地。他经常不打招呼、不定时间开展质量安全巡查,3 年来对不符合质量要求的 360 余方挡土墙、4 栋房屋拆除重建。严管项目监理,3 年期间发函监理公司开除监理 1 人,处罚履职不力监理 7 人次。2019 年 10 月,茶店子镇在全县率先完成建设任务、搬迁入住、拆旧复垦、社区管理、帮扶到户、问题整改"六个清零"工作任务。

"易地扶贫搬迁工作,搬的是人心,扶的是民心,最终强的是党心,虽然像陀螺一样忙得顾不上家,但易地扶贫搬迁工作考验了我、锻炼了我,也充实了我、教育了我。"35 岁的徐静说。

在安置点建设过程中,年近六旬的蕲春县株林镇易地扶贫搬迁干部袁盛文始终精打细算,在设计、预算、施工、结算的每一个环节都依法依规从严把关,不浪费国家的每一分钱。

3 年的易地扶贫搬迁,让现年 36 岁的秭归县磨坪乡扶贫干部梅昌军跑了超过 3 万公里的路,这也让他记住了每个搬迁户的姓名,熟悉他们的家庭情况,知道他们的旧宅在哪里,新居怎么样,知道每一个居民点的具体建设情况,对不符合质量

的工程一律返工。仅 2016 年、2017 年被他下令整改、基础返工、墙体重砌、水池重建的建筑企业就多达十几家。2017 年某建筑公司因质量、安全、进度问题下达整改通知勒令整改达十多次。也正是他坚持原则，全乡易地扶贫搬迁房屋未出现过质量安全隐患。

脚板磨出老茧，暂舍小家只为扶贫大局。十堰市张湾区共有 128 个易地扶贫搬迁安置点，分布在 54 个村，就算一天跑一个村，也要近 2 个月时间才能跑完。尽快熟悉各安置点情况，易迁办干部潘明琴经常早上 7 点出发到晚上 7 点以后回家，不是在泥泞的工地查勘就是在蜿蜒的山路上颠簸，中午只有半小时的吃饭时间，仅用 15 天就跑遍了全区所有的安置点。2 年来，每个安置点他都去过 15 次以上，巡查里程超过 4 万公里。

通过全程参与每个安置点的踏勘和选址，结合自己的专业和工作经验，潘明琴提出了 31 条合理建议和意见，调整安置地点 4 个，排除安置点安全隐患 8 处，节省易地扶贫搬迁成本 800 多万元。

经常性的早出晚归，潘明琴和妻子、孩子几乎都打不到照面，2019 年一年，他累计休息时间还没超过 7 天。时间久了，妻子也有了抱怨，她说："自从你搞了扶贫工作，就没日没夜的，家里啥事都不管了，两个孩子都快认不得你了。"想到妻子的艰辛，潘明琴心里说不出的难受，但是想到一个个安置点建成、一户户贫困户安全入住、群众一张张开心的笑脸，又觉得自己的付出是值得的。

为帮助中营镇王家村水牛坪集中安置点扶贫车间复工复产，鹤峰县易迁办工作人员康智朝以抵押个人私家轿车方式，以先验收、后付账的形式，将急需的茶叶加工先进设备购进安装到位……

"唯有豪情多壮志，敢教日月换新天。"正是有了这些易地扶贫搬迁干部们舍小家顾大家、日复一日的长期坚守、默默奉献，党和国家关于易地扶贫搬迁的巨大政策红利才以最快的速度，普惠到近百万贫困群众身上，才成就了他们多少年来想都不敢想的脱贫致富梦想！

五、扶上马送一程，后续扶持紧跟上
——有一种追求叫"不获全胜、决不收兵"

为打赢易地扶贫搬迁攻坚战，从中央到湖北各地，各级财政投入巨大，成效也极为显著。

截至 2020 年 5 月底,湖北省县级实施主体累计承接易地扶贫搬迁专项资金 566.86 亿元,已累计使用专项资金 439.09 亿元,拆旧率、复垦率均接近 100%,99% 以上的搬迁户摘掉了"贫困帽"。

"易地扶贫搬迁已进入到以做好后续扶持为主的新阶段",湖北省发展改革委副主任、省易迁办主任杜海洋表示,湖北省 2019 年 5 月在全国率先制定了《关于进一步加强易地扶贫搬迁后续产业发展和就业工作的指导意见》,目前正结合贯彻落实国家发展改革委等 13 部委出台的 25 条后续扶持政策措施、省扶贫攻坚领导小组 18 项具体举措,进一步加强部门协作,整合资金投入,以工程化、项目化、清单化方式精准发力,将巩固脱贫攻坚成果与乡村振兴有效衔接、相对低收入人口与产业发展有效对接,力推易地扶贫搬迁后续产业发展和就业创业工作,健全完善打基础、管长远、促脱贫的长效机制,切实做到"挪穷窝""换穷业""拔穷根",有效解决搬迁群众产业发展、就业、基本公共服务、社会融入、社区治理等问题,确保搬迁群众稳得住、有就业、逐步能致富。

2020 年新冠肺炎疫情暴发后,湖北省发改部门统筹推进疫情防控和脱贫攻坚工作,指导做好扶贫车间、扶贫企业有序复工复产,并明确规定:省级下达的国家财政预算内以工代赈资金优先用于易地扶贫搬迁配套基础设施、公共服务设施建设和产业发展,比例不得低于 60%,以工代赈资金的劳务报酬比例不得低于 15%;丹江库区 10 个县市区、恩施州 8 个县市分别统筹对口协作和东西部扶贫协作资金的 20%,用于易地扶贫搬迁户特色产业发展和扶贫车间建设等。

"实行清单化管理、项目化推进、点穴式督查",湖北省发展改革委要求,要严格贯彻落实《湖北省易地扶贫搬迁结余资金使用指导意见》,对结余资金要"敢用""会用""用好",要进一步落实好扶持深度贫困地区增投资、增项目的具体措施,省预算内脱贫攻坚专项投资、易地搬迁后扶资金、以工代赈专项扶贫资金,继续向深度贫困县倾斜。推进实施《湖北武陵山片区基础设施五年攻坚计划(2019—2023年)》,进一步补齐民族地区和连片特困地区基础设施短板。

如针对易地扶贫搬迁剩余未脱贫的 216 户 488 人,十堰市竹溪县积极采取"四个一"(一户一台账,查贫因明对策;一户一团队,解困难帮发展;一户一组合,拓渠道增收入;一户一督导,抓落实问效果)措施,通过社保兜底保障、组建"包保干部+行业干部+专技人员+市场主体"专业团队等方式,加大工作力度,确保其年内脱贫。

严格落实"四个不摘",着力构建健全稳定脱贫长效机制。湖北省易迁办负责人表示,摆脱绝对贫困只是第一步,湖北上下将斗志不降、力度不减,做到摘帽不摘责任、摘帽不摘政策、摘帽不摘帮扶、摘帽不摘监管,扶上马送一程,帮助贫困群众摘了穷帽再拔穷根,走上共同富裕的康庄大道。

登高瞭望者声震长空,心怀梦想者逐梦前行。

时间书写了湖北牢记殷殷嘱托,上下同欲,砥砺奋进,坚决打赢脱贫攻坚战的精彩故事。湖北故事是中国故事中的精彩一章。其不断成功的制度密码在于:坚持和发挥中国特色社会主义的制度优势,调动各方面积极性,集中力量办大事;坚持中国共产党领导,全党全国团结一心,凝聚起合力攻坚的强大力量;把发展作为解决贫困的根本途径,以持续的经济增长为大规模减贫奠定基础;既扶贫又扶志,发挥扶贫对象的主体作用,激活脱贫攻坚的内生动力;坚持动员全社会参与,构建政府、社会、市场协同推进的大扶贫格局,为"一个都不能少"的承诺兑现不断注入动力……

2020年,注定是永载中华民族史册的一年!湖北省及全国易地扶贫搬迁和脱贫攻坚工作全面完成、后续扶持有序有力推进,困扰中华民族千百年的绝对贫困问题即将成为历史,全面小康的千年梦想正在变成现实!

千年梦想,百年奋斗,正待今朝梦圆。只争朝夕,不负韶华,向着胜利进军。聆听冲锋号角,发起最后总攻,今天的我们,有无比充足的信心、底气和能力去实现这一伟大目标!

让我们在壮丽的时空交响曲中,把决胜脱贫的不朽业绩,书写在前程似锦的荆楚大地,用全面小康的优异答卷实现人民群众对美好生活的向往,迎接伟大的中国共产党百年华诞!

冲锋号已经吹响,不获全胜,决不收兵!

牢记嘱托　勇担使命

——湖南省"十三五"易地扶贫搬迁工作纪实

2013 年 11 月 3 日,历史将永远铭记这一天。

深秋的三湘大地,天空寥廓,生机盎然。当天,中共中央总书记、国家主席、中央军委主席习近平带着对贫困地区群众的深深牵挂,步行来到湘西州花垣县十八洞村。习近平总书记一走进苗寨,就深入贫困村民家中,仔细察看他们的谷仓、床铺、灶房、猪圈,同村民们亲切地拉家常、算收支、话发展,与大家一起商量脱贫致富奔小康之策。在这里,习近平总书记首次提出"精准扶贫"重要思想。从此,一场人类社会史无前例的减贫实践,从湖南花垣十八洞村始发,深刻改变了中国大地上无数贫困群众的命运,谱写了中国扶贫开发的历史新篇章。

东风好作阳和使,逢草逢花报发生。

湖南,作为习近平总书记"精准扶贫"重要思想的首倡之地,牢记嘱托,勇担使命,发扬湖南人"吃得苦、霸得蛮、扎硬寨、打硬仗"的作风,以初心使命为墨,以为民实干为笔,一笔一画,努力书写精准扶贫的湖南答卷。

一、立下愚公移山志　坚决啃下"硬骨头"

"精准扶贫"是对传统扶贫开发方式的重大变革,是新时代中华民族摆脱贫困的基本方略。2015 年,习近平总书记提出实施"五个一批"工程,即发展生产脱贫一批、易地搬迁脱贫一批、生态补偿脱贫一批、发展教育脱贫一批、社会保障兜底一批。易地扶贫搬迁是脱贫攻坚的"头号工程"和标志性工程,也是"五个一批"中最难啃的"硬骨头",事关脱贫攻坚工作全局。

2015年11月27日,中央扶贫开发工作会议在北京召开。

2015年12月1日,国务院召开了全国易地扶贫搬迁工作电视电话会议。

湖南省委、省政府坚决响应党中央、国务院号召,2015年12月4日,也就是全国易地扶贫搬迁工作电视电话会议后的第3天,率先在全国拉开易地扶贫搬迁大幕,在中国第一个工农兵政府诞生地——茶陵县,启动了全省第一个易地扶贫搬迁集中安置点的建设。

(一)雄关漫道真如铁

湖南,搬迁规模大、搬迁区域广、搬迁群众深度贫困户多。"十三五"期间,湖南易地搬迁69.4万人,相当于搬迁一个中等县的人口规模。涉及多达105个县市区,包括全省51个贫困县、24个民族县,搬迁任务超万人的县市有27个,新化县、平江县搬迁人口超过3万人。搬迁区域重点集中在武陵山、罗霄山两大国家级连片贫困地区的高寒、地质灾害、石漠化区域,以及洞庭湖区"水窝子"等区域。搬迁任务之重、难度之大,位居全国前列。

(二)关山万千重,山高人为峰

为啃下易地扶贫搬迁这块"硬骨头",湖南坚持高层次推动、高密度部署、高强度推进,举全省之力啃下易地搬迁这块脱贫攻坚的"硬骨头"。省委常委会、省政府常务会多次研究部署,省委书记、省长坚持靠前指挥,深入一线带头抓、用情抓,先后10多次召开全省易地扶贫搬迁工作专门会议,成立了由省委常委、常务副省长和分管副省长担任"双召集人"的高规格联席会议制度,24个省直部门共同发力。省、市、县、乡、村五级,省委是"总前委"、市委书记"纵队司令"、县委书记是"一线总指挥"、乡镇党委书记是"主攻队长"、村支部书记是"尖刀排长"。层层压实责任,向贫困发起总攻,全省上万名党员干部投身于这场史无前例的攻坚大战,用不曾停歇的脚步丈量出识别的精准,用心血与汗水浇筑起搬迁的速度,以实干与担当托起贫困群众安居梦。

绥宁县地处湘、桂、黔三省交界,属于国家级贫困县,"十三五"搬迁3765户15189人,占全县贫困人口27%。面对繁重的搬迁任务,常务副县长龙明主无论走到哪里,都随身携带政策读本、安全帽、皮尺、手电筒和馒头、方便面。3年下来,他不知不觉行进了16万公里,相当于绕了地球四圈。

凤凰县腊尔山雷公潭峡谷夯卡村,住着35户苗族乡亲,需要实施整体搬迁。

从峡谷上到腊尔山台地,要走一条八公里长的天梯路。扶贫队长胡丕宇,为了全村的整体搬迁,在这条路上来来回回不知走了多少趟,鞋子都磨破了七八双。村民吴玉发因家庭困难,母亲和妻子又瘫痪在床,不敢搬出大山。胡丕宇想尽办法,先是凑了4000元为吴玉发买了新家具,接着又带着他到村里猕猴桃基地打工赚钱,终于让吴玉发动了搬家的心。当吴玉发正在为如何将家里的瘫痪病人搬到新家犯难时,胡丕宇与扶贫队员一起自制两副担架,亲自将两个瘫痪病人抬到新家"同福苗寨"。吴玉发85岁的老母亲激动地说:"我做梦都没想到能搬出大山,搬得起新房,感谢党和政府啊!"

桃源县有3685户搬迁群众12225人。为了不落下一个建档立卡贫困户,县发展改革局局长唐述林走遍了全县的每一个角落,群众评价说,"野猪没到过的地方,唐述林都到过"。他多少次起早摸黑走在易地搬迁的路上,只有灯光和黑夜知道。几年易地搬迁工作干下来,刚刚40出头的唐述林已是满头华发,他说:"宁白一人头,不负百姓心。"

(三)山再高,往上攀,总能登顶;路再长,走下去,定能到达

为了与贫困决斗、与时间赛跑,湖南坚持高起点规划和部署,编制了湖南省"十三五"易地扶贫搬迁规划,研究出台了《湖南省"十三五"时期易地扶贫搬迁实施意见》等20多项政策,印发了《湖南省易地扶贫搬迁集中安置项目挂牌督战方案》。省发展改革委建立了易地搬迁委领导联点包片责任制,每名委领导负责一个市州,把责任直接落在每名委领导肩上。省易地扶贫搬迁联席办,从省直相关部门抽调了20多名精通房建、地质、规划、造价等工程方面的青年业务骨干。从政策出台到执行,一环扣一环,环环相扣。

坚持"严"字当头,严守"四线"标准,严格责任落实机制、问题发现整改机制、考核问责机制,"零容忍"态度对待易地扶贫搬迁工作中出现的问题。为了确保"三个100%":即核对检查100%到户,政策执行100%到位,问题整改100%一抓到底,专门聘请第三方专业机构开展常年巡查,开展"三排查、三签字"专项行动、"三率一度"入户核查,对全省105个有易地搬迁任务的县市区实现全覆盖督导巡查,对全省已建成的搬迁房进行全覆盖核查及"回头看"核查,誓言决不落下一个贫困地区、一个贫困群众。

2018年12月14日晚上7点多,考查组队员刘城、俞晓倩前往衡阳县库宗桥镇和源安置点入户调查,因连日降雨和冰冻,突遇山体滑坡,车辆前进受阻。当地随

行建议另选调查对象,但考察组坚持下车步行,绕行翻过两座山头,顶着寒风在冻雨中走了1个多小时,才来到贫困户王讨生家中。做完调查回到住处,已是凌晨时分。

这就是省联席办年轻同志们的工作缩影,一年365天,2/3的时间出差在外,有的还被国家发展改革委抽调到了北京,1年难得回来几次。他们说:"心中有愧啊,愧对家庭、愧对父母、孩子和伴侣。但是,我们不后悔,我们做了一件最有意义的事情,收获了69.4万搬迁群众的幸福笑脸,值!""值",短短一字,铿锵有力,体现的是"先忧后乐"的湖南精神和践行"初心使命"的担当作为。有这种精神和担当,没有办不成的事,没有达不到的目标!

(四)群之所为,事无不成;众之所举,业无不胜

经过3年苦干实干,湖南共投入400亿元专项建设资金,建成集中安置区2460个,总住房面积1750万平方米,集中安置11.6万户,全省69.4万人搬迁任务如期完成,拆旧率、复垦率、脱贫率居全国前列,受到国务院督查激励。

凤凰县禾库镇易地扶贫搬迁安置区是湘西州最大的易地扶贫搬迁安置区,共建设756栋1045套安置房,安置禾库镇、两林乡、腊尔山镇等高寒山区建档立卡贫困户942户4784人。这里的每一栋搬迁房,都融合了苗族建筑黄墙青瓦、飞檐斗拱等特有元素;整个安置区依山而建,高低起伏、错落有致,在田畴绿浓、青山妩媚的背景下,显得格外壮丽。傍晚,在安置区宽阔的广场上,爱美的女性结伴跳起了健美操,老年人随着广场舞音乐翩翩起舞,年轻人兴致勃勃地在玩着轮滑……

鹤城区53岁搬迁户夏运金搬迁之前,长期住在羊圈里,是一个穷得叮当响的单身汉。按照政策,他和母亲两人搬进了50平方米的新房子。一搬进新房子,他就幸福地脱了单。他请记者为他在新房前照一张全家福,并高兴地告诉记者,再过几个月,孙子就要出生。

古丈县81岁的向顺昌老人因为家庭贫困,儿媳10年前出去打工,就再也没有回来。他和长期卧病在床的老伴做梦都想着早点搬进新家。2019年6月,搬进新家后不到一个月,老伴就走了。老人眼含热泪,拉着记者的手说,老伴是带着满足的笑容走的。

行进在易地扶贫搬迁第一现场,一个个集中安置点,一栋栋崭新搬迁房,如同一道道亮丽风景,令人目不暇接,给如诗如画的湖湘大地抹上了现代和幸福的色彩。

二、敢问路在何方 勇当探路先锋

搬迁对象如何识别？人往哪里搬？地在哪里划？房屋如何建？路在何方？这些非常现实的问题，无不考验着湖南的智慧和能力。

湖湘自古重精神。从"路漫漫其修远兮，吾将上下而求索"，到"先天下之忧而忧，后天下之乐而乐"，自古以来，"心忧天下，敢为人先"，就是流淌在湖南人血脉中的鲜明印记。今天，这种湖湘精神激励湖南人在易地扶贫搬迁主战场，敢为人先，大胆创新，勇当探路先锋，在精准识别、集中安置、国企总承包、"互联网+监管"等方面摸索出了易地扶贫搬迁"湖南经验"。

（一）开对"药方子"，才能拔掉"穷根子"

万事开头难。搬迁对象识别难、搬迁区域界定难、易地搬迁与危房改造等方式区别难……精准识别是需要破解的第一道难题。湖南省发展改革委党组书记、主任胡伟林说："易地搬迁需要发扬钉钉子精神，也需要'绣花功'，'第一粒扣子'扣错了，后面步步皆错。搬迁谁？我们必须严肃认真做好这道必答题，做到100%的精准识别，不漏掉一个贫困户。"

按"一方水土养不好一方人"的要求，在全国首创了"先定区域后定人"的高精度识别经验，将搬迁区域锁定在高寒、地质灾害、石漠化等重点区域，一是土地贫瘠、人地矛盾突出、水资源匮乏等生产生活条件恶劣，通过就地就近帮扶促进生产或就业仍无法让农户脱贫的区域；二是生态环境脆弱，属于石漠化重度或中度的地区；三是地震活跃带、地质灾害多发易发区；四是易渍易涝湖区低洼区；五是县域内水源保护地、生态保护区核心区域等限制开发区或禁止开发、不宜开发区；六是地理位置偏远，交通、水利、电力等基础设施和教育、医疗等基本公共服务落后，严重制约区域发展，并且延伸基础设施和公共服务成本远高于易地扶贫搬迁成本的区域；七是农村危房改造任务特别重且其中建档立卡贫困户无房户和D级危房存量大的行政村。根据上述7类划定标准，以村民小组和自然村寨为单位，按照乡镇申报、复核确定、公示公告、上报备案等4步程序，统筹划定迁出区域，再从划定的迁出区域内甄别确定搬迁对象，以"范围精准"进一步确保"身份精准"，扣好易地扶贫搬迁"第一粒扣子"。同时，加强对识别搬迁户的跟踪排查，通过核实再核实，排查再排查,全省三次实行搬迁对象动态调整,对不符合条件的对象坚决清退,新调进建档立卡贫困人口 50715 人,确保"应搬尽搬"。

新化县是湖南省易地搬迁任务大县。按照"先定区域后定人"的原则,全县将纳入搬迁的 34436 贫困人口锁定在 416 个重点贫困区域,精准识别率 100%。

汝城县南洞乡山联村 12 组,位于海拔上千米的罗霄山脉南段的深山里,至今没有通公路,出行只有一条小便道,吃水只能指望天,讨媳妇是妄想,生了急病只能等死。以前村里有 2 个壮劳力患病后,就死在了去医院抢救的半路上。65 岁的搬迁户付红松感慨地说,真没想到自己这辈子还能搬下山,更没想到自己还能抱上孙子。他高兴地把记者领进儿子的新房,乐呵呵地说,搬下山后,35 岁的儿子已经摆脱光棍结了婚。

(二)"易"得好不好,选址是关键

易地扶贫搬迁,是"易"而非"异"。"异"多指物理的不同,而"易"重在质的改变,出发点是挪穷窝、拔穷根,落脚点在易脱贫、易致富。湖南省发展改革委党组成员、副主任周震虹介绍,分散安置选址难把握、标准难控制、资源难配置、帮扶难到位,只有全面实行集中安置,才能彻底解决贫困人口普遍长期面临的行路难、吃水难、上学难、就医难、婚娶难的生活困境。

按照城乡统筹、布局优化等要求,湖南创新确立了"四靠近"的集中安置选址原则,即靠近城镇、靠近中心村、靠近产业园区、靠近旅游景区,将全省 2460 个集中安置区的选址,紧邻生产生活要素集中区域,60%依托中心城镇,30%紧靠工业园区、旅游景区、特色种养区,10%依托交通等基础设施便利的区域。

祁东县坚持"用最好的地建最好的房,把最好的房给最困难的人",吸引了 300 多户原本打算申请分散安置的搬迁户最后选择了集中安置。

宁乡市将黄材镇炭河里遗址公园西北角一块价值 2000 多万元的熟地,建成"千手爱心大屋",用于安置黄材镇、沩山乡、巷子口镇的 109 个贫困户。

资兴市将特困贫困人员安置与易地搬迁相结合,为全市 526 名特困易地扶贫搬迁对象新建 3 个特困人员集中安置点。特困易地搬迁对象入住后,将管理移交民政部门,统一纳入农村五保供养体系,配备经培训的管理人员,特困对象在这里不仅享受星级服务和家的温暖,而且生、养、病、葬等问题全部由政府兜底保障。

平江县作为全省搬迁任务第一大县,在县城紧靠园区的洪家塅规划建设了全县最大的集中安置区,将全县有意愿搬迁到县城安居的 7580 名搬迁人口,全部搬

迁到洪家塅进行集中安置。2019年年底,有就业意愿的劳动力通过技能培训和公益性岗位均实现了就业。搬迁户罗春桂和妻子在离家只有一公里的平江县港盛针织厂上班,两人每月加起来有7000多元收入,家里添置了冰箱、洗衣机、空调,现已过上了城里人的生活。

集中安置,一通百通。江华、通道、芷江、宜章、城步、保靖、桃源等地大打旅游牌,将集中安置点向景区靠拢;靖州、麻阳、江永、绥宁等地依托特色农业产业基地布局建设集中安置点,大大加速了搬迁户的脱贫进程。

面对2020年超50年一遇的洪水,全省集中安置区没有发生一起水淹和地质灾害。临湘市羊楼司镇2015年6月曾发生百年不遇的特大山洪地质灾害,结合灾后重建和易地扶贫搬迁政策,在紧邻集镇和园区的地方,规划建设了窑山片区集中安置点,将全镇56个建档立卡贫困户199人搬出了地质灾害区。搬迁户李四平在那场百年不遇的灾害中住房倒塌、田地冲毁,一家人的生活陷入绝境。他说:"住在这么好的搬迁房里,再也不用担心山体滑坡了,睡得安稳,住得安心,过得踏实。"

(三)易地扶贫搬迁,搬的是安全房、放心房、幸福房

如何搬得既快又好?工期质量如何保证?串标围标现象如何预防?这些问题解决不好会出大问题。湖南省委常委会三番五次进行讨论,既要充分发挥社会主义制度优越性,又要不越"四线",创造性地探索出了项目建设"总承包、零利润"的湖南模式,大胆引入国有企业总承包,全省30户以上的集中安置区,全部委托湖南省建工集团进行EPC(设计、采购、施工)总承包建设,实行交钥匙工程。

"集团要求各个分公司、子公司一把手亲自上阵,举集团之力投入到易地搬迁这场硬仗中,要讲担当、零利润,从现场管理上抠,从工程进度上赶。"集团南方局劳务公司总经理罗权说,他们公司承担了衡南县三个安置点的安置房建设任务,他和班子亲自上阵,亲自担任项目经理,吃住都在工地,5个月就实现了交房。房屋封顶,搬迁群众前来参观,有人提出"进门台阶稍微高了点",公司立马进行整改。房屋正式交付时,满意率达100%。

新邵县潭府乡集中安置点"潭府新城",集中安置149户661人,共11栋149套住房,总面积16525平方米,实行统一设计、统一规划、统一建设,住房整齐布局,全部为"底层门面+三层住房"结构,学校离安置点不到一里路远,周边还有银行、超市、医院等服务机构,让搬迁群众享受到现代化都市的小区生活。徜徉在搬迁小

区,道路平整舒坦,草坪绿树成荫,河流清澈干净,感觉十分惬意。

炎陵县龙伏村集中安置区充分考虑日照、通风、采光,每排之间规划了7.5米宽的道路。安化县平口镇集中安置点实现雨污分离,引入了天然气。华容县禹山镇集中安置点房前屋后的沟渠、荒山都种上了桂花、茶花、红叶石楠、樟树等苗木,形成了一条富有湖区特色的沿河生态长廊。

(四)易地扶贫搬迁涉及点多面广,监管必须要实现360度无盲区、无死角

湖南率先尝试"互联网+易地搬迁"监管模式,开发了"互联网+易地扶贫大数据平台",集易地搬迁户基础信息库、项目建设及搬迁对象后续帮扶情况实时调度等功能于一体,与省扶贫领导小组脱贫攻坚"三落实"动态监管平台、省人社厅就业信息系统互联互通、数据共享,实现对分散安置项目监控到户,对集中安置项目监控到点的动态、全程、全覆盖管理。

线上监管,线下巡查,线上线下相互补充,全面监管不留死角。湖南省发展改革委党组成员、省湘西办主任杜中华的办公室挂着一张全省易地扶贫搬迁安置点挂牌督战地图。他介绍,几年下来,省联席办共抽调1800多人次,实施了挂牌督战、问题整改清零督导等多种督导巡查,确保了监管到位。

对巡查发现的问题,绝不放任,严格整改。突出"一单五制",即问题清单和问题交办制、问题整改责任制、问题台账管理制、整改清零销号制和整改不力通报制。全面压实问题整改责任,对重点问题建立整改情况"一日一报"制度,整改责任单位每天通过拍照上传等方式报告整改情况,确保问题及时整改到位。

一次次大胆创新与探路,收获了喜悦,还有信心,更搬出了易地扶贫搬迁的"湖南特色"。

三、下好后扶"精准棋"　敢教日月换新天

胜非其难也,持之者其难也。

搬迁只是手段,脱贫才是目的,致富则是初心。湖南省政府副省长隋忠诚说,"搬迁只是实现精准脱贫的第一步,后续帮扶必须要跟上,要一户一档、一户一策,坚持精准施策、持续用力,拓宽就业渠道,打开致富门路,要因地制宜发展乡村产

业,精心选择产业项目"。

近年来,湖南坚持下好后扶"精准棋",超前谋划后续帮扶工作。2015年在制定全省"十三五"易地扶贫搬迁规划时,同步规划了后续产业建设工作,设立易地扶贫搬迁后续产业和就业扶持财政专项,连续4年投入后扶资金3亿多元,对44个县市区约1000个特色农林产业基地、200多个经营主体给予奖补,带动湘西地区近10万名搬迁对象实现增收。按照"一户一就业"目标,建立了"政府+劳务经纪人+搬迁户"的就业扶贫服务模式,累计培育劳务经纪人2000余名。同时,全省共开发公益性岗位8900多个,兜底保障搬迁户不愁吃、不愁穿的问题。

(一)棋落琴盘,清脆有声

"扶贫车间"搬到了家门口。沅陵县率先将"扶贫车间"开到集中安置区,引导劳动密集型企业到乡镇村集体闲置场地和集中安置点创办厂房式扶贫车间,走出了一条"企业+车间+贫困户"脱贫帮扶新路子。贫困户李丽芳搬迁新居后,就近进了官庄镇鞋业扶贫车间,每月能收入3000多元,她说,"现在在家门口上班有稳定收入,每天下班后还可以做家务和照顾小孩"。目前,沅陵县已创办扶贫车间41个,安排就业1759人,其中贫困人口653人,人均月收入在1800元以上,真正做到让贫困群众"足不出村、就地脱贫"。据统计,全省在集中安置区建成扶贫车间1049个,吸纳约4万人次搬迁贫困人口就业。

就业再也不用去远方。吉首市经开区集中安置点安置了全市7个乡镇48个行政村的624户1983人建档立卡贫困户。园区内32家企业为搬迁户提供岗位1300个。目前,已有378名搬迁对象在园区企业就业。邵东县易地扶贫搬迁集中安置区位于县城生态产业园标准化厂房附近,安置了157户644人。通过开展就业培训,18—60岁的291名健康劳动力全部就业。60—70岁当中有就业需求的16名健康老人,也都安排了上岗。48岁的搬迁户龙石桥妻子多病,儿子智障,家境特别贫困。在联席办的帮助下,他和儿子到附近的东亿电气分别做包装工和搬运工,每月分别领取2600元、1600元工资。他哽咽着对记者说,"如果不是易地搬迁的好政策,自己都快撑不下去了,现在日子一天天好起来了,老婆的身体也慢慢好起来了"。

绿水青山就是金山银山,搬出大山天地宽。湖南大胆探路精准脱贫新路子,首创"四跟四走"产业扶贫新模式:资金跟着贫困户走,贫困户跟着能人走,能人跟着产业项目走,产业项目跟着市场走。全省有约24万搬迁对象直接发展特色产业受益。

特色品牌拓宽致富路。新晃县依托地理标志产品——新晃黄牛,采取"合作社+基地+搬迁户"模式,通过受益分红和合作社务工等方式,带动搬迁户增收脱贫。麻阳县兰里镇安置区对小区内的66间商铺进行招商引资,以整体出租方式盘活产业用房资源,先后引进了两家电商企业,经营冰糖橙等特色水果,安排家门口就业160余人。古丈、保靖等地当地巧借"潇湘茶"品牌打造的机遇,鼓励搬迁户参与茶叶种植,带来了实实在在的经济效益。凤凰县做足旅游文章,将集中安置点全部选址布局在"快进慢行"精品旅游线路上,70%的搬迁户吃上旅游饭,乘上了旅游致富快车。

产业小镇引领奔小康。石门县三圣乡集中安置点探路小镇模式,组织易地搬迁贫困户,组建了巴马香猪、红心猕猴桃、苗木、高山蔬菜等4大专业合作社,发展起生态循环农业。双牌县探索"搬迁+小庭院"模式,统筹规划种植业、养殖业、林产业等适度规模特色经济,让搬迁群众实现长远稳定增收。常宁市西岭镇通过科学规划,搞起了以石林为龙头的特色休闲游,带领搬迁户在石头山上发展茶油经济,种植无渣生姜,96个搬迁户全部实现脱贫。安乡县汤家岗村集中安置点引进和培育了6家专业合作社、3家家庭农场、8个养殖大户,共流转土地3000余亩。搬迁户陈学新算了一笔账:"土地流转费一年每亩500元,土地二次分红还有200元,两口子一起跟老板打工,一年挣2万多,加起来有3.8万元,人均超过1.2万元,已经脱贫了。"

（二）只要有信心,黄土变成金

龙山县洛塔乡贾家台集中安置区位于集镇中心,搬迁户田贵刚原先居住的地方至今没有公路。搬出来后,在后扶政策支持下,他承包了50亩田土种植烤烟,一年纯收入8万多元。他说,现在自己做梦都在笑,真是搬出穷窝窝,捧上金钵钵。

金洞管理区搬迁户孙华阳办起了生猪养殖场,年出栏生猪200头,年产值70多万元,成为小区脱贫致富带头人。双牌县搬迁户蒋吉军流转100亩土地,雇用安置点的贫困户共60余人种植香芋、南瓜和有机稻,从"打工族"转变为"创业者"。

易地扶贫搬迁让搬迁群众"易"出了新天地、过上了新生活,一张张笑脸绽放在青山绿水中、幸福生活里。

四、"易"得广厦千万间　搬迁群众俱欢颜

习近平总书记强调,人民对美好生活的向往就是我们的奋斗目标。

易地扶贫搬迁绝对不能一搬了之。搬得出是基本,稳得住是根本。搬的是房子与地方,稳的是人心与信心。搬迁要脱贫,更要让搬迁户脱胎换骨,焕发出奔向美好生活的精气神。湖南省委常委、常务副省长谢建辉指出,必须高度重视搬迁群众的社区融入工作,促进搬迁群众融入城镇社会,让搬迁群众从精神层面发生脱胎换骨的变化,让他们搬出幸福、活出自信、懂得感恩,点燃他们致富奔小康的激情。

针对集中安置点党员作用发挥难、社区融入难、有效治理难、长远发展难等现实问题,湖南省出台了《关于进一步加强易地扶贫搬迁集中安置区思想文化工程建设的通知》文件,坚持易地搬迁到哪里,支部堡垒就建到哪里。同时,注重扶志奋斗教育,营造争创文明安置小区浓厚氛围,实现搬得出、稳得住、风气好、能致富的美好愿景。经过不断探索创新,资兴市集中供养模式和涟源市集中安置点社区服务模式得到国家发展改革委高度肯定,祁阳县"四建四扶"被列入国家编写的《新时代农村思想政治工作创新案例选编》。

(一)稳不稳得住,党建是旗帜

"吃水不忘挖井人,搬迁不忘谢党恩""易地搬迁显真情,感谢党恩永不忘""感谢党中央、感谢习近平主席"……行走在湖南各地的搬迁安置点(区),随处可见感恩标语。平江县106岁的搬迁户蒋姿融老人感慨地说:"感谢共产党,这么好的房子,我还想再活100年。"

一句句感恩,一条条标语,一面面文化墙,展现出搬迁群众扎根搬迁地的喜悦和感激,让我们深深地感受到搬迁群众把党根植于心中的坚定与自豪。

精准扶贫首倡地花垣县,明确1名党员或能人联系5户搬迁群众,探索"互助五兴"基层治理新模式,开展学习互助兴思想、生产互助兴产业、乡风互助兴文明、邻里互助兴和谐、绿色互助兴家园,促进搬迁群众尽快融入新环境。

宁远县柏家坪镇集中安置点成立了党支部,设置了党建室、服务站等基层公共服务机构,制定了曙光新村村规民约、党员楼栋长职责、文明平安创建、卫生评比、菜地管理等规章制度,组织开展"星级文明户""平安家庭"等评选活动,大力倡导

文明新风,弘扬社会正能量。

芷江县在集中安置区按楼栋划分为若干个党建网格,实行社区党建网格化分片包干责任制。该县七里桥易地扶贫搬迁安置区,安排有全县 17 个乡镇建档立卡贫困户 415 户 1572 人。疫情防控期间,党员坚持冲锋在前,共劝离外来机动车辆 450 余台,劝返串户人员 400 余人,劝散聚集人员 530 余人,将疫情死死地挡在安置区外。村民们说,有党组织在,他们安心;有党员在,他们放心。

记者在溆浦县罗子山村易地扶贫搬迁安置点采访,正巧赶上党员干部和 70 多名搬迁群众欢聚在一起,为 3 名搬迁群众过集体生日,场面热闹又温馨。75 岁的米庆堂边吃蛋糕边说:"现在的生活跟蛋糕一样甜,共产党对我们困难百姓太好了,我们一定要靠自己脱贫致富。"

(二)稳不稳得住,服务是关键

想搬迁户之所想,急搬迁户之所急,全省易地扶贫搬迁集中安置点基本实现了"五通五化",即通水、通电、通电视、通网络、通公路,硬化、绿化、亮化、净化、美化。同时,教育、卫生、文化、超市等公共服务设施一应俱全。

沅陵县探索"四有四安"后续帮扶模式,即:有服务,家庭安居;有就业,工作安定;有产业,收入安稳;有动力,生活安心,为易地搬迁群众精心落实就学、就医、交通、物业、购物、"微菜园"、权益保障、政务服务、关爱服务、文体服务"十项服务",真正提升搬迁群众幸福感和满意度。"搬来遇到的问题,政府都想在我们前面了。"太安集中安置区搬迁户周光尧笑呵呵地说。安置点水、电、路、气、网全进屋。

上学难、就医难、融入难是搬迁群众最关心的问题。平江县洪家塅安置点配套建设了一所九年一贯制学校,教学楼、综合楼、科技楼、体育馆等设施一应俱全。同时,建设了一栋五层楼的邻里中心,设立了老年学习中心、图书馆、生活超市等公共服务设施,社区卫生服务中心实行一对一签约服务。

菜园子事情虽小,但搬迁户特别看重。湖南坚持把搬迁户的菜篮子问题看作后续扶持的头等大事,要求当地为集中安置搬迁户规划建设好"微菜园",要懂得他们的土地情结,满足他们的土地情结。要让微菜园像故乡的一把老土附紧在搬迁群众的根上,陪伴他们生活,并努力帮助他们顺利度过移栽期,尽快发出新枝嫩芽。常德市澧县甘溪镇安置点,给每个搬迁户在房屋旁边分配了两垄菜地。记者在搬迁户田合仲家的饭桌上看到,黄瓜、茄子、辣椒等菜肴一应俱全。田合仲告诉记者,这些菜都产自自家的菜园。她满足地说:"小菜基本可以自给自足,不用买什么菜,一年下来也可以节约一两千块的买菜钱。"沅陵太安社区一位70多岁的老人说:"如果没有这块小菜地,就是小区有这么好的住房条件,我也会不习惯,现在就是让我搬回老家我也不会去了!"

搬迁后的社区治理最为棘手。为帮搬迁户当好"管家",涟源市在全部集中安置点成立服务中心组织领导机构,建立了"有事请找我"服务机制,配备专职人员值班服务,实现了群众有困难有地方解决,遇烦心事可以有地方倾诉,有矛盾有地方调解,搬迁户的融入感大大增强。同时,专门建立红白喜事场所,成立红白喜事理事会,倡导移风易俗教育,破除陈规陋习,崇尚文明节俭、邻里互助的良好风尚,共同创建文明安置区,建设美好家园。

据统计,湖南全省2460个集中安置区,共配建或改扩建幼儿园和义务教育学校673所,医务中心558个,社区服务中心1087个,设立物业管理机构1935个、基层党组织898个、群众自治组织1523个,构建起了党组织领导、搬迁群众参与、公共服务配套的社区治理体系。

(三)稳不稳得住,文化是灵魂

"安置点,锦江边,叫龙升,有菜园;新居民,近四千,有事做,能致富;运通八方区位好,小康生活在眼前……"这样接地气的歌词,来自湖南省麻阳苗族自治县龙升社区易地扶贫搬迁集中安置区"区歌"《龙升 我的新家园》,寥寥数语,搬迁户们的"小确幸"也跃然纸上。龙升社区不仅有社区之歌,还建立了文化墙、文化长廊,建设了"乡愁馆",对比展示脱贫后的巨大变化、崭新面貌,让搬迁群众感恩奋进,更快融入新环境、适应新生活。目前,龙升社区成为共青团中央参与易地扶贫搬迁安置区社区治理示范性项目。

整齐美观的楼房,干净整洁的院落,设施齐全的文化广场,郁郁葱葱的绿地,平坦宽阔的道路……在桑植县龙潭坪镇易地扶贫搬迁阳光小区,来自16个村154户556名贫困村民自发成立了文娱社团,经常在小区里开展舞龙、打九节鞭、乡村音乐会等活动,邻里相亲,其乐融融。

"扶贫先扶志、扶贫必扶智"。武冈市大胆探索搬迁文化建设,提出"六个搬出"的响亮口号,即"搬出渴望、搬出文化、搬出产业、搬出尊严、搬出动力、搬出秩序",让贫困群众从内心深处彻底摆脱弱势心理。

祁阳县着力解决贫困户"人穷志短""因陋而贫""无能为力""无事可做"等问题,探索"四建四扶"模式,扶队伍建堡垒、扶志气建讲堂、扶技能建中心、扶产业建基地,全面激发易地搬迁贫困户的脱贫内生动力。建立乡村扶贫讲堂,依托村级党群服务中心,全县建立扶贫讲堂300多个,每月组织贫困户"扶贫听课",宣讲扶贫政策,弘扬传统美德,鞭笞懒贫赖贫,并为每户培养一个明白人,教育引导贫困群众树志气、改陋习、干部帮、自己干。55岁的易地搬迁户刘国发,家庭因病因学致贫,通过扶贫贷款规模养殖藏香猪,2018年利润达到了10多万元,现已成为村里的致富带头人,幸福的笑容天天挂眉梢……

踏平坎坷成大道,斗罢艰险再出发。

湖南,在以习近平同志为核心的党中央坚强领导下,谱写了一曲曲感天动地、气壮山河的奋斗赞歌,书写了脱贫攻坚领域最壮美的篇章和最动人的故事。今天,又站在了"两个一百年"奋斗目标的历史交汇点上,站在了一个新起点上,湖南将以"搬迁群众对美好生活的新向往"为奋斗目标,以披荆斩棘、愚公移山的精神,以只争朝夕、时不我待的状态,接续奋斗,书写易地搬迁与乡村振兴、新型城镇化衔接的新篇章,乘势而上开启实现第二个百年奋斗目标新征程。

八桂减贫史上的壮丽篇章

——广西壮族自治区"十三五"易地扶贫搬迁工作纪实

2015年3月8日,习近平总书记在参加全国"两会"广西代表团审议时强调,脱贫攻坚决不让一个少数民族、一个地区掉队。2020年5月,在全国"两会"召开前夕,习近平总书记对毛南族实现整族脱贫作出重要指示表示,得知毛南族实现整族脱贫、乡亲们生活有了明显改善,他感到很高兴。全面建成小康社会,一个民族都不能少。

环江毛南族自治县实现整族脱贫,这是广西决战决胜脱贫攻坚取得的重大成果。易地扶贫搬迁作为脱贫攻坚"五个一批"中的重要组成部分,环江毛南族自治县近2万村民搬出大山,住进交通便利、设施齐全的新家园。可以说,易地扶贫搬迁在脱贫攻坚战中发挥了决定性作用,功不可没!

擘画新时代,奋斗百年梦。在党中央、国务院的正确领导和国家发展改革委等有关部委的关心指导下,自2016年实施易地扶贫搬迁以来,广西深入贯彻落实习近平总书记重要指示精神,以抓铁有痕、踏石留印的勇气和毅力,创造性探索出"八包"和"七个狠抓"举措,以城镇化发展思路破解山区贫困难题,实现了安居与乐业并重、搬迁与脱贫同步,走出了一条易地扶贫搬迁的广西新路。

一、71万人,挪出"穷窝"走向美好新生活

"十三五"时期,广西搬迁建档立卡贫困人口71万人,涉及全区13个设区市78个县(市、区),搬迁规模排在全国第六位。71万易地扶贫移民搬迁,是书写在八桂大地上见证决胜全面建成小康社会、决战脱贫攻坚最壮美的史诗巨篇,是全区

干部群众用无私、智慧和血汗铸就的不朽丰碑!

易地扶贫搬迁实施以来,广西各级党委、政府勠力同心、不辱使命。截至 2019 年 12 月底,广西易地扶贫搬迁交出亮眼的成绩单:易地扶贫搬迁安置住房全部建设完成,71 万建档立卡贫困人口已搬迁入住,搬迁入住率 100%,提前一年完成全区"十三五"易地扶贫搬迁规划建设任务。搬迁群众获得感、幸福感和安全感得到极大提升。截至 2020 年 5 月底,全区 71 万建档立卡贫困人口已脱贫 69.18 万人,脱贫率 97%,易地扶贫搬迁取得决定性进展。

3 层砖瓦楼、大小 5 间房,广西南丹县易地扶贫搬迁项目里湖安置区的多侬客栈,是何文兵的新家,"原来的老房子泥巴都掉了,跟这比不了"。

"用泥巴加竹子垒起的房子,下雨就漏水,石头缝里的几分田,只能种玉米。"何文兵所属的白裤瑶是瑶族的一个支系,从上几辈就在石山上安了家。

南丹县白裤瑶群众普遍居住在环境恶劣的石山区,部分白裤瑶群众聚居的村屯贫困发生率达 80%。"习近平总书记要求坚持精准扶贫,倒排工期,算好明细账,决不让一个少数民族、一个地区掉队。白裤瑶群众要摆脱贫困,只能搬到更好的地方去发展。"广西河池市委书记说。

2017 年年底,白裤瑶群众 22733 人通过易地扶贫搬迁全部住进了新房。"现在每个月能挣 1000 多元,水电都有,还用上了网络。"何文兵说,安置点被规划成民族风情旅游区,生活更有盼头了。

"感谢共产党,感谢习近平总书记,感谢县人民政府,感谢乡人民政府,感谢长安家园工作人员。吃水不忘挖井人,幸福不忘习近平,永远纪念在我心中,传给子孙后代。"2020 年 4 月 28 日,住在天峨县长安家园集中安置点新住房的搬迁户王建学,将自己写的这张"感谢信"张贴在自家房门旁边的消防设施防护门上。

4 年时间,71 万人陆续从"一方水土养不好一方人"的荒凉地方搬出;他们迁到中心村、乡镇、县城、城市,迁到生机盎然、充满活力的地方,开启了全新的生活。

在广西,71 万人顺利完成搬迁,一个也不少,这就是广西减贫史上的伟大壮举。

二、必须搬,从"一方水土养不好一方人"地方搬出

廖振毅住在广西都安瑶族自治县三只羊乡可力易地扶贫搬迁安置点。他的住

房是一栋一层半小楼,厨房有燃气、自来水,客厅有电视、沙发,卧室有新买的床铺、衣柜。"以前,我住的是泥土房,一阵风刮来,灰尘泥土纷纷掉落。"廖振毅说,要是晚上出现狂风暴雨,一家人都无法睡个安稳觉,担心房子被风雨刮倒。现在,一家老小再也不用担心风雨刮倒房子了。

都安瑶族自治县地处滇黔桂石漠化片区,境内石山巍巍,全县面积4000多平方公里,石山面积占89%,素有"石山王国"之称,环境恶劣,条件艰苦,是国家扶贫开发工作重点县。"十三五"时期,全县易地扶贫搬迁建档立卡对象0.9938万户4.5081万人。

九分石坡一分地,坡多地少人烟稀。位于中越边境的百色市那坡县,是广西极度贫困县,一些村屯甚至散落在深山老林间,过着几乎与世隔绝的贫困生活。

如今,这里建起上千座新楼房,一批批搬迁群众搬进了新家,第一次用上液化气灶,并在家门口组建表演队接待游客⋯⋯搬出大山后的生活翻天覆地。

广西地处云贵高原东南边缘,集"老、少、边、山、库"于一体,具有典型的喀斯特地貌特点,是全国脱贫攻坚的主战场之一,也是易地扶贫搬迁的大省区。

"石头缝里不出苗,熬干汗水吃不饱"。这是广西深度极度贫困地区大石山区的真实写照。这些山区群众贫困程度深、生产生活条件恶劣、基础设施薄弱、贫困程度深,脱贫攻坚难度极大。要改变这些地区贫困群众的生活,易地扶贫搬迁才是唯一出路。

易地扶贫搬迁是针对生活在"一方水土养不好一方人"地区贫困人口实施的一项系统性很强的扶贫开发措施。搬迁对象贫困程度更深、搬迁任务异常繁重艰巨、项目实施环节多链条长,是脱贫攻坚的"头号工程"和标志性工程,被视为脱贫攻坚最难啃的"硬骨头"。

4年内完成71万人的搬迁任务!广西没有退路,也不能有退路。面对重重困难,广西各级党委、政府郑重承诺:再难啃的骨头也要啃下!这是党中央交给广西的政治任务,是71万搬迁群众的热切期盼,更是5600万广西各族人民的共同愿景。

2016年3月,广西印发《广西壮族自治区脱贫攻坚移民搬迁实施方案》(以下简称《方案》);

5月,印发《广西易地扶贫搬迁"十三五"规划》(以下简称《规划》);

⋯⋯

《方案》和《规划》的出台,给广西各级各部门干部群众带来了极大鼓舞,这标志着广西史上最大规模移民搬迁安置攻坚战拉开了序幕。

三、如何搬？顶层设计方案破解易地扶贫搬迁之困

钱从哪里来——坚持省级统筹统贷统还,组建全国首个易地扶贫搬迁资金筹措和资金管理使用的投融资主体——广西农村投资集团,全面负责筹集管理全区易地扶贫搬迁所需资金,承接用于全区易地扶贫搬迁的国家专项建设基金、地方政府债券、省级统筹的相关补助资金。市、县两级不必再分心于资金筹措和还款压力,集中精力推动搬迁工作。

人往哪里搬、地在哪里划——尊重群众愿意,坚持城镇化集中安置为主和分散安置为辅两种方式。全区506个集中安置点安置建档立卡搬迁贫困户15.48万户67.03万人,占总安置人口的94.36%。集中安置既利于供水供电、公路、教育医疗等配套设施的集中建设,也利于实现公共服务民众共享、后续集中扶持与管理,促进了城镇化建设、助推全区城乡一体化进程,提高了全区城镇化率约3个百分点。集中安置与国家实施乡村振兴战略工作相接轨,是广西实施易地扶搬迁不同于其他省份的主要特点之一。

房屋如何建——主要以县级为单位集中建设,按照"保障基本"原则,建档立卡搬迁人口住房建设以公寓房安置的,以户为单位人均住房建设面积不得超过25平方米;以"一户一宅"方式安置的,每户宅基地占地面积不得超过80平方米、人均住房建设面积不得超过25平方米。

收入如何增——对有劳动力且有转变就业方向或创业意愿的贫困户,引导其选择进县城、进园区、进城镇安置;对有长期立足农村发展意愿、没有离乡意愿、劳动力相对较弱的贫困户,引导其选择进中心村或就近安置。根据不同搬迁对象的需求,依托县城、产业园、重点镇、旅游景区、中心村实施梯度安置,初步实现由"搬得出"向"有发展、可致富"转变。

四、硬核措施,以"八包"为抓手打造"超级工程"

仅用4年时间就完成全区"十三五"时期71万贫困人口的搬迁"超级工程"。

如此高的搬迁效率从何而来？不得不说成为全国先进工作典型的"八包"责任制。

为全力推进易地扶贫搬迁工作，广西建立完善易地扶贫搬迁工作体系，研究出台《全区易地扶贫搬迁安置点领导包点责任制工作实施方案》，实行以"市领导包县、县领导包点"为主要内容的领导包点工作责任制。全区共落实78位市级领导分片包县、476名县级领导包安置点，组成469个工作班子，成员达3000多人，实行包建设进度、包工程质量、包资金监管、包搬迁入住、包后续产业发展、包就业创业、包稳定脱贫、包考核验收等严格的"八包"责任制。

在实施"千家瑶寨·万户瑶乡"项目中，南丹县包点领导采取"人盯安置点、人盯施工队、人盯工程进度"的方法，组成31个临时党支部、调集200多名领导干部、6000多人的施工力量，抢晴天、战雨天，"5+2""白+黑"，只用20天就完成了征地拆迁任务，只用30天就完成了基础开挖工程，只用180天就完成了509栋2482套安置房的主体建设和装修工程，并全部实现"交钥匙"，创造了南丹速度、南丹精神、南丹奇迹。

2018年，广西以"狠抓责任落实、狠抓整村搬迁、狠抓项目进度、狠抓后续发展、狠抓边境安置、狠抓拆旧复垦、狠抓督查问责"的"七个狠抓"工作举措，强力推进易地扶贫搬迁工作。通过一年努力，广西易地扶贫搬迁工作成效考核从排名全国最后一档跃居全国前列，成果斐然。当年10月，"七个狠抓"典型做法被国家发展改革委收录《全国易地扶贫搬迁年度报告（2018）》，并在全国推广。

"八包"到底，"包"出了易地扶贫搬迁安置点建设的换挡提速，成为破解易地扶贫搬迁各种问题的强有力"武器"。广西"八包"责任制成为全国易地扶贫搬迁先进工作典型，广西以此在2018年全国易地扶贫搬迁现场会上做了典型发言。

五、如何点亮新生活？搬迁安置与后续扶持同步推进

崇左市天等县易地扶贫搬迁安置点龙岩小区的黄巧妹，是广西71万易地扶贫搬迁贫困人口中的一员。2018年，她一家搬迁住进了龙岩小区。她在小区里的"扶贫车间"找到了工作，收入比之前翻了几番，两个孩子可坐公交专车到县城思源实验学校上学，接受更好的教育。

"我们紧扣搬迁后续扶持目标，以稳就业、稳就学、稳就医为抓手，强力推进易地扶贫搬迁群众的后续扶持和发展工作。"天等县委书记表示，只有后续扶持力度

跟上,老百姓才能住得下,脱贫才能实现。

搬家容易搬"心"难。从山里搬进城里,买菜要钱、乘车要钱、水电要钱……样样都要花钱的新生活,不禁让搬迁群众感到担忧,在城里能长期生活下去吗?

广西壮族自治区党委书记说,易地扶贫搬迁不能一搬了之,加强后续扶持最为关键。土地、山林权益不变群众才放心,配套服务齐全群众才定心,因地制宜搞产业群众才安心,家门口就业挣钱群众才开心。这些工作做好了,易地扶贫搬迁群众才能真正融入新家、安居乐业。

在实施易地扶贫搬迁住房建设时,广西壮族自治区党委和政府早就敏锐地察觉到,入住新居后,搬迁群众的生活成本也会越来越大,这就要解决好"怎么搬"向"搬后怎么办"转变、从"搬得出"向"稳得住、有发展"转变。可以说,在解决搬迁的同时,广西已为搬迁群众规划好未来的生计和发展路径。

从2018年开始,广西组织对原编制的易地扶贫搬迁后续扶持实施方案和年度实施计划进行修编完善和精准细化,对涉及全区13个设区市78个县(市、区)已下达的2016—2019年度计划搬迁建档立卡贫困人口71万人,开展了易地扶贫搬迁后续扶持和后续管理专项调查及安置点信息制图工作,全面摸清后续扶持就业创业和产业发展、后续管理配套设施等情况,并编制了《广西"十三五"时期易地扶贫搬迁后续扶持实施方案》。

同时,广西大力发展后续配套扶持产业,创造了很多"易地扶贫+"的产业配套发展模式。如"企业(合作社)+园区+搬迁贫困户""政府+企业+搬迁贫困户"和粤桂扶贫协作劳务输出等模式,探索形成了工厂式、居家式、种养式、贸易流通式、乡村旅游式等多种有效的就业模式,并优先选择在集中安置点建设就业扶贫车间,打造就地就近转移就业扶贫新模式。

此外,广西全面盘活搬迁群众迁出地承包地、山林地、宅基地"三块地"资源,盘活搬迁户耕地和林地资源,鼓励和引导搬迁户流转承包土地经营权,通过合作社、龙头企业等组织方式,统一流转和开发搬迁户承包地,实施规模化经营,提高了农业生产效率,带动农民增收脱贫,壮大了农村集体经济。

全面落实"三个一"帮扶政策,对有劳动能力的搬迁户支持发展特色农林业、劳务经济、现代服务业等,探索资产收益扶贫等方式,确保实现稳定脱贫;对没有劳动能力的搬迁户,采取社会保障兜底的方式,切实保障贫困户基本生活。

落实"一户一帮"——安排帮扶干部对搬迁贫困户进行跟踪帮扶,直到2020年年底。

落实"一户一策"——根据每个搬迁贫困户的贫困类型、致贫原因、帮扶需求等,因户施策,找准路径,制订帮扶计划,落实帮扶政策及增收项目。据统计,截至2020年5月,全区易地扶贫搬迁16.38万户基本实现每个搬迁家庭至少有1人以上就业或有1个增收渠道。

落实"一户一档"——做好搬迁后续扶持到户建档工作,做到可看可查。

广西还建立搬迁劳动力人口台账、劳务信息台账,开展劳务对接、转移就业工作。在易地扶贫搬迁安置点创办扶贫车间511家,安排搬迁劳动力4.97万人就业。

脱贫路上携手攻坚,对口帮扶再结硕果。2018年11月22日,百色市深圳小镇迎来了首批易地扶贫搬迁群众。深圳小镇是粤桂扶贫协作深圳市对口帮扶百色跨区域易地扶贫搬迁的重点项目,以建设功能完善、配套齐全、环境优美、绿色宜居的易地扶贫搬迁安置示范社区为基本要求,探索实现贫困农民变市民的新模式,并通过产业帮扶、劳务协作和人才支援等帮扶模式,不断深化对口扶贫协作,有力助推了百色市易地扶贫搬迁工作。

这是广东、广西深化推进粤桂扶贫协作的一个成功典范。

"十三五"时期,广东和广西签署《粤桂扶贫协作规划(2016—2020年)》,不断深化和推进粤桂扶贫协作,广东从资金、教育、医疗、人才、产业等方面,加大对广西脱贫攻坚特别是易地扶贫搬迁配套公共基础设施建设、教育、医疗、人才和产业等支持力度,为广西打赢易地扶贫搬迁这场硬仗立下了汗马功劳。

六、部门大联动,推进安置点社会治理大变化

"齐心铺就幸福路,携手共建新家园"。河池市环江毛南族自治县城西社区安置点洁白的墙面上,这14个红色大字格外引人注目。社区里,老人悠闲地散步、唱歌;学校里,孩童的欢声笑语不时响起;扶贫车间里,实现"家门口"就业的搬迁群众忙着手头的工作……

如同城西社区的美好生活图景一样,在全区506个集中安置点,搬迁群众扎根社区、安居乐业的景象无处不在。

"要多关心移民搬迁到异地生活的群众,帮助他们解决生产生活困难,帮助他们更好融入当地社会。"习近平总书记的话时刻印在广西各级扶贫搬迁干部的

心上。

广西壮族自治区党委书记说，"交钥匙"不等于"安居"，搬迁后还有原村屯耕地林地管理、安置点社会治理、后续跟踪扶持等大量工作要做。贫困群众从祖祖辈辈生活的地方搬出来后，生产生活方式根本改变，在安置区有很多不适应的地方，必须引入社区治理模式，完善教育、医疗等公共配套服务，持续帮扶，让搬迁群众更好融入安置地社会，实现由"农民"向"市民"的转变。

建立健全基本公共服务体系——"幼有所育、学有所得、病有所医、老有所养、住有所居、弱有所扶"，党的十九大报告描绘了民生新蓝图，指明了方向。只有公共服务跟上了，搬迁群众心里才踏实，才可安心住下。广西着力抓好安置点基本公共服务设施建设，聚焦搬迁群众最关心、最迫切解决的事情，全面满足其子女义务教育、学前教育，医疗服务质优便捷，社会保障转移接续，社区配套服务便民利。截至 2020 年 4 月，全区已投入资金 41.64 亿元，实施安置点配套基础设施、公共服务设施项目 397 个。抓好 41 个大型安置点配套教育、医疗设施项目补短板项目建设。截至 2020 年 5 月，41 个项目已全部开工建设（其中已完工 2 个），确保义务教育阶段学校、幼儿园在搬迁群众子女 2020 年秋季入学前投入使用，推动医疗卫生设施建设项目尽快完工并投入使用。

建立健全社区治理体系——在 2020 年 8 月底前打造完成 800 人以上安置点便民利民"八个中心、一个家"服务工程，强化社区服务：一个社区综合服务中心（站），开设户籍管理、就业、就学、就医、社保法律咨询等各类公共服务窗口，提供"一站式"服务；一个新时代文明实践中心，运用图书室、广播室、乡愁馆、宣传栏、微信群等载体，开展形式多样的宣传教育活动；一个就业社保服务中心，负责搬迁群众劳动力培训，提供就业创业信息收集和相关联系服务；一个文体活动中心，利用社区现有广场配置相应设施，满足社区居民文体休闲娱乐需求；一个老年服务中心，为老年人特别是空巢老人、留守老人、高龄老人等提供关爱服务；一个"儿童之家"，为儿童提供集中活动场所和关爱服务；一个平价购物中心（农贸市场），为搬迁群众提供物美价廉的生活用品和副食品；一个社会综合治理中心，强化社会治安综合治理、矛盾调解、警务服务，为群众提供法律服务和援助；一个物业服务中心，为搬迁群众的生活提供管理服务。

建立基层党建和自治组织体系——筑牢基层战斗堡垒，这是一项政治性工程。在万人以上集中安置点，广西按照党的组织、经济组织、自治组织、群团组织、社会组织同步建设"五个同步"的要求，充分发挥基层党组织组织群众、宣传群众、凝聚群众和服务群众的作用,建立基层党组织和居民自治组织。截至2020年5月底,全区506个集中安置点中,已成立党支部305个(其他安置点纳入当地基层党组织管理),已设立党群服务中心350个(其他安置点纳入当地党群服务中心管理),已设立自治组织993个,做到应建必建,基层组织建设不断夯实。

七、挂牌督战,向脱贫"硬骨头"发起总攻

2020年以来,广西壮族自治区人民政府主席广泛深入贫困地区调研脱贫攻坚工作,先后5次主持召开自治区脱贫攻坚挂牌督战调度会,并对易地扶贫搬迁后续扶持工作提出明确要求:要坚持问题导向、目标导向、考核导向,聚焦突出问题,加快补齐短板,要加强易地扶贫搬迁后续扶持,全方位抓好精准防贫,坚决夺取脱贫攻坚全面胜利。

"总书记说得好,'脱贫摘帽不是终点,而是新生活、新奋斗的起点'。"广西壮族自治区发展改革委相关负责人表示,如何巩固易地扶贫搬迁成果,就是要进一步加大易地扶贫搬迁后续扶持力度,加快建设完善易地扶贫搬迁安置点公共服务配套设施,加强后续管理,发展产业,促进就业,确保搬迁群众稳得住、有就业、逐步能致富。

2020年是决战决胜脱贫攻坚的收官之年,也是全面小康之年。广西争分夺秒,一刻不能停,向脱贫"硬骨头"发起总攻!一是印发《2020年广西易地扶贫搬迁工作要点》;二是及时调整充实易地扶贫搬迁专责小组成员单位,将自治区扶贫搬迁专责小组成员由原36个增加到48个,进一步增强工作合力;三是召开全区易地扶贫搬迁后续扶持工作推进电视电话会议,从自治区层面高位推动后续扶持工作;四是印发《2020年易地扶贫搬迁后续扶持工作部门分工任务清单》,各责任单位按照责任清单要求,各司其责,强力推进工作。

2020年新冠肺炎疫情暴发以来,易地扶贫搬迁地区面临着巩固脱贫成果带来的新挑战。广西早谋划、早安排、早部署,一手抓易地扶贫搬迁群众疫情防控,一手抓搬迁劳动力就业,督促指导扶贫企业和扶贫车间复工复产,促进搬迁劳动力及时返岗复工。2020年3月,13个督导组分赴全区13个设区市开展易地扶贫搬迁安置点新冠肺炎防控和复工复产情况专项督导。印发《关于进一步做好疫情防控期间易地扶贫搬迁工作若干措施》,通过提高就业补贴、发放稳岗补贴和交通补贴等

激励政策,鼓励易地扶贫搬迁就业扶贫车间复工复产、吸纳搬迁劳动力就业,鼓励搬迁劳动力返岗就业。

从2020年5月12日至31日,广西掀起易地扶贫搬迁工作挂牌督战高潮,20多个督战队带着问题清单赶赴基层一线全面进行实地挂牌督战,不完成任务决不收兵,确保"督"出成效,"战"出成果,坚决打赢易地扶贫搬迁攻坚战。

八、尽锐出战,他们的血汗不会白流

2019年6月12日,广西壮族自治区党委书记在灌阳县实地调研脱贫攻坚工作时强调,在开展"不忘初心、牢记使命"主题教育中,要传承红色基因,大力弘扬伟大长征精神,强化担当实干,坚决打赢打好脱贫攻坚战,确保与全国同步全面建成小康社会。

一遍遍讲政策、一次次摆道理、一本本算收入账……为了说服群众搬迁,广西数万名帮扶干部走进田间地头,深入群众中间,与他们打成一片,最终解开了贫困群众的心结。各责任部门和广大扶贫干部用连续上千个日夜的奋斗,甚至不少扶贫干部累垮、病倒在工作岗位上,换来了71万搬迁贫困人口今天的幸福生活。

在易地扶贫搬迁战场上,有一支特别敢做善成的精锐部队,这就是广西水库和扶贫易地安置中心的干部职工。该中心也是广西扶贫搬迁专责小组副组长成员单位,负责易地扶贫搬迁日常工作。在人手紧缺(全中心只有40多名干部职工)、任务特别繁重的情况下,他们挺住各种压力、任劳任怨、兢兢业业,加班加点更是"家常便饭"。在广西壮族自治区发展改革委直接领导下,他们不仅制定广西易地扶贫搬迁相关政策,而且也是政策的执行者、推动者。该中心采取分片包干办法,由中心领导干部分组分片对应有易地扶贫搬迁任务的78个县(市、区)实行"六包责任制",即包沟通联系、包信息收集、包统筹推进、包问题协调、包任务完成、包社会稳定。每年,该中心定期或不定期深入一线摸实情,找准问题解症结,对各地易地扶贫搬迁工作进行督查指导、检查考核,确保党中央、自治区党委和政府相关易地扶贫搬迁政策不折不扣落到实处。此外,该中心还负责全区易地扶贫搬迁中央巡视"回头看"、国家脱贫攻坚成效考核和自治区"四合一"检查考核等各类检查、考核、审计反馈易地扶贫搬迁问题整改"清零"工作,是治理易地扶贫搬迁各种疑难杂症的"实战专家"。

2019年6月16日,百色市乐业县新化镇百坭村的老百姓不会忘记,驻村第一书记黄文秀那青春灿烂的笑脸。她利用周末回田阳县看望病重手术不久的父亲后,因暴雨心系所驻村群众的生命财产安全,连夜开车返回工作岗位,途中遭遇山洪暴发不幸遇难,年仅30岁。习近平总书记对黄文秀先进事迹作出重要指示,要求广大党员干部和青年要以黄文秀同志为榜样,不忘初心、牢记使命,勇于担当、甘于奉献,在新时代的长征路上作出新的更大贡献。

2019年3月14日凌晨,桂林市全州县水库移民工作管理局局长赵拥军倒在了易地扶贫搬迁冲刺的道路上,因连续工作劳累过度,突发心肌梗死,不幸殉职,年仅48岁。

赵拥军是在易地扶贫搬迁一线挥洒血汗、忘我奉献的基层党员干部的缩影,是在八桂大地上成长起来的新时代英雄。不少人感叹:在他的带领下,搬迁群众从大山里搬出来,住得下,变富了,他却走了。

"黄金百战穿金甲,不破楼兰终不还。"他们不是钢和铁,他们也只是有血有肉的普通人。但为了人民群众做好事、谋福祉,为了广西战胜贫困的誓言,他们冲锋在前,用生命谱写英雄赞歌。

在大规模实施易地扶贫搬迁工作中,广西党员干部冲锋在前,艰苦奋斗,攻坚拔寨,把不折不扣全面贯彻落实党中央决策部署转化为思想自觉和行动自觉,以实干担当践行"两个维护",诠释对党的忠诚。全区党员干部在实施易地扶贫搬迁工作中摸索出"八包+N"工作责任制,以及督促检查、追责问责等有效的工作方法,有力推动了各项政策落地和工作落实。他们以群众是否满意作为检查各项工作的根本标准,以扎实的工作作风全身心投入脱贫攻坚实践中,把不忘初心和牢记使命镌刻在广西脱贫攻坚的时代征程上。

九、建立长效机制,后续扶持没有句号

2020年5月11日,习近平总书记在山西考察时说:"乡亲们脱贫后,我最关心的是如何巩固脱贫,防止返贫,确保乡亲们增收致富。"

2019年,广西建设完成"广西易地扶贫搬迁工作调度系统",以"块数据"的理论构建信息化平台,全面把握易地扶贫搬迁工作大局,实现易地扶贫搬迁各类数据信息"全掌握",有利于各级各部门掌控易地扶贫搬迁工作进展情况及存在问题,通过共建共用共享、实施挂牌作战、形成工作合力,推进易地扶贫搬迁后续扶持深入开展。

2020年3月,广西研究部署分区分类精准施策强化易地扶贫搬迁后续扶持措施,制定《广西万人以上特大型易地扶贫搬迁集中安置点帮扶工作方案》,围绕搬迁群众最关心、最直接、最现实的利益问题,着力推进安置点公共服务、产业培育、就业帮扶、社区管理、社会融入等各项工作,抓重点、补短板、强弱项,不断提升搬迁群众获得感、幸福感和安全感。

2019年12月14日,广西印发实施《关于进一步强化易地扶贫搬迁后续扶持工作的意见》,建立易地扶贫搬迁后续扶持长效机制,提出进一步强化搬迁群众的教育保障、医疗保障、社会保障、社区服务、产业扶持、培训就业、文化服务、拆旧复垦、基层党建、平安建设等"十项工作"。到2020年年底,全区搬迁群众"两不愁三保障"问题得到有效解决,实现"搬得出、稳得住、能脱贫",与安置地群众同等享有便利可及的基本公共服务,实现同全国人民一道进入全面小康社会。到2025年年底,安置点配套基础设施公共服务能力将进一步提升,搬迁群众在稳定脱贫的基础上实现"能发展、可致富"。

挪出穷窝天地宽　搬出大山幸福来

——重庆市"十三五"易地扶贫搬迁工作纪实

◆◆◆◆◆◆◆◆◆◆◆◆◆◆◆◆◆◆◆◆◆◆◆◆◆◆◆◆◆◆◆◆◆◆

2015年11月底的中央扶贫开发工作会议上，党中央就"怎么扶"的问题作出了实施"五个一批"工程的重要决定，易地扶贫搬迁是其重要组成部分。

时代的一粒灰，落在个人头上，就是一座山。5年来，发生在22个省（自治区、直辖市）、约1400个县近1000万人的大迁徙，宛如史诗，波澜壮阔。

山城重庆的25万群众亦是如此。这座幅员面积8.24万平方公里的大城市里，高山林立、沟壑纵横，散居在高寒深石山区的贫困群众，行路、吃水、上学、看病、安居、致富，无一不难，脱贫之路格外"难走"，易地扶贫搬迁无疑是挪穷窝、换穷业、斩穷根的一把利刃。

扶贫，是镌刻在重庆年轮上的深深烙印，是党中央交办给重庆的"四件大事"之一。20多年来，3000万山城儿女与贫困的斗争旷日持久，最终踏出一条坚实的足迹，向着希望"迁徙"。

脱贫攻坚全面收官倒计时200天之际，25.2万贫困群众全部搬迁入住，这是易地扶贫搬迁的"重庆答卷"。

一、积　　淀

山城重庆，人口众多，面积广阔，市情尤为特殊。距离主城都市区数百公里之遥的渝东北和渝东南地区，分属于秦巴山、武陵山集中连片贫困地区，这里山连着山，岭靠着岭，地形复杂、交通不便、贫困人口聚集，是全市脱贫攻坚必须啃下的"硬骨头"。

根据摸底调查,重庆60%以上的贫困群众分布在生产生活条件极差的高寒山区、深山峡谷和石漠化地区。在这些地方就地扶贫,投入极大效果却差,导致不少地区陷入"年年扶贫年年贫"的怪圈,始终难以摘除"穷"帽。

对于祖祖辈辈生活在山里的人们来说,大山既给他们提供了赖以生存的资源,也成为他们摆脱贫穷、迈向小康的一道天然屏障。历史车轮滚滚向前,走出深山的愿望越来越强烈。但对于依靠土地为生、缺乏一技之长的贫困群众而言,这个愿望何其艰难。

在黔江区金溪镇虎座山住了半辈子的村民游福琼的脑海里,"离开大山"的话题打小就被村里人挂在嘴边,但直到自己成了家,有了孩子,大家还生活在山上。

山里的收成"糊"不住一家人的生活。游福琼的丈夫下山打工,去过城里甚至远走他乡,但不管走多远,山里的家都拴着他。而眼睛有疾病、视力只有不到0.2的游福琼只能在家守着孩子。

"山上雾满坡,路陡土地薄,辛辛苦苦忙到头,又缺吃来又缺喝。"大多数时候,游福琼要出去砍柴。"没得法,不砍就没有生火的。煤?你觉得运得上山吗?"她指着陡峭的山路反问记者。

游福琼的遭遇,云阳县清水土家族乡岐山村贫困户李秀国感同身受。过去在山上,李秀国家没通电、吃水靠肩挑;孙子到乡里上小学,天还没亮,就得打着手电筒出发,下午放学,晚上才能到家;家人生个小病,就自己扛过去,病情加重了,只能拿木板抬下山医治;家里做饭,只能种啥吃啥,连着10多天吃土豆、红薯是家常便饭。

民之所盼,政之所向。既然一方水土养不好一方人,何不换个思路,帮助群众搬下山,开始新生活呢?

"根据测算,易地扶贫搬迁的人均基础设施投入为1.1万元,比就地扶贫节省30%—50%,并且挪了穷窝,从根本上斩断了穷根,其返贫率比就地扶贫要低不少。"易地扶贫搬迁的牵头部门、重庆市发展改革委有关负责人介绍,因为集中,所以能够节约人力、物力、财力,实现财政扶贫资金的高效使用。

再者,易地扶贫搬迁的生态效应突出。资料显示,一个居住在高山地区的三口之家,每年砍柴量约7500公斤,这对环境大为不利。而贫困人口最为集中的渝东北、渝东南地区,同样也是国家重要的生态功能区域,因此只有将群众迁出,才能降低地区人口容量,减轻生态环境功能压力,从根本上修复和改善生态功能。

此外,高山偏远地区亦是重庆市实施乡村振兴战略、全面建成小康社会的重点和难点,而通过搬迁,可促进农村人口向城镇周边集中和梯度转移,促进农业规模化、集约化发展,缩小城乡区域差距。

重庆是全国较早开展易地扶贫搬迁的省(直辖市)之一,早在 2006 年就在城口县开始试点,并逐步扩大到 14 个国贫区县和 4 个市贫区县。

试点的效果十分显著。比如,巫山县官渡镇万梁村用 1130 万元实现了整体搬迁,其中建房 580 万元、街道硬化 275 万元,土地及荒山流转、供电、供水、排污 145 万元、其他 130 万元。而如果就地扶贫,万梁村到镇上有 15 公里路,按每公里 60 万元计算,仅实现道路通畅就要 900 万元,其他村级道路、人畜饮水、卫生室等建设费用亦不菲,很可能资金翻倍也打不住。

试点的典型亦在全国产生了轰动效应。巫山县庙堂乡被称为"重庆第一穷乡",648 户农户大多散居在海拔 1000—2400 米的中高山上,生存条件恶劣,贫困和返贫现象突出。而实施整乡搬迁后,宅基地、土地栽植高寒经济林木,集中发展中药材,人口下山产业上山,生态效益和经济效益凸显。

日益清晰的路径、不断充实的内涵、在搬迁一线摸爬滚打出来的实践经验,为重庆搬迁扶贫注入了旺盛的生命力,为"易地扶贫搬迁"这个中国脱贫的独特之法增添了新的注脚。或许正因如此,"十三五"期间,当中央决定实施"五个一批"精准脱贫工程后,重庆市迅速扛起历史使命、瞄准目标靶心、调整工作体制,吹响了新时期易地扶贫搬迁的冲锋号。

二、新　篇

一个社会的温度,取决于"底线"的刻度。

25.2 万,这是重庆"十三五"期间易地扶贫搬迁的总人数。人数虽然不算多,却都是难啃的"硬骨头"。

一方面,按照"先易后难"的原则,能搬的、愿搬的、可搬的都已经搬了,剩下的搬迁对象贫困程度之深、工作链条之长、实施难度之大,前所未有;另一方面,脱贫攻坚进入了新时期,就搬迁工作而言,不仅仅是让群众换个居所,而是要帮助他们"换个活法",以此带来生活方式、思想观念、精神面貌的大变化,需要逐户制定后续扶持方案;此外,此前搬迁过程中出现的一些遗留问题,也需要在新一轮易地扶贫搬迁过程中予以解决,新账旧账叠加,更为搬迁扶贫工作增加了难度。

面对困难,真正的共产党人从来不会被艰难困苦所吓倒。党的十八大以来,习近平总书记多次讲述"愚公移山"的故事,强调要弘扬愚公移山精神,赋予其新的时代内涵和时代价值。而在新时代,重庆市就是要用"愚公移山"的精神,彻底搬掉贫困这座大山,全面建成小康社会。

上有所率,下有所行。

2017年8月,重庆市委、市政府对标对表国家要求,印发《关于深化脱贫攻坚的意见》。同年9月25日,重庆市委常委会及时传达学习2017年全国易地扶贫搬迁现场会议精神,强调全市要扎实推进易地扶贫搬迁工作,更加注重解决好就业、增收、社保等长远生计问题,努力让搬迁户一步住上新房子、逐步过上好日子。2017年年底,重庆市印发《关于深化易地扶贫搬迁的实施意见》,对标对表国家政策规定,对重庆市易地扶贫搬迁工作重新进行了安排部署。

在工作体制方面,重庆市按照"市负总责、区县主体"的原则,组织实施易地扶贫搬迁工程,并明确市发展改革委为总牵头部门,同时明确各市级部门的相关责任,形成了齐抓共管的工作局面。

如何准确把握新时期易地扶贫搬迁的精神要领,将其内化于行,攻克这一历史性难题,确保25万贫困群众搬得出、稳得住、能脱贫?作为总牵头部门,重庆市发展改革委经过细致调研后,给出的答案是:必须坚持精准扶贫、精准脱贫基本方略,统筹谋划、统筹部署、统筹推进。

"国家和市里的易地扶贫搬迁政策要点,可从'人、钱、房'三个方面进行把握。"在一次培训班上,重庆市发展改革委相关负责人如是表示。

"人"的方面,一是要注重选"人"的精准定向,搬迁对象必须为居住在"一方水土养不好一方人"地区的农村建档立卡贫困人口;二是要注重尊重"人"的主体意愿,与搬迁群众充分沟通确定搬迁方式、安置方式、后续扶持措施等,因人施策;三是要注重"人"的后续扶持,确保实现稳定脱贫。

"钱"的方面,要实现"搬得出、稳得住、能脱贫"的目标,需要统筹解决建房、基础设施、公共服务设施和后续发展,需要的资金量巨大,初步估算需要150亿元以上。重庆市发展改革委有关负责人介绍:"通过争取国家政策,落实中央预算内投资、国家专项建设基金、地方政府债券等资金后,市里也是积极想办法,落实建房差异化补助资金、加快推进宅基地复垦和地票交易等为群众筹集建房资金。"如此一来,通过多方筹集,资金难题可谓迎刃而解。

"房"的方面,人均建设面积不得超过25平方米,同时贫困户不得因建房而负债,延缓脱贫甚至加剧贫困,即户均自筹不得超过1万元或人均不得超过3000元。按照农村建房"一户一宅""新建必须拆旧"的要求,须对旧房进行拆除复垦。

细之又细、严之又严、上下联动、协同作战。一个个严密周全的部署,搭建起了重庆易地扶贫搬迁的政策框架和实施路径,为这项工作的推动奠定了基础。

三、践 行

贫有百样,困有千种。精准脱贫的难度大,原因在于每个贫困地区甚至每户贫困户都有自身的致贫原因,不能一概而论。易地扶贫搬迁亦是如此,如何在国家制定的总框架下走出一条因地制宜的搬迁扶贫路,是胜败之关键。

"和全国许多地方不同的是,重庆的地形以山地丘陵为主,不少贫困区县都是'九分半水半分地',这在客观上决定了我们难以进行大规模的集中安置。"上述负责人称,正因如此,重庆市在工作中提出在用地条件有限的地区鼓励建设5—10户"微型"集中安置点,有效应对这一困难。

重庆市发展改革委还一直强调,不能把易地扶贫搬迁简单作为解决当前住房保障的救急措施,而应从乡村发展的大局进行统筹谋划,与乡村振兴战略密切结合,引导群众有效向城区(镇)集中、向工业园区集中、向乡村旅游区集中、向农业基地集中、向农民新村集中,引导农民转变生产生活方式和思想观念,促进农村新风貌、新风尚。

一次次思想碰撞、一次次研判分析、一次次调研求证……思路愈发清晰、路径愈发明确,重庆市形成并遵循了"12543"的工作路径,持续深化易地扶贫搬迁。

"1"即尊重群众意愿,不搞"一刀切"。群众搬不搬,怎么搬,不能搞强制。重庆市坚持把"群众自愿"作为工作底线,在有条件的地区结合乡村规划建设和产业发展实际,依托原有集镇、社区、村落等进一步改善生产生活条件,鼓励和引导搬迁户自愿选择集中安置。

"2"即守住"两条红线",严格控制建房面积和大额负债。搬迁是为了更好的生活,不能因搬迁大额负债,更不能因搬迁致贫——在这一点上,重庆市明晰了资金来源渠道,除国家和地方的补助政策外,还积极推进宅基地复垦并加快地票交易,缓解群众建房资金压力。

"5"即推进"五个集中",积极推进集中安置市级示范点建设,共落实市统筹资金1.15亿元支持安置规模30户以上的易地扶贫搬迁市级示范工程41个,搬迁安置1915户8717人。此外,市统筹资金按照总安置人口给予每人10000元后续发展资金、给予每人8000元随迁非建卡贫困人口建房补助。

"4"即建设"四好住房",重庆市发展改革委联合相关部门印发全面开展农村住房安全等级鉴定工作的通知,对易地扶贫搬迁住房全面开展安全等级鉴定,确保住房质量安全。同时强化住房风貌管控,为农户建房提供参考。加强住房建设质量安全管理,重庆市扶贫领导小组办公室印发易地扶贫搬迁工程质量安全管理监督指导工作市级部门任务分工,进一步落实质量安全监管责任。

"3"即绘就"三美家园"。搬迁只是手段,脱贫才是目的,重庆市积极完善搬迁安置区配套基础设施,解决安置区水、电、路等基础设施和教育、卫生、文化等公共服务设施需求,25.2万贫困群众均落实了后续措施。

"12543"路径指向鲜明,逻辑清晰,支撑有力,真切回答了"钱从哪里来、人往哪里搬、房屋如何建、收入怎么增"等易地扶贫搬迁的重点和难点问题。在这个框架和路径之下,各区县不断结合自身实际,探索创新,确保搬迁群众能够搬得稳稳当当。

黔江区李家溪安置点是重庆市唯一一个位于城郊工业园区的易地扶贫搬迁安置点,规模为全市最大,共建设有28栋房屋,安置410户1526人。2019年下半年,随着安置点的完工,原本散居在黔江各座高山上的410户1526名村民陆续搬进了新居。新房功能分区合理,厨房灶台贴着洁白的瓷砖,卫生间也用上了水冲式便槽。

安置点内,农贸市场、幼儿园、卫生院、健身设施等一应俱全。而安置点旁边则配套新建年产量2000万袋食用菌的工厂,让搬迁群众可就近就业。前文所述的游福琼也在厂里找到了事做,她说,"党的政策这么好,我一定要好好干"。

在重庆市发展改革委对口帮扶的彭水县三义乡,易地扶贫搬迁让当地群众过上了好日子。"如今我们两口子都围着羊肚菌'转',在家门口'上班'了。"在莲花村易地扶贫搬迁集中安置点,村民王胜权在食用菌扶贫车间采摘羊肚菌,一个月有2000多元的收入。2019年8月,在政府的帮助下,王胜权和老伴搬进莲花村,住进三室两厅的新房子,说起今天的新生活,老两口幸福感满满。

出台政策接地气,执行政策不走样,收官之年,遍布全市的253个安置点6万多套住房陆续迎来了它们各自的主人。

四、攻　坚

千里之行，始于足下。成功，从来不是一蹴而就的事，尤其是对于啃下脱贫攻坚这块"硬骨头"而言，一路走来更非坦途。上面一根针，下面千条线，政策执行落到基层，就衍生出了千千万万个问题。

首先是部分群众搬迁意愿不强的问题。一村干部对记者说，贫困群众大多居住在偏僻、高山地区，自身文化水平不高，生活技能有限，二次创业难，就地就业岗位少，加之传统农业、畜牧业难以形成产业，搬迁群众收入渠道就更单一，收入增长缓慢。同时，生产生活用地调整难，部分农户下山后无地可种，缺少基本的土地保障。此外，由于搬迁群众的加入，打破了原住居民的固有生活圈，社会矛盾较为突出，管理难度也增大。

如若不搬，就地扶贫如何？"唉，难度大！"他叹了一口气。村里200多户人散居在6平方公里的山上，平均每平方公里只有30来户人家，水、电、路、汽等各项基础设施都要到位，谈何容易。记者坐着村干部的面包车上山，5公里平整的村级公路走完，余下半小时，全要走坑洼不平的石块路，车行其上，像在"耍醉拳"，光是硬化这条路，就要500多万元。

如何动员群众搬迁？"一是给他们算账对比，二是组织党员志愿者开展'一月一走访'，及时掌握易搬群众的动态信息并建立反馈问题台账，逐项解决。"这名村干部告诉记者。

有了搬迁意愿之后，如何建房又成了矛盾的焦点。久居于深山的贫困群众，在建房之时宁愿借债，也要把房屋修大一些。"安得广厦千万间。"彭水县三义乡第一书记坦言，把房屋建设得漂亮一点，这种想法本身并无问题，"但问题的关键是，易地扶贫搬迁为老百姓解决的是'保障房'而非'小康房'，人均面积不能超过25平方米，总面积也有要求，所以在怎么做通老百姓思想工作上，我们大费了一番唇舌。"

"好在政策也没有'一刀切'，允许老百姓在前期建房符合标准的情况下，预留加层、浇筑接口，这让工作得以顺利进展。"彭朋县三义乡第一书记告诉记者。

搬迁配套的"菜园地"也是一大困难。"老房有地路太远，新房路宽却没地。"曾经，搬迁农户普遍面临的难题是，搬迁后距离原有耕地、林地较远，生产极不方便。

"解决之道,仍然是要严格落实'五集中'。"重庆市发展改革委地区振兴处处长说,要将易地扶贫搬迁与乡村振兴战略、农村"三变"改革、农村人居环境整治等相关工作进行有机结合,确保群众"搬得出、稳得住、能致富"。

重庆市明确由市农业农村委牵头负责易地扶贫搬迁后续发展,制定集中安置点产业发展规划,逐户逐人落实后续发展措施,通过土地流转、农村"三变"改革、股份合作等增加搬迁群众收入,通过开发保洁员、护林员、公路养护、水利管护、治安巡逻等公益性岗位帮助搬迁群众稳定就业,确保搬迁脱贫率达到100%。

最后则是群众的生活习惯问题。

"一开始完全住不惯,隔三岔五就想回老家。"聊起刚搬进易地扶贫搬迁安置点时的感受,性格爽朗的云阳县上坝乡贫困户王柱见直言。

2019年,依托易地扶贫搬迁政策,王柱见一家从治安村搬迁到了石梁社区。对新的生活环境,王柱见"又爱又怕",爱是因为看病、赶集确实方便;怕的是因为在老家生活了大半辈子,步入新生活摸不着头绪:电视机信号怎么调,水冲式马桶怎么用,菜到哪里买……

普通人眼里的生活琐事,在搬迁群众那里却可能成为决定"我要不要留下来"的大事。为了让搬迁群众安心,上坝乡工作人员想了不少办法:挨家挨户上门询问生活"痛点";手把手教老人用电视机、热水器;逢年过节组织文化演出把大家凝聚起来……一点点、一桩桩、一件件,帮着搬迁群众逐步适应。

让王柱见再形容一下现在的生活,笑容爬上了他的嘴角:"日子安逸得很,就在这里安心养老。"

安居与乐业并重,安置与安心同在。一个个问题的妥善解决,打消了人们不愿搬、过不好、留不住的担忧——25.2万人顺利搬迁,一个不少!

五、圆　　梦

从巍巍武陵到悠悠秦巴,随着一栋栋崭新的民房拔地而起,搬进新居的贫困群众展开了笑颜。

初夏时节,从万州城区出发,沿途碧空如洗,绿意盎然。"一份水饺在这里吃,打包带走一份。"时值正午,记者来到熊家镇,只见村民谢昌成正在自家楼下的餐馆吃饭。

年逾五旬的谢昌成是熊家镇易地扶贫搬迁户,之前住在该镇松柏村六组,又偏又远,土坯房天晴透风、雨天漏水,交通也不方便。这几年,看着山下的村容村貌一年一个样,而自己还守着土坯房过日子,一年收入也仅有几千块钱,谢昌成心里越来越不是滋味,盼望着自己也能早一天搬下山去。

得益于易地扶贫搬迁政策,两年前,谢昌成一家终于住进了熊家社区的新房里。"现在我们一家住上了近百平方米的大房子,客厅、厨房、卫生间样样俱全,镇上有医院、有学校,看病方便,孩子读书也方便,现在这日子是越过越有味儿。"谢昌成感慨地说。帮扶干部还把他介绍到当地一处工地打工,妻子也在场镇上的一家餐馆找到了工作,老两口一个月能挣三四千块钱。

数百公里外的城口县高观镇,一排排院落干净整洁,一条条大路纵横交错,老人在河边晒着太阳,孩子在路上跑来跑去、嬉戏玩闹,街上经营店铺的、田间耕作的,一幅幅温馨的画面展现在眼前。

"从山上搬下来后,日子越过越滋润了!"高观镇村民孙翠明提起易地扶贫搬迁就赞不绝口。

两年前,他家还住在离主公路较远的山上,由于地理条件不好,吃水用电通行都很困难。如今,新家里电视机、洗衣机、冰箱等电器设备一应俱全,还开办了大巴山森林人家,年收入可观,真正做到了荷包鼓起来,宽敞的房屋,明亮的大窗,无不在诉说当下的幸福。

搬迁之后,不少群众的生活和见识更是有了翻天覆地的变化。

过去拿锄头铿锵有力的双手,如今敲起键盘来也不失灵活麻利,在武隆区仙女山街道石梁子社区,60多岁的贫困户黄和良很适应现在的农家乐"老板"生活。

石梁子社区由4个村合并而成,地处"高山大箐石旮旯,红苕洋芋苞谷粑,要想吃碗白米饭,除非坐月生娃娃"的高寒山区,而黄和良过去就住在山的边角。

在这样的条件下,有点想法的人都外出打工了,黄和良也想出去,但他是个驼背,有点残疾,无奈只好在村里,在高山上的土地里种点红苕糊口。"那时住的是茅草屋,家里锅盘碗灶都不齐,相过几个对象,一看我这条件,都说考虑考虑,结果就没有音信了。"黄和良回忆,几十年里,邻居陆续结婚了,甚至邻居的小孩也结婚了,但他却始终是光棍一条,只有"羡慕嫉妒恨"的份儿。

打了几十年光棍的黄和良,本以为自己这辈子就这样了,没想到人生际遇有时就是这么奇怪,易地扶贫搬迁工作启动后,地处偏远的石梁子社区成为重点区域,而黄和良也成为搬迁的"幸运儿"。

就这样,他从高山上搬到了黄家大湾安置点,这里条件相对较好。每到夏天,黄和良就把房子租给侄女黄静开餐馆,年收入约 2 万元。生活条件好了,周围人对他也高看一眼,侄儿媳妇给他介绍了对象,结果一眼相中,黄和良终于完成了 30 多年来的"夙愿"。

随着大量村民迁居下山,人与环境的资源争夺现象显著减少,生态环境正潜移默化地持续变好。

巫山县原庙堂乡位于五里坡国家级自然保护区核心区域,金丝猴、云豹和红豆杉、珙桐等国家珍稀动植物资源十分丰富。搬迁前农户燃料主要以柴火为主,人兽争地矛盾突出,森林植被不同程度遭到破坏,野生动物保护压力巨大。而随着 2000 多名村民的出山,五里坡保护区管理的森林面积增加了一倍,达到了 20 万亩,一代一代"刀耕火种"留下的裸露的岩石、贫瘠的土地,也正在逐步恢复生态。根据科学考察,保护区拥有 400 多种野生动物,2800 多种野生植物,其中列入濒危物种红色名录的动植物就有 79 种。

通过易地扶贫搬迁,将偏远地区群众迁出,既能从根本上改善贫困地区群众的生产生活条件,又能从根本上修复和改善这些地区的生态功能,实现了民生青山两相宜。

六、接　　力

脱贫致富奔小康,住进新房子只是第一步,让日子越过越好才是硬道理。发挥好易地扶贫搬迁解决"一方水土养不好一方人"问题的作用,必须在解决好"怎么搬"的同时,解决好"搬后怎么办",从而实现"搬得出"向"稳得住""能致富"转变。

在秀山县洪安镇溜沙村新寨组的道路旁,有一家小超市,金色的招牌上"波波副食品超市"几个字非常醒目,顾客进进出出,十分热闹。这是建卡贫困户杨再荣一家踏上脱贫致富之路的真实写照。

2017 年 12 月,通过易地扶贫搬迁,杨再荣一楼一底的新居正式建成入住。位于马路边的新房为他俩带来了新的谋生渠道——杨再荣的帮扶干部在经过反复调研后,建议他凭借自家新房位置好、门前人流量大的优势开一个百货超市。2018年 5 月,杨再荣的"波波副食品超市"顺利开业,经过两年经营,超市现在一年的纯利润能达到 5 万元以上,与住在老屋相比,一家人的生活充满希望。

丰都县虎威镇五角丘集中安置点是重庆"十三五"易地扶贫搬迁市级示范工程,安置搬迁群众 84 户 363 人,其中建卡贫困户 31 户 130 人,占全镇易地扶贫搬迁建卡贫困人口的 53%。

"搬出大山只是第一步,解决就业是关键。"虎威镇党委书记说,虎威镇以提升搬迁群众自主发展能力、就业创业能力、稳定增收为首要任务,通过收集务工意愿、提供岗位信息、开展技能培训、引进县内外企业、建设扶贫车间等措施,助推搬迁户就业。"我现在在家门口的公司上班,每月能挣 2600 元钱,公司还为我们缴纳'五险',这比外出打零工有保障多了!"说起搬迁后的变化,贫困户熊顺发有些激动。

一手抓搬迁建房,一手抓后续扶持——如今,重庆市计划搬迁的 25.2 万人均落实了后续措施,其中:发展特色农林业 5.9 万人、发展劳务经济 9 万人、发展现代服务业 2.2 万人、资产收益扶贫 0.7 人、社会保障兜底 1.7 万人、其他方式 5.7 万人。

昔日,一方水土养不好一方人;今日,一方水土富一方人。

距离脱贫攻坚全面收官不到 200 天的日子里,重庆"十三五"期间计划搬迁的 25.2 万贫困群众已全部入住。2020 年市发展改革委将携同相关部门,编制全市易地扶贫搬迁后续扶持实施方案,持续抓好后续产业、就业帮扶、旧房拆除复垦等工作。

"开弓没有回头箭,一鼓作气,顽强拼搏,不获全胜,决不收兵。"市发展改革委副主任米本家掷地有声。这份底气和决心,来自令人瞩目的成效——"十三五"期间,在党中央的坚强领导下,171.2 万人摆脱贫困;来自历史性的新跨越——党和国家把脱贫攻坚作为全面建成小康社会的底线任务和标志性指标,全力打赢打好精准脱贫攻坚战。

曙光在前,重任在肩。唯有保持坚如磐石的信心、只争朝夕的劲头、坚韧不拔的毅力,才能不断取得脱贫攻坚新战绩,如期建成全面小康社会。

"蜀道难"走出便是"影入平羌江水流"

—— 四川省"十三五"易地扶贫搬迁工作纪实

5月春暖花开,生机盎然,迎着温柔的春风,网红"悬崖村"——凉山州支尔莫乡阿土列尔村的84户建档立卡贫困户背起行囊,沿着"天梯"走下悬崖,奔向新生活。

一座座整齐划一的楼房、一张张充满幸福的笑脸、一棵棵枝叶繁茂的绿树、一朵朵颜色鲜艳的花朵,灿烂的阳光照在川蜀大地上,136万建档立卡贫困人口走出"一方水土养不好一方人"的深山,通过易地扶贫搬迁,住进了宽敞明亮的新房,开启了幸福生活的新篇章。

国家发展改革委主任何立峰曾如此评价易地扶贫搬迁:"用5年的时间对约1000万贫困人口实施易地扶贫搬迁,这在中国历史上、在中国扶贫史上是空前未有的,在世界历史上也是空前未有的,只有在中国共产党领导下,充分发挥社会主义制度的优越性,才能实施如此规模、如此艰巨的伟大工程。"

而在四川,2012年年底有近625万建档立卡贫困人口,其中136万人生活在不适宜居住之地。作为全国扶贫开发攻坚任务最繁重的省份之一,四川贫困"面宽、量大、程度深"。因此,四川省委、省政府坚持把脱贫攻坚作为最大的政治责任、最大的民生工程、最大的发展机遇,坚持把易地扶贫搬迁作为脱贫攻坚的重中之重和关键之仗,严格落实"省负总责、市县抓落实"工作机制,牢牢把握"搬迁是手段、脱贫是目的"基本要求,充分发挥项目市(州)、县(市、区)主体作用,以"四大片区"为主战场,以深度贫困地区为攻坚重点,上下联动,协同攻坚,奋力推进新时期易地扶贫搬迁。

通过易地扶贫搬迁,四川省贫困户的生活发生了翻天覆地的变化。

一、搬出来:统筹全局

青泥何盘盘,百步九折萦岩峦。地处四川省大凉山腹地的田湾村距离县城75公里,重峦叠嶂、地形复杂,平均海拔2100米,自然气候条件恶劣,一年中有2/3的时间都属于雨雾天气。7个村民小组分散于陡坡深沟之中,不通公路、地质灾害频发、安全无保障的环境就是他们生活的家。即使交通不便、生活艰苦、配套设施落后、公共服务薄弱,过着靠山吃山靠水吃水的生活,对于村民们来讲,"故土难离"早已根深蒂固,搬出大山依然是心里不容易迈过去的坎儿。

为了让当地村民过上更有保障的生活,即使困难重重,也要加快推进田家湾易地扶贫搬迁项目。

抓进度抢工期、抓落实亲参与、抓质量保成效、抓配套赢环境、抓入住暖民心……如今,在这片占地面积84亩、总建筑面积16494.9平方米的土地上,一幢幢小洋房拔地而起,黄墙蓝瓦在绿树红花中格外好看。阳光正好,远处的山峰和田野也染上一层金色。据悉,该安置点迎来6个村民小组185户767人,其中易地扶贫搬迁建卡贫困户72户279人,同步搬迁非贫困户113户488人。

田家湾只是凉山州易地扶贫搬迁项目的一个缩影,凉山州作为全国"三区三州"深度贫困地区之一,是影响全省乃至全国夺取脱贫攻坚全面胜利的重要因素。

在凉山州,还有很多"田家湾"们,为了让村民早日搬出大山过上幸福生活,四川省发展改革委想尽一切办法帮助凉山州解决制约易地扶贫搬迁项目推进中面临的关键突出问题。

组建网上工作群,每天调度7个3000人以上大型集中安置点工程建设进展情况;每半个月对凉山州易地扶贫搬迁开展专项督导,对凉山州进度滞后的5个县7个安置点进行全覆盖督导调研;定期召开会商会,分析解决项目推进过程中的具体困难和问题。特别是2020年以来,四川省发展改革委主要负责同志先后4次带队赴凉山州,深入易地扶贫搬迁集中安置点实地查看项目进展,调查了解易地扶贫搬迁政策落实情况和项目推进具体困难,与州、县以及施工企业共同会商、共同剖析当前易地扶贫搬迁工作推进中存在的困难和问题,一起研究解决措施和办法。

2020年3月,按照四川省委、省政府的部署,四川省发展改革委成立由主要负责同志和4位分管负责同志带队的挂牌督战凉山州易地扶贫搬迁工作专班,瞄准凉山州3月初在建的301个安置点,瞄准突出问题和薄弱环节狠抓政策落实,把挂牌督战作为推进全面攻坚的关键举措,尽锐出战,坚决克服疫情不利影响,向着最后的贫困堡垒全力冲锋。在工作专班的有力推动下,凉山州2020年在建的1.35万户6.98万人的住房建设任务已全部提前建设完成。

自2016年以来,通过实施易地扶贫搬迁,四川省有136万名居住在深山石山、边远高寒、石漠化和水土流失严重,地方病严重、地质灾害频发等自然条件严酷、生存环境恶劣、发展条件严重欠缺,交通、水利、电力、通信等基础设施,以及教育、医疗卫生等基本公共服务设施十分薄弱地区的建档立卡贫困人口实现了"挪穷窝"。搬迁群众的住房安全得到有效保障,安全饮水、出行、用电、通信等基本生活需求得到有效满足,教育、医疗等基本公共服务条件得到有效改善,从根本上解决搬迁群众长远生计和发展困难的目标。

四川省在易地扶贫搬迁的道路上强化使命担当,锐意拼搏攻坚,取得了阶段性成效:

2017年4月,四川省顺利通过国家2016年易地扶贫搬迁成效考核,并作为工作积极主动、成效明显的4个省份之一,受到国务院通报表扬。泸州市叙永县江门古寨安置点沙盘模型作为全国易地扶贫搬迁先进典型,在国家"砥砺奋进的五年"大型成就展展出。

2017年9月,全国易地扶贫搬迁现场会在四川省召开,李克强总理专门作出重要批示,时任副总理汪洋同志出席会议并讲话,对四川易地扶贫搬迁工作给予充分肯定。

2018年11月,达州市大竹县"双靠近三融合"推动易地扶贫搬迁群众就近就地就业典型经验做法,受到国务院通报表扬。

2019年4月,四川易地扶贫搬迁作为全国2018年工作积极主动、成效明显的3个省份之一,受到国务院通报表扬。

2020年5月,四川省顺利通过国家2019年易地扶贫搬迁成效考核,并作为工作积极主动、成效明显的5个省份之一,再次受到国务院通报表扬。

二、住进去:提前谋划

背靠青山、面依河溪,占地23亩,共有25户贫困户和11户非贫困户的房屋分三层梯次而建,白墙绿瓦、绿树成荫。800平方米的文化健身广场、3米宽的小区道、1米宽的入户路,多彩压模混凝土路面,与灰瓦相映别具一格。房前屋后还有户均0.1亩的微菜园与面积达5亩的绿化带。这里便是可以与公园相媲美的中江县回龙镇沿河村红豆湾聚居点。

令人满意的生活环境才能让从大山里搬出来的村民们在安置点安心住下来。2017年8月开始,沿河村村"两委"召开了几十次贫困户、村民代表会议,收集贫困户和群众上千条意见,才最终形成了红豆湾聚居点"统规自建"的修建方案。沿河村村支书邓文平说,要是分散修建需要土地60多亩,而且入户路、院坝修建成本更高。而统规自建和装修不仅节约土地,更节约成本。长年在外做装修的付议平是主动申请到聚居点落户的非贫困户,他家修建了125平方米的房屋。他说:"我算了笔账,村上实行统一内装修,水电气安装和内装修比自己买材料装修要便宜得多。"

据了解,全村52户贫困户中有25户选择到聚居点,一人户五户相连,二人户三户相连,三人户两户相连,四人、五人户单独成栋,这种布局方式避免了建筑物单体孤立,看起来外观更加彰显大气。63岁的刘家福谈道:"如果一户25平方米单独修建,外观就像是一座小庙不安逸。几户在一起,房子好看不说,人多天天可以摆'龙门阵',晚上还能跳坝坝舞。"

规范有序推进易地扶贫搬迁项目实施一直以来都是四川省打赢脱贫攻坚战的"头号工程"。四川省委、省政府主要负责同志,多次召开常委会、脱贫攻坚领导小组全体会、专题会、现场会、电视电话会研究部署,强化压力传导,推动形成一级抓一级、层层抓落实的工作局面,凝聚全省上下推动易地扶贫搬迁攻坚合力。省领导带队深入县、乡、村开展以易地扶贫搬迁等为重点的多轮全覆盖蹲点督导,以上率下引领全省易地扶贫搬迁工作开展,确保党中央、国务院决策部署在四川不折不扣落地落实。

同时,四川发展改革委按照全省脱贫攻坚"3+10+N"组合拳目标责任体系要求和"十三五"易地扶贫搬迁规划及实施方案安排,结合各市(州)项目前期准备情况,提前编制年度专项实施方案,下发做好年度易地扶贫搬迁工作的通知,及时研究出台《坚决打赢易地扶贫搬迁攻坚战三年行动实施意见》,推动各地及早谋划工作,合理确定时间表、路线图,及早落实国家和四川省委、省政府易地扶贫搬迁决策部署。"十三五"以来,召开全省现场会3次、视频会7次、片区推进会12次,对全省工作进行安排部署,对重点地区、薄弱环节工作进行反复强调,督促指导各地进一步领会工作要领、明确工作要点,按照年度任务安排和时间节点要求,全力以赴推进项目建设,形成了"抢抓争先、强力攻坚"的良好态势。

在距离红豆湾聚居点400多公里外的高县文江老县城南郊约二里处,坐落着一个颇具规模的现代小区,谈不上"高大上",却也悠闲自在。小区里,绿树成荫,车辆停放有序;广场上,健身设施齐全,三三两两的老人,优哉游哉……这里是投资了4000万元打造的宜宾最大易地扶贫搬迁集中安置区——高县文江镇蔬菜村集中安置区。

"山里的人家,山外来住。山上的产业,山下来做。山顶的日子,山底来过。"得狼村的老李,下定决心要搬出大山,梦想和山外的农民一样过日子。精准扶贫战略之初,文江镇就坚持易地扶贫搬迁与乡村振兴一并谋划、一体设计、一齐推进,按照"新市民+新产业+新模式"的思路,破解搬迁难题,果断将24个条件差的自然村贫困群众集中进行安置。

为实现村民从"不愿搬"到"我要搬"的转变,从概念提出到规划设计、项目建设、搬迁入住和日常管理,文江镇始终坚持让搬迁群众"自己的事自己办",充分参与"搬、建、管"各个环节。2018年8月,这个由村民参与全过程的小区建成入住,小区占地面积约48.4亩,共建成11栋6层住宅楼,搬迁贫困户229户557人。

安置点的村民从原来的瓦板屋、土坯房和无构造柱的空心砖房搬进了钢筋混凝土梁柱的红砖房,从地质灾害频发的深沟陡坡迁到了选址科学、地质牢固的安置点,四川省为了使安置点村民的生活更加便利无忧,自易地扶贫搬迁项目实施以来一直同步推进安置区的基本公共服务设施建设。截至2020年6月,"十三五"期间全省累计新建、改建学校93所、幼儿园426所,贫困地区办学条件得到改善,较好解决了贫困家庭子女上学难的问题;新建、改建卫生院(所)2079个,大大提高了贫困地区基层医疗服务能力,有效缓解了搬迁贫困户缺医少药、看病难困难。同时还修建了村文化室、活动室等乡村公共活动场所2931个,强化村级文化阵地建设,极大地丰富了安置区搬迁群众的文化生活,搬迁贫困户好习惯、好风气正逐渐养成,对将要开始的美好生活也充满期待。

三、富起来:"稳"字当头

据统计,"十三五"以来,秦巴山区、乌蒙山区、大小凉山彝区、高原藏区四大片区搬迁规模为 115.82 万人,占 85.13%;片区外搬迁规模为 20.23 万人,占14.87%。建设集中安置点 6334 个,其中 200 人以下小型安置点 6008 个,200 人以上、800 人以下中型安置点 293 个,800 人以上、3000 人以下大型安置点 23 个,3000人以上、10000 人以下特大型安置点 9 个,10000 人以上超大型安置点 1 个。如此大规模的迁徙行动给四川省后续脱贫工作带来了极大挑战。

"我以前在成都打工,因家中父亲重病、母亲二级肢体残疾,都需要我回家照顾。但种地养不活一家人。帮扶单位推荐到天马玻璃厂上班,每月保底工资在3000 元。加上土地也流转出去了,我就安安心心上班,下班就照顾母亲日常生活。现在住在明亮安全方便的易地扶贫搬迁房屋里,一年收入 4 万余元,感觉生活幸福得很啊!"谈及现在的生活,射洪市沱牌镇大舜村脱贫户何晓刚乐得合不拢嘴。

告别"穷窝"后的巨大变化,让搬迁的群众体会到了生活的"甜",搬进新家后更要"笑"对生活。想要结束靠天吃饭紧紧巴巴的日子,既要有房住又要有钱赚,当然要从转变安于现状的思想开始,从"等要靠"向主动致富转变。

让贫困群众从"一方水土养不好一方人"的环境中搬出来,逐步实现安居梦,这是第一步。安居才能乐业,紧接着,四川省发展改革委从生产生活和就业等方面着手,让搬迁出来的贫困户实现有就业、能致富。按照"业兴、家富、人和、村美"的要求,在搞好住房和安置区配套基础设施及基本公共服务设施建设的同时,因地制宜,统筹整合财政扶贫资金和易地扶贫搬迁工程结余资金,在安置区培育和扶持了一大批后续产业,例如积极发展乡村旅游。

有"活着的古镇"之称的尧坝古镇始建于北宋皇祐年间,是川南黔北地区商贸繁华的古驿站。合江县则积极探索"易地扶贫搬迁+旅游+扶贫"模式,将尧坝镇白村易地扶贫搬迁集中安置点打造成了文旅扶贫产业综合体——"尧坝驿"。依托紧邻尧坝古镇 4A 级景区的优势,充分挖掘尧坝镇驿站文化、农耕文化、非遗文化等特色文化资源,将"尧坝驿"易地扶贫搬迁集中安置点打造成具有川南特色民居的"水墨驿站"。同时让安置点具备劳动能力的 200 余名搬迁群众通过自主经营、担任景区保洁员、保安员、服务员以及生态产业园就业等,实现人人就业、户户增收。

除了发展特色旅游业,四川省发展改革委坚持困难群众既要"搬得出"又要"稳得住",过上好日子,同步奔小康,就要采取多种措施,着力拓宽群众增收渠道,比如大力实施技能技术培训、劳务输出和鼓励创新创业,不断拓宽增收渠道。

乌蒙山片区乐山市沐川县高笋乡安坪村 2014 年列入四川省定"贫困村",也是"后进村",沐川县高笋乡党委书记师玉容骄傲地介绍了该村得以让腰包"鼓"起来的"三大模式"配套产业。

针对集体经济为零、主导产业尚无、农户发展积极性不高的现状,安坪村首先采取了"党员+基地"的引领模式,一方面从乐山市司法局争取到了茵红李种苗款6万元,另一方面组织党员同志和村组干部率先发展,带动了91户农户在2015年年底率先打造了300亩茵红李示范基地,1.8万株李树在2018年7月实现初步挂果投产,户均增收3000元。

有了这300亩示范基地做基础,"农户+合作社"的发展模式也在村里慢慢铺开。组织外出参观、参加夜校培训,农户发展积极性越来越高,李子园规模扩大至2000亩,农户产业覆盖率达90%,待正式投产后,人均增收4000元。同时丰富农产品品类,同步发展的有茶叶、小米椒、西瓜500亩,林下养殖土杂鸡2万只、生态猪600余头。成立水果专业合作社,注册品牌商标,搭建电商销售平台,实施订单销售,彻底解决乡亲们发展产业后顾之忧。

不可忽视的还有一些贫苦户存在老弱病残、缺失劳动力的现状,村里便采取"资产+收益"的扶贫模式,组织28户贫困户将12040只鸡苗委托向阳坪养鸡专业合作社集中代养,每年可分得红利36120元,户均1275元。同时,村集体产业扶持资金入股15万元到该合作社,2年分得红利3万元。

四川省后续脱贫"稳"字当头。四川省发展改革委立足资源禀赋条件,统筹考虑搬迁安置与脱贫发展,进一步明确了发展特色农林业、劳务经济等6条脱贫路径,多措并举,促进搬迁脱贫。研究出台《关于加强易地扶贫搬迁后续脱贫发展指导意见》《关于进一步加大易地扶贫搬迁后续扶持力度的指导意见》《关于加强易地扶贫搬迁分散安置管理的通知》,督促指导各地充分整合资源,因村因户因人细化落实好产业、就业、社会保障等后续扶持举措。

与此同时,四川省发展改革委还深入挖掘各地经验做法,总结推广易地扶贫搬迁系列典型案例23期,示范带动全省搬迁脱贫工作。扬长的同时也不忘补短,认真抓好大型安置点配套基本公共服务设施补短板项目组织申报,积极争取国家2.34亿元资金支持凉山州3000人以上大型集中安置点配套建设医院、学校等项目。

截至2020年6月,四川省已发展特色农林业54万人,发展劳务经济31万人,就近就地就业10.5万人,发展现代服务业7.1万人,资产收益扶贫4.9万人,社会保障兜底16.6万人,其他方式11.9万人。

四、付出:用"辛苦"换"幸福"

村民们在安置点稳下来了,生活也越来越富裕,前景越来越美好,而这一切都少不了每一个扶贫干部的付出,是他们用辛苦换来了贫困户们的幸福。

2016年,凉山州易地扶贫搬迁第一枪在汶水镇铜厂沟村打响。那一刻开始,34岁的彝族姑娘莫色华喜就把精准扶贫责任扛在肩上、放在心上、落实在行动上。

"妈妈去加班了。"这是莫色华喜的孩子经常挂在嘴上的一句话。家中大小事务,她无暇打理;她没有时间陪伴和为孩子解忧;孩子生病她没有时间送医看护;奶奶生病住院,独自一人打点滴;她把一切时间和主要精力投入扶贫工作中,"决战决胜,一定要保证脱贫出列!"这是她对自己的要求。

"搬迁是手段,脱贫是目的。"为了确保实现搬迁群众"搬得出、稳得住、能致富",莫色华喜积极与领导沟通,协调对接县就业局,对贫困村建卡户开展普通话培训,扫除语言障碍;组织对有就业意愿的劳动力开展厨艺、挖掘机和压路机操作等技能培训,联系相关业务部门安置贫困搬迁家庭中有就业意愿和能力的劳动力,并做实就业创业台账,让搬迁户实现稳定就业,有稳定的收入来源,增强了他们的"幸福感"。做好易地扶贫搬迁群众信息统计核对和社会保障服务工作。组建四个工作组分别负责红花、彭家山、铜厂沟、香樟坝四个安置点,为易地扶贫搬迁群众开展政策宣传、入户调查统计、送就业岗位上门等服务工作。累计劳务输出搬迁户220人,其中,东西部劳务输出40人。

事实上,在易地扶贫搬迁的道路上,还有很多像她一样的扶贫干部,默默无闻俯下身干实事,在这其中当然也少不了发改队伍的身影。

由四川省发展改革委组建的4个工作专班进驻凉山州各督战县后,主动放弃清明节、劳动节、周末等节假日休息时间,自觉克服高寒天气和恶劣自然条件带来的不利影响,白天在现场核查,午餐在工地咸菜面包,晚上研究问题、撰写材料、部署工作,连续作战。其间,对301个在建安置点进行多轮全覆盖核查,向各县发出建议意见专报31期,组织参与推进会、调度会、联席会141次,协调组织援建工人6145人、大型机械96台(套),有效地解决了制约项目推进进度的关键突出问题。

白天走村串户、夜里还要工作到凌晨是唐琴的工作常态,作为四川省蓬安县发展和改革局党组书记、局长、县易地扶贫搬迁办公室主任的女干部,自易地扶贫搬迁工作开展以来,心系群众福祉,全身心投入,"5+2""白加黑"成为常态,特别是"四年任务一年完成"的2016年几乎没有享受过一个节假日。在她的带领下,工作组同志的足迹走遍了全县2700户易地扶贫搬迁对象的家门。

她是全县易地扶贫搬迁政策的研究员。自2016年全县易地扶贫搬迁工作启动以来,她牵头制定的《蓬安县易地扶贫搬迁实施方案》以及在全市率先出台的《蓬安县易地扶贫搬迁工作流程图》《蓬安县易地扶贫搬迁软件资料清单》等一系列操作性强的文件,为工作开展提供了有力支撑。

她更是全县易地扶贫搬迁群众的贴心人。母雪珍是蓬安县徐家镇陈家拱桥村的易地扶贫搬迁户,家庭人口3人,2016年全县易地扶贫搬迁启动时,她丈夫正患严重白内障,由于家庭贫困程度深,"等靠要"思想严重,其上高中的儿子甚至一度产生放弃学业的想法。唐琴同志得知这一情况后,多次到母雪珍家中,面对面聊政策,心连心拉家常,让她们充分了解搬迁是手段、脱贫是目的的政策初衷,要先安居才能乐业。功夫不负有心人,唐琴的耐心开导终于解开了这一家人的心结,帮助他们树立起了脱贫信心,易地扶贫搬迁住房如期开工,并于2016年年底顺利搬进了新房。2018年,母雪珍主动申请加入中国共产党,成为一名入党积极分子,现在还是村里的后备干部培养对象。丈夫白内障得到医治后外出务工,儿子于2019年考上了大学,一家人正在脱贫奔小康路上大步迈进。现在母雪珍逢人就说:"共产党好!我屋头现在的好日子不是'等靠要'出来的,是靠共产党的好政策加油干出来的!"

一分耕耘一分收获,唐琴同志在脱贫攻坚易地扶贫搬迁的路上尽职尽责,全心为民聚力脱贫的激情与干劲已有所收获。目前,蓬安县"十三五"期间易地扶贫搬迁任务已全面完成,后续脱贫发展工作正有序开展,搬迁群众收入明显提高,生活条件明显改善,搬迁成效显著,"住上好房子、过上好日子"的目标已经实现。

四川作为全国脱贫攻坚主战场之一和搬迁规模位居第二的省份,"十三五"搬迁任务重、搬迁难度大,广大干部用滴水穿石的"辛苦指数"换来了搬迁群众的"幸福指数"和党的"形象指数",锤炼了一支特别讲政治、能担当、重实干的精兵强将,成为推动经济社会发展的强大动力。在易地扶贫搬迁攻坚战中,广大干部与贫困群众一块苦、一块过、一块干,激发了干部群众内心深处"跟党走"和"跟党干"的强烈愿望和激情,干部与群众更近了,群众对党的感情更深了。

　　未来,四川将坚持以习近平总书记关于扶贫工作的重要论述为统揽,进一步增强"四个意识",坚定"四个自信",做到"两个维护",结合巩固提升"不忘初心、牢记使命"主题教育成效,坚持目标导向、质量导向、问题导向,进一步加强易地扶贫搬迁后续扶持,坚决打赢"十三五"易地扶贫搬迁收官之战。

易地扶贫搬迁的贵州答卷

——贵州省"十三五"易地扶贫搬迁工作纪实

◇◇

四月的黔中大地,处处春意盎然。遍布全省的一个个易地扶贫搬迁安置小区从疫情中苏醒,搬迁群众纷纷迈出家门,回到各自的工作岗位,继续满怀信心,在同步全面小康的大道上奋力前行。

党的十八大以来,以习近平同志为核心的党中央把贫困人口全面脱贫作为全面建成小康社会的底线任务和标志性指标,在神州大地上吹响了奋力打赢脱贫攻坚战的号角。2015 年 6 月,习近平总书记在贵州考察调研时,专门强调要对"一方水土养不好一方人"地方的贫困人口实施易地搬迁,从根本上解决他们的生计问题。贵州深入贯彻落实习近平总书记重要指示精神,结合自身特点,创造性探索出"六个坚持"到"五个体系"的搬迁政策体系,用城镇发展思路破解山区贫困难题,实现了安居与乐业并重、搬迁与脱贫同步,走出了一条易地扶贫搬迁的贵州新路。

一、188 万人,成为贵州新市民

"4 年时间,全面完成 188 万人易地扶贫搬迁,搬迁规模全国第一!"

2019 年 12 月 23 日,贵州省宣布,188 万贵州山区贫困群众离开穷山僻壤,告别绝对贫困,搬进城镇新居,彻底挪穷窝、换穷业、断穷根,昂首跨入了新时代。

这,是铭刻在贵州发展历史上的时刻,更是易地扶贫搬迁中的贵州奇迹。

从乌蒙高原到苗岭侗乡,从乌江之畔到南北盘江。4 年时间,贵州高原上一场改变数百万人贫穷命运的大迁徙正在生动上演。与往昔移民不同的是,这次迁徙由内而外,搬出世居的大山,作别眷恋的土地,山外,此心安处是吾乡。

2019年12月2日,在遵义市道真县上坝乡易地扶贫搬迁安置点。冬日的暖阳里,在小区花园里晒太阳的老人们正围着省委书记孙志刚你一言我一语地述说着从山区里搬迁出来以后的新变化。孙志刚握着一位老人的手说,"我们就想大家生活好一点,住得好一点,老年人老有所养,年轻人有工作,多挣一点钱,把家里照顾好"。

那天阳光正好,小区一栋楼房山墙上红彤彤的大字"自力更生谋发展,勤劳致富感党恩"被照得格外耀眼。

在贵州,自2016年实施新时期易地扶贫搬迁以来,一场超越理论层面的伟大实践已经在这里轰轰烈烈地展开。4年时间,188万农村人口陆续告别了"一方水土养不好一方人"的荒凉大山;4年时间,188万人迁向城镇、迁向园区、迁向充满生机活力的地方,开启了各自崭新的人生;4年时间,在贵州大地延续了千百年的绝对贫困,也因188万人生存发展条件翻天覆地的变化而褪去了"魅影"。

"乔迁方觉新家好;思源倍感党恩长",在普安县纳茶社区,一户易地扶贫搬迁户在自家新房前贴出了这样一副对联。和他们家一样,遍布全省的946个安置点45万多套住房也都迎来了它们各自的主人。

在群山莽莽的贵州,在曾经连片贫困的贵州,4年,188万人顺利搬迁,一个不少,由衷感恩。

这就是"奇迹"的模样。

二、为何搬?"一方水土养不好一方人"的现实无奈

奇迹,总是孕育于"不可能"之中。

2016年,全国新时期易地扶贫搬迁起步实施之时,摆在贵州省面前的是这样一串极具挑战的数字:搬迁人数全国第一,188万人,几乎相当于拉脱维亚一个国家的人口总数;搬迁地域广,涉及93个县市区、开发区,1254个乡镇,9449个行政村,10090个自然村寨;搬迁难度大,188万搬迁人口中建档立卡贫困人口占到154万人。而彼时的贵州,还只是一个经济总量刚刚突破万亿元,财政总收入2400多亿元的省份。

"贵州是全国搬迁规模最大、搬迁任务最重的省",国务院扶贫办的负责同志曾不止一次如此概括。

把时间拨回过去的一些场景再看一看，就不难体会这句话沉重的分量。

安顺市紫云县联八村，山高谷深，不愿安守贫困的村民合伙养了几头猪。临近春节，高高兴兴赶着猪儿想去卖个好价钱，却不想山路还没走完，肥猪却累死在了半道上，几个人只能抱头痛哭。

黔东南从江县宰近村，村民吴盛勇一家住在祖传的木板房里，一楼养猪二楼住人，没通电，白天就像夜晚一样黑，用水只能去接山壁上滴下来的水。

一位参加电力村村通攻坚的负责人，望着连绵起伏的群山，急切而又无奈的感慨："太远、太高、太分散了，搞了两三个月，也只零星通了三四户人家的电。"

同在一片蓝天之下，水、电、路、网络这些最基本的现代化基础设施离城市那么近，却离山村那么远。

既然一方水土养不好一方人，既然重重大山阻隔了村民公平地分享现代化的红利，既然贫困赶不走，小康进不来，那么最好的选择就是一个字：搬！

搬，是188万深山区、石山区、石漠化地区农村人口的共同愿望；

搬，是贵州在减贫斗争中一直不断探索完善的方法——早在1997年，贵州就已经在中央支持下，选择紫云、罗甸、长顺、普安4县开展了"以工代赈移民搬迁脱贫试点工程"；

搬，是贵州早已下定的决心、认定的途径——从2001年明确"实施易地扶贫安置，是帮助这部分人口彻底解决温饱、实现脱贫致富的有效途径"到2012年贵州省启动扶贫生态移民工程实施搬迁56万多人，贵州扶贫搬迁的步伐从未停歇；

搬，更是党中央对于战胜绝对贫困作出的决策部署——2015年6月，习近平总书记在贵州考察调研时强调，要对"一方水土养不好一方人"地方的贫困人口实施易地搬迁。2015年11月，习近平总书记在中央扶贫开发工作会议上向全国发出了易地扶贫搬迁动员令。习近平总书记在贵州提出的易地扶贫搬迁，让贵州的减贫思路豁然开朗，也让贵州的扶贫搬迁信心满满。当年12月2日，贵州就以起步就是冲刺的状态，率先在全国打响易地扶贫搬迁"当头炮"。

三、怎么搬？71个文件、"六个坚持"提纲挈领

奇迹，从立下愚公志开始。

4年内完成188万人的搬迁，无论是从时间、规模、复杂程度和质量要求来看，

都是一项"超级工程"。超级工程,意味着对决策者、实施者决心、智慧、能力的考验。对经济实力并不深厚的贵州来说,更需要有一套切实可行、行之有效的办法。

"人往哪里搬、钱从哪里筹、地在哪里划、房屋如何建、收入如何增、生态如何护、新村如何管",这是习近平总书记针对易地扶贫搬迁提出的七个关键问题。这"搬迁七问"个个指向易地扶贫搬迁的难点与重点,个个都曾扑灭过许多国家和地区"移民减贫"的梦想。要顺利完成好这项事关 188 万人的"超级工程",贵州拿出了铁一般的担当、超常规的举措和处处以人民为中心的初心。

钱从哪里来——坚持省级统贷统还,省一级把上千亿元的筹资还款压力主动扛在了肩上,目的只有一个,让市、县两级不必再分心于资金筹措和还款压力,集中精力推动搬迁项目实施。

穷根怎么拔——坚持自然村寨整体搬迁为主,将 50 户以下、贫困发生率 50% 以上(深度贫困地区 20%)的自然村寨整体搬迁出山,彻底摆脱环境资源困境,斩断贫困代际传递,确保脱贫路上"一户不落""一个不少"。

人往哪里搬、地在哪里划——坚持城镇化集中安置,既让搬迁群众能同步享受县城和周边城镇良好的基础设施、公共服务,又为搬迁群众的就业创业打开了更大空间。

房屋如何建——坚持以县为单位集中建设,明确了县一级的包保责任和搬迁小区的建设工程进度和质量;坚持不让贫困户因搬迁而负债,通过严控住房建设面积、建设成本、个人自筹标准和高层电梯房"四个严控",牢牢守住了易地扶贫搬迁"保基本"的原则。

收入如何增——坚持以产定搬、以岗定搬,能提供多少就业岗位,就确定多大安置容量,精准落实搬迁对象每户 1 人以上就业。从"搬得出"开始就为"稳得住、逐步能致富"埋下了伏笔,这是贵州为群众生计谋划的远见,也是贵州高质量完成搬迁任务的担当。

"六个坚持"指向鲜明,逻辑清晰,支撑有力,形成了明确的政策框架和实施路径。而在这整体框架之下,省级层面还先后出台了 71 个省级易地扶贫搬迁政策性文件,确保各级各地在执行中不走形变样,确保搬迁群众能够搬得稳稳当当。

4 个纲领性文件:全面系统解决好"搬哪些人""怎么搬""搬到哪""搬后怎么办"等问题,构成了贵州易地扶贫搬迁政策的完整体系。

26 个操作性文件:贵州对易地扶贫搬迁对象识别、工程建设、就业和产业扶持、增减挂钩、资金监督管理、工程考核,以及后续扶持和社区管理基本公共服务体系、培训和就业服务体系、文化服务体系、社区治理体系、安置点社会治安综合治理、迁出地资源盘活及收益、安置点基层党建的操作办法和政策措施、加强搬迁群众就业增收工作进行了细化和明确。

41 个部门协作支持文件:贵州省直相关部门针对易地扶贫搬迁出台了配套支持政策,形成了较为完善的政策体系和体制机制,对易地扶贫搬迁各个环节实行标准化管理。

好政策让群众稳了心,在整乡搬迁的晴隆县三宝乡,村民们扶老携幼向着新家——阿妹戚托小镇走去,在那里有建好的新房、优美的环境,搬迁小区已经规划建设为一个旅游景区,有许许多多的就业岗位在等待着他们。

十三届全国人大一次会议贵州代表团团组开放日上,全国人大代表、惠水县濛江街道新民社区党支部书记罗应和,也是搬迁群众 188 万分之一,向中外媒体展示了两张对比鲜明的照片,一张是罗应和曾经的家,大山里破旧的木瓦房;另一张则是他在惠水县城的新家,一栋栋崭新的五层楼房错落有致地排列在宽敞的水泥路边,白色的外墙上"幸福楼"三个字格外惹眼。

四、下了山,干什么?"一户一就业"是承诺,"五个体系"是保障

搬进城里,买菜要钱、交通要钱、水电要钱……事事都要钱的新生活不禁让搬迁户担忧,生活可怎么办啊!

在搬迁群众迁入新家后,工作还远远没有"过关"。

如果说"搬出来"解决了脱贫的主要矛盾,搬出来后怎么办,是紧接着必须写好的发展答卷。

行百里者半九十。

贵州省委、省政府敏锐地察觉到,易地扶贫搬迁不仅是一项社区再造和重建工程,更是一项人口分布、资源环境、经济社会重新调整和完善的系统工程,不仅涉及安置住房、基础设施和公共服务配套设施建设,更涉及搬迁群众就业创业、社区管理、文化传承、基层党建等诸多方面。

2018 年 8 月,贵州省政府组织 21 个省直部门组成 4 个调研组,深入 8 个市州、20 多个县,开展专项调研,研究起草后续扶持文件,并经反复征求意见和斟酌修

改,历经多次省长专题会议、省政府常务会议、省委常委会议研究,历时 7 个月,2019 年 2 月 23 日,贵州国际会议中心,全省易地扶贫搬迁后续工作推进会,《关于加强和完善易地扶贫搬迁后续工作的意见》和七个配套文件正式公布。在搬迁工作还处于攻坚期的时候,贵州省委、省政府又在时间的棋盘上,落下了一步"先手棋"——全省易地扶贫搬迁工作重点从搬迁为主转入以做好后续工作为主,从解决好"怎么搬"向"搬后怎么办"转变、从"搬得出"向"稳得住、能致富"转变,在搬迁的同时,为群众谋划好未来的生计与生活。

"扎实抓好基本公共服务体系建设、培训和就业服务体系建设、文化服务体系建设、社区治理和基层党建体系建设'五个体系',做好易地扶贫搬迁'后半篇文章',继续创造'稳得住、能致富'的更大奇迹。"贵州省委书记的这段讲话,被每一个参会者重重地记在了各自的笔记本上,也被深深地贯彻落实到具体的行动中。

建立健全基本公共服务体系——"幼有所育、学有所教、劳有所得、病有所医、老有所养、住有所居、弱有所扶",党的十九大报告描绘了民生新蓝图,指明了方向。公共服务跟上了,搬迁群众才安得下心。要着力抓好基本公共服务,聚焦搬迁群众最关心、最忧心的事,满足其子女义务教育、学前教育就读顺利,医疗服务质优便捷,社会保障转移接续,社区配套服务便民利民。截至 2019 年年底,全省已建成配套学校(幼儿园)573 所,尚有 96 所学校(幼儿园)将于 6 月底建成,能够全面保障全省 38 万搬迁子女就学需求;已建成基层医疗卫生服务设施 381 个,尚有 7 个医疗服务机构将于 6 月底建成,能够保障搬迁群众的就医需求;医保、养老保险、低保有序接续,确保应保尽保。

建立健全培训和就业服务体系——确保群众脱贫在望,这是一项可持续的工程。不以平均数代替具体数,确保易地搬迁户每户都有一人稳定就业。贵州省紧紧围绕搬迁群众生计方式非农化转变,结合省内外企业用工需求和贫困劳动力特点,统筹各相关部门培训资源,强力推进搬迁劳动力全员培训,逐户建立培训档案,不断提升就业技能。截至 2019 年年底,全省搬迁 42.36 万户中有劳动力家庭 40.89 万户、劳动力 97.92 万人,已经实现就业 85.49 万人,就业率 87%,基本实现了一户一人以上就业。

建立健全文化服务体系——孕育社会良好风尚,这是一项灵魂性工程。扶贫先扶志,扶贫必扶智。深入开展感恩教育,鼓励搬迁群众自强自立、不等不靠;大力推进移风易俗,提升搬迁群众文明素质、精神风貌;利用传统节日开展活动,保留民族文化传承技艺,让文化的涓涓细流浸润人心。全省开展感恩教育 10627 场次、市民教育 10254 场次。

建立健全社区治理体系——打造和谐美好家园,这是一项保障性工程。设置管理单元,促进搬迁群众和安置地原有群众尽快融合;搭建工会、共青团、妇联等群团组织服务平台,提升服务实效;健全安置社区民主决策制度,完善村(居)务公开制度和民主监督制度,推进居民自治规范化;开展定期走访群众工作,做好社会风险防范和矛盾纠纷排查化解,建设安全、和谐、稳定的新社区环境。全省安置点已建立街道办事处 59 个、社区居委会 451 个、村(居)民小组 3488 个、治保组织 500个、社区警务室 370 个,社区管理组织已经明确编制 2785 人,现有管理干部、聘用干部等 9320 人,安置区社会治理水平不断提高。

建立健全基层党建体系——筑牢基层战斗堡垒,这是一项政治性工程。坚持党要管党、全面从严治党,以提升组织力为重点,把安置点社区党组织建设成为宣传党的主张、贯彻党的决定、领导基层治理、团结动员群众、推动改革发展的坚强战斗堡垒,使搬迁群众做到思想上与党和政府同心,在目标上同向,在行动上同行。安置点已成立党工委 85 个,设立党总支、支部或党小组 1617 个,基层党组织建设不断夯实。

安居与乐业并重,安置与安心同在。

在黔西南,"新市民计划"应运而生,让搬迁群众城市、农村"两头跨",既继续享有老家农村"三块地"的收益,又享受与城镇居民同样的各项保障。"后半篇文章"为群众考虑得细致入微,降低了"前半篇文章"的"书写"难度,搬迁任务全省最重,却在全省率先完成。

在安顺,84 个易地扶贫搬迁安置点(合并为 77 个安置区)配置了 71 所幼儿园,70 所小学,73 所初中,其余利用周边资源解决,孩子们再也不需要凌晨 5 点就起床,走着山路去上学。城乡教育的"起跑线"差距因为搬迁而被缩减为零。

在黔东南,人搬出了山寨,文化的"根"没有割断。在苗族聚居的安置区,斗牛场、芦笙场、游方长廊、苗族文化一条街处处可见。每逢节日,少数民族同胞和原来一样斗牛、喝酒、对歌,"乡俗"在这里传承、"乡愁"在这里延续。

"五个体系",牢牢稳住了群众的获得感、幸福感。进一步明确了让群众尽快融入新生活的工作措施与工作方法,化解了萦绕在迟迟不愿搬迁的群众心头最后一丝犹豫与顾虑。

"搬出来"需要决心勇气,"稳得住"需要用心用力。

初次离开山区的老乡不懂城里的交通规则,铜仁大龙的干部就建起了模拟交通灯,从安全过马路教起;刚刚住进城镇,老人孩子记不住自己楼栋的名称,兴义栗坪社区的干部就用大家熟悉的蔬菜、水果给楼栋命名;第一次接触防盗门、抽水马桶,搬迁户难免出现问题,正安县瑞濠移民安置点的党支部就把党小组建在楼栋里,党员干部随叫随到,一年下来给群众开锁、通下水道的活就干了5000多次……干部的贴心换来百姓的安心,身边有一群可以信赖的人,城里的生活似乎也没有想象的那么"不适应"。

"政策好不好,要看群众是哭还是笑"。贵州省委督查室、省政府督查室的随机入户抽查结果显示,群众对搬迁政策的满意度为99.46%,对配套基础设施及公共服务设施的满意度为99.03%,对住房的满意度为98.28%,对就业脱贫措施的满意度为97.95%。

胜非其难也,持之者其难也。

在2020年3月召开的决战决胜脱贫攻坚座谈会上,习近平总书记强调:"现在搬得出的问题基本解决了,下一步的重点是稳得住、有就业、逐步能致富。"

易地扶贫搬迁的"后半篇文章"做得好不好,与搬迁群众的获得感、幸福感、安全感紧密相关,与2020年全面小康的大局紧密相关。

新年伊始,新冠肺炎疫情让易地扶贫搬迁安置区面临着巩固脱贫成果的新挑战,贵州早谋划、早决策、早部署,一手抓易地扶贫搬迁群众新冠肺炎疫情防控,一手抓搬迁劳动力就业,促进搬迁劳动力及时返岗。

在铜仁旺家社区易地扶贫搬迁安置点,开展了以促进外出务工返乡人员本地就业为目标的"留雁行动",工作人员对安置点群众就业需求情况进行了全面摸底调查,建立疫情期间易地搬迁群众就业需求统计表,完成对有区内务工需求人员年龄、学历、求职意向、期望薪资等登记工作,摸清了就业需求底数,帮助社区居民就近就业。

"疫情不担心,没班上才可怕。"黔西南州兴义市洒金街道栗坪社区新市民蒋兰原本忧心忡忡,在点对点帮扶下,蒋兰找到了新工作,工作地点离家只有10分钟路程,每月可以拿到2500元钱,还能照顾老人、小孩。现在上班一周多了,蒋兰心里也慢慢踏实了。

蒋兰的心态变化过程是大多数新市民的一个写照,随着扶贫车间陆续复工复产,越来越多新市民解除了后顾之忧。截至2020年3月31日,贵州全省搬迁劳动力返岗就业率达到88.18%,贵阳和铜仁搬迁劳动力返岗就业率超过90%,其余7个市(州)返岗就业率超过80%。全省易地扶贫搬迁安置区扶贫车间797个,已复工复产 736 个,复工率 92.35%。

"只要还有一家一户乃至一个人没有解决基本生活问题,我们就不能安之若素……"习近平总书记的重要指示萦绕心中。

最嘹亮的号角吹响,最艰难的冲锋开始。2020 年是全面小康之年,贵州正以一刻不能停、一步不能错、一天不能耽误的态度,补齐短板,向绝对贫困发起 90 天的总攻。挂牌督战,贵州立下"军令状",扎实抓好易地扶贫搬迁集中安置点教育、医疗配套项目挂牌督战工作,确保配套建设的 96 个教育项目和 7 个医疗卫生项目 6 月底前建成,8 月底前投入使用,尽早服务于易地扶贫搬迁群众。

保障和改善民生没有终点,只有连续不断的新起点。

2020 年 4 月 29 日,贵州省人民政府办公厅下发《关于进一步加强易地扶贫搬迁群众就业增收工作的指导意见》,17 条意见涵盖巩固劳务输出成果、拓宽就业渠道、强化就业增收政策扶持三个方面,每条意见都明确责任单位,将工作细化,把责任落实,确保搬迁群众培训和就业安置有后续、能跟进。

五、尽锐出战,他们的身影不能忘记

"金窝银窝不如自家草窝",自古以来,安土重迁的思想深深烙印在群众脑海。短期内动员上百万人搬迁是何其艰难?

"我们要在脱贫攻坚主战场上坚守初心、涵养初心、践行初心,在按时打赢脱贫攻坚战中勇担使命、遂行使命、不辱使命。"贵州省委书记在省委十二届五次全会上如此强调。

一遍遍讲政策、一次次摆道理、一本本算收入账……为了说服群众搬迁,数万名基层干部走进田间地头,深入农家庭院,跑断了腿、说破了嘴,最终一一解开了贫困群众的心结。

要确定每一个需要搬迁的农户,要倾听 188 万种不同的声音,要让 188 万人愿意告别故土,意味着全省的党员干部要数千万次往来于山路崎岖的村寨、走访最为边远的农户。走断腿、磨破嘴,用诚信换取群众的信任,用后续服务赢得群众的支持。188 万群众搬迁的背后,是一段段见证初心的故事的书写,也是一场场干部作风的锤炼。

白天走村串户,饿了一碗炒饭,一盒泡面,夜里经常忙到凌晨,玉屏县的扶贫干部姚祖豪在妻子临盆时,也只是抽晚上的时间回家去看了看,嘱托老人帮助照料。因为他知道"我是这场输不起的攻坚战的领队,我不能落下,让干部职工孤身向前冲"。

"我医得了他们的病,还要医得了他们的思想,所以我要到村里面,把他们的思想转变过来。"从医生转变成村干部,晴隆县三宝乡干塘村村主任陈红珍,这样解释她的人生选择。

易地搬迁,绝境突围,这是党员干部用汗水缔造的奇迹,也是用生命谱写的英雄壮歌。

沿河县锯齿山下的老百姓不会忘记,驻村第一书记文伟红走村串户忙碌的身影,他的父母更不会忘记文伟红寄回家的那封信"等这场战斗结束,我会经常在你们身边,陪伴二老,尽一份儿子应尽的孝道,并向你们讲述我的战斗故事!"然而,一场意外,让他的生命永远定格在45岁。

毕节市金海湖新区的老百姓不会忘记,河尾村党支部书记耿展宇那青春洋溢的笑脸,在核查贫困户信息的途中,他不幸遭遇车祸遇难,年仅33岁。"山难渡、水难渡,血洒脱贫路;车行处、人行处,展宇帮千户",当地群众送来的挽联上,字字都在述说着对这名基层干部的无限怀念。

"黄金百战穿金甲,不破楼兰终不还。"他们不是钢与铁,他们也是血与肉组成的普通人。但为人民谋幸福的初心、为贵州战胜贫困的誓言,让他们勇于冲锋在前、勇于向死而生。

这是创造"奇迹"的强大精神动力,是世界上其他国家和组织都无法具有的制度力量。

搬迁与扎根同步,移民与脱贫共振。

"奇迹"的创造,在于顶层设计的决心,在于政策执行的精准,也在于无数人创造性的工作和默默无闻的坚守与润物无声的付出。

六、贵州为世界减贫提供了中国方案

188万人大搬迁不像科学实验,失败一次可以从头再来。关乎近两百万贫困人口的动迁,关乎生产关系和社会关系的深度变革,没有前车之鉴,要开对"药方",就要拿出背水一战的决心。在一次次实践中,贵州不断探索创新,找寻自己的破题路径,创下了多个全国第一,让这场大搬迁绝地逢生。

这场历史性的大搬迁,是制度创造的奇迹,也将缔造无数个体的奇迹。

在铜仁万山,扶贫搬迁户刘东玲想不到,自己那双拿惯了锄头的手,现在也可以握着鼠标熟练地在电脑屏幕上做着标注,她的标注会通过网络传到阿里巴巴的数据中心。搬出大山一年多,她开始有了一个让孩子将来成为数据专家的新梦想。

在黔西南兴义,谭兴华的梦想已经变成了现实。进城一年多,一边打工一边自学文化,2020年2月,他通过考试成为城市综合行政执法局的一名工作人员。

正如2020年的诺贝尔经济学奖得主阿玛蒂亚·森所言:贫穷,会使人丧失挖掘自身潜力的能力。易地扶贫搬迁,改变的不仅仅是贫困群众的居住条件,更激活了他们的志气、梦想和创造力,改变的将是他们子子孙孙的命运。

奇迹,源于制度的力量。

刘东玲和谭兴华或许不会知道,在国务院扶贫办,存放着22个省(自治区、直辖市)党政一把手向中央签署的《脱贫攻坚责任书》,其中有贵州的一份。如此立下"脱贫军令状",开新中国成立以来之先河。为保证"军令状"不放空炮,脱贫目标还第一次纳入五年规划的约束性指标,并建立了最严格的考核评估制度。

制度明确责任,责任催生力量。

易地扶贫搬迁是精准扶贫工程的重要组成部分,是打赢脱贫攻坚战的关键举措。"只有干出来的辉煌,没有等出来的精彩",贵州的党员干部在脱贫攻坚主战场上用4年时间让188万人顺利搬迁告别贫困,这在贵州历史上、在中国扶贫史上前所未有,也是中国近千万贫困人口易地扶贫搬迁这场攻坚战中的绚丽乐章。

历史已经证明,只有在中国共产党的领导下,充分发挥社会主义制度的优越性,才能凝聚起全社会的力量,实施如此规模、如此艰巨的伟大工程。

改变数千万人命运的伟力,正源于此。

"贵州是我见过的最令人鼓舞的脱贫范例之一",在贵州考察之后,世界银行原行长金墉不禁这样赞叹。

"贵州的脱贫成果令人惊喜和震惊,许多减贫经验值得发展中国家借鉴",摩洛哥参议院副议长苏伊里在听取了贵州脱贫攻坚的介绍后感触良多。

约旦驻华大使胡萨姆·候赛尼在走访了贵州的农村之后告诉记者,"在这里我深切地感受到习近平主席提出的中国梦是可以脚踏实地实现的目标,我认为未来是属于这片土地的"。

七、后续扶持,关键是就业

搬出来不是终点,而是新生活、新奋斗的起点。

2020年4月21日,习近平总书记在陕西考察时强调,搬得出的问题基本解决后,后续扶持最关键的是就业。

乐业才能安居,保就业就是保住千家万户的"饭碗"。

下一步,贵州将继续加大易地扶贫搬迁后续扶持力度,对全省易地扶贫搬迁的188万人,以社区、居(村)委会为基本管理单元,紧紧围绕搬迁群众最关心最直接最现实的利益问题,继续在着力构建基本公共服务、培训和就业服务、文化服务、社区治理、基层党建"五个体系"上下功夫,抓重点、补短板、强弱项,持续推进搬迁群众后续发展,激发搬迁群众内生动力,拓宽就业门路和增收渠道。

"十四五"期间,贵州将根据不同类型、规模安置区的特点,结合本地区经济社会发展规划、国土空间规划、产业发展规划、乡村振兴规划等,切实加大对搬迁群众后续扶持力度,着力推进公共服务、产业培育、就业帮扶、社区管理、社会融入、权益保障等各项工作,推动易地扶贫搬迁后续扶持工作与推进新型城镇化、推进乡村振兴战略有机衔接,有效提升搬迁群众的获得感、幸福感、安全感。

贫困不除、愧对历史,群众不富、寝食难安,小康不达、誓不罢休,创造了易地扶贫搬迁奇迹的贵州,也必将在以习近平同志为核心的党中央领导下,以非凡的意志和智慧,书写新的篇章,在中国反贫困斗争伟大决战的时代画卷上镌刻出新的脱贫奇迹!

小康路上闯出"云南奇迹"

——云南省"十三五"易地扶贫搬迁工作纪实

盛夏云南,蓝天碧水,生机盎然。

4年多来,发生在云南121个县(市、区),占全国搬迁总规模十分之一的迁徙巨变,镌刻在云南跨越发展的历史长河,更书写了我国减贫史上的"云南奇迹"。

怀着对边疆各族人民的深厚感情和深切牵挂,习近平总书记5年两次到云南考察调研,强调决战脱贫攻坚,聚焦深度贫困地区,着力攻克最后的堡垒,坚持"富脑袋"和"富口袋"并重,加强扶贫同扶志扶智相结合,加强开发式扶贫同保障性扶贫相衔接。

牢记嘱托、接续奋进,决不让一个兄弟民族掉队,决不让一个民族地区落伍。作为全国脱贫攻坚的主战场,云南省委、省政府认真学习贯彻习近平新时代中国特色社会主义思想和习近平总书记考察云南重要讲话精神,把打赢打好精准脱贫攻坚战作为新时代必须打赢的第一场硬仗,把易地扶贫搬迁作为全省脱贫攻坚的"五个一批"和"头号工程",坚持"挪穷窝与换穷业并举、安居与乐业并重、搬迁与脱贫同步",闯出了一条边疆民族地区易地扶贫搬迁的新路径,坚决打赢脱贫攻坚这场硬仗。

一、挪穷窝　谋出路

一方水土养不好一方人,成为贫困山区群众脱贫的最大障碍。

搬,彻底斩断穷根,换一方水土,富一方人;

搬,实现千百年来,少数民族同胞彻底摆脱贫困的夙愿;

搬,实现贫困地区跨越发展,与全国一道脱贫奔小康;

......

这是一场史无前例的战役,难度之大,前所未有:"十三五"期间,云南建档立卡贫困人口搬迁总规模99.6万人,居全国第三;2019年,搬迁人口超过30万人,年度任务全国最重;全省有19个万人以上安置点,其中,昭通卯家湾片区、靖安新区跨县安置规模居全国前两位。

易地扶贫搬迁是"五个一批"中最难啃的"硬骨头",也是挪穷窝、拔穷根的治本之举。不仅是重建再造工程,更是"牵一发而动全身"的系统性工程,涉及经济发展、社会重构、民生改善、生态建设等方方面面,都需要科学谋划、全盘统筹。

"人往哪里搬、钱从哪里筹、地在哪里划、房屋如何建、收入如何增、生态如何护、新村如何管",这七大问题考验着政策制定者的智慧和能力。云南决策层果断布局:科学谋划、整合资源、精准施策,确保科学、有序、高效实施搬迁。

"2020年云南将全面完成脱贫任务,确保全面小康路上一个民族都不掉队。"云南省委书记的话掷地有声。云南省委副书记、省长强调,易地扶贫搬迁安置区建设项目是重要的民生工程,要以对党和人民高度负责的态度抓好项目建设,让群众搬得放心、住得安心、生活舒心。

立下愚公移山志,风雨无阻勇向前。云南省委书记、省长以上率下亲自抓,分管省领导具体研究、具体落实,全面加强对易地扶贫搬迁工作的组织领导,组建了省易地扶贫搬迁工作推进协调小组、省易地扶贫搬迁攻坚战指挥部,全面履行易地扶贫搬迁的组织实施主体责任;全省上下以高度的政治担当,把易地扶贫搬迁放在突出位置,全面落实"省负总责、市县抓落实"工作要求,坚持政策导向、目标导向和问题导向,精细设计政策体系,精准谋划工作举措,积极筹措搬迁资金,统筹推进搬迁工作。相继出台《关于坚决打赢新增易地扶贫搬迁攻坚战的实施意见》《关于进一步做好易地扶贫搬迁工作的指导意见》《云南省易地扶贫搬迁安置点实施以奖代补的工作方案》《云南省易地扶贫搬迁"稳得住"工作方案》,从顶层设计上为易地扶贫搬迁筑牢政策基石。

同时,创新制定出台了加快"建"、着重"管"、严格"控"、确保"扶"的18项"硬核"措施,指向鲜明、逻辑清晰、支撑有力,形成了明确的政策框架和实施路径,确保易地扶贫搬迁各项政策落实到位,群众搬得稳稳当当。

从美丽的怒江峡谷到壮阔的金沙江畔,跨越乌蒙山区和横断山脉,一幢幢崭新的楼房拔地而起……作为建设方的云南建投集团战"疫"战"贫"两不误,84个易地扶贫搬迁项目陆续完工交付,30余万搬迁群众喜迁新居。

这是云南易地扶贫搬迁强化顶层设计,以制度保障易地扶贫搬迁的一个缩影。

为了让搬迁群众住上"安心房",云南省发展改革委党组书记与党组成员多次研究,精心谋划,省易地扶贫搬迁攻坚战指挥部在易地扶贫搬迁中推行EPC工程总承包制,新增搬迁90%以上的大型安置点由云南建投、中国建筑等国有大型企业建设,其中3000人以上的大型安置点全部由国有大型企业承建,投入施工力量20多万人、施工机械2.4万台,有效保障工程质量、施工安全和建设进度;与昆钢集团、云南建投分别签订建材供应协议和建设合作协议,按照"保进度、保质量、保安全"要求,保障钢筋、水泥等主要建材"应保尽保";建立和落实"月调度""旬分析""周通报"等制度,实时掌握项目建设进度,及时预警通报,表彰先进、鞭策后进。

制定实施倒逼机制、"网格化"督导机制、"双点长"制、"蹲点驻守"等"四项机制",严控质量和安全、严控建设成本、资金管理、问题整改和严肃执纪问责等"铁腕"措施,为易地扶贫搬迁筑牢坚强后盾。

搬迁只是手段,脱贫才是目的。云南在走稳安置房建设"第一步"的基础上,超前研究、及时谋划搬后"拔穷根、换穷业"的"一揽子"后续扶持政策措施,形成了"六化协同"帮扶体系,确保"搬得出、稳得住、有就业、逐步能致富"。按照"就近就便""缺什么补什么""三同步"(同步规划、同步建设、同步投入使用)原则,安置点义务教育学校、卫生院(所)、幼儿园、"一水两污"、活动场所、便民超市(中心)等配套服务设施建设同步跟上,让搬迁群众入住之时便"一步到位"。

云南易地扶贫搬迁的这件大事,不仅与百万群众息息相关,更牵动着党和国家领导层的心。李克强总理专程到昭通市鲁甸县龙头山镇甘家寨安置点看望群众,全国政协主席汪洋到昭通、怒江调研易地扶贫搬迁安置进展,国务院副总理胡春华深入泸水市大兴地镇、福贡县匹河怒族乡、贡山县独龙江乡等贫困乡村调研督促脱贫攻坚工作。

不仅如此,还得到了国家发展改革委、财政部、国务院扶贫办等倾斜支持和帮助:截至2020年6月,下达云南易地扶贫搬迁资金575.79亿元,资金规模全国第三;下达大型安置点教育、卫生"补短板"中央预算内投资11.1亿元、教育现代化推进工程中央预算内投资6.03亿元,助力补齐大型进城安置配套公共基础设施建设,受益搬迁群众达36万人。

怒江大峡谷两山夹一江,重重大山像是一道道屏障,贫困赶不走、小康进不来,易地扶贫搬迁无疑是斩断穷根最直接、最有效的手段。

听说要搬出生活了 50 多年的老房子，家住怒江州贡山县普拉底乡禾波村的傈僳族群众余文清有些犹豫不决，在驻村工作队员耐心讲解政策后，余文清打消了顾虑。得知部分村民对易地扶贫搬迁政策还有些不理解，他还积极协助村里和工作队做好群众的思想工作并带头搬迁。

余文清仅是怒江州近 10 万易地扶贫搬迁群众的代表。搬出世代居住的深山，住进宽敞明亮新房，这或许是祖祖辈辈难以想象的奢望，却将是子子孙孙的日常。沿着奔腾而下的怒江水、蜿蜒秀美的美丽公路，一处处崭新的安置点楼房林立，一批批贫困群众从"一方水土养不好一方人"的地方搬到新家园，开启幸福新生活。

经过云南全省上下的共同努力，99.6 万贫困群众有序迁出"一方水土养不好一方人"六类地区，搬迁安置实现"三个转变"：建房方式由"统规自建和统规联建"向"统规统建为主"转变，安置点由"点多散小"向"适度集中"转变，安置方式由"农村安置"向"城镇集中安置"转变。

二、建新区　创新路

2019 年隆冬，在滇东北乌蒙山深处飘飘落落的雪花中，欢天喜地的唢呐声时常在高山深谷中嘹亮地响起——昭通市易地扶贫搬迁安置点数以万计的搬迁群众兴高采烈地搬新家、住新房，喜迎美好新生活的到来。

12 月 18 日上午，来自昭阳、镇雄、彝良、大关、永善等县区的首批 986 户 4184 名搬迁群众正式开始搬入全国最大易地扶贫搬迁跨县安置区——靖安新区，拉开靖安新区搬家入住序幕。

昭通市属于"14 个集中连片特困地区"中的"乌蒙山区"，是全国新一轮脱贫攻坚的六大片区之一，贫困发生率47%，让昭通成了脱贫攻坚中一块难啃的"硬骨头"。全市 28 个新增集中安置区，万人以上的有 8 个，其中两个在 3.5 万人以上，相当于新建了两个中等县城。

要在贫困程度深、搬迁难度大的昭通实施搬迁、再造新城是一项复杂的工程。为此，昭通市坚持"卡户与随迁户同步、住房建设与各类综合配套同步、人员安置与产业就业同步、硬件建设与建立完善社区管理机制同步"的"四同步"原则，突出做好易地扶贫搬迁、产业培育、劳动力转移就业、基础设施改善"四篇文章"，实现城乡人口重构、产业发展结构重组、山区自然生态环境重塑"三位一体"整体推进。2015年以来,全市有508个贫困村出列、2个贫困县摘帽、125.54万人摆脱绝对贫困,贫困发生率下降至12.49%,2020年还将实现7个县区脱贫摘帽、624个贫困村出列、40.07万贫困人口脱贫。

2019年4月10日,一封特殊的来信让怒江上下为之沸腾。这是习近平总书记给怒江州贡山县独龙江乡群众回信,祝贺独龙族实现了整族脱贫。作为集"边疆、民族、直过、贫困"为一体的全国唯一的傈僳族自治州,一年时间内,怒江州易地扶贫搬迁工作快速高效推进,所有安置点已建设完工,10.2万贫困群众进城入镇,开启新生活。

随着贫困群众陆续搬迁入住,如何安居乐业、稳定发展成为挂在怒江各级政府、扶贫干部心间的头等大事。通过组织全员培训,不断提升劳动力就业技能,以就地就近就业、组织化劳务输出、返乡创业带动、公益岗设置等方式,已有1.2万余人在公益性岗位就业,1.4万余人转移就业,实现户均1名劳动力就业目标。通过一系列盘活承包地、山林地、宅基地的有效措施,越来越多的农村资源变资产、资金变股金、农民变股东。随着生态环境保护制度的深入推进,怒江山更绿,水更清,依托特色资源发展的草果、花椒等绿色香料产业越发红火。

搬迁改变了群众生活,也深刻改变着城乡、产业和就业格局。昭通、怒江结合地方实际,拓宽思路谋发展、精准施策求实效,切实为搬迁群众谋福祉,易地扶贫搬迁已成为最显著的特征、最美丽的风景。

2020年是决胜全面建成小康社会、决战脱贫攻坚之年。云南省委、省政府谋定而动,在全省组织开展决战决胜脱贫攻坚百日总攻行动,易地扶贫搬迁的"作战图"也更加明晰:上半年完成"安置住房100%完工、建档立卡贫困人口100%入住、配套设施100%完工"目标。

号角吹响,脚步铿锵,云南省发展改革部门拿出攻坚决战的勇气、作风和姿态,向最后的贫困堡垒发起总攻。

万人以上集中安置点是易地扶贫搬迁中的难中之难、艰中之艰,云南对这些安置点实行省级相关职能部门挂牌督战,集中火力攻克最后堡垒。云南省发展改革委建立"分级、包片、驻点、全覆盖督导"制度和"点、线、片、面"四级督战机制,对会泽、丘北、澜沧、宣威、福贡5县(市)实行挂牌督战,对易地扶贫搬迁万人以上安置点实行"点长驻守督战",对昭通、曲靖、怒江和红河南部、广南、澜沧四大重点地区实行"片长督战",确保上半年全面消除绝对贫困,下半年全面巩固脱贫成果,高质量打赢脱贫攻坚战。

云南还对集中安置点实施"以奖代补"。从 2019 年至 2023 年,每年安排财政专项扶贫资金 5000 万元,对安置建档立卡贫困人口 200 人以上的集中安置点进行奖补。目前,已投入 1 亿元资金对 110 个在为民服务、脱贫发展、平安稳定、和谐文明等方面成效突出的安置点典型实施"以奖代补",切实发挥示范引领作用。

新年伊始,新冠肺炎疫情让易地扶贫搬迁工作面临着前所未有的挑战。面对这道"加试题",云南及时研判、快速响应,一手抓搬迁安置区疫情防控,一手抓劳动力返岗、复工复产,随着经济社会的逐步复苏,各地全力推进易地扶贫搬迁扫尾工程建设,分级分类开启"搬家模式",确保如期完成搬迁历史任务。在各方努力下,全省百万搬迁群众生活稳定,未发生 1 例新冠肺炎确诊或疑似病例。

如今,遍布云南省的 2832 个易地扶贫搬迁安置点活力渐现,见证着这一史无前例的伟大壮举;一排排拔地而起的新房灯火璀璨,指引着百万群众梦想照进现实。云岭大地上,轰轰烈烈的易地扶贫搬迁,托起了满满的幸福。

三、换穷业　奔富路

搬出大山只是第一步,新生活、新奋斗才刚刚开始,如何稳得住、快融入、逐步能致富,做好"后半篇文章",是对全省易地扶贫搬迁工作的巨大考验。

"搬迁群众从农民变为市民,生活习惯、生活方式都发生很大变化,各级组织要把易地扶贫搬迁后续扶持工作做细做实,确保群众搬得出、稳得住、能致富。"云南省委书记的一席话被扶贫干部们重点写进了工作日志。

为做好近百万搬迁群众的后续扶持工作,云南超前研究、及时谋划搬后"斩穷根、换穷业"的一揽子后续扶持政策措施,在充分衔接国家相关工作决策部署的同时,结合自身实际,形成了政策保障体系化、公共服务均等化、就业帮扶多元化、产业扶持市场化、社会治理精细化、教育培训系统化的"六化协同"帮扶体系。2020年出台的《云南省易地扶贫搬迁"稳得住"工作方案》,提出了"稳得住"40 条保障措施,从群众日常生活出发,进一步细化户籍迁移管理、房屋产权管理、义务教育、基本医疗、产业发展、就业帮扶等方面,切实保障群众切身利益。方案出台的同时,还针对 20 类 70 个方面 200 个具体问题,创新配套印发了《云南省易地扶贫搬迁居民生活指南》。

在云南省发起"决战决胜脱贫攻坚百日总攻行动"之际,工作方案的出台不仅是云南省易地扶贫搬迁"一盘棋"的关键一步,更为易地扶贫搬迁后续帮扶提供了"作战图",工作重点从搬迁为主转入以做好后续工作为主,从解决好"怎么搬"向"搬后怎么办"转变、从"搬得出"向"稳得住、能致富"转变,在搬迁的同时,为群众谋划好未来的生计与生活。

易地扶贫搬迁工作千头万绪,一揽子政策要真正落实落细,还需责任到人、精准施策、重点突破。围绕国家13部委2020年易地扶贫搬迁后续扶持25项措施,云南易地扶贫搬迁攻坚战指挥部建立了联席会议制度,17家省级责任部门凝聚脱贫攻坚合力,心往一处想、劲往一处使,加大分析研判、预警通报,促进人力、物力、财力优先向重点地区、薄弱环节聚焦,靶向施策,巩固提升搬迁成效。

易地扶贫搬迁"后半篇文章"写得好不好,与贫困群众的幸福感、获得感息息相关。曾经的山区贫困户变为城镇新市民,终结了"面朝黄土背朝天"的日子,住进新家园、新居所,正全方位融入新生活。然而,搬出来,没有了"一亩三分地",今后靠什么生活?

2020年4月,习近平总书记在陕西考察时强调,搬得出的问题基本解决后,后续扶持最关键的是就业。

乐业才能安居,安居才能安心。只有让贫困群众在适应城市生活的基础上,找到增收致富的途径,在就业岗位上施展一技之长,才能融入新环境、新生活,稳稳扎根"第二故乡"。

云南将扶贫与扶志、扶智相结合,将安置点就业帮扶、社会治理及文化软实力建设纳入顶层设计。在各地安置点,重点在"有主导产业、有扶贫车间、有权益收益、有流转收益、有资产收益、有合作组织、有帮扶措施"上着力,确保每个安置点至少有1项主导产业辐射带动,至少建成1个扶贫车间,搬迁户至少加入1个经济合作组织;盘活搬出区"三块地",整合迁入区各类资源,建立完善利益联结机制,确保搬迁对象至少有1份稳定的权益收益;按照"确保搬迁群众中有劳动能力和就业意愿的家庭至少1人实现就业"的目标,持续加大职业技能培训、扶贫车间开发等工作,让搬迁群众有活干、能增收;扎实推进有基层党组织、有群团组织、有活动阵地、有调解室(员)等"10个有",培育核心价值、强化感恩教育、丰富活动载体、创建文明家庭、弘扬优秀传统,进一步提升搬迁群众归属感和幸福感,树立文明进步、守望相助、邻里和睦的良好风尚。目前,云南省易地扶贫搬迁安置点已建成扶贫车间1260个,建立就业服务站362个,全省47.64万搬迁劳动力就业培训率达 83.6%、就业率达 79.34%,户均就业 1.24 人。

位于乌蒙山腹地的曲靖市会泽县,是国家级深度贫困县之一,也是全国最大的易地扶贫搬迁县城集中安置区,8 万余名贫困群众和随迁户喜迁新居,变身"新市民"。

走进安置点周边 5500 多亩的现代农业产业示范园区,连绵起伏的蔬菜大棚蔚为壮观,整齐排列的蔬菜鲜嫩水灵,务工人员正在认真作业。为切实扶持搬迁群众发展,会泽县按照"大产业+新主体+新平台"的思路,成立了扶贫开发投资经营管理有限公司,统筹全县产业扶贫组织化工作,产业扶贫基地可吸纳 3800 余名搬迁群众就近就业,人均年务工收入超过 1.6 万元。不仅如此,搬迁群众还能以自主创收、资产托管、土地流转等方式增加收入,通过产业扶贫,脱贫致富路越走越宽。

在安置点草莓扶贫车间,上百位务工群众正忙着分拣草莓,其中年纪最长的仁芝芝已有 94 岁高龄。在家里闲不住的她听说可以在家门口打工,便迫不及待地报名了。在会泽县,这样的扶贫车间已有 23 家,吸纳 1000 多名贫困人员就近就业。目前,会泽县已基本实现搬迁群众有劳动能力的家庭户均 1 人以上就业,实现"人人有事做、个个有收入"。

在迪庆州维西县易地扶贫搬迁新增规模县城安置点(康恩家园)居住着傈僳、藏、彝、白等 11 个少数民族共 3000 余人,2020 年春节,这些来自 6 个乡镇 25 个行政村的搬迁群众身着节日盛装,用歌声、舞姿欢庆乔迁之喜,感念党恩绵长,"民族团结一家亲"的美好画面在这里生动展现。

"以前住在普乐村,那里山高坡陡,公路不通,生活太不方便了,现在搬了新家,娃娃上学不用接送,妈妈擅长傈绣,自己准备开个理发店,一家人一起赚钱,好日子还在后头!"傈僳族妇女余芳乐呵呵地说。维西县从搬迁群众需求出发,提前谋划后续扶持工作,在安置点建设非遗扶贫就业工坊,引入企业经营,吸纳安置点妇女家门口就业。

烧洋芋、绣鞋垫、包粽子……一顶顶排列整齐的红帐篷下,靖安新区搬迁群众摆起地摊,过起自给自足的小日子。"地摊经济"鼓了搬迁群众的腰包,让搬迁安置区焕发着无限生机。

这一切得益于昭通靖安新区想民所想,用心为民的创新之举。围绕让搬迁群众"安居、乐业、幸福"目标,昭通市靖安安置区临时党工委(管委会)强化党建引领,通过抓组织、重服务、强治理、谋发展、优干群等措施,增强产业就业支撑,优化管理服务保障,让人在网中走、事在格中办,全力做实易地扶贫搬迁"后半篇"

文章。

"搬到新家后,我用自己做针线的手艺做些鞋垫、拖鞋和挂包来卖,每天收入100多元,从年后到现在已经卖了8000多元,能在家门口赚钱还能照顾80多岁的老母亲,心里实在太高兴了!"从永善县黄华镇搬来的钟大姐说。

四、闯出来的"奇迹"

4年时间,近百万人顺利搬迁告别贫困,这件前所未有的浩大工程无疑是云南乃至中国减贫史上的壮丽一篇。

云岭大地,易地扶贫搬迁的成果写在青山绿水间,曾经"想都不敢想的日子"跃然眼前,开启云南高质量发展的新起点:

86.6万名贫困群众通过搬迁实现脱贫销号,贫困群众住进24.5万套新房;

安置点实现户均1人以上就业,群众收入和区域性消费逐渐增长;

招大引强助力企业入滇,拉动云南投资超过800亿元;

通过县城、乡村、产业园区安置,全省城镇化率提高近1.4个百分点;

复垦复绿近2万亩土地,5000余个地质灾害频发迁出地生态环境和质量得到有效改善;

易地扶贫搬迁真正成为云南"十三五"时期促进贫困人口减贫、地方投资增长、有序推进新型城镇化、人口市民化、生态环境治理、提振干部群众干事创业精气神的有效措施和途径,一幅产业兴、生态美、百姓富的新都市画卷正在徐徐展开。

这是中国制度优势创造的奇迹,是云南创新探索、精准发力的智慧与担当,也是数万名云南党员干部众志成城、背水一战的热血与荣光。

越是贫困,安土重迁的思想越发根深蒂固,要从"不想搬"变为"主动搬"何其艰难。面对这项足以改变百万人命运的政治大考、能力大考,党员干部就是最坚实的依靠。

数不清的日夜颠倒、说不尽的风雨兼程,易地扶贫搬迁攻坚战指挥部领导干部们撸起袖子、扑下身子,在科学部署上下功夫、在狠抓落实上做文章、在破解难点上求突破,为争取每一分扶贫资金拼尽全力,为每一个安置点大小事务操碎了心。

白天冒着生命危险辗转于安置点,夜晚还要做总结、思考方向,这对全省易地扶贫搬迁人来说已是家常便饭。"再难都要啃下'硬骨头',要给全省99.6万名易地搬迁贫困群众一个满意的交代!"这个铮铮誓言时刻铭记于心。

在怒江大峡谷,活跃着15支由1000余名有驻村经验、懂少数民族语言的基层干部组成的"背包队",为了说服群众搬迁,他们背着被褥翻山越岭、驻村扎寨,在院坝座谈,在火塘夜话,一遍遍讲政策、一次次摆道理、一本本算收入账,最终解开了贫困群众的心结。

在东川红土地搬迁安置点,"点长"赖昱辉不知走破了多少双鞋,就像一个"大家长",贫困户分房比谁都高兴,遇到问题冲在最前方,时刻将搬迁群众和施工人员的安全、冷暖挂在心上,唯独却忘了早已疲惫的自己和家的灯光。

在昭通乌蒙山区,10.7万名党员干部尽锐出战,挂钩帮扶到村到户,5000余名驻村工作队员、督导员下沉一线。他们中间有216对"父子兵"、1284对"夫妻档",还有572名干部"轻伤不下火线",用"全部脱贫一个不落,全面小康一个不少"的成绩,向党和人民交上一份满意答卷。

跑断了腿、说破了嘴,以真心换真情,以诚信换支持。近百万群众搬迁的背后,是一段段守初心、担使命的党性历练,是一首首血与泪铸就的英雄赞歌。数万名云南党员干部时刻把人民放在心底、把职责扛在肩上,把任务抓在手中,用心血生命诠释了党的根本宗旨,用忠诚担当书写出决战贫困的时代传奇。

"脱贫攻坚战进入决胜的关键阶段,打法要同初期的全面部署、中期的全面推进有所区别,最要紧的是防止松懈、防止滑坡。各地区各部门务必一鼓作气、顽强作战,不获全胜决不收兵。"习近平总书记在解决"两不愁三保障"突出问题座谈会上的讲话掷地有声。

号角声声,时不我待。当前,云南正全力冲刺,向绝对贫困"堡垒"发起总攻。随着越来越多贫困人口脱贫、贫困县摘帽,离实现全面脱贫目标越来越近,云南将坚定不移沿着习近平总书记指引的方向奋勇前进,以更大的决心、更有力的举措、更有效的行动深入实施精准扶贫、精准脱贫,继续加大对易地扶贫搬迁后续扶持力度,持续激发干部群众不松劲、不停步的攻坚动力,夺取全省脱贫攻坚战的全面胜利,确保云南与全国一道同步建成小康社会,把习近平总书记为云南擘画的宏伟蓝图变为现实。

携手共进建小康

——西藏自治区"十三五"易地扶贫搬迁工作纪实

夏暖高原。青山绿水、雪峰冰川,壮丽神奇、风情万千。

在这片温暖的大地上,从藏北高原到藏南谷地,从藏西秘境到藏东山川,感受着家的温暖,体味着美好的生活,幸福的笑容洋溢在每一户搬迁群众脸上,唱响一曲感恩奋进的"中国好声音"。

党的十八大以来,以习近平同志为核心的党中央多次对西藏脱贫攻坚工作作出重要指示,把西藏列为省级集中连片特殊困难地区和"三区三州"深度贫困地区,对西藏脱贫攻坚格外重视、格外关心、格外支持。

在中央第六次西藏工作座谈会上,习近平总书记指出,在全国14个集中连片特殊困难地区中,西藏和四省藏区是贫困面最大、贫困程度最深的地区,必须把解决困难群众脱贫问题作为实现全面小康目标最突出的任务,在补短板上用全劲、使全力。

2016年以来,在党中央和国家有关部委的大力关心和支持下,在各援藏省市的无私援助下,西藏自治区党委、政府深入贯彻精准扶贫精准脱贫基本方略,认真贯彻落实中央第六次西藏工作座谈会精神,把脱贫攻坚作为头等大事和第一民生工程,把易地扶贫搬迁作为关键之举,紧密结合实际,创新工作机制,不断加大力度扎实推进,确保一个又一个易地扶贫搬迁项目稳步实施,全面助力深度贫困地区农牧民群众搬得出、稳得住、能致富。经过4年多的不懈努力,易地扶贫搬迁项目建设任务如期完成。

一、因地制宜、精准施策,向贫困宣战

作为全国经济社会发展相对滞后地区,西藏的贫困问题,原因复杂,由来已久。

从60多年前的民主改革、自治区成立,到改革开放,再到进入新世纪,每一个历史阶段,西藏历届党委、政府都把建设社会主义新西藏、消除贫困作为执政为民最重要的工作来抓。

尽管如此,西藏的减贫之路还面临不少挑战:地广人稀、农牧民居住分散,扶贫成本高、脱贫难度大。

到2015年年底,西藏的贫困发生率高出全国19.62个百分点,整体处于深度贫困状态,是全国唯一的省级集中连片特殊困难地区。

不过,再困难、再艰巨的难题也没有自治区党委、政府团结带领全区各族群众一起决战脱贫攻坚、决胜全面小康的决心大。

"向贫困宣战,决不让贫困代代相传!"成为全区的共识。

为打赢西藏脱贫攻坚战,解决区域性整体贫困,自治区认真贯彻落实中央决策部署,调整充实以自治区党委书记为组长的扶贫开发领导小组,成立了由自治区党委常委、常务副主席担任总指挥长,自治区副主席任副总指挥长,自治区发改、财政、扶贫等65个相关部门主要负责同志为成员的自治区脱贫攻坚指挥部,指挥部下设办公室和10个专项工作组,其中包括易地搬迁脱贫组,成员由自治区相关部门负责同志组成,并明确了主要职责和任务分工,统筹推进全区易地扶贫搬迁工作。

习近平总书记指出:"要做好移民搬迁工作,做到实施一个搬迁项目、安置好一方群众、实现一方人脱贫。"

在自治区党委、政府的坚强领导下,西藏自治区结合实际加强顶层设计,整合资源协同推进,自治区发展改革委会同相关部门组织编制完成自治区"十三五"易地扶贫搬迁实施方案、规划和年度计划,制定出台了自治区加快推进易地扶贫搬迁工作的指导意见、项目管理暂行办法、工作成效考核暂行办法等,建立了项目月调度制度。

同时,针对督查和自查中发现的问题,印发了《关于进一步加快和规范全区易地扶贫搬迁工作的通知》《关于加快易地扶贫搬迁资金使用进度的通知》《关于严格控制建档立卡贫困人口易地扶贫搬迁住房建设标准的通知》《关于进一步做好全区易地扶贫搬迁工作的通知》等文件,对易地扶贫搬迁项目建设、工程监管、质量安全、监管巡查及后续扶持等方面提出了具体工作要求。

结合自治区"十三五"规划项目执行情况,自治区发展改革委统筹整合各类资源,多渠道筹措项目建设资金,共落实中央预算内投资26.6亿元,长期政策性贷款

8.75 亿元,专项建设基金 1.25 亿元,以及地方政府债券和自治区涉农整合资金 122.9 亿元。

各地市建立了"多条渠道进水、一个龙头出水"的项目资金整合机制,通过整合各类专项扶贫资金、相关涉农资金和社会帮扶资金,在原有管理渠道和资金性质不变的前提下,共同用于安置区安置房和配套基础设施建设,为易地扶贫搬迁顺利实施提供资金保障,有效确保建档立卡贫困户不因建房而负债。

坚持精准扶贫精准脱贫基本方略,坚持国家易地扶贫搬迁政策要求和规范标准,自治区从现实区情出发,正确处理好易地扶贫搬迁向城镇聚集和向生产资料富裕、基础设施相对完善地区聚集的关系,因地制宜,分类施策,集中最大力量,运用最科学策略,采用最精准方法,实施易地扶贫搬迁。

"狭路相逢勇者胜。"面对贫困的硬骨头和最后堡垒,必须以必胜的信念,向贫困宣战。

二、抓重点、补短板,缺什么补什么

"得益于易地扶贫搬迁政策,我搬进了现在这个 140 多平方米的大房子,不仅通了水电,家具等也一应俱全。"在拉萨市曲水县达嘎乡三有村,63 岁的村民扎西多吉望着住了 4 年多的房子欣喜地向记者回忆起刚搬过来时的情景。

如今,村里配套设施完善,包括村委会、卫生室、幼儿园以及集休闲、娱乐、健身为一体的公园。仅卫生室就设有门诊室、治疗室、药房、预防接种室、健康教育室等功能科室,可谓"麻雀虽小,五脏俱全"。扎西多吉搬新家的心情,这几年在 120 多万平方公里的西藏大地上几乎每天都在上演。

西藏自治区"十三五"期间建档立卡贫困人口为 62.8 万人,其中通过易地扶贫搬迁政策实现脱贫 26.6 万人,占全区建档立卡贫困人口的 42%,成为建档立卡贫困人口脱贫的重要渠道与实现持续发展致富的最有效措施之一。

那么在易地扶贫搬迁实施中,如何解决建档立卡贫困群众住房问题,如何做好基础设施和公共服务设施"十项提升"工程,成为自治区党委、政府始终坚持以人民为中心的价值导向,抓重点、补短板的关键方向。

——始终把尊重群众意愿作为易地扶贫搬迁的首要条件,敦促有关地方不搞强迫命令,通过贫困群众自愿申请、资格审核、村级公示、村民表决的程序确定搬迁对象,同时根据水土资源状况、环境承载能力和城镇化进程,科学布局安置区域,合理确定搬迁规模,因地制宜确定安置方式,不搞"一刀切"。

——出台《关于做好易地扶贫搬迁点家庭医生签约服务等工作的通知》等一系列政策文件,保障了门诊家庭账户基金核销政策有效执行,使搬迁群众及时享受基本公共卫生服务和健康体检服务。

——严格落实各项教育扶贫政策,完善资助服务体系。落实教育三包、营养改善、免费教育补助等政策。严格控辍保学,有效对接搬迁户学生转学、入学,确保搬迁户学生及时就近就地就学,使搬迁群众就医、就学等得到有效解决和进一步的提升。

与此同时,坚持将易地扶贫搬迁与新型城镇化、特色小城镇和新农村建设相结合,发挥好新型城镇化对脱贫的辐射带动作用,把城镇化作为转移贫困人口的重要载体,吸纳更多的贫困人口到城镇就业创业。

全区实施的 965 个易地扶贫搬迁安置点中集中安置区有 922 个,占 95.5%。昌都市察雅县,日喀则市南木林县、定日县,阿里地区狮泉河镇"康乐新居"等安置区充分利用县城现有配套基础设施和公共服务设施,统筹推进城镇化和易地扶贫搬迁工作,在充分尊重群众意愿的基础上,将建档立卡贫困人口集中安置在县城周围。

为进一步完善易地扶贫搬迁安置点基础设施和公共服务设施配套,自治区发展改革委积极加强与国家发展改革委的汇报衔接,在国家发展改革委的大力支持下,2019 年安排下达中央预算内投资 3146 万元,专项用于拉萨市堆龙德庆区祥和苑易地扶贫搬迁安置点标准化社区卫生服务中心、日喀则市定日县县城易地扶贫搬迁安置点县第三小学和昌都市察雅县香堆镇香堆居委会易地扶贫搬迁安置点幼儿园项目建设。

谋民生之利,解民生之忧。在易地扶贫搬迁工作中,自治区党委、政府集中解决贫困群众面临的就业、社保、就医、就学、住房等最急最忧最盼的切身利益问题,不断消除地区差距、收入差距、城乡差距,促进社会公平正义,确保全面建成小康社会一个民族都不能少、一个都不掉队。

三、挪穷窝、住新家,日子过得越来越美

又是一个周末,拉萨市堆龙德庆区波玛村易地扶贫安置点的洛桑次仁在家里

拿出点心、干肉等招待客人。大家啧啧称赞他家一年来的变化,洛桑次仁腼腆地笑着告诉记者:"搬迁过来之后,一家四口不用挤在租住的小房子,现在在附近的园区打工,收入更高了,日子过得越来越美,感谢党的好政策。"

2016年,包括洛桑次仁在内的堆龙德庆区德庆乡、古荣乡等100户408名贫困群众搬入波玛村易地扶贫搬迁安置点。依托"象雄美朵"生态旅游文化产业园,洛桑次仁就近就业,还有了固定的收入,不仅帮助他们摆脱了过去的穷困,还激发了他们继续向好的信心。

不只洛桑次仁一家因扶贫搬迁过上了好日子,山南市隆子县玉麦乡的56户农牧民也搬入了新房。"家是玉麦,国是中国",这个中国人口最少的行政乡因易地扶贫搬迁换新颜。玉麦乡位于中印边境,从前有段时间仅有一户村民,被称作"三人乡"。2018年,通过易地扶贫搬迁,全乡居民达到56户197人。

从隆子县热荣乡搬来的新玉麦人索朗群培告诉记者:"我们如今也成了光荣的玉麦守边人。这里环境好,我们住得也好,我还在工地上打工挣钱,日子过得很幸福。作为新玉麦人,我们一定会守好边境,建设富裕、美丽的新玉麦。""我们这里人多了,热闹了,住上了新房子,用网、用电、用水都稳定了。现在村里搬来了很多新住户,我作为老玉麦人,更要坚守好放牧守边的职责,做好他们的榜样,与每一个村民一起,守护好玉麦,建设好玉麦。"作为在玉麦乡居住最久的住户,卓嘎如是说。

金杯银杯不如百姓口碑,老百姓说好才是真的好。

这些,都是证明西藏自治区易地扶贫搬迁工作取得优异成效的一个个重要例证。

"十三五"期间,国家核定西藏自治区实施建档立卡贫困人口易地扶贫搬迁规模为26.6万人。截至2020年6月底,全区965个易地扶贫搬迁安置点已全部完成项目建设。搬迁群众已全部搬迁入住。

《西藏自治区"十三五"建档立卡贫困人口易地扶贫搬迁规划》清晰标明:搬迁过程中,要"按照群众自愿、应搬尽搬的原则,综合考虑水土资源条件和城镇化进程,采取集中安置与分散安置相结合的方式多渠道解决"。

相关部门在实地踏勘和了解搬迁对象意愿的基础上,编制既符合当地民俗特色,又满足搬迁群众生活需要的易地搬迁房屋建筑风格、排列方式、户型图集、建设标准等,供搬迁群众选择。

如今,搬出了自然条件严酷、生存环境恶劣、"一方水土养不好一方人"的地区,26.6万建档立卡贫困人口彻底解决了行路难、吃水难、用电难、上学难、就医难等问题,搬迁群众生存条件明显得到改善。

四、人人有活干、收入有保障,致富路子越来越宽

在日喀则市拉孜县易地扶贫搬迁点明玛幸福小区,57岁的次仁多吉一家子,在两层155平方米的宽敞明亮的新居里过着安逸的生活。家里冰箱、彩电、家具应有尽有,还开起了小卖部,老爸次仁多吉和女儿白玛在易地搬迁点合作社上班,都有稳定的收入。

2016年10月,拉孜县查务乡明玛村作为灾后重建和首批精准扶贫搬迁村,全村55户297人顺利搬迁到这儿,告别了过去艰苦高寒的生活环境,过上有电、有水、有网的生活。

从移居到安居,从安居到乐业。自治区配套发展与搬迁户脱贫致富相适应的扶贫产业,就近就地开发就业岗位,引导搬迁群众从事种植养殖加工、商贸物流、家政服务、物业管理、旅游服务等,实现有劳动能力的贫困家庭后续发展有门路、转移就业有渠道、收入水平有提高、有稳定的社会保障,真正确保搬得出、稳得住、能致富。

大力发展后续产业,"十三五"期间自治区累计实施产业扶贫项目3015个,规划总投资510亿元。

截至2020年6月底,全区累计开工建设产业扶贫项目2481个,占规划项目的82%,其中完工1679个,占开工项目的68%,累计落实产业扶贫资金337亿元,完成投资276亿元,投资完成率达82%,通过产业扶贫带动近22万建档立卡贫困农牧民如期实现脱贫,其中包括易地扶贫搬迁安置区(点)建档立卡贫困群众11.5万人,间接带动30多万名农牧民增收。

与此同时,按照党中央关于精准脱贫、精准施策的工作要求,以因户施策、因人施策的工作原则,不断拓宽就业渠道。以贫困搬迁户创业就业为重点,制定实施增收措施,对有条件和培训意愿的搬迁户,充分考虑搬迁群众求职意向、创业意愿,以"培训一人、就业一人、脱贫一户、稳定一家"为工作目标,将常规培训与特殊定点培训相结合,各市地组织了保安、宾馆服务、建筑施工、车辆驾驶、手工艺品加工、竹编、藏鸡养殖、蔬菜种植、氆氇编织等多种形式的技能培训,完成搬迁对象就业培训

5.4万人,通过拓宽搬迁户就业渠道等方式实现转移就业。

此外,充分调动搬迁群众自我发展意识,成立劳务输出公司,开展劳务派遣、劳务输出等工作,确保贫困搬迁户有业可就,实现脱贫致富。

"政府给我们家分了一套房,还安排我参加培训,帮我在乡里的餐馆找了份工作,有了稳定的收入,家里的生活也好了不少。"昌都市丁青县觉恩乡金卡村村民阿旺措姆是易地扶贫搬迁政策受益者之一。

搬迁只是手段,脱贫才是目的。实现住房安全自然能增强贫困群众的获得感,但更多的获得感源于贫困群众未来生计有着落,持续增收有门路。

2016年以来,全区各市地结合易地扶贫搬迁工作统筹考虑后续产业发展问题,产业培训与搬迁同步规划、同步推进,做到安居与发展并重,积极开展技能培训,努力拓宽就业渠道,千方百计增加搬迁群众收入。如今,广大农牧民贫困群众通过易地扶贫搬迁实现了稳定就业,有了稳定收入,走上了幸福美好的社会主义康庄大道。

五、能融入、稳得住,共绘社区治理"同心圆"

为了搞好管理,那曲市比如县南岸新区易地扶贫搬迁点党支部书记加错配合上级部门把南岸新区搬迁点划分为12个联户单位,由群众民主推荐12名联户长,帮助群众排解矛盾纠纷等。

同时,对群众进行"四讲四爱"、感党恩、爱国主义教育,引导群众自觉感党恩、听党话、跟党走;配合派出所、警务站、镇综合办、扶贫办等部门做好治安、安全隐患排查工作,解决好群众实际困难;每周五组织打扫卫生一次,保持搬迁点清洁卫生。

易地扶贫搬迁以后,群众面对新环境自然也会出现很多新问题,如何推动易地扶贫安置点新型社区各类组织、部门、社会力量共促共融、互联互通,做好新社区管理显得尤为重要。

——加强对搬迁群众的思想教育工作,大力推进移风易俗,破除陈规陋习,做好搬迁入住前生活方式适应性教育培训,推动建立嵌入式社会结构和社区环境,促进搬迁群众与当地群众交往交流交融,帮助搬迁群众解决生活融入方面存在的困难。

——强化迁入地安置区的社会治安综合防控,为搬迁群众营造安全稳定的社会治安环境。组织动员县乡干部与搬迁群众结对子,鼓励群团组织、社会组织、志愿者等积极开展生活融入、心理疏导、邻里互助、健康养老等服务工作。

——加强安置区群众的服务管理工作,提升服务水平,充分发挥基层组织的力量,加大群防群治力量建设工作,动员组织安置区内群众开展联防联控工作,指导基层村(居)组织加派护村队、治保会等群防群治组织建设工作,加大对安置区社会面巡防,做好安全防范工作。

——加大对搬迁群众的法治教育和法治宣传,逐步引导搬迁群众树立法治思维,提升搬迁群众运用法治思维化解矛盾、解决问题的法律意识。

——开展"四讲四爱"群众教育实践活动,引导群众自觉做好公民。开展扶贫扶志行动,大力宣传身边勤劳致富先进典型,引导搬迁群众树立自强自立、不等不靠的思想,加强精神文明建设,有效改善、提升物质生活和精神文明生活水平,鼓励搬迁群众通过辛勤劳动实现脱贫增收致富。

——推进公共文化资源重点向安置区倾斜,深入开展文化下乡活动,为搬迁群众提供更多更好公共文化服务。组织开展新村(社区)文明创建,结合实际开展"比学赶超"活动和"示范安置新村(社区)""文明村镇""文明家庭""脱贫致富模范搬迁户"等评选活动。大力推广国家通用语言文字,推动建立相互嵌入式的社会结构和社区环境,促进各民族交往交流交融。

林芝市和日喀则市通过易地扶贫搬迁,将非边境地区贫困群众 283 户 1323 人向边境地区搬迁,既改善了搬迁群众的生产生活条件,又壮大了守土固边力量,筑牢了国家安全屏障。

六、提升获得感、幸福感,持续做好"后半篇文章"

如何让搬迁群众的获得感、幸福感、安全感不断加码,也让他们拥有更多信心和希望,主动融入当地生产生活,用自己勤劳的双手创造新的幸福生活?增加就业、发展产业,是做好易地扶贫搬迁"后半篇文章"中的一道重点难题。

民之所望,施政所向。

自治区研究制定《西藏自治区关于进一步加大易地扶贫搬迁后续扶持工作力度的实施意见》(以下简称《意见》),切实加大对易地扶贫搬迁建档立卡贫困人口后续扶持力度,着力完善配套基础设施,推进公共服务、产业培育、就业帮扶、社区管理、社会融入、拆旧复垦复绿、权益保障等各项工作，推动易地扶贫搬迁后续扶持工作与巩固提升脱贫攻坚成果融合提效、推进新型城镇化和乡村振兴战略有机衔接，进一步提升搬迁群众的获得感、幸福感、安全感。

《意见》明确，到2020年，搬迁群众"两不愁三保障"问题有效解决，能够享有与迁入地群众同等水平的基本公共服务，产业就业帮扶得到强化，实现"搬得出、稳得住、能脱贫"。

到2025年，安置区配套基础设施和公共服务能力进一步提升，搬迁群众在稳定脱贫的基础上收入逐步提高，能够融入新环境、适应新生活，实现"能发展、可致富"。

在阿里地区狮泉河镇康乐新居易地扶贫搬迁安置点，搬迁户次仁通过政府的统一培训获得了一份保安的工作，一个月有将近3000元的收入。不仅如此，他的妻子也在康乐新居合作社里工作，夫妻俩一年下来有4万多元的收入，这让次仁家的生活越来越好。

"以前在牧区，我们只能靠着不多的牲畜勉强维持温饱，一年到头，收入不到2万元。现在，我们不仅住上了新房子，也有了稳定的工作。我要努力工作，在保障自己生活的同时，帮助他人，回报党和政府对我们的关爱。"次仁说。

只有做好易地扶贫搬迁"后半篇文章"，才能确保困难群众住得下，住得好，在改善生产生活条件的同时，提供更多的帮助与机遇，激发群众干事创业积极性，增加其致富信心，为全面建成小康社会打下坚实基础。

为此，自治区发改、财政、人社等部门坚持精准扶贫精准脱贫基本方略，以处理好"十三对关系"为工作方法，聚焦"两不愁三保障"的底线标准，按照摘帽不摘责任、摘帽不摘政策、摘帽不摘帮扶、摘帽不摘监管的工作要求，针对不同安置方式，立足不同类型安置区资源禀赋，切实加大对易地扶贫搬迁建档立卡贫困人口后续扶持力度。

促进产业融合发展。结合安置区资源禀赋，坚持以市场为导向，科学指导产业结构优化调整，重点发展青稞、牦牛、奶牛、藏羊、藏猪、藏鸡、蔬菜、茶叶、藏药材、葡萄等10大高原特色生物产业和旅游文化扶贫产业。鼓励和引导搬迁群众开展林下种植、养殖和采集加工，推动林下资源产业规模化和集约化发展。

完善带贫益贫机制。引导安置区搬迁群众积极参与产业发展，建立"搬迁群众+经营主体+企业"或"搬迁群众+基地+村集体经济组织"的产业带动模式，推广"订单收购+分红""入股+保底收益+按股分红"等增收模式，确保搬迁群众与产业项目建立长期稳定的利益联结机制,让搬迁群众参与到产业链中来,实现搬迁群众有稳定的收入来源,更多分享后续产业发展红利。

加强技能培训,促进就业增收。各地以就业和市场需求为导向,围绕扶贫产业发展和劳动力转移就业需求,开展劳动技能培训,提高培训针对性和实用性。同时,以安置点为单元,将搬迁贫困劳动力纳入当地公共就业服务体系,加强信息共享、强化协调,积极拓展搬迁群众就业渠道,努力实现有就业意愿并有就业能力的搬迁劳动力家庭一户至少有一人就业。

站在决战脱贫攻坚、决胜全面小康的关键时期,西藏自治区党委在习近平新时代中国特色社会主义思想的指引下,在党中央的亲切关怀下,在全国人民的无私支援下,一如既往地把人民对美好生活的向往作为奋斗目标,团结带领全区各族人民持续巩固脱贫攻坚成果,努力谱写好中华民族伟大复兴中国梦的西藏篇章。

易地扶贫搬迁开创美好生活

——陕西省"十三五"易地扶贫搬迁工作纪实

2020年4月21日,习近平总书记来到安康市平利县老县镇锦屏社区考察。这是他自党的十八大以来第3次深入秦巴山区省份调研扶贫脱贫工作。"我们一家只花了1万元,就由原米10公里外山上的土坯房搬进了现在120平方米的新家。"汪显平没有想到,自己家如今过上了幸福生活;更没有想到,平时只能在电视上看到的习近平总书记如今就坐在自己家客厅的沙发上。

汪显平一家再也不用外出打工了,在家门口的社区工厂就能挣钱养家。习近平总书记与汪显平一家老少围坐一起嘘寒问暖、拉起家常。"现在国家政策这么好,我们要通过自己的努力劳动,让日子过得越来越好!"汪显平脸上洋溢着幸福的笑容。

"十三五"以来,陕西省完成24.9万户84.4万人的易地扶贫搬迁,加上同步搬迁16万户54.2万人,共计40.9万户138.6万人。这一搬迁安置成果,占到全省建档立卡贫困人口的30%,接近全国易地扶贫搬迁总量的9%。

2015年11月29日,党中央、国务院出台了《关于打赢脱贫攻坚战的决定》,吹响了中国共产党和中国政府向贫困宣战的冲锋号。作为"十三五"打赢脱贫攻坚战的头号工程,易地扶贫搬迁旨在将居住在自然条件严酷、生存环境恶劣、发展基础严重欠缺、贫困人口相对集中的"一方水土养不好一方人"的贫困地区群众搬迁到生存发展条件较好的地方,并通过产业、就业、培训、教育、健康、社会保障等综合帮扶措施,实现群众稳定脱贫。

"十三五"以来,陕西省委、省政府始终把易地扶贫搬迁作为精准扶贫、精准脱贫"五个一批"的重中之重,矢志不移地推进落实。省委常委会、省政府常务会多次专题研究部署,省委、省政府主要领导深入基层调研、科学统筹调度。2016年5

月6日,陕西省委召开专题会议决定,以易地扶贫搬迁为主线,将原来由发改、国土、住建、扶贫等多个部门分头承担的移民搬迁工作,统筹交由"十二五"时期承担陕南移民搬迁任务的陕西省自然资源厅(原陕西省国土资源厅)牵头负责。省委、省政府这样决策部署,主要目的是发挥陕西省自然资源厅既有经验和基础优势,高质量组织实施易地扶贫搬迁工程,统筹"五个一批"扶贫措施最终打赢脱贫攻坚战。这是陕西易地扶贫搬迁的开端。

在省委、省政府坚强领导下,由陕西省自然资源厅牵头组织,省发展改革委、省财政厅、省扶贫办等省直部门共同发力,市县党委、政府共同组织实施了易地扶贫搬迁。5年来,全省坚持系统思维,正确处理易地扶贫搬迁与脱贫攻坚全局关系;坚持整体思维,正确处理搬迁对象、搬迁选址、搬迁建设关系;坚持协同思维、正确处理搬迁安置和后续扶持、社区建设和产业培育、脱贫攻坚和乡村振兴关系;尊重人民群众首创精神,夯实党委、政府主体责任,锲而不舍、驰而不息地推动全省易地扶贫搬迁工作。

一、安 居 篇

"咱家今天搬到镇上安置社区啦!房子很宽敞,条件啥都好,比咱家以前住的窑洞好多了!你妈就在门口的产业园上班,你就好好读书,不用操心家里……"淳化县十里塬镇的王黑娃掩饰不住搬新家的激动,第一时间把这个好消息打电话告诉给在外地上学的儿子。

王黑娃原来生活的仙家河村在姜嫄河畔。数孔窑洞依山而建,交通不便,条件艰苦,属于崩塌地质灾害易发区。家里没有经济来源,仅靠几亩薄田维持生活。建一所新房子,于他而言只是一个遥不可及的梦想。

"以前做梦也不敢想能搬出生活了几辈人的山沟,住上这宽敞明亮、设施完善的新楼房。如今不但美梦成真,镇上还安排我在农业产业园上班,每月有了2000元固定收入。"王黑娃的妻子高兴地说。

易地扶贫搬迁,改变了王黑娃一家的命运,也改变了整个六盘山集中连片特困地区群众的命运。

2016年12月,李克强总理在中央经济工作会议上强调,易地扶贫搬迁要注重依托中小城市、小城镇、工业园区等安置群众,做到搬得出、稳得住、逐步能致富。

陕西在易地扶贫搬迁中始终遵循并认真落实中央要求,通过搬迁聚居人口、聚合要素、聚集产业,从规划选址、安置方式、项目建设、资金筹措、用地保障等5个方面,走出了一条符合陕西省情的易地扶贫搬迁新路子。

规划选址坚持"三个四"。秦巴山区白河县西营镇天逸安置社区,幢幢新居风格别致,小区地面干净整洁,柏油马路宽阔平坦,绿树掩映苍翠惹眼。白色墙面上醒目的社会主义核心价值观标语,散发着积极向上的生活氛围。5年来,西营镇有1235多户4100多名高山上的群众,下山入镇进社区,全镇居住人口由3年前的4000多人上升到8000多人。

陕西易地扶贫搬迁在选址上的"三个四"标准,成为全国性示范模式。"四避开"就是避开地质灾害易发区、洪涝灾害威胁区、生态保护区和永久基本农田;"四靠近"就是靠近城市、集镇、园区和中心村;"四达到"就是房产能升值、增收有保障、基础配套强、公共服务好。借助中央脱贫攻坚政策大好机遇,依托村镇公路便利条件和产业集中活跃优势,规划选址从根本上奠定了生产生活条件改善、后续稳定发展的良好基础。

安置方式坚持集中为主。每天下午,靠近毛乌素沙地的靖边县海则畔安置区的活动室里热闹非凡。这里琴棋书画一应俱全,成为搬迁群众陶冶精神、交流情感、增进联系的文化纽带。这个社区占地2288亩,安置2172户9110人。

5年来,全省易地搬迁集中安置22.6万户76.6万人,城镇安置17万户62.6万人,集中安置率和城镇安置率分别达到90.7%和73%。集中安置让搬迁群众享受到与市民一样的生活环境和公共服务,推动了新型城镇化。

项目建设坚持质量安全。2019年8月,身有残疾的孙传兵从山阳县高坝镇胡林沟村刚刚搬到镇上的迎宾家园安置社区。一开始,他怎么也不相信自己只掏了几千元,就可以住上这样漂亮结实的新房子。他可是听说过城里的房价高得吓人。可是每天醒来,自己都安稳地睡在新家的床上,四壁是坚固的钢筋水泥。他的心慢慢地踏实了。如今他在社区工厂找到了一份工作,每个月有了稳定收入。新房自来水、天然气入户,生活质量一下子改善了,连看病也不再发愁。孙传兵的母亲也是残疾人,老人掰着手指头算完账以后,咧开掉光牙齿的嘴巴笑了:现在全家每个季度收入大概有9600元,全年接近4万元,很满足了。孙传兵一家的梦想照亮了现实。

"十三五"期间,陕西易地扶贫搬迁安置住房建设严守项目管理规范、严格执行建设标准、依法实施项目招标、合理控制项目成本、切实增强项目质量,同步加强安全类、功能类、环保类等基础设施建设,加强义务教育、基本医疗等市民化公共服务配套。5 年来,全省易地扶贫搬迁建设的安置住房和社区规划红线内基础设施、公共服务配套全部达标;安置社区到主干道连接道路已全部贯通,照明电实现社区全覆盖,动力电实现有需即接,安全饮水全部达到脱贫退出标准;通过新建、改扩建学校、医院,统筹利用周边现有教育、医疗资源等方式,已妥善解决搬迁群众子女义务教育就近入学入园需要,有效保障搬迁群众基本医疗需求。

要素投入坚持整合利用。资金投入上依托陕西省移民搬迁集团统贷、统管、统还,履行筹措、拨付、监管、偿还的完全责任,用足用好新增、统筹整合存量、用活信贷金融、撬动社会资本,5 年来共计筹措 483 亿元用于搬迁建设。土地投入上围绕脱贫攻坚大局、服从易地扶贫搬迁需要,全力保障、应保尽保,5 年来共计审批易地扶贫搬迁及同步搬迁等安置项目用地 13.8 万亩。

二、乐 业 篇

什么是秦绣? 它既不是柔美温婉的苏绣,也不是栩栩如生的湘绣,它色彩饱满、气势磅礴,绣出的是陕西易地扶贫搬迁群众的精气神。

2014 年 1 月 26 日,李克强总理在镇安县美云秦绣工艺品有限公司考察。当得知这家距离花园安置社区不到 50 米的企业,已带动社区搬迁群众 2000 多人就业,人均年收入在 1.5 万元左右时,他情不自禁地为企业点赞。李克强总理问道:

"你们这个叫什么绣?"

"这叫秦绣。"

"为什么叫秦绣?"

"我们住在三秦大地,绣工们是秦岭南麓勤劳朴实的农家女子,所以就叫秦绣。"

听了这个解释,李克强总理兴味盎然,他鼓励大家掌握就业技能,用勤劳双手"经纬自己的美好人生、编织社会的美好未来"。

在"九山半水半分田"的镇安县,为保证搬迁群众就业安居,县里把易地扶贫搬迁规划和秦巴山区产业发展规划、城乡建设规划统筹结合,依托商贸街区、产业园区、旅游景区打造易地搬迁安置社区,探索形成了"以产定搬、以搬促城、产城融合"的易地扶贫搬迁模式。

绣出一幅万马奔腾的秦绣,需要想好每一针每一线;抓好涉及数百万群众的易地扶贫搬迁,绝不是两点之间的物理位移,而是一场"化学式"的生产生活变革。搬迁只是序幕,正戏在搬迁以后的脱贫。巩固搬迁成果、夯实脱贫举措,让搬迁群众在安居的基础上实现乐业,进而彻底摆脱贫困走向富裕,是陕西易地扶贫搬迁的终极目标。

为了真正让搬迁群众在新家实现经济能够立足、身份能被接纳、文化能够融入、权益能有保障,陕西在多个方面狠下"绣花"功夫。

加快培育产业。未搬迁之前,汉中市佛坪县的雍红霞住在老家半山腰,土房泥瓦,水电不通,一下大雨时就怕垮塌。另外,她上有老人要供,下有娃娃要养,没有机会外出打工挣钱。搬到城固县江湾安置社区以后,她不但住得放心了,而且在社区旁边的农业产业园区找到了一份工作,从此过上了"上楼回家吃饭、下楼进厂打工"的新生活。

陕西在推进易地扶贫搬迁过程中,坚持立足工业园区配置劳动密集型企业、立足农业园区培育现代农业、立足旅游景区发展配套服务业、立足转移就业开展技能培训、立足家庭创业搭建服务平台,实现围绕产业发展提供充足劳动力和围绕就业增收提供充足岗位双向双赢,最终达到稳定脱贫、逐步致富的目的。安康市实施易地扶贫搬迁聚合人口产业资源优势,通过社区工厂毛绒小玩具撑起了山区致富大产业。截至 2019 年年底,安康全市建成投产毛绒玩具企业 308 家,销售及配套企业 44 家,吸纳就业 10976 人,其中贫困人口 2848 人,实现产值 13.2 亿元。据了解,全省依托安置社区共兴建新社区工厂 601 家,培育就业扶贫基地 134 家,吸纳贫困搬迁群众 10558 人。

推进就业创业。铜川市耀州区关庄镇道东村的李战文曾是远近闻名的"懒汉",能把羊喂瘦,把自己"喂"胖。他从破窑洞搬到新家以后,帮扶干部在村里推行的"八星励志"唤醒了他的脱贫心劲。2017 年,李战文通过养蜂赚了 8000 多元,一下子有了奔头和底气。2019 年李战文还成立了合作社,带动附近贫困户一起养蜂。李战文说:"幸福不能'等靠要',奋斗致富最重要!"

目前,陕西以安置社区为中心,全面落实"三单一卡(就业岗位菜单、就业状态清单、劳动力资源账单和搬迁对象脱贫明白卡)",初步形成了社区工厂式、依托园区式、依托景区式、劳务派遣式、公益性岗位式、三产服务式等"社区+"稳定脱贫模式。据统计,全省有劳动能力、有发展条件和发展意愿的贫困户已基本实现产业扶持项目全覆盖;21 万户有劳动能力且有就业意愿的易地扶贫搬迁户每户实现至少1 人就业创业;公益专岗、特设公岗、城镇公岗 3 种公益性岗位向安置社区倾斜,解决就业 2.75 万人；全省组织易地搬迁贫困劳动力参加免费技能培训 6.52 万人，参加免费创业培训 5189 人。同时，注重在就业创业中充分发挥搬迁群众主体作用，坚持扶贫和扶志、扶智相结合，激发群众自我革命、自我奋斗、自我发展的斗志和能力。

叠加政策效应。提到党安梅，位于吕梁山区深度贫困地区的佳县王家砭镇白土沟村的乡亲们曾一度叫她"可怜人"。她和丈夫先后因意外致残，连去一公里外的地方挑水都成为难题。两个孩子靠借钱上学，家里债务像一座山，压得人喘不过气来。2017 年，搬到榆佳经济技术开发区安置社区以后，党安梅家先是女儿考上了针对搬迁户的协管岗位，后是儿子通过特设公益性岗位招聘找到了工作，还有她的丈夫也通过掌握一门适用技术转移就业找到了事情做，家里光景一下子亮堂起来。党安梅逢人便讲："易地搬迁帮扶政策彻底改变了我家的生活！"

陕西将"五个一批"脱贫措施统筹起来，把产业、就业、教育、健康、生态、社会兜底等项目、资金和帮扶政策叠加起来，确保"两不愁三保障"和饮水安全脱贫要求落到实处，确保脱贫攻坚政策措施最大限度地惠及搬迁群众。

三、幸　福　篇

白虎元在榆林市吴堡县城经营一家汽车轮胎修理门市。这里地处吕梁山区，属于全国 14 个集中连片特困地区之一。57 岁的白虎元一家原来居住在黄河边上土石山区的破旧窑洞里，出行、吃水、就医甚至购买日用品都是问题。2017 年 9 月，白虎元搬到了怡馨安置小区两室一厅的单元楼里。现在，出行道路平坦，自来水直接到户，小区超市生活用品应有尽有，头疼脑热 10 分钟就到了医院，附近的露天广场上，几乎每晚都有一大群人在跳广场舞。

5 年来，陕西省易地扶贫搬迁坚持高质量规划搬迁选址、高质量建设安置住房、高质量建设基础设施，同样向搬迁群众高质量提供均等化公共服务。在医疗和养老方面，陕西省实施由财政参合补贴，不但把所有贫困户纳入新农合和大病保险，还适当提高贫困户适用新农合和大病保险的报销比例。目前，全省搬迁群众参加农村新型合作医疗保险比例达到 100%。

群众住进了明堂堂的新家，但这房子究竟是不是自己的，心里还是不太踏实。经省政府同意，陕西省自然资源厅 2020 年 4 月 9 日出台了《关于做好易地扶贫搬迁安置住房不动产权登记发证工作的通知》，按照一户一宅、占新腾旧、销旧发新的工作理念,立足不同安置住房类型,突出分类区别适用政策、落实登记税费减免优惠、强化办证便民利民服务,在全国率先全面开展搬迁群众安置住房登记发证工作。

搬迁是一项系统工程,既要考虑"安居",也要谋划"乐业",方能摆脱贫困走向幸福。在谋划易地扶贫搬迁时,陕西省各地围绕就业和增收两个核心,让搬迁群众吃下"定心丸"。

安康市白河县卡子镇的柯尊志不但在安置社区有了新房子,妻子也在社区电子厂上班,两个孩子在小区学校上学,一家生活发生了巨大改变。搬迁后,柯尊志将山上的老房子拆除建了养殖场,通过这几年扩大规模,现在年养鸡8000多羽,年利润达七八万元。

搬迁群众在迁入地区已然开启了新生活,那么,迁出地区原有的耕地、旧宅子怎么样了?还有,国家给的各类惠农补贴怎么办?从柯志尊的故事中,我们看到的是"山上老地方兴产业、山下新地方住新家"的陕西易地搬迁普遍形态。

2017年7月10日,李克强总理在宝鸡市大湾河村与即将搬迁的贫困户面对面座谈,了解当地易地搬迁方案和补贴政策。李克强总理强调,易地扶贫搬迁需做好长远谋划,既要妥善解决村民安置和就业,也要创新思路做好乡村原址开发,要算精这笔"可持续"细账。

在实施易地扶贫搬迁过程中,陕西省不仅着眼新家园,把群众搬出来,而且回望旧家园,精准计算搬迁的"可持续"细账。

接续保障群众既有权益。通过鼓励土地流转经营等办法,确保群众耕地承包权等原有收益不断档、国家补贴有延续。

有效保护迁后生态环境。从迁出地区大多数生态脆弱敏感、自然灾害频发的特点出发,对腾退出来的旧宅基地,按照宜耕则耕、宜林则林、宜草则草的原则,全部复垦或复绿,有效增加耕种面积或生态空间。通过搬迁不仅解决贫困问题,而且持续巩固全省粮食安全和生态安全。据了解,全省搬迁已复垦复绿18.25万户6.34万亩,复垦复绿率99.86%。

科学筹措安置偿贷资金。迁出地区腾退出来的土地指标,通过全国性城乡建设用地增减挂钩调剂流转,有效筹措偿还前期搬迁贷款。5年来,全省实施增减挂钩指标调剂流转6.03万亩收益166.3亿元。

值得一提的是,陕西在全国属于较早开展城乡建设用地增减挂钩指标省内流转的地区,通过指标置换增强土地和资金利用水平。这一做法与重庆的地票制度一道,作为易地扶贫搬迁投资制度设计的基层实践,推动了全国性增减挂钩指标跨省调剂政策的出台落地。

2019 年 11 月,陕西省委印发《关于加强和完善易地扶贫搬迁后续扶持工作的意见》,省委组织部、省发展改革委、省自然资源厅等 7 部门分头出台了具体措施,简称"1+7"后续扶持政策体系。这个政策体系着眼于后搬迁时代的稳定脱贫与逐步富裕,持续整合相关政策优势、切实加大后续扶持力度、奋力践行为民初心使命。开往幸福的列车不舍昼夜、砥砺奋进。

四、特 色 篇

纵观"十三五"时期陕西易地扶贫搬迁,省委、省政府坚定贯彻党中央决策部署,把易地扶贫搬迁作为重要政治任务,一步一个脚印地完成了百万人口的搬迁安置工作。这其中,有五个烙印鲜明的陕西特色。

决策前瞻性。政策和策略是党的生命。汪洋同志 2017 年 1 月在陕调研期间指出:"对于移民搬迁工作,陕西是在全国率先开展的,探索了一系列好的做法。国家建档立卡易地扶贫搬迁的政策设计很大程度上借鉴了陕南移民搬迁工作经验"。"十三五"以来,陕西省委、省政府站在全省经济、政治、文化、社会、生态文明"五位一体"总体布局的高度,从打赢脱贫攻坚战、解决"三农"问题、促进城乡统筹、推动经济社会发展和保障粮食安全、生态安全、生命安全,增强经济和人口承载能力的全局对易地扶贫搬迁进行决策部署,充分彰显了易地扶贫搬迁作为治本性民生工程、全局性发展工程、关键性生态工程的前瞻性特征。

谋划系统性。2017 年 5 月 7 日,陕西省第十三次党代会指出,易地扶贫搬迁是推进脱贫攻坚的有效举措,也是促进城乡一体化发展的有力抓手,必须立足实际、区分情况、分类施策。"三类搬迁统筹"。陕西省贫困人口大部分处于偏远深山区、生态保护区、贫穷聚集区"三区叠加"区域,全省以易地扶贫搬迁为主,统筹推进扶贫搬迁、避灾搬迁、生态搬迁,系统彰显经济效益、社会效益、生态效益。"三精模式推进"。以精准搬迁实现人、地、房、业有机对接,以精确施策强化先业后搬、以业促搬、以岗定搬、订单搬迁,以精细管理加强社区建设、激发社区活力、建设社区文明。"三方集思广益"。陕西省自然资源厅、西安交通大学和陕南 3 市政府发挥各自优势,共同组建了陕西易地扶贫搬迁研究基地,开展政策创新研究,为不断丰富完善当代移民搬迁提供决策支持。这在全国承担易地扶贫搬迁任务的

22个省份里属于第一家。

发展整体性。脱贫摘帽不是终点,而是新生活、新奋斗的起点。接下来要做好乡村振兴这篇大文章,推动乡村产业、人才、文化、生态、组织等全面振兴。陕西省从"十二五"到"十三五",10年时间从山大沟深之处搬离了316万群众,这本质上是解决"三农"问题的一场农村改革。通过搬迁,加快了农村基础设施建设,提升了农村公共服务水平,推动了美丽乡村建设;通过搬迁,加快了农业生产方式转变,提升了农业现代经营水平,促进了土地等自然资源集约利用;通过搬迁,加快了农民生活方式转变,改善了农民生产生活条件,促进了农民的职业化和市民化。易地扶贫搬迁为脱贫攻坚与乡村振兴有机衔接奠定了坚实基础。

布局协同性。陕西易地扶贫搬迁布局协同性表现在资源配置"双向靠拢"、群众权益"双轨过渡"和环境治理"双地统筹"。资源配置"双向靠拢"。既把搬迁群众作为生产力主要因素向街区、园区、景区和城镇、集镇、中心村庄等安置区域迁移,通过共享共用减少重复建设;又把基础设施和公共资源配套优先向安置社区布局,产业就业脱贫项目优先向安置社区倾斜,通过资源集中增强承载能力。群众权益"双轨过渡"。就是迁出地以身份证为依据,继续维护好搬迁群众的土地承包经营权、集体收益分配权和各类国家补贴等既有权益;迁入地以居住证为依据,接续做好搬迁群众子女教育、合作医疗、养老保险、创业就业培训、住房确权登记等现实需求。环境治理"双地统筹",就是提前布局安置社区垃圾处理和排污设施建设,同步推动旧宅腾退地区生态修复恢复。

建设集约性。陕西严格遵循国家"十三五"易地扶贫规划,努力把节约集约发展理念落实在易地扶贫搬迁工作当中。安置空间集约化。鼓励提倡社区化集中安置,充分利用国土空间提高安置率,降低空间布局上的粗放浪费。安置用地集约化。优先盘活存量土地保障搬迁用地,尽可能利用存量严控增量;采取奖励措施推动旧宅腾退复垦复绿,保持搬迁地区土地综合利用总量平衡。安置投资集约化。确保质量安全前提下严控安置住房以及基础设施、公共服务配套建设成本,尽可能减少建设投入。

五、启 示 篇

易地扶贫搬迁绝不仅仅是一项社区建设工程,更是一项涉及安置就业收入、经济社会生态、人口资源环境重大调整、重新布局和不断完善的系统工程。5 年来，陕西易地扶贫搬迁和同步搬迁 138 万人，完成全国 1/9 的易地扶贫搬迁任务；10 年来，全省移民搬迁 316 万人，推动全省 1/10 的人口告别大山、开启新生。5 年或 10 年，在历史长河里转瞬即逝，于平凡人生历经几多酸甜苦辣：搬迁令多少基层干部早生华发，又让多少人民群众摆脱贫困！

（一）一个跨越：命运从此改变

2017 年 12 月 10 日，陕西省商洛市腰市镇的搬迁户二代、上海复旦大学学生王维在西安交通大学举办的一场易地扶贫搬迁与社会发展政策创新论坛上，讲了这么一段话："我们沮丧过、自卑过，哭过、笑过，但生活的希望一直都没有放弃过。我们始终坚信，在中国共产党领导下，生活一定会越来越美好！"座中无不动容，久久难以释怀。

以人民为中心是陕西开展易地扶贫搬迁工作的根本出发点。无论是 138 万人还是 316 万人，改变的不仅是这些群众的居住条件，还有他们的生产生活方式，以及他们未来的命运走向。今天，属于他们的幸福时光已然敲门。从一方水土养不好一方人，到今天的易地扶贫搬迁新生活，这是贫困群众命运的一个跨越。

（二）两种作用：搬迁众志成城

易地扶贫搬迁始终坚持以人民为中心，发挥社会主义集中力量办大事的制度优势，群众的主体作用和政府的主导作用，推动新时代的移民搬迁壮举众志成城。

突出群众主体作用。始终明确群众主体地位，重大决策充分听取群众呼声、准确把握群众诉求；始终尊重群众发展意愿，灵活安置让群众主动搬迁自觉搬迁；始终激发群众内生动力，通过思想教育、技能培训、示范引领等增强群众发展能力。

发挥政府主导作用。始终加强顶层设计，出台以《陕西省移民（脱贫）搬迁工作实施细则》为核心的"1+X"制度，构建陕西易地扶贫搬迁"四梁八柱"政策体系；始终加强队伍建设，锻造一支"顾大局、敢担当、重协作、能吃苦、讲奉献"的搬迁工作队伍；始终加强方法创新，工作中形成的三项协议一次签、三项规划一体编、三类建设协调推、三就措施配套跟、三方力量同发力等"五个三"工作法，已经成为当代易地扶贫搬迁的实践范本。

（三）三效开花：脱贫硕果在望

艰难困苦，玉汝于成。10 年来的陕西移民搬迁尤其是 5 年来的易地扶贫搬迁，其中蕴含的经济效益、社会效益、生态效益日渐呈现。

坚持把生态环境保护放在搬迁首位。搬迁选址避开沟壑地带，降低人为扰动环境；搬迁建设避免削山斩岩、填河改江、损坏植被等，减少搬迁破坏环境；安置社区集中处理生活垃圾和污水，有效遏制农村面源污染；搬离地区腾退旧宅复垦复绿，促进生态环境有效修复。

易地搬迁拉动固定投资和居民消费。5 年来，陕西实施易地扶贫搬迁财政直接投资 483 亿元，拉动建材等相关行业持续增长，带动劳务中介等产业蓬勃发展，推动搬迁社区周围农业园区、家庭农场、社区工厂星火燎原，最终带来的是社区、产业、就业、收入、消费等逐渐兴旺……

易地扶贫搬迁的社会效益润物无声。江洋同志曾经在搬迁户子女、上海复旦大学王维同学的来信上写了这么一段话："通过我们的工作，改善了贫困人口的生活，增强了年轻一代对党和国家的热爱。这是江山永固的基础。王维同学的来信，应当成为激励我们继续做好工作的动力。"

（四）四化同步：提升发展质量

在全省大格局里，陕西易地扶贫搬迁犹如神奇的催化剂，催动工业化、城镇化、信息化和农业现代化等"四化同步"如奇妙的化学反应一般，提速增量同时提质增效。

据统计，陕西实施易地扶贫搬迁以来，全省城镇化率提高了 5.5 个百分点。搬迁群众开始向市民、职业农民、产业工人等不同角色分化。安置社区与街区园区景区双向靠拢，不仅为群众就业提供了机会便利，为产业发展解决了用工需求，同时也推动产业结构不断升级、工业化水平持续提升。搬迁后腾退宅基地复垦和迁出地承包土地流转等，为农业规模化、机械化、生态化提供了生产经营基础。全省易地扶贫搬迁安置社区基本实现 4G 网络全覆盖。以电商为代表的信息化把生态型农产品推广到全球各地，群众生产生活方式发生了巨大改变。

（五）五级合力：守初心践使命

2020 年 4 月 21 日，陕西省平利县的一片茶园里。习近平总书记面带微笑向茶农们迎面走来。在他身后分别是陕西省、市、县三级党委书记和蒋家坪村党支部书记。

"五级书记"同框,彰显的是一心为民的执政初心,宣示的是摆脱贫困的时代使命。在彻底打赢脱贫攻坚战的征途上,省、市、县、镇、村五级党委书记肩负脱贫政治责任、披坚执锐挂帅出战、精准施策攻城拔寨。

5年来,通过举行省市县党政"一把手"参加的全省易地搬迁现场观摩会,把"五级书记"抓搬迁的顶层设计落地落实落细;5年来,通过开展易地扶贫搬迁"三问三解三促"活动,问需于民、问计于民、问效于民,解困、解忧、解疑,促就业、促服务、促维权,把"五级书记"抓搬迁的政治责任转化为密切党群关系的工作行动;5年来,通过实行乡镇党委联系包抓社区党建制度、推行"互联网+党建"模式、开展"社区党支部+产业链+贫困户"提升行动,把"五级书记"抓搬迁的基层实践凝聚成社区振兴的明媚希望。

六、续　章

站在2020年的时空坐标上,回望5年来全省全国易地扶贫搬迁,这是人类历史上挑战贫困的一次大规模主动迁移,这是新时代中国农村又一场彻底性伟大改革。这场志在脱贫的搬迁改革,让千百万中国社会最底层的贫苦民众从此过上了好日子。

与以往农村改革自下而上源自基层不同,这一场易地扶贫搬迁自始至终凝结着习近平总书记和党中央、国务院高层决策的耿耿之诚、拳拳之心、殷殷之情。习近平总书记两次来陕考察脱贫攻坚工作,并在延安主持召开了陕甘宁革命老区脱贫致富座谈会,对家乡和全国的脱贫攻坚工作始终挂在心上、存在胸间、行在足下。李克强、汪洋、赵乐际、丁薛祥、胡春华、何立峰等领导同志来陕调研或在陕工作期间,关怀关注关心陕西的易地扶贫搬迁工作。国家发展改革委、财政部、自然资源部、国务院扶贫开发领导小组办公室等部门以及中国农业发展银行、国家开发银行等金融机构给予陕西易地扶贫搬迁鼎力支持。这些期望与要求,这些激励与鞭策,让陕西干部群众倍感鼓舞与振奋,纵然千山万水、历尽千辛万苦,完成了138万人"挪穷窝、换穷业、断穷根"的易地扶贫搬迁历史任务。

从易地搬迁到后续扶持,从脱贫攻坚到乡村振兴,从全面小康到伟大复兴,秦岭黄河呼唤着新时代弄潮儿的志向和气魄,三秦大地激荡着新时代追赶超越的强劲鼓点,中华儿女乘势而上开启了全面建设社会主义现代化国家新征程。在这样一个全世界人口第一大国即将告别贫困的历史时刻,我们不能忘记一个大国领袖10年来在全国14个集中连片特困地区的跋山涉水、访贫问苦,不能忘记"人民对美好生活的向往就是我们的奋斗目标"的铿锵誓言,不能忘记一个9000万党员的执政党对14亿人民群众许下的庄严承诺……

2020年4月23日,陕西西安。千年古城一扫疫情带来的阴霾,明媚阳光,花儿盛开,鸟儿啼鸣。时隔5年,习近平总书记再次踏上乡土。座谈会上,习近平总书记乡音未改、情怀如初。他指出,陕西的脱贫攻坚取得了决定性进展,但完成剩余扶贫、巩固脱贫成果、防止返贫还需要做大量工作。在易地扶贫搬迁方面,他强调要加强易地扶贫搬迁后续扶持,多措并举巩固脱贫成果。7月10日,《中共陕西省委关于学习贯彻习近平总书记来陕考察重要讲话精神奋力谱写陕西新时代追赶超越新篇章的决定》明确指出,"加强易地扶贫搬迁后续扶持,建立解决相对贫困问题长效机制。加强规划对接、政策对接、产业对接、机制对接,推进全面脱贫与乡村振兴有效衔接"。如果说摆脱贫困是万里长征的话,那么完成易地扶贫搬迁就是长征路上新的起点;开创人民群众所向往的美好生活,在持续扶持和长效机制方面还有很长的路要走。在陕西省委、省政府坚强领导下,以全省自然资源部门牵头完成易地扶贫搬迁为工作基础,全省发展改革部门担纲牵头搬迁后续扶持工作,会同省级相关部门和市县党委、政府,一棒接着一棒跑、一锤接着一锤敲,以钉钉子精神共同奋力谱写陕西新时代追赶超越新篇章。

大道至简,实干立足;白驹过隙,只争朝夕。

搬出穷窝窝　迎接新生活

——甘肃省"十三五"易地扶贫搬迁工作纪实

❖❖❖❖❖❖❖❖❖❖❖❖❖❖❖❖❖❖❖❖❖❖❖❖❖❖❖❖❖❖❖

51 岁的郑九林家住庆阳市环县白塬村李咀组,全家 5 口人,仅靠郑九林一人维持生计,2016 年家庭人均纯收入仅 2700 元,是该乡名副其实的特困户。2016 年 2 月 20 日,中央电视台《焦点访谈》栏目播出"老郑家的日子",就是该户当初生活状况的真实写照。

几年来,通过实施易地扶贫搬迁,郑九林家的日子发生了翻天覆地的变化。2018 年 4 月 17 日和 2019 年 6 月 9 日,《焦点访谈》又以"老郑家的希望"和"老郑家的春天"为题,用镜头和影像记录了老郑家易地扶贫搬迁的过程。

谈到搬迁后的新生活,镜头前的老郑洋溢着幸福的笑容。

久困于穷,冀以小康。

搬出去,是奔向美好生活的历史选择;

搬出去,是走向脱贫致富的必由之路;

搬出去,是实现绿色发展的战略抉择。

易地扶贫搬迁是习近平总书记亲自出的考题,是实现全面小康的一项浩大工程,更是人类向贫困宣战的一次伟大创举。

甘肃,坚持高位谋划,高强度推进,举全省之力,通过艰苦奋斗,顺利完成"十三五"易地扶贫搬迁建设任务。2016 年以来,全省共对 49.9 万建档立卡贫困人口实施易地扶贫搬迁。目前,11.4 万套安置住房已全部竣工,群众基本实现搬迁入住。大山深处,村民们扶老携幼,背包挎囊,向自家破旧的祖屋和贫瘠的山地告别。眼神里虽然有不舍,但更多的是兴奋和期待。为斩断穷根,他们毅然转身,搬离深山。

别了! 穷窝窝;

来吧！新生活！

一、优化顶层设计，确保"搬迁哪些人"更精准

一间间挂在大山褶皱上的土坯房低矮破旧，一个个嵌在深山浓雾里的小村落零星分布，一户户世代与贫困抗争的山里人致富无门，他们有一个共同的"标签"：深度贫困村和贫困群众。

"山是石头山，插在云里面；田是卧牛田，挂在半山间。"回想起以前的日子，如今已经搬进入住宕昌县山水雅园安置点的杨仙强感慨万分。

杨仙强家原来住在宕昌县两河口镇山背村，山背村坐落在高半山地区，基础设施滞后，生存环境恶劣，群众思想守旧，文明程度较低，属于典型的深度贫困村，一家人辛辛苦苦几十年，依旧是"贫困赶不走，小康进不来"。

"山上的苦日子真把人过怕了，看病难、孩子上学难，住房条件差，生活条件落后。全家的主要收入来源只能靠种庄稼，一年下来收入也只有1万多元，只能够勉强维持家用。"交通不便看病难、道路崎岖上学难、山高坡陡产业起步难、生态脆弱改善生存环境难，"一方水土养不好一方人、一方水土承载不了一方人"。

杨仙强正是甘肃易地扶贫搬迁对象的缩影，唯有搬迁，才是破难解困的根本出路！

甘肃是全国最早开展易地扶贫搬迁工作的省份之一，早在2001年就被国家发展改革委列为易地扶贫搬迁试点省份。2001—2015年，全省累计搬迁贫困群众22.4万户111.6万人。

2015年年底，国家对易地扶贫搬迁政策进行重大调整后，甘肃省委、省政府立足省情实际，将易地扶贫搬迁作为全省脱贫攻坚工作的头号工程和重中之重，主要领导多次赴深度贫困地区进行调研，多次召开专题会议进行研究部署，省政府出台了《关于加快推进"十三五"时期易地扶贫搬迁工作的意见》《甘肃省"十三五"易地扶贫搬迁规划》等"1+4"工作方案，围绕"搬迁哪些人、搬到哪里去、补助多少钱、生计怎么办、搬后如何管"等关键性问题，对"十三五"易地扶贫搬迁工作进行系统、全面规范，建立了省级统一领导、市州协调推进、县为责任主体的易地扶贫搬迁责任体系，为"十三五"易地扶贫搬迁项目的顺利实施打下了坚实基础。

精准再精准，保证不落一人。

甘肃省紧盯居住深山区、生活条件差、就业无技能、增收无门路、就地脱贫难的贫困人口,在群众自愿的基础上,以"应搬尽搬"为原则,广泛宣传政策,深入调查摸底。对符合条件的搬迁农户,按照"农户申请、民主评议、逐级公示、层层审核"的原则,将易地搬迁建档立卡群众确定到户到人,并根据实际情况进行动态调整,做到有进有出、对象精准。

同时,紧紧围绕国家新一轮易地扶贫搬迁政策和"两不愁三保障"目标,以建档立卡贫困群众为主体,将49.9万建档立卡贫困人口和确需实施同步搬迁的其他群众纳入全省"十三五"易地扶贫搬迁规划,充分发挥规划的引领和指导作用,做到整体规划、分步实施。按照"一年建设、两年搬迁、三年稳定"的要求,分2016年、2017年、2018年三年下达全省"十三五"易地扶贫搬迁任务,合理确定年度目标和建设时序,明确时间任务节点,确保2019年年底前全面完成建设任务,2020年年底前搬迁群众实现稳定脱贫。

二、直面困难,确保"搬到哪里去"更合理

结合"十三五"易地扶贫搬迁政策,甘肃"十三五"需要对49.9万建档立卡贫困人口实施易地扶贫搬迁,在5年时间内实施如此大规模的人口搬迁,在甘肃发展史上前所未有,面临困难和挑战也前所未有。

建设规模大,难!满足搬迁人口需要,要在不足5年的时间内,投入巨额资金建设住房、学校、医院,以及配套完善水电路等基础设施,这是前所未有的挑战。

群众顾虑多,难!群众故土难离,担心多,担忧多,怕搬出以后生活没有保障,就业没有着落,顾虑重重,不想搬,不愿搬,动员搬迁难度极大。

就业压力大,难!要实现每户一人以上的就业,需要解决如此之多的就业岗位,并保证稳定的收入来源。

产业支撑少,难!新安置区产业少,无支撑,需要现谋划、现培育、现招商来发展产业,满足群众的发展需求,就像在一张白纸上画图。

此外,还要考虑到群众融入、社区治理等现实问题……

易地扶贫搬迁是一项重大政治任务,是脱贫攻坚的"头号工程",易地扶贫搬迁工作完成不好,打赢脱贫攻坚战无疑就是一句空话。甘肃省委、省政府坚决扛起政治责任,把易地扶贫搬迁作为打好脱贫攻坚战的重要任务,作为脱贫攻坚的重大

机遇,怀揣不获全胜决不收兵的精气神,一场规模空前的易地扶贫搬迁大决战拉开帷幕。

甘肃省委书记强调:"易地扶贫搬迁是打赢脱贫攻坚战、确保贫困地区一道全面建成小康社会的重要举措。要充分认识这项工作的重要性和复杂性,认真贯彻党中央有关决策部署和省委、省政府安排要求,不忘扶贫这个初心,不能偏离脱贫这个目标,聚焦建档立卡贫困人口和深度贫困地区,扎实有力推动易地扶贫搬迁工作。要尊重群众意愿,因地制宜确定安置方式和住房建设标准,不能让贫困户因建房加重负担。要加强后续政策扶持,做好基础设施建设、产业帮扶、劳务培训和输出、社会保障兜底等配套工作,确保搬迁群众搬得出、稳得住、有事做、能致富。"

甘肃省省长主持召开全省易地扶贫搬迁电视电话会议,直接开到乡镇一级,要求各级各部门按照"省负总责、市县抓落实"要求,进一步提高政治站位,以更大力度、更超常的举措,坚决打赢打好易地扶贫搬迁及后续扶持这场硬仗。

合理选择搬迁安置方式和安置点是实施好易地扶贫搬迁项目的基础,也是确保搬迁安置和后续发展顺利推进的重要前提。

在镇原县郭原乡,群众争相细数这几年乡村的变化:几年前,群众多数住在土窑洞,出行走山间羊肠道,吃水要到沟里去挑。如今,借助易地扶贫搬迁项目,修道路、打水井、建新房、兴产业……短短几年时间,村里的变化翻天覆地。

"山大沟深,住房滑坡,浇地靠雨,吃水靠天"是陇南市坪垭藏族乡的真实写照。这里三面环山,平均海拔超过 2000 米,全乡 9 个行政村 1400 多户,近四成是贫困户。根据规划,坪垭乡将整乡搬出大山,而旧墩村是全乡最后一个易地搬迁的村子。

走出大山是好事,但最大的担忧仍然来自生存。"搬出去吃什么?"这几乎是每一个面对面动员群众搬迁的镇村干部需要解答的首要问题。在一次搬迁动员会上,60 岁的宗如板和乡党委书记罗建军红了脸,"我种了一辈子苞谷,你现在让我下去种花椒,我不搬!"原来,靠种植玉米,宗如板一年能有 1500 元左右的收入。他担心搬下山,连这点收入也没了。

扶贫工作队决定带上老宗和其他村民代表到山下的花椒基地实地看看。按照计划,旧墩村的村民易地搬迁后,也将学习种植花椒,农业部门按照人均 2 亩耕地,免费提供花椒树苗和种植技术。心里有了底,老宗和村民们终于同意了。

根据新一轮易地扶贫搬迁实施特点,甘肃省因地制宜选择安置模式和安置区域,充分利用小城镇、工业园区、国有农(林)场、条件较好的中心村等,采取易地搬迁、整村推进,整体搬迁、插花安置,就近搬迁、改善条件等方式,千方百计解决安置用地难题,实现灵活搬迁。

以武威市为代表的河西地区依托祁连山生态屏障保护、石羊河流域治理、黄河调水等工程,以水定地,以地定人,利用国有农林场、新开垦的耕地作为安置用地,通过集中安置和发展设施农业,达到了扶贫开发和生态治理的有机统一;以定西市为代表的中部干旱区和以庆阳为代表的陇东能源基地以就近集中搬迁安置模式为主,依托县城、小城镇、中心村、工业园区等进行安置,引导群众逐步向城镇有序搬迁,实现梯次转移;以陇南市为代表的南部山区实施"依山就势、改善条件",通过插花、城镇化安置等方式,最大限度地解决"人往哪里去、地从哪里来"的问题。

多种搬迁模式的实施,有效解决了用地难题,充分调动了搬迁群众的积极性和主动性,达到了"要群众搬"到"群众要搬"的效果。

三、聚焦脱贫致富,确保"搬后怎么办"有实招

易地扶贫搬迁不仅要让群众"挪了穷窝",还要帮助群众"改穷业",实现可持续发展。贫有百样,困有千种,而不断推进的易地扶贫搬迁行动,正一次又一次提升着贫困群众奔向幸福生活的信心。

谁能想到,七八年前黄花滩还是一片黄沙漫天的荒漠。同样,曾经生活在古浪县南部山区的1.53万户贫困群众,做梦也没想到会离开祖祖辈辈生活的大山深沟,在新开垦的黄花滩生态移民区建起新家园。

一处处沙丘推平了,一条条村间道路打通了,一座座蓄水池建起来了,一座座日光温室和养殖大棚搭起来了……包括富民新村在内的12个易地扶贫搬迁新村和1个绿洲小城镇,奇迹般地崛起在黄花滩上。古浪县南部山区11个乡镇73个贫困村6.24万群众,搬入新型城镇化社区,彻底告别了"一方水土养活不了一方人"的贫困生活,过上了现在的好日子。

2019年8月21日,心里一直挂念着甘肃贫困群众生活的习近平总书记,来到富民新村社区看望乡亲们。习近平总书记叮嘱大家,要从发展产业、壮大集体经济等方面想办法、找出路,让易地搬迁的群众留得住、能就业、有收入,日子越过越好。

康君周,就是一位靠日光温室脱贫致富的村民。"我和总书记握过手哩!"说起2019年习近平总书记来村里的情景,康君周说,大家都很激动,也很兴奋。"以

前在山上是'懒汉种地',把种子撒进地里,收成多少就交给老天爷了。"康君周说。他家原先在山上有 20 多亩旱地,养着几只羊和几头猪,平时还摆摊做点小生意,日子过得还行,乡上动员搬迁时,他还有些犹豫。

"这黄沙窝窝到底能不能过光景?"2016 年,往山下搬迁之前,康君周作为村民代表参观还没建成的富民新村时,眼前一片黄沙,听说要种根本没有见过的温室大棚,康君周心里更没底。"总书记鼓励我们发展产业,我一下子就有了信心。"习近平总书记视察富民新村后,康君周不仅领种了一座日光温室,还租了一座,开始尝试种西红柿。

啥时候浇水,啥时候施肥,有了病虫害咋办,大棚温度控制在多少,这些与以前种庄稼不一样的技术,在县乡科技人员的帮助下,康君周都一一学会了。"这种大棚比养娃娃还操心,是个精细活儿。"康君周说。克服了一道又一道难题,他家一座日光温室种出的第一茬西红柿,就收入了 1 万多元。

如今,村有致富产业、户有增收项目成了黄花滩生态移民区的真实写照。

2019 年 3 月底,全国政协副主席、国家发展改革委主任何立峰同志来到甘南州临潭县八角乡安置点调研,该安置点瞄准了乡村旅游,依托紧邻冶力关大景区的资源优势,扶持贫困户发展农家乐,将易地扶贫搬迁安置点打造成集观光旅游、休闲娱乐于一体的旅游乡村,吸引外来游客,增加群众就业岗位等方式方法,有效提升了搬迁群众的经济收入。村民说:"搬到这里以后,我们就办起了农家乐,现在也不需要出去打工了。"

定西鲁家沟,村干部制作好脱贫攻坚作战图,牢牢钉在墙上;平凉泾川县北部山区,扶贫工作队将易地扶贫搬迁点作战图每天揣在怀中……

地域相隔数百公里,两份作战图上,描绘的是不同的山川与村庄,勾画的却是一个个同样醒目的红色标注——搬迁。

一张巨大缜密的决战图,在陇原大地铺开后,一个个富民产业在安置点遍地开花。

四、强化后续扶持,解决"收入如何增"的问题

易地扶贫搬迁是一项复杂的系统工程。人往哪里搬、房屋如何建,收入如何保障、生活如何改善,生态如何兼顾、产业如何持久? 这些都需要统筹考虑。正如

习近平总书记强调的:"搬迁安置要同发展产业、安排就业紧密结合,让搬迁群众能住下、可就业、可发展。"既抓当前、打基础,又谋长远、谋未来,就能把这项工作做好做实。

为了实现"挪穷窝、换穷业"的目标,"十三五"以来,甘肃省坚持"搬迁与脱贫同步、安居与乐业并重"的原则,先后印发《易地扶贫搬迁富民产业发展实施方案》《关于进一步加大易地扶贫搬迁后续扶持工作力度的实施意见》《甘肃省2020年易地扶贫搬迁后续扶持若干政策措施》,各地结合项目建设同步谋划后续脱贫措施,逐户制定"一户一策"精准脱贫计划,通过特色种养、扶贫车间、乡村旅游、公益性岗位、技能培训、资产收益分红等多种措施,引导搬迁群众在安置点就地就近就业,夯实脱贫基础。

2014年建档立卡时,坪垭藏族乡农民人均纯收入为3156元,毫无悬念地名列武都区末尾。2015年3月,按照中央"五个一批"精准扶贫脱贫思路,武都区正式提出对坪垭藏族乡实施整乡易地搬迁的总体构想,决定把全乡8个村5000多人整体搬出大山。

安土重迁,故土难离。在搬出迁入过程中,村村有预案,人人有担当。从区上主要领导、包抓领导、行业部门、各级驻村帮扶人员到乡镇村社党员干部,都全程面向群众,做了大量艰苦细致的工作,终于圆满完成了搬迁安置任务。当2018年入冬之前,最后一批村民下山入住白龙江畔、毗邻国道的坪垭新区时,一位大学生村官在日记中写道:磨破嘴皮跑断腿,为党为民不后悔!

"没想到这辈子能住上楼房,用上了自来水,就像做梦一样。"54岁的尼玛才让发出这样的感慨。

为了"稳得住、有事做、能致富",乡上结合"三变"改革,利用后续产业发展资金,大力培育富民产业。扶贫车间占地1万平方米,是乡政府引进扬州投资方与带贫合作联社共同成立的股份制企业,村民年终按股分红。目前用工500人,新增的服装、首饰加工车间,又辐射带动300多名群众在家就业。

"肉兔养殖示范园"是东西扶贫协作中,青岛西海岸新区对口帮扶项目。武都区投资2000万元,在坪垭后续产业示范园内建设兔场,由国家农业产业化重点龙头企业青岛康大集团租赁经营。力争打造西北肉兔养殖推广示范基地,实现千人就地就业,稳定增收。

临夏州东乡县是甘肃省脱贫攻坚任务最重的县,也是"十三五"易地扶贫搬迁任务最重的县,搬迁任务能否如期高质量完成,事关全省脱贫攻坚全局。2017年

11 月和 2019 年 3 月,国家发展改革委主要领导们先后来到东乡县调研易地扶贫搬迁工作,深入安置点了解搬迁群众生产生活改善和就业收入情况,对做好下一步工作提出要求。在县城安置点,他们看望了刚刚搬入新房的搬迁群众马海兰,叮嘱当地的同志要解决搬迁群众就近就业问题,提供更多就业岗位,真正让贫困户搬得出、稳得住、能致富,逐步过上好日子。

东乡县东西协作的扶贫车间内,马海兰和她的工友们正低头忙碌着,剪裁、缝纫、包边、组装,一件件成品雨伞整齐地摆放成堆。"以前住在山沟沟里,一家老小靠天吃饭。易地搬迁后,我不仅能在家门口打工,老人小孩也能照看得上,由原来的家庭妇女变成了产业工人,有了收入,心里踏实,日子越过越红火。"如今,已经成为针车组组长的马海兰说话时眉眼间都透着喜悦。

58 岁的马国忠从山大沟深的东乡县龙泉乡拱北湾村搬迁而来,"面朝黄土背朝天,以为一辈子就这么过去了,哪能想到有今天这样的好日子啊!"马国忠口中的好日子就从搬出山沟沟开始,自己在社区帮助下找到一份保安的公益性岗位,月收入 1500 元,老伴在雨伞扶贫车间上班,儿子在兰州打工,不久前,儿媳妇又在社区办事大厅的务工报名处登记,准备在即将竣工的毛纺厂扶贫车间上班,"生活充实了,钱袋也鼓起来了,能不幸福吗?"马国忠笑呵呵地说。

"我们在安置区积极开发保洁、绿化、保安、门卫等公益性岗位,优先安排外出务工有困难的搬迁群众就业。"东乡县委书记马秀兰介绍,通过精准对接、分类施策,多渠道拓宽就业门路,同时大力推广以工代赈方式,吸纳贫困群众就地就近就业,确保有劳动能力的建档立卡搬迁群众每户至少 1 人实现就业。

作为民族地区,广河县按照"资产收益扶持一批、规模养殖带动一批、服务就业解决一批、扶贫车间就业一批、土地流转增收一批、光伏扶贫发展一批"的思路,分类精准抓好后续扶持,帮助搬迁群众实现稳定增收。在三甲集镇康家易地扶贫搬迁安置点建成魏家坪、新庄坪两个集中规模养殖场,在齐家镇黄家坪安置点建设 1 个养殖小区,带动搬迁群众发展规模养殖,有效增加了群众收入。

2020 年以来,甘肃在完成"十三五"建设任务基础上,将工作重心全面转移到后续扶持工作上来,全力做好搬迁群众返岗复工和扶贫车间复工复产等各项工作,指导市县对易地扶贫搬迁安置点逐点逐户排查,全部建立了到点到户产业扶持和就业帮扶工作台账,按期进行调度,确保各项帮扶措施落实到位,千方百计帮助群众增加收入,努力实现"搬得出、有就业、逐步能致富"目标。

截至 2020 年 6 月底,甘肃省"十三五"期间 49.9 万建档立卡搬迁人口 11.43

万套安置住房已竣工,群众实现搬迁入住。有劳动能力且有就业意愿的搬迁家庭基本实现至少1人就业的目标;所有建档立卡搬迁户除个别特殊户外,实现了产业全覆盖。

五、健全配套　加快搬迁群众社会融入

"搬出了、稳住了,还要让搬迁户更有归属感,'安身'更'安心'。"

以东乡县为例,该县"十三五"实施易地扶贫搬迁的2.8万名建档立卡贫困群众中,城镇楼房安置1.6万人,比例达到57%。东乡县坚持把完善配套设施、强化公共服务作为优化入住环境、加快搬迁群众社会融入的重要方面,着力提升搬迁群众幸福感和满意度。

在安置点设立的社区服务中心内,前来咨询办事的群众井然有序,大厅里配备了警务室,提供户籍管理、教育、民政、就业服务、法律咨询等一站式便民服务,所有楼房安置区均成立了管理委员会,形成了党支部领导、管委会管理、楼栋长分片负责、搬迁群众共同参与的网格化管理体系。

"让搬迁群众遇事有人管、困难有人帮,加快搬迁群众社会融入。"索南镇城南社区工作组组长张翼萍说。同时,引进有资质的物业公司提供专业化管理服务,物业费用实行"免二减三":搬迁群众入住后2年内免除费用,后三年费用减半。

广河县通过竞争性谈判方式,在城关镇大杨家和三甲集镇康家集中安置点择优确定6家物业公司入驻,全面负责小区公共卫生、服务设施维护等,对特殊困难户给予一定的物业管理补助,帮助搬迁群众尽快适应城市生活。

古浪县富民新村现在的1379户新居民,来自南部山区的新堡乡、干城乡和横梁乡等8个贫困乡镇。富民新村党群服务中心,是村民们经常来办事的地方。走进党群服务中心,大厅宽敞明亮,墙上"排忧解难手牵手,党群服务心连心"几个大字格外醒目。服务中心设有民政岗、社保岗、卫生岗、村干部值班岗等,分别负责为村民办理养老保险、提供务工信息、受理技能培训申请和产业扶贫、健康扶贫政策咨询等。

2018年到村里工作的大学生赵文娟,负责民政岗,但问起其他岗位的业务,也能讲得头头是道。"富民新村共有6个居民小区,16个村民小组,来自不同乡村的村民,所办事项各有不同。一旦别的岗位人不在,你就得顶上去,各方面的政策必

须都得懂。"让赵文娟没有想到的是,她的工作不仅得到了群众的认可,还得到了习近平总书记的鼓励。2019年8月21日,习近平总书记来到富民新村视察,第一站就来到了党群服务中心,亲切地和赵文娟及其同事进行交谈,仔细询问各项惠民政策落实和便民服务工作开展情况。

陇原大地,一座座新村迎来易地扶贫搬迁的新主人,告别深山沟的乡亲们带着希望开始建设他们的新生活的同时,也正在从方方面面融入新的环境。

"住上了好房子、过上了好日子,但养成好习惯却没有那么容易实现,村民们刚搬下山时总是难以融入新的环境。"定西市安定区鲁家沟镇将台新村书记回忆,刚进驻小区那会儿,许多老百姓都不会使用家里的保险开关、冲厕设备、天然气。习惯席地而坐的老人们总是扎堆躺坐在小区的绿化带上抽烟,乱扔垃圾、随地吐痰的现象也屡见不鲜。

鉴于此,将台新村开展了"移出大山走新路　共同发展感党恩"活动,针对搬迁初期"群众卫生习惯差、垃圾随手丢"问题,探索建立"美家"积分超市,宣传动员群众通过捡垃圾换积分兑物资,集中分类回收处理生活垃圾,社区人居环境得到了极大改善。

通过挑选小区内卫生文明习惯较好的妇女组成巾帼志愿者,通过"第一课堂",深入搬迁群众家中开展安全用水用电、基本家电使用、居家个人环境保持等教育引导,对移风易俗先进典型进行宣传,进一步推动文明习惯、安全生活、优良家风进家庭。此外,坚持每年评选社区"最美家庭""洁美家庭""模范家庭",并给予奖励,鼓励居民积极参与社区事务,逐步适应城镇化生活。

错落有致的崭新房屋、干净整洁的文化广场、整齐排列的景观树……傍晚时分的合水县蒿咀铺乡易地扶贫搬迁安置点在落日余晖中更显美丽,此时,也正是安置点最热闹的时候。结束了一天繁忙的工作,人们陆续走出家门,结伴遛弯拉家常。

房前屋后孩子们追逐嬉闹、活动广场旁青年们欢跳舞步、文化长廊边老人们休闲纳凉,浓郁的生活气息处处彰显出一派欣欣向荣。

"每天下班后打打球、跑跑步、出出汗、洗洗澡,完全过上了城里人的生活!"从山上搬迁下来的王文俊说。入住新房大半年来,自己主要靠打工挣钱,爱人是社区保洁员,每月几百元的工资刚好够生活开支,未来他想租个社区的门面做点小生意增加收入。

走进安置点的村级电商中心,黄花菜、黑木耳、粉条等一应俱全,这些当地自产的农产品通过电商卖出了好价钱。"从2018年5月到现在,电商中心营业额达

150万元,所得利润一部分分红给贫困户,已分红8万元,其余注入村集体经济。"蒿咀铺村第一书记说。

王文俊是甘肃"搬迁户"的缩影,从贫困村民到城镇居民,从缺教少医到全面配套,全省49.9万人正"甜蜜"地融入新生活。

时间,是最忠实的记录者。

"十三五"这五年,面对易地扶贫搬迁的这道考题,"考官"是人民群众,甘肃各地各部门在以习近平同志为核心的党中央领导下,以"赶考"的心态推进工作,以敢死拼命的作风"答题",下足"绣花"功夫,将易地扶贫搬迁作为各项工作的重中之重,精确瞄准搬迁对象,统筹谋划政策举措,全力加快建设进度,全面聚焦脱贫成效,以易地扶贫搬迁促进新型城镇化、农业产业化和乡村振兴战略,以群众搬得安心、住得舒心为出发点和落脚点,走出了一条符合甘肃实际的易地扶贫搬迁之路。甘肃省先后4次在全国易地扶贫搬迁会议上介绍了经验做法。2020年2月,国家复工复产调研组反馈意见时,对广河县等地的易地扶贫搬迁工作给予了充分肯定。2020年5月,国家发展改革委对甘肃省易地扶贫搬迁工作成效进行了通报表扬。

为了确保搬迁群众"稳得住、有就业、逐步能致富",甘肃省发展改革委作为省级易地扶贫搬迁牵头部门,坚持把易地扶贫搬迁作为首要政治任务和头等大事,建立"委党组成员联系市州和未脱贫摘帽县、各处室联系县区"工作责任机制,切实做好政策设计、项目推进、组织协调和事中事后监管,既发现问题,又帮助市县解决问题,举全系统之力推进工作。市县和乡镇作为易地扶贫搬迁工作的责任主体,全力做好具体组织实施工作。上下一条心,拧成一股绳,确保将易地扶贫搬迁政策扎扎实实落实到每一户搬迁群众身上。

松山镇安置点是"十三五"时期天祝县易地扶贫搬迁工程的主战场,共建成安置住房2367套,安置天祝县哈溪、安远等9个乡镇近万人,贫困户通过种植藜麦、食用菌、养畜暖棚、务工等途径增加了收入,日子越过越红火。"今年我们的藜麦和食用菌效益好得很,日子比当时在东坪的时候要好出来真正半截子,一开始还不种么,在生荣这个小伙子苦口婆心的念叨下,才有了个好结果,以后他的话我们就好好听,嘿嘿……"搬迁群众马老汉脸上洋溢着幸福的笑容。这些"移民亲戚"每次来镇上办事,总不忘到该安置点负责人李生荣同志的办公室坐一坐,跟他唠两句家常,逢人便夸"生荣这小伙子就是个干散人"。

梦想的家园

——青海省"十三五"易地扶贫搬迁工作纪实

党的十八大以来,以习近平同志为核心的党中央深度谋划新时期脱贫攻坚工作,作出了"易地扶贫搬迁脱贫一批"的重大决策部署。易地扶贫搬迁作为新时期脱贫攻坚的头号工程和标志性工程,摆在了各级党委、政府面前。

2016年8月23日,习近平总书记在青海视察工作时专程到互助县班彦村看望易地扶贫搬迁贫困户,实地视察指导青海省易地扶贫搬迁工作,充分体现了习近平总书记对青海省贫困地区和贫困群众的巨大关怀,为青海省脱贫攻坚特别是易地扶贫搬迁工作注入了强大动力。

青海地处青藏高原东北部,平均海拔4058米,集黄土高原和青藏高原典型地质地貌为一体,境内高山林立、峡谷纵横,改变生存条件、改善群众生活的任务十分繁重,部分地区"一方水土养不好一方人"的问题突出,贫困群众无力改变住房不安全的困难,吃水难、用电难、行路难、上学难、求医难的问题长期困扰地方党委、政府。2015年年底,全省精准识别出建档立卡贫困人口16万户、52万人,需要易地扶贫搬迁的农牧民5.2万户、20万人。其中,建档立卡贫困人口3.17万户、11.89万人,同步搬迁的非建档立卡人口1.8万户、8.1万人,涉及全省38个县市区、266个乡镇、1249个行政村,占全省建档立卡贫困人口的23%。

"青海好,青海好,青海的山上不长草,风吹石头跑……"这是青海省贫困山区"一方水土养不好一方人"的真实写照。受自然条件、区域环境的影响,那些祖祖辈辈居住在青海干旱山区、高原牧区的群众靠天吃饭,收入微薄,生活困难,但他们从来都没有停下追求富裕、幸福生活的脚步。要走出大山过上好的生活——这是来自大山深处的呐喊。

这样的呐喊声就有吕有金的一份儿。在吕有金的记忆里,从爷爷那时候起他们家就一直生活在沙沟山上。村里的老人们说,山上已经住了六七代人。青海省海东市互助县班彦村五社和六社100多户人世代居住在这里。且不说,吃水用电不方便,要是遇上个雨雪天气,山下通往村里的山路走走都费劲。现如今,他们已陆陆续续地搬进了山下的新房。远远地望着那沉重的沙沟山,吕有金幸福地说,好日子来了。

从旧居到新房,今非昔比两重天。有电、有自来水,还有为发展产业集中建设的规模化猪舍,出门就是宽阔的马路,看病方便了,孩子上学也方便了,说起搬出大山的变化,班彦村五社和六社村民脸上洋溢着幸福的笑容。吕有金说:"这些还都不算什么,关键是党的政策好。这一套独门独院的房子造价是8.4万元,我们贫困户只需要出4000块钱,这是天大的好事。"班彦村五社和六社村民陆陆续续搬进的新房,是青海省脱贫攻坚易地扶贫搬迁的一部分。在"十三五"期间,青海省要在38个县(市、区)的266个乡镇1249个村实施易地扶贫搬迁项目,精准锁定的搬迁对象有4.8万户18万人。在如此庞大的精准脱贫工程的背后,是政策和资金构筑的坚实保障。

东部农业区的西宁市、海东市9县区处于黄土高原向青藏高原过渡带,居住在浅山和脑山湿陷性黄土地区的贫困群众长期面对土地贫瘠、干旱少雨,冰雹、霜冻、泥石流等自然灾害,原居住地远离中心村、乡镇和县城,行路难、看病难、上学难、娶妻难、就业难成为他们最大的心病。吕有荣老人的困难也是东部农业区搬迁群众共同的心声:我们住的地方山大沟深,地质灾害多,一场大雨就发生滑坡,家里还会渗出水来,菜窖变成了水窖,日子过得担惊受怕。

"我们在这片土地上生活了大半辈子,交通不便,生活条件恶劣,自然灾害隐患大,娶不上媳妇、看不了病、上不了学,挣不了钱,一天天熬日子。"回忆前40年的日子,青海海东市互助土族自治县松多藏族乡前隆村村支书李沛福对生活的这片土地爱恨交加。

前隆村,一个被群山环抱的贫困村,从松多乡政府到村庄18公里的路程中,放眼望去是连绵不断的群山,村民们祖祖辈辈深居在脑山。由于恶劣的自然环境和偏远的地域位置,长期以来,村民们都过着靠天吃饭的生活,"一方水土养不好一方人"是前隆的真实写照。这样的现状从2015年精准扶贫工作开始,有了彻底的改变。

"警察成了我们村的第一书记。"李沛福说,刚开始大家都没信心,但随着扶贫工作组的动员、宣讲、调查摸底、倾听村民心声,精准扶贫工作在村里徐徐展开,大家越来越有信心。

作为帮扶单位的海东市公安局,通过建立党支部结对共建、党员干部结对认亲、选派工作组入驻的"一联双帮"机制,成立结对帮扶工作领导小组,走访慰问困难群众,帮助村民解决一些生活难、读书难等实际问题,让每一名贫困户都感受到党的关怀和温暖。帮扶单位用关怀提升农户脱贫致富自信心的同时,也一步步谋划着村里脱贫的良策。探索将"输血"式扶贫改为"造血"式扶贫,彻底改变"坐等靠要"的模式。

2017年,扶贫工作队带领村民试种特色经济作物当归10亩,平均每亩收入7000元;2018年,在扶贫工作队带领下,贫困户13户59人种植当归91亩;鼓励贫困户利用本村草场多的有利条件养殖牛羊,2019年全村12户贫困户养殖牛羊,1户贫困户流转土地300亩,1户非贫困户流转土地200亩,种植当归、燕麦、青稞、马铃薯等经济作物。更让全村人高兴的是,2018年12月,前隆村整村易地扶贫搬迁至互助县威远镇松多小区。

"原来在家就是种地、看孩子,现在我们两口子在县城打工,每个月能挣6000多元钱。"对新生活,村民祁晓娟十分满意,"能住上宽敞的新楼房,家门口就能挣到钱,日子过得舒心。""挪穷窝、换穷业。"和祁晓娟一样,前隆村的贫困户中有76人经过技能培训有了稳定工作,从事生态管护员、小区保洁、环卫工人、协警、厨师、司机、唐卡绘画等职业。

如今的前隆村今非昔比,乡亲们不仅走出了大山,还住上了楼房,小区交通方便,饮水、电力供应充足,生活环境发生巨变,村集体经济从无到有,全村涉及项目资金1310.4万元,在县城安置区配套修建了商铺并出租分红,2019年,人均纯收入达15149元,全村54户184名贫困人口于2018年全部脱贫。

青海省涉藏州县特别是纳入深度贫困地区的黄南州、果洛州和玉树州的16个县(市)是青海世居少数民族——藏族主体聚居区,也是全国乃至世界重要的生态功能区,相当一部分贫困群众居住在海拔高、气候冷、自然环境严酷、生态环境恶劣的高山、峡谷或草场退化地区,雪灾、风灾等自然灾害多发,改善生产生活条件的成本和难度远高于其他地方。由于居住分散,涉藏州县部分建档立卡贫困户居住着简易的土坯房、石头房,水、电、路配套难,生产生活条件改善缓慢。

青海省委、省政府高度重视易地扶贫搬迁工作,为彻底解决"一方水土养不好一方人"地区的贫困问题,斩断贫困代际传递,在充分调研、摸清底数、精准识别的基础上,确定了建档立卡贫困户人均25平方米建房面积控制标准;确定了原则上建档立卡贫困人口农区人均 3.5 万元,涉藏州县人均 4 万元的建房差异化补助标准,并依据青海省地区差别大的实际,规定各县可依据实际建房成本予以补助,确保建档立卡搬迁户户均自筹资金不超过 1 万元。

省级财政对青海省 38 个县(市、区)安排了征地费 24561 万元,安排项目前期费 20276 万元。极大地缓解了贫困县财政困难问题,确保了易地扶贫搬迁工程建设顺利推进。

2016 年 3 月,青海省出台了《青海省"十三五"易地扶贫搬迁规划》和《青海省易地搬迁脱贫行动计划》,决定"十三五"期间,投入各类资金 88.66 亿元,对居住在深山、高寒、荒漠化、地质灾害严重、地方病多发、生存环境恶劣等地区的贫困群众实施易地扶贫搬迁。

政策和策略是党的生命,政策确定之后,干部就是决定的因素。青海省委、省政府自觉担负起"省负总责"的责任,在充分调研、明细政策的基础上,于 2016 年 4 月 8 日,在互助县举行了青海省"十三五"易地扶贫搬迁启动仪式,全省易地扶贫搬迁工作正式拉开序幕。省委、省政府明确提出:要科学规划、完善配套设施、发展产业、确保脱贫,扎实做好易地扶贫搬迁工作。

全省各市州、县、乡党委、政府切实履行抓落实的主体责任,奔着困难去、奔着问题去、奔着落实去、奔着服务去,全面打响了易地扶贫搬迁攻坚战。

5 年来,青海省委、省政府主要领导足迹踏遍了 8 个市州、38 个县市区,每到一地都对易地扶贫搬迁安置点进行检查指导。省政府分管负责同志靠前指挥,全力推动易地扶贫搬迁工作。省委各常委包片督导易地扶贫搬迁工作,省人大、省政协把全省易地扶贫搬迁工作作为检查、质询的重要内容,推进易地扶贫搬迁工作。省级领导以身作则、以上率下,极大地鼓舞了地方各级党委、政府齐心协力抓好易地扶贫搬迁工作的决心和信心。

5 年来,青海省各市州特别是承担易地扶贫搬迁工作的县乡干部,不忘初心,牢记使命,强化主体意识,履行抓落实的主体责任,从选址到建设,从搬迁到入住,从入住到后扶,倾尽全力、苦干实干,西宁、海东两市瞄准干旱山区、地质灾害区、贫困群众住房不安全、生产生活困难大的重点,坚持应搬尽搬的原则,把 1.8 万户6.7 万人挪出了穷窝,其中,5 个乡镇 63 个村整乡整村搬迁,70% 安置到县城,16%安置到乡镇,14% 安置到中心村;29 个涉藏县市针对山大沟深、地域严酷、生态脆弱、居住分散、水电路讯配套难的问题,采取多点集中,强化配套,打破乡村界线,向最宜居地方、最易配套地方搬迁,使 3 万户 11.3 万人搬迁安置到县城规划区、乡镇所在地和交通要道沿线,实现了三分之一县城集中安置,三分之一乡镇集中安置,三分之一建设新村或行政村内就近安置,不仅解决了住房难的问题,同步配套建设了基础设施和公共服务设施。奋战在一线的县乡干部,把贫困群众的困难当成自己的使命和担当,舍小家顾大家,合力攻坚,谱写了新时期易地扶贫搬迁的新篇章。

5年来,行业部门按照党中央、国务院补齐短板的要求和青海省"八个一批"和"十个专项方案",结合各自工作职能,积极配套建设易地扶贫搬迁集中安置区基础设施和公共服务设施,为易地扶贫搬迁补齐短板提供了保障。

5年来,按照青海省扶贫开发工作领导小组的要求,牵头全省易地扶贫搬迁工作的省扶贫局、省发展改革委,切实把易地扶贫搬迁作为重大的政治任务,认真履行监督、检查、协调、推进的工作职责,在精准施策上出实招、在精准推进上下实功、在精准落地上见实效,切实加大工作指导力度,实行最严格的巡查、检查、督查,开展对重点地区"回头看",协调各相关行业部门加大补齐短板的力度,严格督促各市州县切实抓好存在问题的整改,始终把县、乡、村工程一线作为主战场,足迹踏遍全省39个县、297个集中安置点,履职尽责,确保了全省易地扶贫搬迁工作健康顺利推进。

5年来,国家发展改革委和国务院扶贫办组织各类评估检查,部门领导多次深入青海省易地扶贫搬迁安置点,实地检查指导工作,帮助青海省发现问题、解决问题,确保了青海省易地扶贫搬迁工作责任落实、政策落实、工作落实。

立下拔除穷根志,不破楼兰终不还。在全省上下共同努力下,截至2019年10月底,青海省"十三五"易地扶贫搬迁工程建设任务全面完成,297个集中安置点水、电、路、讯全部配套建设到位,建档立卡搬迁户3.17万户11.89万人和同步搬迁非贫困户全部搬迁入住,在全国率先完成了易地扶贫搬迁工程建设任务。

易地扶贫搬迁实施后,全省有2.6万户10万人进入了县城和乡镇生活,助推了全省城乡一体化进程,实现了人口梯度转移、土地(草场)流转经营、产业集中发展。易地扶贫搬迁安置区成为农牧区最亮眼的风景,为乡村振兴奠定了坚实的基础,农牧区发生了喜人的变化:

建档立卡搬迁户生存条件得到明显改善。通过搬迁,建档立卡贫困群众从高山、深沟、高寒、荒漠化地区以及山体滑坡、泥石流等地质灾害易发区,搬迁安置到县城、乡镇、中心村以及交通要道沿线,住进了宽敞明亮的砖混或砖木结构新房,配套修建了围墙、大门,有条件的地区进行了新村绿化、美化,从根本上改善了贫困群众的住房条件,为脱贫致富奠定了坚实的基础。

集中安置区基础设施和公共服务设施配套齐全。5年来，全省行业部门累计投入配套建设资金14.3亿元，修建饮水管道1668公里，建设各类井体1.8万个；架设输电线路1762公里，购置太阳能电源2138套；硬化村级道路3440公里；建设学校36所、幼儿园55所、村级卫生室293个，彻底解决了贫困群众行路难、吃水难、用电难、上学难、就医难的问题。

临近2020年新年，在青海省海东市乐都区九哈家易地扶贫安置小区里，一排排红白相间的楼房在冬日阳光的沐浴下更显静谧。"嗞……嗞……"14号楼传来一阵阵刺耳的电锯声，原来是装修师傅正热火朝天地帮苏永兰一家"扮靓"新居。

"第一次在楼房里过年，咱得好好拾掇拾掇。"刚从外面买东西回来的苏永兰搓着冻得发红的脸对装修师傅说。一旁的老伴儿接过话茬："这次能顺利入住装修，咱还得感谢供电公司的师傅，大冷天儿，可咱小区的通电工程一点儿也没耽误。"

村民们在元旦前夕刚搬进新居，准备在城里过个年。"将就了一辈子，我老汉还成了城里人，今年咱可得干干净净过个年。"芦花乡丰洼村77岁的村民赵金福在九哈家易地扶贫安置小区也分到了房子。

"在老村啥时候都干净不了，生炉、煨炕这样的事儿干了一辈子，如今新居里家用电器一应俱全，终于能过个干净亮堂年了。"看着眼前干净、亮堂的新居，赵金福感慨地说，"以前最愁的就是冬夏两季，夏季雨水一多山路就变得泥泞不堪，冬天炕烟的味道很呛人……"

据了解，九哈家易地搬迁点涉及乐都区马厂、芦花两个乡镇。这里山大沟深，是典型的干旱山区。长期以来，村民们被行路难、就医难、上学难、吃水难、娶媳妇难压得喘不过气来，很多人选择外出务工，久而久之，部分村落独居老人、留守儿童家庭变得多了，社会治安问题也随之凸显。

为了让贫困群众早日脱贫致富，海东市加快实施易地搬迁工程，而电力作为重要基础设施，要先行一步为贫困群众送去希望。为了让大家过个亮亮堂堂的年，海东市供电公司专门针对芦花、马厂两个乡镇1880户易地搬迁村民，投资建设安置点供电工程，解决了11567千瓦用电负荷。

"现在，党的政策越来越好，大伙儿都搬进了敞亮的新家，每家每户都置办了家用电器，高高兴兴地等着过年呢……"阳光透过洁净的窗户，将整个房间照得通亮，赵金福满脸笑容。

建档立卡贫困户增收渠道不断拓宽。全省各地深入贯彻落实习近平总书记关于易地扶贫搬迁工作的重要指示精神,特别是习近平总书记在陕西、山西、宁夏视察时的重要讲话精神,把易地扶贫搬迁建档立卡搬迁户稳就业工作作为当前最突出、最紧迫的重大政治任务,凝神聚力、谋良策、出实招、压责任,扎实推进所辖地区建档立卡搬迁户务工就业工作,取得了扎实的成效。

青海省地处青藏高原,是大江大河的发源地,肩负着确保中华民族永续发展的神圣生态责任。与此同时,特殊的地理环境造成了地区间经济发展水平不同,吸纳就业能力不同。位于青海东部的西宁、海东两市,集中了全省 69.5% 的人口,人口稠密,就业岗位竞争激烈;其他 6 个州均为少数民族聚居区,是国家三江源自然保护区、祁连山自然保护区和青海湖自然保护区全覆盖地区。特别是青南玉树、果洛、黄南深度贫困地区 15 个县,生态核心位置十分重要,各县均无大的工业企业,吸纳就业能力低。长期从事畜牧业生产的搬迁群众,走出去的能力弱。特殊的省情实际,决定了青海省要实现 3.17 万户 11.89 万易地扶贫搬迁建档立卡搬迁群众"稳得住、有就业、逐步能致富"的目标,就必须在生态管护上下功夫,在有组织帮助搬迁群众灵活就业上见成效,在动员鼓励搬迁群众自主创业上寻突破。全省各地通过开发林业管护员、草原管护员、卫生保洁员、光伏扶贫公益性岗位,建设扶贫车间,鼓励企业吸纳,鼓励搬迁群众自主创业,召开现场招聘会送岗位、送信息、帮就业等多种办法,着力破解建档立卡搬迁户家庭就业岗位不足的瓶颈,努力做到建档立卡搬迁户有业可就、有事可做、有钱可挣。截至 2020 年 4 月底,全省共面向有劳动能力的建档立卡搬迁户 2.9 万户,开发了各类公益性岗位 1.36 万个,保证了 1.36 万户每户有 1 人稳定就业;组织企业吸纳解决就业岗位 4249 个;鼓励搬迁群众发展特色农牧业、开办小卖店或修理厂等自主创业解决就业岗位 547 个;组织搬迁群众季节性务工、建筑工地务工,解决就业岗位 7038 个,稳定就业率达 87.7%。5 月 22 日,全省易地扶贫搬迁建档立卡搬迁户稳就业工作推进会后,各县(市、区)迅速行动、群策群力、多措并举,通过贫困村光伏收益 80% 用于开发扶贫专项岗位的办法,全省各项目县、乡、村开发出江河管护、日间照料、环境卫生治理等公益性岗位 2.35 万个,优先覆盖到所有建档立卡搬迁户中,使全省建档立卡搬迁户稳定就业率从 87% 上升到目前的 100%。泽库县搬迁安置建档立卡搬迁户 3999 户,有劳动能力的建档立卡搬迁户 3400 户,通过开发林管员、草管员解决了就业岗位 2300 个,年人均收入 21600 元。通过近期组织县域内商贸、小型加工业吸纳 260 户 260 人稳定就业,通过光伏扶贫收益新增开发公益性岗位解决弱劳动力就业等办法,解决了剩余建档立卡搬迁户就业难的问题。杂多县全县易地扶贫搬迁建档立卡贫困户 704 户,通过开发林管员、草管员、保洁员、社区管理人员等,全面实现 704 户每户有 1 人稳定就业,年人均收入 21600 元。同时组织搬迁群众采挖虫草,年人均虫草收入最低 10000 元。天峻县开发林管员、草管员解决就业岗位 334 个,实现了有劳动能力建档立卡搬迁户稳定就业全覆盖,年人均收入 21600 元。乌兰县依托茶卡盐湖观光旅游资源,组织有劳动能力的建档立卡搬迁户 52 户,通过从事旅游餐饮服务,制作旅游产品盐雕、治疗关节病热敷盐袋,以及开办家庭宾馆等办法,实现有劳动能力建档立卡搬迁户稳定就业率 100%,户均年收入达 5 万元以上。湟中县全县共搬迁安置建档立卡贫困户 305 户,通过动员企业吸纳就业、建设扶贫车间就地就近务工,实现 299 户建档立卡搬迁户稳定就业,剩余 8 户开饭馆、开小卖店等自主创业,实现了全县建档立卡搬迁户稳定就业全覆盖。

"搬得出、稳得住、能致富"是衡量易地扶贫搬迁脱贫成效重要的标准之一。有的不愿意搬,怎么办?

海东市乐都区瞿昙镇祁家村在易地扶贫搬迁的过程中,村"两委"遇到的最大难题就是部分村民不愿意搬。村第一书记告诉记者,最重要的原因就是新村的位置距离现在村民居住地有 30 多公里,而且还是另一个镇,并且对于搬迁后种地问题、生活问题等有很多顾虑。

为此,青海省各地都在积极探索。乐都区扶贫局副局长说,对祁家村一部分贫困群众不愿意搬的问题,我们有两手准备。一是给贫困群众讲脱贫政策、讲发展对策,让他们不仅对现状也对今后发展都明明白白;二是先让一部分愿意搬的群众搬下来,做示范,形成带动效应。而在黄南藏族自治州尖扎县,针对贫困群众的耕地问题,县扶贫部门灵活应对,有的将旧村复耕后和原先的耕地一起交给合作社进行统一经营,搬迁群众享受经营分红;有的则依照贫困群众意愿,愿意继续耕种的则继续耕种;有的则在新村的荒山荒坡整理新的耕地分给搬迁来的贫困群众耕种。基层最有经验,基层最能创新,但无论如何,能解决搬迁中的疑难杂症,能让贫困群众受益才最重要。

脱贫产业的实招、新招开始在青海大地上涌现。"参与+红线"并行,严控风险确保政策落地。

20 万人的搬迁任务,这样的规模差不多相当于省内一个中等县,要让这部分群众"挪出穷窝、拔掉穷根",不是一件容易的事情,这里面涉及土地、林地、宅基地怎样整合增效问题,涉及一二三产业怎样助力脱贫的问题……

易地扶贫搬迁工程是脱贫攻坚的头号工程、德政工程、民心工程,如何才能使这项工程既防范了风险,又不失民心呢?乐都区扶贫局副局长表示,一是要尊重贫困群众意愿,让他们亲身参与进来,群众的事情群众可以说了算;二是要给扶贫部门扶贫干部划好政策红线,拉紧高压线。

如何让群众参与进来?西宁市湟中县委副书记深有体会。他告诉记者,湟中县易地扶贫搬迁遵循群众的意愿建立了"四让"工作法,即搬迁对象让群众评、安置地点让群众选、规划设计让群众议、建设方案让群众选,以此来保障群众的知情权、参与权和监督权。

除此之外,全省多数县还成立了群众监督委员会,让搬迁群众全程参与项目监督。除了这样的参与方式,果洛藏族自治州甘德县还将有能力的贫困群众安排到工地打工,在对工程建设监督的同时,还增加了收入。

脱贫的初心不能变,脱贫的主线不能偏,政策的红线不能碰。易地扶贫搬迁不是建富裕房、小康房,而是着力解决"两不愁三保障",解决绝对贫困问题。有红线、有底线,还有高压线,就触碰不得,甚至连苗头都不行。易地扶贫搬迁的政策不折不扣地落了地,新房就建到了贫困群众的心坎上,既改善了环境,又能可持续发展,何愁赶不走贫困。

为进一步帮助易地扶贫搬迁建档立卡贫困群众远离原生产生活区,在新的居住地发展新产业、稳定就业遇到的困难更多,稳就业任务更紧迫的实际,互助县立足靠近西宁市、旅游资源丰富、产业园区集聚、民族特色浓郁的优势,通过发展土族刺绣、乡村旅游、县内产业园区吸纳和组织外出务工等办法,全县611户建档立卡搬迁户稳定就业。民和县利用光伏扶贫项目收益开发公益性岗位1600个,年人均收入10000元。同时,未雨绸缪,在全县16个易地扶贫搬迁安置点周边,各调整出建设用地15—20亩,为搬迁群众发展后续产业打下了坚实的基础。班玛县、兴海县安排全县林业管护员、草原管护员、保洁员时,优先向建档立卡搬迁户倾斜,实现所有有劳动能力的建档立卡搬迁户每户至少有1人稳定就业,其中班玛县搬迁安置的1048户建档立卡搬迁户,通过藏茶车间吸收、民族服饰加工车间吸纳、县内土建企业吸纳、公益性岗位安排倾斜等方式,户均提供1.4个就业岗位,实现有劳动能力的建档立卡搬迁人口全部就业。班玛县作为青南牧区深度贫困县,在易地扶贫搬迁稳就业岗位提供兜底性保障上,走在了全省前列。乐都区、玛多县出台激励措施,在引导建档立卡搬迁户外出务工就业上下功夫。乐都区明确建档立卡搬迁群众到对口帮扶的江苏省务工3个月以上,区财政每人补助5000元。玛多县是青海省深度贫困地区县,藏族人口占全县总人口的90%以上,长期以来受语言、技能的影响,贫困群众外出务工率低。为鼓励建档立卡搬迁户外出务工就业,玛多县对赴省外务工的建档立卡搬迁户,由县财政对每人每月补助1500元,连续补助3年,力促走出去、稳就业、转观念落到实处。尖扎县利用易地扶贫搬迁后续产业扶持资金在县扶贫产业园建设扶贫车间3000平方米,引进4家合作社开展牛羊肉、乳制品、藏香、旅游纪念品、民族服饰加工等产业,吸纳80名建档立卡搬迁户家庭劳动力进车间稳定就业,月工资2500元。该县组织集中搬迁安置到黄河岸边"德吉村"的226户贫困群众,依托黄河风情,打造旅游观光、民宿、餐饮、采摘体验、步道健身、儿童乐园等全旅游产业链产业,仅2020年上半年,接待游客12万人次,村集体旅游收入达到500万元,户均收入达到2.2万元,实现了搬迁群众户户有产业、人人能挣钱的产业就业模式。同时,该村采取奖惩激励措施,倒逼搬迁群众积极参加劳动,依靠自身努力实现稳定脱贫,即按照搬迁群众是否遵守村规民约、是否拥护社区管理、是否积极务工就业、家庭卫生是否整洁等对搬迁户进行打分,在此基础上分配乡村旅游收入,2019年搬迁户最高分红4000元,最低分红1000元,成为全省易地扶贫搬迁稳就业的样板。门源县整合省级扶贫资金、州级扶贫资金、本县土地增减挂钩结余指标交易资金共3200万元,建设香菇种植基地,吸纳泉口镇后沟村、沈家湾村搬迁群众164人就地就近务工就业,其中建档立卡搬迁户50人,年人均收入30000元。海西州在确保本州有劳动能力的建档立卡搬迁户全部稳定就业的基础上,统筹人力、财力、物力,发扬中华民族扶贫济困的优良传统,支持兄弟州县打赢易地扶贫搬迁攻坚战,指导格尔木市委、市政府对跨州搬迁安置到格尔木市的玉树州曲麻莱县640户建档立卡贫困户,无偿划拨建设用地900亩用于安置住房建设;投资500万元,为安置区修建了综合服务中心,配套建设了太阳能路灯、绿化灌溉、环卫设施、污水排放、技能培训等项目。同时,对曲麻莱县在格尔木市安置后没有能力解决稳定就业岗位的68户建档立卡搬迁户,由格尔木市兜底解决了稳定就业岗位。

全省各地为认真贯彻易地扶贫搬迁建档立卡搬迁户稳就业工作要求,压实稳就业的责任,做到建档立卡搬迁户帮扶工作跟进实、家庭劳动力信息明、务工就业去向清、经济收入统计准。兴海县委书记张生彪、县长哇多召开迎接国家易地扶贫搬迁评估核查暨易地搬迁建档立卡贫困户稳就业工作动员部署会,把建档立卡搬迁户稳就业工作落实到各乡镇、各单位主要负责人和各帮扶责任人,统筹全县就业资源,根据劳动能力强弱,为建档立卡搬迁群众量身打造护林、草管、护路、绿化、保洁、保安、扶残助残、养老护理、水利工程管护等岗位,做到易地扶贫搬迁稳就业工作责任落实、政策落实、工作落实。达日县委书记牛得海针对前期达日县建档立卡搬迁户就业率低的情况,连夜组织召开会议,专题进行研究,将光伏扶贫项目收益开发公益性岗位、以工代赈项目用工、公路养护项目用工、黑土滩治理项目用工等,全面向建档立卡搬迁户倾斜,努力做到搬迁群众短期务工变长期稳定务工,季节性收入变长期稳定收入。互助县成立了以县委书记李小牛、县长安永辉为组长的稳就业工作领导小组,由县就业局加大对建档立卡搬迁户从事"青绣"、电子商务农畜产品直播带货、家政服务、拉面经济、建筑施工等方面大规模实用技能培训,助力搬迁群众有一技之长。县林草局、交通局、工信局等行业部门优先为易地扶贫搬迁贫困群众提供稳定从业岗位,实现了全县 611 户有劳动能力的建档立卡搬迁户家庭劳动力稳定就业。驻青央企、省内国企和省直单位积极履行社会帮扶责任,全力挖掘行业内就业资源,帮助建档立卡贫困户打赢稳就业攻坚战。国网青海省电力公司面向青海省涉藏州县招录建档立卡贫困户家庭子女 327 名,从事电网运营和维护工作,其中建档立卡搬迁户家庭子女 8 名,每人每月工资 3000 元。中国电信集团公司青海分公司定向为久治县提供了 37 名电信正式职工就业岗位,招聘了建档立卡贫困户 37 名,其中 5 名为易地扶贫搬迁户子女,月平均工资 6000 元。省交通运输厅吸纳了 79 户贫困户家庭子女 79 人到玉树州、果洛州和海南州所辖县收费站工作,其中建档立卡搬迁户 25 人,月平均工资 5000 元。

通过全省上下的齐心协力,家住青海省海东市民和回族土族自治县北山乡牙合村的李三姐,从没想过自己有一天能从"山里人"变成"城里人",每月还有稳定的收入。40 岁的李三姐从小生活在海拔 2400 多米的民和县北山乡,那里山高坡陡,交通不便,土地贫瘠,出行、吃水、就医都很困难。

2017 年,为了让贫困群众告别生活困境,北山乡整体实施易地扶贫搬迁项目,涉及 7 个村 1455 户 4939 人。作为建档立卡贫困户的李三姐一家,当时也搬离了山上的"穷窝",住进了山下位于民和县川口镇史纳村的北山新区。与北山新区一河之隔的是美丽的史纳湿地公园,这里原是民和镁厂的所在地。公园自西向东依湟水河而建,位于甘肃、青海两省的交界地带。

改革开放之初,一批高耗能、高排放、高污染的冶炼企业聚集在民和县西北角湟水河畔,民和镁厂是其中规模最大的一家。镁厂破产后,企业厂区另作他用。2018 年,民和县政府收回该厂,拆除废旧厂房、回填种植土、实施场地绿化……2019 年,史纳湿地公园绿化工程在民和镁厂旧址上开建。项目在招收绿化工人的时候,优先考虑解决周边村里的贫困户、原民和镁厂下岗职工等闲散劳动力。

2019年4月，李三姐被招到史纳湿地公园当管护员。"这工作美着嘞！每天在湿地公园里浇水、除草、修剪树枝，每月还有近3000元的稳定收入。"有了这份"美差事"后，她每天早上8点前就来到湿地公园工作，拿上铲子、铁锹、修枝剪刀，开始了一天的忙碌。

2020年4月，史纳湿地公园里的桃花盛开，这可让从小在大山里长大的李三姐开了眼界。"过去在山里，哪见过这么多花！刚来的时候，也不知道树枝哪里该剪，哪里不该剪。"李三姐说，"现在这里的树木，八成以上我都认识。"

史纳湿地公园内栽植的各类树木也被李三姐和她的同事们"呵护"得越来越好。"你们看，远处那栋红房子就是我现在的家。"李三姐指向东南方向一排排整齐的房屋，"过去在山里住的是土房子，现在我们住的可是楼房。"

如今，李三姐一家已摘掉"穷帽"。她居住的北山新区坐落在湟水河北岸，小区里处处充满绿意，全民健身小广场摆放着各种健身器材。"现在自己的收入稳定了，学的知识多了，以后要把日子过得越来越美。"李三姐满怀期待地说。

通过易地扶贫搬迁，建档立卡贫困户思想观念发生了深刻变化，"等靠要"思想逐步摒弃，由"要我脱贫"逐步转变为"我要脱贫"。互助县蔡家堡乡上刘家村建档立卡搬迁户刘生杰："我原来住在离这里30公里的山上，除了种地没有其他收入来源，村里年轻人很少外出务工，不是喝酒就是打牌。搬下来后，我到县产业园区打工，每月收入4500元；老婆到西宁打工，每月也有2000元收入，一个姑娘由帮扶单位省交通厅吸收到收费站工作，月收入5000元，今年小儿子也考上了大学，我真切地感到搬下来后我的生活确实变好了。"

果洛州达日县是"三区三州"深度贫困县之一，平均海拔4200米以上，巴颜喀拉山横贯全境，一年之中无明显四季之分，只有冷暖之别。1992年被确定为省定贫困县，1994年被确定为国定贫困县，2002年被确定为国家重点扶持县，2017年被列入深度贫困县。

作为三江源自然生态保护治理地区之一，这里自然环境严酷，生态脆弱，交通不便，教育发展相对滞后，加之牧民群众生产无技术、因病致贫返贫问题突出。面对这样的发展困境，达日县通过易地搬迁，将部分贫困群众迁入县城或集中搬迁点，实现了"拔穷根""挪穷窝"。

"如果把脱贫攻坚比作一场硬仗，对于达日县而言，易地搬迁是打赢这场攻坚战的关键。"据达日县扶贫局副局长姜明辉介绍，从2016年至今，达日县共安置建档立卡贫困户1960户7954人，将贫困群众搬到了自然环境相对较好、交通等基础设施便利的县城或乡村居住,生产生活条件得到了极大改善。

5月的达日县天气多变,雨后阳光照耀着易地扶贫搬迁安置的岭格社区和丹玛社区,红顶白墙藏式小楼绵延数里,成为县城一道新景观。

"全县共有11个安置点,其中100户以上的有三个安置点,分别是岭格社区安置点、丹玛社区安置点以及阿达拉姆安置点。"姜明辉指着马路边一排富有藏式特色的居民区说,岭格社区是达日县最大的扶贫安置点,共安置贫困户695户2558人,社区不仅配套了水电路网讯等基础设施,还修建了学校、卫生院、社区服务中心等公共服务设施,实现了就学、就医、社会保障和群众安心生活、生产的"三个便捷、两个安心"目标。

在县城另一端的丹玛社区,14栋单元楼房已实现100%入住。这里的户型有50—128平方米五种,群众根据家庭人口选择入住,安置465户2010人建档立卡贫困户。

从平均海拔4200米以上的草原搬迁到县城,对于7954名牧民群众来说,变化的不仅仅是居住条件。姜明辉说,大家经历了搬迁之初的兴奋和随之而来的不习惯,现在纷纷在努力适应新生活,在劳动中找到新的人生目标。

索南卓玛、成登、索更……如今,在达日县,像他们一样通过产业扶贫园区在家门口实现了就业的不在少数,大家有的通过好政策开店创业,有的当上了生态管护员。达日县积极开展搬迁安置点就业帮扶,探索产业就业"新路径",使一大批搬迁群众实现了就近就业创业。

易地扶贫搬迁不只是搬得出,关键还要稳得住、能致富。对此,达日县行业部门积极配合,投入6019万元实施了县城集中搬迁安置点水电路等基础配套设施工程。同时,实施了资产收益分红、转移就业、低保兜底、生态管护等后续措施,着力提升搬迁群众后续发展能力。

从草原深处到城镇郊区,从帐篷、土坯房到崭新宽敞的新居,伴随着脱贫攻坚的春风,达日县为群众建起安居房的同时,扶持发展特色产业,促进二、三产业融合,创造更多的就业机会,让牧民群众真正住得下、留得住、可发展。全省各民族群众感念党恩,感谢党情,民族团结之花绚烂地绽放在青海。

搬迁后的农牧民贫困群众,从内心感恩党的深切关怀,自发悬挂领袖像表达铭记党恩之情。搬迁后,生活条件显著改善,据统计,全省农牧区有385个大龄未婚男性娶妻生子,圆了成家梦。

千家迁入新居地,万人喜泪颂党恩。易地扶贫搬迁是新时期践行"不忘初心、牢记使命"的过程,是新时期实践党的宗旨、密切党同人民群众血肉联系的过程,是新时期锤炼党性、厚植为民情怀的过程,是历练干部、为实施乡村振兴培养人才的过程。青海省按照党中央、国务院的安排部署,战胜高原、高寒、缺氧的困难,克服施工期短、施工难度大的束缚,抢抓时间,确保质量,与全国同步完成了易地扶贫搬迁工程建设任务。下一步,青海省将坚定不移地按照党中央、国务院的要求,持续加大后续扶持工作力度,为实现习近平总书记提出的"搬得出、稳得住、能致富"的目标继续奋斗。

挪出穷窝窝 叩开幸福门

——宁夏回族自治区"十三五"易地扶贫搬迁工作纪实

这是一份铭刻于历史的实践——将宁夏中南部山区数万贫困人口从"山窝窝"中搬出来,从源头破解"一方水土养不好一方人"的困境。

这是一份掷地有声的承诺——全面小康路上,坚决不让一个困难群众掉队!到 2020 年,宁夏现行标准下农村贫困人口实现脱贫、贫困县全部摘帽,确保与全国同步建成全面小康社会。

党的十八大以来,以习近平同志为核心的党中央把脱贫攻坚摆到治国理政突出位置,打响了一场脱贫攻坚战。

在 2015 年召开的中央扶贫开发工作会议上,习近平总书记掷地有声:"必须以更大的决心、更明确的思路、更精准的举措、超常规的力度,众志成城实现脱贫攻坚目标。""决不能落下一个贫困地区、一个贫困群众。"

2016 年,习近平总书记考察宁夏时指出,移民搬迁,规划要谋划好、政策要贯彻好、工作要落实好,既要解决好"搬得出"问题、也要解决好"安得下"问题,既要解决好当下生活问题、也要解决好长远生计问题。

沿着习近平总书记指引的方向,宁夏充分借鉴历次易地搬迁移民经验,多措并举、合力攻坚,扎实推进易地扶贫搬迁工作有力有序有效开展,稳步实现解决温饱、脱贫致富和全面奔小康的三次历史性转变,广大移民与贫穷挥手作别,迈向了不愁吃、不愁穿、学有所教、病有所医、住有所居的新生活!

一、贫中之贫、困中之困,一方水土养活
不了一方人——吹响搬迁号角

曾有"苦瘠甲天下"之称的西海固,以"苦"字当先,被联合国粮食计划署称为

"不适宜人类居住",长期的人口压力和经济贫困互为因果,导致干旱缺水、生态失衡,一方水土养不好一方人。

自 1983 年起,在党中央、国务院坚强领导下,在国家各部委的大力支持下,宁夏党委、政府抓住"三西"建设历史机遇,根据宁夏实际,制定"有水走水路,无水走旱路,水旱路都不通另找出路"的建设方针,并由此拉开易地扶贫搬迁的帷幕。

几十年来,宁夏历经吊庄移民、扶贫扬黄灌溉工程移民、易地扶贫搬迁移民、中部干旱带生态移民、"十二五"中南部地区生态移民等 5 次大规模的易地搬迁,将生活在生存条件极差地区的贫困群众搬迁至有水、沿路、靠城的区域,帮助他们脱贫致富。

事实证明,这条路是正确的。

但是,到 2015 年年底,宁夏尚有 58 万名困难群众仍生活在"走路难死,有病愁死""晴天一身灰,雨天一身泥""下雨没路走,不下没粮吃""垃圾靠风刮,污水靠蒸发"的穷窝窝,都是贫中之贫、困中之困,成了脱贫攻坚最后的"硬骨头"。

从还是个毛头小子到胡子花白的老汉,顾占之迎来了数不清的大大小小的领导,他们的目标只有一个,帮顾占之解决温饱问题。可是天一旱,一切部署都付之东流。"冬天冻死,夏天旱死,走路难死,有病愁死。"顾占之用简单的四句话描述故土的贫瘠。

为了吃甜水,马如秀半夜 12 时起来,来回奔波 4 小时取水。冬春两季,还要从山洞里背雪、背冰往水窖里存。走一路,冰雪化一路,滴滴答答背回来,棉裤就成了泥棒棒。

六盘山下成千上万的困难群众,与贫困的"鏖战",一刻未曾停歇。

既然贫困赶不走,小康进不来;既然一方水土养不好一方人,那么遵循成功之路的经验,自治区坚定不移首选易地扶贫搬迁对策,咬牙也要"啃"下最后的"硬骨头"。

重重大山像一道道屏障,却阻隔不了党和人民共同的心声。

2016 年,根据中央安排部署,宁夏吹响"十三五"易地扶贫搬迁的号角,计划对 8 万名困难群众实施搬迁,确保到 2020 年使搬迁群众生产生活条件得到明显改善,收入接近全区农民收入平均水平,与全区人民一道进入小康社会。

二、不具备大规模有水有地集中安置条件，
"硬骨头"难"啃"——拿出智慧和勇气

这 8 万名困难群众八成以上生活在自然条件恶劣、产业基础薄弱、公共服务资源匮乏的地方，自我发展能力最弱、脱贫难度最大、减贫成本最高。

与此同时，受水土资源约束，"十三五"伊始，宁夏已经不具备大规模有水有地集中安置移民的条件，要跨越地市、跨越县区，将群众搬迁出来，解决户籍管理、土地置换等棘手问题，也绝非易事。这一系列问题横亘在干部面前，成为搬迁的"拦路虎"。

"全面小康路上一个也不能少。"这是党中央对人民的郑重承诺，更是党员干部造福人民的责任和义务所在。

"无论这块硬骨头有多硬都必须啃下，无论这场攻坚战有多难打都必须打赢"，在国家发展改革委、国务院扶贫办等部委的大力帮助和支持下，宁夏各级党委、政府咬紧牙关，攻坚克难，以更加顽强的斗志，更加坚韧的毅力，更加精准的措施，以奋斗的姿态攻坚克难，坚决打赢脱贫攻坚战。

易地扶贫搬迁是脱贫攻坚的标志性工程，最受贫困群众欢迎，也最考验各地攻坚能力。面对 8 万人的搬迁工程，宁夏各地各部门聚焦"两不愁三保障"标准，紧盯脱贫目标，实化细化工作举措，使出超常之力、超常之举，合力完成攻坚。

——以摸清底数作为基础，确保心中有数。宁夏党委、政府领导忙碌的调研日程表上，中南部山区占比最高，他们多次深入农村，入户了解群众疾苦，倾听百姓心声，找准贫困诱因，聚焦贫困问题。各级党委、政府以及发改、扶贫等部门联合发力，逐村逐户摸清底数，对于哪些搬迁对象完全离开原先生产生活区域，哪些搬迁对象就近安置等，做到情况明、底数清。同时，聚焦移民用地难调、户籍管理复杂、群众诉求多等突出问题，明确任务完成时间表、路线图，拿出过硬举措和办法，确保如期完成任务。

——以科学规划为引领，确保搬迁任务圆满完成。宁夏回族自治区党委、政府多次召开会议，专题研究相关工作。自治区发展改革委、扶贫办编制并印发了《宁夏"十三五"易地扶贫搬迁规划》。为了实施好移民搬迁工作，自治区先后出台了《宁夏"十三五"易地扶贫搬迁工作成效考核实施细则》《宁夏"十三五"易地扶贫

搬迁资金管理办法》《关于解决政策性移民发展问题的实施意见》《关于进一步做好易地扶贫搬迁群众后续扶持发展工作的意见》等一系列含金量高、针对性强的文件,有力地推进了移民搬迁工作的顺利实施。

——以群众满意为标准,勇于面对,加强整改。"十三五"期间,宁夏以"人民满意"作为最高标尺,坚持问题导向,自治区扶贫开发工作领导小组多次会同自治区发展改革委、财政厅和宁夏扶贫开发投融资有限公司、国家开发银行宁夏分行、中国农业发展银行宁夏分行组成联合督查组,对全区搬迁工作进行联合督查,找准问题,提出解决方案,督促各地加强整改,确保搬迁数量完得成、质量过得硬。

——实事求是,把握快与慢的辩证法。对于搬迁征地、工程招投标等前期相关工作,开辟绿色通道,特事特办,以最快速度确保各项工作落地实施。为把易地扶贫搬迁的"帽子"戴在该戴的贫困户头上,宁夏下足"绣花"功夫,对标"精准"严格识别,合理确定建设标准,严守人均住房建设面积不超过"25平方米"红线和不低于"15平方米"的底线,有效防止了贫困户因举债搬迁致贫。

——创新搬迁方式,因地制宜、分类施策。历经多次移民,宁夏域内几乎没有可规模化安置的区域,有安置任务的县区想方设法为移民"挤"土地、建住房,利用一切可以利用的空间。在自治区党委、政府的安排部署下,自治区发展改革委、扶贫办等部门干部夜以继日加班加点,反复推敲、再三斟酌用地。在迁入区,几乎所有的平地都被利用上了,除了建设安置房,每隔一段路,都有大棚和庄稼。宁夏发展改革委一位干部感慨地说:"宁夏水土资源有限,我们是在有限的空间内为移民争取更大的发展。"

三、资金、用地、搬迁、产业、民生问题一连串,
"堡垒"难攻——量身定制"精准到人"

搬迁道阻且长,为群众量身定制脱贫计划,是破题之策。宁夏经过充分科学调查研究,提出符合实际的安置方式,即利用有限的土地和资源,采取山区与川区结合、城镇与农村结合、集中与插花结合、政府组织与市场化推动结合等多种方式,量身定制翔实的搬迁举措,对中南部地区的原州区、西吉县、隆德县、泾源县、彭阳县、同心县、盐池县、海原县、中宁县9个县(区)的困难群众进行安置:依托重点城镇、工业园区、产业基地以及山区大县城,新建或回购商品住房,城镇安置5.28万人、

农业安置2.8万人。

——合理利用政策空间,确保安置用地。宁夏回族自治区将易地扶贫搬迁项目纳入土地利用规划,保障易地扶贫搬迁所需新增建设用地计划指标供给。在安排年度用地计划指标和增减挂钩指标时,向易地扶贫搬迁任务重的市、县(区)倾斜。对不具备开展增减挂钩条件的,优先安排安置所需新增建设用地计划指标。

与此同时,各地创新安置方式,拓展"用地"空间,取得了良好效果。平罗县黄渠桥镇对全镇13个村中农转非或者进城务工农户空置的住房进行回购,共回购维修住房20户(套)进行分散安置。利用村镇总体规划体系中保留的中心村或村庄点内的农村空闲宅基地,通过有偿转让使用方式,采取联户自建的方式新建移民住房,实现了收储与新建有机结合,既盘活了住房、土地等闲置资源又实现了闲空置宅基地的合理利用,大大减少了收储工作难度,为易地扶贫搬迁提供了新的安置方式。

——兜牢民生底线,织牢"两不愁三保障"网。根据木桶原理,事物的成败往往取决于最短的那块板。宁夏聚焦"两不愁三保障"标准,按照"缺什么补什么"的原则,实行按人补助和农户自筹的方式,人均建房自筹仅0.3万元。城镇安置房都有暖气、有线电视、网络、天然气、自来水、太阳能等。集中安置区配套完善了小学、卫生室、文化活动室等公共服务设施。对迁入区现有公共服务资源不足的,及时调整教育、医疗服务机构规划布局,进一步完善村级和社区卫生服务站(中心)等基层医疗卫生服务机构。实施家庭医生签约服务,实现建档立卡贫困人口家庭医生服务"应签尽签"。

——产业扶贫,精准施策拔穷根。搬迁不只是"挪个窝",更要"铺好路"。住房问题解决后,如何确保稳得住、能致富?找准脱贫的关键点、着力点和结合点,从顶层设计上给出方向路径,成为易地搬迁的关键环节。

宁夏将搬迁对象从"十二五"时期的"精准到户"变为"十三五"时期的"精准到人",通过产业扶贫,带动移民致富。自治区出台了《关于加快推进产业扶贫的指导意见》,明确新增扶贫资金重点用于产业发展,支持移民发展马铃薯、冷凉蔬菜、牛羊养殖、覆膜玉米等优势产业。在全区范围内大力实施"四个一"示范带动工程,建设100个产业扶贫示范村、培育100家扶贫龙头企业、培育1000家扶贫产业合作社、发展10000名致富带头人,带动包括安置区在内的贫困村发展产业。推进产业项目到户,针对易地搬迁的建档立卡贫困户扶贫需求,按照户均3000元标准,以"扶贫到户、责任到人"方式扶持发展致富产业,增强造血能力,提升收入水平。

坚持移民住房与配套产业设施同步建设,对有养殖或种植意愿的搬迁安置户,每户建设1座养殖圈棚或1亩大中型拱棚;对小规模开发土地安置的,集中建设养殖圈棚或日光温室;对劳务移民安置的,鼓励劳动密集型企业和农业产业化企业在移民安置地附近投资建厂或建立生产基地,促进移民就近务工就业,让劳务成为移民的"铁杆庄稼"。

坚持产业发展与就业培训同步推进,针对县内就近安置、小规模开发土地安置、农村插花安置等有土安置移民,通过采取加强技术服务、引进龙头企业、培育经营主体、加大支持力度等措施,发展增收产业;针对劳务移民,综合运用国家和自治区就业扶持政策,通过强化就业技能培训、开展公共就业服务、建设扶贫车间、鼓励重点项目工程吸纳用工和政府购买岗位托底安置等措施,帮助移民多渠道实现就业。

——管好资金,督查跟进,将安全贯穿始终。宁夏虽然家底薄,但对扶贫资金毫不吝啬。自治区党委、政府创新金融扶贫模式,全面推行千村信贷、互助资金、金扶工程,在全国率先实施扶贫加保险模式并实现全区域覆盖。为确保每一分钱用得合法、花得合规、分得公平、经得起检查,自治区扶贫办(移民局)与宁夏惠民投融资有限公司设立的独资子公司宁夏扶贫开发投融资有限公司,由第三方承接地方政府债券资金、专项建设基金以及政策性银行长期贷款。全区有搬迁任务的17个县(区、市)、宁东能源化工基地均组建了县级项目实施主体,建立了上下衔接顺畅、规范高效的资金运转流程。

为确保易地扶贫搬迁工程建设进度和质量,宁夏回族自治区采取"区、市、县"三级督查督导的方式进行督导检查。同时,大力推行人大代表、政协委员和群众代表对工程建设质量的监督制度,确保搬迁群众住上放心房、满意房。盐池县青山乡方山村在论证初步确定安置区时,由于规划要占用耕地且后期投入较大,村监会在参与论证时提出反对意见,帮助分析利弊,经和村"两委"班子多次实地勘察后,及时调整方案,重新规划选址,此举得到了群众的一致好评。

搬迁扶贫、产业扶贫、民生扶贫、财政扶贫……随着一系列脱贫攻坚方式合力的形成,贫困的"堡垒"逐个被攻破。

"十三五"期间,财力有限的宁夏耗资49亿元,为8万移民盖新房,建产业扶贫园、种养殖大棚,让8万困难群众挪出穷窝、走向新生活。

四、思维意识、生产方式、传统技能与新环境格格不入，信心何来——政策"方程式"精准促融入

搬迁是手段，脱贫是目标，如何确保搬迁群众稳得住、能致富？

移民搬迁前，常年深居大山，多数文化程度偏低，传统生产观念根深蒂固。迁入川区后，种植方式改变，短期内难以适应当前的生产方式，对参加技能培训的积极性不高，在一定程度上影响搬迁"总目标"。

"乐业才能安居。"为做好"后半篇文章"，避免搬迁户"住着新房子、过着苦日子"，宁夏坚持"挪穷窝"与"拔穷根"并举，下足"绣花"功夫，实现"户均培训一人，户均一人稳定就业"的目标：引进企业在移民安置区投资建厂或建设扶贫车间44个，吸纳搬迁群众就业；借助迁入区四通八达的交通，鼓励移民外出劳务；推广"公司+合作社+贫困户"等方式，鼓励龙头企业、农民合作社等经营主体与搬迁群众建立契约型、分红型、股权型等合作方式，带动搬迁群众通过种植养殖产业致富；加大技能培训，鼓励移民掌握一技之长，累计培训2万余人次，实现县内就地就近就业1万多人、县外务工7000多人、公益性岗位就业2000多人。

环境一变天地宽。

"以前在老家守着三四十亩地，靠天吃饭，娃娃上学也不方便。现在政策好，我在铁厂上班，媳妇边照顾娃娃边打零工，收入比在老家翻了两番。"提及近几年生活的变化，中卫市沙坡头区东园镇金沙村村民李四龙喜不自禁。

为使移民搬迁后稳定脱贫，金沙村建立搬迁户劳动力就业帮扶台账，积极对接工业园区企业用工需求，开展"菜单式"培训，确保培训后能稳定就业。同时借助金沙村发展成熟的设施蔬菜产业优势，为移民新建特色产业园，采取"合作社+基地+农户"的合作模式，鼓励移民参与入股，年底实现分红。

2020年6月16日，青铜峡市叶盛镇"十三五"易地扶贫搬迁移民设施农业扶贫产业园，安廷俊正在农技人员的指导下，打理自家的蔬菜大棚。"按照技术员讲的科学选种、科学管理，一个棚一年收入2万元不成问题。"安廷俊说，2019年，他承包大棚种植西瓜，当年就尝到了"致富果"的甜头。

近年来，青铜峡市在"十三五"易地扶贫搬迁安置点——瞿靖、邵岗、叶盛3个镇建设易地扶贫搬迁产业园，为每一户搬迁户算好产业发展账，最大限度帮助搬迁

群众发展产业,确保"搬得出、稳得住、能致富、可融入"。

距叶盛镇100多公里的同心县扶贫产业园中,机器声轰鸣,马艳正在麻利地操作缝纫机,身旁的计数器上显示:当天完成扎领子143件,返工0件。

"每个月收入3500多元,中午还能赶回去给娃做饭。"围着锅灶转了大半生,马艳做梦也没想到,有一天,她会成为产业工人,拥有一份稳定的收入,过上和城里人一样的生活。

跟随搬迁的脚步,8万移民的命运也随之峰回路转,据统计,"十三五"易地扶贫搬迁群众的人均可支配收入从2016年的6187元增加至2019年的8387元,98%的移民成功脱贫!2019年,劳务收入占群众总收入的65.2%。仅4年时间,宁夏8万人用今昔巨变充分证明——"移民搬迁是脱贫攻坚的一种有效方式"。

只有激发内生动力,才能让脱贫可持续、致富有干劲。

到达迁入区的移民,迫切需要一把向上的"梯子"。产业、住房、民生都有保障,如何鼓励移民自己往上攀?

同心县豫海镇永春社区将招聘现场设到小区里,根据移民需求,对接企业,实现"挣钱顾家两不误"的产业模式,既有效地促进了移民就业增收,又激发了移民的内生动力;银川市金凤区丰登镇润丰村对移民进行前期摸底,按需求开设家政服务、烹饪、驾驶、挖掘机操作等专业技能培训班,举办大型招聘会,尽最大努力给移民创造就业条件;青铜峡市邵岗镇玫香园小区开展"十星级文明户""五好模范"评选,扶志气、扶道德、扶文化,激发移民内生动力,切实阻断贫困代际传递;"天雨不润无根之苗"。从"要我富"到"我要富",移民"飞"的意识和"先飞"的行动不断增强,获得源源不断的长久致富能力,形成长效机制,实现了"真脱贫"。

从故土难离,到此处安心是家乡,可持续的产业、稳定的就业不仅带来多元化的致富渠道,更稳住了移民的心。

五、殷实的生活扑面而来,获得感、幸福感、安全感摸得着、看得见

时间像一支如椽巨笔,记录着抵达幸福彼岸的今天。时光倏然而过,移民到底发生了哪些巨变?

走进移民迁入区,家家户户的变化,如同雨后山里的蘑菇,咕咕嘟嘟冒了出来。

盛夏,微风徐徐拂面,空气中弥漫着青草的香味。中卫市沙坡头区东园镇金沙村村民刘勇正猫着腰给承包的 200 多亩水浇地补水稻苗。背后,成片庄稼在黄河水的滋润下,绿意盎然、生机勃勃。

2017 年之前,刘勇在老家干涸的土地上挥汗如雨,却刨不出几口粮食,一家六口人年收入不过 1 万元。搬迁到新居后,刘勇跟随老村民学习水稻种植技术,在村委会和驻村扶贫队的帮助下,贷款流转了 200 多亩地,除去用工、化肥等成本,纯收入达 10 万元。闲不住的刘勇和老伴儿趁着农闲外出务工,每年还有 2 万元收入。"搬迁上来 4 年,贷款早还清了,今年还投资 10 万元,与人搭伙建了一家养殖场。"如今,刘勇一家成了村里精准脱贫的典型。

短短 3 年,变了命运,换了人间,让刘勇恍如隔世。"做梦也没想到,我会有水浇地,还学会了种水稻。共产党好,黄河水甜!"

坐在 87 平方米的楼房里,同心县豫海镇永春社区的马彦虎一脸满足:"在家门口就能挣钱,还住上了楼房。"

老家在同心县田老庄乡,山人沟深、缺水少雨,马彦虎夫妇辛辛苦苦劳作一年,收入甚微。"以前日子苦,家里没几个钱,鞋底袜套都藏过钱。"2016 年,赶上好政策的马彦虎,从老家搬迁到同心县。每人自筹 3000 元,马彦虎一家四口就住上了楼房。铺好的地板砖,崭新的门框、灶具,甚至还有干湿分离的卫生间,走进新家,拧开水龙头,看到自来水哗哗流,那一刻,马彦虎心里笑开了花:"梦想原来不远。"

入住新家后,马彦虎在附近的建筑工地务工,工资日结,每天 180 元,妻子经过培训,成为扶贫产业园的一名产业工人,每月 3000 多元工资。2019 年年底,马彦虎两口子算了一笔收入账——务工费加上劳务补贴,一年下来收入近 6 万元!

经历断裂与重生的艰难过程,从几十公里外拖家带口来的移民们,如今生活成了崭新的模样:

一排排红砖瓦房、一栋栋新楼,取代了原来的土坯房,成为家的代名词;

校园里传来的阵阵读书声,取代了因贫困而辍学的无奈,成为希望的代名词;

一张张溢满幸福的笑脸,取代了对生活的绝望,成为幸福的代名词;

获得感、幸福感、安全感摸得着、看得见,在移民实现学有所教、劳有所得、病有所医、老有所养、住有所居的梦想里,在移民越来越殷实的家底里,在移民自信自强的精气神里;

这些载入人类社会发展史册的成就,足以向世界证明中国共产党领导和中国特色社会主义制度的优越性。

六、规划、选址、统计、筛查、督建、帮迁、找工作等全环节服务的路上,是干部们写在民心里的担当

从"50后"到"90后",成千上万的扶贫干部坚守"扶贫"初心,牢记"为民"使命,用汗水谱写着壮烈的扶贫史诗,用奉献之火点燃群众战胜贫困的希望之光。

担任同心县兴隆乡民生保障服务中心主任后,"5+2""白+黑"成了李进祯的工作常态,除负责单位所有人员工资、养老保险等各项收支以及单位后勤保障财务支出,全乡农业、林业、拆迁补偿等多达二三十项的涉民生类资金的核实、审查、兑付都经由他手,对于这些群众的"救命钱",李进祯精打细算、仔细核验,确保每一分钱都花在刀刃上。在他心中,百姓的分量永远最重。2017年,李进祯因突发心肌梗死,经抢救无效去世,将生命永远定格在52岁。

2017年,西吉县扶贫干部撒凤虎因长时间、高强度的工作积劳成疾,患糖尿病伴心力衰竭去世。在扶贫路上,他永远是"拼命三郎",为了编制《六盘山片区扶贫攻坚"十三五"实施规划》,撒凤虎随身备着4瓶冰冻矿泉水,把胰岛素放到4瓶水中间冰镇着,血糖高了就取出来打一针。一次,一个项目表最后金额的小数点后两位对不上,大家都说差这几分几毛钱没啥大问题,但是撒凤虎却固执地把几百项数据重新一一核对,最终让所有数据完全一致。

2017年7月,大学生村官何欢接手104户青铜峡市叶盛镇"十三五"易地搬迁建档立卡贫困户。东家脱贫缺产业,西家发展没资金……为了帮助移民安心生活,何欢挨家挨户跑,把每户贫困户的情况掌握得门儿清。同时,主动帮助移民办理电卡、天然气卡等,让来自异乡的移民感受到党的关怀和地方政府的热情。她还自费为住院、家庭困难的移民购买慰问品、为帮扶户完成微心愿、为学生们讲解作业,被移民亲切地称呼为"闺女"。

担心移民搬迁到新居,生活没有着落,同心县豫海镇永春社区居委会主任周军急得几宿难眠,"不能等着工作找上门,要学会主动出击!"他带领班子成员,主动到同心县扶贫产业园的三聚环保、中核集团、闽江、同亳药业等企业对接沟通,了解企业的性质、发展前景、用工制度,为贫困户寻求就业机会,目前已有246人在工厂稳定就业。考虑到这样"上门找工作"方式提供的岗位有限,周军又联合部分单位,在小区内举办移民专场招聘会,引入8家企业、2个劳务中介公司,为移民提供

就业岗位 2150 个。

"70 后"的他是 2 万多移民的贴心人。2011 年，一纸借调令将赵波从彭阳县城阳乡党委办公室调到彭阳县生态移民办公室。搬迁是一个漫长的过程，群众需要对家庭财产进行处置，然后将剩余的东西全部装车带走，其间的安全问题尤为重要。赵波和同事们日夜奔波在各个山沟，为群众准备干粮和水，帮群众装东西，解决装车过程中的矛盾纠纷。由于他的认真负责，近十年时间里，当地搬迁从未出现安全事故。

从业多年，泾源县香水镇劳务扶贫办主任陈志琴把生活、子女上学、产业发展等移民最关心的事一一记挂在心上，她和三个社区紧密联系，做好对移民的后续跟踪管理和服务。组织社区干部及网格员深入移民小区，主动为移民上门送服务，并开展感恩教育、素质教育、家庭评比等，引导移民群众崇德向善，提升文明素质。

在宁夏，成千上万的扶贫干部兢兢业业、无私奉献，兑现着党向人民作出的"全面小康路上一个也不能少"的庄严承诺，践行一名共产党人的初心和使命。因他们的存在，无数困难群众的生活从绝望走向新生。

七、易地搬迁 37 年对宁夏带来的启示

"十三五"易地扶贫搬迁在宁夏 37 年 5 次扶贫搬迁百万移民的扶贫史"河"里静静流淌，悠长而美好。宁夏改天换地的搬迁史注定彪炳中国扶贫的史册，它将带给世界怎样的启示？

滴水穿石，久久为功，彰显中国智慧和制度优势——37 年来，一届又一届宁夏党委、政府矢志不渝，不折不扣落实党中央决策部署，带领各族群众实现从解决温饱到摆脱贫困，从输血式、分散式扶持逐步到造血式、精准式脱贫转变，解决千百年来的绝对贫困问题，创造中国乃至世界扶贫史上前所未有的成就，为全球贫困治理贡献了智慧和方案，充分体现了我国社会主义制度的优越性。

锻炼队伍，锤炼作风，人民至上执政理念得到诠释——各级党委和政府、各有关部门克服重重困难，在依法依规前提下创造性地开展工作，始终以人民为中心，把群众利益放在第一位，全心全意投入到"搬得出、稳得住、能致富"工作当中去。想方设法提高搬迁群众的收入和生活水平，提升农村治理水平，让搬迁群众共享改革发展成果。在艰难困苦中考验队伍"战斗力"，在复杂环境中锤炼干部作风，牢

牢守住对象精准的"界线"、住房面积的"标线"、搬迁不举债的"底线"、项目管理的"红线",为宁夏长远发展积累了宝贵的人力资源财富。

紧缩开支,不吝为民,小省区集中力量也能办大事——宁夏财力有限,为完成8万人搬迁任务,除争取中央预算内资金外,集力聚资,"勒紧裤带"过日子,将有限的资金用在为民谋利上。如今,所有迁入区实现了通水、通电、通路,城乡居民基本养老保险、基本医疗保险、大病保险实现全覆盖,住房难、就医难、上学难、行路难、吃水难等问题基本解决,群众共享发展红利。是"小省区也能办大事"的生动写照。

产业带动,精准"到人","骨头"再硬也能"啃"得动——发展致富产业成为扶贫开发的根本出路,枸杞、葡萄酒、养牛、大棚蔬菜等特色产业成为"铁杆庄稼",占贫困群众收入的1/3以上,劳务收入占到贫困群众收入的四成以上。通过产业扶贫、扶志扶智,调动搬迁群众积极性、主动性和创造性,逐步帮助搬迁群众增强造血功能,内生动力不断被激发,进一步防止返贫,巩固了脱贫成果。

效果很好,收获更多,从根本上解决西海固地区贫困问题——如今,通过实施产业扶贫、劳务扶贫、教育扶贫等易地搬迁"组合拳",宁夏贫困发生率已从1982年的74.8%下降到2019年的0.47%,群众生产生活条件大大改善,收入水平大幅度提高,实现了脱贫目标。搬迁区各民族在共同发展生产、勤劳致富的过程中,增进了民族感情。中南部山区的迁出区生态环境质量明显改善,水源涵养、水土保持和防风固沙等生态功能显著增强。沉甸甸的"硕果"证明,易地扶贫搬迁是从根本上解决西海固地区贫困问题的治穷之方、治本之策,更是一条以川济山、以工促农、以城带乡的扶贫开发成功之路。

走出故土、走向新生。全国人大代表马慧娟的家在吴忠市红寺堡区,宁夏最大的生态移民集中安置区,历经22年扶贫开发,红寺堡区实现整体脱贫摘帽。2020年全国"两会"上,马慧娟向世界深情讲述"红寺堡春天的故事":"我来北京开会之前,乡亲们请我捎句话:感谢习近平总书记对贫困群众的挂念,感谢党中央对贫困地区的关心,没有共产党的领导,就没有移民区群众今天的美好生活。""红寺堡的建设、成长、蜕变,是中国特色社会主义制度优势的生动注脚,是精准扶贫、精准脱贫战略实施的见证!"

"脱贫摘帽不是终点,而是新生活、新奋斗的起点。"

2020年6月,习近平总书记在宁夏视察时强调,"要完善移民搬迁扶持政策,确保搬迁群众搬得出、稳得住、能致富。要巩固提升脱贫成果,保持现有政策总体稳定,推进全面脱贫与乡村振兴战略有效衔接。"并对移民给予深切期望:"乡亲们搬迁后,更好生活还在后头。希望乡亲们百尺竿头、更进一步,发挥自身积极性、主动性、创造性,用自己的双手创造更加美好的新生活。"

全面建成小康社会已进入"倒计时",美好生活可触、可感。宁夏将认真贯彻落实习近平总书记视察宁夏时的重要讲话精神,继续发扬筚路蓝缕、以启山林的精神,加大产业发展、就业创业、保障兜底等工作力度,不断巩固脱贫成果,实施好乡村振兴战略,努力实现先富帮后富、最终实现共同富裕目标!

在天山南北创造人间奇迹

——新疆维吾尔自治区"十三五"易地扶贫搬迁工作纪实

◇◇◇

久困于穷,冀以小康。

以习近平同志为核心的党中央引领决胜全面建成小康社会、决战脱贫攻坚的宏伟实践,让无数中国人孜孜以求的小康梦即将实现。在这场实践中,一场涉及千万人口的易地扶贫搬迁工程显得格外壮观。

2016年以来,新疆维吾尔自治区党委把易地扶贫搬迁作为自治区脱贫攻坚"七个一批"中的首要一役、关键一批,把南疆四地州作为易地扶贫搬迁主阵地,开启了气势恢宏的搬迁工程。

五年只一瞬,旧貌换新颜。2019年年底,新疆40026户169200人全部喜迁新居,"十三五"易地扶贫搬迁任务全面完成。"民亦劳止,汔可小康"的梦想在巍巍天山下照进现实,在数百万各族群众摆脱贫困迈向新生活的生动实践中,那些因易地扶贫搬迁彻底改变生活轨迹的故事,尤为震人心魄。

一、困　　境

从高空俯瞰新疆大地,格外壮美。皑皑雪山、无垠沙漠、茫茫戈壁之间,绿洲星罗棋布,或隔而相望,或连缀成片,千百年来,滋养着新疆各族群众。

但如果将视线拉近一些,高山大川和沙漠戈壁的另一面则让人生畏:与之如影随形的,是摆脱不了的贫困。一些群众世代生活在雪寒高原、沙漠深处、山区腹地,自然环境十分恶劣,发展条件极其有限,有的地方甚至近乎封闭,是"一方水土养不好一方人"的地方。

新疆贫困程度最深的南疆四地州,是国家确定的深度贫困地区"三区三州"之一,贫困人口占到"三区三州"的一半。很多地方荒漠化、盐碱化、沙化严重,基础设施建设滞后,公共服务欠缺,加之地方病高发,依靠现有条件实现脱贫,难度可想而知。

在有着万山之州之称的克孜勒苏柯尔克孜自治州,不少牧民世代生活在昆仑山的深谷之中,与重重大山为伴,也被重重大山阻隔。

和田地区于田县的达里雅布依村,以几乎与世隔绝的状态隐藏在塔克拉玛干沙漠腹地,上百户人家散布于茫茫沙漠,人们称之为"最后的沙漠部落"。

在喀什地区,不少群众在高原山谷、沙漠边缘,与严酷的生存环境斗争了一代又一代,依然深陷于贫困的泥沼。

在哈密、在塔城、在阿勒泰……天山南北生活在类似条件下的各族群众,有近16万之多。

多少年来,不可逾越的地理屏障,死死挡住了他们的去路,恶劣的自然环境和生存条件,让他们年复一年的艰苦奋斗轻易变成徒劳。曾经在大山里面生活的阿卜杜拜克·买买提感慨地说:"在那种环境下,贫困像一个魔咒,想打破却无力打破。"

曾几何时,幸福的小康生活,可望而不可即。

二、破　　局

山重水复疑无路,柳暗花明又一村。

以习近平同志为核心的党中央把脱贫攻坚摆到治国理政突出位置,打响了一场脱贫攻坚战。决胜全面建成小康社会、决战脱贫攻坚的号角催征,"脱贫路上,不让一个人掉队"的豪迈誓言让无数人欢欣鼓舞。如何让生活在"一方水土养不好一方人"地方的各族群众,同全国人民一道同步迈入小康社会,答案是掷地有声的一个字:搬!

习近平总书记多次就易地扶贫搬迁工作作出重要指示,强调要做好易地扶贫搬迁工作,做到实施一个搬迁项目、安置好一方群众、实现一方人脱贫。

2015年6月,习近平总书记在贵州召开部分省区市党委主要负责同志座谈会时指出,要因地制宜研究实施包括移民搬迁安置一批在内的扶贫攻坚行动计划,对居住在"一方水土养不好一方人"地方的贫困人口实施易地搬迁,将这部分人搬迁到条件较好的地方,从根本上解决他们的生计问题。

2015年11月27日,中央召开扶贫开发工作会议,决定实施"五个一批"精准脱贫工程,坚决打赢脱贫攻坚战。随后,国务院召开全国易地扶贫搬迁电视电话会议,中央扶贫开发工作会议后部署的首个精准脱贫工程由此落地实施,新时期易地扶贫搬迁的序幕由此拉开。

实施易地扶贫搬迁工程,是气壮山河的脱贫攻坚中尤为重要的一环,是一些地方的贫困群众"挪穷窝""拔穷根"的破局之举。

闻令而动,听令而行,新疆迅速行动起来。

新疆维吾尔自治区党委坚决贯彻落实党中央决策部署,把易地扶贫搬迁作为解决"一方水土养不好一方人"地区贫困群众脱贫问题的根本有效途径,作为脱贫攻坚的头号民生工程和标志性工程,有计划、分步骤地推进16余万贫困群众的搬迁安置工作,覆盖了全疆10个地(州、市)、56个县(市、区)。

一场在新疆脱贫史上注定要留下厚重一笔的易地扶贫搬迁工程,由此拉开大幕。它不仅仅意味着贫困群众地理意义上的迁移,更是对千百年来根深蒂固贫困的根本性拔除,让被困在贫困低洼里的群众,从此实现跨越式的转变。

三、谋　划

谋定而后动。推进易地扶贫搬迁工程被迅速提上新疆各地的议事日程。

事关十几万贫困群众的安危冷暖,事关新疆决胜脱贫攻坚、全面建成小康社会的实现,搬迁工作不能有丝毫大意,必须要以最周密的谋划、最详尽的安排、最科学的实施,把好事办好、实事办实。

一套行之有效的制度机制很快建立起来。

新疆维吾尔自治区党委高度重视易地扶贫搬迁工作,按照"中央统筹、省负总责、市县抓落实"工作机制,新疆成立易地扶贫搬迁工作领导小组,对易地扶贫搬迁工作负总责,五级书记一起抓,层层压实责任。随后,全区"十三五"易地扶贫搬迁规划和年度实施方案出炉,为易地扶贫搬迁工作规划好清晰的路径和方法。工程管理办法、资金监督管理办法、拆旧复垦工作方案、后续扶持实施方案等具体制度相继出台,为有序推进工程保驾护航。

在精准扶贫精准脱贫基本方略引领下,精准,无疑也是易地扶贫搬迁工程最醒目的关键词,一系列顶层设计随即紧紧围绕这个理念展开。

首先要落实的便是:"搬迁谁"?

国家发展改革委印发的《全国"十三五"易地扶贫搬迁规划》明确,要瞄准"一方水土养不好一方人"地区中的建档立卡贫困人口。为此,全区组织各级干部对搬迁群众进行多轮次复核,确保符合条件的建档立卡贫困人口一个不落,搬迁精准到户到人。

搬迁对象确定了,搬迁点如何确定?

新疆要求各地充分尊重搬迁群众意愿,科学选址建设安置点,将易地扶贫搬迁与新型工业化、新型城镇化、新农村建设、乡村旅游和生态保护相结合,根据各地资源条件和环境承载能力,全面开展地质勘查和地质灾害风险评估,将现有发展基础好、配套设施完善的产业园区、小城镇、口岸辐射区域作为易地扶贫搬迁主要承接区域。

下一步,搬迁群众怎么安置?

坚持自愿原则,采取依托县城、工业园区、行政村内就近安置,建设移民新村集中安置、分散安置等多种方式,探索建立符合自身实际、带动贫困人口发展的安置方式。

有几条"硬杠杠",始终贯穿易地扶贫搬迁工作全过程。

坚持搬迁对象精准"界线"——确保符合条件的建档立卡贫困人口一个不落,搬迁精准到户到人。

坚持住房面积"标线"——严守人均住房建设面积不超过25平方米,保证住房基本生活功能。

坚持搬迁不举债"底线"——坚决避免搬迁群众因建房而举债致贫。

坚持资金项目管理"红线"——把住资金运行安全关和工程建设质量关,让搬迁群众住上放心房。

新疆维吾尔自治区发展改革委主任表示:"作为脱贫攻坚工作中矛盾最集中、领域最综合、工作链条最长的工程,易地扶贫搬迁是所有扶贫措施中难度最大,最难啃的一块硬骨头。全区发展改革系统要坚决贯彻党中央、自治区党委决策部署,切实增强紧迫感和主动性,不以事艰而不为,不以任重而畏缩,拿出踏石留印、抓铁有痕的劲头,发扬钉钉子精神,求真务实、真抓实干,让易地扶贫搬迁工作成效真正获得各族群众认可、经得起实践和历史检验!"

困难就是号角,艰苦方显担当!作为牵头部门,新疆维吾尔自治区发展改革委切实担负首要职责,聚焦全疆脱贫目标,不忘初心使命,把易地扶贫搬迁作为首要政治任务和"当头炮"来抓、作为硬仗来打,举全委之力、聚全委之智,以最严的责任、最强的力量、最实的作风啃下最硬的骨头。

搭建新时期易地扶贫搬迁"四梁八柱"政策体系,精准发力施策;协同作战、系统联动,仅 2019 年,召开直达村级的全疆易地扶贫搬迁电视电话会议 6 次,全力以赴推动各项工作落实落地;舍小家、顾大家,到村到点到户,强化督促指导,持续跟踪问效……逢山开路、遇水搭桥,一个问题一个问题突破,一个环节一个环节打通,在新疆决战决胜脱贫攻坚战场上,"发改人"践行着使命担当。

一个又一个易地扶贫搬迁安置点在天山南北拔地而起,整齐划一又风格鲜明,成为新疆片片绿洲上的一道亮丽风景。由此,十多万新疆各族群众,得以从大山深处、沙漠腹地、"一方水土养不好一方人"的贫困之地走出来,彻底告别祖辈们无力挣脱的困境,开始全然一新的生活。

四、搬　　迁

搬,还是不搬?

数月前,这对于艾孜罕·阿吾拉一家来说,还是"家庭会议上争论不休的头等话题"。如今在窗明几亮的新房里,艾孜罕·阿吾拉坐在湖蓝色的欧式沙发上,温柔地看着孩子们嬉戏,百感交集。他常常禁不住地想:"住进这样的新房子,一切都像做梦一样。"

艾孜罕·阿吾拉的新房,位于和田地区于田县达里雅布依乡的易地扶贫搬迁安置点。

2016 年,新疆和田地区于田县将达里雅布依整体搬迁提上日程,由国家投入易地扶贫搬迁专项资金,在 150 公里之外的安置点,规划建设了漂亮的"新"达里雅布依村。

2019 年 9 月 27 日,包括艾孜罕·阿吾拉在内的最后一批 114 户贫困群众,正式搬离沙漠腹地,迁入安置点新居。至此,被称为沙漠最后"守望者"的 363 户村民完成了搬迁。一新一旧之间,达里雅布依时空转换,实现了历史性跨越。

搬迁像打一场"硬仗"。其中最难的,莫过于破除一些贫困户的思想壁垒。

"不搬离沙漠腹地,达里雅布依乡的脱贫攻坚就无法突破瓶颈,村民们就难以改变与沙尘相伴、喝苦咸水的境况。即便吃穿不愁,但教育、住房、饮水、基本医疗难以从根本上解决。"回想搬迁过程,达里雅布依乡党委书记贾存鹏感慨良多。

搬迁前,艾孜罕·阿吾拉和村民们分散在无边的沙漠里,两户之间相隔动辄几十公里甚至上百公里。村民们世世代代靠放牧为生,住的是红柳和泥巴搭起的"笆子房",喝的是含氟量高的苦咸水,点的是煤油灯。直到 2002 年,乡里才有了光伏电站通了电。

恶劣的环境和闭塞的交通,长期让这里处于半封闭状态。没网络、没电视,乡政府距离县城 249 公里,远的村到乡政府甚至要走 2 天。99 岁的买提夏·吾斯曼是乡里最年长的人,他一生仅到过于田县城。

在这样的条件下,"易地搬迁是唯一出路!"贾存鹏的语气中透着坚定。

然而对于村民们来说,外面的世界固然好,但一下子搬离祖祖辈辈生活的地方,并不是一件容易的事。村民们有着各自的想法:年轻人心潮澎湃,渴望出去,老人们故土难离,有诸多担心顾虑。

一次次登门劝说,一次次苦口婆心,一户一策、分类劝导、精准发力、重点突破,在当地干部耐心细致的工作下,达里雅布依的搬迁工作分批稳步推进,很快形成示范效应,新家园全新的生活打消了村民们的顾虑。

先是 100 多户村民迁至英巴格乡、加依乡等地,2018 年又有 102 户村民搬入新建的易地扶贫安置点,加上 2019 年的这一次迁出,达里雅布依乡最终完成了整体搬迁。

包括"新"达里雅布依在内,"十三五"期间国家投入新疆易地扶贫搬迁专项资金 100 多亿元,全区建设集中安置点 333 个,或是依托城镇或产业园区建设,或是依托行政村建设,或是依托移民新村建设,或是依托口岸安置,再或是依托旅游区建设,科学合理、符合实际的安置方式夯实了带动搬迁群众持续发展的基础。

但达里雅布依永远是不同的,特殊的,对新疆来说,它的整体搬迁具有历史性意义——至此,新疆"十三五"易地扶贫搬迁任务全部顺利完成。

五、家　　园

走进"新"达里雅布依,一排排崭新的房子鳞次栉比,屋前小院干净整洁,木制院墙质朴自然,门前宽敞的柏油路一直通到县城。

漫步于安置点,学校、卫生院、自来水厂、车站、基础设施一应俱全,还建起了旅游接待中心。村民们的安置房里,"标配"的沙发、电视柜、茶几、床各式各样,大都安装了电视机、电冰箱、抽油烟机等电器,现代化气息扑面而来。每家都有一间类似酒店标准间的客房,这是用于发展乡村旅游业的民宿。

"没想到这么大年纪了,还能过上这样的生活……"拧开水龙头,看着汩汩流出的自来水,70多岁的尼亚孜汉·托合孙乐得合不拢嘴。

艾孜罕·阿吾拉和尼亚孜汉·托合孙的新家园,变化多得说不完。

达里雅布依小学校园里书声琅琅,教师们用电子黑板教学,孩子们的家就在两三百米外。校长说:"学生上学近了,学校教学质量也大幅提高。"

乡卫生院也是一道别样的风景。病房干净敞亮,配备了B超、心电图仪等设备。59岁的巴克·如孜有腿疼的毛病,现在随时可以去卫生院检查、取药,再也不用以前那种把羊尾油烧热涂在疼处的土方子。

在和田地区和田县沙田社区,这是国家投入专项资金建设的易地扶贫搬迁安置点,热沙来提·买买吐孙的新家就在这里。小区楼房林立、绿化完备,水泥道路整齐,他的房子是一套80多平方米的三居室,位置好,南北通透。

热沙来提·买买吐孙时常感叹于这里齐全又现代化的设施,完全不同于过去:社区楼房室内宽敞明亮,地暖温度舒适;有电视、冰箱、洗衣机,以前吃住在炕上,现在换了沙发、床、餐桌等现代家具;小区周边,建设的幼儿园、小学、卫生院等配套工程都已投入使用,"做梦也想不到,我们能住进像城里一样的社区楼房"。

"万亩土地万亩金、雪山大漠洗冬尘、昔日戈壁变良田、万亩良田惠民生",这是阿勒泰地区青河县易地扶贫搬迁安置区的真实写照。阿魏灌区所在地也叫"阿克达拉",哈萨克语的意思是"戈壁",整体发展设计理念是集中安置,配置土地10万亩,引水灌溉、土地流转、集约经营,"公司+合作社+农户"与搬迁农牧民利益紧密联结,依托资源禀赋,发展油葵、马铃薯等特色种植业。

随着新建3个社区、投资3.68亿元的852套安置住房拔地而起,配套设施的逐步完善,来自青河县6个乡镇3460名建档立卡贫困群众安全有序搬迁入住,一幅美好新家园的易地扶贫搬迁画卷正在"青格里"徐徐展开。

如今,走进新疆任何一个易地扶贫搬迁安置点,这样的变化都是实实在在发生的。按照"规模适宜、功能合理、经济安全、环境整洁、宜居宜业"原则,新疆持续完善补齐易地扶贫搬迁基础设施和公共服务设施短板。2016年以来,修建学校16所,幼儿园48所,卫生室35个,活动室57个。修建道路731.42公里、饮水管网

1256.95公里、电网726.60公里,搬迁居民享受到越来越齐全甚至前所未有的生活条件,搬迁后的家园,不仅是崭新的家园,更是贴心的家园。

六、新　　生

习近平总书记强调,易地搬迁脱贫一批,是一个不得不为的措施,也是一项复杂的系统工程,政策性强,难度大,需要把工作做深做细。

"搬得出"的问题解决后,"搬后怎么办"的问题随之而来,最紧迫的便是搬迁户的就业问题。

对于2019年从喀什地区叶城县棋盘乡搬迁到阿克塔什镇的阿依古丽·沙吾尔来说,这种担心已经渐渐离她远去了。搬入新家后,她参加缝纫培训班,继而进入阿克塔什镇工业园一家手套厂上班,有了一份较为稳定的收入。"出家门进工厂,挣钱持家两不误。"阿依古丽对搬迁后的生活既感到满意,又充满了期待,她说:"没有易地扶贫搬迁,哪有现在的生活?"

和田地区和田县采用"两业驱动、半工半农、南核北葡、畜禽共举、鞋纺并进"的扶贫思路,将易地扶贫搬迁安置点建在经济新区产业园附近,帮助搬迁户在园区内的70余家企业从事食品加工、养殖、服装加工等,在家门口实现就业,从而奠定了"稳得住"的基础。

按照"搬迁是手段、产业是路径、脱贫是目的"原则,新疆各地对搬迁群众有针对性地强化分类、分级全员培训,通过发展特色农牧业、劳动密集型产业、劳动力转移就业、后续产业帮扶、乡村旅游业等方式,累计扶持9万余名搬迁群众在新的安置点实现了产业增收、就业增收、自主增收。

为了帮助搬迁户"快融入",新疆按照"安置点建到哪里,社会管理和社区治理体系就覆盖到哪里"的要求,及时建立健全管理机构、群团组织和居民自治组织,引导搬迁群众参与社区治理,增强搬迁群众的自我管理和自我服务能力,使他们尽快融入社区生活,融入城市生活。

各地还积极组织搬迁户学习推广国家通用语言文字,开展评选"文明家庭"等形式多样文化活动,丰富搬迁群众精神文化生活,促进各民族交往交流交融。营造爱党爱国、团结协作、积极向上的良好风尚。

在天山南北的333个易地扶贫搬迁安置区,都能看到形式多样的宣传展板、陈列室等宣传教育的载体,搬迁户随时随地可了解党的惠民政策,"五个认同"意识进一步增强。润物无声中带来的思想变化,让搬迁户一心脱贫致富、齐心共建家园的积极性主动性更高了。

七、蜕　变

新房子,新工作,新生活。易地扶贫搬迁为贫困群众带来的改变,远不止于从此摆脱了贫困。伴随着地理空间的变化,他们个人也经历了一场改天换地般的生存蜕变,很多人由此实现了人生的华丽转身。

"以前在家放牧,多年下来,只有年龄在增长,牛羊的数量却没有多大变化;下了山后才知道,原来人生可以有这么多的机会和惊喜。"26岁的木萨·牙克甫一边挥舞着手里的美发剪,一边感慨。搬迁前他是牧民,现在,他是克州阿克陶县昆仑佳苑社区门面房理发店的老板,每个月收入在6000元以上。

2017年,木萨·牙克甫所在的阿克陶县恰尔隆乡开始了整乡搬迁计划。当年10月,他和家人作为首批建档立卡贫困户牧民享受惠民政策,彻底告别了祖祖辈辈生活的大山深处。在乡干部的鼓励下,木萨·牙克甫学习了理发技术,自主创业、辛勤工作,新的生活与几年前大相径庭。现在的木萨·牙克甫对生活充满了期待,如果说刚搬下来时还有一点迷茫,现在的他真切地觉得,手持牧鞭日复一日放牧的日子,真的再也不会回来了。

在距离喀什地区塔什库尔干塔吉克自治县县城不远处的塔提库力易地扶贫搬迁安置点,1400多名贫困农牧民因为易地搬迁改变了人生轨迹。

安置点建设好后,来自大同乡的米热买提汗·排孜买提第一个搬进了新居。"不再赶牛羊,也不再顶烈日,在距离新家不远的扶贫车间里,我获得了一份新工作。能有这样的生活真是想不到,有时候睡醒了还要掐一把自己,生怕是在做梦……"更让米热买提汗·排孜买提兴奋的是,他分得了2.7亩耕地,这些地铺设高效节水滴灌设施,使用现代农机进行耕种,使他一步跨入了现代农业。

缺水,是塔城地区托里县乌雪特乡玛依哈巴克村穷困的深刻印记,也是村民胡那依·哈布什抹不掉的家乡记忆。

2016年11月,胡那依·哈布什一家搬迁到托里县准噶尔社区。随着居住环境的变化,他的身份也由农民变为粮油行业的产业工人,每个月固定收入有6000

元。而妻子海依夏也没有闲着,从 2019 年 6 月开始,在家里制作哈萨克族的传统美食奶皮子、酸奶疙瘩、酸奶等出售,增加家庭收入。夏季生意好时,一天的净收入可以达到 350 元;冬季生意一般时,一天的净收入也能超过 100 元;加上土地流转收入和草场补贴,已经摆脱了贫困的帽子,日子过得和和美美。

"勤劳的人吃羊腿,懒惰的人喝凉水!"胡那依·哈布什说,现在党的各项惠民政策那么多,只要肯吃苦,肯动脑子,就一定能脱贫致富。

贫穷并不可怕,怕的是安于贫困。搬出大山,走出沙漠,换了人间,天地更宽,视野更广,贫困群众对美丽乡村建设、全面小康有了更加直观的感受,爆发出脱贫致富的热情,将"我要脱贫""我要致富"的心境以及不等不靠不要、踏实肯干的精神贯穿于生产生活的全过程中,贯穿于靠勤劳创造美好生活的新战场,在新时代的征程里进行着最美的蜕变。

八、扎　　根

2020 年是脱贫攻坚决战决胜之年。脱贫攻坚工作艰苦卓绝,收官之年又遭遇疫情影响,各项工作任务更重、要求更高,必须以更大的决心、更有力的措施、更强的力度,统筹抓好常态化疫情防控和脱贫攻坚工作,努力克服疫情影响,确保如期高质量完成脱贫攻坚目标任务。

经过艰苦的努力,新疆易地扶贫搬迁的工作重心已经转移到对搬迁户的后续扶持上来,确保他们持续增收、安居乐业、扎下根来。下一步,如何持续加强对易地扶贫搬迁的后续扶持,探索出更加可持续的发展路子,并逐步推动全面脱贫与乡村振兴有效衔接,是易地扶贫搬迁工作面临的新课题。

喀什地区莎车县永安管委会党工委书记说:"易地扶贫搬迁不是简单的空间转移,关键是要持续发展好富民产业,让贫困户端上更加结实的新饭碗。"

永安管委会是莎车县的易地扶贫搬迁安置区,已经建设起 2000 座设施大棚,还搞起了养殖业,引进了服装加工厂,安置区正在变成"产业绿洲",同时规划公益性岗位、生态护林员岗位,成为安置贫困群众就业的渠道。艾尔肯·艾买尔一家 4 口原来生活在昆仑山深处,两年前搬到永安安置区后,开始搞果蔬生产,他经过培训,还作为技术员在农业企业打工,全家收入从原来的 1 万余元增长到近 5 万元。

阿勒泰地区青河县阿魏灌区安置点依托开发的 10 万亩土地,吸引了加工企业,内蒙古坤元太和马铃薯种业8000万元的项目当年建成投产,傻小子炒货厂投资2000万元落地,还引来了食品加工、有机肥加工、驴奶生产加工、滴灌带厂等10余家企业,使得搬迁到阿魏灌区的贫困户在农忙季节打短工一天就能收入二三百元。

一些安置点以搬迁为契机,积极引进和培育新产业。在和田地区洛浦县杭桂镇和佳新村,共有224座温室大棚,其中90座种上了北京"平谷"大桃。"南疆光照足,昼夜温差大,平谷大桃在这儿有条件安家,成为洛浦的新名片。"项目运营方洛浦县平洛心意农业科技有限公司负责人表示。

"以前生活只靠'三分薄地',搬到和佳新村后,工厂就在家门口,既能进厂打工赚钱,还能照顾家里,实现挣钱持家两不误。"搬迁户古丽巴哈尔·买买提明每天除了照顾自家蔬菜大棚外,还到平洛心意农业科技公司务工,负责管护4座大棚,丈夫则是公司技术员,两人每月的工资收入超过5000元。

坐落在叶城县阿克塔什镇的新疆一铭金橡塑实业有限公司,瞄准核桃之乡叶城县及周边地区的林果包装市场,生产水果筐等塑料制品。"当地林果产量大,但没有大型果品包装企业,我们看中了这一市场的潜力。"公司负责人唐清华说,"生产操作比较简单,经过简单培训就能上手,目前有65名群众在企业上班。"

随着人口集聚,群众收入提高,搬迁地的服务行业也在展现活力。在叶城县阿克塔什镇,有130间商铺和1座农副产品交易市场。沿街不但有服装店、水果店、通信器材商店、五金店,还有烤肉店、凉粉店、牛肉面馆等餐饮店铺,充满了生活气息。"这里是我们的乡村CBD,基本生活需求都能满足呢。"副镇长艾尼瓦尔·艾海提笑着说。

新疆维吾尔自治区发展改革委副主任介绍,坚持"搬迁是手段、产业是路径、脱贫是目的"原则,新疆突出后续帮扶跟进,加大招商引资力度,发展纺织服装、电子组装、假发、鞋帽等劳动密集型产业吸纳搬迁群众转移就业,同时加快发展休闲农业、乡村旅游、文化体验、民族特色手工业等产业,推进安置点一二三产业融合发展,推动搬迁群众更好转变为现代农民、转变为产业工人、转变为城镇居民。

九、奋　进

一朝搬迁天地宽。

一个个贫困群众脱贫、一项项民生实事兑现、一块块发展短板补齐……易地扶贫搬迁带来的跨越式转变背后,是以人民为中心的发展思想的真切落实,党中央的关怀犹如汩汩清泉,流进每一个搬迁群众的心田。

站在天山望北京,新疆易地搬迁群众发自内心地感恩党的好政策。漫步于天山南北的搬迁点,这份感恩俯拾皆是,那是搬迁群众发自内心的欢歌笑语,是一场场文化活动中的朴素表达,更是奋发努力奔小康的坚定行动。

阿克陶县昆仑佳苑社区新落成的易地扶贫搬迁纪念馆格外引人注目。纪念馆里,牧民搬迁前的生产生活实物一一陈列,一张张新旧照片、一段段生动影像,清晰展现着易地扶贫搬迁工程带来的奇迹般的变化。如今,这里不仅承载着搬迁群众的集体生活记忆,更是一个触动人心的教育基地。

陈列的实物中有一个木水桶,是纪念馆成立前,"三老"人员别克铁米尔·亚库甫主动捐赠的,那只木水桶从他爷爷手中传下来,在搬迁之前的无数个日子里,一家人曾用它一桶桶从山里打水吃。如今,再次驻足已成为陈列品的水桶前,昔日的点点滴滴跃然眼前,老人不禁感慨万千。"吃水不忘挖井人啊。"他深情地说,"我把祖辈们用过的木水桶捐了,就是教育下一代,今天的生活来之不易,要永远铭记党的恩情,永远感党恩、听党话、跟党走,过上更加幸福的生活。"

"我们不会忘记党和政府对我们的帮扶,今后一定更加努力地去更好地生活。"喀什地区巴楚县巴楚镇幸福园小区居民古海尔妮沙·阿布杰力动情地说。以前是靠天吃饭,现在搬离沙漠住进了楼房,居住条件好了,致富的路也更宽广了,过上好日子的信心也更足了。

如今,在幸福园小区,居民抢着学技术,比着干工作,盼着早致富,感恩、期待和决心在越来越多的居民身上折射和聚合,化作奋力迈向小康生活精气神。大家说,以前也想过好日子,但条件不允许。现在条件好了,努力一分就会有一分的收获,要心怀感恩、倍加珍惜现在的好生活,一步一个脚印地奋斗,把日子过得红红火火,同各族群众一起奔向小康生活。

往事越千年,昆仑山寂漠穿沙,唯有今朝却,人间沧桑初如花!

这是一场崭新的社会形态重塑,这是一场巨大的社会变革。波澜壮阔的易地扶贫搬迁,注定要在脱贫攻坚史上留下浓墨重彩的一笔。把如此规模的贫困人口整体搬迁出来,并赋予全新的生活,需要的勇气和力量不言而喻。在更深的意义上,搬迁群众摆脱贫困、安居乐业,新疆社会稳定和长治久安就有了更加深厚的群众基础。因为他们,全面建成小康社会的美好前景,越来越美丽清晰。

典型案例——安置区篇

金乡水岸谋发展　易地搬迁铸蓝图

——河北省大名县金乡水岸安置区

"我们家五口人,125平方米的房子住着比原来强多了,孩子们都有了自己的空间,这回彻底摆脱了汛期提心吊胆的日子",说起自己的新家,冯学成一脸高兴。冯学成夫妻俩和三个孩子原来住在大名县黄金堤乡东赵庄村,位于漳河河道旁边,搬进新家后,夫妻俩在小区物业上班,有了固定的工作,小日子越过越红火。

大名县易地扶贫搬迁的32个村庄,全部在漳河河道行洪区和分洪口门下移治导线范围之内,汛期安全始终是"心头之患",严重威胁群众的生命财产安全,而且村庄地处偏僻,交通不便,公共服务设施滞后,不利于长期发展。2017年以来,大名县实施了涉及4个乡镇32个村庄8977户31381人的易地扶贫搬迁工程,建设了四个安置区,是全省平原地区易地扶贫搬迁建筑面积最大、安置人口最多的工程。

金乡水岸易地搬迁扶贫安置区占地700亩,建筑面积61万平方米,建设105栋住宅楼、4490套住房,安置黄金堤乡13个搬迁村庄4483户15194人,其中,建档立卡429户1296人,同步搬迁4054户13898人。大名县通过实施易地扶贫搬迁,帮助群众"挪穷窝、换穷业、拔穷根",从根本上解决了"一方水土养不好一方人"问题。

一、地段好,设施全,群众搬得出

搬到新建安置区去,位置偏不偏,设施全不全,生活方便不方便,易地扶贫搬迁启动之初,很多群众都抱有疑虑。

黄金堤乡经过多次召开专家、村"两委"、群众代表等座谈会，听取工程选址、房屋设计、配套设施建设、就业安置等方面意见建议，精心选择了区位优势明显、公共资源集中、发展潜力较大的215省道东侧地段用于安置点建设，并聘请设计公司进行规划设计，科学确定安置区的建筑形式、户型面积、村户分布、产业配套等，打消了搬迁群众的疑虑。

为严把工程质量关，黄金堤乡按照"小震不坏、中震可修、大震不倒"的要求，采取县住建局质监站专业监督和群众代表公众监督"双管齐下"的措施，组织13个搬迁村成立各村工程监督小组，每天都到工程现场察看，对建材采购、施工建设的每个环节严格监管。

监督小组的群众都说，这个小区是我们眼看着盖起来的，咱们心里放心。

进入社区大门，巨大的广场、漂亮的幼儿园映入眼帘，看起来就像是一个城市花园小区。社区内不仅建有卫生院、小学、幼儿园、养老中心、派出所、金融机构、商业楼店及大小文化广场11处，还有供水站、污水处理厂、消防站、雨水提升泵站、供热站等设施，各种配套设施齐全。

冯庄村的群众告诉记者，搬进金乡水岸，感觉自己过上了城市人的生活，上学、就医等都方便多了。

图为金乡水岸安置区一角

二、建组织，抓管理，群众稳得住

13个村搬到一起，就是13个集体，社区的公共事务怎么管理，涉及各个村的事项怎么协调，这是摆在乡镇和各搬迁村面前的一道必须解决的难题。

为了让搬迁群众尽快融入社区的新环境新生活，黄金堤乡坚持基层党建引领，积极推进社区组织建设，建立健全社区组织架构，提升社区服务水平，打造文明健康社区，尽快实现群众安居乐业和社区长远稳定发展。

着眼建立健全治理架构，社区组建了党总支、党支部、居委会、社区管理委员会，完善了基层党组织、群众自治组织、综合防控等治理体系，党总支全面负责，下辖13个党支部，105栋楼按照程序选出了105个楼长及332个单元长，明确了组织职责，制定了管理办法。

社区成立的红白理事会，制定了社区公约和制度规范，像红白事的物品用什么标准、什么档次都有统一的杠杠，过去红白事大操大办的风气得到转变，群众减少了负担，都拍手称快。

社区组建的党群服务中心，包括党员服务中心、居民议事中心、便民服务中心、文体活动中心、社会治安综合治理中心、物业管理服务中心等组织，教育、公安、民政、卫生等部门都进驻中心工作，实现"一站式"服务，确保搬迁群众办事有机构、议事有组织、纠纷有人管、困难有人帮。

针对群众迁入新区后，物业费、电梯费等开支略有增加情况，采取搬迁群众入住一年内不收取物业费和电梯费，一年后，贫困户免收物业费、电梯费，边缘户减半收取物业费、电梯费，资金差额由财政补贴的办法，最大限度减轻群众负担，确保群众实现搬迁平稳过渡。

贫困户赵爱青，缴纳了1.5万元自筹款就分到了125平米的单元房，搬入新房后，县委、县政府出台的利民政策让她彻底打消了"住不起"楼房的焦虑。

三、壮产业，稳就业，确保群众能致富

农民上了楼，还要有稳定的就业，才能真正脱贫致富。为让搬迁群众"搬得

出、稳得住、能致富",在抓安置区建设和安置入住的同时实施"两区同建",以搬迁群众就近就业为目标,积极推进后续扶贫产业。

金乡水岸社区的北侧,建设了易地搬迁就业三区;依托市级龙头养殖企业,建设了现代养殖园区;以大棚种植为主,建设高效农业种植区。

针对有劳动能力的搬迁群众,大力开展技能培训,通过委托职教机构,根据群众需求,开设烹饪综合、汽车综合、特种车辆驾驶、美容美发、电焊综合、电工、家政服务等专业培训,为搬迁群众拓宽就业渠道。并且县劳动就业部门联系县域龙头企业,定向培训和招收务工人员,为群众在县域内就业提供方便。

此外,还设置了环卫工、小区保洁、门卫等公益性岗位600多个,确保了群众产业有支撑、就业有岗位、创业有技能、增收有门路。贫困户张秀娟,经过缝纫专业技能培训后,被安排在了离家不远的防护服生产企业上班,月收入2000元左右,不仅换了新家,更是有了新业。

同时,通过加大土地流转规模,开展规模化经营,搬迁村每村每年增加30万元集体经济收入,农民每亩地还能拿到800—1000元租金,又增加了一份稳定收入,确保了搬迁群众住得下、有事做、能致富。

图为在园区务工的搬迁群众

金乡水岸社区,正在向着省乡村振兴样板社区大步迈进。

产业项目新　就业措施多　后续服务好
——山西省岢岚县广惠园集中安置区

广惠园是岢岚县立足城乡一体化规划建设的移民搬迁集中安置区,也是全县易地扶贫搬迁"1+8"安置规划中的一个县城集中安置点,占地 780 亩,现已建成易地扶贫搬迁和各类保障性住房 68 栋 5268 套,有安置房 35 栋 2534 套,"十三五"期间安置搬迁群众 1773 户 5042 人,其中贫困人口 1476 户 4207 人,同步搬迁户 297 户 835 人。

图为广惠园集中安置区全貌

一、盘活利用旧村资源，确保搬迁群众资产有收益

岢岚县把系统化整合、利用、开发搬迁村现有资源作为保障搬迁户收益的有效举措。一是实施"四覆盖"工程。针对搬迁村实施土地复垦增减挂钩、退耕还林、荒山造林、光伏项目"四个全覆盖"工程，造林专业合作社由2017年的48个增加到2020年的77个，稳定吸纳900余户贫困户入社，近2000人务工增收，其中广惠园每年就业近200人参加造林，人均增收6000余元；建成光伏电站8.9兆瓦带动1139户3235人，户年均增收3500元以上；使每个搬迁户至少对接1户企业、加入1个合作社、参与1个产业项目，实现稳定增收。二是搞好"一新建"项目。制定特色种植、养殖奖补办法，利用搬迁村丰富的水草资源和广阔的牧坡，新建设以绒山羊为主的养殖小区13座，推动绒山羊、生猪、蛋鸡、肉羊、肉牛、肉驴养殖，已有498户743人参与规模化种养产业，带动1498名群众稳定增收。531户搬迁户带资入股企业、合作社，户均年增收4000元。三是用好"两保留"资源。将搬迁村中2至3处较好的安全住房和适于种植的耕地保留下来，把房屋作为集中生产点，把耕地向种养大户或合作社流转，引进振东药业集团等8个企业10个合作社，在115个整体搬迁村建设中药材示范基地2.16万亩，采取"企业+合作社+搬迁户"的方式种植中药材2.1万亩，带动搬迁户1083户2571人，保证了搬迁户持续获益。

二、推进新区就业创业，确保有劳力群众从业有渠道

把促进就业、帮扶创业作为保障搬迁户持续发展的重中之重。一是加强培训转岗。有针对性开展烹饪、缝纫、电工、保育员、护理员等多种技能培训，用外出务工奖补办法，鼓励群众外出转移就业。二是引资建厂上岗。依托省级经济技术开发区，设立易地搬迁产业就业园区，引进项目26个，现已解决620余名搬迁户就近就业；引进一些技术含量低、简单易操作的来料加工项目，如加工箱包、锁具、毛绒玩具等扶贫工厂，共吸纳用工523人。三是鼓励自主创岗。鼓励群众开办小作坊、小餐馆和小超市，从事小买卖，给予小额信贷支持，已引导139户搬迁户发展种植

养殖业,51户发展第三产业,年均创业收入达30000元以上,带动500余人增收致富。四是创新设置公岗。通过政府购买的方式,设置公益性岗位235个,建立"半日制"公益性岗位安置弱劳力就业50余人,通过公益性岗位劳动、小型公益事业劳务、产业就业奖补激励、兜底保障补助等方式,实现全县贫困户全覆盖,户均年收益6000元以上。

图为广惠园扶贫车间

三、大力强化后续服务,确保搬迁群众生活有质量

　　岢岚县把跟进移民安置社区治理作为保障搬迁群众安居乐业的务实行动。一是强化管理打造"新社区"。成立广惠园社区服务中心,设4个党总支13个支部,建立"片长+驻村工作队+帮扶责任人+物业"帮扶网格化管理机制,了解群众诉求,畅通表达渠道,提供精准服务。二是抓实党建促进"双融合"。通过党建引领,探索建立"党建+"社区治理模式,依托社区一站式便民服务大厅,将社区内的物业、扶贫车间、爱心超市、门面房等资源有机地整合起来,把党的建设阵地从党内拓展到党外,从管理服务延伸到产业就业;落实群众不脱贫、干部不脱钩长效帮扶机制,将驻村工作部门和队伍划分为若干工作小组,一户一干部,进驻到安置新村,开展机关帮建、干部帮户"两帮两促两提升"行动,帮助搬迁户融入新环境新生

活,促进搬迁群众相互融合。三是落实防贫机制,提升"三保障"。立足保基本、兜底线、不返贫,在"三保障"上下功夫,做好搬迁群众防返贫动态监测,将无劳动力1258人纳入社会兜底保障,对534名搬迁人口实行动态管理,重点跟踪监测,做好搬迁户低保、医保和养老保险的衔接工作,对特困群体通过专项基金进行再救助,对"三留守"人员和残疾人建立关爱服务体系,实现人人有保障,户户能安居。

构建"三大体系" 决胜易地搬迁

——山西省保德县惠民家园安置区

◇◇

面对立地条件差、农村基础设施滞后、群众脱贫内生动力不足等造成的贫困程度深、脱贫难度大的现状,保德县积极探索构建政策支持、社区融入、"两业"支撑"三大"体系,大力提升搬迁群众的获得感和安全感,通过三年来的实践,该县124个村2852户8406人全部住进了崭新的安置小区——保德县惠民家园。

一、政策支持,助百姓欣然挪穷窝

该县在制定易地扶贫搬迁"十三五"规划初,就结合县情,制定出台从"搬"到"富"的一揽子政策,让群众吃下"定心丸"。一是科学规划,加快推进工程建设。充分结合搬迁群众意愿,将安置小区规划在县城建成区以内,基础设施和公共服务资源实现共享;创新委托代建、并联审批模式,通过倒排工期、资金拨付与工程进度挂钩、搬迁群众代表全程参与监督等,缩短工程建设周期,三年任务两年完成,创造了"保德速度",典型经验在山西省推广。二是强化引导,促进搬迁群众早日入住。为激励群众搬迁入住、减轻群众负担,制定出台了《保德县易地扶贫搬迁集中安置装修入住奖补办法》,依托县扶贫基金会筹集资金3772万元,划定时限节点对搬迁户装修入住奖补激励,入住率实现100%。三是超前谋划,制定一揽子扶持政策。制定配套4类44项产业扶贫、3类8项就业扶贫、4类21项社会保障政策,先行先试明晰房屋产权归属及颁证,构建起易地扶贫搬迁政策链。

图为惠民家园移民安置点全景

二、社区融入,促百姓怡然拔穷根

如何稳得住,是易地扶贫搬迁的重点、难点,更是提升搬迁群众获得感、幸福感、安全感的必答题。

该县探索建立起"1258"社区治理模式,成立社区党委,与乡镇党委双线联动,建立"社区党委、党支部、党小组、党员代表、党员"和"社区、网格、楼长、单元长、搬迁户"双五级治理机制,开展一站式综合服务和组织建设、文化教育、社会保障等"八项服务",促进"村民"向"市民"转变。

该县实施社区社会治理"344"工作机制,通过健全多元治理、三治融合、全程联动"三种模式",提升化解矛盾、网格管理、整治隐患、智能应用"四项能力",深化群防群治、心理疏导、平台运行和社区服务"四个机制",实现了矛盾不上交、平安不出事、服务不缺位。

该县组建"十个一"工作机构,搬迁群众享受看病、托养、购物、休闲、乘车、办事以及孩子上学"七个一出门"服务,形成了办事有地方、议事有组织、纠纷有人管、困难有人帮的良好局面,从而真正凸显了"搬得出"的意义,体现了"稳得住"的内涵。

三、两业支撑,保百姓安然换穷业

产业就业是解决搬迁群众长远生计的"压舱石",更是激发安置小区发展活力的根本。该县通过转移就业驱动、龙头企业带动、品牌打造鼓动、生态建设联动、农村改革促动和整沟治理"六轮驱动",实施产业就业"双十双五"工程,构建"两业"支撑体系,确保人人有就业途径,户户有增收门路。一是"两业"并举全覆盖。实施"10+10"产业,以品牌为引领,建立股份、订单、服务、劳务、租赁等联结模式,重点发展有机旱作、生态、光伏、旅游、电商、特色种植养殖等十项农业特色产业;搭建输出地劳动就业信息平台和输入地维权指导服务平台,拓展出扶贫车间、产业园区、居家手工作坊、造林专业合作社等十大就业创业渠道,实现了产业扶贫"五有"和有劳力家庭就业创业全覆盖,推动搬迁群众稳定脱贫。二是收入保障全巩固。大力发展交通运输业、农副产品深加工业、餐饮业、特色食品加工业以及家政服务业等"五小产业",让特色产业鼓起农民的"钱袋子";同时,强力推进铝镁、煤层气及新能源、现代物流、旅游、林果等"五大产业",强支撑、扩总量,以工促农,以工带农,实现一二三产业融合发展。三是合法权益全保障。建立起"137"权益保障机制,以县易地扶贫搬迁后续帮扶服务中心为平台,搭建产业就业站、稳脱贫奔小康站、民事双向代理代办站等服务站点,保障村民享有的政策补贴、资产收益分配、社会保障等"七项基本权益"持续不变。

如今的惠民家园已真正成为山区移民百姓安居乐业的家园,这里处处诠释着党和政府心系人民的情怀。

易地搬迁感党恩　牵手"五福"奔小康

——内蒙古自治区卓资县"五福"小区安置区

图为卓资县易地搬迁"五福"小区全景

　　卓资县易地搬迁"五福"小区分别是福源、福祥、福安、福康和福佳小区，位于县政府所在地、京呼高铁卓资东站两侧、黑河两岸，依山傍水，乘高铁之便利，占卓资之灵秀，得"黄金地"之称誉。卓资县在建设易地搬迁小区时，优先考虑全县最好的地理位置。"易地扶贫搬迁不能只顾眼前利益，哪里好就业、好发展，就把'脱贫楼'建在哪里！"这就是县委、县政府建设易地搬迁小区的态度和决心。

　　在4年多的建设过程中，安置楼拔地而起，五个小区渐成规模，成为县城最亮丽的风景和最重要的民生工程，搬迁区共建成安置楼54栋3357套，安置搬迁人口

3357 户 7871 人（其中，建档立卡贫困人口 2192 户 5179 人，整村搬迁的同迁户 1165 户 2692 人）。在党的好政策下，"安得广厦千万间"已然变成了生动的现实。

一、党支部就是搬迁群众脱贫的"主心骨"

卓资县报请上级批准成立了三个易地搬迁综合服务社区，每个服务社区组建了社区党支部，负责统筹管理和服务，形成了"支部建在易地搬迁安置区上，党小组建在楼栋上"的组织框架，实现了"五福"小区党组织全覆盖、党服务全覆盖。在发挥党组织引领易地搬迁扶贫工作的过程中，每个党支部都积极发挥共产党员的先锋模范和带头作用，包楼栋，包贫困户，整合各类资源，负责对搬迁群众生活过渡期的困难事宜全程跟踪、全程代办、全面服务，切实解决他们入住小区后存在的困难和问题。"只要有难事，就去找支部"成了搬迁群众的口头禅、心里话。

"大家排好队，依次进行信息登记，测体温。"这是福康小区支部书记张立新在疫情防控期间复工复产扶贫车间门口不厌其烦常说的一句话。新冠肺炎疫情暴发以来，搬迁群众生产生活受到影响，为了让群众尽快就业，增加收入，小区党支部在有关部门的支持下，积极争取厂家订单，启动扶贫车间。经过党支部的多方努力，福康小区 100 多名搬迁群众在扶贫车间从事包装棉签和缝制加工汽车座垫里料工作，确保了搬迁群众防疫、增收两不误。

二、服务配套的小区成了搬迁群众的"安乐窝"

家住福康小区的马翠林在谈到新入住的楼房时，从心里发出了对迁入新居的喜悦之情。"原来住在村里吃水不方便，生火炉掏灰荡得屋里全是灰尘，尤其是到了冬天，上个厕所冻死个人。现在你看看家里亮堂堂的又干净、又卫生，物业取暖享受优惠，这几年腿疼的老毛病也好了。另外也不用儿女操心了，易地搬迁的政策真是最好了！"马翠林是从大榆树乡狮子沟村搬到安置小区的，提到住上新楼房，掩饰不住内心的激动和对政策的夸赞。

为了搬迁群众过得安心、活得舒心，安置小区一公里范围内学校、医院、超市、银行等配套设施一应俱全。公交线路通到了小区门口，统一规划安排供水、供电、供暖及交通道路,确保迁入地与主城区协调、均衡发展。小区专门成立了计生卫生服务中心、便民服务中心、图书阅览室、文体活动中心、电影放映室等场所,配备了工作人员,群众在家门口便可享受所需要的服务。同时,将社区划分为若干网格,从搬迁户中选聘465人担任网格长、信息员、物业服务员、保洁员、孤寡残障护理员、治安协调员、矛盾纠纷调解员,让搬迁群众加入社区建设管理当中,实现自我价值、体现自我服务,调动了搬迁群众参与小区建设的积极性和主动性。

三、积极灵活的就业渠道呈现出增收的"新亮点"

图为卓资县搬迁群众在安置点扶贫车间缝制酒壶

"上楼住新房,下楼有活儿干,没想到这么大岁数还能在家门口找到工作,现在的日子可真是越过越有味儿。"年逾古稀的李德奎和老伴儿刘润梅在小区内的扶贫车间专心致志编制汽车座椅垫,脸上洋溢着幸福的笑容。

"我是2018年入住安置小区的,在冷凉蔬菜基地干活,一年可挣个两万四。今年我升'官'了,成了带班的了,现在吃不愁、穿不愁,生活越来越好了。"从大榆树芦草沟搬迁到福祥小区的王石柱在易地搬迁冷凉蔬菜产业基地忙得不亦乐乎。

卓资县在建成的金鸡扶贫产业园、冷凉蔬菜加工基地和光伏扶贫三大扶贫产业基地,以及县外区内建筑、家政、餐饮、汽修等行业,已有4138名搬迁群众实现稳定就业,年收入上万元。

在"五福"小区内建成了"巧手手扶贫车间",汽车坐垫加工、服装加工、吨袋加工、皮囊酒壶缝制、酱菜腌制、收纳筐编制、中国结编制、鱼钩制作等属劳动密集型行业,且劳动强度不大,860多名弱劳动能力搬迁群众足不出区即可在家门口就业,达到增加收入的目的。"巧手手扶贫车间"2019年8月被全国妇联授予"全国巾帼脱贫示范基地"称号。

卓资县还制定了县扶贫励志岗位指导意见,设置了九大励志岗位,使793名搬迁群众通过辛勤劳动每年增收3000—6000元。对于有自主创业意愿者,则协调就业局免费给予创业指导。对搬迁群众有土地的,则在土地确权后,将其适合种植的土地流转到县里引进的"民丰种业"、冷凉蔬菜种植基地等龙头企业和种植大户,从而收取土地租金;对于土地条件差的,则实施退耕还林还草工程,享受政策补贴,进一步增加了搬迁群众收入。

"搬新区,五福临门。住新房,福泰安康。""挪穷窝、住新房、永远不忘共产党。"小区楼体上书写的大幅标语正是搬迁群众对党的好政策发自心底的深情回应和由衷感激。"五福"小区数千搬迁群众正在卓资县全面建成小康社会的征程中书写更为壮丽的画卷!

易地搬迁助扶贫　共建幸福新家园

——吉林省通榆县边昭镇三村联建安置区

在吉林省西北部的白城地区,有一片茫茫八百里的盐碱地,这片贫瘠的土地困扰着世世代代生活在这里的农民们,勤劳的耕作并不能换来这片土地的硕果累累、粮食满仓,贫穷如瘴气一般,弥漫在这片土地上,让人绝望。让人们脱贫致富,过上好日子,易地扶贫搬迁工作迫在眉睫。

全省"十三五"易地扶贫搬迁工作涉及的1.4万人中,有9418人就来自白城市通榆县,占全省人口总量的66.9%,如今通榆县边昭镇三村联建安置点和乌兰花镇陆家村因妥善的搬迁、完善的配套、特色的产业,已成为易地扶贫搬迁的典型。

通榆县坚持"易地扶贫搬迁、美丽乡村建设、城镇化建设和脱贫攻坚同步推进"的原则,按照国家和省工作方案文件要求,采取依托小城镇建设安置新区的方式进行选址。同时,依据国土预审和规划设计方案,在征求乡镇意见和符合总体规划的基础上,在边昭镇政府所在地北侧、231国道东单独选址建设三村联建安置新区。

边昭镇三村联建安置点共安置建档立卡群众432户793人,同步搬迁人口572户1539人,经过宣传动员、农户申请、村级审核、乡(镇)审查、县级审批、公示公告确定搬迁对象。致贫原因绝大多数为因病、因残、因灾致贫。目前,易地扶贫搬迁3个村计划内建档立卡户516户940人已经全部脱贫。

"通榆县边昭镇五井子村以前生态环境脆弱,距城镇和交通干道较远、基础设施和公共服务设施难以延伸,贫困发生率较高。通过易地扶贫搬迁工程让村子看到了希望。"五井子村第一书记纪德永说,得知要搬迁的消息,村民们的心情多少有些复杂,毕竟祖祖辈辈都生活在这里,乡土之情难以割舍。但怀着对未来美好新生活的憧憬,经村干部的动员走访,村民最终决定搬迁至集中安置点。

搬离了世代居住的旧屋土屋,住进了崭新的楼房,村民们无不叫好。据了解,搬迁后的新住宅规划设计有 50 平方米、60 平方米、80 平方米、100 平方米 4 种户型。依据户型抓阄决定楼层。按照省易地扶贫搬迁工作方案,建房补助资金 3 万元/人。三村共有耕地面积 4500 公顷,为保障迁出区群众权益,由村干部和种植养殖大户成立 18 个合作社,目前,三村共流转土地 1500 公顷,户均每人收益 2000 元。

如今远远就能看到一排排整齐美观的崭新居民楼,楼前屋后建有宽敞的绿化带,村中规划建设了公共文化广场和包括村卫生室、图书室、文体活动室、电商服务平台、农村金融服务站、村办事大厅等综合服务功能为一体的三村联建综合服务中心,总面积 1900 平方米,配套基础设施及公共服务基础设施统一在安置区建设项目的施工范围内。

"扶上马,送一程"。不仅居住环境发生了变化,当地政府还为保证群众基本生活保障作出许多努力。在教育保障方面,安置了全部适龄儿童共 73 人,目前他们均已入学。由于安置点就在镇政府所在地,幼儿园、小学校、中学校和卫生院都齐全,不存在教育医疗资源不足的情况;在医疗保障方面,搬迁群众享受新型农村合作医疗,建设了 3 村联建的村级卫生室,镇区内设有乡镇卫生院;社会保障方面,搬迁群众基本养老保险参保率达到 100%,低保按照上级民政部门要求正在重新评定。搬迁群众享受低保、医疗救助、养老保险等政策不变。

脱贫离不开产业。边昭镇易地扶贫整村搬迁 3 个村共有建档立卡户 516 户 940 人。有劳动力家庭数为 311 户,无劳动力家庭数为 205 户。安置点主要通过发展现代农业、光伏产业和劳务输出扶持搬迁群众增收脱贫。通过建立扶贫车间、公益性岗位、劳务输出、当地企业吸纳共提供岗位 413 个。通过发展光伏扶贫项目、特色种植和养殖产业项目,带动搬迁群众 217 户,户均增收 3258 元。

为降低安置新区建档立卡户的生活成本,在新区建立"爱心超市",通过学习和劳动获得积分兑换生产生活用品,降低生活成本,激发贫困群众内生动力。同时,还在安置区周边利用闲置用地建立"爱心小菜园",解决部分建档立卡贫困户蔬菜难以自给的问题。

"搬了新家真是好!做饭再也不会烟熏火燎了,冬天睡觉的时候,后半夜再也不会冻得头皮发麻了。"通榆县边昭镇五井子村村民于金兰告诉笔者,平时没事的时候她参加爱心超市组织的活动挣积分,吃的用的都能用积分兑换到。"我们的爱心超市,由驻村工作队负责,组织小区里三个村的建档立卡户参加各种活动,获取积分,打扫小区绿地卫生,捡拾小区周边垃圾,爱心菜园种菜,爱心示范田劳动,参加扶贫政策宣传会等都能获得积分,每周都能用积分兑换到所需的米、面等生活用品。做好事还能换实物,多好!"这是于金兰的肺腑之言,更是所有易地扶贫搬迁户的心声!

家门口就业　助力脱贫增收

——安徽省石台县仁里镇毕家冲安置区

◇◇◇

毕家冲易地扶贫搬迁集中安置点位于石台县仁里镇贡溪村,共安置78户194人。安置点分两期建设,2018年年底已全部搬迁入住。

搬迁只是手段,脱贫才是目的。为确保搬迁户"搬得出、稳得住、逐步能致富",石台县仁里镇采取多种措施落实后续扶持工作。

一、大力扶持富硒芦笋基地建设工程

6月份的石台早已是夏日炎炎,但比天气更火热的是毕家冲集中安置点旁的富硒绿芦笋种植基地。在距离安置点不到30米的富硒绿芦笋基地,每天约有50户搬迁户在这上班。基地占地约65亩,大棚150个。一捆捆的绿芦笋在这里生长、采摘、分拣打包,成品发往各地销售。芦笋种植一般在种植次年有少量收获,到第3年或第4年产量增加,总收获期可达10年以上,经济效益十分明显。

利用"良地、良种、良法、良制",建立"高产、高效、生态、安全、优质"的芦笋种植基地,打造石台县蔬菜产业发展亮点,促进石台现代农业发展,带动农民增收致富。增加当地农户流转土地租金收入年达3万元;每年亩用工约需要50个工,年总用工2400个,按每工日80元计,可为仁里镇毕家冲易地扶贫搬迁群众带来用工收入19万元,人均用工增收可达3000元以上。

芦笋基地的建设不仅是为了带动搬迁贫困户就近就地就业,更是增强搬迁贫困户稳定脱贫和自我发展能力,真正实现"搬得出、稳得住、有就业、能致富"的目标。

二、就近扶贫车间带动工程

为了变"输血"式扶贫向"造血"式脱贫发展,石台县仁里镇紧紧围绕易地扶贫搬迁行动,结合本地的资源禀赋,充分挖掘现有产业发展潜力。石台县仁里镇政府积极引进企业,将专项扶贫与行业扶贫、社会扶贫相结合,组织动员和吸引各部门、各阶层参与到仁里镇易地扶贫搬迁工作中。

同时,在毕家冲集中安置点周边建设了建筑面积近 1000 平方米的扶贫车间,引进企业,从事竹产品深加工制造、销售服务,为美的、苏泊尔等一线品牌生产配套竹制品。项目投产后,可生产 3500 万竹勺,年销售收入 3000 万元。当年可上交税收 90 万元,实现利润 240 万元。经济效益十分明显。通过吸纳贫困户进入车间务工,带动周边 33 名群众就业,优先考虑贫困户,人均月增收 3000 元左右。这两家企业的扶贫车间每年给贡溪村集体经济带来 6.5 万元收益。

石台县仁里镇充分利用自然人文资源创新发展方式,拓展农民增收渠道,着力打造"企业+扶贫车间+贫困户"模式,真正实现"楼上生活,楼下就业"。下一步,石台县仁里镇将继续统筹推进巩固拓展脱贫攻坚成果同乡村振兴有效衔接,政府将加大对民营企业的扶持力度,促进就业扶贫车间建设,多渠道开拓就业岗位,不断激发贫困户的内生动力,助力乡村振兴稳步推进,带领群众致富奔小康。

图为贡溪村毕家冲集中安置区全景

搬出贫困地　搬进幸福居

——福建省长汀县南站幸福小区安置区

在长汀县易地扶贫搬迁集中安置点幸福小区，高楼林立，花红草绿，入住者一脸幸福，打工者安居乐业。这是长汀县最有发展潜力的经济区域，是长汀县最具活力的新区。

图为长汀县南站幸福小区安置区一角

一、精心选址,落实"搬得出"

长汀南站幸福小区,共安置贫困户 394 户 1598 人,规划建设了 75 平方米、100 平方米、110 平方米等多种户型,确保符合国家人均住房建设标准。安置区选址以便于城镇化融合、便于群众就业、便于改善民生为原则,做到一次规划、分批实施、统筹推进。安置区选址于新规划的南部新城,距城区 6 公里,东邻正在建设中的长汀一中高中部、南邻动车南站和稀土工业园区、西邻工贸新城、北邻新规划建设的汀州医院,在 2 公里内,就能实现出行、就医、就业、就学。同时,用好土地增减挂钩政策,与搬迁户签订旧宅基地退出协议,对旧房进行拆除复垦,将土地增减挂钩指标交易资金按 120—225 元/平方米的标准补助给贫困户,用于弥补其建房资金缺口,解决了建房资金问题。

二、精细管理,确保"稳得住"

幸福小区建成后,逐步进行了绿化、美化、硬化、亮化,还配套了健身广场、休闲廊亭、垃圾中转站、公交停靠站、幼儿园等设施。设立了社区扶智文化活动室,配备阅览室、活动室、培训室各 1 间,共有图书 1500 册,供搬迁入住的贫困户阅览、活动、培训。同时,县文体部门专门安排太极拳、气功协会等组织指导贫困户开展文体活动,丰富搬迁户文体生活。小区建成后,成立了管理委员会,设主任 1 人、副主任 1 人、委员(即 13 幢楼楼长)13 人,并制定了相关管理规章制度,促进小区良性运转。

三、精准施策,实现"能致富"

在棒垒球加工扶贫车间,几名女工人正紧张缝制棒垒球。来自羊牯乡的贫困户丁玲玲笑着说:"这里上班时间灵活,既能照顾家庭,又能增加收入,每月有一两千块钱,政府还有补贴。"

羊牯乡是长汀最边远的乡,山高路远,山羊才能上去。如今他们搬离了老屋,住进了宽敞的新家,丁玲玲羞涩地说:"易地扶贫搬迁给我们带来意想不到的变化,居住环境好了,生产生活方便了,摘掉了'穷帽',嫁人也不愁了。"

如今,幸福小区居民在家门口就能就业,不但搬得出,而且稳得住。小区棒垒球加工扶贫车间是贫困户刘春生创办的。他一家4口,自身残疾,儿子听力障碍。这几年他通过务工和参加激励性扶贫项目,实现了脱贫。脱贫后,他主动申请在小区内建立棒垒球加工车间,解决贫困户闲散劳力的就业问题。

来自长汀羊牯、濯田、四都乡镇的60余位贫困户通过易地扶贫搬迁住进幸福小区,就地就近实现就业,每人月收入1800—3000元。

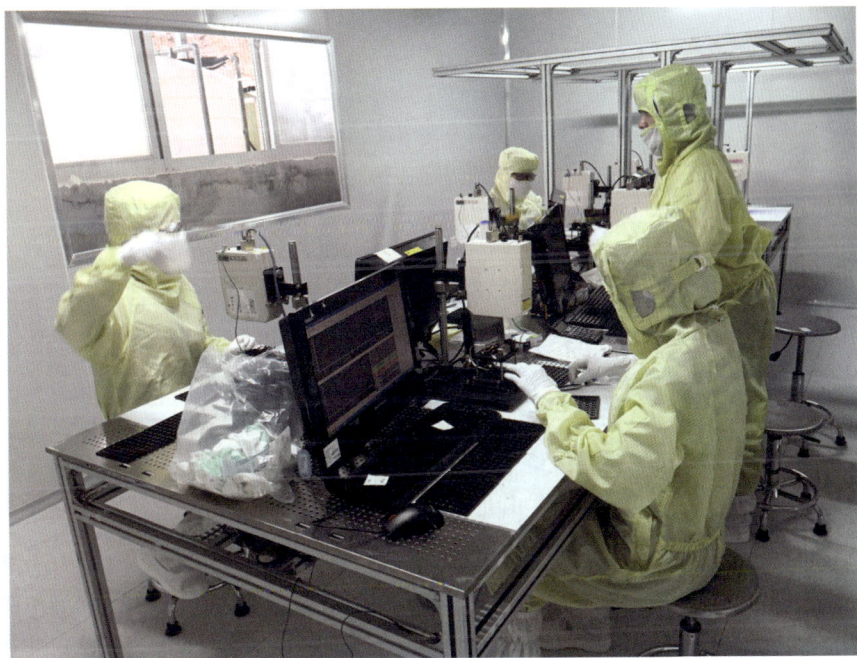

图为幸福小区搬迁户就地就近实现就业

幸福小区充分发挥紧邻开发区的优势,通过就业培训、产业帮扶等措施,为搬迁贫困户提供就业创业服务保障,保证安居与乐业、搬迁与脱贫同步。小区充分利用"春潮行动""农业种养技术培训""贫困劳动力职业技能培训"等培训资源,优先对搬迁安置户进行培训,共组织246名贫困劳动力进行技能培训,确保每个贫困劳动力至少掌握1—2门实用技术。小区设置了4个公益性岗位,招收贫困户从事保洁、绿化管理等岗位。县域内重点企业盼盼食品、安踏服装、金龙稀土等,优先招录幸福小区贫困户劳动力务工,每人每月获得3000—4000元工资收入。安置区内585名搬迁群众,全部实现了就地就近就业,目前已全部脱贫。

贴心的社区管理让搬迁群众安居又乐业

——江西省武宁县武安锦城安置区

图为武宁县"武安锦城"全景

　　仲夏时节,走进武宁县武安锦城安置小区,只见绿树掩映下一排排崭新的房屋错落有致,宽阔的街道整洁干净,处处洋溢着蓬勃生机。小区内小学、幼儿园、农贸市场、综合商场、卫生院等设施,应有尽有。傍晚时分,小区居民聚集到休闲广场跳起广场舞,消除一天的疲乏,在阵阵喧闹的笑声里享受难得的休闲时光。贫困户方丽燕高兴地说,"我是2017年搬过来的,这里环境好,住家外出都方便,邻里之间相处也很愉快,住在这里感觉很舒服"。

　　像方丽燕这样搬入武安锦城,改变了生活状态的贫困户有不少。为从根本上解决"一方水土养不好一方人",彻底改善深山、回水区、地质灾害区群众的生产生活条件,武宁县紧密结合易地扶贫搬迁和水库移民避险解困,在县城工业园区高标准建设了全省规模最大、配套最齐全的移民安置小区——"武安锦城"。小区占地面积690亩,总建筑面积达56万平方米,可安置4800户2万余人。目前,已搬迁安置3726户14904人,其中建档立卡贫困户545户2149人。

图为搬迁群众在社区服务中心工作

一、依靠群众抓管理

"水费、电费怎么交?家里漏水谁来管?小区卫生谁负责?这些看似鸡毛蒜皮,又关系千家万户的事情现在也明确了,由我们业主自己推选代表进行管理",搬迁户王陈芳兴奋地说道。武宁县充分尊重群众意愿,科学搭建管理架构。组建了园区党委、社区党支部、楼道党小组、居民小组、楼栋长、单元长六级组织网络。在原搬迁地村干部、搬迁户中优先聘用社区干部,由群众自己推举代表管理,真正实现"让群众自己管自己的事"。

搭建了"工会帮帮忙""有事来商量"等矛盾纠纷化解平台,社区每天安排2名工作人员对小区居民提供就业指导、法律知识宣传等服务,调解邻里矛盾。社区开设道德讲堂,宣传"移民驿家"家规;组织开展"扶贫帮困""扶残助残"等系列志愿者活动,形成亲帮亲、友帮友、邻帮邻、户帮户的良好氛围;经常开展社区广场舞、徒步比赛、篮球赛等系列文体活动,丰富了居民业余生活。

二、贴近群众搞服务

"有了'四点半学校',我再也不用为接孩子发愁了",搬迁户罗会信以前老是因为上班没时间在四点半接孩子放学而犯愁。"现在好了,社区建起了图书室、电子阅览室、儿童快乐天地,并且安排有老师轮流免费看护辅导,直至下午6点半。既解决了我们家长未下班孩子已放学的空档期的儿童照看问题,也让孩子们在课余增长了见识,学到了知识"。罗会信连连称赞,社区为我们办了一件大好事。

图为安置区"四点半学校"

"近段时间老是晚上睡不好,焦虑,这是什么原因,有什么办法解决?"在社区心理咨询室,时常会有社区居民上门咨询,心理医生总会耐心细致地讲解开导。

开通心理咨询室,聘请心理医生定期坐诊,免费为住户进行心理辅导是武安锦城的又一个亮点,几年来,辅导近百名住户,尤其是农村妇女,使她们能迅速适应环境,投入新的生活。

三、帮助群众谋发展

"如果没有易地扶贫搬迁好政策,没有帮扶干部的帮助,我现在也许还在天平村老屋里,过着吃上顿不知下顿的日子,致富永远是一个梦!"罗利感慨地说道。

罗利原住在宋溪镇天平村三组,由于山高、路陡,自然条件恶劣,再加上妻子刘沅英体弱多病,大儿子罗金成患有长期慢性皮肤病,生活十分困难。在驻村帮扶干部帮助下,他于2018年搬迁武安锦城。在得知罗利及妻子有豆制品加工技能后,社区积极帮助他们夫妻在工业园区从事豆制品加工和销售,如今每月有6000余元收入,年收入达7万余元。一举偿还了债务,过上了富裕的生活。

在武安锦城,像罗利一样自主创业的贫困户有26户。后续帮扶最关键的是就业。武宁县通过就业培训和贴息扶持,鼓励移民进城入厂,自主创业。目前545户贫困搬迁户稳定就业780人,实现搬迁户就近园区务工1268户2102人,开发保洁、水电管护等公益性岗位安置就业51人,创建扶贫车间1个,提供岗位25个,出台创业扶持政策,鼓励搬迁户到县城和安置区内创业。通过园区就业一批、门口就业一批、自主创业一批,不断优化社区管理服务和后续扶持措施,实现了安置区零回迁、零上访、零安全事故,真正到达了稳得住、逐步能致富的目标。

武宁县副县长武文斌说:"下一步将全面创新社区管理模式,力争实现精神文明、社区服务、环境美化的高度融合,尽全力把武安锦城打造成全省乃至全国一流移民安置社区。"

搬离"水窝子" 生活节节高

——山东省鄄城县左南安置区

＊＊＊＊＊＊＊＊＊＊＊＊＊＊＊＊＊＊＊＊＊＊＊＊＊＊＊＊＊＊＊＊＊

走进菏泽市鄄城县左营乡的左南社区,远远就看到十几排崭新的楼房整齐排列,错落有致。小区内是水泥硬化的宽敞路面,干净整洁,两旁的绿化带内苗木长势郁郁葱葱,经过一场夏雨的洗礼,空气显得格外清新。

左南安置区是鄄城黄河滩区易地扶贫搬迁项目的 3 个安置区之一。2018 年 9 月,左营乡管寺、丁杨寺 2 个行政村(6 个自然村)的 1955 户(其中建档立卡贫困户 753 户)村民全部实现了搬迁入住,结束了与黄河"为邻"的滩区生活。

"搬得出、稳得住,还要逐步能致富"。搬迁群众在党委、政府领导下,以项目带动产业发展,走进扶贫车间,摘掉"贫困帽",蹚出致富路。

一、群众代表全程参与,自己的家自己做主

整个黄河滩区易地扶贫搬迁过程中,搬迁村群众代表全程参与了新家园的选址、规划、设计和建设工作。在搬迁村庄成立村民自治委员会,由老党员、老干部、老模范、老战士(退伍军人)、老教师"五老"人员组成,宣讲搬迁政策,把政策宣讲到户、问题解答到户。乡、村干部联合成立搬迁指挥部,乡书记、乡长坚持沉在一线,接受群众咨询、投诉等事务,畅通和群众的沟通渠道,消除群众后顾之忧,让党的好政策在"阳光"下实施。

搬迁指挥部按照左营乡总体规划,在充分征求群众代表意见的基础上,让群众选择安置区位置,经地质勘察、灾害和压矿评估,符合条件后,最终确定左南安置区。从地理位置来看,左南安置区位于乡驻地西南 200 米处,在乡驻地 10 分钟生

活圈范围内,既方便生活又方便生产。

同时,群众代表还参与到安置房户型设计的整个过程中,分别建设了 25 平方米、50 平方米、75 平方米、100 平方米、119 平方米 5 个户型,确保了建档立卡贫困户人均住房面积不超过 25 平方米。并且科学合理制定招标控制价,确保建档立卡贫困户搬迁人均负担不超 3000 元、户均负担不超 10000 元的政策落实到位。

二、从"黄河滩"到"小洋楼",村民过上城里生活

图为左南安置区全景

在黄河滩区,一直流传着"三年攒钱、三年垫台、三年建房、三年还账"的说法,意思就是老一辈人要用四个三年的时间,才能真正拥有属于自己的家,这也是很多滩区群众的生活循环。通过易地扶贫搬迁,如今群众住进了漂亮的楼房里,结束了"晴天一身土,雨天一身泥"的生活。

"这儿有学校、卫生院、百货大楼、物业公司……干净方便,跟城里一样。"小区居民纷纷说道。

在左南安置区的社区服务中心里,容纳了办公室、活动室、党建室、图书阅览室、警务室、卫生室、物业管理办公室、便民服务大厅、三资管理办公室、乡村记忆馆等功能,此外,社区里还建有大型超市、农村幸福互助院。

最让村民高兴的是孩子们的教育条件得到了极大改善。现在,左南安置区 24 班制小学、9 班制幼儿园已经成为易地扶贫搬迁项目的标志性建筑。不仅有封闭式风雨操场、标准的实验室、微机室,连阅览室、舞蹈室、音乐室、美术室、书法室等专用活动室也配置齐全。

三、"搬得出、稳得住",群众生活节节高

已经有 80 岁的王学芝老人是左营乡马庄村人,易地搬迁后,跟儿子一家人在左南社区居住。老人闲不住在社区内的扶贫车间找了份缠头发的手工活。"活儿很轻松,时间也自由,吃过饭就过来这里坐着,有钱挣还有人一起聊天哩。"老人笑呵呵地说,自己年纪大了动作也慢,一个月能挣个七八百块钱,够零花了。据该扶贫车间负责人王爱华介绍,车间内目前有 70 余名工人,基本都是留守在家的妇女、老人,在车间里主要是做一些简单的手工,每个月平均能挣个 2000 多块钱,其中 30 余名曾经是贫困户,现在虽然都已脱贫,但依然享受扶贫政策。

以项目带动产业发展,推动滩区群众后续发展。目前,已协议在原郭集、李庄村台建设占地 530 亩的现代化农业观光生态园项目,拟集中药材种植、现代农业观光旅游、休闲娱乐、垂钓、采摘、餐饮娱乐于一体,建成后可安置就业人口 120 人。同时,鼓励土地流转、土地托管,将原村复垦的土地进行流转,每亩租金 350—400 元,增加了搬迁村集体收入,滩区群众通过对耕地进行流转,腾出了时间从事二、三产业,腰包越来越鼓,日子越过越有奔头。

拔穷根 挪穷窝 强产业 换新颜

——河南省栾川县狮子庙镇金河湾社区安置区

新时期易地扶贫搬迁工作实施以来,狮子庙镇把易地扶贫搬迁作为一项治本性民生工程、全局性发展工程来抓,采取集中规划安置、完善脱贫措施、落实兜底保障、强化社区服务等措施,确保计贫困群众"搬得出、稳得住、能脱贫",实现城乡统筹、生态保护、社会治理及培育发展新动能等一举多赢效应。

狮子庙镇位于栾川县城西北,总面积 276 平方公里,耕地面积 1.5 万余亩,全镇辖 21 个行政村,180 个居民组,总人口 20211 人。全镇现有建档立卡贫困户 1003 户 3718 人,其中,已脱贫 976 户 3663 人,未脱贫人口 27 户 55 人,目前贫困发生率为 0.27%。"十三五"期间,全镇规划搬迁贫困人口 275 户 1020 人,其中 2016 年搬迁贫困人口 87 户 300 人,2017 年搬迁贫困人口 134 户 527 人,2018 年搬迁贫困人口 54 户 193 人。

一、拔穷根:抓住关键下功夫

一是党政"一把手"亲自抓,"拔穷根"统筹有力。成立了由党委书记、政府镇长担任"双组长"的易地扶贫搬迁领导小组,对重大事项、重大问题亲自研究解决,统筹推进全镇易地扶贫搬迁工作。二是创新安置模式,"挪穷窝"精准搬迁。充分尊重贫困群众意见建议,依据地域特色、自然禀赋、民风民俗,采取将易地搬迁扶贫社区集中规划在城镇商贸区和乡村旅游开发区等多种模式,量力而行定方案,因地制宜"挪穷窝"。三是坚持"三个结合","搬得出"有序推进。近年来,狮子庙镇根据本地山大沟深、人多地少的实际,结合"城乡一体化、土地集约化、搬迁生态化"

的原则,重点规划建设了金河湾易地扶贫搬迁社区。目前全镇275户1020名搬迁群众已全部入住,其中,王府沟村结合本村旅游开发,施行"扶贫+旅游"模式,先后建设完成具备生态景观效果的易地扶贫搬迁安置房3栋21套,旅游扶贫产业用房6栋2400平方米,通过"旅游景区+生态旅游搬迁"的发展模式,可实现21户96名贫困人口搬迁及脱贫。

二、强产业:围绕增收做文章

搬迁只是手段,脱贫才是目的。狮子庙镇在实施易地扶贫搬迁工程中,把解决好搬迁群众长远生计作为目标,围绕就业和增收两个核心,着力改变安置点的生存环境和发展条件。

一是完善工作措施,因地制宜做好安置。把搬迁群众分类纳入产业扶贫、转移就业、教育扶贫、医疗保障、资产收益、生态保护等脱贫攻坚行动计划,力求保障有力、增收有门。坚持"一户一策、一人一法",把搬迁与脱贫致富、就业兴业有效衔接,精准到户。二是立足就业安置,加快跟进后续产业。为实现搬迁群众在家门口就业,狮子庙镇在抓好搬迁安置房建设的同时,重点在发展产业,解决就业上下功夫。通过规划、申报到户增收、扶贫小额信贷等形式,275户搬迁群众通过产业扶持项目受益;通过技能培训、转移就业、光伏收益"二次分配"公益性岗位开发等形式,275户460余人实现家门口就业增收;在搬迁社区为企业免费提供厂房4000余平方米,先后创办涵盖服装、箱包、鞋帮等产品的来料加工中心厂3家,直接带动120余名搬迁群众就业。

三、换新颜:群众齐显新气象

为切实使搬迁群众稳定入住、安心生活,狮子庙镇着力从"三个方面"强化社区配套服务功能。一是着力于"服务配套"。社区水、电、路、有线电视、通信网络、亮化、绿化,以及污水、垃圾处理等纳入镇区统一管理实施,除电、网络、有线电视等必要费用外,其他均免费提供。二是着力于"功能完善"。按照"五个有"的要求,先后投资2500余万元,建成了幼儿园、中心小学、群艺舞台、文化广场、开放性党建广场、红色展馆和社区文化服务中心等服务设施,社区功能更加完备。三是着力于"环境打造"。围绕"五个新"的目标,全面提升社区品位,沿社区河道,投资 2000 余万元,建设亲水步道 1300 余米,景观水系 16 级 10 万余平方米,并配套实施了社区绿化、亮化、美化工程,打造了社区"红色一条街"和"水镇佳园"项目,使社区环境舒适宜居。

图为金河湾社区全景

图为金河湾社区配套扶贫车间

"以前在山里走的是山路,吃水也不方便,看病、孩子上学都要跑几十里到镇上去。我们搬迁来后,交通便利了,环境美丽了,吃水用电也不愁,一家人还可以在镇区周边找活干,比起以前好得太多。我们生活越来越好。"入住下河易地扶贫搬迁社区的红庄村贫困户贺彦民,对易地扶贫搬迁政策赞不绝口。

搬出新生活　搬出新气象　搬出新希望

——河南省内乡县马山口镇幸福社区安置区

马山口镇幸福社区安置点位于南阳市内乡县马山口镇郑湾村汪沟组,地处秦岭余脉伏牛山南麓,交通便利、位置优越、环境优美。安置点占地38.32亩,建设住房100套,住房面积6375平方米,安置建档立卡贫困户100户255人,其中2017年安置48户137人,2018年安置52户118人,搬迁群众全部实现搬迁入住,截至目前已全部脱贫。2018年10月15日,全国易地扶贫搬迁工作现场会在南阳成功召开,国务院副总理、国家扶贫开发领导小组组长胡春华实地观摩了社区建设管理新模式。

一、靶向发力,慎终如始,全力改变贫困群众生活面貌

自易地扶贫搬迁工作开展以来,马山口镇始终把易地搬迁作为打赢脱贫攻坚的重要抓手,坚持以"搬得出、稳得住、能致富、生活好"为核心目标,以建设完善基础设施和管理服务为主旨,以"三带五联"为载体,立足靶向发力、凝神聚力、不遗余力"三力",实施规划好、建设好、配套好、服务好"四个好",开展营造新家园、感恩新时代、实现新作为、展现新气象"四个新"工程。精准施策,持续发力,强力推进,全力建设幸福宜居新社区。当前,幸福社区安置点展现在眼前的是徽派别墅,联排成行,白墙黑瓦,交映生辉。安置区绿树成荫,花草芬芳,鸟语花香,安置点内服务大厅、洗衣房、澡堂、图书室、超市、卫生室、励志堂一应俱全,置身其中,如在画中,一派现代都市气象。

二、凝心聚力、建管并重，倾心营造美好新家园

在工程建设伊始，坚持把"四个好"贯穿安置点建设始终。一是规划好。按照全域统筹、不占耕地、交通便利、节约费用的原则，安置点选址紧邻集镇、学校、医院周边等交通便利、环境优美、生产生活方便的区域。聘请有资质的设计公司进行规划设计，实现了科学选址、高标准规划。二是建设好。工程建设坚持"四个统一"即规划统一、设计统一、标准统一、验收统一建设原则，严格招标程序，选择有实力的公司进行施工、监理。同时，由镇村干部和搬迁户代表组成质量监督组和工期督导组，全程监督工程质量和进度，实现监理和镇村双把关，确保了工程质量和时间进度。三是配套好。投资760余万元，科学规划社区道路、下水道、广场和游园等基础设施，配套建设了爱心超市、文化广场、文化中心、小菜园、洗浴中心和公厕等服务设施。社区道路全部水泥硬化，安全饮水、照明、绿化、排供水、有线电视入户、网线入户等基础设施一律高标准化建设，搬迁点已然成为一道亮丽的风景线。四是管理好。抓组织、强党建，重自治、强参与，全力做好社区管理。首先是新建党组织。采取派驻帮建、选派党建指导员和企业共建等方式建立党支部，夯实脱贫攻坚基层组织基础。其次是成立管委会。成立社区管委会，由所在村两名村干部和一名优秀老党员负责管委会的管理工作，确保遇事有人办、困难有人管。最后是建章立制。制定村规民约、议事和党务政务公示制度等，建立红白理事会、民事调解会、村民议事会、禁毒禁赌会和环境卫生督帮组等自治组织。让迁入群众住得安心、住得放心、住得开心。

三、不遗余力，鱼渔双授，增添搬迁群众脱贫动力

坚持以"四个新"为抓手，在后续产业扶持、后期管理服务上做好文章。一是抓组织重管理营建新家园。积极探索建立社区管理、党员管理、卫生保洁、村规民约等制度，加强社区规范管理，提升社区品质，进一步强化社区思想引领，让贫困户尽快融入，在搬进新房子的同时找到"新家园"的归属感。二是抓学习提素质感恩新时代。通过持续不断开展讲习会、设立文化书屋和宣传阅报栏、开办道德讲堂和

法治讲堂,着力转变困难群众旧的思想和观念,着力培养贫困户新的知识和技能,着力提高贫困户的道德水平、价值观和人生观,从"要我脱贫"变为"我要脱贫"。三是抓帮扶提技能实现新作为。为让贫困户有一技之长傍身,拓宽就业创业门路,从"四结合"入手,即与技能培训相结合,提高内生能力;与政策引导相结合,鼓励贫困户自主创业;与就业车间结合,吸纳贫困户本地就业;与优势产业结合,盘活贫困户打工经济。四是抓争创激活力展现新气象。以"三带五联"为载体,树典型正向激励,促后进加压紧逼。在帮负责人和原三带五联组长不变的基础上,镇政府班子成员、机关干部作为"联、帮、带"责任人,再次分包搬迁点贫困户,将"十星级文明户""最美小康户""最美脱贫户""最美脱贫攻坚户""优秀联户组长"等评选活动引入安置点,引导贫困户创模范组、模范户和先进个人,同时开展"黄红黑"旗评选,表彰先进,激励后进。使"讲文明、树新风、除陋习"成为搬迁群众的内在自觉要求,激发贫困户脱贫致富的动力和信心。

通过易地扶贫搬迁工程的成功实施、社区建设管理的日益规范、搬迁群众生产生活日益向好,搬迁群众搬出了新生活、新气象、新希望,随着脱贫攻坚的纵深推进,幸福社区的搬迁群众必将同全国人民一道同步迈进小康社会,幸福社区也将成为乡村振兴发展的典范。

图为幸福社区搬迁群众晨练

挣钱门路多　　住着还舒坦

——湖北省郧阳区杨溪铺镇青龙泉社区安置区

2020年6月13日一大早,碧空如洗。住在十堰市郧阳区杨溪铺镇青龙泉社区38栋的黄朝清,拉着老伴在小区里散步。

图为郧阳区青龙泉社区安置住房楼群

老黄原住叶大乡最偏远的月亮村,儿子出门打工就不想回来,女儿回趟娘家也要半天时间。即便这样,刚搬进社区时,他还总想着回去,"山路走惯了,这柏油路感觉是软的,不得劲"。

其实,老黄念念不忘的,是老家的山、水和老兄弟。"社区里谁也不认识,想聊天都找不到人。"

青龙泉小区,如今已是一个颇具规模的"香菇小镇"。经过3年多建设,吸纳郧阳区 18 个乡镇易地扶贫搬迁户 4200 余户 1.5 万人的青龙泉社区在这里建成，配套建成的 1100 余亩香菇产业基地成为易地扶贫搬迁户脱贫兜底产业。

图为郧阳区青龙泉社区壮观的香菇大棚区全景

小镇蓝图渐渐清晰。来到香菇小镇制高点，往南看，汉江在几公里外蜿蜒流过，碧波映照两岸，生机勃勃；往北看，一个个香菇大棚随坡就势，层层叠叠。

为什么要建设香菇小镇？郧阳区委书记孙道军说，是出于对实现扶贫和产业发展、城镇化建设的多重考虑。

郧阳区有易地扶贫搬迁对象 2.2 万户 6.4 万人，规模居全省第三。2017 年，该区注意到，有些地方"一方水土养不好一方人"，有些易地扶贫搬迁户"搬不出、稳不住、致不了富"。

一个大胆的想法在决策者脑中产生：选择一个自然条件较好、交通便利的地方，建设一个可集纳 18 个乡镇扶贫搬迁对象的大规模集中安置点。

安置点易建，产业如何配套？经过研究，郧阳区将目光投向香菇。

该区是传统香菇产区，土壤、气候适宜，很多老百姓有种植经验。在郧阳区力邀之下，湖北裕佳菇业公司前来投资，提供技术指导、销售渠道。

一个"香菇小镇"的蓝图描绘出来：选址于环郧阳湖核心地段，总面积约 2000 亩，包括产业基地、易地扶贫搬迁安置区以及生态建设区。其中，安置区建设居民楼 164 栋，仅一道山梁之外，就是占地 1100 余亩的产业基地。

郧阳以区农村建设投资有限公司为主体，整合资金 10 亿元，建设易地扶贫搬迁安置区,实施"交钥匙"工程。产业基地由专业公司承建,按照统一标准搭建香菇大棚,配齐生产设备、生产资料,减轻农户前期投资压力。

同时,郧阳区创新推出小微贷(人均2000元启动资金)、小额信贷(5万元以内贷款)等金融扶贫产品,为贫困户提供资金支持。如今,社区有近500户种植香菇,共300多万棒,可实现销售额3300余万元,户均增收约3万元。

人人有事做,户户能增收。

"咱一个老头子,一天挣70元,老两口够吃啦!"木瓜加工扶贫作坊里,75岁的徐明权一边用竹片剜剔木瓜籽,一边感叹。

他原先住在青曲镇西沟村。2019年4月,镇村干部、扶贫工作队员动员其搬家,徐明权怕没地种,很不情愿。搬来青龙泉社区,下楼就能打工,一个月2000多元。他和老伴住在50平方米的新房子里,收入稳定,再不给4个儿女增加负担。

留守老人干不了重体力活,留守妇女要带孩子,不能按时上下班,他们如何就业?

青龙泉社区充分盘活社区厂房、车间和办公用房,出台房屋"零租金"、专班协调水电路"三通"等,引进翻袜、玩具、农产品加工等5个"灵活务工"扶贫作坊,安置300余人稳定就业。同时,开发物业、绿化、保洁、保安等服务岗位160个,安置近200人。

针对有能力、有意愿外出打工的年轻人,社区积极联系区内企业,定向提供就业岗位近1700个,加强劳动技能培训,向区外企业输送近3000人。

"壮大务工经济,配套香菇主导产业,发展小作坊、小编织、小加工、小买卖等'四小产业'。"社区管委会书记卫衍武介绍,经统筹谋划、多措并举,青龙泉社区就业率达80%,还将引进智能育苗产业园和手机数据线、汽车坐垫等扶贫作坊,确保人人有事做、户户能增收。

生产生活和精神文化同步"上楼"。在农贸市场转悠了半个多小时,黄朝清和老伴看看这、摸摸那,最终花5元钱买了3棵包菜。"能炒3盘,家里还有肉,够吃几天。"老黄笑着说。

搬进楼房,勤劳节俭的习惯没有丢。

赵亮在商贸市场开了家电器店。他说,社区居民买东西首先考虑的还是价格:"85元的电风扇、1000元左右的电视、1500元以下的空调,最好卖。"

在香菇产业基地,相邻的6户、8户或10余户菇农抱团发展,形成38个"联户生产互助小组"。

"今天我帮你看个棚,明天他帮我摘个菇,相互帮忙,不讲价钱。"卫衍武说,这样的生产互助往往延伸到生活当中,让邻里关系迅速升温。

社区里建有大量绿化带、凉亭,许多老人在里面散步、聊天、打牌。网格员吴小勤说,入住一年多,居民变化很大:随地吐痰丢垃圾的少了,进门换鞋的多了;扯皮吵架的少了,跳广场舞的多了。"2019年下半年,每个片区的小广场都热闹得很,不管以前是不是一个乡镇,跳过几次舞,就成了熟人。"

"居民在健身、文化方面的需求见涨,我们的服务要有提前量,不能坐等居民意见纷纷才补课。"卫衍武介绍,一年多来,社区举办了"我脱贫我光荣"演讲、"我的勤劳致富故事"少儿绘画比赛等文化活动,"现在,居民已融入社区,也有了一定认同感,下一步要做好文化、商业氛围等方面的软件升级,让居民对社区产生自豪感"。

党建引领　三级联建

——湖南省麻阳县龙升社区安置区

　　"安置点,锦江边,叫龙升,有菜园;新居民,近四千,有事做,能致富;运通八方区位好,小康生活在眼前……"

　　这样接地气的词句,来自湖南省麻阳苗族自治县龙升社区易地扶贫搬迁集中安置区"区歌"《龙升　我的新家园》,寥寥数语,将安置点的具体情况介绍得清清楚楚,搬迁户们的"小确幸"也跃然纸上。

　　麻阳县在建好易地扶贫搬迁安置房的同时,积极做好易地扶贫搬迁"后半篇文章",推动"四跟四走"落实落地,走出了"农民下山、产业上山"的新路子,在巩固搬迁户"搬得出、稳得住、能发展、可致富"的基础上,进一步实现了"收入好、就业好、生活好、精神好"。特别是在县城城西高标准建设集中安置点龙升社区,通过"党建引领、三级联建"等措施持续巩固提升后续工作,集中搬迁的 966 户 3742 名贫困人口"人人有事做、家家能增收",群众点赞、满意。

　　建立党建引领、三级联建体系,让搬迁群众有主心骨紧跟党走。一是成立龙升社区后续工作提升领导小组,具体负责实施后续帮扶工作,定期召开联席会议解决相关困难和问题,构建了统筹联动、齐抓共管的工作格局。二是成立脱贫攻坚联合党支部,带领联社区县级领导和县直联社区帮扶单位负责人、包社区乡镇干部、驻社区帮扶工作队队员、社区"两委"干部"四支队伍"为群众面对面、心贴心服务,每周召开会议研究解决发现的问题,及时帮助群众排忧解难。三是成立龙升社区党支部委员会,负责社区党建、管理等日常工作;实行"网格化"管理,党支部下设 9个党小组,9 个居民小组,9 名楼栋长,每个党小组负责 3—4 栋搬迁户;加强阵地建设,设立党建活动室,积极开展主题教育和党建"10 个一"活动(一次主题党日活动、一次党员慰问、一次健康义诊、一次志愿活动、一次爱国教育、一个道德讲堂、

图为坐落于 **G354** 国道旁的龙升社区

一个便民中心、一个康复中心、一次就业培训、一次文艺活动），党员群众其乐融融。

建立就业创业帮扶体系，让搬迁群众稳定增收生计不愁。一是拓宽就业创业增收渠道。加大龙升社区扶贫车间支持力度，引进深圳玩具厂等 10 家企业入驻，实现了"楼上生活、楼下生产"；支持个体经营，低价出租门面，为搬迁户提供低成本创业场所；加大物业、绿化、保洁等公益性岗位开发力度，目前 1565 人实现就业，达到了户均 1.6 人稳定就业。二是突出就业创业技能培训。在社区设立专门的就业培训室，2019 年以来，完成 4 期技能培训，培训 260 多人次，落实就业 88 人；完成 2 期就业专场招聘会，签订用工协议 42 人。三是做好产业扶贫后续帮扶。按照"农民下山、产业上山"的思路，通过产业扶贫直接帮扶、委托帮扶和股份合作等方式，与企业、合作社建立紧密的利益联结机制，确保搬迁户产业后扶收入可持续。对搬迁户的原有山林、田、土确权颁证，通过土地流转等方式增加收入。

建立公共管理服务体系，让搬迁群众方便生活。一是完善社区配套设施。建设建筑面积 2230 平方米的龙升社区幼儿园，增加 300 个学前教育学位；完成龙池小学改扩建任务，按照搬迁户子女 142 人就近入学的要求，实现无一人失学目标。完成社区医务室建设，慢性病签约和随访工作实现全覆盖。完善社区公共服务，公交、路灯、银行、超市、公厕、图书室、篮球场、健身器材等服务、设施齐全。二是强化综合保障服务。抓好菜园建设，按照户均 30 平方米无偿租给搬迁户。搬迁户基本医疗保险、养老保险、低保、兜底保障做到应保尽保。设立易地扶贫搬迁住房后期维护专项资金。抓好物业保障,荣升物业服务有限公司对搬迁户物业费实行减半收取,每户每月免费供应4立方米天然气。三是畅通便民服务渠道。开设基层党建、社区治理、产业对接、就业帮扶、文化活动、乡镇联络、项目建设等公共服务窗口,提供"一站式"服务。建设便民利民"六个一"服务中心,即社区综合服务中心、文体活动中心、老年活动中心、少儿活动中心、残疾人康复中心、平价超市购物中心,方便群众咨询政策、保健养生、休闲娱乐。

建立感恩励志教育体系,让搬迁群众拼搏奋进幸福满满。一是聚焦感恩奋进主题,建立文化墙、文化长廊,设立文化宣传专栏,悬挂固定标语、横幅,集中宣传习近平总书记精准扶贫重要论述精神和扶贫政策知识,深化搬迁群众对"脱贫攻坚奔小康,党的恩情永不忘"思想认识。建设"乡愁馆",对比展示脱贫后的巨大变化、崭新面貌。二是以"四支队伍"为政策宣讲主体,结合"两访两查"民情大走访和"网格化"走访,每月至少1次深入搬迁户家中开展政策宣讲和帮扶活动,因户施策帮助搬迁群众制定发展规划,促使群众从"要我脱贫"向"我要脱贫"转变,知党恩、感党恩深入人心。三是坚持示范典型引领,开展社区"文明家庭""致富能手""身边好人"等评选活动,用身边典型教育身边人。结合文明社区创建,开设道德讲堂,广泛开展社会公德、家庭美德、个人品德教育,推进移风易俗。

挪穷窝　迁新居　搬迁敞开新生活

——湖南省邵阳县梅溪嘉园安置区

梅溪嘉园是邵阳县易地扶贫搬迁最大的集中安置小区,邵阳市第二大集中安置点,该小区位于县城新开发区中心区域,距离老城区 6 公里,邵塘一级公路旁,占地 72 亩,新建安置房 26 栋,门面 44 间,搬迁群众 537 户 2215 人。来自 17 个乡镇的搬迁户全部入住。

一、宜居宜学宜业,确保"搬得出"

为了确保"搬得出",邵阳县在安置点选址之初就坚持向城镇集中,向交通、水利条件好的美丽乡村靠近,向产业发展好的地方靠拢。规划选址科学。梅溪嘉园作为全县最大的易地扶贫搬迁安置点,区位条件优越,小初高齐备,就学方便,距全省一流的现代化学校新一中仅 100 米之遥,与塘渡口镇玉田小学、中学相距也只有 600 米。与工业园区比邻而居,相距不足 2 公里,小区内规划出 22 间门面开办扶贫车间,入住的贫困群众既能很好实现"搬迁不影响就学,适龄儿童有书读"的目标,又能实现在家门口务工就业。基础设施建设完备。梅溪嘉园立足全面发展,从便捷度和舒适度入手,不断完善配套设施建设。实现了"五通三化",即用水、用电、进出道路、有线电视、网络宽带全部接通到点、安装到户;小区内实现绿化、亮化、硬化,道路沥青铺面,路灯安装完备,种植了桂花、各类灌木,铺设了草皮,绿化、亮化、美观,同时配套垃圾、污水处理设施,环境舒适宜居。公共服务设施完善。为强化公共服务管理,梅溪嘉园探索性建立了"三中心两室一超市一馆一站一银行",即党群活动中心、管理中心、就业服务中心,卫生室、警务室,爱心超市,24 小时图书馆,新时代文明实践站和 24 小时自助银行,并创办了以交通出行、消防安全、技能培训、文明感恩为主的"农民变居民"第一课堂,极大丰富了搬迁群众的公共服务生活,提高了生活成色。

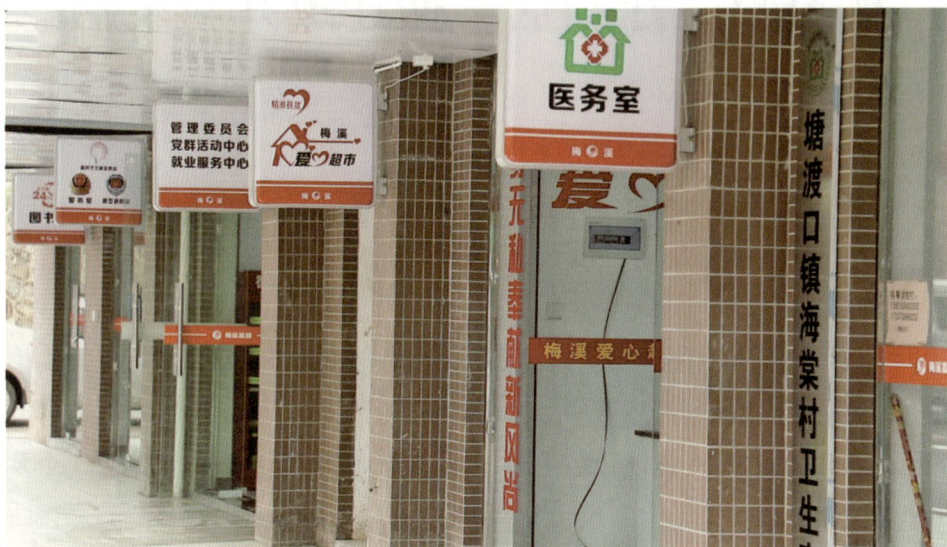

图为梅溪嘉园安置点"三中心两室一超市一馆一站一银行"

二、和睦和谐和气,确保"稳得住"

安置点的贫困群众搬进来了,可如何才能让他们在这里扎根立足呢?梅溪贫困户都来自全县各个乡镇,而且大部分是特困户,对离开故土能否真脱贫开始都持怀疑态度,信心不足,心理也有被忽视歧视、怕不平衡的顾虑。如何做好群众身边贴心人,把党的好政策讲透落细,发挥好小区管理的作用很关键。机构健全,制度完善。梅溪嘉园小区管理通过向周边先进安置点学、向现代化高标准示范小区学成立了小区管委会,现小区设有管委会主任 1 名,副主任 4 名,楼栋长 26 名,做到了分工明确、管理有序。成立了"梅溪便民服务中心",以"服务、便民、满意"为座右铭和行动指南,引进了扶贫车间,建立了就业培训中心、就业服务 311 信息互联网,对安置区的管服工作实行网络化、电子化管理。加大对接,落实政策。为无差别关爱到每一位贫困群众,小区管委会建立微信管理平台,深入走访安置区的每一户贫困户,逐户了解安置点内贫困户的基本情况,并对贫困户各种担忧、致富愿景进行详尽了解,多次召开民情恳谈会与脱贫"诸葛亮"会议,将每户应享受的扶贫政策一一落实到对象户"两卡两折"上。友爱互助,相扶相依。由于大多贫困户来自偏远乡村,如何办好孩子转学手续成了安置户们心头大事,得知此事后,小区管委会变成了代理家长,先后帮助安置户300多户安置家庭解决子女上学难的问题。一日复一日,小区管委会的管理人员用真情关爱,让安置群众的心贴得更近,情连得更深。管委会相继帮43户安置户成功化解了家庭纠纷,让幸福的笑容重新绽放到了每个人的脸上。此外,小区爱心超市实行积分管理,一般贫困户发放初始积分30分,一类兜底户发放初始积分60分,日常对孝敬父母、邻里和睦、就业务工、政策知晓等情况进行积分,年度最高不超过300分,贫困户可凭爱心超市积分卡自往兑换生活用品。

三、就地就近就业,确保"能致富"

搬迁是手段,脱贫是目标,邵阳县坚持把易地搬迁和后续发展相结合,确保搬迁群众不但"搬得出、稳得住",还要"能致富"。扶贫扶志有盼头。小区现有已脱贫、有爱心、有致富技能的安置户40多户,成立了扶贫志愿服务队,用传帮带的方式,帮助有就业致富愿景的贫困户落实就地就业。安置户银要红有制作凉粉的独家手艺,靠着这份手艺她不仅为家里带来了可观的收入,还无保留地传授给同安置点徐梦华等人,带着大伙儿一块增收。白仓镇安置户黄端平业余时间在手机平台上卖菜,每月收入达到1000元以上,半年时间就实现了脱贫致富,还带动了小区13户贫困群众走上了电商创业致富的大道。如今的梅溪嘉园勤劳致富、互帮共富已蔚然成风,入住的其他贫困群众也不甘落后,争先学习利用小区的电子图书馆、就业培训中心,创建手机、互联网电商平台发家致富。挣钱顾家有靠头。梅溪嘉园现共有16间生活服务门面、22个扶贫车间门面,2019年7月邵阳县顺利引进技术含量低的劳动密集型企业鑫达灯笼有限公司进驻梅溪开办扶贫车间,为搬迁户提供就业培训指导、就业帮扶。既方便群众生活,也方便群众就业。梅溪嘉园扶贫车间可吸纳务工人员80余人,目前车间务工人员40余人,家庭作坊式加工人员20余名,其中安置户务工50人。来自邵阳县塔水桥村的安置户李鲜英,是鑫达灯笼有限公司梅溪扶贫车间的一名工人,主要负责灯笼贴布的工序,李鲜英说:"每做一个灯笼工钱是两毛钱,一天快的话能做超过300个,慢的话也能做200多个,现在我还在实习阶段,每天还有 40 块钱的补贴,加起来一天能有 100 块钱左右的收入,不仅有一笔不小收入贴补家用,还能照顾在玉田小学读书的三个孩子。"家住 12 栋的安置户肖军山也在扶贫车间找到了工作,主要负责看管工厂物料,一个月也有 2000 元工资。肖军山表示搬到新家了,尽管一切都跟原来不一样,但只要勤劳肯做事,日子绝对要比以前好过得多。现在肖军山新家里,电视机、洗衣机等电器配置齐全,尺寸不大,肖军山笑着说:"等打工攒了钱了,再添置新的、好的。"勤劳致富有奔头。小区比邻新一中、工业园、新人民医院、新城开发区,就业机遇多,门路广。安置户孙军雄在新一中找了份门卫工作,下花桥镇安置户刘小花除了在扶贫车间做工也在新一中食堂找了份兼职,月收入 3000 多元,不仅照顾到 2 个子女读书问题,还清债务、脱贫致富的路上充满了希望。刘小花感慨,以前她家只有一间破旧不堪的土瓦房,生活极为不便,农田收成也不可观。现在两个孩子都在读书,家里也有了稳定收入。

四、做好疫情防控,确保安全

在梅溪嘉园易地扶贫搬迁集中安置点,防疫宣传标语随处可见,在小区进出路口设置了简易路障和标识牌"谢绝外来人员和车辆来访",同时小区管委会还组建巡逻队轮班对安置点进行巡查、监测群众出入情况,组织安置点医务室医护人员上门入户宣传讲解疫情防护知识,劝导搬迁户少出门、不出门,加强自我防护,注重环境卫生,确保防疫防控零死角。

安居与乐业并重,搬迁与脱贫同步,如今的梅溪嘉园内生机盎然,不仅生态宜居,环境整洁,美观亮丽,而且充满了致富共富的无限活力,处处荡漾着欢歌笑语,每个人脸上笑容满面,对未来充满着希望。真正做到了集安居、产业、就业、管理于一体,帮助入住的 2215 名贫困群众逐步实现脱贫致富梦。

搬出一座城 迁出新活力

——广西壮族自治区隆安县震东安置区

"现在的生活比在老家好多了,以前东奔西跑找工作,小孩也顾不上,现在工作稳定,生活环境又好,小孩上学不用愁。"2018年,隆安县古潭乡的贫困户陈华珠搬迁入住隆安县易地扶贫搬迁震东集中安置区,并在邻近的隆安县农民工创业园三鑫电子厂有了一份稳定的工作,孩子也转到安置区的配套小学——粤桂小学读书。谈起如今的生活,陈华珠幸福感满满。

陈华珠的幸福生活,是隆安县2.4万名搬迁到县城的贫困群众的缩影。如今,从大石山区搬到这里居住的搬迁群众,生活幸福指数不亚于住在城市的高档小区。

近年来,隆安县策划实施震东扶贫生态移民与城镇化结合示范工程,全面建设震东集中安置区,积极探索石漠化片区扶贫搬迁、生态移民集中安置的路子。目前,安置区已建成3个安置小区、43栋安置楼、5847套安置房,实际搬迁安置5847户24423人,为广西搬迁人数最多的集中安置点,成为全区易地扶贫搬迁集中安置的典范。

图为隆安县震东集中安置区全景

一、科学定位,搬迁工程实施好

隆安县是国家扶贫开发工作重点县,全县有 9 个乡镇 87 个村处于石漠化片区,生态脆弱,居住条件差,成为制约当地发展和群众脱贫致富的瓶颈。想要摆脱困境,搬离大山是一条最佳途径。为此,隆安县委、县政府计划通过实施易地扶贫搬迁,把贫困群众向县城集中转移,争取扶贫攻坚任务和城镇化建设同步完成,拉开了易地扶贫搬迁的战略序曲。

经策划申报,震东扶贫生态移民与城镇化结合示范工程于 2015 年 6 月获得自治区批复立项。项目计划总投资 132 亿元,总规模 7.6 平方公里,规划布局居住区、公共服务区、产城融合区等,县城建设规模由 6.8 平方公里扩大到 18 平方公里。

几年来,隆安县以实施示范工程为抓手,统筹落实易地扶贫搬迁、生态移民、新型城镇化三种政策,探索"一个家、一个学位、一个岗位"搬迁安置发展思路,探索搬迁集中安置区、县城新区、产业园区产城融合统筹建设模式。经过五年的建设与探索,安置区已建设成为功能齐全的安置新区。2019 年,震东集中安置区可持续发展项目获得南宁市优秀改革创新奖。

二、精心打造,把安置新区建设好

走进震东集中安置区,一栋栋安置楼拔地而起,一个个安置小区整洁优美,一条条道路笔直畅通,学校、市场、医院、健身活动中心一应俱全——隆安县坚持规划引领,高标准推进震东集中安置区建设。

目前,已经建成的和鑫佳园、昌泰茗城、东森悦府 3 个安置房住宅小区全部按照城市商住小区标准建设,同时按照县城新区规划建设,同步配套一大批高标准的市政基础和公共服务设施,特别是通过统筹安排县城学位、加快配套学校建设、做好师资培训储备等措施,全面解决了搬迁户子女就近就学需求。

产城融合也取得重大成果。隆安县依托宝塔医药产业园,紧邻安置区建设农民工创业园、创新创客城,解决搬迁移民持续发展问题。目前,园区相继完成了 65 栋标准厂房、科研楼建设并投入使用,正在规划建设 40 万平方米标准厂;引进了广西富利时公司、安阳汽车销售等 43 家企业,安排就业人员 1000 余人,其中贫困户从业人员占 60% 以上。

广西富利时公司的流水线工人石淑梅就是其中的受益者之一,过去在老家守着一亩三分地,仅有微薄的农作物收入,年年入不敷出。"搬出来后大家吃穿什么都不愁了,现在来到这个厂有稳定的收入,小孩的读书问题也有了着落,真没想到党和政府能让我过上这么好的日子。"

三、倾情服务,把安置新区管理好

2 万多人同时搬迁,后续扶持管理工作是一项长期艰巨的任务。为此,隆安县成立震东社区党委和居委会,建立 3 个小区党支部,配套建设工会、团支部、妇联等群团组织,加强社区组织建设。完成社区公共服务中心、就业创业服务中心、老年活动中心等阵地建设,便捷服务搬迁群众。设立安置区警务室、交警中队,加强治安防控。建立社区政法综治中心,招标落实 3 家物业企业入驻管理,推选产生 78 名单元长代表参与小区物业管理,加强社区综合治理。由社区党员骨干及居民组成治安联防、就业创业、文体娱乐、乐益关爱等 8 支服务队伍,每月定期开展"六送"活动,加强居民自治。广泛开展文明创建活动和就业创业服务活动,加强政策宣传和感恩教育,着力提升搬迁群众素养。目前,安置区已有 5799 户实现 1 人以上劳动力稳定就业,占比超过 99%。

"大家都是搬迁户,就少收你 5 块钱,希望下次再来光顾。"2019 年,震东安置区和鑫佳园小区的搬迁户周群星利用小额扶贫贷款在小区楼下开了一家理发店,利用培训学来的手艺给自己的新生活谋划了美好的前景,"我们也不想落后于别人,我们要通过自己的努力实现我们的梦想,也过得跟别人一样富裕,一样过上美好的生活"。

与周群星一样,越来越多的扶贫搬迁户品尝到了"一朝苦日子变成甜"的滋味,各种店铺如雨后春笋,人流、车流日渐增多,隆安县"一江两岸"的理想已经照进了现实。

这是隆安县将扶贫搬迁、县城开发与产业园区建设有机结合后所产生的综合效应,不仅有效解决了稳增长的动力问题,而且强力拉动了县城的房地产、工业、服务业等,成为全县经济发展的强大引擎。

以美食为媒　打造最富创意安置点

——广西壮族自治区大化瑶族自治县古江安置区

　　大化瑶族自治县古江安置区是大化实施易地扶贫搬迁与城镇化结合试点项目之一，项目规划占地600亩，总投资约20亿元，目前共安置易地扶贫搬迁群众2217户10054人（其中建档立卡贫困人口2204户10002人）。

　　为解决搬迁群众的后续发展问题，大化探索"安置区+"的发展模式，以特色美食为媒，将新型城镇化、民俗风情旅游有机结合建设达吽小镇，助力易地扶贫搬迁安置区转型升级。2019年，达吽小镇被自治区列为广西重点建设特色文化小镇，被评为国家4A级旅游景区，成为河池市最有创意、人气最旺、就业最方便的安置点。

图为古江安置区鸟瞰图

一、"迁""业"同谋，让安置区变成网红地

大化瑶族自治县紧紧围绕"搬迁是手段，脱贫是目的"的总体要求，以"挪穷窝、换穷业"为导向，坚持"迁"（搬迁）"业"（产业就业）同谋，统筹规划，有效地解决"搬得出、稳得住、能致富"难题。

在古江安置区建设上，大化把安置区作为奇美水城4A级景区的重要支点，融合了布努瑶建筑、人文风俗、铜鼓文化、长寿文化、美食文化等元素，配套建设美食广场、美食步行街、酒吧街、风情购物街等功能区，形成极具文化、民族、艺术特色的达吽小镇休闲街区。

为确保群众"搬得出、住得下、能发展、可致富"，大化县强化就业保障，在古江安置区及县城周边重点打造"一镇一园一城三区"（即达吽小镇、农民创业园、电子商务城、鳄鱼岛特色旅游景区、城南综合工业园区、红水河现代农业示范区），提供就业岗位，确保每户搬迁户有1人以上就业。

大化镇双排村六甲屯的韦凤流一家五口人，搬迁到小镇居住后，2019年3月，在古江安置区楼下铺面开了间食品店，销售地方特产。"平均一个月有800多元纯收入。"古江社区书记唐丽梅说，古江安置区搬迁的建档立卡贫困劳动力共5284人，已经实现就业劳动力4294人，实现户均1人以上劳动力稳定就业。

二、"建""管"并举，消除搬迁后顾之忧

为使搬迁群众有盼头，大化县及时出台系列扶持政策和保障措施，不断完善各项配套设施，最大限度保障搬迁群众的利益，让搬迁进城的群众无后顾之忧。

在完善相关配套设施方面，该县在古江安置区配套建设学校、卫生所、商超等功能设施，同步建设路、水、电、讯、环卫等公共服务设施，把安置区建设成为新型社区。在政策保障上，该县着眼于解除农户搬迁后社会保障之忧，对安置区引进社区化管理，完善迁入地教育、养老、医疗卫生、户籍、最低生活保障机制，对于易地扶贫搬迁贫困户中，符合五保、低保、医疗救助、临时救助条件的对象，纳入社会救助范围，在就业、教育、医疗、社会保障等方面享受城镇居民同等待遇；瞄准搬迁对象中

有培训需求的劳动力,免费提供技能、创业等菜单式精准培训,确保搬迁农户至少有一人实现稳定就业;通过免除或部分免减租金等方式,优先向搬迁户提供商铺发展加工制造、电商、餐饮等产业,大力支持搬迁群众就地自主创业,确保其收入稳定。

同时,该县还专门成立了易地扶贫搬迁后续扶持管理领导小组,采取网格化管理模式,安排包点联络员、包片区负责人、楼栋管理员,不定期组织开展感恩教育、文明公约培训活动,举办各种文艺展演、竞技比赛、邻里节等,为搬迁群众搭建互动沟通交流的平台。

三、"志""智"双扶,提升搬迁群众幸福感

在全面落实各项帮扶措施和保障政策基础上,大化瑶族自治县着重搬迁贫困户的"志""智"双扶问题,充分利用创业、就业优惠政策和条件,鼓励搬迁群众学习本领,艰苦创业,不断增强自我脱贫的能力和动力。

大化古河乡坡尺村的搬迁户卢泉,2017年12月,他一家五口搬到古江安置区,同时租下一间铺面,由父母照看,经营粮油、副食品以及火麻等土特产。卢泉勤劳能干,2019年7月通过推荐被选举为古江社区居民委员会副主任。

图为古江安置区达吇小镇夜市街景

板升乡弄系村水洞屯村民邹启丰,2018年8月21日搬迁到古江安置区后,实现了安居乐业,高兴之余自己创作感谢党恩诗歌:"高楼大厦党筑成,赠给百姓贫民群;撸起袖子加油干,小康生活在当今;君国恩德如山重,子孙代代铭记心",并张贴在自家客厅。

江南乡尝梅村单响屯的贫困户卢勇升说:"以前我们在老家住的是木房子,公路不通,小孩上学和老人看病都非常不便。自从搬到古江安置区后,小孩也在附近的学校上学。自己在家创业,销售自己手编的藤制品,月收入3000多元。"

无独有偶,六也乡边弄村里内屯的韦庆莲不但实现了搬迁,还实现了在家门口就业,每月在广西大化铭顺防护制品有限公司领到3000元左右的工资,既能顾家又有收入。

"有家业、有就业、有产业",贫困户们搬出大山,搬出了一片幸福新生活。大化瑶族自治县将易地扶贫安置与新型城镇化、文化旅游、劳动力转移就业等有机结合的成功做法,被国家发展改革委在《"十三五"新时期易地扶贫搬迁工作政策指引》(第62期)重点推介。

挪穷窝搬出新天地　扶产业迁出新生活
——重庆市奉节县竹园镇五龙村集中安置区

五龙村位于奉节县竹园镇西边,距镇政府驻地 15 公里,面积 10.4 平方公里,全村辖 4 个社 743 户 2299 人,其中建档立卡贫困户 136 户 462 人,截至 2019 年年底,有 10 户 31 人还未脱贫。由于历史原因和守旧思想,多数村民居住在零散偏远的山沟谷中,资源匮乏、交通闭塞,主导产业难以培育,劳动人口大量外出,脱贫发展难度较大。2016 年以来,奉节县大力实施易地扶贫搬迁工程,将竹园镇五龙村申报纳入市级集中安置示范点,采取集中规划建设,完善配套产业发展,强化后续扶持保障,促进当地村民生产生活迎来新机、焕发新生。

一、精心选址、真心动员,一户不漏搬进新家

一是深入勘察,选好"风水地"。当地干部、群众代表、相关部门组成"联合考察队",多次对五龙村安置点建设选址进行实地勘察,围绕"地灾、环保、土地规划"等客观条件反复论证,结合"气候、地形、土壤、水源"等自然指标全盘比较,最终在 3 组选定一块地势平坦、交通方便、水源充足,占地 17 亩的"风水宝地"。

二是打消顾虑,开好"思想会"。多次召开院坝会,与搬迁群众面对面讨论房屋设计图、分配方案、房屋款的支付方式等内容,讲好面积不超标、负债不超标、房屋有产权、后续有保障等要求,为搬迁群众核算购房自筹资金(购房总成本—政策性补助资金),启动土地征用费用申请拨付程序,及时签订三方委托代建协议,对有疑问、有情绪的做好思想引导工作,营造"搬新家、就新业、走新路"的良好氛围。

三是分片包干,组建"搬家队"。根据人员分布情况村级成立 3 支搬家队,落

实一对一搬家责任人,通过入户走访、电话短信等方式仔细排查每户社会关系,推行一户带动一户机制,形成连片搬迁效应。目前,46 户 209 名安置人员在 2020 年 5 月 20 日前搬迁入住。

图为五龙村安置区搬迁群众共同庆祝搬进新家

二、捆绑机制、配套产业,集体挂钩促进发展

一是试行改革,变身"新股东"。积极探索试点农村"三变改革",对全村所有土地、山林、农房、水利设施、集体资产进行确权颁证,动员搬迁户将闲置资金、土地、山林、农房等入股到村集体企业或农业企业,实行入股分红,保障利益联结百分之百。

二是补助先行,实现"零负债"。对 20 户搬迁贫困户符合收储和复垦条件的,提前安排测绘并预付资金;对 26 户随迁农户符合复垦条件的,提前测绘并包装复垦项目,按照测绘面积以及复垦交易最低价借支复垦补偿款;执行每平方米不超过 1000 元的限定购房价,将实际建房价差部分用其他资金补助给群众,确保搬迁不负债。

三是科学规划，建好"产业园"。推行"公司+村集体+农户"模式，按照"一家四园"规划，围绕修建一家400平方米的农家乐，配套建设一个30亩的葡萄采摘园、35亩的荷花园、100亩的中药材观光园、25亩的垂钓园，全部由村集体经营，优先安置点居民土地入股，并实行入股村民务工，收益的10%用于贫困户分红。

三、扩充业态、保障就业，后续扶持强劲有力

一是定点辐射，打造扶贫车间。在安置点内建设1个415平方米的扶贫车间，引进皮鞋加工和电子元件装配业务，为搬迁群众稳定提供50个就业岗位，帮助搬迁户在家门口就能进厂上班，实现就业。

二是扎根产业，建设大棚基地。配套建设10个蔬菜大棚，占地8300平方米，优先承包给搬迁户耕种蔬菜，多余大棚对外承包。收益资金的90%用于集中安置点对象分红，剩余的10%设立公益基金会，由村集体经济统一管理，用于应对贫困户、低保户、残疾人等重点人群突发重大疾病、自然灾害等事件。同时，稳定提供60个就业岗位，保障增收渠道。

三是规范管理，探索物业经济。探索推行物业管理制度，制定居民生活公约，推动集中安置点规范性管理。成立物业管理组，由村集体组织成员担任管理人员，定期收取物管费用，用于安置点的绿化美化和工人的工资发放。成立清扫保洁队，由公益性岗位人员担任保洁队员，定期清理生活垃圾、修剪杂草树木、疏通下水管道，维护美好居住环境。

提升规划理念　提前布局谋篇
构建和谐治理体系

——四川省昭觉县县城集中安置区

◇◇

　　资格确认、排队、抽签、公示，阿并洛古乡洛五阿莫村77岁的特殊困难户色七古博成为昭觉县县城集中安置点第一个分到新房的搬迁群众，手臂上还挂着蓝色住院腕带的他，高兴地举起自己抽到的房号单。2020年4月26—27日，昭觉县举行了县城集中安置点住房分配大会，来自全县28个乡镇92个边远高寒山村的搬迁群众分到了县城集中安置点的房子。

一、规　划　篇

　　"十三五"期间，昭觉县实施易地扶贫搬迁12239户54505人，占全县贫困人口的53.96%，搬迁任务位居全省第一，集中安置率达96.1%。全县上下始终牢记习近平总书记在昭觉县调研时的殷殷嘱托，把易地扶贫搬迁工作作为彻底改变彝族贫困群众生产生活环境和享受更好的公共服务的最大发展机遇来抓，在规划建设上适度超前，坚持易地扶贫搬迁与新型城镇化、乡村旅游、乡镇区划调整、乡土文化传承相结合。同时把县城集中安置点建设作为昭觉县加快建设凉山州东部区域中心城市的重要组成部分，推动科学选址、高起点规划、提前布局产业，做大城市规模。县城集中安置点的设计理念和建设水平适度高于县城既有的城市建设，成为县城向北拓展的核心板块，昭觉县的区域影响力和产业辐射力进一步提升。

二、产 业 篇

习近平总书记在陕西考察时曾说,"搬得出的问题基本解决后,后续扶持最关键的是就业"。要让进城安置的2.1万余名搬迁群众进城后有事做,能致富,摸清底数是关键。搬迁群众中小学文化程度及以下多达1.5万人,搬迁人口文化程度低,制约着后扶产业的发展。针对这一情况,昭觉县相继出台了《集中安置点后续产业发展规划》等系列支持性政策,建基地、创品牌、搞加工,通过"公司+基地+农户"、入股分红等模式,引导搬迁群众就近就地务工,强化搬迁户与产业发展的利益联结。为鼓励有能力和有积极性的搬迁群众外出务工,昭觉县大力开展"订单式"劳动技能培训,出台外出务工奖励办法。除此之外,昭觉县推动开发公益性岗位800余个,切实解决县城集中安置点无劳动力和弱劳动力农户稳定增收问题。支尔莫乡阿土列尔村是有名的"悬崖村",共有84户村民搬迁到县城集中安置点,结合"悬崖村"旅游业的推进,将县城集中安置点与悬崖村联结成线,既解决了搬迁群众的脱贫增收问题,又促进了全县旅游资源的开发。

三、治 理 篇

安置点治理是全县上下齐抓共管的目标任务,无论是住房分配、搬迁入住还是后期管理等各个环节,安置点治理始终摆在一个突出位置。在县委、县政府的细致安排下,县城集中安置点实现了"科学分房、阳光分房",对残疾户等特殊对象,秉承人文关怀分到一楼;为有利于发挥党组织和党员在社区治理中的作用,把家有党员的搬迁户按照安置点户数比例统筹分配。为了让搬迁群众顺利适应新环境新生活,入住前全县以村为单位手把手对相关群众开展入住培训。建立了县级领导包点、县级部门包楼栋、机关干部包户制度,一对一包户引导。建立居民公约,加强移风易俗和社区治理。昭觉县还提出坚持党建"一个"核心,自治、法治、德治"三治"融合,落实就学、就医、就业、创业、兜底"五项"保障,开展智慧化、规范化、专业化、精准化、亲民化、多元化、点单化"七化"服务的"1357"工作思路,确保搬迁群众实现从"山头"到"城头"的同时,实现从"村民"到"居民"的转变。

　　"总书记心系彝族群众,搬迁户不忘党的恩情""党的政策像太阳,照亮彝乡进新房",在每个新社区入口,真切反映搬迁群众心声的红底白字大型标语十分醒目。随着昭觉县凉山州东部区域中心城市战略规划的稳步推进,搬迁群众将更快适应新环境,学习新技能,用自己的双手辛勤劳作,努力奋斗,开创新生活。

图为搬迁群众参加丰富多彩的社区文化活动

强化举措抓落实　挪出穷窝能发展

——贵州省凤冈县凤翔社区安置区

　　凤翔社区位于凤冈县城南凤翔南路,系凤冈县 2017 年易地扶贫搬迁县城安置点,共计建设住宅 29 栋,71 个单元,房屋 1600 套,安置搬迁住户 1511 户 6446 人。社区占地面积为 11.8 万平方米,总建筑面积 27 万平方米(其中:住宅建筑面积 15 万平方米,商业部分和地下车库建筑面积为 12 万平方米),按照社区搬迁户 1:1.2 的比例建设停车位 1901 个,商铺和摊位 500 余个。

　　凤翔社区分为吉祥、如意、平安、和谐四个小区,社区功能完备,配建社区综合服务中心、老年人日间照料中心、创业就业园、就业培训基地、人力资源市场,医院、超市、礼堂、农贸市场等配套设施齐全,是一个集休闲、商贸、居住于一体的综合性社区。社区环境优美,景色宜人,南面还有翠湖湿地公园,是居民休闲锻炼的好去处。

图为凤翔社区广场一角

一、强化对象精准,确保应搬尽搬

一是精准确定搬迁区域。优先把"一方水土养不好一方人"的地方3户以上、50户以下,且贫困发生率达到50%以上的自然村寨列为整体搬迁区域。二是精准确定搬迁对象。通过召开群众会、意愿调查、逐户核实、广泛宣传政策等方式,将符合区域条件和家庭个体条件,且有意愿、有能力脱贫致富的贫困农户优先列为搬迁对象,再按申请、评议公示、复议公示、复核公示、审核上报等对象确认程序确定搬迁对象。三是充分尊重群众意愿,严格按照"退一补一"的方式对搬迁农户实行动态管理。

二、强化政策执行,保障搬迁户利益

为能有效解决搬迁户安居乐业,同步迈向小康生活的目标任务,县委、县政府将环境优美、交通便利、发展潜力较大的黄金地段让利于搬迁群众,规划楼层为6层的多层结构安置房,降低搬迁群众入住后的生活成本。同时,严格执行省委、省政府关于易地扶贫搬迁安置房人均不超过20平方米的要求,以"不负债搬迁"为基本原则,安置房一律实行统一简装,完善室内地砖、厨卫以及水、电、网络通信等生活设施,达到拎包入住的要求。

三、强化工程管理,保证质量和进度

一是在安置点成立工程建设现场指挥部,从住建局、移民局、发改局、国投公司抽派专干到现场实行常态化办公。二是实行倒排工期,严格按照时间节点即时推进,采取抢晴天、战雨天,机械不休人轮休、24小时不间断作业方式,于2017年2月8日开工,奋战300天,2017年12月31日前全面完成安置房工程建设及统一简装,并同步完善水、电、路、讯、绿化、亮化等配套基础设施,达到了搬迁入住条件。

四、强化宣传引导,加强社区组织建设

一是为实现党组织建设的有效衔接,在搬迁入住之前,以搬迁乡镇为单元,成立搬迁户临时党支部,安置点成立社区筹委会,做到搬迁前后不脱节、不断档。二是将安置点划入龙泉镇(城关镇),成立社区实行建制管理。三是加强党的组织领导,在凤翔社区建立了党支部,选派社区书记1名,副书记1名,委员1名,搭建了总支班子,有党员89名,党总支下设5个党支部。四是以召开群众会、入户走访等为载体,以安全、感恩、做新市民等为主题,抓好群众思想教育工作。紧紧围绕"三抓三感"(抓服务,增强居民归属感;抓教育,增强居民认同感;抓治理,增强居民责任感),加强搬迁居民的感恩教育,营造感恩氛围。

五、强化跟踪服务,保证后续发展

一是加强搬迁群众技能培训及宣讲培训,创建就业创业园促进就业,引进劳动密集型企业入驻扶贫车间,吸纳就业;积极兑现企业吸纳就业补贴,鼓励就业;鼓励有创业条件的贫困劳动力自主创业,实现创业就业并带动就业;通过招聘会,提供岗位推介就业;通过开发公益性岗位解决就业;加强外出务工就业人员登记管理,保障就业。通过以上措施,共培训3000余人次,帮助3000余个搬迁劳动力稳定就业,实现有劳动力家庭一户一人以上就业,确保搬迁群众"搬得出、稳得住"。二是凤冈县按照"精准资助,应助尽助"的原则,全面兑现惠民资金,统筹教学资源,解决搬迁户子女就近就学,在社区群众自愿选择学校的前提下安排入学,确保了安置点搬迁群众1358名子女不漏一人全部入学;开设学校到凤翔社区公交专线,凤翔社区每日派3名值班干部早晚护送社区学生乘坐公交车上放学,为社区孩子就学"保驾护航"。三是成立了以社区总支书记为主任的社区综治中心工作领导小组,整合社区组织力量,统筹解决社区平安创建、矛盾纠纷排查化解、群众诉求及社会各类问题的联动治理;强化网格化和智慧化支撑,实施智慧门禁、雪亮工程;搭建便民服务、矛盾纠纷多元化解、"三就"保障平台,解决搬迁群众最关心、最直接的发展问题;完善政策直达机制、民意直通机制、诉求处置机制、部门联动督促机制,通力协作,实现了社区安定、就业充分、生活便捷、文化活跃、群众满意五大工作目标。四是狠抓组织建设、班子建设和党员管理,同步建立完善社区团支部、妇女联合会、工会联合会等群团组织。社区党总支紧紧围绕党员教育、党员管理开展工作,先后组织召开党员大会 20 次,开展党建知识培训 16 次,开展党性锤炼 23 次。大力实施"党员细胞"工程和党员结对帮扶工作,开展邻里守望结对帮扶,让党员亮身份、做表率,充分发挥党支部在后续服务及社区建设中的战斗堡垒作用和党员的先锋模范作用。开展"党旗飘扬·爱洒凤翔"志愿服务活动,广泛动员社会力量参与社区服务,先后多次联合理发店、学校团委、医疗卫生服务队等多支志愿服务队伍入驻社区服务。五是通过开展搬迁群众思想教育、组织广场舞、联谊活动、联欢晚会等多种形式的集体活动,不断丰富社区居民精神生活。同时,设置宣传标语,营造宣传氛围,让搬迁居民耳濡目染,促进搬迁群众思想认同感。搬迁群众入住后,所辖社区结合"双向包保",以居民生产生活习惯、居家卫生、文明行为等为主题,以"党员认领责任区""小手拉大手""新市民示范户"等活动为载体,共组建社区演出团队 3 个、民间社团演出队 1 个、健身团队 2 个,逐步增强社区文化建设的生机与活力。

把"和"与"活"写在群众心坎上

——贵州省钟山区幸福里小区安置区

◇◇◇◇◇◇◇◇◇◇◇◇◇◇◇◇◇◇◇◇◇◇◇◇◇◇◇◇◇◇◇◇◇◇◇◇◇◇◇

拔地而起的新家园,品种齐全的生活超市、功能完备的文体设施……四月,行走在钟山区水月产业园区易地扶贫搬迁安置点,新路、新房、新广场,让人耳目一新。

这处 24 栋居民楼林立的安置点是六盘水市水城县北部五乡镇 602 户 2779 人搬到钟山区的"新家",这是六盘开发扶贫的亮点,也是六盘水在易地扶贫搬迁点创建"和谐社区""活力社区"的最前沿。

现在,这里还有一个别致的称谓——幸福里小区。

一、"活",生产为了更好的生活

"以前住破木房,现在不仅住进了楼房,还在家门口扶贫车间当起了'上班族',真的是被幸福包围着。"从青林乡搬来的居民王俊琴坦言,搬迁带来的幸福感"稳稳的"。

这份幸福,停留在口头,更见诸眼前。这两天,已是针车车间"老师傅"的王俊琴正捣鼓机器,一板一眼地教新入职的邻居,制鞋车间一条全新生产线也正忙着前期装修。

生产线上的繁忙,带来的是看得见的收入。"去年年底,我两个月发了 8000 多工资,现在中午回家扒口饭,又回来继续干活。"计件的考核,让王俊琴铆足了劲。

"我们要照顾家里,没法去沿海务工,但是在家里,我们赚点生活费零花钱总是没问题的。"说这话时,王俊琴手上的动作并未慢上半分,眼里难掩喜悦。

搬出世居的大山,作别眷恋的土地,王俊琴也曾犯过嘀咕,"搬出去,一粒米、一根葱都得买,怎么活?"生产、生活及社交方式上的变迁,她也曾感觉"格格不入"。

"群众的疑点、难点,就是我们解决问题的着力点。"幸福里居委会党支部书记万必娥一句话道出了工作思路,"基层工作千头万绪,关键要以心换心、以情交情。"

时光往回推一年,居委会组建之初,居委会和居民也曾擦出过不少"火花"——居民随意晾晒衣物、占用公共空间等乱象频发,对居委会工作人员劝导充耳不闻,甚至破口大骂。

"刚开始,对于居委会工作,积极主动支持的少,消极抵触的一部分,更多人选择观望和等待。"走东家、串西家,万必娥走访一圈下来,和工作人员一碰头,有了新盘算。

在传统乡土农耕社会和现代城市文明之间的碰撞中,他们找准了"症结",也给出了良策:搬迁,不仅是洗脚上楼,也是文明的一次更迭,落脚点在成就感和归属感。

"书记,这分到的房子是真不错,但是我肚子也是真饿。"面临熟悉的生产模式打碎与重建,居民张永康感慨良多,也让幸福里居委会一班人备感心焦。

"生产,是为了更好地生活。"基于这一认识,幸福里居委会建设扶贫车间、巧娘手工坊,与贵州旭驰鞋厂合作,承接鞋厂翻鞋面、粘鞋底、钉鞋扣等加工业务有条不紊。

搬家搬产业,扶贫需扶技。他们通过开展制衣、苗族服饰、鞋帮加工、家政服务等职业技能培训,让贫困群众实现着从"一无所有"到拥有"一技之长"的转变。

走出门,外出务工天地阔;留下来,家门口就业有作为,并行不悖的选择背后,潜藏着增收致富的现实逻辑:跳出土地依赖,从封闭走向开放,在分工协作间寻求新生计。

来自幸福里居委会的数据显示,现搬迁群众中有劳动力家庭542户1258人,已解决就业542户1226人,每户每月就业增收达2000元以上,有劳动力家庭达一户一人以上稳定就业,基本实现有劳动力家庭就业动态清零。

从"新居梦"到"小康梦",新生计见证奋斗,也带来丰厚回报。"今年过年,我们这新买小轿车开回来的都有20多人呢,购买冰箱这类家电的那是更多了。"万必娥语带自豪。

二、"和",物质与精神的双丰收

物质生活逐步丰盈,让成就感和归属感培养有了根基,就如何让这份幸福更有分量,幸福里居委会决意首先从居民的自我管理、自我教育、自我服务、自我监督中寻找突破口。

居委会牵头,小区老年人、留守妇女等107人自发组建四支志愿者服务队伍,成立环境卫生治理小组、车辆管理自治小组等,让搬迁群众自身过得安心。

"让群众成为社区治理的主角,他们在自我管理中,熟悉了社区琐碎工作。"在万必娥看来,社区治理,既要"治",也要"理",更要有"绿叶意识",甘当"配角"。

为了扮演好"配角",居委会综合性文化服务中心着力为群众文艺文化活动提供场地。群众也分外给力,他们自发组建起山歌队、快板队、舞蹈队、小品表演队等多支队伍。

一次次精彩文艺表演,一次次收入节节攀升,让"各扫门前雪"的群众主动走出家门,适应变化的环境,跳出血缘和亲情这一乡土熟人社会的单一纽带,拥抱新生活。

而今,小区以乡镇、村寨扎堆抱团的现象少了,他们不再称"我是某某乡镇人","我是幸福里小区人"是异口同声的声音。闲置的文体设施上也不再"闲",上边多了相约锻炼的老年人身影……

从浓重的宗亲意识到由弱渐强的邻里意识,此消彼长,为成就感和归属感灌注时间力量,是易地扶贫搬迁"后半篇文章"在基层的开花结果,最终定格成感动的一幕幕——

在罹患股骨头坏死的搬迁居民简远中生前,詹光贤等50余位百姓为他们家送来洗衣机、电烤炉等,一男一女自发组合排班,每天热菜热饭做好送到床前,为其擦拭身体,无微不至;

2019年6月,居委会组织搬迁居民参加钟山区文明城市创建启动仪式集会活动,居民们自掏腰包自发购买了白衬衣,"我们出去就是代表幸福里小区,不能丢脸!"心声成就这一默契行为;

……

一点一滴,一言一语,浸润真情。

搬离大山,搬出幸福。穿行乌蒙,幸福里小区是六盘水在易地扶贫搬迁点打造"和谐社区""活力社区"的微观缩影,"和"与"活"带来的幸福感铭刻于这方山水间,也写在了群众心坎上。

易地搬迁筑新家　"五心"共圆小康梦

——云南省会泽县县城安置区

◇◇◇◇◇◇◇◇◇◇◇◇◇◇◇◇◇◇◇◇◇◇◇◇◇◇◇◇◇◇◇◇◇◇◇◇

会泽县认真贯彻落实习近平总书记"一定要把易地移民搬迁工程建设好,保质保量让村民们搬入新居"的要求,"五心"共圆小康梦,打造易地扶贫搬迁安置区建设标杆。

一、战略决策守初心

会泽县易地扶贫搬迁县城安置项目,是会泽县委、县政府结合脱贫攻坚实际,以较高的政治站位和巨大的责任担当作出的一项重大战略决策,是解决会泽"一方水土养不好一方人"问题的治本之策;是彻底阻断贫困代际传递的根本举措;也是抓住国家、省、市大力实施易地扶贫搬迁政策的窗口期,以进城安置助推会泽城市化、以城市发展巩固脱贫成果的生动实践。一是解决"一方水土养不好一方人"问题。会泽贫困面大、贫困程度深,2013 年年末全县有建档立卡贫困人口 129238 户 438485 人,贫困发生率 47.99%;现有未脱贫人口 19906 户 69676 人,贫困发生率 7.67%。其中,绝大部分贫困群众居住在高寒冷凉、干热河谷等生态脆弱、资源承载能力严重不足的地区,脱贫难度大、脱贫成本高,且极易返贫。二是解决"两不愁三保障"问题。实施易地扶贫搬迁县城安置,按照人均 20 平方米的标准建设安全稳固安置房屋;按照保障基本、量力而行的原则同步建设学校、医院等公共服务设施;按照有劳动能力家庭户均有 1 人以上就业的目标组织技能培训和外出务工,对无劳动能力的群众纳入兜底保障,真正解决"两不愁三保障"突出问题。三是解决"贫困代际传递"问题。实施易地扶贫搬迁县城安置,可以加速推动"人口的集中、资源的集中、产业的集中",带动建材、劳务、运输、服务等产业的发展,让搬迁群众共享更便捷、更完善、更优质的城市资源,增长见识、改变命运的机会增加,实现农村人到城市人的转变,彻底阻断贫困代际传递,使脱贫成果经得起历史和人民的检验。

图为会泽县县城安置区西片区和北片区

二、功能配套安民心

会泽县把安置区建设纳入城市总体规划,用建城市的理念和标准来建设安置区。安置区选址在占地 10 平方公里的西部规划区内,距县城中心仅 2 公里,渝昆高速穿境而过,以礼河镶嵌其间,区位优势明显,既为搬迁群众提供良好的生产生活条件,也有力地助推了会泽城市发展。在规划设计中,聘请上海同济大学规划设计研究院按照"产城融合、功能配套、彰显文化"三大要素来定位安置区。一是坚持产城融合。上游依托以礼河打造"一座可以漂流的城市"、中部建设儿童游乐天堂、下游开发农业综合体,弥补会泽旅游刚需空白;建设商业步行街、美食文化一条街、旅游商品一条街,在各安置点除沿街商业外,还布设了社区工坊和扶贫工厂,为搬迁群众提供就业岗位。二是坚持功能配套。坚持打造"5分钟生活圈、10分钟商业圈、15分钟教育圈",不断完善基础设施和公共配套设施,规划建设4所幼儿园、4所小学、2所完全中学、7个社区卫生服务站、4个城市公园、6个节点广场,同步启动内部道路、污水处理、用电、用水、用气、公厕以及电视、网络等配套设施建设,让群众享受便捷的城市生活。三是坚持彰显文化。深入挖掘"崔堤"故事,结合"中国钱城"的打造,按照现代中式风格来规划建设,注重城市风貌设计,高低错落有致,立面以暖色调为主,体现会泽文化元素,避免千城一面,着力打造有文化、有特色、有内涵的"现代扶贫新城"。

三、建设搬迁筑同心

为把易地扶贫搬迁县城安置区建设这项"难在当代、利在千秋"的宏伟事业做实做好,会泽县坚决落实县级主体责任,认真贯彻落实省委副书记、省长阮成发调研指出的要防范化解"四个风险"、建设"五大工程"重要指示精神,举全县之力推动县城安置点建设。一是组建最强的队伍。成立以县委书记、县长任"双组长"的领导小组,下设项目建设指挥部,明确实职副处级指挥长1名、副指挥长6名,下设工作组6个,抽调45人驻指挥部、120人驻金钟街道,齐心协力建好安置点。二是实施最严的管理。严格执行项目基本建设程序,实行法人责任制、招标投标制、建设监理制、合同管理制等制度,遵循先勘察、后设计、再施工基本程序,坚持安置点基础设施及公共服务设施与住房项目同步设计、同步招标、同步实施、同步验收。始终把质量安全作为易地扶贫搬迁工程的生命线,建立易地扶贫搬迁安置点"双点长"负责制,完善建设、勘察、设计、施工、监理、图审、检测等7方主体质量安全终身责任制,千方百计建设"安全房""放心房"。三是推进最快的速度。坚持把易地扶贫搬迁作为当前最重要的政治任务和中心工作,调动一切资源,千方百计做好要素保障,全力以赴加快建设进度。一期项目建设安置房89栋5190套40.7万平方米,2018年5月启动,2019年5月交付使用;二期项目建设安置房182栋13549套121.4万平方米,2018年11月启动,2019年12月交付使用,创造了易地扶贫搬迁县城安置点的"会泽速度"。

四、后续保障暖人心

一是硬件保障方面。遵循量力而行、保障基本的原则,规划建设公共配套项目38个,总投资约29亿元。完善教育配套设施。新建学校10所(幼儿园4所、小学4所、初中2所),扩建学校4所(小学1所、中学3所),新增学位15840个(学前3240个、小学7600个、初中5000个),解决14829人的就学难题,确保"有学可上"。完善卫生配套设施。新建街道卫生服务中心2个、社区卫生服务站7个,满足搬迁群众就近就医需求;改扩建县第一人民医院、县中医院,增设780个床位,进一步提升医疗保障水平,确保"有病可看"。完善市政配套设施。供水方面,建设日供水量4万立方米的水厂1座和配套管网设施,满足易地搬迁县城安置群众用水需求,确保"有水可饮"。电力方面,建设110千伏变电站1座、安置点配套电力设施和强电电缆项目,确保"有电可用"。市政道路方面,建设3条主干道、15条小区内部连接道,总长19.14公里,覆盖所有安置点,并与县城区道路互联互通,确保"有路可走"。"两污"处理方面,改扩建县污水处理厂,新增污水处理能力2万立方米/日;新建生活垃圾处理厂1座、垃圾中转站1个、垃圾转运站3个,确保"有污可排"。完善便民配套设施。建设公厕19个,小区内活动广场22个,小区外节点广场5个,社区为民服务站7个,街道产业就业综合培训中心2个,农贸市场3个,购物中心5个,确保"有地可娱""有事可找""有物可购"。二是收入保障方面。聚焦搬迁群众后续发展问题,紧紧围绕"两不愁三保障"总体目标,按照"以岗定搬、以业定迁"原则,"挪穷窝"与"换穷业"并举,确保实现"搬迁一户、脱贫一户"。产业发展全要素组织化,推动分散问题集中解决。坚持"大产业+新主体+新平台"发展思路,将高原绿色蔬菜产业作为主攻方向,健全平台联建、资源联合、利益联结"三联"机制,全面提升产业扶贫组织化水平。未来两年,计划整合涉农资金10亿元,规划实施产业扶贫项目265个,带动3.78万户贫困户14万余人户均增收5000元左右。由迁出地乡镇和村盘活易地搬迁进城人员闲置和复垦"两块地",通过土地流转和代种托管等形式,发展2万亩马铃薯种薯和商品薯基地,5万亩高产燕麦,1.1万亩花椒、水果、香椿等经济林果,在不适宜发展经济林和经济作物的地区种植旱冬瓜等生态树种或生态经济兼用树种9万余亩,带动贫困户1.6万余户6.6万余人户均增收2000余元。目前,已在城郊接合部流转土地建成了200亩现代农业产业园区;在金钟、宝云和古城3个街道城郊流转土地建设5900亩产业扶贫基地;征收土地建设占地200亩的冷链物流园区,可为搬迁安置户提供就业岗位2300余个。转移就业全流程组织化,推动无序问题有序解决。坚持把发展劳务经济作为持续增收的主要途径,精准盘清建档立卡贫困户劳动力底数,大力组织劳动力转移就业,动态消除贫困"零就业"家庭,确保有劳动能力的搬迁家庭户均1人以上就业,力争实现"人人有事做"。在县城安置建档立卡贫困人口中,有劳动力33377人。会泽县围绕有劳动力的家庭户均有1人以上就业目标,计划通过"劳务协作转移一批、合作伙伴安置一批、技能培训促进一批、产业发展带动一批、扶贫车间吸纳一批、自主创业扶持一批、公共服务岗位兜底一批"等措施,采取集中组织输出与零星推荐就业相结合的方式,努力实现搬迁劳动力人人有事做、人人有收入。目前,在县城安置的建档立卡贫困劳动力已转移就业36708人,其中省外3262人,县外省内20578人,县内12868人,转移就业率达75%,户均转移就业1.7人,已经实现有劳动力家庭户均有1人以上就业的目标。

五、管理服务心贴心

按照构建"管理有序、服务完善、治安良好、环境优美、文明祥和"的新社区要求,强化安置点社会治理,推动治理重心下移,实现党的领导、政府管理和社会调节、基层自治良性互动,持续构建和谐社区。一是完成风险评估。聘请具有甲级资质的咨询有限公司,形成《会泽县"万人以上易地扶贫搬迁进县城集中安置"工作评估报告》,2019年6月27日通过省级评审。评估报告认为:会泽县易地扶贫搬迁县城安置项目结构和政策体系较为完善,进城安置合理可行,不搬不能脱贫,搬了可以脱贫;只有搬迁进县城,才能斩断贫困代际传递,真正实现"稳得住、逐步能致富"。二是开展文明实践。建设"新时代文明实践中心"、村史馆,大力宣传社会主义核心价值观,开展自强、诚信、感恩教育,引导群众树立"幸福都是奋斗出来的"意识,转变思想观念、更新生活习惯、融入城市生活。"新时代文明实践中心"、村史馆已经建成投入使用,已成立会泽县新时代文明实践中心,县委书记为主任,县长为常务副主任;已成立会泽县志愿服务总队,县委书记、县长担任"双队长"。围绕进一次超市、进一次医院、收拾一次屋子、打扫一次卫生、乘坐一次公交、乘坐一次电梯、参观一次学校"七个一",已常态化开展新时代文明实践系列活动。

三是构建管理框架。增设以礼、钟屏2个街道办事处和7个社区,成立街道派出所,信访室、调解室,配齐警务、调解人员,明确片长、楼栋长等基层管理人员,构建网格化精细化管理框架。同步在安置区增设2个街道党工委、11个社区党委(党总支)、37个小区党支部、300余个楼栋党小组,确保党的领导全领域、党的组织全覆盖、党的工作全体现、党的干部配备全方位、党员作用发挥全员化。采取"个人自荐、群众举荐、组织推荐"的方式,从县直部门、街道机关事业单位中累计选派100余名综合素质好、熟悉群众工作的干部充实社区"两委"力量,从致富能人、复转军人、返乡大中专毕业生中选配50名支部书记(楼栋长)。通过定岗、定人、定责、定流程"四定"措施,汇聚人、地、物、事、组织、舆情"六要素",按照用户需求,因户施策加强治理,逐步形成良好的社区管理服务体系。

六、风正好扬帆、奋斗正当时

在习近平新时代中国特色社会主义思想的指引下,在上级党委、政府的坚强领导下,会泽县委、县政府用3年左右的时间干成了过去10年乃至几十年才能干成的事。站在新起点上,会泽县委、县政府将继续在习近平新时代中国特色社会主义思想的指引下,团结带领全县106万各族群众,牢记嘱托,感恩奋进,全面打赢打好脱贫攻坚战,推动全县经济社会跨越式发展,与全国、全省、全市一道迈进小康社会。

打好易地扶贫攻坚战
建设美好幸福新家园

——云南省维西县县城康恩家园安置区

维西,全国唯一的傈僳族自治县,位于云南省西北部,地处世界自然遗产"三江并流"腹地,迪庆藏族自治州西南端,素有"横断山中的绿宝石""三江明珠"的美称,被誉为"药材之乡""中国兰花之乡""天然杜鹃花园""中国冰葡萄酒城""中国傈僳族文化发祥地"。由于维西县受横断山脉独特的地形条件限制,长期以来,经济社会发育程度低,基础设施建设落后,公共服务滞后,集革命老区、直过民族地区、边疆地区、深度贫困地区为一体,是云南省 11 个限制开发区域和生态脆弱的国家级贫困县之一。作为国家划定的"三区三州"深度贫困地区,有相当一部分百姓还生活在自然条件极为恶劣、生存环境艰苦的地方。这些地方资源环境承载能力不足,泥石流、滑坡等自然灾害频发,水、电、路等基础设施和教育、医疗、文化等公共服务设施落后,群众出行难、用电难、吃水难、上学难、看病难的现象普遍存在,形成了"贫困—经济社会发展落后—贫困程度加深"的恶性循环。就地脱贫发展无望,增收渠道不畅,传统的帮扶式资金支持难以解决这部分群众的脱贫和发展问题。因此实施易地扶贫搬迁成为解决"一方水土养不好一方人"问题的根本之策,是实现 2020 年全面建成小康社会的必由之路。

维西县 2018 年易地扶贫搬迁新增规模实施 939 户 3481 人,其中建档立卡人口 680 户 2493 人,同步搬迁人口 259 户 988 人。建设 3 个集中安置点。其中县城安置点(康恩家园)安置 863 户 3159 人,其中建档立卡 622 户 2254 人,同步搬迁 241 户 905 人。总用地面积 88 亩,建筑面积 89105.69 平方米,建设完成安置住宅 26 栋、公共用房 1 栋、公厕 2 栋。

图为康恩家园安置区全景

根据中央、省州关于易地扶贫搬迁后续发展的总体要求,2020 年以来,维西县充分压实各县(市)各行业部门责任,进一步推动康恩家园易地扶贫搬迁安置点完善功能配套,强化综合治理,加强搬迁群众产业就业扶持,保障搬迁群众就医就学,取得阶段性成效。

一、易地扶贫搬迁促进民族团结进步

维西县各乡镇都为多民族聚居地。在实施康恩家园易地扶贫搬迁工程中,维西县充分考虑各民族的生产生活现状和生活习俗、习惯,在搬迁点整体布局、绿化美化、房屋设计等方面充分融入民族文化元素。康恩家园安置点共安置搬迁群众863 户 3159 人,其中建档立卡 622 户 2254 人,同步搬迁 241 户 905 人,涉及 6 个乡镇的傈僳族、藏族、纳西族、白族、独龙族、黎族、彝族、苗族、怒族、汉族、普米族等11 个民族(其中:直过民族 3 个,傈僳族 590 户 2232 人,独龙族 21 户 77 人,怒族 6户 26 人),搬迁入住后,各民族相互尊重相互交往,邻里和睦团结互助。多元文化交融发展,多种风俗共存并茂,有力促进了迪庆各民族团结进步,力推迪庆创建全国民族团结进步示范州进程。

二、易地扶贫搬迁促进生态环境保护

维西县在实施易地扶贫搬迁工程中,落实好国家重点生态工程和云南省国家生态功能区建设的相关政策,全面促进生态环境保护工作。大力推进易地扶贫搬迁旧房拆除复垦复绿,对迁出区不适宜耕作的坡耕地和旧宅基地,采取土地流转等方式,结合退耕还林、土地整理、水土保持等项目进行整体生态恢复,大力发展经济林果产业,有效遏制迁出区水土流失,发展生态经济。落实建档立卡贫困户户均1名生态管护员(护林员、河道管护员)政策,户均增加工资性收入 8000—9000元/年,同时,有效遏制乱砍滥伐等违法行为。积极整合农村环境综合治理项目,对安置点建设垃圾焚烧池进行集中收集焚烧处理,使农村面貌焕然一新。

三、易地扶贫搬迁促进社会稳定

贫困群众搬迁入住安置点后,生产生活条件发生了巨大的变化,生活质量大幅提升。活动场所、幼儿园、卫生室等社会公共服务设施一应俱全。安置点搬迁群众实现就近入学、就近就医。住房有保障,饮水安全,出行便捷。搬迁群众依托特色产业和各类就业渠道实现稳定脱贫。各民族搬迁户团结一心思出路,共同奋斗谋发展。集中安置后,在春节等重大节庆,安置点组织丰富多彩的民族文化活动,进一步提升安置点搬迁群众凝聚力和幸福感,有力促进了云南各地区的和谐稳定。

四、易地扶贫搬迁促"乡村振兴"落地

维西县在推进康恩家园易地扶贫搬迁工程中,同步统筹规划搬迁群众后续扶持各项工作,充分考虑搬迁点长远发展,因地制宜引入特色产业,全力引导搬迁群众共同发展壮大集体经济,走市场化带动路子,提高就业保障水平,全面强化安置点后续帮扶措施"一户一方案"落实力度,推进"五个一批"发展路径:一是劳务输

出转移一批。对有劳动力、有意愿转移就业的易地搬迁贫困劳动力,开展"一对一"的政策咨询、职业指导、职业介绍等就业服务,提供持续就业岗位信息服务。二是产业布局带动一批。聚焦盘活迁出地"三地"、安置点流转的 425 亩土地。其中 374 亩土地实施糯山药示范基地建设项目,每年实现土地流转收益 80 万元,现已完成育苗及种植;51 亩土地实施蔬菜示范园建设项目,每年实现土地流转收益 15.795 万元,蔬菜大棚建设完成并完成种植;两个项目实施后可带动搬迁户固定用工 60 人(3000 元/月),零工 12500 个工日(不低于 80 元/工日)。三是开发公共服务岗位安置一批。开发生态护林员、环境卫生保洁、公共设施管护等公共服务岗位,安置无法离乡、无业可扶、无力脱贫的"三无劳动力"在家门口就业。四是扶贫车间吸纳一批。依托东西部扶贫协作、定点扶贫资源、劳务公司等建设扶贫车间,便民超市、便民饭店、农产品加工厂、米线饵丝加工厂已建成并投入使用;作为全国唯一的傈僳族自治县及中国傈僳族文化发祥地,为保护和传承传统傈绣、彝绣、滇绣等民族文化,依托非遗扶贫工坊项目吸纳难以外出的贫困劳动力就业。五是创业就业解决一批。鼓励搬迁户劳动力自主创业,符合条件的给予创业担保贷款扶持;开展创业能力培训,按规定给予创业培训补贴;做好后续跟踪服务工作。临街 82 间商铺已出租 77 间,其中安置户租用 68 间(建档立卡户 65 间)进行创业就业,外租 9 间,商铺租金收入共计 62.5 万元。通过强化"四个精准""五个一批"路径,劳动力职业技术技能和创业培训已开展三期,分别是学校后勤技能培训一期,非遗扶贫刺绣培训一期,家政服务培训一期;专场招聘会两场。劳动力 2085 人(建档立卡 1420 人)中已转移就业 1711 人(建档立卡 1217 人),其中劳务输出转移就业 226 人(建档立卡 123 人);产业布局带动搬迁户固定用工 156 人(全部建档立卡),临时用工 15000 个工日;开发公共服务岗位安置 712 人(全部建档立卡);扶贫车间吸纳就业 53 人(全部建档立卡);创业就业解决 69 人(建档立卡 65 人);技能培训提升 839 人(建档立卡 671 人),户均转移就业 1.82 人。通过"五个一批"工程不断提高扶贫工作"造血"功能,推动"乡村振兴"战略的落地实施。

勇闯小康村建设新路子

——西藏自治区山南市加查县冷达乡共康村安置区

◇◇◇

夏季的加查,风和日丽,天也蓝、水也蓝、山也青。翠绿中,雅鲁藏布江畔莫热坝上的"感谢共产党,同步奔小康"红色巨幅标语格外引人注目。

"感谢共产党,同步奔小康",是山南市加查县冷达乡共康村群众的心声,也是近年来该村群众在党和政府的带领下,团结一心脱贫攻坚奔小康的真实写照。"共康",即源于此。

2017年建村以来,共康村以建强基层战斗堡垒为抓手,加强群众自治体系建设,坚持扶志和扶智相结合,团结带领群众发展高原特色农牧业,拓宽增收渠道,凝心聚力,全力打赢脱贫攻坚战;2019年,该村年人均收入达11039元,是2017年建村时的两倍,被誉为"全国乡村治理示范村",走出了一条小康村建设的新路子。

一、搬出"穷窝窝"

村委会、幼儿园、卫生院、藏式民居、商业中心、垃圾中转站……基础设施一应俱全,俯瞰共康村尤为震撼。

共康村于2016年9月开工建设,项目总投资约2.1亿元,房屋占地面积708亩,总建筑面积36342.83平方米。2017年12月开始,369户1296人,其中建档立卡贫困户248户842人,陆续从山南市加查县、曲松县、措美县等地搬迁至此。

"搬出'穷窝窝',开启新生活。"现在,共康村群众对易地搬迁政策是感激不已。但是,当初大多数人守着"故土难离"的陈旧观念,并不愿搬离"穷窝窝"。

64岁的索朗多吉,原是曲松县琼嘎村村民,2017年12月搬到共康村,是共康村第一批搬迁群众。他说:"以前住的房子是'土房子',住的地方不通电,路难走,去一趟村委会得走4个小时。"

"一方水土养不好一方人",即便守着这样差的条件,索朗多吉也不愿易地搬迁。他说:"住了一辈子,习惯了,搬过去也一样。"

索朗多吉说出了大多数搬迁群众的真实想法:害怕融入不了新环境、新生活。

索朗多吉现在居住的房子,独家独院二层藏式小楼,占地面积200多平方米。除外观像"别墅"外,家里的彩电、冰箱、藏式沙发等现代家电、家具也是新家新气象。不用说,索朗多吉已经实现了"脱贫梦",告别了贫困。

索朗多吉告诉记者,新房国家承担造价的70%,群众自筹30%,特别贫困的人家出1万元就可以入住。

为了让搬迁群众搬得出、留得住。共康村加强创新群众自治体系建设,将全村分为7个小组、36个联户单位,团结带领群众"联户平安、联户增收";广泛开展生态文明村、文明家庭等创建活动和丰富多彩的文化娱乐活动,增强群众的认同感和归属感,塑造"红心向党、协力齐心、和谐稳定、崇尚科学、勤劳致富"的精神风尚。

"搬到共康村后,增收致富有人管、要不到工钱有人管、环境卫生有人管、业余文化生活有人管……"索朗多吉说,"刚开始,我还以为脱贫攻坚和过去一样,糊弄一下就完了,没想到搞得这么认真,搞得这么好。"

二、打造"火车头"

俗话说:"火车跑得快,全靠车头带。"共康村之所以能走出小康村建设的新路子,离不开共康村党委这个"火车头"。

早在建村之初,当地党委、政府就格外重视共康村"两委"班子建设,选优配强了共康村党委,成立了7个党支部和36个党小组。

现在,共康村的"当家人"是边巴次仁。作为共康村党支部第一书记,他对村里情况谙熟于心。他告诉记者,"共康村有207名党员,通过加强基层党组织建设,基本上每一名党员都发挥了先锋模范作用"。

走在共康村,除基础设施建设给人以耳目一新的感觉外,干净的环境卫生也让人眼前一亮。边巴次仁告诉记者,为了帮助群众养成"讲卫生、爱家园"的习惯,共康村党委组织党员干部轮流打扫村里主干道卫生,清理卫生死角,改善人居环境。

同时,带领党员干部以实际行动践行党的宗旨全心全意为人民服务,坚持扶志与扶智相结合,帮助群众树立脱贫信心,坚决打赢脱贫攻坚战。

84岁的强巴老人,女儿常年外出务工,生活没人照料。共康村党员干部轮流到他家,帮他做饭、打扫卫生,跟他聊天,安慰他、鼓励他听党话、跟党走,把日子过好。

通过党员帮扶,强巴振作了精神,笑容多了,生活质量提高了。"自己的儿女也不过如此,他们比亲人还要亲。"强巴经常拿自己的亲身经历,教育大家感党恩、听党话、跟党走。

"党组织有力量,群众脱贫有希望!"为了增强党支部的凝聚力、向心力和战斗力,该村党委7名班子成员分片指导党支部深入开展调查研究,把群众的诉求,列入台账,逐一解决。同时,结合实际制定和完善村规民约54条,建立了村环境卫生治理、"四议两公开"、"三务公开"、群众思想动态监管、互助帮扶、防返贫监测、商事议事等长效机制,建立了村供电、供排水、道路硬化、路灯亮化等公用设施管护机制。组织17名村干部参加技能培训,培育3名致富能手,新发展党员8名。发挥流动党员在务工群体中的作用,每名流动党员带动一个有富余劳动力的贫困户家庭外出务工,不断提升"火车头"的动力。

三、培育"增长源"

"打赢脱贫攻坚战,发展产业是关键。"早在建村之初,共康村就确定了生态农业综合开发的发展思路。

2018年,共康村成立产业发展有限责任公司,通过设立生态养殖互助组、经果林种植与销售互助组、农畜产品加工与销售互助组、劳务输出互助组、农机推广互助组,推动农牧业规模化、集约化、标准化经营,将459.6亩耕地由村集体统一经营,群众按生产要素分红,实现收益最大化;争取国家投资550万元,群众以犏牛、牦牛"入股",搞集中养殖,生产加工销售酥油、奶渣等畜产品;栽种核桃、樱桃、桃树等经济林700.9亩,培育"增长源",发展特色产业,使全村574名劳动力人人有平台、人人有事做、人人有收入。

搬到共康村后,其律卓玛一家5口找到了奋斗方向。"老公放牧,女婿挖虫草,女儿外出务工,孙子上学,我在村里的奶牛养殖场上班,一个月工资3000元。"她说,"过去穷,主要是因为缺少增收渠道。现在好了,人人有事做,经济收入提高了,脱贫了,生活越来越好了。"

和其律卓玛一样,仁增对现在的生活也很是满意。通过技能培训,他学会了藏餐烹饪技术,开了茶馆、藏餐馆,走上了"增收路"。"茶馆、藏餐馆一年收入七八万元,此外,我还学会了电焊技术,短期外出务工,一年能挣两三万元。"2018 年,仁增一家实现了"脱贫梦",告别贫困后,他对实现"小康梦"充满了希望,他说:"我们坚信,跟着共产党,一定能建成小康社会,过上美好生活。"

共康村年人均收入从 2017 年的 5647.57 元增长到 2019 年的 11039 元。现在,共康村以乡村振兴为主线,以人居环境整治为抓手,投资 1352.996 万元实施高效农业综合体道路建设,投资 1200 万元对冷达乡小学进行改扩建;规划建设共康村警务站、冷达乡农行营业网点,保障和改善民生,全力打造基础设施完备、环境卫生整洁、产业基础夯实的高原小康新村,让群众深切感受到社会发展和文明进步的实惠。

锦绣家园入画屏

——陕西省平利县老县镇锦屏安置区

锦屏社区位于陕西省平利县老县镇,"十三五"期间,搬迁安置贫困群众1346户4173人,是全镇规模最大、安置人口最多的大型搬迁安置区。目之所及,社区一派"青瓦白墙格子窗、飞檐翘角马头墙,茶山倒影水清浅、山人相依绿如酥"的宜居宜业景象,宛如散落在绿水青山间的美丽画屏。

为切实解决"一方水土养不好一方人"问题,该县坚持建社区与建园区一体谋划、促搬迁与兴产业同步推进、管当前与益长远系统布局、强堡垒与快融入统筹兼顾,山上兴产业、山下建社区、社区办工厂,大力推进易地搬迁后续扶持,有力保障了搬迁群众搬得出、稳得住、能致富、快融入。

图为锦屏安置区全貌

一、因茶致富兴产业

始终把产业作为搬迁群众能致富的关键举措，采取"搬迁户+合作社"模式，建立入股经营、订单生产、协议用工等长效机制，将搬迁户土地、林地入股合作社，大力发展茶叶、中药材、富硒粮油等特色农业及土鸡、肉鸽等特色养殖业。引导社区搬迁群众通过入股联营、订单种植、产品回购等模式，累计发展高效茶园 10000 亩、中药材 10000 亩，种植富硒粮油 10000 亩，养殖肉鸽 35000 羽，培育专业合作社及市场主体 22 家，"借鸡生蛋"带动 770 户 2387 人增收。

二、社区工厂扩就业

建设搬迁安置房的同时，提前预留门面式厂房，充分利用安置区劳动力资源，大力引进劳动密集型社区工厂，累计新建社区工厂厂房 8000 平方米，先后引进源添袜业、三秦电子、嘉鸿手套、康士利毛绒玩具 4 家工厂落户社区，提供就业岗位 300 余个，实现了搬迁群众楼上居住、楼下就业。利用安置区交通区位优势和人流汇集特点，引导搬迁户大力发展酒店、餐饮、超市等三产服务业，培育个体工商户 603 家，发展民宿客栈 13 家，有力促进了搬迁群众置业就业。

三、十小工程促融入

围绕搬迁群众婚丧嫁娶、寿材存放、吃菜种菜等民生需求，大力实施小管家、小配套、小平台、小库房、小餐厅、小课堂、小厅堂、小市场、小菜园、小公墓等"十小惠民工程"建设。先后安装路灯 450 盏，硬化社区道路 14 公里，铺装人行道路 7.5 公里，修建护坡挡墙 2.6 公里，防护河堤 2.9 公里，防护栏杆 2.4 公里，配套饮水管网 13.5 公里，雨污水管网 9.6 公里，改造低压线路 10.5 公里，光电网络线路 10 公里，协调小公墓用地 42 亩，落实小菜园 52 亩，受益搬迁户 322 户，以宜居宜业良好环境促进搬迁群众融入新社区。

图为搬迁群众在社区工厂务工

四、党建引领优服务

充分发挥社区党组织、自治组织联系服务群众桥梁纽带作用,全面落实跨村、跨镇搬迁户退耕还林、资产收益等权益保障工作。深入推进社区网格化管理,重点围绕搬迁群众看病就医、子女上学、低保社保、住房就业、邻里纠纷等问题,大力推行搬迁困难有人帮、搬迁诉求有人解、搬迁生活有人管、搬迁生产有人问、搬迁发展有人扶的"五有服务",以群众搬迁到哪里、帮扶服务就跟进到哪里的举措,带动搬迁群众安心入住。

五、志智双扶树新风

大力开展以"诚孝俭勤和"为核心的新民风建设,建立完善"一约四会"及以乡贤能人为主体的"议居民事、管居民事、办居民事"的居民自治"互助会",定期举办脱贫致富标兵、平安家庭、社区好人等评选表彰活动,以身边人、身边事带动搬迁群众增强自力更生内生动力,树立知恩感恩文明新风。充分利用社区文体广场、农家书屋、家风家训馆等文化服务设施,组建社区文艺宣传队,自编自演,大力开展广场舞、太极拳、新民风文艺演出等文化娱乐活动,丰富搬迁群众精神文化生活,增强搬迁群众归属感,促进搬迁群众从"要我搬"向"我要搬"转变。

锦屏社区是平利县围绕"山上兴产业、山下建社区、社区办工厂"实现搬迁群众搬得出、稳得住、能致富、快融入的一个缩影。随着社区面貌不断革新,基础配套日臻完善,一个个看得见山、望得见水、记得住乡愁的"锦绣家园"在秦巴山水间灿烂绽放。锦屏社区也一定会像习近平总书记所期待的那样:"这里已经在变,将来会变得更好!"

搬迁群众幸福新家园

——甘肃省古浪县绿洲小城镇安置区

武威市古浪县绿洲小城镇是贯彻落实习近平总书记关于易地扶贫搬迁工作重要指示精神,按照省委、省政府和市委、市政府的决策部署,高标准规划建设的"十三五"易地扶贫搬迁集中安置点。绿洲小城镇的建设,充分顺应了搬迁群众享受城镇社区化生活的美好愿景,而且实现了搬迁群众就近生产经营和就业的愿望。

搬出去,是历史的选择;

搬出去,是脱贫致富的必由之路;

搬出去,是绿色发展的战略抉择。

规划建设的绿洲小城镇以金荣路为轴线,东至黄花滩镇金滩村,西至永黄路,南至S316线,北至民调渠,面积约4平方公里,可容纳人口2万人。

一、精心设计建新居

安得民居千万间,贫困百姓俱欢颜。按照"超前规划、政府主导,群众自愿、统一建设"的原则,根据不同的家庭人口和住房标准,设计了50平方米、70平方米、90平方米、100平方米4种户型,建成住宅楼173栋4790套,配套建成幸福、康宁、春晖、朝阳、长兴和新安6所社区服务中心。建档立卡贫困户新建房屋户均筹资均控制在1万元以内;对无搬迁能力的低保户、特困人群实行政府兜底,免费提供小户型住房。

二、美丽家园共和谐

为有效提升搬迁群众的获得感、幸福感、安全感,古浪县委、县政府按照"尽力而为,量力而行"的原则,建成中小学各 1 所、幼儿园 2 所、医院 1 家、文化广场 1 处,并开通古浪—绿洲—大靖公交线路,实现城乡公交客运一体化。自来水及污水管网全覆盖,建成集中供热站 1 处、垃圾回收站 1 处,引进优质物业公司 3 家,基础设施和公共服务设施配套完善,充分满足了搬迁群众的生产生活需求。同时,配套建成集农民培训、文体活动、卫生室、村"两委"办公为一体的村级综合服务中心,将惠民政策、农民培训、矛盾调解、法律服务等涉及民生的服务集中办理,充分发挥组织群众、教育培训、传播文化、便民利民功能,及时向搬迁群众宣传党的方针政策、农业技术、法律法规,提升搬迁群众的能力素质。

三、产业先行增活力

在项目实施过程中,古浪县将"安居"作为基础,将产业作为关键,坚持"挪穷窝"和"换穷业"并举。搬迁前,因条件所限,群众只能从事原始单一的耕作,广种薄收、靠天吃饭。搬迁后,古浪县大力推进产业培育和技术培训,结合三变改革,重点发展龙头企业引领、合作社组织、能人带动、农户参与的规模化、标准化、现代化农业。目前已建成万亩戈壁农业、万亩枸杞基地、万只种羊繁育基地、万头肉牛育肥基地、万亩梭梭嫁接肉苁蓉基地、1000 万袋食用菌基地、5 万千瓦光伏扶贫电站、扶贫车间等,形成了种植养殖主导、扶贫车间带动、公益性岗位补充、劳务输转增收、个体经营带动、政策兜底保障的立体产业格局。户均实现两种以上产业覆盖,确保了群众不仅"搬得出、稳得住、能脱贫",而且"能发展、可致富"。

四、生态美、百姓富

实施易地扶贫搬迁工程,极大地减轻了自然环境的承载压力,有效解决了人与自然的矛盾,实现了"让百姓脱贫、让山川长青"的目标。迁出区采取"退、封、造、管"措施,规划建设新堡乡至定宁镇山区长50公里以上、宽20公里以上的生态恢复区,实施"再现黑松驿"东山造林绿化等工程,完成废旧宅基地腾退复垦3.02万亩,营造水源涵养林10.82万亩,实施退耕还林7.47万亩,封山育林53.42万亩,实现了"人退山绿"。安置区重点实施国土绿化倍增行动,住宅区栽植绿化苗木13万株,产业区建设农田林网2.26万亩,外围完成治沙造林41万亩,封禁保护沙化土地15万亩,栽植沙生植物1300多万株,涌现出时代楷模八步沙林场"六老汉"三代人治沙造林先进群体,实现了"人进沙退"。

政府关怀情似海,精准扶贫暖如春,喜上眉梢何所寄,一副红联颂党恩。易地扶贫搬迁政策,普照了武威市南部山区每一个"一方水土养不好一方人"的角落,让每一个搬迁群众搬得出、稳得住、能发展、可致富,开启了人民美好生活的新篇章。

图为古浪县绿洲小城镇安置区鸟瞰图

搬出大山天地宽

——青海省尖扎县德吉村安置区

图为德吉村安置区全景

尖扎县位于青海省黄南藏族自治州北部,地处黄土高原和青藏高原过渡地带,全县总面积4176平方公里,辖6个乡、86个行政村、8个社区,总人口6.2万人,其中70%为藏族。尖扎县境内山大沟深、沟壑纵横、地质结构脆弱、地形支离破碎,平均海拔2900米,年均降水量350毫米,年平均气温8.3℃,主要灾害有旱灾、霜冻、冰雹、秋涝、洪水、雪灾和山体滑坡等。多年来,由于交通不便、信息闭塞、干旱少雨、土地贫瘠等因素,农牧区群众生产生活极其困难,"十三五"全县精准识别建档立卡贫困人口2572户10190人,贫困发生率达到22.4%。特别是尖扎滩等乡镇的30个村251户农牧民居住在山顶或半山腰,依山而居、依山而耕、依山而牧,交通极其不便,晴天一身土,雨天一身泥,下雪天更是困难,山下的人上不去,山上的人下不来,学生上学需家长接送,群众生病后小病扛、大病拖;饮水主要靠窖水,滴水贵如油;通信设施滞后,交流基本靠吼。由于自然环境恶劣,部分群众已自发搬迁安置,剩下的群众因经济困难,在山头依靠几亩薄田苦苦支撑着生活,年人均收入不足 2000 元。

尖扎县委、县政府认真学习领会习近平总书记关于扶贫工作的重要论述,按照青海省脱贫攻坚总体安排部署,将居住在尖扎滩等"一方水土养不好一方人"地区的农牧民纳入易地扶贫搬迁计划,共搬迁安置 251 户 946 人,其中建档立卡贫困户 226 户 893 人,同步搬迁非贫困户 25 户 53 人,安置新区命名为尖扎县德吉村。2016 年项目开工建设,2017 年项目全部建设完成,搬迁群众全部入住,同时跟进配套了后续扶持政策,实现了搬迁群众"住上好房子,过上好日子"的搬迁目标。

统筹规划,因地制宜制定方案。为确保德吉村易地扶贫搬迁项目顺利实施,尖扎县成立了德吉村易地扶贫搬迁协调工作领导小组,由县委书记和县长任组长,统筹协调易地扶贫搬迁建设、管理和产业发展等工作。在前期广泛调研、科学论证的基础上,编制了《尖扎县德吉村安置点易地扶贫搬迁规划方案》,明确了搬迁对象、补助标准、建设内容、建设期限、部门分工等,确保了项目扎实顺利推进。

整合资源,齐心协力抓好建设。采取"多个渠道注水,一个池子蓄水"的办法,整合扶贫、旅游、交通、水利等行业部门资金 8326.8 万元,用于德吉村易地扶贫搬迁项目建设。按照确定的"原则上人均建房补助不超过 4 万元"的补助标准和"1 人户不超过 25 平方米、2 人户 50 平方米、3—5 人户 80 平方米、6 人户 96 平方米、7 人户 112 平方米、8 人以上户 128 平方米"的户型标准,建设了搬迁群众安置住房,配套建设了集中安置区水、电、路、网以及学校、村级卫生室等基础设施和公共服务设施。在项目建设过程中,充分发挥搬迁群众的积极性,组织搬迁群众参与项目建设,发动县乡"两代表一委员"和搬迁群众代表对施工进度、工程质量进行评议和监督,确保安置点住房建设质量硬、合民心。

多措并举,强化搬迁后续产业。为实现"搬得出、稳得住、逐步能致富"的目标,县委、县政府积极谋划"今天怎么搬,明天怎么办",充分利用德吉村黄河沿岸的秀丽风景,规划编制《尖扎县"十三五"易地扶贫搬迁后续产业发展规划》,将民俗文化、射箭文化、黄河文化、农耕文化等特色文化元素,积极融入基础设施和公共服务设施建设中,规划建设了独具民族风格的藏式住宅,实施休闲广场、民俗风情园、水上游乐码头、自驾游营地、露天沙滩、农耕体验、农家乐、美食广场等文化旅游后续产业项目。动员30户搬迁群众开办了各具特色的农家乐,38户搬迁群众在美食广场经营土烧馍、酸奶、糌粑、酿皮等当地特色饮食,逐步打造出"品地方美食,住藏式民宅,游黄河风光"的旅游发展模式。2019年,德吉村接待游客28万人次,旅游综合收入740万元,群众分红80余万元,使搬迁群众靠山靠水靠旅游捧上了金饭碗。

创新思路,构建精细管理模式。德吉村搬迁户来自周边7个乡镇,生活条件参差不齐、生活习俗各不相同,加之德吉村旅游发展不断向好,外来流动人口管理难度陡增,给社会治理带来了巨大挑战。当地党委、政府针对新形势,开创"网格化""信息化""社区化"的管理服务模式,将德吉村划分4个网格,配备网格员负责矛盾纠纷调处、环境卫生整治、治安巡逻防范等工作。在交通主干道、出入口安装高清视频监控探头,每个家庭安装紧急报警按钮,实现紧急情况"一键报警、全村响应、同步上传、快速反应"。推行村党支部领导下的社区化服务管理工作,建立"一门受理、集成服务"的社区化便捷服务机制,让办理事项"小事不出村、大事不出乡",极大地方便了搬迁群众生产生活。

德吉村易地扶贫搬迁项目实施后,251户搬迁群众告别了昔日破败的土坯房、坑坑洼洼的砂石路土路和蚊虫覆盖的窖水,积极参与乡村旅游业,年人均收入从搬迁之前的不足3700元增长至2019年的9800元,从一个不知名的荒沙滩,华丽转身成为全省文化旅游的一张新名片,被游客称为青海的"小三亚",2018年被评为"中国最美休闲乡村",2019年被评为"全国生态文化村"。

领导重视是保障。按照中央和省州的总体部署,把易地扶贫搬迁作为"八个一批"中最重要的一项举措,坚持"一把手"负责制,层层压实责任,层层分解责任,从选址到建设、从建设到发展后续产业,构建起责任清晰、各负其责、合力攻坚的工作机制,形成易地扶贫搬迁齐抓共管的工作局面,为德吉村易地扶贫搬迁顺利推进提供了组织保障。

政策宣传是前提。在规划编制中,尖扎县委、县政府多次调研征求群众意见和建议、反复论证确保项目科学可行,在此基础上,深入宣传国家易地扶贫搬迁政策和搬迁后续产业发展目标,做到家喻户晓、妇孺皆知,使更多的搬迁群众认识到德吉村的发展潜力,积极参与项目建设全过程,为德吉村后续发展奠定了坚实的思想基础。

党建引领是基础。德吉村易地扶贫搬迁项目建设过程中,坚持把加强党的建设作为带动脱贫致富的基础工作,从搬迁群众中选出政治坚定、能力较强的党员成立临时党支部,积极开展扶贫政策讲解、法律法规教育、技术技能培训、感恩奋进教育等,并积极开展党员群众带头动员搬迁、带头入住、带头发展产业,充分发挥了基层党组织的战斗堡垒作用和党员先锋模范作用,为党建引领易地扶贫搬迁树立了典型。

整合资源是关键。德吉村易地扶贫搬迁项目建设过程中,积极整合扶贫、水利、交通、电力、教育、卫生、文化、旅游以及援建单位项目和资金,一次性规划、一次性建设,整体打造了搬迁群众住房和基础设施、公共服务设施以及后续发展产业,是搬迁群众"搬得出、稳得住、有产业、逐步能致富"的关键所在。

在党中央、国务院和省委、省政府的深切关怀下,在国家发展改革委和国务院扶贫办的悉心指导下,德吉村易地扶贫搬迁项目取得了巨大成效,搬迁群众入住新家园,住上了宽敞明亮的安置住房,享受到了便利的基础设施和公共服务设施,对党的易地扶贫搬迁政策高度认可,家家户户均悬挂了习近平总书记画像铭记感恩之情,感党恩、知党恩、听党话、跟党走成为共识。安置点及时组建新的村委会、社区,抽调工作人员和搬迁群众成立管理机构,解决搬迁群众就业、就医、就学、发展生产等方面遇到的困难,结合当地风俗习惯,制定村规民约,组织开展形式多样的文体活动、评比活动,促进搬迁群众自我管理,增强归属感,融入新的环境,搬迁群众向心力、凝聚力进一步增强。德吉村易地扶贫搬迁是针对"一方水土养不好一方人"贫困地区脱贫致富的积极探索,是黄南州乃至全省易地扶贫搬迁工作的典范,成为青海省易地扶贫搬迁工作的一张亮丽的名片。

栉风沐雨砥砺行　"易"得广厦颂党恩

——青海省民和县北山乡整乡搬迁史纳安置区

民和县北山乡原址位于县城北部海拔约 2400—2688 米的祁连山东头,全乡 7 个村 1455 户 4939 人零散分布在 65.4 平方公里的山梁沟坡间。长期以来,受高海拔和区域自然地理条件的影响,干旱贫穷,生产生活条件十分艰苦。

严酷的自然条件严重制约着北山乡的经济发展,产业种植上,马铃薯是北山乡最重要的经济作物,同时也是农民的主要口粮,有人曾形象地形容北山乡农民的生活状况:"早晨是洋、中午是芋、晚上是蛋,全天吃的是洋芋蛋。"因为没有其他经济收入来源,加之连年干旱,小麦没有收成,土豆也卖不了几个钱。

吃水难、行路难、上学难、就医难、增收难……原来的北山乡是典型的"一方水土养不好一方人"的贫困山区。"全面小康,一个也不能少",这是习近平总书记的铿锵承诺,更是北山乡群众的殷切期盼。切实破解困境,加快人民群众整体脱贫奔小康迫在眉睫,时不我待。

一、群策群力启征程　挪出穷窝拔穷根

面对北山乡"一方水土养不好一方人"的实际困境,从省市县到乡村一直在艰难探索,寻找出路。当党中央脱贫攻坚的号令发出后,县委、县政府统揽全局、精心谋划、协同各方、扎实推进,在深入调研的基础上,通过召开县委常委会、北山乡整体易地搬迁推进会、北山乡易地搬迁研讨会、北山乡党员座谈会、群众代表会等进行专题研究和安排部署,征求各方面的意见建议,广泛了解群众的思想动态和意愿,并对群众提出的具体困难和现实问题解疑释惑、消除顾虑,通过充分论证,科学

图为北山乡整乡搬迁史纳安置区近景

决策,攻坚克难,全面落实。最终,在各级党组织的共同努力下,在广大搬迁群众的一致同意下,县委、县政府作出了北山乡整乡易地搬迁的重大决定。

易地搬迁,脱贫攻坚,这是历史的使命,也是人民的重托。在重若千钧的易地搬迁工作中,北山乡党委、政府靠前行动,在县委、县政府的坚强领导下,团结带领村"两委"班子成员和广大党员干部,积极走进群众家中,走进田间地头,谈心交流,广泛宣传易地扶贫搬迁好政策,解答群众疑问,消除了群众的疑虑,让他们尽快地投入到易地搬迁队伍中。

在县委、县政府的鼎力支持下,在北山乡党委、政府的奋力拼搏下,在广大党员的率先行动下,在全乡群众的齐心协力下,经过三年的苦干实干,北山乡整乡易地搬迁工作首战告捷,全乡 1297 户 4567 名群众搬出了大山,从"山里人"变成了"城里人",开启了新的美好生活前景。

常言道:居不安则心不定。为了实现"挪穷窝、拔穷根"的目标,实现"搬得出、稳得住、逐步能致富"的脱贫致富新愿景,过上幸福美好的新生活,北山乡党委、政府在做好整乡易地扶贫搬迁工作的同时,想办法、找门路、多渠道找寻创业就业的机会。开展了"一对一、多对一"就业帮扶,给 358 名群众解决了就业岗位。集中流转土地 8000 多亩,鼓励扶持发展种植、养殖业,培养一批种植养殖大户,吸纳富余劳动力,带动一部分群众就业就地创收。2018 年,德兴村紧紧抓住发展村集体经济的有利时机,注入资金 90 万元注册成立了德兴村集体经济合作社——民和德心种植专业合作社,入社农户 101 户,流转土地 1000 余亩,大规模发展中药材等特色种植产业,解决季节性用工岗位 100 多个,预计年收入 45 万元,带动全村、辐射全乡群众受益;支持群众自主开办食品、百货、餐饮、便民店共 21 家,31 名贫困群众在家门口实现就业。扶持培育就业服务组织和劳务输出经纪人 12 名,积极为搬迁群众创业就业牵线搭桥;建立扶贫项目利益联结机制,借力"十三五"村级光伏扶贫项目,预计每个村每年收益 30 万元,带动 5 个贫困村及 262 户建档立卡贫困户收益;壮大村集体经济项目,投资 200 万元购置商铺及入股恒安公交公司使先锋村和永进村通过收益资金带动 2 个村 81 户建档立卡贫困户收益;东西部协作项目方面,投资 420 万元购置扶贫车间,通过收益资金带动全乡 7 个村 343 户建档立卡贫困户收益,可解决 50 个务工岗位增加群众收入。

因为有了党和政府的正确引导,开展扶贫脱困、支持创办种植合作社、劳务公司、扶贫车间等,千方百计为群众解决困难,从而提高了群众的生产积极性,开启了脱贫致富奔小康的新征程。

二、易地搬迁暖民心,幸福生活感党恩

如今,北山乡 7 个村的 1297 户 4567 人全部搬迁至县城安置区,现在的安置区,一幢幢高楼鳞次栉比、风景如画,北山乡所有群众过上了和城里人一样的幸福生活。

易地扶贫搬迁让群众搬到了新天地、过上了新生活,农户的生活面貌有了翻天覆地的变化。山上是土木结构的宅院,农户住土炕,上旱厕,烧柴草,而安置区的房屋是两室一厅一厨一卫,南北通透采光好,抽油烟机、燃气灶、热水器、马桶等一应俱全,通天然气,有污水排放管网,住房条件今非昔比;交通不便、信息闭塞、孩子上学难、青壮年打工难、看病难等难题得到解决,真正实现了"挪穷窝、拔穷根",多重难题冰消瓦解;祖祖辈辈偏居一隅的农户开始接触以往难以接触的新鲜事物和思维方式,交通便利、信息汇聚的安置区,为他们脱贫致富打开了新的窗户,"扶贫先扶志"成为现实,思想观念从"要我脱贫要我富"向"我要脱贫我要富"转变,群众精神面貌焕然一新。

原来的北山自然条件恶劣、交通闭塞,加上干旱少雨,村民生活十分困难,然

而,在整乡易地扶贫搬迁后,这一切发生了变化。短短的三年,就有30多个小伙娶上了媳妇,小两口就近务工挣钱,日子越来越好,生活越来越幸福,出现了"进城上楼搬新居,多年光棍当新郎"的俗语;小区花园绿意盎然、花香四溢。小区健身广场人头攒动,笑声盈盈。人们一边锻炼,一边数说着美好生活,灿烂的笑脸上浮现出满满的获得感和幸福感。搬迁下来的北山乡中心学校,学生们不再起早贪黑、翻山越岭,出门步行10分钟就能到学校,优美的校园,宽敞明亮的教室,不论从硬件设施、师资力量还是教学质量都有了极大的改善。原来升学率低、辍学率高的庄子沟村、宽都兰村目前是全校升学率最高的两个村,很多孩子凭着勤奋苦学走出了大山。北山乡中心学校2017—2018年连续两年教学成绩名列全县三甲;乡卫生院搬到了小区旁,更新和增加了医疗设备、签约了家庭医生,老百姓在家门口就能享受到便捷的医疗卫生服务。

"感谢政府、感谢党,我这辈子都没想过自己能住上这么好的房子!"这是北山的老百姓现在说得最多的一句话。

没有共产党,就没有北山群众今天的幸福生活。通过易地扶贫搬迁,广大群众感恩党、感恩政府、感恩社会的意识不断增强。群众满怀对党的感激之情,开展"感党恩、听党话、跟党走"主题活动,以送锦旗、写对联等朴实的行动,表达着对党的感恩情怀。

演绎易地搬迁村的蜕变"神话"

——宁夏回族自治区中卫市沙坡头区东园镇金沙村安置区

初夏时节,绿意盎然。

走进金沙村,成排的安置房鳞次栉比。屋前绿树成荫,村道宽敞整洁。小广场上,村民们伴着欢快的音乐,跳着广场舞,大人小孩都洋溢着幸福的笑脸。

金沙村是中卫市沙坡头区东园镇的一个移民村,20 世纪 80 年代,第一批吊庄移民搬迁到这里安家。2017 年,沙坡头区实施"十三五"易地扶贫搬迁,238 户1021 人成了这里的新居民。

这些搬迁群众来自中卫市海原县 4 个乡镇 13 个行政村,过去,他们在老家面朝黄土背朝天,祖祖辈辈靠天吃饭。那里山大沟深,干旱少雨,"一方水土养不好一方人",易地扶贫搬迁脱贫成了他们最好的出路。为了让搬迁群众开始新的生活,沙坡头区在安置方式、生产生活、社会管理、产业发展上四驾并驱,努力打造易地扶贫搬迁示范样板。

"金沙村易地扶贫搬迁安置点'近城临园',搬迁群众进城、就业和学生上学都很方便,沙坡头区采取'有土'插花安置方式,选择靠近工业园区、毗邻现代农业基地、便于转移就业、利于转型融合、能够脱贫致富的金沙村。"沙坡头区扶贫办主任王文忠说。

45 岁的杨树英依然忘不了搬迁来的第一天。当天,沙坡头区 100 余名干部逐户帮助抬卸物资、验房搬家,帮助群众熟悉环境。而且,扶贫系统的干部全员出动,为搬迁群众准备了充足的盒饭和饮水,让搬迁群众感受到了新家的温暖。她激动地说:"过去住的是土坯房,一年洗不了 3 次澡,而且道路坑洼不平。现在,村里村外都是柏油路,吃上了黄河水,住的房子还有宽带、卫生间、热水器,感觉幸福得很。"

图为金沙村安置区文化广场成为群众休闲娱乐的好去处

图为金沙村统一规划的安置住房鳞次栉比

产业是脱贫富民的重点,金沙村集中力量培育增收致富产业,借力安置点周边设施蔬菜基地产业优势,2018年,争取项目资金660万元建成122亩55座大拱棚蔬菜瓜果为主的特色产业园,并引入中卫市富润丰种植专业合作社集中流转经营。拱棚为金沙村集体股份,土地为农户股份,每座中拱棚租金3000元,村集体、农户(按人口)以21∶79的比例分配,按照这种模式,搬迁群众以土地入股方式受益到了分红,园区无公害西瓜、沙葱、韭菜等新品种得到了科学种植、群众得到了稳定增收。

冯进禄搬迁前在海原县红羊乡张元村务农,搬迁到金沙村后,在设施蔬菜产业园打工。在打工过程中,他和妻子逐渐掌握了科学种植大棚蔬菜的技术。2019年,他承包了3座温棚,种植了韭菜和沙葱。"除去化肥、农药等开支,一座棚纯收入近1.5万元,年底还有分红。"冯进禄说。

务工也是搬迁群众增收的重要来源。"今年,金沙村有680人在外务工,就近在周边的设施农业基地、工业园区、奶牛场打工。"金沙村驻村第一书记张斌告诉记者,蔬菜产业园就建在村里,目前有40多名本村的搬迁群众在园区内打工。仅设施产业一项,金沙村村集体就有了3.5万元收入,实现了合作社、村集体、移民多方共赢。

搬到新家的群众等靠要思想严重、自我发展能力弱是当地扶贫干部面临的最大困难,金沙村成立帮技术、帮种植、帮就业的"三帮"志愿服务队,建立1名党员、1名致富带头人帮扶5名困难群众创业致富的帮扶机制,同时开办了技能培训班,为搬迁群众发展就业补课充电,解决移民群众打工无门路、就业无技术、创业无平台及增收的难题。此外,沙坡头区开展扶贫扶志、移风易俗活动,教育引导群众把精力和心思集中到脱贫致富上来。2020年6月初,金沙村脱贫攻坚妇女扫盲识字班开班,50岁以下、文化水平较低的妇女被全部纳入教学计划,3名干部利用空闲时间开展识字教育志愿服务,目前,村里120多名妇女白天务农务工,晚上在村文化活动室上起了"夜校"。

搬迁之初,过去只种旱地且靠天吃饭的贫困群众开始和当地的村民学习水稻种植技术。42岁的刘勇在当地村民的指导下,鼓起勇气承包了200亩土地种植水稻。他精耕细作,科学种植,年收入竟达12万元左右。在他的带动下,2020年,村里有6个种植大户流转了600亩土地,规模化种植水稻、玉米。

村里有50多人另辟致富门路,将黄河石卖到了全国各地。他们在农闲时节,结伴到离村不远的黄河边拣"黄河石",有些村民还钻研奇石文化,将各种类型的黄河石放在网上展示售卖,有的村民靠卖石头年收入达三四万元。

通过工程项目的带动,致富带头人的引领,群众脱贫内生动力得到有效激发。如今,金沙村易地搬迁群众有了稳定增收的产业,村庄环境也大变样,群众的精气神也提高了。

金沙村村支书景生庭见证了村子的变迁,他感慨地说:"30多年了,荒滩变成了美丽乡村,特别是实施易地扶贫搬迁以来,这里的变化更是翻天覆地。"

易地搬迁"搬"出幸福新生活
——新疆维吾尔自治区青河县阿格达拉镇安置区

一排排楼房整齐有序、一条条宽阔的柏油路干净整洁,超市、餐馆、医院、学校以及文化广场、健身器材等社区服务设施一应俱全⋯⋯走进坐落在青河县中部阿魏戈壁上的北疆最大的易地扶贫搬迁安置点——阿格达拉镇,三三两两的搬迁群众满脸堆笑穿梭进出,不时传来阵阵欢声笑语,呈现出和谐幸福的生活气息。

一、从土坯房到新楼房的变迁

2016年10月,全县852户3458名建档立卡的易地扶贫搬迁人口从简陋的土坯房搬进了各项配套设施一应俱全的楼房,享受着教育、卫生、娱乐服务型功能健全的现代文明生活,"两不愁三保障"得到全面落实。"感谢党的扶贫好政策,给我一个温暖的家。我们小区的位置很好,水电路讯齐全,能住上这么好的楼房,感觉自己生活在梦里。"阿格达拉镇新牧社区居民阿合买提·木塔勒满脸笑容地说。

享受易地扶贫搬迁政策,住进新房子,解决了阿合买提·木塔勒心头之患。阿合买提·木塔勒一家五口人,自己肢体二级残疾,母亲患有胃癌,需要长期进行化疗,妹妹上大学,妻子成了家庭的主要劳力,打零工的同时还要照顾家中病人,维持家庭生计,沉重的医疗负担让家庭一贫如洗,重压之下,摇摇欲坠。2014年,阿合买提·木塔勒一家被纳入建档立卡贫困户,当地党委、政府获知阿合买提·木塔勒家庭因病致贫极度困难的消息后,高度重视,伸出援助之手,采取民政兜底、医疗救助等帮扶措施,想方设法帮助他家渡过难关,助力脱贫。同时针对他家医疗负担较大、无房的特殊情况,让他享受易地扶贫搬迁政策,2016年在阿格达拉镇新牧小区安置了一套 92.43 平方米的楼房,通自来水、天然气、暖气,解决了他家的住房之困,2016 年,阿合买提·木塔勒成功脱贫摘帽。现如今,全家人在阿格达拉镇过上了幸福生活,家庭有伴,收入有路,生活有盼!

青河县累计投入资金 6 亿多元,在阿格达拉镇完成 37 栋住宅楼,配套建设九年一贯制学校、幼儿园、卫生院、加油站、客运站、农贸市场等公共服务设施,完成供排水、天然气、集中供热、污水处理厂、垃圾填埋场、38 公里镇区道路、12 公里绿化带、新建创业就业培训基地,设立驾驶员培训学校等,达到"五通七有"要求,为易地扶贫搬迁户顺利入住提供了保障。

二、从苦日子到新生活的变化

阿依甫汗·肯吉原是青河县阿热勒乡呼尔森村村民,原先的村子由于耕地面积不足,缺乏必要的生产资料,只能靠打零工维持生计。2016 年 10 月,阿依甫汗一家人亲身体会到了脱贫攻坚的好政策,搬迁到阿格达拉镇,政府给予每人 10 亩地补助政策,妻子又在社区党支部的帮助下,拿到 5 万元无息贷款在镇区创业就业孵化基地开起了奶茶店。2017 年 11 月,阿依甫汗·肯吉在阿格达拉养殖小区开办了养殖合作社,买了 200 多只羊饲养,实现了他们的增收致富梦。

说起现在的生活,阿依甫汗·肯吉难掩喜悦地说:"搬迁到阿格达拉不仅享受住房,而且每人得到了 10 亩耕地,我们一家五口每年土地流转收入可达 16215 元,生病了在家门口就能医治,学校就在家门口,从家里走到学校只要几分钟的时间,今后我想把自己的养殖业全力发展,让妻子把奶茶店生意料理好,我们两个一起创业,过上幸福的生活。"

三、从老一套到新产业的蜕变

尔热斯·巴亚尼是青河县阿热勒乡呼尔森村搬迁到阿格达拉镇新牧社区的单亲妈妈,家里有两个孩子,之前在村里的日子一直过得紧紧巴巴的。搬迁到阿格达拉后,手脚灵活的她积极参加镇党委、政府组织开展的技能培训,学习相应的技能。2019 年 5 月安置区引进了马铃薯种业公司,她找到了适合自己的岗位,实现家门就业,变为"上班族"。

"我的两个孩子还小,生活负担也很重,去年在政府的帮助下,我被招到马铃薯脱毒车间工作,一个月能挣4000元,挣钱顾家两不误,甭提有多高兴!"说起在马铃薯种业公司工作的感受,尔热斯·巴亚尼掩饰不住自己的笑意。

阿格达拉镇农作物种植面积达10万亩,每年实现产值2.6亿元,农业种植用工报酬达2200万元,依托农林牧产业发展优势,每年向建档立卡贫困户发放土地收益金828.34万元,产业工人人均增收5000元。16家企业和合作社落地镇区,吸纳建档立卡贫困群众260人稳定就业,每人年收入3万—5万元。同时发展产业旅游,举办"千里花海暨农业产业观光旅游节",通过大田观光、采摘农产品、民俗文化、民宿、农家乐等旅游服务带动增收200余万元。

阿格达拉镇党委书记刘先举介绍说:"从2016年起,青河县强力推进易地扶贫搬迁工程,为了确保易地搬迁户'搬得出、稳得住、能致富',县财政当年起承担了每户搬迁户1850元的天然气初装费、搬迁户每人补贴1200元,并以连续3年递减的方式补助取暖费、物业费等。为让乡亲们'能致富',阿格达拉镇党委、政府积极引导居民就业、加强技能培训、拓宽增收门路。易地搬迁居民现在致富门路多种多样,有的人在开商店、餐馆、机动车修理,有的人在经营民宿,有的人在搞养殖,有的人在大田干活,有的人在家门口企业或合作社务工,每个月都能领到工资,享受到了上班族的待遇。现在大家都走上脱贫致富路,转换了崭新的生活方式,过上了幸福的新生活。"

党心连民心,政策暖人心,青河县易地扶贫搬迁工作帮助852户贫困群众圆新居梦、走脱贫致富路,过上了美满的生活。易地搬迁群众喜迁新居,党的恩情永不忘。"雨水是大地的福气、易地搬迁政策是我们的福气,如果没有易地扶贫搬迁好政策,我们现在也许还在贫困线上徘徊,易地扶贫搬迁让我们融入了现代城市的生活,挪了我们的穷窝,实现了新一轮就业创业!感谢党和政府让我们住上了好房子、过上了好日子!"阿格达拉镇新牧社区老党员吐尔逊别克·赫德尔汗这么由衷地感叹。

典型案例——搬迁群众篇

搬出"新"生活

——河北省阜平县大台乡教庆村文华容的搬迁脱贫故事

"做梦也没想到能搬到县城周边住上楼房,还在家门口找到工作!"如今住上125平方米的楼房,自己在小区附近的硒鸽厂打工赚钱,对照过去的日子,文华容感慨地说。

一、搬迁前:生活条件差,挣钱靠外出打工

嫁到教庆村:做梦也没想到条件那么差!

1994年,四川省绵阳市三台县的文华容嫁到阜平县大台乡炭灰铺行政村教庆自然村。

"做梦也没想到条件那么差!"文华容指的是,没想到当时教庆村条件差得出乎意料:没路、没电,穷。通往炭灰铺村的20里路是羊肠小道,村民没见过电灯,靠山地里种玉米生活。

村庄偏僻造成了村民没有见识。她讲了三个亲历的笑话。村民从山上割草背到镇上要卖给养马的,路上遇到一辆卡车,以为车和马一样,就向对方卖草;年轻人买了手电筒,家里老人用后不知道怎么关,竟把手电筒放到水桶里"淹灭";放映员带着发电机到村里放电影,有村民觉得村里住房紧张,担心银幕里的演员晚上没地儿睡觉。

住的偏僻也让文华容一家生活尝尽苦头。文华容丈夫安发介绍,家里除了种地没有其他收入来源,吃的大米、白面要拿种的玉米卖钱换购;村里没有商店,购买

油盐酱醋等生活用品,最近也要步行到 20 里外,往返 40 里,常常是早晨出发,晚上才能回来;父亲的脚不小心扭伤,因为就医不便,延误治疗,最后不得不把脚锯掉。

吃得差,住得更差。文华容嫁给安发,吃不饱是常事,因为地少,总共不到 2 亩山地,土地贫瘠,还要靠"天"吃饭;住得差,建于 1975 年的石头房子只有 50 平方米,漏风漏雨。没有经济收入,房子只能修修补补,得住且住,无可奈何。

面对教庆村的偏僻落后和安发一家的深度贫困,文华容没有逃避,而是选择留下与丈夫一起赡养公公。

1996 年,公公去世那年,教庆村通上了电。当年,村干部号召村民有力出力、有钱出钱、有物出物,全村齐动员,一条土路修到了 20 里外的炭灰铺村。

二、供养儿女上大学:外出打工

2014 年和 2015 年,文华容的一儿一女先后考上了大学。

"再难也要让他们上学读书。"文华容下决心要供孩子上学,走出大山。"因为这地方太穷了。"文华容说。

小学学校设在炭灰铺村。来回 40 里山路,两个孩子年龄小,只能选择住校。就这样,背着小的,拉着大的,周一送过去,周五接回来,风里雨里,从未间断……这些对于文华容来说都不算困难。

让文华容最着急上火的事是孩子上学的学费、书费、生活费等费用。

没有收入来源,丈夫安发和哥哥安有就想办法凑钱买了 20 只羊到山上放养。文华容也不闲着,在照顾家的同时,养猪卖猪仔赚钱。

两个孩子学习一直刻苦努力,踏实上进。

2010 年,安发因高血压突发脑溢血,治愈后,基本丧失劳动能力。2013 年,安有风湿病加重。

一家日常生活开支和两个孩子的学费,所有重担全部落在了文华容一个人身上。

2014 年,儿子安东利收到成都大学录取通知书。2015 年,女儿安益文考上了河北交通职业技术学院。就近没有适合打工赚钱的地方,文华容就跟随在外打工的亲戚远赴江苏,每月收入 4000 元,自己一分也舍不得花,全部用于孩子上学和家人的基本生活开支。

2018 年,安东利和安益文顺利读完了大学。

文华容稍感轻松,但儿女年龄渐大,到了谈婚论嫁的时候,家里房子破旧逼仄,这成为她的新愁。

三、搬家后:居住环境好,成为产业工人

2019 年 11 月,文华容一家从教庆村搬到了阜东新区安置区。

"咋不想着搬呢。"2018 年教庆村易地扶贫搬迁工作启动,文华容一家率先签字,同意搬迁。

便利的交通、完善的配套、优雅的小区环境和方便的就医条件,谈到现在的生活,文华容滔滔不绝。

出了小区大门,不远就是通往保定和县城宽阔的柏油公路,东行百米是"阜东小学",西行 200 米是阜平县中医院,小区内还并设有超市。

按照政策,文华容一家五口人在阜东新区安居家园分到一套 125 平方米的楼房,房子有四间卧室,客厅、餐厅,还有两个卫生间,南北通透,宽敞明亮。

"没掏一分钱,一年四季都能洗热水澡,住着可舒服哩。为了减轻我们的负担,县里都想到前面了,还对物业费、取暖费进行了补贴,真得感谢党和政府的好政策!"文华容介绍,自己拿到房子钥匙时,房子已进行了基本的装修,自己简单地添置了些家具,就这样,一家人顺顺利利地搬进了新房。

新房子给家人生活带来了便利。居住楼房冬天暖和,厕所也在屋内,患病的丈夫和哥哥生活方便许多。

如今,文华容的两个孩子大学毕业后也都有了独立生活的能力。儿子安东利在北京打工,出嫁后的女儿和丈夫在县城经营了一家蛋糕房。

新房子带来了新生活。

四、就近打工:转型成为产业工人

搬到新家,文华容最高兴的事是在距离小区三里外的硒鸽养殖场找到了工作。这样,她可以一边打工赚钱,一边照顾家里。

图为文华容家原来的住房

在硒鸽养殖场上班,前三个月带薪培训,文华容的工资先后挣到 2500 元、2700 元、3000 元。随着养鸽技术水平不断提高,三个月后她具备了独立管理能力。2020 年 5 月 29 日起,她独立承包管理一个鸽棚,养殖 1800 对硒鸽。

选蛋、调鸽、饲喂等养鸽子的所有环节,文华容有条不紊。她介绍,出栏一只乳鸽自己能挣 1.6 元,出售鸽蛋也有收入,目前,半个月时间已出售乳鸽 1200 多只。以此预计,文华容独立承包鸽棚首月可以挣到 4000 元。她相信,随着养殖技术的日渐成熟,以后会挣得更多。

"儿子说今年过春节要带对象到家里来!"说到未来,文华容认为现在住房宽敞,周边配套齐全,就业环境好,自己底气很足,希望儿子早点娶媳妇,了却自己一桩心愿。

搬迁后,文华容一家的日子越来越好!

据了解,阜平县大台乡炭灰铺村由于位置偏僻、基础设施落后,村民赚钱难、生活难,目前,500 余户 1700 余人搬到阜东新区,其中,教庆自然村 30 户 121 人全部搬出。小区附近的手工业扶贫车间、山地综合开发园区、硒鸽养殖园区、食品加工园区等"两区同建"项目为村民提供了"家门口"就业机会。

靠政策搬来好日子　凭勤快干出新生活

——山西省垣曲县历山镇观坡村石亚刚的搬迁脱贫故事

住着两孔破旧窑洞，种着几亩山坡地，上有年迈母亲需要赡养，下有两个未成年的孩子时刻离不开照料，吃饭上学花费不少。出门打工吧，既没有技能，也没有机会，在家务农吧，侍奉薄地没有产出……

困守山村，苦巴苦熬，这是 4 年前石亚刚和裴双琴夫妻每天过的日子。

现如今，村里种着葡萄园硕果累累，县城住着楼房敞敞亮亮，开着洗车行挣着现钱，眼界开阔了，头脑也灵活，捎带做个生意也得心应手。

从建档立卡贫困户到脱贫致富的好榜样，4 年间，何以发生如此翻天覆地的变化？

"国家的脱贫攻坚政策好，帮扶工作队给我指的路子好，我自己看到了希望，有了目标，日子就过好了。"石亚刚说。

40 岁的石亚刚是垣曲县历山镇观坡村人。观坡村位于中条山大山内，历山镇西南部，允西河西下段，生产生活环境恶劣，全村耕地面积仅有 840 亩，多为山坡地。村民们种些传统农作物糊口，几乎没有经济来源，是典型的穷村子。

石亚刚未成年时父亲就病逝了，结婚后生了两个儿子，年迈的母亲和他们一起过日子，一家老小五口人住在老辈留下的两孔黑黢黢的石窑洞内，家徒四壁。石亚刚和妻子仅靠家中微薄的土地收入来维持生活，收入过低，生活拮据，条件艰苦。于 2015 年被识别为建档立卡贫困户。

"脱贫先要挪穷窝"，运城市委宣传部帮扶工作队积极组织村民易地扶贫搬迁，这项温暖的民心工程，让观坡山区的贫困群众有了盼头，有了安居乐业的梦想。2016 年，石亚刚一家享受到了易地扶贫搬迁好政策的红利，一家人离开居住多年的石窑，到垣曲县城住上了楼房。

离开了土地怎么吃饭过日子？想着出去打工挣钱，可是老人孩子都离不开人，石亚刚夫妻住着楼房又犯了愁。

是个好办法！石亚刚夫妻说干就干，开始选地方筹备洗车行。不懂洗车技术，他们就到专业的洗车店免费帮人家洗车，为的就是学本领。2016年，他们在县城东峰山开办了一家洗车行。夫妻两人诚信经营，爱车如爱人，深得车主们的赞许。就这样，凭着满腔的热血和勤劳的双手，洗车行生意越来越好、回头客越来越多，每年纯利润三四万元，全家人的生活如芝麻开花节节高，一年比一年好。

旧村子里，工作队在发展新产业。他们多方考察后认为，村民们种植传统的玉米、小麦、小杂粮等农作物，因附加值较低、市场饱和度高等各种因素，收入提升困难，增加农民收入，要从改变种植模式开始。他们带领村民大力发展葡萄、花椒种植等特色产业，并配套建设大口井、线路改造等基础设施。

看到了村里产业红红火火，石亚刚也心动了。他主动找上门，让帮扶工作队辅导，将世世代代种植传统作物的5亩土地全部改种为葡萄。为了种好葡萄，他向专家咨询，向书本学习，在网上搜索，费心种植的葡萄长势良好，2019年，每亩地就有了一千多元的收入。再加上产业项目分红、地力综合性补贴、"五位一体"金融扶贫等各项政策，家庭收入和日常生活得到了很大的改善。

图为硕果累累的葡萄园

住上了好房子,挣到了"红票子",村里城里都有了收入。大儿子石凯高中毕业考入山西机电职业技术学院,去省城太原上学。小儿子石卓林现在中心小学读书。日子有了起色,老母亲心情开朗,身体也比以前健康了,一家人的生活和和美美,日子越过越红火。

搬到县城以后,石亚刚的交际圈有了很大的改变,思想、眼界也越来越开阔。他还时不时承接一些小型工程,组织村民务工搞建设,进一步增加家庭收入。

石亚刚的努力和勤奋,为自己和家人谋得了幸福生活,也成为村民们的模范典型。石亚刚向党组织递交了入党申请,成为入党积极分子,希望能在带领村民致富奔小康的路上作出自己的贡献。

老梁"脱贫"记

——内蒙古自治区和林县大红城乡万裕号村梁忠厚的搬迁脱贫故事

◇◇◇

刚立夏,天气就酷热难耐。梁忠厚停下三轮车,来到地膜玉米播种机前,看了看玉米种子够不够用。然后深一脚、浅一脚地跟在大家身后,豆大的汗珠顺着他黝黑且消瘦的脸滴在泥土里。"再有一会儿,300亩玉米地就种完了。"梁忠厚擦擦汗,又开始忙碌了。

57岁的梁忠厚是和林县大红城乡万裕号村的村民。年轻时的梁忠厚并不穷,打点工、种点地,日子过得去。没想到,2012年的一场车祸,让他右腿落下残疾,看病花了不少钱,还欠下六七万元外债。那一年,他靠双拐走路,失去了劳动能力,与年迈的老母亲相依为命。

2016年,梁忠厚被识别为贫困户。一系列精准扶贫政策接踵而至:享受易地搬迁政策,搬进了互助幸福院;享受低保和残疾补助,基本生活有了保障;享受生猪代养政策,获得了收益分红……

住进了新房,有了收入。大家都说,梁忠厚这下好过了。

可梁忠厚觉得贫困户的帽子戴在头上不光彩,他四处寻找机会摘掉这个"穷帽子"。

"国家扶贫政策好,但不能完全靠政策。"这些帮扶措施,激发了梁忠厚一心脱贫的志气和决心。

听说藜麦营养价值高,市场前景好。于是梁忠厚整整一年一瘸一拐地奔波于山西各地,他惊喜地发现万裕号村的气候正适宜藜麦生长。

2017年,梁忠厚试种了20亩藜麦。

秋天,在乡政府的"牵线搭桥"帮助下,梁忠厚的藜麦很快就卖光了。当年,他除去人工、机械开支,还还了 2 万元外债。

梁忠厚乐了。

图为梁忠厚在种植现场

2018 年,尝到了"甜头"的梁忠厚要扩大种植规模,他流转了村里的 580 亩土地,准备种植藜麦和小杂粮。他想把光景过得更美。

美光景谁不想过,可是又谈何容易?

买种子就把家里的钱花光了,眼看谷雨快到了,化肥农药一点儿也没有,这地咋种?梁忠厚眉头紧锁了好几天,犯了愁。

事情很快迎来了转机。

时任大红城乡党委书记的云月清找上了门,通过乡政府帮忙协调,帮他贷了 2 万元的贴息贷款。50 多亩藜麦和 530 亩小杂粮不误农时种进了地里。

看到他辛苦,70 多岁的老母亲劝他,"咱有政府给的钱,省点也够花,你生打生种这么多,又手不到脚不到,赔了咋办?"

"村支书这么支持咱,乡里的领导这么帮,妈你怕啥?"梁忠厚却打定了主意要试一试。

于是,种、管、收全靠雇佣劳动力,梁忠厚的藜麦在万裕号扎下了根。

五月份种下,不长时间,藜麦苗和小杂粮嫩苗齐刷刷地破土而出,梁忠厚松了一口气,原本就黑黑瘦瘦的他又掉了不少肉。

有了第一年的种植经验和销售"市场",他的藜麦和小杂粮供不应求。年底一算账,收入了7万多元。他把剩余的外债全部还清,还结余9000元,梁忠厚的脸上笑开了花。

2018年年底,梁忠厚脱了贫。

撕掉贫困标签后的梁忠厚,干劲儿越来越足。"自己生活好了不算好,我要把村里的人都带动起来!"

在梁忠厚这里打工的,都是方圆十几里的农户,有年老的,还有16名贫困户。

已经72岁的梁全厚老两口,一年能在他这挣7000多元。

有人说:"你咋这么傻,尽用了些老汉老太太,他们能做成个啥?"

梁忠厚乐呵呵地说:"不怕他们做的慢,我就是为让他们也有点收入,日子好过一些。"

2年多时间过去了,来来回回到梁忠厚这打工的七八十人,都是万裕号村一道沟沟岔岔的农户。

两年来,梁忠厚光人工工资支出就超过了20万元。

2019年,梁忠厚成立了家庭农场,流转了1300亩土地,扩大了种植规模,他的万裕号藜麦也有了自己的商标,藜麦种植走上了正轨。

可受疫情影响,年产47000斤藜麦的销路遇到了麻烦,这也成了大红城乡党委书记王支元心头的棘手问题。

协调部门、联系企业、寻找市场……只要有机会,王支元都要帮他"推销"万裕号藜麦,2020年以来,帮他销售了10000多斤。

"群众要脱贫,发展特色农业是一条出路,梁忠厚老实肯干,不等不靠,2019年我们协调农牧局为他提供了2万元的化肥农药和地膜,在藜麦销售上,我们还会尽所能帮助他、支持他。"王支元说。

新冠肺炎疫情发生后,梁忠厚捐了1000斤藜麦给防控一线的工作人员。他说,"我有困难时,党和政府没少帮我,我也要尽一份力,帮帮大家"。

在他的玉米地里,梁忠厚告诉了记者他2020年的打算:再贷款10万元,再流转1000亩土地,种150亩玉米,300亩谷子,300亩油菜,300亩藜麦,300亩黍子,其余种植苦荞麦……

如今的梁忠厚,已经基本不需要双拐,虽然走路不太稳,但也不影响正常出行,他说:"日子好过了,有奔头了,觉得还是靠双腿走路利索!"

日子有奔头　生活有希望

——吉林省和龙市福洞镇福洞村李守华的搬迁脱贫故事

在李守华的猪舍里，他正在为他的"宝贝疙瘩"辛勤地忙碌着，清洗猪舍、喂食，忙得不亦乐乎，虽然很辛苦，但他却感觉很充实很满足……

早在4年前，这种生活是李守华从来没有想过的。

55岁的李守华是延边州和龙市福洞镇福洞村的一位普通村民。几年前，李守华还是靠着打零工维持生计，如今，不仅摘掉了"穷帽子"，还建起了猪舍，在充满希望和幸福的道路上前行。

李守华家中有4口人，他和妻子均患有长期慢性病，一直依靠药物治疗，随着生活压力的增大，再加上两个女儿都需要上学，家里的生活可谓雪上加霜。

2016年年底，通过国家实施的易地扶贫搬迁政策，李守华一家人住上了80平方米的新楼房，居住环境有了质的飞越。从昔日的租房子到现在客厅、卧室、厨房、卫生间一应俱全的新居，李守华一家人脸上露出了灿烂的微笑，他在入住的时候激动地说道："感谢国家、感谢镇村及帮扶单位，在我困难的时候帮助我，为我解决难题、帮我想办法，如今还让我住上了好房子，我一定会好好干，通过自己的劳动实现脱贫致富。"

居住环境改善了，也要改变家里的收入情况，有了精准扶贫这一好政策，李守华决定大干一场。头脑灵活的他决定通过养猪改变窘迫的生活，于是他找到了镇村及帮扶干部，说明了自身的情况和想法。针对资金短缺的情况，李守华在镇村干部的帮助下，申请小额信贷发展自主经营，建起了猪舍。

"起初，为了节省资金，我和家人亲朋好友靠铁锹、尖镐、独轮车，自己修缮猪舍。整整1个月时间，终于建成了整齐的猪舍。"李守华回忆说，当时条件很艰苦，手都被磨出了老茧，但是心中有希望，所有的酸楚都化作了动力。

猪舍建成后,李守华用贷款剩下的钱买了2头种猪,2016年年底实现存栏24头,到2017年为了扩大养殖规模,他又扩建了猪舍,养殖母猪达到8头,年底出栏达到90头。

"做新时代的农民,一定得学会科学养殖。"为了降低成本,更为了早日走上致富路,李守华感到购买猪饲料成本过高,质量也没有保障。于是,他积极主动学习猪饲料加工技术,他按照自己的配方制作饲料,每斤降低成本0.2元。仅此一项每年可节省大量资金,增加了每头猪的利润。另外,他还改变了饲养方式,掌握了猪的疾病预防、治疗、去势、打耳号等各项养殖技术,并把仔猪的死亡率控制在了国家规定标准之内。如今,李守华通过坚持不懈的自繁自养,年出栏量达到了200头以上。

图为李守华养殖的第一批生猪

李守华依靠自己的双手实现了脱贫致富,摘掉了贫困户的帽子。"自己脱贫不算啥,能够带着大家伙一起奔小康才是致富",这是李守华在脱贫告知单上签字时说出的话。2019年开始,李守华借着良好的生猪市场,带动3户贫困户主动参与养猪行业,在养殖技术上他主动为大家做示范,从配料到产床设计到防范非洲猪瘟,他毫无保留,认认真真地为大家讲解,尤其是在建设猪舍上,他主动帮着大家干活减少开支。

"自从镇村帮扶单位帮扶我们家以来,家里的情况有了翻天覆地的变化,住上了新房子,孩子上学也有保障了,生活条件得到了明显的改善,我们全家都感到很幸福。"说完李守华的脸上洋溢着幸福的笑容。

一面锦旗表党恩　自力更生脱真贫
——安徽省歙县桂林镇宋村江青水的搬迁脱贫故事

2018 年 12 月 14 日,宋村江青水一家给桂林镇政府送来了一面锦旗,"精准扶贫、精准脱贫"8 个字生动表达了江青水的心声,也叙述了该户从艰难走向发展的历程。

"都是共产党的好政策帮了我,让我树立了脱贫致富的信心,可以放心大胆地去干事业,我的生活才有了翻天覆地的变化!"江青水感叹道。一系列扶贫政策的精准落实,不仅让江青水的生活有了巨大的改善,也给了他极大的精神力量,帮助其树立起干事创业的信心。正所谓"授人以鱼不如授人以渔",江青水通过政策帮扶,发展菊花规模种植,真正脱了穷根。

宋村江青水一家是 2014 年的建档立卡贫困户,户主本人因没有一技之长,一直以来只能靠打零工为生,妻子肢体重度残疾,儿子尚在上学,家庭经济状况不容乐观。江青水父母早年遗留下来的住房也已倒塌,多年来一家人都是租房居住。"由于家庭经济状况较差,对干事创业根本不敢想,只能是勉强过日子。"江青水这样说。

随着扶贫政策的精准落实、帮扶干部的支持鼓励,儿子教育有了补助,一定程度减轻了家庭负担。社保兜底措施改善了基本生活,江青水逐渐树立了信心。特别是 2016 年以后,根据江青水户的实际情况,桂林镇人民政府将该户纳入了易地扶贫搬迁工程,在宋村松关安置点为其安置了一处 70 平方米的房子,有了稳定的住所,江青水一家彻底改变了长期租房的状况。再伴随着一系列扶贫政策的落实,该户家庭情况日益好转,江青水更加树立了脱贫的信心,决定通过自己的双手,借助扶贫政策的支持来走上致富的道路。

在亲友的帮忙下,他到徽州区呈坎镇西坞石村租了 13 亩土地种植菊花,2017

年7月,通过扶贫小额信贷获得免息贷款5万元,用来置办菊花烘干设备。2017年12月,13亩菊花全部采摘、烘干、销售完毕,由于受市场影响,价格不太理想,江青水算了一笔账,除去成本和人工,净收入还有3万块钱,他靠自己的努力,顺利实现了脱贫。"今年是赚得不多,但是没关系,来年继续种,我有信心,一定能有更好的收成!"他这样说。

2018年,经过一年的试种,江青水放弃了一部分不适宜栽种菊花的土地,将种植规模缩减到了11.8亩。虽然种植面积减少了,但是效益却变好了。11月,一簇簇金灿灿的大黄菊收进了袋子,装上了收购商的大卡车,江青水捧着用辛勤汗水换来的丰厚回报(毛收入30万元),激动地说:"感谢共产党的扶贫好政策,我相信,通过自己的双手一定能实现致富梦!"

江青水从没有一技之长靠政策兜底补助维持生计到自立自强创业,过上幸福美满生活,离不开易地扶贫搬迁工程的助力,以及后续就业、产业、就学、就医、社会保障等综合配套政策工作的顺利推进。

图为江青水现居住的安置点

随着党和国家各项惠农政策的出台,广大贫困群众脱贫致富的渠道越来越多,路子越来越广,但要想打赢脱贫攻坚战,还需倡导广大群众自力更生脱贫致富。而江青水的蜕变成功,将成为身边贫困群众致富之路上的一盏明灯。这三年以来,经过不断地总结经验,江青水的菊花种植技术和生产工艺已日趋成熟。眼见自己事业慢慢步入正轨,他仍心系父老乡亲,希望将种植基地转移到自己的家乡来。江青水打算于宋村成立一个合作社,带领其他的贫困群众参与其中,实现就近就业并增加收入,最终达到稳定脱贫。他的这一想法,很快获得了镇政府的支持,在合作社注册办理、土地流转、资金(免息贷款)等方面为其开辟绿色办理通道,积极联系各部门落实政策倾斜,确保2020年年底投入经营。

江青水的事迹告诉我们,打好脱贫攻坚战,必须要标本兼治,易地扶贫搬迁不仅仅只是搬迁,更要做好后续各项工作。要以"扶智"和"扶志"为出发点,打开大扶贫局面。生活贫穷不可怕,精神贫穷才可怕。以经济发展为支撑、政策倾向为扶持、社会帮扶为助力,只要所有人坚定信念,克服惰性思维和"等、靠、要"等依赖思想,创新思路,自力更生,就一定能用勤劳的双手实现脱贫致富,创造美好的明天。

从"厌家"到"恋家"

——福建省泰宁县大田乡谱下村陈佰福的搬迁脱贫故事

"我想有个家,一个不需要多大的地方"。这首流行歌曲唱出了许多人对"有一个家"的渴望,也唱出了农村贫困群众对家的梦想。对于陈佰福来说,最幸福的事莫过于他"安居梦"的实现。

65 岁的陈佰福是福建省三明市泰宁县大田乡谱下村村民,患有慢性哮喘病,加上女儿还在外求学,日子一直过得比较艰难。在 2015 年精准扶贫工作"回头看"时,陈佰福被纳为建档立卡贫困户。

"以前住的是 60 年代盖的土坯房,光线昏暗,春天潮湿,夏天碰上暴雨总是担心得不敢深睡。而且平时就我一个人在家,周边没住什么人,感觉空荡荡的,心里很苦闷,不喜欢那个家。"正如陈佰福所说,他的土坯房年久失修,经常漏雨,不好住人。那段时间,陈佰福常常外出务工,不想回家。

现在可不一样了,自从住上了新房,陈佰福便没有了外出的想法。原来,帮扶干部和村"两委"帮助陈佰福申请了易地扶贫搬迁政策,支持陈佰福新建房屋,实现"安居梦"。

2017 年,陈佰福享受易地扶贫搬迁资金补助 5.3 万余元,在乡政府的帮助下,他从偏远的老谱下村搬到了集镇,住上了新房。同年,陈佰福的女儿也学业有成,找到了工作。在 2017 年年底,陈佰福实现了脱贫。

走进陈佰福位于大田村上瑶的新家,宽敞明亮且干净整洁,家里彩电、热水器等家电一应俱全。"新房不仅宽敞明亮,居住条件好,最重要的是旁边有很多邻居,离乡里又近,吃完饭溜达几步就到街上了,零工活也多,很容易找到事情做,住在这里的每一分每一秒都是幸福的,从前孤单寂寞的感觉没有了。"陈佰福只看了一眼就恋上了这里。

图为陈佰福易地扶贫搬迁前的旧房

图为陈佰福搬迁进新房

2019 年,大田乡投入 24 万元用于完善上瑶小区配套基础设施。乡政府还为陈佰福办理了城乡居民基本医疗保险、大病保险、商业补充医疗保险及城乡居民基本养老保险,同时享受农村居民最低生活保障、医疗补助、家庭签约医生服务。此外,陈佰福通过入股瑞丰食用菌合作社项目和入股整乡推进光伏发电项目分红,一年能增加 1500 余元的收入。"不操心,不费劲,没风险,你说是不是国家政策好,日子过得越来越好啦。"陈佰福在分红大会上开心地说道。

当得知大田乡政府设立了一批公益性岗位,陈佰福积极应聘,在 2019 年当选了乡集镇保洁员。陈佰福说:"房子建好了,但是不能一直靠政府政策扶持过日子,我现在身体还撑得住,还能干活,就得自食其力。"2020 年,乡政府出台了年度专项扶贫资金补助方案,提高了产业扶贫补助标准,增强贫困户的造血功能,鼓励贫困户通过产业发展增收致富。陈佰福听从帮扶人和村"两委"的建议,种植了 2.5 亩洋芋,开启了产业增收之路。

2020 年,面对新冠肺炎疫情,陈佰福认为自己作为保洁员,更应该做好保洁工作,才对得起群众的信任。每天天还没亮,他就戴着口罩,穿梭在乡里的各个角落,打扫街道,收集转运垃圾。看到有人聚集在一起,他也会热心地上前劝导:"不敢聚集在一起呦。"

在疫情防控时期,他每天早出晚归,但是他觉得值得。他说:"一直以来都是党和政府在帮助我,现在正是需要力量的时候,我就想着尽自己的一份力量。用我的双手换来大家的健康,我觉得很充实、很快乐。"他冲在战"疫"一线,用自己的勤劳为大田人民与疫情之间的隔离墙添砖加瓦。

谈起保洁员这份工作,陈佰福喜笑颜开:"新房建好了,乡里还帮我安排了公益性岗位,现在我靠自己每月固定有 800 元的工资收入,新房子交通便利,还可以打零工,收入有了保障,女儿也长大了,找到了工作,生活越来越有奔头了。"俗话说"美不美家乡水,亲不亲故乡人",其实陈佰福从未真正"厌家",他只不过是渴望有个家罢了。通过易地扶贫搬迁,如今的他安居且乐业,找到了家的归属感和幸福感。

易地扶贫搬迁　新生活点亮致富梦

——江西省石城县高田镇祠江村刘礼炕的搬迁脱贫故事

接天莲叶无穷碧,映日荷花别样红。在石城县铜锣湾易地扶贫搬迁安置点,搬迁户刘礼炕带着他的"嫁妆"搬进了新家。走进简洁明亮的新房,窗明几净,卧室、厨房、卫生间,冰箱、电视机等生活设施一应俱全。

"爬坡要半天,水田挂山间,只见姑娘外嫁,少见姑娘上山",从高田镇祠江村下温寮组搬来的刘礼炕说,这是在他们当地流传的一句话。那里山高谷深,离县城有40公里,离圩镇有20公里,交通非常不便,出门就是山路,加上土地贫瘠,自然条件恶劣,属于典型的"一方水土养不好一方人"的偏僻贫困地区。

一、"山高谷深"穷根难拔

2015年,刘礼炕全家被识别为建档立卡贫困户。刘礼炕本人多年前因意外导致手指残疾,劳动力受损。儿子又无一技之长,没有稳定的工作,以在广东做临时工为主,30多岁了还未结婚。女儿前几年因车祸导致瘫痪在床,丧失劳动力,长期照顾的担子又落在了刘礼炕夫妇身上。还有一个9岁还在读小学二年级的儿子。全家就挤在几间由父辈早年修建的危旧土坯房里,一到刮风下雨就担惊受怕往山上躲。全家人仅靠2亩多水田和每个月几百元的低保金过日子,每天起早摸黑地在田间地头劳作,可是没有技术,产量不高,再加上下温寮组野猪、野羊等常年出没,糟蹋了不少作物。所以即使每年辛勤地劳作,但收入依然很低,外加还要照顾瘫痪在床的女儿以及还在读小学的儿子,经济负担十分沉重。

二、"铜锣湾中"安家定居

2016 年,易地扶贫搬迁政策如春风一般席卷偏远贫瘠的山区,这对刘礼炕一家来说,真是喜从天降。

刘礼炕掩不住脸上的笑容,说道:"听说国家有易地扶贫搬迁这个政策,我当即就乐了,以前从来不敢奢望自己也能远离这个穷山沟沟,摆脱面朝黄土背朝天的命运,赶忙跑回家中和家人商量——搬!"

2017 年 9 月,刘礼炕一家搬进了县城的铜锣湾集中安置小区居住,一家 5 口住上了 120 平方米的新房子,他们全家终于告别了居住多年的破旧土坯房,告别了交通不便、信息闭塞的小山村,告别了日出而作、日落而息的世世代代老农生活,告别了小孩上小学都得走路到 15 公里外的地方。迎接他们全家的,将是全新的生活。

"过去住在高坡上,出门是山路,住的房子又矮又小,人畜不分,不卫生。真的要感谢党和政府这么好的政策,以前真的想都不敢想,只要交 1 万元就可以在县城住上这么好这么宽敞的房子,小孩就在家门口读书了,我也成了城里人了,我们非常高兴,非常满意。"刘礼炕激动地说道。

三、"技能培训"一技之长

"不管我们先天条件有多么差,只要我们不放弃希望,勤劳肯干,努力奋斗,我们相信,就能得到自己想要的富裕生活。"刘礼炕说道,"今后,我们也会在党和政府的温暖下,继续努力拼搏,更进一步,实现富裕梦。"回想起现在的一切,仿佛还在做梦。

刚搬下来的时候,刘礼炕还担心自己能不能适应城里的生活,自己无一技之长,一家人在县城吃啥、干啥呢?这些问题让刘礼炕每天心事重重,有时甚至想重新回去种田。在与帮扶干部和第一书记进行交流沟通,了解相应政策,特别是刘礼炕得知铜锣湾有公益性岗位后,当时他就激动地和帮扶干部说:"虽然我老了,身体也不太行,但我还能动能干活,绝对不能坐下来等着要,我一定要去做点事,增加点收入。"

现在的刘礼炕在小区物业公司从事保安工作,每月工资有 1800 多元,一边工作一边也可以帮忙照顾在读小学的孙子。他儿子通过县里举办的技能培训班,获得了一技之长,在工业园区务工,月工资 3000 多元,听说也找到了女朋友。妻子也利用闲暇的时候在工业园做点零工,赚点生活费补贴家用。2018 年,刘礼炕一家年人均纯收入达到了 10000 多元,顺利退出了贫困户序列。

图为刘礼炕在安置小区内从事公益性岗位工作(保安)

搬进新社区　告别贫病难

——山东省鄄城县左南社区李春霞的搬迁脱贫故事

2020年6月23日午后,菏泽鄄城县左南社区的李春霞在自家的北阳台上,一边洗刷、择菜,一边向窗外的小学望去,上小学一年级的儿子刚刚走出家门,很快就应该进教室了。

学校就在家门口,所以儿子上学已经不需要接送。李春霞吃完饭就开始忙活下午"出摊"要准备的东西:刷洗餐具、择菜,再炸上些牙签肉之类的熟食。天气热了,李春霞的快餐车就以各种凉拌菜加上些肉类炸货为主。

准备好以后,下午五六点钟,李春霞就要骑着三轮车"出摊"了,有时在左南社区附近,有时也去周边的村子,"哪儿人多去哪儿"。送完最后一批下地回家买饭的人,李春霞回家一般得晚上8点多了。

早晨也比别人起得早:五六点钟上街买菜、洗刷、制作,10—12点多赶午饭的点"出摊"。每天需要忙活10多个小时,同样的程序,日复一日。别人也有干的,但因为操心受累,大多数人干着干着就不干了。但李春霞还很带劲。因为她觉得"收入比打工强,还有时间照顾家里"。

"最难的日子已经过去了。自从搬进新家,孩子也渐渐长大,日子比原来好多了。"李春霞对现在的状态很知足,"知足常乐"就是她的微信名。

"最难的日子"是指闺女上小学前的那几年。公公病逝、婆婆身体不太好,加上女儿1岁多查出得病,李春霞夫妻二人留在家里照顾老小,无法外出打工,还要四处求医问药,成了村里数得着的贫困户。

闺女的病是"先天性髋关节脱位",这种病对于日常看护需要特别注意,自从孩子查出病后,李春霞和丈夫就不敢外出打工,只能在家亲自护理孩子。丈夫李锦平时忙活地里的活计,偶尔在附近的粮库打打零工,一个月收入最多1000多元,加上七八亩地的收成,全家一年的收入不足万元。

生活能省就省,还要攒钱给孩子看病。李春霞至今记得夫妻二人四处求医的日子。菏泽、济南、北京,能去的都去了,吃药、贴膏药、做手术,孩子受罪,大人也跟着难受。有一次,夫妻二人陪孩子在北京住了半个多月的院,孩子睡病床,大人一个睡在病房的地下,一个睡在外面的走廊里,既是为了方便随时照顾孩子,也是为了省钱。看病支出加上其他各种费用花了几万块。"现在想想都不叫事了,当时可真是作难。"

女儿4岁多时终于在省立医院做了手术,术后效果不错,但日常活动还是要小心。搬家前,最近的小学在村外二三里地的地方,老村是黄河大堤里的典型滩区村,村民的房子都建在高高的"岗子"上,出村的土路坑坑洼洼,阴天下雨泥泞难行,李春霞也不敢让老人骑电瓶车送孩子。

2016年,鄄城县易地扶贫搬迁工程启动。李春霞是最先交钱、选房的一批人。按照人口补偿、老房折旧等政策,他们一家五口人,只需交1万块钱就可以住进119平方米的套房。

图为李春霞卖小吃

2018年9月,左营乡6个村的村民搬进了左南社区。李春霞的女儿就在社区东边的安置区小学上学,再也不用发愁接送孩子的事情。她就在社区的贫困户就业技能培训中,免费学习了熟食烹饪技术,并购置一辆快餐车做起卖熟食和小菜的生意。丈夫李谦也没有再外出务工,凭借驾驶技术,在社区物业公司应聘成为一名垃圾清运车司机,每月能拿到4500元的固定工资,收入稳定,还能抽空帮着李春霞买菜做饭忙活快餐生意。

两个孩子渐渐长大,2020年闺女上了镇上的寄宿中学,身体已经基本康复,"走路也看不大出来了";儿子刚上小学一年级,上学就在家门口的心愿已经变成现实。老村的8亩土地以每年每亩500元的价格承包给了本村的种植大户,种植粮食、地瓜等。

"日子是越来越好了",不管对谁,乐观的李春霞总这样说。吃过生活的苦,似乎更容易体会到这来之不易的甜。

不畏艰难勇向前　向阳而生做人杰

——河南省卢氏县兴贤里社区田喜会的搬迁脱贫故事

在兴贤里社区活跃着一位急别人所急,思别人所思,敢挑重担,孝心感天,为贫困群众寻找致富门路的热心人,他叫田喜会。原居住横涧乡大干村田家组,现居住兴贤里社区。家有四口人,母亲凶病走得早,父亲年迈体弱常年卧病在床,还有一个弱智哥哥和患有精神残疾的弟弟,全靠他一人维持操劳,为了家庭,田喜会初中未毕业便辍学外出谋生,年幼的他尝遍了生活中的酸甜苦辣,在建筑工地干小工,搬砖提灰,做过搬运工,摆过地摊,在工厂做过一线操作工,不断地寻找脱贫致富的方法和门路。面对无情的现实,他从未埋怨过命运的多灾多难,也从未气馁过,微笑着面对生活的风霜雨雪。

2014 年,田喜会被定为建档立卡贫困户,在各级领导的关怀下,在村组干部的帮助下,经社区劳务派遣公司推荐,他参与到人力资源劳务输出这项工作中,开展起转移就业工作,乡和村领导让他担任大干村联络员,负责本村信息发布,组织群众参加技能培训,转移就业,让更多的群众走进工厂,实现脱贫致富。在担任联络员期间,他走乡串院,积极宣传动员,每年推荐三四十个人入职,有效解决了农村剩余劳动力务工难的问题。

2018 年是幸福的一年,好事接二连三前来报到,为了加快卢氏县脱贫步伐,县委、县政府在营子村修建了搬迁安置房,田喜会作为建档立卡贫困户中的一员,也分到了一套新房,终于圆了他梦寐以求的新房梦。县人社局看中他工作勤恳、为人热情,把他安排到兴贤里管委会上班,在人社窗口负责劳务输出。

为了回报党和政府对他的无私帮助,他踊跃报名参与社区楼长招聘,担任 67 号楼和 69 号楼楼长,他把劳务输出和日常工作结合起来,在入户调查时,把劳务输出的信息同时挂钩,大大提高了工作效率。利用一切可以利用的时间、地点,通过各种办法,如悬挂横幅、张贴人力资源广告、派发市场邀请函、散发传单、广播宣传等为大中专毕业生、家庭剩余劳动力提供就业信息和就业机会。据统计,每年都有上百工人经田喜会介绍实现稳定就业。年龄涉及 16—55 岁,有电子、食品、建筑、消防等各种工种,每年带动贫困群众经济收入 200 万—300 万元,为脱贫攻坚添砖加瓦,助力喝彩。

通过他的不懈努力,生活也发生了翻天覆地的变化,他用了不到四年时间,完成了从贫困人家向小康之家的华丽蜕变,就在他下乡招工时,爱情之花也不期而遇,田喜会在 2019 年腊月步入婚姻殿堂,相信在他乐观积极、顽强拼搏的不懈坚持下,搬迁后的生活会越来越好,也会有越来越多的社区群众在他的鼓舞帮助下迎来新的幸福生活!

图为田喜会参加兴贤里社区宣讲活动受到表彰

从有家难回到居家创业

——湖北省长阳县榔坪镇覃春平的搬迁脱贫故事

"还要等1个小时哦,先在堂屋里歇一哈!"2020年6月19日下午,长阳土家族自治县榔坪镇社坪村龙潭河易地搬迁集中安置点,盲人按摩师覃春平热情地招呼着进店的客人。随着疫情防控形势持续向好,覃春平的按摩店生意也越来越红火,高峰时一天得接待10多位顾客。

图为覃春平正在为顾客按摩

20多年前在路边给人按摩,10多年前只身离家打工,如今返乡创业开店。作为曾经建档立卡贫困户的覃春平,受益于易地搬迁政策,不仅搬离了土墙危房,更在安置点开启了自己的创业致富之路。

搬下来、稳得住、生活得更好,易地搬迁让45岁的覃春平看到了未来美好生活的希望。

一、那些年回趟家都是奢望

家离集镇8公里,出来一趟得半天。这是覃春平对山上老宅最深的印象。

覃春平先天双目失明,凭借自己努力,到15岁时便能生活自理。那时的覃春平家尚在离集镇8公里的高山上,一家人的生活依赖屋后零散分布的三亩山田。由于田地分散,且有岩石隔断,种下的土豆、玉米、红薯全靠人工打理。

山地贫瘠、交通不便,让覃春平家一直在温饱线徘徊。20世纪90年代,过境长阳的318国道,还是客流物流出川入川的主干道。为了给家里减轻负担,覃春平独自下山,来到热闹的318国道沿线。他以每月10—20元的租金,从路边的酒楼、旅馆借来一角,为来来往往的司机、旅人按摩,按摩一次收费几块钱。

"那个时候,不敢随便回家,路上摔伤是常事儿",覃春平回忆,当年从家到榔坪集镇虽然只有8公里路,但山路曲折、蜿蜒颠簸,下山一次少说得花半天时间,回家对视力残疾的他而言并非易事。

2005年,覃春平参加了宜昌市残联组织的按摩培训班,以优异的成绩结业,并取得了技师证。随后,覃春平只身前往武汉,在当地盲人按摩院做起了技师。

二、搬迁让他不再漂泊异乡

2016年,正在武汉打工的覃春平接到了村支部书记秦保华的电话。电话里,秦保华介绍了贫困户易地扶贫搬迁的事,并征求他的意见。

"现在想起来,还觉得当时那个电话有点不真实。"覃春平说,对于在大山里务农的家人而言,老屋修葺都不是易事,突然被告知山下有现成的房子住,这种幸福来得太突然了。面对"幸福",覃春平心中却有顾虑。

"在外多年,家中的母亲一直对自己放心不下。返乡当然好,可一旦搬下了山,生活怎么办?"覃春平说,那时他已在武汉打工十年,不仅对周围环境已经熟悉,每个月还有 2000 元左右的收入,年过六旬的母亲在老家靠着山田还能求个温饱,一旦下山,生活便成了最大的问题。

"安置点离集镇很近,你有手艺,返乡也一定不愁没有市场",秦保华的话语顿时让覃春平豁然开朗。

2018 年,社坪村将覃春平母子纳入易地扶贫搬迁对象,并在龙潭河集中安置点为其安排了一套 50 平方米的安置房。覃春平于当年返回椰坪,按照自己的规划,在村委会帮助下购置了按摩床、足疗桶等设备,并顺利注册了营业执照。

2019 年春节刚过,覃春平的舒会理疗馆正式开业,50 平方米的住宅,一间放入两张按摩床,起居、工作紧凑而便捷。在外打工 10 余年后,覃春平在椰坪集镇有了安定的家。

三、居家创业开启幸福之门

覃春平没想到的是,理疗店开业不久,慕名而来的客人便络绎不绝。他顺势推出了办卡消费模式,很快就有 80 多位集镇居民前来办卡,覃春平月均收入很快稳定在 5000 元以上。

客人越来越多,仅凭覃春平一人忙不过来,他便想到了常年在外打工的弟媳。覃春平的弟弟负责打理老家田地,弟媳为了增加收入,长期在外打工。"让弟媳回来帮忙",哥哥的建议立刻得到了弟弟两口子的赞同。

一点点地教、手把手地带,弟媳很快在覃春平的指导下掌握了按摩技巧,月收入也在 3000 元上下。弟弟小两口至此结束了聚少离多的生活。

龙潭河集中安置点共安置自愿搬迁的贫困户 87 户,小区周边马路直通集镇主干道,公共文化广场、体育健身区域、精神文明阵地等一系列配套设施俱全。小到面巾、被褥,大到灶台、火炉,村里联系爱心企业为每个安置房配齐了相关生活设施。考虑到村民种地的习惯,每间安置房后还设置了 2 分的菜田。

如今,覃春平 67 岁的母亲不仅每天能陪着儿子,还能在屋后种点小菜,满足日常所需。闲暇之余,覃春平还能为上了年纪的母亲按摩。2019 年顺利脱贫的母子,对现如今的生活状态十分满意。而初期创业的成功,也让覃春平更加坚定了返乡的创业道路。他打算在稳定客源的基础上,将理疗店服务范围扩大,新增足疗等特色服务,争取在当地带出更多的徒弟。

搬出穷山窝　易地创大业

——湖南省宁远县九嶷山乡牛亚岭村赵兴军的搬迁脱贫故事

◇◇◇

从穷山僻壤搬到繁华集镇，这是党的易地扶贫搬迁惠民政策让赵兴军一家圆了多年的"安居梦"。

从刀耕火种、食不果腹到敢于创业、乐于创业，成为脱贫致富的"领头羊"，赵兴军靠的是自己的智慧和勤劳。

赵兴军，一个从大山里走出来的普通瑶胞，靠双手走出了一条致富奔小康的金光大道。

一、易地搬迁安"金窝"

九嶷山瑶族乡牛亚岭村位于九嶷山核心景区内，2014年被列为省级贫困村，2015年由原光冲村、庙冲村合并而成，辖9个村民小组，290户973人，全部为瑶族。这里身处深山，土地贫瘠，自然条件恶劣，就医就学困难，属于典型的"一方水土养不好一方人"地区。"当年家里用马拉砖建房子的艰辛，如今仍然历历在目，家里房子已成危房，且孤立在半山腰上，既不安全也无出路，想出去，但是完全没有一点办法。"赵兴军经常向村干部诉说自己的苦恼。赵兴军旧宅建在光冲自然村的半山腰，山路崎岖，出行靠腿，运输靠马，到镇上赶集来回要一天。每天看着父亲和小孩在泥泞的山路上爬上爬下，赵兴军内心充满了担忧，但家里缺少经济来源，无力改善住房及生活条件，赵兴军虽然立志改变贫穷落后的面貌，自己常年外出务工但也只能养家糊口，在外面建房改善生产和生活条件只能是心中的梦。

2016年，为打赢脱贫攻坚战，改善群众的生产和生活条件，国家出台了易地扶贫搬迁政策。赵兴军家在知道消息后第一时间申请了易地扶贫搬迁。2017年,赵兴军一家搬进了易地扶贫搬迁安置区盘江湾新村2栋105房,终于走出了大山,实现了自己安居的梦想。新家是100多平方米的两层小楼,这里房子整齐有致,交通便利,新房子里有独立的卧室、厨房、卫生间,与自己之前的危房简直是天壤之别,小区内设有超市、卫生室、文化活动中心、物业管理中心等公共服务设施,而且水、电、燃气、宽带、有线电视等设施配套齐全,附近还有幼儿园、中小学,解决了自己儿女的上学问题。

图为九嶷山瑶族乡赵兴军新居——盘江湾新村

二、产业拔"穷根"

"要想彻底拔掉穷根子,一定要有规模的产业才能永久脱贫,不返贫!"赵兴军向结对帮扶干部畅谈自己的感悟。在住进易地扶贫搬迁安置小区后,赵兴军的心中燃起了发家致富的熊熊烈火,要"安居"更要"乐业"!他意识到自己只有大力发展产业,提升收入才能从根本上改变自己的贫困落后的状态,才能更好地带给家人幸福无忧的生活。2017年年底,赵兴军开始谋划自己的经济发展之路,结合自己养殖的经验,他综合考虑,稳中求进决定发展养殖产业。赵兴军从几十几百只鸡、鸭、鹅的养殖开始,逐步扩大规模,如今已达到两千只的养殖规模,经济条件逐步得到了改善,不仅能够解决孩子教育和家庭日常开销,自己的荷包也逐渐鼓了起来。在前往县里学习观摩后,赵兴军开始谋划更大的目标,决心发展自己的种植业。说干就干,经充分考察,他选定山头源作为种植基地,山头源的土质非常适合砂糖橘的种植,而且交通方便,离搬迁新房只有1.5公里左右的路程,便于日常管理。于是他找到了原承包方和山头源村"两委",表明了自己的意愿,虽然原承包方有意转让,但价格一直谈不下来,眼看管护期就要来临了,再不精心管理,对挂果会有很大的影响,就会影响以后的收成,犹豫之际他觉得最重要的是在于自己的管理和销路,毅然决然地签订了协议。签订协议后由于资金紧张,赵兴军利用政府对贫困户的小额贷款政策贷款了五万元,经过一年的精心管理和管护,目前砂糖橘长势良好,2020年已挂果,按亩产值6000元计算,2020年可实现产值120万元,利润30万元,展望着未来的美好生活,赵兴军露出了灿烂的笑容,产业在他的规划下越来越好,生活也越来越幸福。

"我做梦没有想到会搬迁到盘江湾来居住,做梦没有想到只花了一万块钱就分了这么大的一座房子给我,做梦也没有想到我这辈子还可以当老板,现在好多人都在叫我赵老板呢!我现在的好日子一靠国家的政策好,二靠自己的双手。"对着村"两委"干部、驻村工作队,赵兴军自豪地说。

图为九嶷山瑶族乡赵兴军(右)在自己的砂糖橘基地

不等不靠谋新路　自力更生奔小康

——湖南省鹤城区夏昌春的搬迁脱贫故事

◇◇◇

　　仲夏时节,烈日炎炎。在素有"八山一水一分田"之称的鹤城区凉亭乡尹家岭村,45 岁的易地扶贫搬迁户夏昌春每天的生活既忙碌又充实。自 2017 年一家人住进尹家岭村集中安置点的新家后,夏昌春不等不靠,自力更生,靠着圈养原生态蛋鸭、胡蜂,一步一个脚印,逐步走上脱贫致富之路。

一、不等不靠谋新路

　　"为了事业,为了自己干活,值得。"夏昌春笑呵呵地说道。回想着自己一路的脱贫致富打拼经历,他感慨良多。当初由于自己文化程度低又没有技术,带着一身疲惫结束了多年外出务工的生活回到家中。2016 年,在区、乡、村及扶贫工作队精心帮扶下,靠着自己勤劳的双手,夏昌春成功脱贫。2017 年,根据易地扶贫搬迁政策,他住进了村里的集中安置点。搬进了新家,可在安置点没有农田,没有就业岗位,增收渠道十分狭窄,以后怎么办又成了现实的难题。夏昌春想着继续外出打工,可一来赚不到多少钱,二来虽然政府帮助脱了贫,但致富还得靠自己。"在外务工也不是一条出路,在家门口搞点产业,还是比外面务工要好一点。"思索再三,夏昌春下定了自主发展养殖业的决心。

　　有了想法后,说干就干。夏昌春结合全乡发展"甜蜜经济"契机,在做完前期市场调查后,决定在自家山地里圈养生态蛋鸭,并利用村里生态优势养殖胡蜂。湘西"蛮子"的性格在夏昌春这里得到了充分印证。没有技术,他主动上门请求养蜂的朋友帮助,跟着他们一起天天在山上劳作,学习养蜂技术。没有资金,他积极向

图为夏昌春喂养麻鸭

乡镇、村、扶贫工作队汇报自己的创业计划,争取各部门支持,在乡镇、村和扶贫工作队一起努力下,2018年,夏昌春成功筹集到了启动资金,开启了自己的致富路。

二、自力更生奔小康

"政府说脱贫不脱政策,但我思想上有干劲,致富还得靠自己自力更生。"夏昌春坚定地说道。万事开头难。刚开始起步,由于不太熟悉养殖技术,夏昌春还是存在不少困难。靠着自己不断摸索、钻研,养殖技术越来越成熟,但其中的艰辛只有他自己知道。

每天早上6点不到,夏昌春就要起床,首先要"伺候"好近2000只蛋鸭的饮食起居,捡蛋、割草、喂食,一直忙到8点。之后赶回家,立马穿上厚厚的防蜂服在山上跑上跑下,培育胡蜂,一穿就是6个多小时,天气炎热,防蜂服、自己的衣服全都汗湿透了。

现如今,夏昌春成为尹家岭易地扶贫搬迁集中安置点出了名的"勤劳户",也成了村里远近闻名的"养蜂大侠"。在自家后山蜂场,蜂箱错落有致地排列在山坡上,千万只胡蜂在蜂箱前飞动,嗡嗡声好像许多小小的发动机作业。为做好胡蜂管理,夏昌春与它们成了"亲密伙伴"。从养殖场地、蜂箱内外的消毒清洁工作,到给

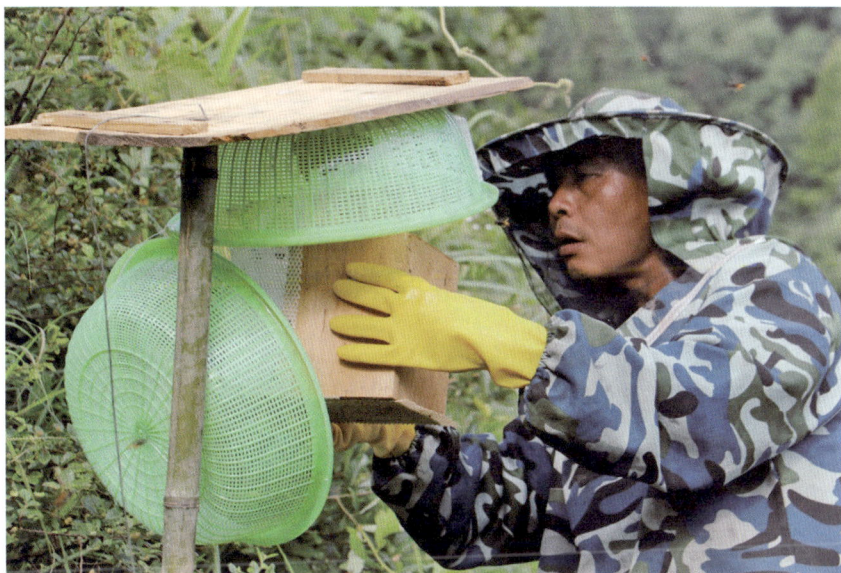

图为夏昌春培育胡蜂

蜂箱加脾扩巢"加仓",每一项他都认真细致,一忙活就是一整天。养蜂的技术越来越成熟,夏昌春也变成了"半个专家",能如数家珍地介绍着照料蜂王、装箱筑巢、培育蜂群、野化挂养、科学采蛹全过程。再过一段时间,养殖的胡蜂就可以产出蜂蛹、上市销售。夏昌春算了一笔账,一窝胡蜂大概 20 斤左右,市场价 50—60 元钱一斤,自己养了 130 箱,全部销售完后,可创收 156000 余元。

养鸭又养蜂,生活不轻松。夏昌春现在的日子,虽然每天很是辛苦,但实现了在家门口创业的梦想,一家人对新生活也充满了无限希望。

据了解,2020 年来,为统筹做好疫情防控和脱贫攻坚工作,鹤城区对易地扶贫搬迁群众自愿创业的予以创业贷款贴息、创业扶持资金等多项扶持政策。越来越多像夏昌春这样的搬迁户正用勤劳的双手,在决胜脱贫攻坚、全面建成小康社会进程中昂首前行。

搬出大山　创办车间　带富乡亲
——广西壮族自治区平南县刘清芳的搬迁脱贫故事

2020年6月15日晚上七点半，天刚刚暗下来，平南县易地搬迁安置小区扶贫车间里灯火通明，老板娘刘清芳坐在缝纫机前，"啪嗒啪嗒"赶制一批吊带裙。

"这批货200多件，三天后交货。时间比较赶，晚上要加加班。"刘清芳和记者聊起了天，手中的活却一点儿没落下。

50岁出头的刘清芳身着一件橙色上衣，留着一头短发，说起话来脸上挂着浅浅的笑容。

然而几年前，刘清芳常为生计发愁，总是双眉紧锁。

"我们一家4口人，老公身体不好，做不了重活，两个孩子上大学需要不少的学费，我一个人在外打工挣不了多少钱，家里一直比较困难。"

刘清芳原来家住大洲镇粤发村大化屯，旧房子是借住的，且背靠高切坡，安全隐患大。2016年，刘清芳被评为建档立卡贫困户。

转机发生在2017年年底，平南县易地扶贫搬迁安置小区建成，刘清芳一家享受易地扶贫搬迁政策红利，从山沟沟里搬进了安置小区，生活发生了翻天覆地的变化。

"房子更坚固了，交通更方便了，生活好太多了！真的很感谢政府。"

开启了新生活的刘清芳有了新的打算——不出远门打工了，就近创业。

做什么？"办针织加工厂！"刘清芳眉眼弯弯，"我以前在广东打工，做的就是针织。回来后也想过找个别的工作，但在附近的工厂、公司里逛了一圈也没找到合适的。思来想去，还是干回老本行吧。"

心动不如行动，2018年6月，刘清芳向亲戚借了两万块钱，在小区门口租了个铺面，购置了10台二手缝纫机，办起了针织加工厂。

"以前打工的时候认识一些老板,我从他们那里拿货,加工后再从物流送回去。货源相对稳定,办厂两年来一直有活干。"刘清芳介绍。

由于忠厚老实,针织技术好,刘清芳的针织厂在安置小区很受欢迎,不少群众前来报名,工人慢慢从两三个发展到七八个。

针织厂越办越红火,2018 年,刘清芳顺利脱贫。

2019 年,社区为其免费提供占地面积 300 平方米的铺面,刘清芳将针织厂从小区门口搬到了小区内。

"场地大了,还免了租金,我压力小多了!"刘清芳很开心。她筹措资金又购置了 8 台缝纫机,扩大规模,建立了以布艺加工为主的扶贫车间,吸纳 15 名左右贫困群众就业,人均工资每月 1800—3000 元,不仅为贫困群众增添了稳定的收入来源,而且让他们在家门口就能实现就业。

"来我这里做工的大多都是留守妇女,大家都要兼顾家庭,灵活方便的工作方式可以让他们挣钱顾家两不误。"刘清芳对记者说道。

为了帮助群众掌握好针织技术,刘清芳还通过成立集中培训班对工人进行培训,悉心指导贫困妇女学习针织技能,让她们尽快上岗就业,实现增收致富。

"不少人在这里学了技术后就出去另找工作了,老板娘也不生气。"居委会委

图为刘清芳(右一)手把手教搬迁户针织技术

员佘春波告诉记者。

"我是车间里年纪最大的,大家都喊我'老板娘',我不好意思呀,能帮到她们,让她们有一门手艺,增加就业机会,我也感到很高兴。"

除去人工和成本,刘清芳赚的其实也不多,但她打心眼里高兴:"挣的和在外面打工差不多,但是我能帮到更多的人了。"

这两年,刘清芳不仅还了办厂时借的两万块钱,还陆续添置了电视、冰箱、空调等家具。"幸福都是奋斗出来的",对她来说,有房住,有活干,生活就充满了希望。

搬迁后的"大忙人"

——重庆市石柱县中益乡谭启云的搬迁脱贫故事

谭启云是石柱县中益乡华溪村贫困户,于2018年搬入了位于中益乡光明村柿子坝的集中安置点,一家6口人住进了98平方米的新房子。说到如今的生活,谭启云脸上总是洋溢着笑容,"搬到集中安置点后生活有保障了,看病上学都方便,收入比以前高多了,现在就是要勤快点再多赚点钱",谭启云笑着说道。

谭启云年轻时家里穷,娶不上媳妇,直到39岁时才与带着两个儿子的村民欧中兰结了婚。婚后,欧中兰又给谭家添了两个女儿。这个家原本还过得去,谁想到,7岁的小女儿因先天性器官缺失,做了两次手术,花费7万余元,还落下了残疾。2016年10月,在深圳打工的大儿子又不幸感染脑寄生虫入院治疗,因所在企业没有为他购买医保,最终自费花了40多万元医药费,还留下了后遗症,左边手脚近乎瘫痪。二儿子为照顾大哥辞掉了工作,一家六口全靠谭启云一个人养活,谭启云一家花光了所有积蓄,还欠下十多万元债务,巨大的压力让他感到不堪重负。

2017年,中益乡按照程序将谭启云一家纳入建档立卡贫困户,在享受教育、医疗等扶贫政策之外,为他们家解决了2万余元临时困难救助金。2018年,随着中益乡集中安置点建设的推进,谭启云也响应了政府的号召,搬到了山下的柿子坝易地扶贫搬迁集中安置点。"当时看到这个安置点就觉得修得好,住在安置点做啥子都方便,当时干部来找我的时候,我们一家一致同意搬到集中安置点去。"一谈到当时入户动员时的情景,谭启云便绘声绘色地说道,"我还生怕搬不到集中安置点去咧。"

搬入集中安置点后,如何让谭启云家实现"稳得住、能致富"成了当务之急。为了帮助谭启云脱贫,乡村干部多次来到谭启云家,动员他多种黄连、多养牛羊等来增加收入,还帮助谭启云申请了5万元的小额扶贫贷款。有了资金,谭启云干劲十足,养了十多头生猪、40多桶中蜂、40多只山羊,还有5头牛。每天天不亮就起来喂猪、喂牛羊,打理蜂巢,还返包了3亩黄精,空闲时就在乡里的工地打零工。村里又为他安排了护林员的公益性岗位,一年工资6000元。另外,华溪村成立集体经济组织整体流转土地用于发展产业后,谭启云以4亩土地入股,每年可享受土地入股分红和村级集体经济成员分红。

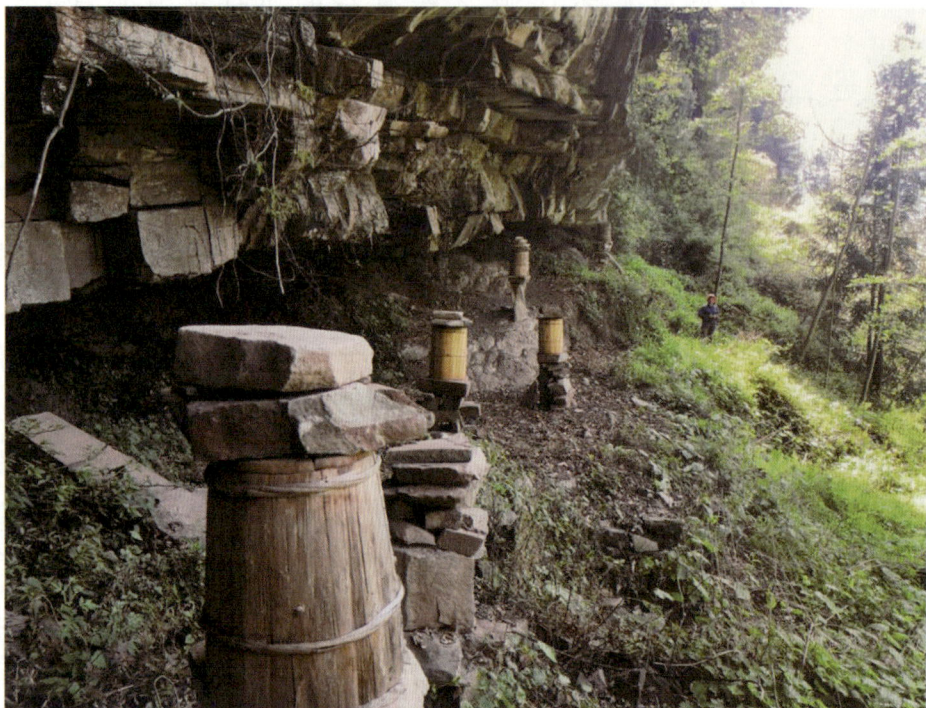

图为谭启云搬迁后养殖的中蜂

在享受到医保政策后,谭启云生病的儿女得以按时吃药、及时就医,医疗费能享受90%的报销比例,身体逐渐好转。目前,大儿子已能挂着拐杖行走了。读初一的大女儿住了校,在享受到贫困生补助后,吃住都不用花钱。谭启云没了后顾之忧,搞产业更有心劲了。在扶贫政策的帮助下,经过谭启云自身的不懈努力,他家的外债全部还清,并于2018年年底脱了贫。

"搬迁后的生活简直是大变样,生活是越来越有奔头了,如今党的政策好,习近平总书记在2019年4月还专门来看我们,我今后还要更努力。"谭启云说。他目前又新养了30多桶蜜蜂、30多只山羊和3头牛。别人问他:"老谭,养这么多牛羊辛不辛苦?"他回答:"干活当然辛苦,不勤快点哪有钱赚嘛,日子有奔头我们就不怕苦。"

搬出穷窝窝　奔向致富路

——四川省苍溪县龙王镇陈雪的搬迁脱贫故事

一人照顾一个家，一人带动一个村。

在四川苍溪龙王镇箭口村六组的田间户头，经常奔忙着这样一位妇女，她一边熟练地辛勤劳作，一边给本村群众耐心传授致富经，脸上总是洋溢着自信和纯朴的笑容。她就是有口皆碑的脱贫示范巾帼户陈雪，多次获得"县创新创业脱贫典型""市脱贫攻坚奋进奖""市百佳示范脱贫户"等荣誉。

"住新房、办农场，水泥路、自来水，这是我以前想都不敢想的生活。"在新房前的果园里，陈雪说。

"地无三尺平，人无三分银"。2016年以前，陈雪一家世代居住在山高坡陡、土地贫瘠，没有便捷的交通区位，也没有靠山吃山、靠水吃水的基础资源的偏远贫困村。村里的老百姓一直过着日出而作、日落而息的小农生活，壮劳力都靠外出务工来改善家庭生活。

然而对于陈雪一家来说，通过外出务工来摆脱贫困却是可望而不可即的幻想。

陈雪一家共6口人，她和丈夫是家里唯一的支撑。父母年事已高，并长期受慢性病折磨，基本丧失了劳动力，随着年月增长的只有不断叠加的医药费；儿子肢体残疾，女儿正在读书。高额的医疗费、抚养费、教育费成为这个家庭不能承受的重担。丈夫虽然也在外务工，但是缺少文化和技能，只能挣一点劳力钱填补家用，而46岁的陈雪只能在家里照顾老小，家中日子每况愈下，繁重的负担几乎让一家人看不到希望。

2014年，陈雪的家庭被识别为精准贫困户。在陈雪内心深处，她并不愿意当贫困户，因为受传统思想影响的她觉得戴上贫困户帽子后，会带来世俗的偏见。后来她认识到这是党的政策好，她下决心，在政府的帮扶下，一定要自力更生，不等不靠,用自己的双手改变贫穷的面貌。

2016年,陈雪一家申请了易地扶贫搬迁,建起了125平方米新房并搬迁入住,水泥路通到家,自来水通到灶,告别了"吃水靠挑""下雨一身泥,天晴一身灰,赶场来去全靠背"的日子。

图为陈雪搬迁后的新房

2016年7月,在政府和帮扶责任人的帮助下,陈雪主动申请了小额信贷、产业扶持基金、产业扶贫等专项扶贫资金,和合伙人建成了1000余平方米以生猪养殖为主的"牧新家庭养殖农场",年出栏生猪1000头,且在第一年收益就达到10万元。

陈雪说,因为健康扶贫、教育扶贫等政策保障了家庭成员医疗教育,让她的家庭看得起病、上得起学,排除了后顾之忧。除了家庭农场,她还发展猕猴桃、中药材种植等致富产业,多渠道增加收入,家里的日子一天比一天好,2016年顺利实现脱贫"摘帽"。

"只要紧紧跟着党走,踏实肯干,就一定能摆脱贫穷,过上好日子。"脱贫后的陈雪逢人便道。

"一人富不算富,大家富才是路。"日子好过了,陈雪又操心起乡亲们了,哪家适合搞养殖、哪家适合搞种植,哪家缺劳力、哪家缺技术,她都有本明白账,2017年她被推选为组长,更方便了她和乡亲们的联系。面对更重的担子和群众的信任,她发挥示范带头作用,宣传政策、跟踪服务、协调问题、解决困难、技术指导、传授经验,只要能办到的,她全是免费为乡亲们服务。在龙王镇党委、政府的协调下,她还创新推行"帮扶单位+贫困户"联建共养试点模式。

丈夫在外务工增收入,她在家照顾老小,带动大家搞产业。在她的带动下,近三年来箭口村新发展年出栏 1000 头以上规模养殖场 3 个,辐射带动周边村组新增养殖大户 12 户,其中贫困户 6 户。在她的极力争取下,通过政府项目和社会投入硬化组道路、建安全饮水井、全组电网改造升级、标改山坪塘、建设引水渠等,基础设施、村容村貌大大改观。

对于未来,陈雪自信地说:"在产业致富的道路上我会一直走下去,发挥先锋带头作用,带领父老乡亲在乡村振兴的道路上走在前。"

图为陈雪发展的翠红李产业

易地搬迁住新房　自力更生奔小康

——四川省南溪区赵恩荣的搬迁脱贫故事

◇◆◇◆◇◆◇◆◇◆◇◆◇◆◇◆◇◆◇◆◇◆◇◆◇◆◇◆◇◆◇◆◇◆◇

　　赵恩荣,男,38岁,宜宾市南溪区裴石镇石林村七组村民,2014年被识别为建档立卡贫困户,家中2人,因病致贫。赵恩荣母亲因患多种疾病,生活不能自理,本人文化水平低,无固定职业,无固定经济来源,平时生计仅靠在外打零工维持。母亲常年的医疗费,让本就拮据的家庭陷入了困境,贫穷如影随形。

　　2016年,南溪区实施易地扶贫搬迁工程,经宣传、动员和本人申请,通过组织筛查、审核公示程序,赵恩荣家庭成为石林村第一批易地扶贫搬迁户。2016年11月安置房动工修建,2017年3月赵恩荣和母亲就搬进了新房,修新房政府补助了5.6万元,自己仅花费了不到4000元。住房安全得到了保障,居住环境也有了极大改善,生活条件的改变让他对未来充满了信心。

　　搬迁到新房后,怎样才能有稳定收入、摘掉穷帽呢?裴石镇政府、石林村村委和帮扶干部立即行动,多次入户与赵恩荣沟通分析致贫原因,为他量身制订脱贫计划。借助产业扶持政策,赵恩荣最终决定发展黑山羊养殖和大雅一号柑橘种植,这为他开启了一条脱贫致富之路。

　　有了扶贫政策的支持,赵恩荣充满信心、干劲十足,在镇、村及帮扶干部的帮助下,开始一心一意养殖黑山羊,从最初30只起步,逐步扩大养殖规模。通过自身努力,养殖当年就有了一定的经济效益。有了养殖经验的赵恩荣决定进一步扩大养殖规模,第二年又发展到50只,第三年发展到100多只,家庭年收入也由原来的6000元上升到15万元,一年纯利润达6万余元。通过不懈努力,现已建起了120平方米的标准羊棚,养殖了种羊42只,商品羊169只,小羊54只。为提高黑山羊品质,他还自己琢磨,种植墨西哥玉米草3亩多,作为黑山羊口粮。品质保障了销路,"今年上半年卖了30多只,赚了3万多,圈里还可以卖90多只,今年赚10万元

图为赵恩荣搬迁前的住房和羊舍

图为裴石镇石林村搬迁户赵恩荣的安置住房

问题不大。"赵恩荣兴奋地说,"羊舍建起来了,我准备再多养些羊呢。"不仅如此,在房前屋后空余的地里,他还种上了大雅一号柑橘和斑鸠沙红薯,在林下养殖土鸡也有 100 余只,大大提高了家庭经济收入。

在发展养殖的过程中,摆在他面前的困难也不少,首当其冲的就是资金严重缺少,其次是养殖技术难题。为了解决困难,他找到了村委会请求帮助。在第一书记张绪林的牵头帮助下,申请了扶贫小额信贷 4 万元和产业扶持周转金 1 万元,多次参加农村产业技术培训,区上的养殖专家也经常到现场指导,苦心人,天不负,通过多方面的努力,他的养殖场顺利渡过难关。在 2017 年年底,赵恩荣摘掉了头上的"穷帽子",顺利实现脱贫,并荣获裴石镇"脱贫之星"称号。

赵恩荣不仅通过自力更生走上致富路,还积极帮助村里的贫困户发展养殖。在养殖产业稳步发展过程中,他将学到的养殖知识结合自己摸索出的经验,毫不保留地传授给其他群众。在赵恩荣的带领下,5 户贫困户积极发展黑山羊养殖,全村养殖产业发展态势良好。

现在,赵恩荣已成了石林村黑山羊养殖户的主心骨,农户有什么问题都愿意向他请教,他也总是毫不保留地将自己学到的知识和积累的经验传授给别人,得到了村民们的高度赞誉。

"这是党的脱贫攻坚政策让我们住上了好房子,我母亲生病也有医疗费用保障,日子越来越有奔头,我还需要更加努力,带领大家一起过上更加幸福的新生活。"赵恩荣坚定地说道,现在谈起生活,他充满信心,斗志昂扬。

从"打工妹"到"女厂长"：杨美的搬迁之路

——贵州省凯里市杨美的搬迁脱贫故事

在苗岭明珠山水凯里的东方，坐落着以搬迁群众原迁出地命名楼房的安置点，交通方便，距离市区仅2公里，那便是贵州省凯里市上马石易地扶贫搬迁安置点。

那里的天空湛蓝，山坡翠绿，道路笔直，楼房别具一格，那里的扶贫车间更具传奇，因为这里有一位了不起的从大山搬迁出来的苗家妹子。

图为杨美对新招录的易地扶贫搬迁群众进行制衣技术指导

"手上的订单还没做完，又有新订单来了，没想到自己还能有这么大潜能。"搬迁户杨美一边在兴美宏杨制衣厂指导着新招录的工人，一边对记者说。

她的老家在凯里市凯棠镇凯哨村，那里土地贫瘠，基础设施建设滞后，产业基础薄弱,当地群众主要靠外出打工谋生,属于"一方水土养不好一方人"地区。

2003年,杨美和丈夫张志祥远赴上海打工,在一家制笔厂上班。从普通工人到管理岗,勤劳的她学到不少新知识新技能,月薪也从最开始的七八百元涨到5000元左右。

"一年才回来一次,孩子都不认识我们了。"杨美说,打工能挣钱,却不能陪伴孩子。为了孩子,在外打拼多年的夫妻俩回到了家乡,但是陪伴孩子,却又挣不到钱。

杨美陷入两难的境地。

在贵州,像杨美这种情况的还有很多。按照贵州省脱贫规划,在"十三五"期间,对"一方水土养不好一方人"地区的188万群众进行搬迁。

得益于易地扶贫搬迁政策,杨美一家2016年从凯哨村搬到了凯里市城区的安置点,成了"城里人"。

可当初,杨美的爱人张志祥还不愿意搬迁呢。

孤独的木屋里,灯光在大山的怀抱中,显得更加寂静,几处苍凉,几处哀愁。到了深夜,扶贫干部们一直在做杨美的丈夫张志祥的思想工作,誓死要啃下这块"硬骨头"。

纵使扶贫干部说干了口水,张志祥仍然囿于成见,不愿意搬迁,更不会搬迁,觉得世世代代祖祖辈辈居住在农村里,有血浓于水的深厚感情,舍不得离开生他养他的家乡,舍不得离开魂牵梦萦的故土。

外出打工多年的杨美知道,若是搬迁成功,便是了却心头的苦涩,渐渐在新的航程上继续前进。

在杨美的眼里,她觉得只有搬出大山才是走上脱贫致富的唯一路途。

"搬什么搬,娃娃太小,去城里谁管? 在城里读书都要收费,我不干这种傻事。"她的丈夫张志祥说,搬出来不习惯,到城里找不到吃的,找个熟人说话都找不到。

总之,一大堆理由。

"树挪死,人挪活。"说出这话的是杨美,用商量的语气跟自己的丈夫说,"孩子他爸,我们辛辛苦苦外出打工,还不是为了给孩子们住好房子过好日子的吗?"

时间到了2016年,杨美和丈夫一起到凯里城区参观一座座拔地而起的安置房,在扶贫干部的耐心思想动员工作下,他终于答应搬迁。

"以前想着一辈子打工就算了,搬迁后就不一样了。"杨美说,到城里安家后,必须谋一条长久出路。

2017年4月，杨美参加安置点就业培训，初步掌握缝纫机操作、打板、裁剪、缝制等制作服装的技术，逐渐萌生了开一家制衣厂的想法。

办理证照、购买设备、招募工人……说干就干，在政府支持下，经过2个月筹备，2018年7月，她的制衣厂在安置点开业。经过一段时间摸索，制衣厂能够生产工装、白大褂、民族服饰等10多种产品，效益越来越好。

如今，制衣厂已经招录了80多名易地扶贫搬迁群众。记者看到，上班的工人中，年龄大的50多岁，小的20多岁，不少妇女还带着一两岁的孩子。

"我们是计件工资，上班时间灵活。"杨美说，安置点里有很多妇女，既要照顾老人，又要接送孩子上学、放学，不可能像别的工厂一样定点上下班，只要有时间，晚上也可以到车间来上班。

如今，杨美从打工妹华丽转身为女厂长，树立了巾帼创业的榜样，凯里市上马石易地扶贫搬迁安置点也因为他们的到来而变得更加热闹，更加美丽，处处显露出从农民向市民转变的幸福人生……

自力更生　活出精彩

——贵州省毕节市七星关区幸福社区周巧的搬迁脱贫故事

"我爱北京天安门,天安门上太阳升,伟大领袖毛主席指引我们向前进……"阳光明媚的早晨,一首熟悉的红歌在安置点悠扬回荡,社区红歌队队员们正激情高昂地唱着,在队员们中间,有一个个头小小、笑容灿烂的苗族女子,她一会儿给队员们纠正词曲,一会儿又安排队型,忙得不亦乐乎,她就是柏杨林街道幸福社区居民——周巧。

谁也看不出,这个活泼阳光的女子之前遭受了怎样的灾难。2018 年,周巧丈夫患上了肝硬化,对于本就平凡的家庭而言更是雪上加霜,为了救治丈夫,巨额的医疗费用,让这个家庭承受了巨大的压力,丈夫的病危,对这个家庭来说,是一个巨大的考验与难关。那时候的周巧,内心十分惶恐,她担心丈夫挺不过来,这会让她和年幼的孩子们难以生活下去!天不遂人愿,丈夫救治无效,离世了,自此,周巧和四个孩子相依为命。曾经丈夫是家里的顶梁柱,丈夫去世后,家庭的重担压在了周巧单薄的肩上。在周巧最绝望的时刻迎来了易地搬迁的好消息,2018 年 10 月,周巧带着 4 个孩子,从大银镇搬迁到毕节市七星关区柏杨林街道幸福社区。

来到柏杨林生活的周巧,离开了原来脏乱差的生活环境,优美的环境、舒适的居住条件,让周巧的身心有了改变,她不再抱怨生活,不再抱怨上天的不公,不再抱怨为什么她一个小女子要承受这么大的生活压力。她开始积极面对生活,面对现实,为了孩子,周巧在粉面馆做过临时工,做过服务员,推过推车,卖过豆腐等,再苦再累她也要咬牙坚持。虽然社区给她评上了低保,但周巧心里一直有个心愿,就是要靠自己双手脱贫,不能有等、靠、要思想,要做一个自立自强的人,给自己的孩子树立一个好榜样。

女子本弱,为母则刚。丈夫虽然离世了,但还有四个孩子需要照料,这四个孩子就是周巧生命的全部了。知道周巧家里的事情以后,社区干部都在为周巧咨询适合她的就业岗位。作为一个单亲妈妈,她独自承担着抚养教育儿女的责任,她一个人扮演着多重角色,既是严格的父亲,又是慈爱的母亲,更是孩子们的良师益友,她没有文凭,没有正式工作,既要靠自己的双手去劳动来维持生活,又要操心家务,还要负责孩子们的学习、成长。每天她都像上紧了弦的发条,无论多累她都咬牙坚持着,因为她的心中有个坚定的信念,那就是一定要培养好孩子,对得起孩子,让孩子有出息,才有好的未来!

图为周巧在整理图书

2019 年年底,受新冠肺炎疫情影响,加之儿女太小,周巧没有外出务工。在街道社区的帮助下,她成为幸福社区的文化志愿者,每月有 2200 元的工资,收入虽然没有外出务工的高,但是没有日晒雨淋,工作规律,对于能歌善舞的周巧来说,这最适合不过了。平常她除了参与文化活动之外还管理社区的图书馆、活动室等,离家也很近,还能方便照顾孩子,这让周巧很珍惜这份工作。工作中的周巧,严谨认真,将社区的图书馆、活动室等管理得井井有条,卫生十分干净,得到了社区同事朋友们的一致好评。2020 年,街道组织了"奋进之星"的评选活动,周巧被评选为街道的"巾帼之星",周巧的女儿杨欣怡被评选为"少年之星",周巧一家成为街坊邻居的榜样。周巧说,她文凭不高,她所能做的就是认真工作,把自己所学到的回馈给每一个有需要的人,用自己的正能量感染身边人,用自己的实际行动来回报政府,感党恩、听党话、跟党走。

谈到梦想时,周巧说,她有一个心愿,作为一个苗族人,她想把她们民族的传统文化传承下去。2019年4月,在周巧的牵头下,她组织了几个苗族老乡,挨家挨户地去苗族老乡家里去宣传苗族文化。现在,周巧组织了50多名苗族小孩子,无偿教她们学习苗族语言、苗族舞蹈、苗族刺绣等,她希望让他们苗族的传统文化可以传承下去,让他们民族的文化能够成为柏杨林街道的一个品牌,一道亮丽的风景线。

图为周巧在做民族服饰

带领乡亲们一起致富

——云南省会泽县吕国伟的搬迁脱贫故事

"这个就是丽江雪茶,这个老板不得了!"在会泽县城二期安置点里,每天都有搬迁群众好奇地参观完雪茶分拣车间发出这样的感叹。大家口中的"老板"叫吕国伟,39岁,会泽县雨碌乡白彝村人,是会泽县二期安置点建档立卡贫困搬迁户。2020年1月,一家5口人搬迁到县城二期安置点居住。进城4个月后,他带领乡亲们一起创业,创办了商贸公司,吸纳了80多名搬迁群众就近务工。

一、贫苦交加,一朝进城焕新颜

吕国伟的老家在雨碌乡白彝村大洼子村民小组,距离乡镇府所在地十多公里,属于典型的山区贫困村。小洼子村民小组海拔高,常年低温,地表异常缺水,生态环境脆弱,山比地多,土地贫瘠,人均耕地面积不足1亩,且多为坡耕地,基础设施薄弱,出行道路晴通雨阻,当地群众祖祖辈辈就是在这样的环境中艰难求生。

吕国伟家兄妹较多,在他读初中时,父亲身患重病,母亲意外摔伤成了残疾人。17岁时因为家庭贫困,在他读完初二就辍学外出打工。当时年纪小,先在一家洗车场干了三个月,后来进入一家面条加工厂务工,在里面一干就是六年。打工期间,母亲病重,父亲因病去世,家庭经济情况更是雪上加霜。回家料理完父亲的后事,带着残疾的母亲外出打工,母亲因为残疾,行动要靠拄着双拐,还患糖尿病,每天都要吃药打针,一住院就要半个多月才会好。现在一家人住在县城崭新的安置房里,回想起以前的日子真是"恍如隔世"。

二、坎坷打拼,终在县城圆了梦

23岁的吕国伟在昆明卖过小菜,当时身上只有300多块钱,用120块钱买了一辆二手三轮车,第二天早上四点多钟就去蔬菜批发市场进货,他至今都还记得,他批发了23元的白菜,卖得29元还剩三棵白菜,很有成就感。才卖了六七天的样子,正想满怀信心干下去的时候,他的三轮车就被偷了。没有钱再买三轮车,他就跟熟人到矿山去背硅矿。后来,又在昆明打过零工,搞过水果批发,还在亲戚开的宾馆里做过管理。他还去泸西县的山上挖树塘,干点工。挖塘、栽树连保养,70元钱一天,干了七八个月。当时住在花油布搭的工棚里,一个星期才能吃一次肉,馋到见到肉就会咽口水。以前他总想在外面闯出一片天地,在搬来县城之前,他一直有个创业梦。现在,他在党的好政策帮助下,不仅搬进了县城,还创了业,圆了自己的梦。

三、返乡创业,带动乡亲门口就业

精准脱贫工作开始后,他家被识别为建档立卡贫困搬迁户,一家5口人在2020年1月搬到了会泽县城二期安置点,住进了一套100平方米的电梯房。搬进城后,他看到很多搬迁进城的乡亲们不能外出务工,他就想开一家扶贫加工厂,把他们集中起来做手工。2020年4月,他和合伙人开始筹划。得知他们的想法以后,以礼街道给予了他们扶贫车间项目和政策支持,在筹划的过程中,街道和县人社局经常派人来关心过问,帮忙解决实际困难,免费提供了700平方米的厂房,并帮助组织招聘工人,人社局还免费培训员工,每人每天补贴80块钱,共培训了6天,培训了200多人,培训费用将近10万元。

5月5日,商贸公司正式开张,加工锡箔纸和分拣丽江雪茶。为他们供货的厂家也很受创业故事的感动,在只付了不到一半货款的情况下,就给他们发了全部的货。丽江雪茶分拣加工比较简单,分拣一公斤15元钱,大多数搬迁群众一天能拣3—4公斤,日收入五六十元。在他的扶贫车间做锡箔纸的有二三十人,为了鼓励搬迁群众稳定下来务工,在他们刚工作的前十天,吕国伟就发补贴,做多少补贴多少。经营 1 个多月来,他的扶贫车间已经吸纳七八十个搬迁群众务工。

四、坚定信念,勇做脱贫致富"领头羊"

下一步,他还计划引进一些简单的、容易上手的加工订单,如捡香菇、做头饰、穿珠子等长期稳定的代加工,把公司规模发展到 130 人到 160 人之间,让搬迁的父老乡亲下楼就有活计做,不离家也能挣到钱。同时,他还想发展面条加工,从面粉到面条,到包装,这样还可以解决更多乡亲的就业问题。他常说幸福是一步一个脚印奋斗出来的,党和国家给了我们这么好的机会,我愿意做个"领头羊",为乡亲们提供平台,带动大哥大姐们,从思想上转变,在实现脱贫致富的同时,创造越来越多的价值。

图为搬迁群众自发参观吕国伟的雪茶分拣扶贫车间

图为吕国伟设立的扶贫工厂里搬迁群众正在加工锡箔纸

瞄准菜篮子　走上致富路

——云南省富源县富村镇金荣江的搬迁脱贫故事

一墒墒蔬菜整齐排列,大白菜、蒜苗、莴笋、小葱绿意浓浓,长势喜人,富村镇新厂村委会下小寨村边,一派丰收喜悦溢满田间地头。这是搬迁户金荣江的蔬菜种植基地。

"你看,这些即将上市的近10亩蔬菜长势特别好,今年市场价格也好,赚个几万块应该没问题。"金荣江高兴地说。

金荣江,属搬迁对象中的无房户,富村镇新厂村委会下小寨村人。该村地处偏远、交通不便,不利于发展生产。

搬迁前,金荣江一家借住在叔叔家,日子过得紧紧巴巴,靠种植几亩薄田和就近打零工为生。2016年,被识别为建档立卡贫困户。2017年,金荣江户通过易地搬迁识别程序被确定为易地扶贫搬迁户。2018年6月,易地扶贫搬迁安置点建成后,一家4口搬迁至富村镇易地扶贫搬迁安置点"圆梦佳园"安置区的80平方米新家。

"我想搞点种植挣钱,就是不知道咋个开始。这些年我都在观察,只要是和吃有关的生意,都好做。古人就说过,吃是天下大事啊。"群众搬迁入住后,单元长入户调查了解,得知金荣江户有发展种植业的想法。"我身强力壮,媳妇身体也好,两个娃娃还小,新房子国家也帮我们解决了,要想办法挣钱!"

"岳母家种菜好几年了,我媳妇也懂得些技术。搬到集镇来,土地也没得,租也租不起,不去挣钱,又没得好办法。如果没有方便的地块,这个菜,是种不了的啦。"原来,金荣江一直以来就有发展种植的想法。

单元长及时向镇分管领导汇报,镇分管领导黄加勇与支委委员邓全兵,及时入户金荣江家,共同想办法。

"集镇周边土地租金较高,并且水源难以保障。"邓全兵考虑。

"小寨村已经修好了水泥路,交通得到极大改善,再加之当地土地租金便宜,水源便利,可以考虑在下小寨发展。"黄加勇提议。

最后,大家都认为返回到迁出地租地发展较为合适。

金荣江先后向亲戚求助,租了近10亩土地,尝试发展种植蔬菜、魔芋等经济作物。"他们都信任我,说我本分实在",金荣江很感激。

因租用地块距离搬迁安置点5里多路,金荣江继续寻求亲戚帮助,果断买了一辆二手面包车。将老人接到圆梦佳园,负责照顾孩子。夫妻俩则扛锹拎桶,泥脚泥手,早出晚归,不畏严寒,不畏酷暑,往返于小寨村与圆梦佳园之间。

"一年的辛勤付出,除去各项支出后收入5万余元。"

"很不错呀！每天虽然忙碌辛苦,每天也都能见着老人孩子,大家健健康康,很知足。苦两年,把债还清,就轻松了。"他说。

"我现在种的蔬菜的产量高、品质好,有几家专门卖菜的,直接把我家的菜都定了,不愁销路,多亏了镇上的干部帮助和指导。"

金荣江说,刚开始,由于没有掌握种植蔬菜的技术,效果不好。他善于观察,喜欢请教,善于总结,后来又参加了相关的农业种植技术培训。还会到小区的党群活动室借蔬菜种植技术方面的书籍学习,自己的种植技术得到不断提高。

图为金荣江夫妇在赶集日兼卖水果

"今后也想搞个家庭农场，摘掉了'穷帽子'，要感恩各级党委和政府，等下一步发展好了，我将雇请这些邻居到我的菜地做活，帮助带动他们实现增收脱贫。"金荣江说。

"搬进圆梦佳园后，我们全家的生活越来越好，孩子就学、看病就医、购买生活物品等都非常方便，我们打内心感谢国家，感谢政府！"金荣江脸上堆满笑容，信心十足。

身残志坚　脱贫路上勇争先

——西藏自治区加查县冷达乡嘎玛顿珠的搬迁脱贫故事

他不屈不挠，虽然肢体二级残疾，行走不便，但在乡、村干部和乡亲们的鼓励下，振作精神，顽强地与贫困作斗争。

他好学上进，靠着不服输的劲头，拿到了中式烹调师初级从业职业资格证和装载机从业资格证，叩开了"增收门"，靠技术实现了"脱贫梦"。

他饮水思源，将自己学到的技术免费传授给乡亲们，并鼓励大家摒弃"等、靠、要"落后思想，靠勤劳双手改变人生，实现"小康梦"。

他叫嘎玛顿珠，加查县冷达乡共康村原建档立卡贫困户，他身残志坚脱贫路上勇争先的故事在当地广为流传。

1994 年出生的嘎玛顿珠，从小与母亲生活在加查县洛林乡联麦村。虽说日子过得艰苦，但母子相依为命，生活也还算过得去。

但"人有旦夕祸福"，2017 年 6 月的一天，正当母子俩暗喜即将搬离"穷窝窝"时，母亲干活时从牛圈棚顶上摔到地上，医治无效离他而去。

母亲离世后，嘎玛顿珠瞬间对生活失去了希望。"阿妈不在了，我怎么活哦。"面对来劝他的乡、村干部和乡亲们，嘎玛顿珠总是重复说这句话。

"再苦再难也要坚强，是男人就要活出个人样。"在乡、村干部和乡亲们反复劝说下，嘎玛顿珠打起了精神，下决心把日子过好，以告慰母亲的在天之灵。

2017 年 12 月，嘎玛顿珠搬迁到加查县冷达乡共康村，并被确定为建档立卡贫困户。针对他的情况，当地党委、政府鼓励他学技术，靠技术改变人生，靠技术脱贫。

通过努力，嘎玛顿珠如愿拿到了中式烹调师初级从业职业资格证、创业培训合格证和装载机从业资格证。"平时，看他一瘸一拐，走路都困难，没想到他学出来了。"作为共康村的党支部第一书记,边巴次仁为嘎玛顿珠的进步感到由衷的高兴。

"技术学到了,没地施展,怎么办嘛?"正当嘎玛顿珠在思索下一步怎么办时,村干部和驻村工作队干部找到他,动员他贷款买装载机自己干。

2018年3月,在当地党委、政府帮助下,嘎玛顿珠买回了一辆中型装载机,并在共康村"两委"安排下,参与共康村道路建设,走上了"增收路"。

"过去是用钱愁没钱,现在是挣钱如流水哗啦啦。"嘎玛顿珠说,"没想到,2018年我挣了4万元,是过去好几年的收入总合。"

拿到钱那一晚,嘎玛顿珠对着母亲的遗像坐了很久,内心不停地向母亲说:"阿妈,放心吧,我能养活自己了。"

现在,买装载机欠下的贷款,嘎玛顿珠早已还完;并且,摘掉"贫困帽"的嘎玛顿珠好像变了一个人,自信了,喜欢跟人交流了。

平时,见村里一些乡亲们无所事事,嘎玛顿珠经常主动走上前去和他们聊天,鼓励他们学技术、找出路、增加收入。同时,无偿地把学到的中式烹饪和装载机技术原原本本地传授给乡亲们。

虽然,每次授课都累得口干舌燥、腰酸背痛,但嘎玛顿珠一点都不觉得累。相反,他干得很起劲。"想到,他们就快和我一样可以通过技术增加收入、改变生活,我就感觉浑身都是劲儿。"嘎玛顿珠说,"现在,精准扶贫政策这么好,我作为一个残疾人都可以脱贫,把生活过好。只要他们肯干,也一定能把日子过好。"

嘎玛顿珠的话感动了乡亲们,大家纷纷表示:向嘎玛顿珠学习,掌握技术,增加收入,把日子过好。

浩荡东风吹大地,换了人间。如今,在精准扶贫政策的帮助和指引下,共康村建档立卡贫困户全部脱了贫,正朝着小康生活阔步向前。"在党和政府的带领下我们实现了'脱贫梦',相信在党和政府的带领下,我们一定能实现'小康梦''中国梦'。"嘎玛顿珠说,"乡村振兴靠党和政府引领,也要靠我们艰苦奋斗才能实现。"

现在,嘎玛顿珠正在谋划,在加查县城租一块地,建一个洗车厂。他说:"经济收入增加后,有车的人家多了,开洗车厂一定能挣钱。并且,开洗车场既能实现我的'小康梦',也能带动乡亲们增收,肯定行的。"有志者,事竟成。我们祝愿嘎玛顿珠的梦想早日实现,共康村群众的"小康梦"尽快实现。

搬迁浇灌励志之花

——陕西省铜川市耀州区关庄镇柏占学的搬迁脱贫故事

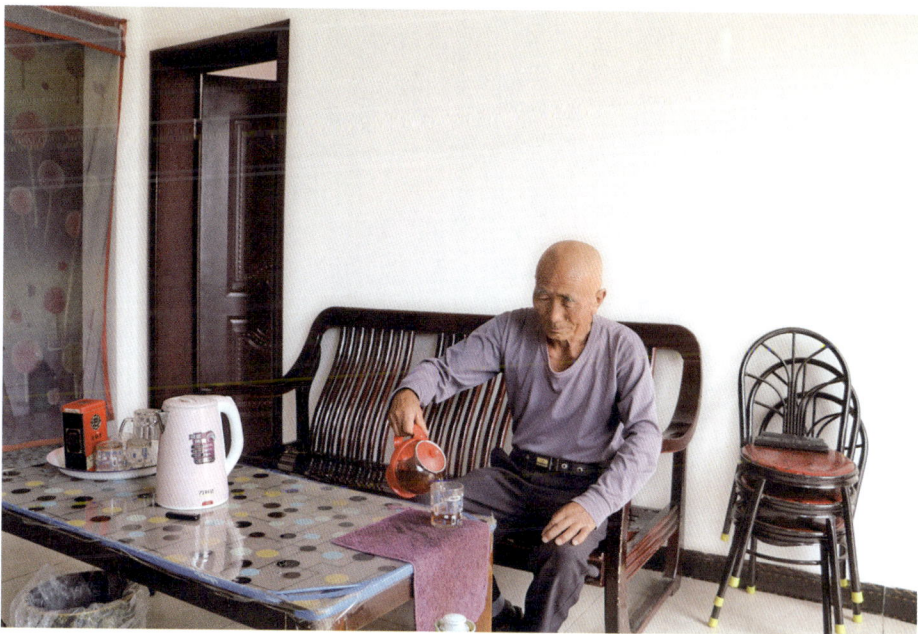

图为搬进新房的柏占学

柏占学是铜川市耀州区关庄镇麻子村的低保贫困户,现年64岁。

在麻子村的八星励志评星会上,一个老实醇厚的声音打破了群众的讨论声,"我自愿退出低保户,把这个名额让给更需要的人吧……"柏占学是好人,知道自己过得去,不想再麻烦政府了。

脱贫攻坚战打响以来,柏占学被识别为贫困户,麻子村"两委"成员召开会议,经过反复研究,将他纳入易地搬迁户,他儿子也被聘用为护林员,每月有补助。

2019年9月,柏占学搬进了他的新居,根据相关政策,他和儿子被分在了50平方米的新房里,一室一厅一厨一卫,亮堂的房屋,合理的结构,让人看着赏心悦目。

解除了住房的困扰后,柏占学干起活来更有劲了,请教专家,自己学习,把果园管理得井井有条。有个温暖的家,果园也渐渐走上正轨,柏占学还自愿加入村上防火防汛各项工作中……他用自己的实际行动回馈村集体。

在麻子村"八星励志"扶贫扶志表彰大会上,柏占学获得了七颗星,他励志向上的精神感染着所有的贫困户,物质上的困难不可怕,精神上的贫瘠才是顽疾,这个昔日的低保贫困户,用他自己勤劳的双手创造自己的幸福生活,正昂首阔步地行进在小康之路上。

易地扶贫搬迁搬出幸福美好新生活

——甘肃省临夏州东乡县赵文义的搬迁脱贫故事

◆◇◆

"我常常在梦中高兴得笑出声音,因为如今的我,过上了最幸福、最甜蜜的生活,一直甜到了心里。"

他的名字叫赵文义,东乡族,生于 1968 年,家住甘肃临夏州东乡县坪庄乡二社村。表面上看,赵文义人高马大、身材魁梧,其实身体一直不好,长期承受着病痛的折磨,精神压力也很大。记得 20 年前,正当赵文义年富力强的时候,为了一家人的生活,他在甘肃阿干镇一家煤矿打工,却不幸患上了坐骨神经、风湿性关节炎等疾病。在起初 3 年多的时间里,卧床不起,虽然后来在政府和亲友们的帮助下,赵文义慢慢站起来了,但行走还是很不方便,任何重体力活都干不了。

赵文义的家在山阴面的半山腰,山势陡峭,一出大门不是上山就是下坡。长久以来,陡峭的山路阻断了他们家的所有行动,连想干一点农活、出门看看病,都很难很难。他的妻子,虽然是一个身体健康、心地善良的妇女,但由于赵文义家仅有的 5 亩多山地全都"挂"在山坡上,要维持一家人生计,全靠她一人走很远的山路种点庄稼。随着年龄的增大,他的妻子也越来越力不从心了。孩子们读书也是个"大难题",要翻过这座大山,步行 2 公里以上才能到达学校。特别是刮风下雨,要是没有大人的接送照看,孩子们上个学真的很困难,每当想起这些,赵文义心里就有说不出的酸楚⋯⋯

"我常常躺在床上想,以后的生活怎么过呀。虽然,有农村低保、有政府救济、有邻居亲友的关爱,但我心里还是不踏实。有时候,我想着、想着,泪水就悄悄地打湿了我的脸庞。"

"我常常为无法承担起家庭的担子而沮丧,这时,妻子和孩子们的宽慰,却使我心里更加难受。"

"在我生活最艰难的时候,党的易地扶贫搬迁政策有如春风一样,吹到了我们村里,吹进了我的家。我们的日子一天比一天温暖,我们的生活一天比一天更好。"赵文义说道。

2018年的春天,乡党委书记带领乡、村和州、县驻村帮扶干部多次来到赵文义家,为帮助他家"彻底摆脱贫困"出谋划策。"我和干部们算了一笔账:一家人守着5亩山地,种玉米和洋芋毛收入不过6000元,纯收入超不过4000元,按照这样的状况,我家根本无法达到'两不愁三保障'标准。"

"就这样,经过多次的讨论研究,政府建议我们家实施易地扶贫搬迁,彻底地'挪穷窝''换穷业''断穷根'。在此过程中,不知我们的村干部跑了多少路,吃了多少苦,而我们一家人,甚至我们的亲朋好友,既心中充满了无限的感激之情,又无时无刻不期盼着搬迁之日能够早日到来。"

盼望着,盼望着……这一天,终于来了!

2019年9月27日,这是赵文义一生中最难忘的日子,也是他们一家六口人最难忘的日子。

这天上午,阳光明媚,他们在干部们的指导帮助下,搬进了东乡县益民花苑4号楼。当搬进新家的那一时刻,妻子和四个孩子都情不自禁地问——这是真的么?

"我们知道,像这样的一套楼房,如果自己购买至少要花30多万元,这对我们来说简直就是一个天文数字,我们几辈子的收入也买不上这样一套楼房。然而今天,我们只花了几千元就搬进来了。世界上这么好的事竟然落到了我的家。"赵文义激动地说道。

当初,他们刚搬进安置区新房,水、电、煤气都不会使用。就在搬进来的第二天,新的社区干部就像他们村上的扶贫干部一样,来到家里,手把手地教他们如何用自来水、如何用电、如何开煤气,直到他们学会为止。

"在搬入新楼房前,我们心里还在'打鼓',思考着像我们这样的庄稼人,在安置区种不了庄稼吃什么?正当我们为此犯愁的时候,村委会通知我的妻子赵哈米也,安排她到安置区的雨伞扶贫车间当工人,实习期为3个月,实习期工资每天50元。听到这个好消息,顿时我们一家人感到真是喜从天降。"

鉴于在雨伞扶贫车间劳动很认真,赵文义的妻子很快被吸收为正式工人,不久还当上了生产组组长,工资每月达3000元。随后,居委会又推选他担任楼长,每月工资1000元,他们夫妻一个月的工资收入就达到了4000元,是原来他们一家人种庄稼一年的收入。就这样,他们的生活之忧完全被打消了。

图为赵文义家人在扶贫车间务工

现在，随着新冠肺炎疫情防控形势的持续好转，各大学校也陆续开了学，两个孩子分别到锁南中学和锁南小学上学。学校就在安置小区附近，非常方便。小区里将要新建卫生服务中心，建成后，将解决整个小区老百姓的看病问题。

"现在，妻子当工人，我也有了一份职业，在这样一个生活十分方便的新家园里，我们一家人活得很踏实、很满足、很幸福，想想都开心得不得了。"

"自从搬到益民花苑安置区以来，我们内心中对党和政府的感激无法用语言来表达。我想说的话很多很多，但千言万语，只汇成一句话：感谢党，感谢政府！"赵文义满面笑容地说道。

以搬迁助力脱贫 以实干引领致富

——青海省乌兰县茶卡镇王进忠的搬迁脱贫故事

回顾奔跑在脱贫致富道路上的这几年,王进忠感慨地说:"感谢党的好政策,感谢各级干部的真帮实扶,让我家能够迅速改变贫困现状,实现脱贫摘帽,逐渐走上致富之路。"

王进忠,男,汉族,小学文化,茶卡镇茶卡村村民,家庭人口4人,耕地31.9亩,2015年以前基本以种植青稞、油菜和饲养牛、羊为主,当时因家中两个女儿上学,加之妻子患糜烂性胃炎,两个女儿上学费用和大量的医药费导致家庭生活一度陷入困境,2015年人均纯收入1383.5元。2015年年底,精准扶贫的东风吹到了茶卡镇茶卡村王进忠家中,他因病、因学被评定为乌兰县茶卡镇茶卡村建档立卡贫困户。精准扶贫以来,以习近平同志为核心的党中央把脱贫攻坚摆到治国理政的突出位置,打响了一场脱贫攻坚战,为茶卡村历史性的跨越和巨变注入了源头活水。户户通、路路通、全面体检、合作医疗、孕前优生、农业补贴、技能培训、安居富民、养老保险、免费教育、移风易俗……一系列优惠政策使王进忠的业余生活丰富了、出行不难了、看病不怕了、种地有保障了、就业有技能、建房有补贴、年老有补助。王进忠激动地说:"从来没想过我家也会过上这么好的生活,感谢党中央政府给我们的好政策,让我走出了生活的绝境,现在通过易地搬迁后发展家庭宾馆,让我足不出户当上了小老板。"

以前的老村坐落在距茶卡镇镇区以西7公里处,交通不便,道路、基础设施不全,医疗、教育和公共服务设施缺乏,各类信息闭塞,群众的致富渠道狭窄,收入水平较低。上学难、看病难、打工难,村民们都过着"面朝黄土背朝天"的生活,一年到头来手里没几个钱。"过去村子里的人都不富裕,原来买布靠布票,后来穿的衣服主要是用牲畜皮毛或饲草换取布料后自己缝制的,往往是'新三年,旧三年,缝

492

缝补补又三年'。孩子们穿衣服也是'新老大,旧老二,缝缝补补就老三'。"提起往事,茶卡村王进忠依然是唏嘘不已。过去的生活条件差,往往是"一衣多季",现在富裕了,对穿着的要求和品位也相应提高,不仅是"一季多衣",而且非常注重讲究服装面料、款式和品牌。过去的布鞋、胶鞋也被各式皮鞋、休闲鞋所取代。从20世纪70年代的单一色彩,到如今的色彩缤纷,衣着的变化使茶卡村群众的生活更加多姿多彩,着装上的花销生动反映出茶卡村普通家庭的消费水平,清晰勾勒出了改革开放以来茶卡村群众消费水平的上升曲线,食,从"聊以果腹"到"食不厌精"。2013年通过"党政军企共建示范村"项目,茶卡村189户村民从茶卡老村搬迁到茶卡镇区居住,伴随着茶卡盐湖旅游业的不断发展,搬下去的村民们陆续开起了家庭宾馆、农家乐,一年的收入虽说不是很多,但比起在茶卡老村种地、在外打工强多了。但王进忠一家因家庭条件困难无法搬迁至新村,只能守在茶卡老村靠田吃饭,第一书记柴国贤对王进忠说:"茶卡镇这几年搞旅游,好些人开了家庭旅馆,效益还不错,不想试试? 你难道想守着这一亩三分地过一辈子?"王进忠回答道:"政府在镇上盖了新房,这是好事儿。可妻子身体一直不好,要靠打针吃药维持,一个丫头在上高中,一个丫头在上大学,一家人全靠我种地谋个生计。搬走,吃啥? 丫头们的上学钱从哪里来? 妻子的医药费从哪里来?"王进忠想搬但没钱搬。

一、乘着精准扶贫的东风,扬帆起航做勤劳致富的新农民

眼看着日益红火的"茶卡盐湖"旅游业,让周边的老百姓通过发展家庭宾馆和农家乐,生活一天比一天好,让王进忠心里是既羡慕又着急,两个女儿都在上学,家里每年的开支都入不敷出,从朋友亲戚中周转来维持生活,实在是没有多余的钱投入到家庭宾馆建设之中,只能眼巴巴看着提前搬迁到镇区的村民通过开设家庭宾馆和农家乐大把大把地赚着钞票。

俗话说"人穷志短、马瘦毛长",对王进忠来说,他的心理很脆弱,为了他搬下来、稳得住、有收入,茶卡镇领导干部和驻村工作队走访了解到王进忠家存在的困难,镇党委、政府全面落实扶贫政策,想方设法帮助他解决困难,多次深入与王进忠沟通,不断鼓励他们靠自己双手脱贫致富。

2016年,精准扶贫实施了易地扶贫搬迁,王进忠通过享受易地扶贫项目,国家

补助9万元,自筹1万元,在茶卡新村也盖起了新房,让他终于从老村搬迁至新村,一下子搬进了新房,居住环境得到彻底的改变。王进忠及家人也改变了"等、靠、要"的思想,决定靠勤劳双手奋斗,意志坚定要摘掉贫困户帽子。通过镇领导和帮扶干部的不懈努力,全面贯彻落实"八个一批"政策,为两个女儿申请到了"雨露计划",每人每年有6000元的补助,解决了上学难问题。在县级领导的连点帮扶和3家帮扶单位的常态帮扶带动下,王进忠家里的情况逐渐得到了好转。同时在镇党委、政府多方协调下,为王进忠妻子申请了环卫工工作,解决了基本生活问题。鼓励他们靠自己双手脱贫致富,王进忠激动地说:"在我万念俱灰的情况下,党和政府雪中送炭,让我重拾对生活的信心,现在不但有新房住,还有生意做,生活一天比一天好,日子越过越红火。"

二、借着盐湖旅游蓬勃发展的势头,乘风破浪走发展旅游服务产业的新路

党的政策再好,没有信心,"脱贫致富的种子"永远不会发芽。王进忠满脸洋溢笑容地说:"我从心底里特别感激党和政府还有帮助过我的人。但我也深深地懂得,要想真正走向致富、过上好日子,首先自己要坚强,要站起来,不能仅仅依靠国家政策过'等、靠、要'的日子。"2017年,王进忠通过申请"530"小额贷款、互助资金等,对他原来的房子经过简单的改造装修之后,并且通过参加镇政府举办的旅游服务业劳动技能培训,他的家庭宾馆终于开起来了,当年实现家庭宾馆收入达5万多元。通过开设家庭宾馆,他们家庭的收入更加稳定了,使他对生活更加有了希望和信心,足不出户就开始当起了小老板。

"在我最困难的时候是党和政府帮助我渡过生活的难关,帮助我树立了生活的信心,是党的各项好政策帮助我实现了摆脱贫困、发家致富的愿望,一步步敲开了致富之门,走上了致富之路,对美好生活有了更加清晰的目标和坚定的追求,现在大女儿已经毕业,通过帮扶单位的帮扶也开始上班了,可以给家里挣钱了,我会坚持通过自己的努力来实现与全村老百姓一同奔小康,我会把我的生活规划得更好,接下来,我会进一步扩大家庭宾馆经营规模,拓宽致富道路,在致富的路上走得更快、更稳。"王进忠激动地说,灿烂的笑容出现在50多岁的王进忠脸上,是炎炎夏日最美的一道风景线。

三、党的好政策如春风，更似阳光般暖人心

王进忠笑着说："现在觉得日子越来越有奔头了，感谢共产党的好政策，感谢新时期扶贫的好待遇，感谢帮扶责任人。"他并不觉得贫困户是多么光荣的事情，现在政策这么好，总不能坐享其成等着别人给，别人给的始终没有自己劳动得来的踏实。现在他信心很足，将来他还会不断扩大自己的养羊业，自己购买更多的山羊进行繁殖，扩大养殖业，自力更生，和全体村民一起致富奔小康，彻底甩掉贫困的帽子。在他的生活逐渐好起来时，他没有忘记在他在困境时帮助他走出困境、过上了好日子的党和政府。王进忠激动地说道："现在我们的生活变好了，心里每天都是暖洋洋的，我们要感恩共产党、感恩总书记、感恩社会、感恩国家的好政策、感恩共产党的好政策。每当我想起党和政府的不离不弃，想起那些默默支持我、关心我、帮助我的好心人们，我就必须坚强、必须奋发图强，不会辜负党和政府的期望，继续经营好我的家庭宾馆，努力把我的女儿教育好、照顾好，把女儿培养成一个对党和国家、对社会有用的人，培养成一个懂感恩、讲奉献、有担当的社会好青年，我相信通过各级部门的帮助和自身的努力，我们的日子会越过越好。"

“宕开一笔”天地宽

——宁夏回族自治区青铜峡市邵岗镇王治成的搬迁脱贫故事

2017年年底，刚刚40出头的王治成，因为一次迁徙，人生就此"宕开一笔"，生命轨迹就此改变，过上了新时代美好生活。

这一年，作为"十三五"易地搬迁群众，王治成一家从西吉县贫困山区搬迁至青铜峡市邵岗镇玫香园小区，分得7亩土地。幸福来得太突然，就像做梦一样。

来到黄河岸边的川区，没有大山阻碍视线，王治成感觉天地更宽广了。一条大河波浪宽，让这个长久为水所困的山区汉子，第一次感受到水资源的慷慨。

2017年，青铜峡市将西吉县252户建档立卡贫困户，分别安置在邵岗镇、叶盛镇、曲靖镇的居民小区。"都是有房、有地、有水的好地方。"青铜峡市扶贫办副主任马云东说，住上楼房后，移民人均分得1亩水浇地，周边务工也很方便。

玫香园小区109平方米的楼房，王治成一家拎包入住。看着装修一新的新家，全家人兴奋得睡不着觉。

告别苦瘠甲天下的山区，来到有房、有地、有水的新天地，一度让王治成幸福感爆棚，甚至一度不知所措。然而，冷静下来，他很快又陷入了焦虑之中。

作为建档立卡贫困户，王治成的孩子还在上学，家庭负担比较重。土地已全部流转给企业，打零工的收入不够日常开支，怎么养活一家人成了他的心头病。了解到一家人的困难后，邵岗镇党委及帮扶责任人伸出援手，为王治成解决了一个保洁员的公益性岗位。然而1030元的公益性岗位月收入，也仅能贴补家用，离小康着实还有很大的差距。

为了从根本上解决搬迁群众增收致富，2019年6月，青铜峡邵岗镇投资2000余万元，建成了邵岗村新型设施农业精准扶贫示范园区。这让王治成看到了小康的曙光——园区大棚紧邻玫香园小区，内有日光温室52座，专门面向"十三五"贫困搬迁群众承包。当年7月20日,王治成贴息贷款5万元,与另外一户搬迁户合伙承包了3栋温棚。王治成种温棚纯属"门外汉",要学历没学历,要技术没技术。他揪住频繁登门指导的农业技术人员不放,打破砂锅问到底。晚上继续钻研书本和视频,终于掌握了其中的门道。

功夫不负有心人。王治成种下的第一茬水果西红柿苗不但成活率高,长势还很好,一天一个样。自从当上新农民,王治成好事不断,苗子还没挂果,意外收到政府3000元种苗补贴,这着实让他又惊又喜。"国家的政策真是太贴心了,我还有什么理由不加油干呢!"王治成对未来充满信心。

以后的日子中,王治成把大部分精力用在温棚里,准时拉帘、放帘,丝毫不敢掉以轻心。遇到大风霜冻等恶劣天气时更是格外小心,随时查看棚膜是否完好、棉被有无被风刮起,以免造成不必要的损失。种植遇到问题,王治成拍下照片,通过微信求教农技专家。经过一番艰苦实践,王治成渐渐成为温棚种植的半个"专家",成了"棚友"们争相咨询请教的香饽饽。憨憨的"土专家"总是知无不言、言无不尽耐心指导。

王治成告诉记者,他种的是一种名叫"普罗斯旺"的水果西红柿,口感非常好,比普通西红柿价格贵七八倍,还供不应求,高产期3天就能出5吨货。"每个棚毛收入达5万块钱。"在新家园,王治成终于找到了生财之道。加上公益性岗位收入、土地流转费及其他政策补贴,王治成一家年收入7万多元,成功脱贫。

"自己富了不算富,大家都富了,那才算数。"2019年11月,王治成组织成立了一个补习班,为32名移民补习农业知识,为脱贫提供智力支持。2020年以来,由于疫情原因,温棚西红柿销路受阻,王治成公开了自己的客商资源,为大家找到了市场销路。虽然不是时髦人,王治成却"跟风"注册了快手账号,头像就是红艳艳的西红柿,里面上传的是自家大棚蔬菜的种植、销售视频,在新媒体上拓展起了销路。随着天气转暖,大棚蔬菜种植已经收尾,可王治成不肯作罢,又在旁边空地上种起了芹菜、菜心等蔬菜,想着再增加一份收入。目前,王治成的妻子也参加了家门口举办的公益培训班,学起了烹饪技术,想在餐饮上有一番作为。

"哪怕我们辛苦一点儿,也要让孩子们多读书。"这位朴实的黑脸汉子道出了自己的奋斗心声。

搬迁前,他们忙于生计,无暇顾及未来,如今却为子女规划着人生。易地搬迁新家园,改变的不仅是物质条件,更有他们的思想观念。

搬迁两年半以来,包括王治成在内的绝大多数搬迁群众均已脱贫。

　　搬迁到黄河岸边后,搬迁群众的腰包越来越鼓,心扉也被河风缓缓吹开,怯懦逐渐褪去,信心不断充盈,主动追求着新时代美好生活。

图为王治成(右)在玫香园小区所在的社区功能室内读书"充电"

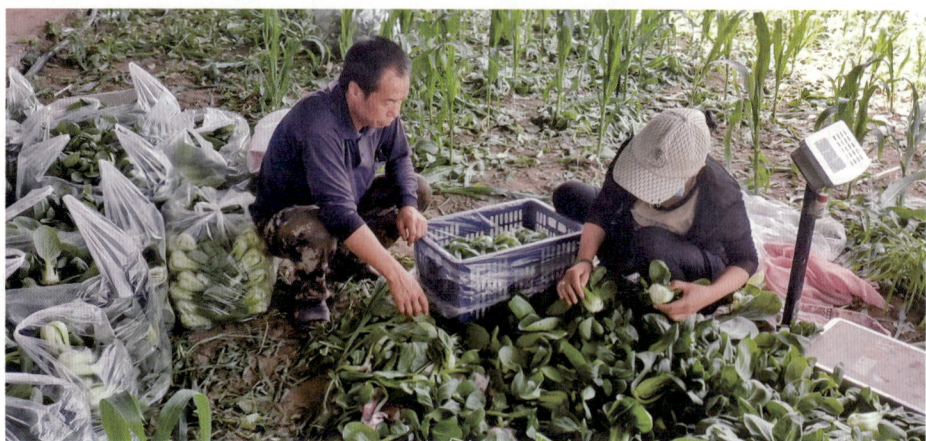

图为王治成(左)在采摘大棚蔬菜

戈壁滩里栽出的幸福花

——新疆维吾尔自治区和田市金叶村麦麦提阿卜杜拉·阿卜杜克热木的搬迁脱贫故事

在和田市金叶村易地搬迁安置点的大棚种植区内,麦麦提阿卜杜拉·阿卜杜克热木正在小心翼翼地伺候着他大棚里的"宝贝"。虽然满头大汗,但脸上的笑容却浓得化也化不开。

但是在三年前,这样的笑容很难在他脸上看见……

一、生活拮据——演绎现代版茅屋为秋风所破歌

麦麦提阿卜杜拉·阿卜杜克热木,家中有 5 口人,原来是和田市古江巴格乡赛克散村戈壁滩上的居民,文化程度不高,在原居住地无耕地,生活靠零散务工维持,收入十分不稳定,日子过得紧紧巴巴,冬季用工少时甚至有时会为第二天吃饭发愁。在赛克散村,他住在很久之前建造的土坯房屋里,刮风漏风,下雨漏水,每到冬天,日子就格外难过,为了节省燃煤,全家只使用一个煤炉,挤在一个房间内,即使这样,夜晚也常常会被冻醒。每到冬天,他都要在寒风中为生计奔波,眉头的"川"字总会深上几分。

二、精准识别、精准施策——生活出现曙光

2017 年,麦麦提阿卜杜拉·阿卜杜克热木向村委申请为建档立卡贫困户,经过

村"两委"班子审议和村民代表大会评议,2017 年 5 月,他家被识别为建档立卡贫困户。同年 6 月,麦麦提阿卜杜拉·阿卜杜克热木在得知易地扶贫搬迁这一扶贫政策后,积极响应,主动申请加入易地搬迁群体,经过县、乡、村三级审核通过后,同年 9 月,他搬迁至吉亚乡金叶村,搬迁后住房安全、饮水安全以及耕地等一次性得到解决,同时上下水、卫生厕所、天然气入户,广播、电视、通信、网络信号均覆盖到户。望着格局整齐的院落、宽敞洁白的住房以及崭新的温室大棚,这些以往只出现在梦里的东西,笑容浮现在了他的脸上,他知道这个冬天,他会过得比以前都温暖。

三、技术不过关——现实给了他当头一棒

麦麦提阿卜杜拉·阿卜杜克热木搬迁后立即投入到大棚种植生产中,但因刚接触大棚种植,技术水平不高,他头一年的大棚种植进行得磕磕绊绊,一会儿忘记了起棉被、一会儿忘记了开通风口,辛辛苦苦种植了小半年的西红柿,品相质量都不怎么好,一个冬天过去了,最后一算账,刨去菜苗、肥料等投入,所得利润仅仅2000 元出头,现实告诉他,想要脱贫致富,不是他想象得那么简单,没有过硬的技术,一切都是空谈。

四、刻苦钻研——打一场漂亮的翻身仗

一时的失利,并未让他气馁,失去脱贫致富的信心。通过市场调研及技术评估,2018 年,他决定从传统的西红柿种植转向无花果育苗和花卉种植,大棚轮种恢复期内,他一边务工,一边积极学习钻研大棚种植技术。2018 年 8 月,又开始了新的一轮大棚种植,这次的种植,不再毛毛糙糙,首尾难顾。怎么育苗、怎么培土、怎么施肥,在他心里都有一笔明白账。看着大棚里的花卉和果苗长势一天比一天好,他知道,这次他打了一场漂亮的翻身仗。

五、天道酬勤——大棚里栽出幸福花

2019 年度,长时间的坚持和努力终于迎来收获时刻,当年,麦麦提阿卜杜拉·

阿卜杜克热木两个温室大棚产出的无花果苗和玫瑰花销售纯利润4.5万元,单个大棚实现纯利润2.25万元,2019年,人均纯收入稳定达到9000元,彻底摘掉了贫困的帽子,2020年4月,他获得和田市委、市政府授予的"2019年度和田市自强脱贫户"荣誉称号。

2020年,除了种植大棚外,他还积极响应政府号召,发展庭院经济,在自己的庭院里养羊、养鸡,利用庭院土地,种植蔬菜,进一步提高家庭收入。截至2020年6月底,通过销售温室花卉已实现收入5万元,家庭人均纯收入已达到10600元,2020年预计人均纯收入可达13000元,他通过自己的辛勤劳动,向着"小康"生活大步前进着。

图为父女齐上阵　共建幸福家

六、深感党恩——喝水不忘挖井人

2019年3月,麦麦提阿卜杜拉·阿卜杜克热木向金叶村党支部提交入党申请书,他说:"我能有现在的日子,是因为党有好政策,是党总想着我们老百姓。我要积极向党靠拢,自己跟党走,等我的思想条件达到党的要求了,我还要号召大家一起跟党走,只有党能带着我们把日子越过越好。"

麦麦提阿卜杜拉·阿卜杜克热木表示,在今后的日子里不但自己要努力劳动,多赚钱过上好日子,还要成立专业合作社,把自己的技术教授给其他村民,让更多的农民朋友也能过上好日子。

思路决定出路　致富不忘党恩

——新疆维吾尔自治区塔城地区和布克赛尔县和什托洛盖镇古丽巴尔亲·热玛占的搬迁脱贫故事

在脱贫攻坚决胜时期,巴音托洛盖社区易地搬迁户中有这样一些人,虽被认定为贫困户,但不愿"等、靠、要",决心稳扎稳打,用心做事,用勤劳的双手,改变一贫如洗的现状,成为脱贫致富的带头人,古丽巴尔亲·热玛占就是众多代表之一。

居住在查干库勒乡道兰特村,没有房子,没有技能,古丽巴尔亲一家一直在贫困线上挣扎。生于 1981 年的古丽巴尔亲在成长道路上始终无法摆脱贫困的困扰,年少时家里没有钱没能继续上学,她说:"没有房子、没有产业资源,更谈不上经济发展,家里也只能勉强吃饱饭。"结婚后,长女得力达·木拉力别克学习成绩优异,现就读于浙江省宁波市鄞州区首南街道宁波中学,女儿在内地上学又给生活一直很拮据的家庭增加了一笔开支。自从 2014 年被认定为贫困户后,不甘心一辈子在贫困线挣扎的古丽巴尔亲,决心和丈夫用辛勤和汗水改变命运。

一、有耕耘就有收获,迈出脱贫第一步

2015 年,查干库勒乡政府发放扶贫牛,给古丽巴尔亲·热玛占家发放了 1 头品种奶牛、13 只羊。古丽巴尔亲与丈夫木拉别克·木拉起早贪黑,去学习关于饲养牛、羊的知识,他们发现饲养牛更具有市场。同时他们特别注重疫病的防治,再加上他们开始关注附近其他养牛的情况,他们也不再只是从几个熟人处买卖牛只了,而是在全县范围内收售牛只。随着规模的进一步扩大,他还扩建自己的牛圈。

古丽巴尔亲夫妇每天早出晚归,每天按时放养,每天的辛苦劳作,换来的是自己牛儿每天的壮实成长。这几年通过自己辛苦努力,从最开始的 1 头牛发展为 10 头牛,2020 年又卖了 4 头牛娃子,收入 24000 元。

二、思路决定出路,迈出致富第一步

易地扶贫搬迁绝不是为了搬而搬,而是为了让群众更好地脱贫,过上好日子。易地扶贫搬迁是个系统工程,社区还帮助入住的贫困户解决后续产业发展、就业创业等问题,以保证他们稳定脱贫。

159 户 566 人搬进易地搬迁楼后,社区干部开始入户走访了解易地搬迁户居民实际情况,了解思想动态,逐步分析搬迁户致贫原因,提前摸清搬迁户劳动力和文化程度,依据贫困户生计资本情况,分类落实就业服务、创业指导和产业增收等帮扶举措,因地制宜按照社区能够提供的岗位技能制定菜单式培训方案,把易地搬迁户居民就业与周边单位、企业用工需求有机结合,进行有针对性的技能培训。

"扶贫先治懒,扶贫先扶志",这句话在古丽巴尔亲一家的身上得到了充分体现。同时,他们在脱贫道路上也得到了帮扶责任人的积极引导和大力相助。社区通过因户因人施策,针对每户实际情况精准发力,引导易地搬迁户居民就业,为贫困户增收打基础,把巩固脱贫攻坚成果落到实处,确保了搬迁户"搬得出、稳得住、能致富"。

当社区了解到古丽巴尔亲一家的情况以后,分析县城居民的饮食习惯,发现牛奶的需求量大,鼓励古丽巴尔亲卖牛奶,贴补家用。从那以后,古丽巴尔亲一家每天可以卖出 25 公斤牛奶,每公斤 8 元,每天收入 200 元。通过一家人的努力,生活富起来了,为了方便卖牛奶,2020 年古丽巴尔亲一家还买了一辆小汽车。

三、易地搬迁政策好,感谢党的好恩情

"楼上楼下、电灯电话、水入户、暖进家,还有天然气,天天乐哈哈!"易地扶贫搬迁户古丽巴尔亲高兴地说。2018 年 8 月搬进 68 平方米的新家,全家人都兴奋

不已。

"搬到县城以后,孩子上学不再是问题了,小女儿德力玛尔·木拉别克在三中读初中,要是以前,她肯定得住校,或者我们来县城租房子住。现在好了,政府让我们不掏一分钱让我们住进了这么漂亮的楼房。买东西,附近就是超市、就是市场,太方便了。生病的话再也不用从牧区跑过来,我们在家门口就可以看病了。如果我们再不好好工作、好好赚钱,那就是我们的不是了。"古丽巴尔亲经常跟周边的邻居这样说道。

多年来的拮据生活,并没有击垮古丽巴尔亲一家人,反而加深了他们对责任的理解,对亲情的珍惜,对政府的感恩。周围的居民在谈论起古丽巴尔亲一家时,都纷纷竖起大拇指。在社区干部走访他们家时,还跟社区干部说起:"我们一家人都感谢政府、感谢党,让我们有了这么好的生活。"

社区易地搬迁户中像古丽巴尔亲一家人一样脱贫致富的家庭还有许多,他们克服了"等、靠、要"思想,积极行动起来,树立劳动光荣、勤劳致富的信心,苦干实干,在脱贫致富的路上编织出属于自己的美好新生活。

图为古丽巴尔亲·热玛占(右)向顾客出售奶制品

典型案例——基层干部篇

是亲人　更是脱贫致富的"主心骨"

——记河北省行唐县上闫庄乡党委书记欧阳正仲

整齐的楼房背靠青山,缤纷的绿植点缀庭院,农村人过着城市人的生活——这,是对行唐县上闫庄乡易地搬迁集中安置点庙岭沟社区的真实写照。

而说到社区里的生活,吃过晚饭,在公园里跳广场舞、打乒乓球和练习合唱的居民们,各有各的话说,他们当中又数董肖艳的话最具有代表性:"从来没敢想过,咱老百姓也能住上自己的楼房。这多亏了俺们小欧书记,如果不是他,俺们没准还窝在山沟沟里过穷日子,享受不到咱们党的扶贫好政策哩。"

董肖艳口中的"小欧书记",正是行唐县上闫庄乡党委书记欧阳正仲,因为年轻,因为从来不端架子,还因为一副热心肠,淳朴憨厚的乡亲们感觉与他没有隔阂,总是亲切地称他"小欧书记"。

一、急百姓所急　立志让亲人过上好日子

"你们想不到,乡亲们当时过得有多苦。"时至今日,回忆起当时进村入户,宣传发动乡亲们搬迁时的情景,欧阳正仲的声音依然有些哽噎。

上闫庄乡蒋家峪、瓜家峪、塔沟、上王庄、石佛店、石坊6个行政村,最远的距离乡政府20多里,距离县城100多里。山高路远,交通不便,地质灾害频发,社会资源配套缺失,导致村民脱贫难度很大。为了响应国家易地扶贫搬迁号召,2017年,行唐县将这6个村划定为易地扶贫搬迁区域。也就是这一年,欧阳正仲来到上闫庄乡任职,正赶上这场轰轰烈烈的易地扶贫搬迁大战。

从一名大学生村干部,到乡长、乡党委书记,长期工作在农村一线,天天与农村

图为欧阳正仲(左四)查看安置住房建设情况

群众打交道,30岁刚出头的欧阳正仲尽管年轻,却深知搬迁对于安土重迁的村民们有多难。

"困难,考验的是我们对党的忠诚,检验的是我们对群众的感情。"一个村一个村地走过,一户人家一户人家地串过,对村民们"出门就要上山,买袋白面走十几里山路,小学生就被送到寄宿制学校……"的生活,欧阳正仲看在眼中,急在心里,暗下决心:"一定要让乡亲们搬出大山,让他们过上好日子!"

从此,无论滴汗如雨的酷暑,还是滴水成冰的严冬,欧阳正仲带领乡村干部挨家挨户宣传发动、耐心细致讲解搬迁的好处:"嫂子,搬出去不光生活环境好了,孩子上学,老人看病都方便。""大爷,住上楼您老就明白了,夏天没有蚊子苍蝇,冬天暖暖和和的还省着您费力烧炕。"凭着不断摸索总结的一套与群众聊天的成功经验,群众安土重迁的情结和对将来生活的顾虑开始逐步消解。

"人心都是肉长的。只要我们真心为了群众,群众就会理解和支持。"欧阳正仲说。2019年5月1日,6个村共搬迁356户960人,其中集中安置334户912人,分散安置22户48人。这些数字,是成绩,是汗水,更是群众的认可。

二、想百姓所想　用真情与实干回应群众托付

"小欧书记,我家热水器不出热水。"

2019 年冬天的一个深夜,欧阳正仲刚从村里下乡回到乡政府,就接到了庙岭沟社区居民安颜婷打来的一个求助电话。看看乡政府机关值班的同志们已经休息,欧阳正仲直接开车赶了过去,经过一番检查,发现并不是热水器出了故障,而是安颜婷打开开关,没等热水放出来就以为出了故障。今年 17 岁的安颜婷是一名高中生,搬到新家之前,从未用过热水器,回忆往事,心中既有感激,也有愧疚:"当时我心里挺着急,第一时间想到小欧书记,就给他打了电话。后来,想到小欧书记工作那么忙,我为这么点儿小事还麻烦他,觉得挺对不起他的。"

刚刚离开祖祖辈辈居住的村庄,平房也换成了楼房,陌生的环境,崭新的生活方式,居民们常有怨气,动不动就来乡政府"堵"欧阳正仲,有事直接打电话让欧阳正仲解决:楼顶漏水快来给看看,防盗门上再加把锁吧,抽油烟机你说咋着用……"跟老乡们千万不能急,咱得稳住,把乡亲们的问题放在心里,这样才能解决问题。"欧阳正仲说。那段时间,他的手机成了"召唤器","乡亲们哪有点儿啊,大爷大妈们起得都早,有时候五六点,他们就把我叫起来了。"为此,他一直保持着手机 24 小时开机的习惯。

村民有种菜园的习惯,而欧阳正仲为了让社区的居民们种上菜园,"一瓶酒、四个菜"的故事至今还被居民们津津乐道。当时,大家刚搬来不久,欧阳正仲决定租下社区大门前的土地让居民们种菜,安排乡机关干部协调解决,有几户承包户因为各种原因,就是不答应出租。得知他们中有人爱喝两口,周六晚上,欧阳正仲自己花钱买了一瓶酒、四个菜,敲响了他们的家门。几杯酒过后,欧阳正仲说明来意,村民被感动:"小欧书记想得周到,为大伙的事还能放下架子求咱来,咱得给面子。"

比较搬迁前后的生活变化,居民刘食堂深有体会。2020 年年初,他和老伴儿到外村看望闺女,住了两天就吵着要回家:"哪有俺们社区里住得舒坦,不只冬天暖和,夏天凉快,一年四季,就是刮风下雨家里也干净。"

对此,作为一个母亲的董肖艳,也有自己的体会:"隔壁就是明德小学,两个闺女上学再也不用发愁了。"

三、让百姓富起来 用青春与热血书写使命担当

"搬得出、稳得住之后,带领大家致富是当务之急。"为此,欧阳正仲带头坚持群众路线,为确保全乡各贫困村能够如期脱贫出列、贫困群众能够与全县人民一起奔小康,他广泛深入群众调查研究,积极发展适合本地地域特点和群众要求的富民产业。

他积极引导易地扶贫搬迁涉及的石坊、上王庄等6个村与当地农产品加工公司合作,建成占地40亩、存栏8000只的规模化养羊场,仅此一项,6个村村集体收入每年增加48万元。同时,在充分了解乡情和群众意愿的基础上,上闫庄乡引导群众大力发展中药材种植,现已基本建成了以丹参、瓜蒌、紫花地丁、黄芩、远志等为主的万亩中药材种植基地。

"也不是一开始就想到种中药材,是经过不断调研,不断求教之后确定的。"在此之前,欧阳正仲和同事们曾谈论过无数种方案,种植花椒就是其中一种。"花椒长得慢,好几年才能有收益。"在一次讨论中,乡人大主席秦淑敏提醒说。"别管几年,我就是想为这里的百姓做点事。"欧阳正仲掷地有声。"书记坚毅的眼神、坚定的语气给我留下了深刻的印象,令我深受感动。"秦淑敏说,书记在年龄上是弟弟,但是,在工作上他却是我们的主心骨与当家人。

如今,除了中药材种植基地和养殖场,上闫庄乡还建起了服装加工厂。"服装加工厂为留守在家的妇女们提供了就业机会,调动他们勤劳致富的主动性。"欧阳正仲说。疫情期间,这家服装加工厂曾承担制作口罩与医用防护服的生产任务。"许多人问我为什么要冒这么大风险,毕竟是在疫情期间搞生产。然而在我看来,一是为国家作贡献,二是把咱们服装厂的名号打出去。"欧阳正仲说。

"家里的就业机会越来越多,我琢磨着让外出打工的儿子回来找点事儿干。哪好都不如咱的家好啊!"随着全乡致富产业不断兴旺,和居民张建新持有同样想法的群众越来越多,而随着青壮劳力的回归,必将为这里的产业发展注入新的活力。

现在,社区的群众很少再打电话向欧阳正仲求助,但他还是会经常来社区看看,与群众拉家常,了解他们的生产生活情况。再次站上社区的楼顶,和社区的干部们一起看着周围绿油油的土地,欧阳正仲一脸陶醉:"过不了多久,这里将是大片大片的中药材,这药材就是咱们的希望。"

十三年坚守　绝不落下一户一人

——记山西省五寨县前所乡主任科员徐瑞山

他用坚守和执着在脱贫攻坚这场没有硝烟的战场上,一干就是13年。他13年如一日,始终践行着"精准扶贫路上,绝不落下一户一人"的铮铮誓言,带领党员干部硬是把五寨县芦芽山腹地、清涟河源头的14个行政村689户1468口人全部搬出大山。

他就是五寨县前所乡主任科员——徐瑞山。

一、搬出最后一个建档立卡户

洞儿上村,是五寨县最偏僻的一个小山村,尽管离县城只有22公里,可是村子地处半山腰,要翻过芦芽山才能到宁武县。过去村里人口最多的时候也才30多户100来口人。到2019年春天,村里只留下4户十几口人,其中70多岁的闫喜拴是这次易地扶贫搬迁的"钉子户",因为只要老闫和其余3家一同搬进城里的移民楼,就意味着洞儿上村和经堂寺办事处易地扶贫搬迁任务的全面完成。

"精准扶贫路上,绝不落下一户一人。"是徐瑞山常常挂在口头的一句话。他相当了解老闫一家的难处:全家4口人,自己70多岁,身体又不好,妻子常年卧病在床,儿子智力低下,媳妇是个残疾人。按照党的扶贫政策,不用再花一分钱,老闫就在城里的"移涟园"分下了一套移民楼。可老闫给儿子娶媳妇落下的"饥荒"还没打清,装潢的钱不够,城里有楼住不进去。面对这种情况,徐瑞山一改往常的工作方法,不是上门入户做工作,而是跑到县民政局救援,找装潢工队商量,向自己的妻子开口。他要亲自垫付钱,赊材料帮助老闫装潢房子,而且还是不动声色悄悄地干。筹够了钱,联系下工队,一切按部就班……

一个月后,徐瑞山让洞儿上村村委会主任王贵忠把闫喜拴请到城里来"验收"新房,老闫半信半疑来到漪涟苑小区,上楼开门一看惊呆了,"我搬,我搬,现在回去就搬……"

二、14 个村村民的大家长

"做基层干部不是摆摆样子,而是要实实在在为村民做实事、解难题,只有走到田间地头、农户家中,深入了解民意,才能做好各项工作。"徐瑞山是这样说的,也是这样做的。在村民眼中,徐瑞山就是五寨沟 14 个行政村村民的大家长,大人小孩都熟识他,每家每户的家长里短他都清楚。大家长的情怀就是谁有困难他替谁多操心。14 个行政村中大小事务,只要村民求助于他,他都认真调解、认真对待,想方设法为群众解忧,从来不会敷衍了事,得到了村民的拥戴和信任。

扎根经堂寺 13 年来,徐瑞山时刻牢记着自己身为党员的职责与使命,带领 14 个行政村的党员干部顺利完成了易地扶贫搬迁等一系列难而又难的任务。

这是一组沉甸甸的数据,同时也是徐瑞山易地扶贫搬迁工作的简单小结。2003 年,搬迁 84 户 424 人;2007 年,搬迁 55 户 305 人;2009 年,搬迁 78 户 320 人;2012 年,搬迁 46 户 122 人;2016 年,搬迁 81 户 198 人;2018 年,搬迁 90 户 161 人。

随着闫喜拴等三户村民入住漪涟苑新居,五寨县经堂寺办事处的 14 个行政村 689 户 1468 人全部搬出了大山。与此同时,这 14 个行政村也"撤村销号",变成了一个村——五寨县前所乡清涟村,原来 53 名村干部减少到 7 名村"两委"干部。

三、因地制宜因人施策精准发力

徐瑞山带领经堂寺办事处一班人认真贯彻落实习近平总书记视察山西省重要讲话精神,把易地扶贫搬迁作为破解深度贫困的关键之举,紧紧围绕统筹解决好"人、钱、地、房、树、村、稳"7 个问题,立足实际进行规划和设计,坚持"扶贫先扶志、扶贫必扶智"的工作理念,围绕提振脱贫信心、提升脱贫效果工作目标,紧扣"激发内生动力,提高发展能力"要求,规划先行,尊重群众意愿,统筹解决好人往哪里搬、钱从哪里筹、地在哪里划、房屋如何建、收入如何增、生态如何护、新村如何管等具体问题,通过 13 年的不懈努力,基本实现了 14 个行政村搬迁群众"搬得出、稳得住、逐步能致富"的目标。

只有开对了"药方子",才能拔掉"穷根子"。

徐瑞山遵循"绿水青山就是金山银山"的理念,带领大家扎实推进"五寨沟"整沟治理,经过荒山复绿,生态修复,整村拆除,土地复垦,矿山整治,生态修复,旅游开发,景点打造,五寨沟风景区景色更美了。与此同时,他还通过综合实施退耕还林奖补、荒山绿化务工、森林管护就业、经济林提质增效和特色林产业增收等五大项目,让搬迁群众融入新社区,开启新生活。

人生答卷中的三个百分之百

——记内蒙古自治区通辽市库伦旗扣河子镇扶贫办主任于菀

2017年9月5日,五星村易地搬迁新区初步建成时,于菀在微信朋友圈发了这样一段感受:"五星移民新村经过一年多的申请、报批、选址、整地、建设,终于成型,后续建设还在继续。"村里的一位老人告诉我,"几十年前,我父亲在平安公社当书记时就曾多次谋划过牛肥洞子自然屯的搬迁工作,由于搬迁难度较高,没有实现。就这样,一搁置就搁置了几十年。如今,我终于有幸参与了五星整体移民项目全过程,并亲眼见证了新村建成和村民迁入,父亲当年的愿望终于得以实现,也许历史和现实,总会在某个点上有交集的。"

通辽市库伦旗扣河子镇五星村牛肥洞子小组共32户111人,原居于深沟内,要出门就得爬坡,雨雪天车子都走不出沟底,出行、生产、生活非常不便。2014年,扣河子镇扶贫办主任于菀被调整到五星村驻村。为解决这里的贫困问题,于菀深入走访每一户了解群众生产生活中存在的困难,并和五星村"两委"共同为这些群众想办法、谋发展,最终确定必须首先"挪穷窝、拔穷根",通过实施易地扶贫搬迁先改变基本的生产生活环境,再进一步"置新业、奔富路",通过落实光伏产业、发展养殖业和庭院经济等后续扶持方式,带领群众脱贫致富奔小康,建设美丽乡村。在于菀的带领下,扣河子镇五星村圆满地完成了易地扶贫搬迁任务,并用三个百分之百让村民走上了"搬得起、稳得住、有事做、逐步能致富"的道路。

第一,搬迁率达到百分之百。从沟内搬到移民新村,可以使群众生产生活情况得到质的提升。但是要让群众真正的自愿离开祖辈十几代人生活的原居,很多群众从情感上还是难以接受。而且,农村的"穷不搬家,富不迁坟"老逻辑,也成为整村搬迁的绊脚石。在困难面前,于菀把习近平总书记"小康路上一个都不能少"的要求铭记于心,并付诸行动,带领村"两委"到牛肥洞子组逐家逐户做动员宣传,先从党员开始、从年轻人开始，白天农民家里忙，就夜晚打着手电入户，一个人的工作做不通，就给他的家人讲道理、摆事实、理头绪。因为时间紧任务重，于菀与其他工作人员抓紧了一切时间，有一次在村内做完工作已经到了晚上10点，因前两天下雨路滑，车到坡路怎么也开不上来，又是垫干土又是垫沙子的，折腾了一个多小时才开上来，等到家时已经过半夜了，但这更坚定了她推动易地扶贫搬迁工程的决心。为了不落一户不落一人，经过坚持不懈地做工作，最终五星村移民搬迁小组28户建档立卡户全部同意签订易地搬迁协议书，非建档立卡的四户也全都同意同步搬迁。到2017年5月，五星村牛肥洞子组已经全部搬迁到新村，原址也已经按照易地搬迁协议全部拆除。

第二，后续项目覆盖率百分之百。易地搬迁工作，搬出来只是"万里长征"第一步，如何让群众"搬得出、住得下、能致富"是一个亟待解决的问题。在落实产业项目过程中，于菀与村"两委"提前入户了解群众发展生产的意愿，通过逐户入户走访，真正地了解群众的目标在哪里，群众自己选择的道路在哪里。在尊重群众意愿的基础上，五星村新村在易地搬迁产业政策扶持下，落实基础母羊项目49只，基础母牛项目19头，基础母驴项目55头，共计投入扶贫补贴38.5万元。有很多农户通过产业项目受益，如徐国宇家，购置的五头基础母驴于2018年年底已经生产两头幼驴，通过出卖幼畜获得1万元收益。除了发展养殖业，还协调中科院为新村每户配备了1.62千瓦的光伏发电设备，光伏设备投资50万元，使包括同步搬迁在内的30户受益，这些使用寿命约为20—25年的设备，可以为农户带来2000元左右的年收益。

第三，群众满意率达到百分之百。在易地搬迁项目落实过程中，于菀始终把群众的满意度、获得感作为衡量自己工作的标尺，把"让群众参与，受群众监督，请群众评判"作为自己的行动指南。易地搬迁项目从申请开始，一直到光伏、庭院经济的落实，于菀始终坚持"532"工作法，用到村到组的公示公告接受群众

图为于菀（右）入户走访搬迁群众

的监督,用入户走访的方式扩大宣传效果,倾听群众意见,不但让群众享受成果,还要让群众参与建设。五星村包括牛肥洞子组在内的所有村民,都见证了易地搬迁从房场选择到庭院建设的全过程,在这种全民参与、公平公正的氛围下,生活质量得到显著提升的群众有了巨大的获得感和满意度。在迎接通辽市脱贫攻坚检查组考核的过程中,随机抽选的十四户,均表示对搬迁政策非常满意,有的人情不自禁地感叹:感谢党和政府的好政策。

高标准容易,没例外难得,在大牛肥洞子组易地搬迁全过程中,通过于菀与村"两委"不懈的努力,取得了一个又一个没有例外的满分答卷,为群众谱出了一个又一个脱贫致富的新篇章。

做一个给村民办实事的人

——记吉林省通榆县乌兰花镇陆家村党支部书记武凤友

初夏的科尔沁,生机勃发。绿油油的稻田,红色的楼群在蓝天下格外醒目。小区里晒太阳的老人们悠闲地聊着天,"陆家新村"的新居民们已经融入到"新生活"中,一个风景如画、荡漾新风的"新农村"迎面而来。

"住上了新房生活是真好啊!""这样的日子以前可没想过!"从贫穷落后村到全县美丽乡村第一村,短短几年的时间里,通榆县乌兰花镇陆家村实现了华丽"蝶变"。

"易地搬迁让我们的生活大变样,老武是第一功臣。"让陆家村父老乡亲点赞的老武是吉林省易地搬迁工作"陆家模式"的领头人,从 2016 年开始,老武带着这个典型贫困村,从穷窝棚走向致富路,一步一步让村民摆脱贫困过上了好日子。

脱贫群众的好日子是一样的,扶贫干部路上的艰辛却各有不同。过去的通榆县乌兰花镇陆家村土地沙碱化严重,村民居住环境恶劣、生产生活条件差、资源无法有效利用,广种薄收、靠天吃饭是村民生产生活的真实写照。陆家村 3 个村民小组 391 户 917 人,年人均收入不足 3000 元,长期低于全县平均水平。

武凤友是土生土长的陆家村人,2015 年,武凤友临时受命担任陆家村党支部书记。面对贫瘠的土地,单一的生产方式,老武深知这肩上的使命和责任有多重。

2016 年是陆家村脱贫攻坚的关键之年,也是武凤友履行自己就职誓言的起点之年。在习近平总书记提出脱贫攻坚"五个一批""易地搬迁脱贫一批"政策后,老武感到陆家村一定要抓住易地搬迁有利政策,彻底改变陆家村贫穷落后面貌。

扶贫工作难,易地搬迁工作更难。为了让老百姓脱离贫困,彻底换个活法,老武一边与相关部门沟通了解实施易地扶贫搬迁的可行性,一边和乡亲们掏心窝地算细账。陆家村 391 户村民,老武挨家挨户上门了解情况。

2016年2月，易地搬迁工作在陆家村正式启动。武凤友白天带着测量单位挨家挨户测量房屋、圈舍和围墙，晚上评估计算价格。施工期间，更是每天守在工地，灰里来泥里去，无暇休息。一个月下来，老武每天的平均睡眠不到5小时。

让乡亲们搬出祖祖辈辈生活的地方，很多村民还是想不开的。有的村民不同意搬迁，老武便带着他们去先进地区亲身体验住楼房的好处。在陆家村搬迁的300多个日夜里，老武嗓子说哑了，眼圈熬红了，鞋底磨薄了……回忆当初，老武眉宇坚定："值！"

"村书记是个啥，就是给村民办实事的人！"2016年年底，陆家村在全省率先实施了易地扶贫搬迁项目。

扶迁路、富强街这些承载着发展变迁和期冀梦想的街路名字在"陆家新村"闪亮登场，而老武带领村民脱贫致富的脚步仍在继续。

"搬得出、留得住，才能更好地发展。"如何在乡村振兴道路上加快创业创新步伐？老武有自己的考量。

农民变身"股民"、土地经营权流转……结合当地的实际，老武带领班子进行了充分的市场调研，最后确定了"龙头企业+合作社+家庭农场（贫困户）"产业扶贫运作模式。1147.8公顷耕地出租给6个家庭农场，实现连片规模化、集约化经营；易地扶贫搬迁后宅基地结余建设用地指标103公顷，全部改造为高标准水田，开发种植有机水稻；土地流转后，剩余劳动力300人就地务工、80人外出务工……农户家庭经营性收入、转移性收入、工资性收入、财产性收入四项叠加，陆家村人均纯收入突破1.7万元。

在陆家村村民心中，老武是一个一心一意为百姓办实事、带领乡亲们致富的好干部，在上级领导眼里，老武是一个敢于担当、默默奉献的好干部。而能够评价印证老武的依据则是陆家村这四年来的发展变化。2019年，陆家村集体经济收入达174.3万元，村集体固定资产2000余万元，农民人均纯收入1.8万元。

越过一道又一道沟坎，克服一个又一个难题，在脱贫攻坚的道路上，老武一心为民。老武说，21年党龄时刻提醒自己，不能辜负党和人民的重托。

如今，陆家村因势利导，计划实施脱贫攻坚成果与衔接乡村振兴战略项目试点工作。利用在陆家新村预留的4万平方米建设性用地，新建1251平方米的乡村旅游综合服务中心，主要用于旅游服务、产业交流培训、农耕文化展示、扶贫车间孵化基地等，逐步形成"能生产、可游览、能居住、可观光"、集"自然、生产、休闲、娱乐、教育"于一体的陆家村田园综合体。

辉煌属于过去,开拓成就未来。武凤友敢闯、敢试、敢创的精神如今已经变成了"陆家精神",陆家村的百姓拧成一股绳,在老武的带领下,继续向美丽富庶、和谐幸福的征程迈进。

图为武凤友(右)到搬迁户家里看望搬迁群众

傲骨寒梅无畏风与雪
深谷幽兰芳香山水间

——记安徽省太湖县城西乡易扶办主任刘梅兰

　　刘梅兰,女,42岁,中共党员,现任太湖县城西乡扶贫办主任、易扶办主任,自2016年转岗到扶贫办(经济发展办),该同志工作一直勤勤恳恳、任劳任怨、尽职尽责,严格按照省、市、县脱贫攻坚工作部署,全身心投入脱贫攻坚这场硬仗中,尤其是服务易地扶贫搬迁、解决贫困群众的住房保障方面积极为党委、政府当好"参谋助手",争做贫困群众的贴心人、脱贫攻坚战线上的"尖刀兵",在她和同事的努力下,城西乡共实施了107户392人的易地搬迁,建设集中安置点3个,集中安置78户281人,分散安置29户111人,搬迁户于2018年12月已全部搬迁入住。脱贫攻坚工作取得了显著成效,该乡连续三年在全县脱贫攻坚年终考核中位居前列,其本人也多次被评为"年度先进工作者",县"脱贫攻坚劳动竞赛先进个人",市脱贫攻坚"优秀基层扶贫干部"。

一、走遍千山万水,确保一个不能少

　　城西乡地处大别山南麓,位于太湖县城西郊,素有太湖"西大门"之称。辖6个行政村,2.7万人,总面积88平方公里,山场面积2930公顷。虽然生态环境优美,景色秀丽,但因地理条件限制,山区村组交通不便,百姓经济来源少,且居住分散,基础设施难以配套。

　　"一方水土难以养好一方人",为就业方便,大部分村民只能在太湖老县城租

图为刘梅兰（左）入户宣传扶贫政策

房居住。易地扶贫搬迁政策的落实无疑成了改善群众生产生活的重大机遇,身为扶贫办主任,又是易扶办主任的她,为准确掌握全乡贫困户居住状况,跋山涉水,深入每一户贫困户家中了解情况,看房子、问收入,宣传易扶政策,动员符合条件的贫困户挪穷窝,摸清底数,一一登记在册,确保一个不能少。

二、说尽千言万语,只为居者有其屋

分散安置的选址是最难的,因为国土、林业政策的限制,交通方便的地方大都是耕地或生态红线,不能建房。当搬迁宅基地难以落实时,搬迁户想放弃搬迁了,可她仍然不放弃,一心想着用好易地扶贫搬迁政策,实现拔穷根、换穷业。

三、想尽千方百计,方得广厦千万间

为了让贫困户能按时住上新房,她精心安排"督进展"、攻坚克难"抓进度"、狠抓质量"保成效"、完善配套"优环境"、紧盯增收"固实效",坚持挪穷窝与换穷业并举、安居与乐业并重、搬迁与脱贫同步,让贫困户住得舒心、住得放心,确保"搬得出、稳得住、能致富"。

四、历经千辛万苦,不忘初心与使命

自 2016 年实施易地扶贫搬迁政策以来,她始终坚守在一线,不忘初心使命,用心用情用力服务易地扶贫搬迁工作。冲锋在前,心系贫困群众,敢于担当,为城西乡易地扶贫搬迁工作、搬迁户的精准脱贫、后续帮扶付出辛勤的汗水。让易地搬迁贫困户有了幸福新家园,迈上小康之路。

"白+黑""5+2",让她的身体也逐渐拉起了警报,办公室抽屉里,下乡背包里总是少不了药瓶子。每月总有几天是靠止痛药支撑的,办公室同事多次在下乡途中为她购买止痛药,其中有好几次甚至被同事送到医院挂急诊。有时村干部看了也心疼,说道:别太玩命了,请假休息一段时间吧。可她总是笑笑说:没事,老毛病,吃点止痛药就行。在一次体检中,她被发现脑中有一微腺瘤,家人多次叫她去北京大医院检查,可她总是觉得去大医院至少要一个星期,太费时间了,现在扶贫工作又这么忙,哪能走得开,于是检查一拖再拖,都两年了还没去成。

作为全县乡镇年龄最大,且是唯一女性的易扶办主任,很多人不理解她这么拼是为了什么,曾有人对她开玩笑说道:你干得再多、再好也还是一名普通职员。可她总是报以一笑,淡淡地说:只求能力所能及地帮助一些弱势群体解决实际困难而心安,不为所图,只要贫困群众挪出了穷窝、拔掉穷根、住上幸福房,无怨无悔!

傲骨寒梅无畏风与雪,深谷幽兰芳香山水间。这些年来,在脱贫攻坚这条路上无论走得多么艰难,在推进易扶工作中无论多少艰辛,她都毅然前行,无畏于风雪,甘愿化作深谷的幽兰,用最灿烂的芬芳回馈这片土地。

奏好搬迁曲　走进新生活

——记福建省新罗区雁石镇党委书记林德文

驻足益坑新村前,可以领略到《雁石赋》描绘的壮美景色:美哉益坑,黛瓦粉墙,层楼叠榭,邻里相望。夏日莲碧,厝前荷香,胜似桃源,蒸蒸日上。而益坑村呈现的只是雁石镇易地扶贫搬迁后的美丽画卷之一。

坐在新居明亮的窗边,雁石镇益坑村81岁的罗树榕老人越说越激动,眼中泪光盈盈:"我今天能住上这么好的房子,我打心眼里感谢英明的共产党,感谢我们镇里的林德文书记。益坑村易地扶贫搬迁真是历史性地改变了老百姓的居住环境,是千秋工程,从前我真是做梦也不敢想这辈子能住上这么好的房子啊。"

图为雁石镇易地扶贫搬迁安置区

在益坑村,罗树榕老人并不是易地搬迁扶贫的个例。同村的贫困户罗季方一家三口于 2016 年搬入新居,罗季方本人也被林德文介绍到城区就业,每个月可领取 3000 多元工资,解决了一家人的生计问题,其儿子也即将大学毕业参加工作,日子越过越有盼头。

"读初中时,我就梦想着有朝一日凭自己的努力让父母住上水、电、卫、网络俱全的现代化新居,今天政府帮助我提前实现了梦想,我们家有了更好的生活,我更增添了为美好生活而奋斗的动力!"在雁石镇举办的 2020 年度五四青年节演讲比赛中,雁石镇云山村搬迁贫困户、青年创业之星江澄渊难抑心中对政府的感恩之情与搬迁之后对新生活的向往,一番激情述说,赢得一片掌声与共鸣。

江澄渊所说的现代化新居位于雁石镇雁江村安置小区,是雁石镇一个易地扶贫搬迁安置点,地处南区中心地段黄金宝地,南接南三龙雁石南站,与雁石镇政府犄角相望,坐落于龙雁大道旁,堪称居住、就业两相宜。小区安置的群众大多数都来自比较偏远的山区,搬进小区后,或加入专业合作社,或参与激励性种植养殖扶贫项目,或自行经商开店创业,或进龙雁开发区工厂上班,就业有门路,收入有保障,生活水平产生质的飞跃。

由赤村村搬来的村民邓亮天每次说到搬迁后的新生活,逢人就说要感谢林德文书记,感谢镇政府,感谢新时代。林德文不但为他争取了易地搬迁扶贫的安置指标,又为他细心安排了适合他发展的种植养殖项目,经济收入有了稳定的来源,女儿又进入中心小学读书,他每天都感受到易地扶贫搬迁后新生活带来的各种变化与喜悦,浑身上下好像有一股使不完的劲。

如果不建安置小区,这块土地完全可用于房地产项目开发,镇财政可获取一笔不菲的土地收益。但林德文察民情、知民意、解民忧,心中始终牢记习近平总书记的重要嘱托:"人民对美好生活的向往,就是我们的奋斗目标!"他坚持以群众为中心,力排众议,与党委、政府班子达成共识,用最好的地段做最好的安置小区,让辛苦了一辈子的山区贫困群众从大山里走出来、从贫困中走出来,真正感受新时代的发展变化与幸福感。

雁石镇作为龙岩市新罗区东方片的第一大镇,拥有 33 个行政村 3.8 万人口,"一方水土难养一方人"的偏远小山村很多,土地贫瘠,交通不便,子女上学难,产业发展难。如何确保"十三五"期间全镇贫困群众搬得出、稳得住、能脱贫,出色完成全镇"十三五"易地搬迁扶贫任务,是摆在雁石镇党委、政府面前的历史性任务与课题。林德文深知肩上责任之重大:如何精准识别、应搬尽搬?搬迁的房子哪里建？地从哪里划？资金哪里来？如何保就业、保收入、保生态？如何做到搬迁一批、脱贫一批？几年来，林德文走遍雁石的山山水水，深入山区最贫困的每一个角落，与贫困群众促膝谈心，与贫困百姓结对子，广泛征求群众意见，反复探讨搬迁后的生活安排、就业门路、致富方案，探索出一套让搬迁农民就业与产业扶贫相结合、分散安置与集镇中心"集中安置"相结合的成功经验。

从白沙镇的营岐造福工程，到苏坂镇的美丽乡村—黄地、阳光小镇，再到雁石镇的益坑、雁江造福工程，都是他精心谋划的得意之作，得到了雁石全镇干部群众的高度肯定与认可。雁石镇党委、政府在林德文的带领下，共实施国定标准贫困人口易地扶贫搬迁152户374人，交上了一份完美的易地扶贫搬迁"雁石答卷"。

"老梁"下乡记

——记江西省遂川县巾石乡扶贫站站长梁芳平

"扶贫么,就是要走进贫困户心里去。"遂川县巾石乡扶贫站站长梁芳平说。

贫困户谢应山夫妻俩均60多岁,一个孙子正在上初中,2016年实现脱贫。但他家地处偏僻,交通不便,不容易巩固脱贫成果。想到这点,2017年年初,梁芳平询问其是否有意愿移民搬迁时,谢应山眼睛瞬间亮了,当即提出申请,但脸上又划过一丝不易察觉的难色,道出无搬迁费用和搬出后难以生存的担忧。梁芳平详细讲解了移民政策,个人自筹1万元便可拎包入住,还有相应的后续扶持,他这才释然。2017年年底,谢应山搬进了位于工业园东区的"梦想家园"新居,梁芳平又帮助他联系附近企业,安排两人在佰合安电子厂食堂工作,夫妻俩月工资5000余元。

刘世发是2017年银村村易地搬迁户,他搬入了"梦想家园"干净明亮的新居,娶了儿媳,生活一天天改变,让他喜形于色。走访中,梁芳平发现,刘世发儿媳有残疾,便询问是否办了残疾证,刘世发一脸茫然。梁芳平立即联系残联,到县行政服务中心拿申请表,联系医院办理,让政策得到了落实。

"老梁是好人,脾气好,工作很细心。"

梁芳平才四十来岁,正当年富力强,怎么就染上了"老"字?

田南坳移民安置点位于105国道边,距圩镇仅数百米,位置十分便利,共安置25户107人。搬迁前,地处偏僻,最远的有25公里。立项目、选地址、调纠纷,找设计、请监理,督进度、排隐患,管质量、保后续,做资料、抓验收,他事事关心,确保不出问题。从一片荒土,到楼宇排排,无不留下了梁芳平忙碌的身影。

移民房崭新亮丽,是乡里拿得出手的名片。但是梁芳平老了,头发斑白,眼袋下垂,小眼睛眯着,好像从没有睡饱。老梁掏出扶贫工作笔记本,上面密密麻麻写着全乡2016年至2018年易地搬迁移民94户378人的具体情况,事无巨细,条分缕析。平时,他全乡跑,每一个家庭致贫原因是什么,收入来源是什么,他都摸得一清二楚;群众来服务中心办事,他会主动上前搭话,问老人生活适不适应,问年轻人找到工作没有,孩子转学顺不顺利……最后,他总会留下自己的手机号码和一句"有困难随时找我"。过度的操劳,催生了华发。不过,用心做事,赢得了无数的赞誉,红红的荣誉证书摞得老高老高。

老梁慈眉善目,心里惦着扶贫,惦着百姓,却"得罪"了李某。李某是界溪村八斗组 2017 年易地搬迁户,县批复同意搬迁以后,李某建起了房子。一次查巡中,发现他的地基面积偏大,超过承诺书上人均 25 平方米的红线。李某请梁芳平睁只眼闭只眼,又强调以后人丁兴旺,到时不够住等一些"理由"。老梁义正辞严,告诫"红线"坚决不能逾越,详细解读易地扶贫政策的严肃性和原则性,李某终于让步。正是老梁坚持原则,巾石乡未出现一例超面积搬迁户。

午后返回,太阳白晃晃,天气闷热。车子上到半坡,梁芳平突然停下车子,摇下车窗玻璃,招呼:"杨德喜,上车,我捎你去街上。"无需多说,又是老梁下乡途中一件微不足道的小事。

如果将扶贫譬喻成一本书,那么,老梁的故事就是书中的文字。文字是有温度的,温情的,字字相连,成句,成段,成篇,构思成内容丰富,感情暖心的好文。

图为梁芳平和同事们去银村村核查易地搬迁申请户

初心与使命：赵典鲁这五年

——记山东省东平县发展和改革局副局长赵典鲁

易地扶贫搬迁，是我国脱贫攻坚史上一场气势宏伟、波澜壮阔的硬仗。

在历时五年的易地扶贫搬迁工作中，基层一线涌现出许许多多的感人事迹。这其中最值得称道的就是奋战在易地扶贫搬迁战线的脱贫攻坚先锋——赵典鲁。

53岁的赵典鲁现任东平县发展和改革局党组成员、副局长，全县易地扶贫搬迁每一个安置点的项目竣工和群众搬迁入住，无不凝结着他的心血和汗水。

图为赵典鲁（左一）了解搬迁群众产业发展情况

一、走村串户，千方百计把党的
政策与群众意愿无缝衔接

时间回溯到 2015 年年底，山东省发展改革委下达编制山东"十三五"易地扶贫搬迁规划通知，根据上级政策，东平县易地扶贫搬迁总搬迁规模涉及 5 个乡镇、16 个村，新建集中安置区 9 个。这对县发展和改革局来说，无疑是一场重大考验。

赵典鲁临时受命，义不容辞承担了这项艰巨的任务。

承担任务伊始，为了尽快转变角色，熟悉易地扶贫搬迁工作，赵典鲁废寝忘食，争分夺秒，认真学习扶贫工作有关政策、法规。经过一个多月日日夜夜的潜心研究，不懈努力，他对易地扶贫搬迁政策要求和全县搬迁村的情况已经了然于胸，为后期科学制定搬迁方案奠定了坚实的基础。

易地扶贫搬迁村大多位于偏僻的山区，为了方便下去了解情况，在赵典鲁的办公室，经常放着一双为随时走村入户调研准备的运动鞋。山路崎岖，坡陡路滑，有时赶上下雨天气，更是难行。为了把村里情况摸清楚，一个村不知要跑多少趟，运动鞋硬是穿坏了 3 双，夜里 12 点前几乎没进过家。

精准识别易地扶贫搬迁对象是制定搬迁方案的重要基础。但建档立卡贫困家庭致贫原因千差万别，识别程序十分烦琐。为了实现精准识别的要求，他和县扶贫办的同志反复到每个搬迁村摸情况，一一核实锁定易地扶贫搬迁对象。

做好群众工作是开展搬迁工作的重要前提。有一次，他在一个村做工作时，一个贫困户因为和村干部有摩擦，对村干部不信任，甚至对村里安排的所有工作都一律排斥。在上门争取该户意见的时候，男户主情绪非常激动，说话很粗鲁，甚至对赵典鲁同志推推搡搡，可他不急不躁，一次次上门耐心解释终于做通了该户的工作，确保了搬迁工作的正常进行。

二、老骥伏枥，殚精竭虑让老百姓
住上好房子过上好日子

为推进易地扶贫搬迁安置社区建设，赵典鲁跑手续、督进度、抓协调，每天在全县新开工的 9 个社区来回奔波。2017 年夏季雨水多,部分安置点项目严重影响了建设进度,为了抢时间、赶工期,赵典鲁一个工地一天不知道要跑几趟。由于连续劳累疲惫,他患了重感冒,连续发烧 20 多天,有时发烧近 40 摄氏度。领导和周围人员都劝他休息几天,他 80 多岁的老母亲看在眼里,疼在心里。有一次,拉着他的手,眼里泪汪汪地对他说:"儿啊,工作再要紧咱也不能不要命啊!"但他仍然坚持白天往社区里跑,夜里很晚回到家才去卫生室输液。

为了赶进度,他和项目监督负责人及相关部门负责人反复讨论,决定增加施工队伍力量,实行倒排工期,实施"白+黑"全力攻坚会战,他往社区跑得更勤了。在一次检查搬迁住房配套进度过程中,他不慎摔伤,医生建议他至少休息半个月,否则很容易落下毛病。可"易地扶贫搬迁任务已经到了关键决胜阶段,这个时候自己能躺下吗?"第二天,他一瘸一拐又行进在前往社区的路上。

在他善作善为下,所有安置点项目均按期竣工,他心里的"石头"也终于落地了。搬迁完成后,怎么降低群众的生活成本?如何持续增加百姓收入?东平县实行"两区共建"的策略,实现产业园区与社区的同步建设。

园区社区共建,招商引资必须先行。西王安置区引进的盛世长青电缆厂,是泰安线缆行业的知名企业。这个厂一开始把开设分厂的目标放在了其他城市,镇领导带着赵典鲁去跟企业谈合作,给企业负责人介绍扶贫搬迁社区的产业园区建设和劳动力集中的优势,一直沟通到很晚。

赵典鲁没注意到身体突然不适的母亲打来的电话。等谈完事回家才知道,母亲突然血压升到190,"连楼梯都下不了了",找不到他,只好找邻居帮忙送去了医院。"你忙,我的事就不忙了?"这次,老母亲有些生气。

得知消息的镇长来医院看望老人,并带来一个信息:"电缆厂老板听说赵局的事后表示:就冲这样的干部,我们不去别处了!"

回忆起扶贫搬迁工作的酸甜苦辣,赵典鲁声音哽咽。不过,"每次去安置区转转,看到老百姓高兴地跟我打招呼,老人孩子在整洁的社区里遛弯、跳扇子舞,就是我最开心的时候"。

匠心服务搬迁户　创新拓宽扶贫路

——记河南省鲁山县发展改革委主任、搬迁办主任曹大伟

◇◇

一座座房屋坚固美观，一排排路灯鳞次栉比，一条条道路花红柳绿，一处处产业如火如荼，一个个居民笑逐颜开……到过河南省平顶山市鲁山县的人，一定会对这里高颜值的易地扶贫搬迁社区印象深刻，对这里成效卓著的易地扶贫搬迁工作报以赞赏。

"十三五"期间，鲁山县共有3130户11039人实施了易地扶贫搬迁，搬迁人数占到全省搬迁总人数的11%。如今，艰巨的搬迁任务已全部完成，大批贫困群众不仅显著改善了生产生活条件，还在脱贫致富后意气风发地走在全面建成小康社会的大道上。

成绩的背后，是鲁山县上上下下的共同努力和方方面面的倾情奉献，其间尤其凝结着鲁山县发展改革委主任、搬迁办主任曹大伟的无数心血。

2017年5月，曹大伟从乡镇党委书记岗位上调任县发展改革委主任没多久，易地扶贫搬迁工作正式从扶贫办转由发展改革委牵头负责实施。自此，他殚精竭虑，负重前行，热忱服务，开拓创新，为了万余名搬迁群众的福祉，献出自己所有的智慧和真情。

实地调研，创新选址思维。鲁山县是一个集深山区、水库淹没区、革命老区为一体的国家秦巴山片区贫困县，七山二水一分田，易地扶贫搬迁任务极其繁重。为做好集中安置点的选址和产业规划工作，曹大伟认真研究上级政策，多次到乡镇实地踏勘，经常深入搬迁群众家中座谈，最终按照"四靠"（靠县城、靠乡镇、靠产业园区、靠旅游景区）原则，规划建设了32个集中安置点，项目总投资6亿多元。

严控质量，创新监督方式。为把易地扶贫搬迁工程建成民心工程、良心工程，曹大伟会同住建部门在施工质量和安全管理上推行"五级监督、五道防线"管理体

系,从企业专职质量管理人员、第三方监理单位、搬迁户代表、乡镇主管副职,到县搬迁办质量巡察组,各有定位、逐级把关,做到了工程质量达标、创优及施工零事故。2018年7月,全省易地扶贫搬迁工程质量安全管理观摩会在鲁山县召开。

一线督导,创新推进机制。在搬迁工程建设期间,曹大伟经常不打招呼直奔建设工地察看,牵头实施"日计划、周通报、月总结、旬评比"工作机制,有力加快了项目建设进度。在群众搬进新居的同时,曹大伟会同乡镇严格落实"即搬即拆、即拆即复垦"要求,如期完成了所有拆旧复垦任务。搬迁任务完成后,曹大伟又主导在全县集中安置点社区开展文明示范社区创建活动,对照17项考核标准每月一考评、年终一总评,对先进社区发放奖励资金。

匠心安置,创新公共服务。在落实省搬迁办公共服务"5个有"要求的同时,曹大伟带领搬迁办人员督促32个搬迁安置社区全部进行了绿化、亮化、美化、便民化改造,参照村级党员群众综合服务中心设置了各种功能室,仅为群众兴建的充电停车棚就达100余个。2020年6月3日,在曹大伟等人的努力协调下,爱心企业向搬迁社区捐赠了净水设备,搬迁群众和城里人一样喝上甘甜的纯净水。2019年以来,曹大伟还组织项目业主免费为搬迁群众测绘、审图、报批,协调相关部门"特事特办"、靠前服务,发放了第一批不动产权证书1200本,让搬迁群众吃下了"定心丸"。为建立社区长效管理机制,曹大伟带领鲁山县搬迁办一班人,推动每个搬迁社区成立了党支部和服务中心(站),配备管理人员3—5人,每年发放3万元以内的工作经费。良好的公共服务,受到搬迁群众的交口称赞,国家发展改革委《"十三五"新时期易地扶贫搬迁工作政策指引》第58期、第71期先后介绍了鲁山县的相关做法。2020年11月12日,河南省易地扶贫搬迁后续扶持工作现场会在平顶山市召开,并在鲁山县举行了实地观摩活动。

助民增收,创新扶持方式。曹大伟深知"搬迁是手段、脱贫是目的",积极帮助搬迁居民通过就业及发展产业实现增收。在产业上,鲁山县共为安置点建设光伏电站7座、扶贫车间11个、食用菌和蔬菜种植大棚70个、"农家乐"宾馆13座,出台奖补政策激励群众发展特色种养产业。在就业方面,除在社区内开发保洁、保安、护林、护河等公益性岗位外,鲁山县搬迁办与安置点周边企业和产业基地签订带贫协议32份;举办技能培训班33期,累计培训8000余人次。全县搬迁群众中有劳动能力的5871人,发展林果种植业869人、养殖业574人、转移就业2786人、从事公益性岗位就业655人、自主创业987人,实现了就业全覆盖。

汗洒扶贫路,情暖百姓心。正是像曹大伟一样的扶贫干部夜以继日、废寝忘食的工作,换来了易地搬迁群众的安居乐业和脱贫致富,换来了上级的赞许和肯定,鲁山县被授予全省易地扶贫搬迁工作优秀县称号,相关工作先后两次被国家发展改革委编发信息予以推介。

　　"今后我县将全力把每一个搬迁安置社区打造成乡村振兴的示范点,让搬迁群众过上更加富裕文明的美好生活。"看着搬迁群众一张张满意的笑脸,曹大伟认为自己所做的一切,就是人生旅途最亮丽的风景。

让贫困群众走出心中的大山

——记湖北省十堰市竹溪县向坝乡乡长罗胜杨

整齐划一的安置房前,三五个老人聚在一起聊天,孩子在愉快玩耍;不远的合作社里,村民晒香菇、种蔬菜。这是《湖北日报》全媒记者日前在十堰市竹溪县向坝乡向坝村南岸安置点看到的场景。

向坝乡地处大巴山脉深处,距县城 220 公里,全乡共有易地搬迁扶贫户 649 户 2043 人。截至 2019 年年底,全乡建成 27 个安置点,易地扶贫搬迁户全部搬迁入住。"搬出来需要决心和勇气,稳得住需要用心、用力。"乡长罗胜杨介绍,该乡既关注安置点建设,又全力做好后续帮扶,实现"安置"与"安心"同在,"安居"与"乐业"同行。

一、找准症结,让群众愿意搬

2017 年 7 月,时值盛夏,罗胜杨来到向坝村 6 组贫困户谌祖成家中,这已经是第三趟了。

53 岁的谌祖成住在距离集镇 6 公里的山上,夫妻俩种了 20 亩烤烟,养了 3 头猪,供女儿上大学,因交通不便而致贫。村里动员搬家,老谌总是吞吞吐吐。这一次,他终于说出实情:"罗乡长,我现在住得差点,但能在山上种烤烟,还能喂猪养鸡,搬到山下去,吃啥喝啥?"

罗胜杨沉默了一会,没有当场承诺,而是回到乡里,召集扶贫干部,统计像谌祖成这样的搬迁对象全乡有多少? 他们提出的问题怎么解决?

根据调查结果,向坝乡出台安置点配套设施建设相关政策,全乡建设农具房

图为罗胜杨（右）到贫困搬迁户家中调查

1200 余平方米，建设栏圈 6000 余平方米，分配菜园 60 余亩，水、电、路、网均实施到户，做到设施完善，功能齐全。

2018 年 3 月，谌祖成一家高高兴兴地搬家了。新居 75 平方米，水、电、路、网配套齐全，还分了猪圈，安置点旁边就是扶贫工厂。"挣钱门路多，比山上还强哩。"谌祖成开心地说。

二、用心用情，让群众稳得住

"罗乡长，你又来看我们了，快进屋。"彭守祥夫妇正在门口吃饭，看到入户走访的罗胜杨，赶紧放下饭碗，热情招呼。

63 岁的彭守祥是金竹园村贫困户，2018 年 12 月搬到南岸安置点。有一次，罗胜杨家访，老彭倒起苦水：夫妻俩年纪大了，干不了重活。罗胜杨出了个主意：当地野花资源丰富，可以养蜜蜂。第二年，彭守祥在山上养了 20 桶蜜蜂，当年增收近 2

万元。如今,彭守祥的蜜蜂已发展到 30 多桶,预计可收入 3 万元,他还在附近合作社务工,每个月挣 1000 多元。妻子邵际玉当上了村上的养护员,每年有 2800 元工资。"党的政策这么好,说什么我也不能拖后腿。"告别时,彭守祥的一番话,让罗胜杨感到欣慰。

"只要用心用情,就能激发他们的自生动力,在脱贫路上越跑越快。"罗胜杨介绍,向坝乡积极推进"户户走到、扶贫作坊、安幼养老、强基固本"等 4 项工作,各级党员干部沉到一线,了解群众疾苦、解决群众困难,密切党群干群关系,让安置点真正成为易地扶贫搬迁户的家。

三、发展产业,让群众变身"上班族"

"我们夫妻都在蔬菜基地务工,每天可以挣 200 元。基地离家近,走路几分钟就到了,没想到,我们农民也可以变成'上班族'。"向坝村 3 组搬迁户李明清开心地告诉《湖北日报》全媒记者。

图为罗胜杨(中)到药材基地查看百合长势

李明清所说的"基地",是竹溪县祥华种植专业合作社的蔬菜基地。2020 年 4 月,罗胜杨动员创业能人龙云华投资兴建,基地主要种植辣椒、土豆、黄瓜、西葫芦等高山蔬菜。合作社采用"基地+农户+市场"的模式运行,辐射周边 9 个村 300 余户贫困户,每户每亩年增收 2000 元。合作社还吸纳易地扶贫搬迁户 11 户 15 人在基地务工,人均年增收可达 3000 元。

罗胜杨介绍,向坝乡 9 个村,目前已发展食用菌、百合、蔬菜种植养殖等专业合作社 11 个,实现了村村有产业的目标,有效带动 300 余户易地扶贫搬迁户就近就地务工,年人均增收 3000 元左右。

"易迁扶贫,不仅让贫困群众走出眼前的大山,更走出了心中的大山。"罗胜杨说,搬出大山天地宽,贫困群众逐步融入新的环境,教育、医疗和文化生活条件大为改善,同时,政府大力推进扶贫车间、专业合作社建设,让他们就近就业、入企务工,真正实现有事做、有钱赚、有盼头。

被"挽留信"留下的驻村书记

——记湖北省郧西县关防乡沙沟村第一书记朱明瑛

❖❖❖❖❖❖❖❖❖❖❖❖❖❖❖❖❖❖❖❖❖❖❖❖❖❖❖❖❖❖❖❖❖❖❖❖

"让我们村第一书记留任吧！村里离不开她！"2019年4月,郧西县关防乡沙沟村第一书记、扶贫工作队队长朱明瑛已经到了退休年龄,本应该退休回家享清福,却被一封签满了名字、按满了红手印的"挽留信"留下了。

一年过去了,这位被村民挽留下来的"第一书记"现在怎么样了？近日,记者来到沙沟村一探究竟。

一、村民联名请愿挽留她

"咱们的'挽留信'有回音了,朱书记能继续留在咱们村啦！"2019年4月8日上午8点,沙沟村党支部书记卢丛信一到村里就迫不及待地向村民们宣布这个好消息。

56岁的朱明瑛是郧西县中医医院党支部副书记、工会主席。2015年10月,她到沙沟村担任"第一书记"兼扶贫工作队队长,至2019年3月已近5个年头。

2019年3月29日,朱明瑛到了退休年龄,就向单位申请办理了退休手续,准备离开沙沟村。当她刚从村委会二楼办公室走到楼下时,130多名村民有序地站在村委会前的文化广场上挽留她。

她驻村的5年里,村民收入增加了、村庄环境改善了,沙沟村由落后村成为全县闻名的先进村……村民与她结下了深厚的友谊。

"朱书记,我们舍不得您走！"

"朱书记,您是我家的恩人！"

图为朱明瑛(中)与群众在一起

为了留住她,有村民提议:"我们联名写信,请求上面把朱书记留下来!"于是,一份写着 130 个名字、按着 130 个鲜红手印的"挽留信",成了群众挽留朱明瑛的希望。

130 个红手印,代表着 130 颗滚烫的心,饱含着 130 名群众的真情。最终,经过朱明瑛本人同意,上级党委、政府决定满足村民的意愿:朱明瑛留任了。

二、把事办到老百姓心坎儿里

村民为何挽留这位女干部?因为她把事儿办到了老百姓的心坎儿里。

沙沟村是郧西县重点贫困村,全村共有 11 个村民小组,513 户 2009 人,其中建档立卡贫困户 240 户 762 人,贫困发生率 38%。村民的主要收入来源是种植小麦、水稻、玉米等农作物和外出务工。

如何让沙沟村发生巨变?如何鼓起村民的"钱袋子"?到沙沟村后,朱明瑛一直在思考这些问题。

于是,她翻山越岭了解民情,民情日记记了厚厚几大本。"把大家的思想统一起来,心往一处想,劲往一处使,村子才能发展起来。"朱明瑛通过走访与思考终于找到答案。

朱明瑛驻村后,带领郧西县中医医院 135 名干部职工和沙沟村 675 户贫困户结成帮扶对子,和村民同吃同住同劳动。利用村党支部开展"两学一做"学习教育机会,调动党员干部的主观能动性,为村庄发展理清思路。

村民王少辉患有心脏病,每次提到朱明瑛都非常激动:"我最想感谢的人是朱书记,在她的帮助下我家不花一分钱就住进了楼房,我每月吃的药都是免费的。"

朱明瑛发挥所在单位的技术优势,为沙沟村村民提供医疗救助,选派医院业务能力强、临床经验丰富的医护人员对沙沟村卫生室工作人员进行指导培训,并组织沙沟村卫生室医务人员到郧西县中医医院跟岗学习。同时,郧西县中医医院还为沙沟村村民制定优惠政策,凡在该院住院的沙沟村村民,在享受国家规定的救助减免外,医院再次减免自付部分医疗费用。5 年来,该院共为沙沟村住院病人减免医药费用 12 万元。

三、争取资金完善基础设施

"朱书记,有空到我家坐坐。"搬进易地扶贫搬迁安置房的李胜香每次见到朱明瑛都要叫她到家里喝茶。李胜香说,朱明瑛是她的大恩人。

李胜香的新家有 100 平方米,家里电视机、洗衣机、冰箱等电器一应俱全。李胜香的小儿子已经 9 岁了,由于听力障碍没有上学。在朱明瑛的帮助下,政府补贴李胜香家几十万元,加上她家自筹几万元,给孩子成功植入了人工耳蜗。李胜香的大儿子王继成 22 岁,2018 年经朱明瑛牵线搭桥,他顺利到武汉职业技术学院读书,学杂费全免,政府每年还给他补贴 5000 元生活费。

在积极帮助村民解决生产生活难题的同时,朱明瑛想方设法完善村里的基础设施。她先后筹措资金 50 多万元,修缮了村委会办公用房,建起了党员群众活动室,改善了易地扶贫搬迁安置点的环境;帮助村里争取 40 多万元,硬化了 6 公里通村水泥路,建设了居民饮水工程、太阳能发电站,实施了农村电网改造等。

如今,村里通了宽敞平整的水泥路,路边修建了路灯,村民吃上了自来水……这些变化,村民看在眼里,记在心里。

四、5年帮扶村子整村出列

"朱书记,我现在的工资由以前的1800元涨到2500元了!"近日,在村里扫帚加工扶贫车间上班的建档立卡贫困户龚正菊高兴地对朱明瑛说。

"农村要发展,重点在产业,关键要提升群众的'造血'能力。"朱明瑛驻村后的一项重要工作就是帮村民找到赚钱门路。

经过调研,结合沙沟村实际,朱明瑛决定引导村民发展冷水稻、土鸡、核桃等特色产业。

5年里,沙沟村培植了楚留香养鸡农民专业合作社,养殖马头羊、秦巴黄牛、黑毛猪等1000多头(只),发展核桃1200亩、花椒200多亩,还种植了莲藕、水稻、烤烟、铁扫帚等农作物,建设了生态农业观光园、林下经济作物观光产业园等。2019年年底,沙沟村实现了整村出列。

"帮助沙沟村脱贫后再带领村民发展乡村旅游业,建设沙沟田园综合体,让沙沟村变得又富又美。"朱明瑛说,只有村民有了稳定的致富产业,她才能安心退休。

始终坚守易地扶贫搬迁阵地的"叶帅"

——记湖南省衡阳县发展和改革局原副局长叶建华

"叶帅"真名叫叶建华,衡阳县发展和改革局原副局长,现任县易地扶贫工作联席会议办公室副主任、县扶贫开发投资有限公司副总经理。因为他始终坚守阵地、脚踏实地、勤奋实干的工作作风和一心为公、心系群众、无私奉献的革命精神受到大家发自内心的尊敬,大家都尊称他为"叶帅"。新时期易地扶贫搬迁工作开展以来,"叶帅"带领全县易地扶贫搬迁工作一班人员,始终坚守易地扶贫搬迁一线,熟研政策,敢于担当、勇于创新,全身心投入工作,带领全县 2420 户 7885 个搬迁对象,全部从昔日的穷山恶水、穷乡僻壤、土坯毛房搬入了交通便利、整洁卫生、设施齐全的花园小区,走上了致富路。衡阳县易地扶贫搬迁工作多次得到了上级领导和群众肯定。

一、只为向党和人民交上最后一份满意答卷

2016 年,新时期易地扶贫搬迁工作在衡阳县开展时,即将面临退休,且身体多病、已经 58 岁的"叶帅",毫无怨言,服从组织安排,接手易地扶贫搬迁工作这项艰巨的工作。2018 年 8 月,过完 60 岁生日,本可安心退休,但组织上考虑易地扶贫搬迁工作的重要性和系统性,要求他继续留用,他毫无怨言,再次接受组织的安排,继续坚守易地扶贫搬迁阵地。他说:"易地扶贫搬迁工作如同我的孩子,看着他出生、成长,现在还没有成年,我怎么忍心丢下?既然组织对我信任,我就一定要将易地扶贫搬迁工作全部完成再休息,我不图名,不图利,我只是想向党和人民交上最后一份满意的答卷。"的确,"叶帅"的家境条件也不错,他完全可以安心退休,而且,

在之前，已经有两个民营企业看上他管理经验丰富，工作勤劳踏实，想在他退休后高薪聘请他到公司去担任主管，但他为了易地扶贫搬迁工作，拒绝了民营企业的聘请。在负责易地扶贫搬迁工作期间，因为易地扶贫搬迁工作成绩突出，组织多次要给予他最美扶贫人、记功、优秀党员等奖励，他全都拒绝了，把这些荣誉让给了其他同志。

二、敢于担当、勇于创新的"叶帅"

"叶帅"曾经担任过乡委书记、区公所区长、县物价局副局长、发展和改革局副局长，长期在基层工作，熟悉老百姓的生活，工作经历丰富。他认为，只要一心为了工作、一心为了贫困群众，没有私心，对政策吃透，对情况掌握，在工作时才敢于担当、勇于创新。

2016年3月，在研究确定搬迁规划选址原则时，他提出安置点选址必须做到"五个结合、三不选"，即"与小城镇建设相结合、与美丽乡村建设相结合、与旅游资源开发相结合、与产业扶持基地相结合、与农贸市场建设相结合；占用基本农田的不选、有地质灾害隐患的地方不选、影响环境和破坏生态的不选"。2019年，由中介机构对全县54个安置点全面进行地质灾害危险性评估，未发现一处存在安全隐患；在群众后续扶持上，非常有利于贫困人口的就近就业和自主创业，有利于搬迁对象的管理，为贫困人口的脱贫致富打下了良好基础。

2020年，为了提高搬迁对象劳动力就业，确保有劳动就业意愿的搬迁户每户不少于1人就业，巩固脱贫成果，"叶帅"多次与人社部门、经开区衔接，与衡阳籍在外创业的老板们联系，亲自带领43个企业老板到全县各安置点现场勘察场地，通过开展"引老乡、回家乡、建家乡"活动，到目前为止，全县已建成24个易地搬迁"扶贫车间"，还有20家企业正在积极申报和建设中，有效解决了搬迁对象家门口就业的问题。

三、"叶帅"随身携带的两件"宝贝"

"叶帅"随身携带的包里，随时放着两件东西，他说，这是他的两件宝贝，一件是为保障工作不误事,一件是为保障身体不出事。

"叶帅"的一件"宝贝"是笔记本,从2016年接手易地扶贫搬迁工作,到现在,这已经是第六个笔记本了,他的笔记本上密密麻麻地记载着易地扶贫搬迁政策要点、会议记录、工作安排、工作情况、群众意见、自己的一些想法。他经常说,人的大脑是有限的,只有将所见、所做、所想随时记录下来,工作才能不误事。

"叶帅"的另一件"宝贝"是哮喘喷雾剂。工作中,每次出现呼吸困难,就看见他从包里将哮喘喷雾剂拿出来,朝着口里喷几下,又继续投入工作。他已患哮喘病多年,不仅从来没有因为身体有病耽误工作,而且经常和其他年轻工作人员一道,节假日和晚上加班加点。全县所有安置点,都留下他的足迹,全县大部分搬迁对象也都对他非常熟悉,有什么心里话,有什么问题都愿意给他讲,每次远远听到他的咳嗽声和带着嘶哑的讲话声,老百姓就知道,"叶帅"又来了。

现在已经62岁的"叶帅",仍然坚守在易地扶贫岗位上。

图为叶建华同志(右一)走访搬迁贫困户

一个行走在搬迁点的高速运行数据库

——记广西壮族自治区贺州市八步区发展改革局党组成员、水库和扶贫易地安置中心主任张雯

她,时常穿梭奔走在八步区的贺街、莲塘、信都等6个易地扶贫搬迁安置点;她,是一个高速运行的扶贫数据库:八步区各村村情,每一个拟实施的项目、资金、进度、效益、存在的问题,她门儿清;她叫张雯,是贺州市八步区发展改革局党组成员、水库和扶贫易地安置中心党组书记、主任。自2016年6月上任后,八步区各易地扶贫搬迁安置点便时常出现她的身影。看着13392名贫困人口住进了舒坦的安置房,她喜颜欢笑。她率先垂范,工作极度认真,让每位脱贫攻坚的工作人员既倍感压力,又倍加振奋。

一、认真履职尽责,宣传政策,深入调研

为了准确把握建档立卡贫困户的真实居住状况,有针对性地做好八步区易地扶贫搬迁工作,2016年上任以来,她组织干部学习国家、自治区、市、区精准扶贫精准脱贫政策性文件,按照各个时间节点要求,牵头组织召开各类培训会议,并收集有关易地扶贫搬迁政策文件汇编成册,共印制了200余本下发到各移民搬迁专责小组成员单位,加强对成员单位干部的业务培训。

她经常深入乡镇、搬迁户调查研究,几年来,她的足迹遍布全区16个乡镇及各安置小区,访问了多少贫困群众、进行过多少次调研,她自己数不清,身边的同事也数不清,只留下了好几本记满了各式各样问题的笔记本。通过深入的调查研究,她对全区的搬迁户居住状况、致贫原因、群众脱贫愿望及搬迁户需求等有了更深刻的

认识,真正解决了"帮扶谁"的问题,也为制定八步区易地扶贫搬迁工作整改方案奠定了基础。

二、倾心用力,真抓实干显成效

2016年,易地扶贫搬迁建设项目任务下达后,因工期紧、任务重,之前没有实施过同类项目,没有经验借鉴可言,难度大。在易地扶贫搬迁项目实施过程中,从建设项目的用地指标落实、建设实施方式、建设资金落实、建设实施内容,张雯都亲力亲为,亲自参与,对细节更是高标准严要求,她常常深入工地查看进度、质量,确保项目在实际节点内保质保量完成,从来没有半点马虎。在包括张雯在内的八步区各级、各部门干部群众的努力下,2017年11月,八步区6个易地扶贫搬迁安置点终于全面建设完成,12月全部交付钥匙给搬迁贫困户,完成了上级交给八步区的易地扶贫搬迁任务,取得了打赢扶贫攻坚战的显著成效。八步区易地扶贫搬迁工作多次受到自治区、市调研组和督导组的肯定,多次获得自治区综合排名第一的好成绩。

三、真情帮扶,开启"知心大姐"服务

2017年年底,八步区6个易地扶贫搬迁安置点的搬迁移民陆续搬入移民安置房新家。为使这些搬迁移民更快、更安心地融入新的社区生活,实现"搬得出、稳得住、能致富",她的团队常常跟随她行走在八步区南乡、桂岭、莲塘、厦岛、信都、贺街6个安置点之间,开启"知心大姐"帮扶服务,深入搬迁移民家庭了解搬迁群众的家庭基本情况及劳动力情况。作为基层帮扶领导,她深刻地明白要想稳住这些从大山、落后地区搬出来的移民,首要就是解决他们的就业、就医和就学等问题。一方面,她积极建议,并向各级政府部门争取资金,在各易地扶贫搬迁安置点建设托幼机构,设立卫生室、警务室和超市,解决搬迁贫困户就学、就医、安全保障和日常生活保障等问题。另一方面,她用好国家扶持政策,积极协调平台公司,争取项目资金在安置小区里建设就业扶贫车间、商铺、农贸市场等,引进劳动密集型企业到安置小区投资办厂,为搬迁移民提供了1200多个就业岗位;小区服务管理方面

她与物业公司沟通协调,增加搬迁移民工作岗位,如保安、卫生保洁岗位 50 个;此外在各安置点成立移民工作站设立岗位 19 个,聘请一批中专至大专毕业的搬迁移民子女在岗服务。通过这种"以岗定搬""以铺定搬""以产定搬"的模式,帮助搬迁移民实现了家门口就业,让搬迁群众不再为了生计"丢"了孩子、远了家,真正实现了"守着娃、做着工、养着自己、看着家";满足了每个搬迁家庭实现至少一人就业。

四、创新工作方法,让"沉睡"档案变活字典

为让八步区 2746 户易地扶贫搬迁户的相关材料数据库信息录入、查询方便、快捷、高效,张雯提出了让纸质材料变成电子档案的想法,采取信息化系统管理。随后,在张雯的带领下八步区移民局把 2746 户易地扶贫搬迁户的相关材料全部扫描成电子版,与纸质版档案同步管理,建立各安置点人口信息管理电子档案,录入该电子系统。系统分为电脑操作端和手机扫码端,电脑操作端进行搬迁户档案信息录(导)入、编辑;手机扫码端形成每户一个二维码,全区共建立了 2746 个二维码(即一户一码),通过用手机扫描二维码即可快速查询搬迁户家庭信息、《易地扶贫搬迁安置房买卖合同》、《拆旧复垦材料》等十个类别信息,通过一个小小的二维码让 2746 份沉睡的档案"说了话",极大地提高了档案利用效率。

图为张雯(右三)宣传易地扶贫搬迁政策

易地扶贫搬迁路上见真情

——记重庆市忠县涂井乡人大主席廖朝伟

◆◇◆◇◆◇◆◇◆◇◆◇◆◇◆◇◆◇◆◇◆◇◆◇◆◇◆◇◆◇◆◇◆◇◆

一、一封由衷的感谢信

2018 年 10 月，涂井乡巴山村建卡贫困户给党委、政府和帮扶责任人写来了一封感谢信。信中写道："感谢乡党委政府、村'两委'和廖朝伟同志，在你们的关心帮助下，我的新房已经落成。我心中永远不会忘记你们的恩情，你们时时为贫困百姓着想，处处洒上辛劳的汗水。"

2016 年 12 月，廖朝伟和村委同志一道经过长途跋涉，来到巴山村六组贫困户黄术权家了解到：黄术权一家四口，居住房屋简陋，岳母和妻子患有精神疾病，有时还到处乱跑，他也不敢外出打工；女儿在外生了孩子也只能在家带孩子，女婿文化水平低收入也不高……说起这些，这位顶天立地的男子汉眼中充满泪花。

"老黄，不着急，我们今后就是亲戚了，有什么困难我们一起想办法，你现在就是要树立脱贫的信心，在家里照看好两位病人，发展点产业，其他的我们政府来想办法。"廖朝伟在旧房子里转了一圈，看到家里一贫如洗。

廖朝伟回到政府，积极对接发展改革委、民政、建管口的同事，咨询老黄是否符合低保申请、易地扶贫搬迁条件，并回家找来一些过时衣服，想尽一切办法给这个贫困家庭提供些帮助。屋漏偏逢连夜雨，2018 年 8 月，黄术权的妻子在家中犯病，一把火将房子点起来了，家中大部分财物被烧个精光，经过邻居们的奋力抢险，人是抢出来了，但房子却没法住了。老黄一下子急了眼，急着来到政府，给政府写来了一封求救信。

"你不要着急，我们一起来想办法建新房"，相关部门、帮扶责任人给他送去大米、被子等生活品,帮助他家暂时安置,紧接着着手帮他申请易地扶贫搬迁事宜。

"我不想搬迁,我就想在原来这地方建房",老黄并不愿意从居住多年已经建立了感情的这块土地搬走,廖朝伟同志为此多次亲自到村里向黄术权解释相关政策,向他描述搬迁的种种好处,功夫不负有心人,经过反复做工作,黄术权终于同意搬迁建房。可是,去哪里找这样一块建房的土地呢。廖朝伟和相关部门、村委一道经过多次踏勘,终于找到了符合易地搬迁的地块。可是还要占用一小部分其他社员的地块,廖朝伟又和村社干部一道逐户到涉及土地的村民家中做工作,最终落实了选址工作。

找施工队伍、联系建筑材料、联系安水管、联系通电,经过大家几个月的努力工作,老黄一家终于搬进了新家,拿到了48000元易地扶贫搬迁补助。老黄在新房里感动地给大家写来了感谢信。

二、一件感谢的礼物

2020年春节期间,老黄给帮扶人廖朝伟等人打来电话,执意要送几只土鸡作为感谢,感谢大家帮助他硬化了公路,建起了新房,发展养殖业,走上了脱贫致富道路。事情还得从老黄搬进新房说起。廖朝伟看到老黄一家搬进了新房,解决了住房问题,高兴地给他随了个小礼。老黄一家的低保早就申请下来了,基本生活没有问题。但要想稳定脱贫,必须要解决基础设施和产业发展等问题。

记得第一次到老黄家时,廖朝伟他们从沙河转了一大圈,然后走了几公里未通车的土路。2017年政府和村委通过争取以工代赈资金,将这条路纳入通达工程。可是一逢下雨,车子仍是进不来,粮食拉不出去。廖朝伟又协调相关部门争取融资资金将这条路纳入了硬化改造项目。

"老黄,现在国家有小额信贷政策,你可以去贷5万元来养鸡,同时针对贫困户养鸡还给予一定数量的产业补助资金。"廖朝伟反复给老黄做工作,老黄去银行争取了贷款养起了土杂鸡。鸡一天一天长大,春节前,廖朝伟又联系机关职工、机关食堂帮助他销售了二十几只土鸡。老黄就想着一定要给廖朝伟等人感谢一下,所以才出现了春节期间要给廖朝伟等送土鸡的故事。

图为廖朝伟(中)了解产业发展情况

三、一张幸福的笑脸

2020年6月,廖朝伟再次走访老黄家时,一条连接沙河、龙滩与黄术权家的标准水泥路硬化顺利完成。看着新修的公路,搬迁的房屋,家里买的沙发、电视、衣柜、净水机,房前圈养的鸡长得正好,老黄高兴地说道:"我今年种了玉米来喂鸡,正准备去种点芝麻,这些土杂鸡长得不错,再过两个月就可以出售了。"脸上露出了幸福笑容。

廖朝伟鼓励老黄要进一步增加脱贫信心,发展产业。相信在国家的政策支持下,大家一起努力,日子会一天比一天更好。等这条路正式通车了,他将联系更多的人来老黄家买土鸡。同时,村里已将老黄纳入护林员初步人选上报,一旦通过,每个月也有几百元收入。谈起这些,老黄脸上笑容更灿烂了,廖朝伟也笑了。

真抓实干扶真贫

——记四川省雷波县松树乡哈洛窝村第一书记方明

方明,男,汉族,中共党员,45 岁,2015 年任雷波县松树乡哈洛窝村第一书记。几年来长期坚守脱贫攻坚工作第一线,不畏艰难困苦,超常付出,积极推动松树乡哈洛窝村顺利实施易地扶贫搬迁、拆旧复垦、后续扶持等各项工作,为松树乡决胜脱贫奔小康作出了卓越贡献。

一、聚焦生存之痛

松树乡哈洛窝村位于松树乡政府西南方向,距县城约 58 公里,面积 3.5 平方公里,平均海拔 1400—2100 米,全村辖 3 个村民小组,共 111 户 495 人,属典型的高山纯彝族贫困村。2014 年年人均纯收入 1900 元。山高坡陡谷深、基础设施薄弱、致贫原因复杂成为制约哈洛窝村发展的现实困境。贫困户普遍居住在悬崖峭壁,加之受教育程度低,思想保守闭塞,内生动力不足,难以支撑产业脱贫。

2015 年 9 月,方明被组织任命为哈洛窝村第一书记。他带着使命,潜心学习各项脱贫政策、认真开展入户排查走访,做细做实前期基础工作。他克服语言障碍,用一个多星期跑遍哈洛窝村所有贫困户。

二、成就搬迁之福

方明系统深入地学习了国家易地扶贫搬迁政策文件,立足哈洛窝村"窝"在深山、"穷"在根本的现状,初步明确"变"在当下、"搬"出新生活的初步构想。他结合前期调研走访成果,多次请示汇报、寻求部门支持、听取群众意见建议。2016年,经包乡县领导率队实地踏勘和调研后,哈洛窝村决定实施整村整组搬迁。

方明带着相关行业部门人员及村组干部明确选址后,再次走村入户核实群众意愿。三天后,全村113户(易地搬迁73户,彝家新寨5户,避险搬迁19户,随迁户16户)全部签订搬迁意向书和拆旧复垦协议,易地搬迁工作取得了阶段性进展。随后,安置点迅速启动地灾评估、规划、勘测设计等前期工作,为后续项目进行奠定良好基础。整个项目整合易地搬迁、彝家新寨、避险搬迁各类资金2538万元,建成住房113套。另建成民族活动院坝410平方米,公厕2个,垃圾池4个;村委会240平方米;村幼儿园210平方米;饮水管网4700米;配套村文化室、卫生室、会议室及办公室;等等。

三、破解发展之困

方明结合哈洛窝村村情、民情和群众意愿,结合相关扶贫政策,积极打好脱贫"组合拳"。他积极与公司商谈对接以村民土地、牛、羊、现金入股等多种方式推动集体经济发展,因地制宜适度发展生态特色种植养殖业和彝族手工业,实现"人人有事做"。他认真对接相关部门落实劳动力技能培训600余人次,实现对外劳务输出95人。为确保30万元产业扶持基金发挥最大效益,他结合村情民情和搬迁户意愿,多次自费往返周边县、市(区),做市场调研和考察,学管理经验,带领群众积极发展土鸡养殖项目,顺利押运和调配发放鸡苗2500只,由专合社统一管理,配备专门人员进行技术指导。经过精心管理和后期多方努力宣传营销,目前土鸡、土鸡蛋远销宜宾、西昌等地且供不应求,人均年收入增加1000元以上。2017年至今,全村累计发放马铃薯种苗100吨,种植面积500亩,产出150万斤,促进人均增收400元;发放80斤猪96头,40斤羊87头,牛12头,饲料用玉米51080斤,黄豆10216斤,年人均增收3000元以上。目前,正在规划退耕还林1000亩用于规模种植核桃,发展山桐子项目1500亩;2020年将再投入产业资金100余万元新建牛圈10个、羊圈20个,发展规模养殖业。

四、倡导文明新风

"移风易俗做得不好,住进再好的新房也没有用,一定要想法解决贫困问题!"

图为方明同志考察后续产业发展

图为方明同志组织搬迁群众学习脱贫攻坚政策

方明在村委会开会时斩钉截铁地说。他通过大力弘扬文明新风,推进移风易俗等工作提升群众素质素养,着力培育搬迁户拼搏进取、主动脱贫、勤劳致富的积极性和主动性。借助各级捐赠平台共发放家用"四件套"78 户 156 套,安装晾衣杆、发放晾衣架,补齐家具物件短板;开办"农民夜校",加强感恩教育,引导群众听党话、跟党走、感党恩;增强群众内生动力,消除"等、靠、要"思想;以"三建四改五洗""四好创建"等工作为抓手推动养成健康文明生活习惯;通过张贴宣传标语、制定村规民约、倡导破除高价婚姻等工作逐步破除群众陈规陋习;组织开展"四好家庭"系列评选,制定"奖勤罚懒"机制,评选"标杆"户16户,"洁美家庭"30余户。在他的带领下,群众精神面貌焕然一新,哈洛窝村文化广场跳起了欢乐的达体舞,篮球比赛激烈精彩,各类文化活动丰富多彩,哈洛窝集中安置点顺利实现了"搬新居、建文明、树新风"三统一。

移民支书 为民谋富

—— 记贵州省惠水县濛江街道新民社区党支部书记罗应和

见过罗应和的人都说,他是个办事沉稳,言出必行,行之必果的实在人。人们都叫他"老罗",41岁的老罗年纪不老,干事却十分老练。敢作敢为、言信行果,为人亲切,在新民社区的群众眼中,老罗有着赞不完的优点。

从大山的儿子到移民社区的支书,从搬迁群众到带动移民群众一起致富,这位年轻的支书,用自己的方式,带着移民群众走出了一条奔向小康的康庄大道。

一、走出大山 实现梦想

重峦叠嶂的月亮山,沟壑纵横的斗底村,这是老罗最爱的地方,同时也是他最想离开的地方。

"我很爱我的家乡,但是你要问我好不好,我还真的说不上来。"

"我们家住在山沟沟里,干活要爬一山,下一山,村里的粮食运不出去,外面的东西运不进来。那时候,是真的穷。"在老罗的记忆里,这样的贫穷,更是体现在上学的路上。

"那时候我们村小学离家有近一个小时的山路,年纪小,怕跟不上大家,我常常五六点就起床。"老罗说,最怕遇到下雨天,为了不让鞋子淋湿,就只能光着脚走。

"真的很想搬出来。"这是那时老罗心里最迫切的愿望。

"村里真的太穷了,以前想看电视,都要走一个多小时到镇上去。""我们村子里,50岁以上没结过婚的光棍就有十多个。好多人娶了媳妇没多久,因为太穷都又跑了。"

种地收成少，村民没技术，要在这样的大山之中致富，难如登天。

为了能够搬出来，为了过上好生活。

2003年，退伍回来的老罗外出打工。"那时候家里没有电话，想家的时候都不知道怎么办。"老罗说，有一年过年他回家，看到孩子们上学还是要走很长时间的山路。"一切又回到了曾经的场景，我们的孩子在走我们曾经的路。"老罗说，把家搬出来，才是出路。

二、新的家园　新的开始

一个人搬出来容易，一村人要怎么搬？

"村里山多地少，根本没有办法致富。想叫大家出去打工，挣了钱，在外边安家，孩子也能够得到好的教育。"老罗说，最初的想法，实施起来却有些不切实际。"村里很多人都没有上过几天学，知识、技能都很差，要在外挣到钱，真的太难了。"

"我们村寨子里有24户人家，邻里关系特别好，如果能够全村人都搬到一个好地方，过上好日子，就好了。"

2015年的一天，老罗正在家里看电视，电视里正放着新闻。

"发展生产脱贫一批、易地搬迁脱贫一批、生态补偿脱贫一批、发展教育脱贫一批、社会保障兜底一批。"电视里播放的这一段话吸引了老罗。

"这段话，我不是很懂。'易地扶贫'我没搞懂，但是'搬迁脱贫一批'我听懂了，就是国家要将穷人搬出去，让大家脱贫。"老罗说，这个信息让他倍感兴奋，搬出去，有望了。

随之而来的，还有斗底村的驻村工作队，他们挨家挨户地宣传扶贫政策，动员村民搬迁。"国家关注我们老百姓，大家底气也足，搬迁脱贫已经不仅仅存在电视里，真正来到了自己的身边。"老罗说，不到一年的时间，易地扶贫搬迁的政策已经落实得很好。"2016年1月，斗底村的驻村工作队已经到我们组上叫我们去看安置点了，就想着能够搬出来就好。"老罗说。

搬迁计划启动了，对于搬迁地点，村民们却意见不一，这下，矛盾出现了。

"那时候确定了我们要搬到惠水，但是有两个搬迁地点。村民们一些选择搬到这头，一些选择搬到那头，又怕大家以后发展不一样，心里产生落差，于是搬迁一开始,就遇到了难题。"老罗说,为了解决这一"难题",作为村里说话有分量的人之一,他组织村民们召开了一次集体会议,商量搬迁的地点。

在搬迁之前,惠水县移民局局长刘合奎与老罗曾有过这样的对话。

"你们组有信心搬么?"

"有信心!"

"拿什么做信心?"

"我说话就是信心。"

因为是村里为数不多去当过兵的人,说一不二,村民们对于老罗也格外信任。

"大家放心,现在国家政策好,我们搬去哪里都好,只要我们大家在一起,就有信心把生活越过越好。"老罗的一席话,让村民们心里有了底气,最终,惠水县经济开发区的新民社区,成了斗底村村民们的新家园。

2016年7月8日,斗底村开始搬迁。3个月后,斗底村的村民成为新民社区的新市民。

三、新的生活　新的征程

搬到新家的老罗格外高兴,但享受着国家的好政策,却没有付出,总让他心里有些过意不去。

"我是一名党员,我觉得自己要参与到服务群众的工作中来。"老罗说,抱着这样的想法,他写了一份申请,愿意无偿投入到服务群众的工作中。

这份申请,让他成为社区的一名服务人员,为群众打扫卫生、领家具、装家电等,三个月之后,新民社区的移民群众把老罗当成家人一样看待,大事小事都找他,而且他都能做好。

2016年12月,濛江街道新民社区要设立党支部,大家一致推选老罗为党支部书记。2017年2月以来,罗应和还先后被选为县十八届人大代表、黔南州十四届人大代表、全国人大代表。

"当时真的压力大,对于党支部的工作真的没有头绪,更没有经验,我也没有想过,有一天我能够当选为社区的党支部书记。"

"以前在村里只有几十户,那时社区有800多户,工作从哪里开始? 怎么做才能带领大家致富……那几天真的整夜睡不着觉。"

思虑之后的老罗，开始了自己支部工作的第一步——创建移民夜校，也是移民技术技能培训学校。

老罗先后找到移民局、当地政府，共投入 13 万元，创办了全州最早的搬迁移民夜校。

"我们老家有这样一句话'天干三年饿不死手艺人'，要致富，就要有一门吃得上饭的技能。"老罗说，穷教育，是穷的根本。

为何要挂两块牌子，老罗解释道："在我们老一辈人的观念里，夜校就是学习'认字'，技术技能培训学校，就是让年轻人知道，这里是学习技术的。于是，我们的学校就具备了两个功能，教老人学知识，以及教年轻人学技术。"

学校创建起来了，那到底教群众什么呢？

"一开始我也犯懵，学校开学之初大家就在一起谈心，相互认识，一段时间后，群众的感情建立起来了，对于新家园大家也有了归属感。"老罗说，通过跟群众谈心，他也了解到了大家的兴趣爱好，掌握到了群众的信息，因人施策，因岗培训，大家来到移民夜校的积极性也更高了。

进入新的环境，许多群众还有很多不适应，有的群众不会坐公交车，有的群众进城就找不到回家的路，还有的随地吐痰、乱扔垃圾，移民夜校就针对群众的问题逐一培训，教大家坐公交、识别道路、爱护环境，一段时间后，新民社区焕然一新，群众的思想、行动等都往新市民化发展。

与此同时，老罗还经常与附近的企业联系，看企业需要什么人才，移民夜校就培训什么人才。企业的好评多了，新民社区的就业率也高了。

"我当时就觉得，创办移民夜校这一步走对了。我找到了撬开搬迁群众稳得住的杠杆。"老罗说。他也找到了支部工作的门路——走群众路线，听群众心声。

但老罗仍然觉得做得不够。普通群众的就业解决了，那特殊困难群众的就业怎么保障？

于是，老罗成立了新民社区劳务服务有限公司，将社区的残疾群众通过公司外包，让其投入到公益性岗位上。"第一个月，通过我们劳务公司包出去的特殊困难群众，就拿到了 1700 多元的工资。"老罗说。如今，社区已经有 128 名困难群众投入保洁保安等岗位；与此同时，老罗还组织成立了基层工会组织，实现了居民自治。2019 年 9 月 20 日，老罗获得了"2019 年全国脱贫攻坚奖奋进奖"；11 月 11 日，获得"贵州省脱贫攻坚先进个人"称号。

就业解决了,社区居民生活更好了。如今,1410户居民中,已经有480户买了新车。从穷变富、从无变有、从懒变勤,曾经是山沟沟里的村民,如今已经蜕变为新市民。

图为罗应和与搬迁群众同唱《我们赶上了好时代》

搬迁群众的"贴心大总管"

——记贵州省兴义市洒金街道办事处主任文志华

◇◇◇◇◇◇◇◇◇◇◇◇◇◇◇◇◇◇◇◇◇◇◇◇◇◇◇◇◇◇◇◇◇◇◇◇◇◇◇

"我家娃娃读书找学校,我们要找文主任","搬到城里,我不想出去打工,想在离家近点的地方找份工作,我们也找文主任",从晴隆县安谷乡搬迁到兴义市洒金街道南兴社区的卢忠艳,提到"文主任",感激之情溢于言表。她口中的"文主任",就是兴义市洒金街道党工委副书记、办事处主任文志华。

2017年3月起,文志华按照组织安排到洒金负责开展工作,2019年7月,文志华任洒金街道党工委副书记、办事处主任。洒金是兴义市最大的易地扶贫搬迁安置点,2016年6月至2019年6月,共安置从兴义市部分乡镇和晴隆县、普安县、望谟县搬迁而来的7482户33227人。3年多来,文志华同洒金的新市民建立起了深厚"鱼水"情谊,担起了"大总管"的职责,谱写了一个又一个感人的故事。

一、察民情、解民忧:让搬迁群众"搬得出"

洒金街道三个新市民社区居住着全市边远乡镇和其他县市搬迁来的三万多名群众,大部分还是少数民族,人口众多,生活习惯各异……搬迁安置工作开展困难。起初,这位有着丰富基层工作经验的干部对搬迁群众的服务管理工作也很发愁。

没有调查就没有发言权。2017年3月到洒金工作后,文志华首先对整个社区群众进行走访调研,不到1个月时间里他走访了800多户搬迁群众,他的足迹遍及洒金安置区的每一个角落。

通过走访,文志华的思路终于定格:要让搬迁群众真正"搬得出",感受到进新居的"喜事",他作为洒金"大总管",严格落实市委安排,推行一个入住方案、一套服务班子、一张流程图、一张明白卡、一份告知书、一份承诺书、一张确认表、一把钥匙、一张照片"九个一"工作法,规范搬迁入住流程,协调整合部门职能设置身份审核、物管服务、房屋维修、水务、电力、广电、人社、教育等八个窗口,提供一个窗口受理、八个窗口联办的"一站式"服务,以最贴心的服务做好搬迁群众入住工作,让群众顺利搬进新家。

2019 年 7 月某日,洒金街道栗坪社区的搬迁"老人"王启斌,外出采购生活物资后找不到回家的路,社区工作人员几经周折才将老人送回家。得知此事,文志华开始思索,新市民社区建筑大都相同,各楼栋虽然有楼栋号贴,但搬迁群众有部分老人和孩子不识字,怎样才能让搬迁群众在社区"不迷路"呢?文志华结合社区实际和搬迁群众的认知,在社区内各楼栋悬挂"动物 3D 图标"、在社区各条道路标划彩色标线,为群众回家"导航"。

二、顺民意、惠民生:让搬迁群众"稳得住"

"现在搬进城了,娃娃能够读个好学校,老人生病了找得到好医生看就是我最大愿望"……在走访众多新市民后,文志华发现搬迁群众最关心的除了生活必需就是子女教育和医疗保障,因此想要搬迁群众"稳得住"就要先稳住他们的"心"。作为"大总管"的文志华急百姓之所急,思百姓之所需,每天奔跑在教育、医疗、生活保障三条线上。他利用 2 年的时间,协调各级投入资金 2.4 亿元,新建配套学校 6 所,其中初中 1 所,小学 1 所,幼儿园 4 所,配齐了各级各类名师、骨干教师 100 余人,解决新市民随迁学生 5120 人就近上学,实现了应读尽读、应读必读。同时,他通过多方协调社会帮扶资源,采取"大手牵小手、小手牵小手"的方式,对搬迁学生实行重点关心关爱;开展师生结对,教师适时家访,指导帮助孩子生活学习,重点培育、重点辅导,帮助他们健康成长、快乐融入新环境。

优化医疗资源也是文志华认为要迅速提上日程的事宜。2017 年以来,他协调完成 4 个卫生服务站(室)的建设,配强配齐医护人员 14 名,实现了新市民居住区卫生服务站(室)规范化建设,同时按照州、市的规划,多次协调兴义市中医院(在建中)建设项目,让新市民在家门口即可享受三甲医院的诊疗服务。洒金街道成立后,他更是要求严格落实"先诊疗后付费"和"一站式结算"等便民措施,实现基本医疗保障全覆盖。

搬迁群众从各自老家搬迁而来,总有割舍不掉的乡愁。为了让搬迁群众快速融入新的环境,文志华认为,要找到文化传承和融合的一个"契合点",让搬迁群众找到共同的"语言"。2018年,在他的"谋划"下,洒金建成了2个文化广场,建成南兴、栗坪、康平社区老年人日间照料中心,青春课堂、新市民党校(新时代文明实践站)等活动场所。2019年,栗坪社区"四印"广场的建成,标志着洒金新市民社区的文化阵地全覆盖,搭建了全面系统的文化服务平台,为新市民提供了茶余饭后的休闲娱乐场所。

阵地建设好后,"大总管"文志华又开始谋划如何改变搬迁群众不适应的情况。他策划开展各种文娱活动、表彰奖励活动等,引导搬迁群众转变生产生活方式,破除陈规陋习,更好更快地融入城市生活。

在新市民社区,社会治理是"大总管"最关心的问题,"平安""和谐"是他遇到的最棘手的问题。2019年8月,洒金综治中心建成,他参照市级布局设群众接待室、公共法律服务室、矛盾纠纷调解室、心理咨询室、视频监控室,全面落实各项工作机制,同时协调搭建警务工作平台,全面协助建设洒金派出所,实现了洒金派出所一岗多能、一窗多办,满足群众"只跑一次"的要求,有效提升人民群众对辖区社会综合治理的满意度。

三、解民困、汇民智:让搬迁群众"能致富"

要让搬迁群众能够在新的环境中"扎根",解决就业是根本的途径。为实现"一户一培训、一户一就业"的要求,文志华多次与民办职业培训学校对接,采取多种方式对16—60周岁的新市民劳动力开展全员培训,确保每户至少有1人熟练掌握一门实用技能,实现新市民技术工种人均月工资不低于2000元。新市民搬迁后,为彻底解决辖区新市民零散劳动力就业问题,文志华在经过充分调研的基础上,提出建立"家政公司+新市民"的感恩服务团,设立"家政+环卫+护工"等岗位帮助新市民就业,截至目前,服务团解决劳动力3000工次以上,发放工资35万余元。

2020年,受新冠肺炎疫情影响,部分外出务工新市民返乡待业。文志华看在眼里,急在心里。为了减少疫情对搬迁群众收入的损失,文志华"瞄准"洒金村

3450 亩耕地和 2000 亩林地,采取"公司+合作社+农户"模式,因地制宜发展林下菌药产业,以产业促就业,就近解决返乡新市民就业问题。目前,已有效解决新市民劳动力就业 9974 人次,促进新市民人均日增收 80—150 元。

管大、管小、管细,管好每一位新市民的生活、就业、增收,让每一位新市民"安居乐业",这位"大总管"用自己的实际行动,践行了他的职责和使命。

工程不完我不休

——记云南省东川区易地扶贫搬迁安置点
县级"点长"赖昱辉

◇◇◇

山峦起伏,日渐西沉。汽车在山间的柏油路上急速行驶。刚在昆明开完会,赖昱辉便匆匆坐上车赶回东川,不一会儿便在车里睡着了。他太忙了,也太累了……

赖昱辉是昆明市东川区的副区长、东川区易地扶贫搬迁攻坚战分指挥部指挥长,同时他还有一个特殊的身份——东川区对门山和起嘎两个易地扶贫搬迁安置点的县级"点长"。

为深入贯彻党中央、国务院和云南省委、省政府关于易地扶贫搬迁的决策部署,全面落实县(市、区)易地扶贫搬迁组织实施的主体责任,确保按时、按质、按量完成搬迁任务,2018年2月,省易地扶贫搬迁攻坚战指挥部决定对易地扶贫搬迁集中安置点建设管理、脱贫发展全面推行"双点长"制。易地扶贫搬迁集中安置点由一名县级领导干部和一名施工企业项目经理同时担任"点长",实行"双点长"制,共同做好集中安置点建设管理、脱贫发展的组织实施工作。

就从那时,赖昱辉便多了个"点长"的身份,他的工作也就更加忙碌了。作为易地扶贫搬迁安置点"点长",赖昱辉要负责做好搬迁对象的审查认定及组织动员、安置选址、建设用地审批、安置点规划和民居设计、实施方案编制及审批、施工图文件审查等前期工作;协调做好资金到位、施工环境保障和服务、竣工验收等工作,对施工过程进行监督;落实产业发展、转移就业、迁出区生态修复和土地复垦、户籍迁移、就学就医、社会保障、社会管理等帮扶措施。

易地扶贫搬迁安置点建设,时间紧任务重。能否按期建设完工,确保群众按时入住,事关贫困群众能否如期脱贫。赖昱辉从担任"点长"那一天开始,就对这一点有着清醒的认识。赖昱辉时时刻刻都谨记着"点长"的责任,充分发扬"5+2""白+黑"的苦干实干精神,推进安置点安全快速建设。

一、科学选址,他走遍村村寨寨

东川区建档立卡搬迁对象锁定为 18136 人,同步搬迁户 13094 人,共需搬迁 31230 人。

"要实现科学安置,首先就要进行科学选址。"赖昱辉严格遵循全省易地扶贫搬迁安置点选址"三符合、四避开"原则,带领分指挥部的同志,会同专家对全区各个易地搬迁安置点选址进行了摸底调研,对搬迁原因、拟搬迁地点等进行了全面评估。去到行政村、走进自然村,到拟搬迁群众家中进行摸底、宣传动员。他总是不厌其烦地告知群众实施搬迁的好处、党和政府的关怀,等等。为了科学选址,他几乎走遍了村村寨寨。调研完毕回到办公室后,许多次天已经黑透,他还要组织召开会议,对安置区选址进行讨论、研究。

经过赖昱辉带领的工作组无数次的走村串户、调研商讨,最终及时选定了对门山、起嘎、世纪铜城等 15 个安置点,为工程及早开工建设奠定了基础。

二、巡查工地,他不分时点

"东川区 2018 年计划脱贫摘帽,易地搬迁工作时间紧任务重,抓进度一刻也不能放松!"东川区采用了设计施工总承包(EPC)模式推进对门山、起嘎两个大型安置点建设,赖昱辉便协调企业"点长"严格落实项目"点长"职责,坚持每周召开一次例会,以研究解决项目建设存在的问题,推动项目建设。

"今天进度怎么样?"是赖昱辉最记挂的问题。工作中,工地是赖昱辉最常去的地方,有时间的话,每天他都要去工地一趟。有一次,凌晨 1 点散会,赖昱辉用纸擦了擦脸,拖着疲惫的身体刚踏进家门,又想起当天没来得及去工地现场巡视,水也没来得及喝上一口又匆匆赶往工地现场……"这样的事已经记不得是第几回了。"司机小王说。

还有一次,又是凌晨 1 点,赖昱辉刚躺下就被一声巨雷惊起。他拉开窗帘,看着大雨滂沱的东川城,就再也睡不着了。他放心不下的是工地上工人的安危、是紧张的工期,就像父母担心孩子一样。凌晨1点30分,他和司机小王到达了对门山工地。工地上灯火通明,工人们穿着雨衣、雨鞋,依旧干得热火朝天。他立即叮嘱工地负责人让工人们注意安全。"没事,在确保安全的情况下,工人们抢晴天、战雨天,这点雨,不算啥。"工地负责人说。在工地上转了一圈,他转身对小王说:"再去起嘎工地一趟。""您不是今儿下午才去的吗?又去?""起嘎一号地块东高西低,西北角地势低洼,这么大的雨,我不放心。"话毕,他立马带着小王赶往起嘎工地。

三、化解矛盾,他冲锋在前

"搬迁这么多群众,工作中的矛盾肯定很多!但是有问题、有矛盾,我们就要及时解决!"赖昱辉总是这样对工作人员讲。对于化解矛盾,他也总是冲锋在前,做好表率。

图为赖昱辉查看易地扶贫搬迁工程进度

一个周五的下午,4点开完会,赖昱辉匆匆从昆明赶回东川,在车里打盹的片刻默默思忖着:20多天来都穿梭在工地、办公室之间,没有回家吃一口饭,今晚到新村了买点水果买点菜再回家,好好和家人团聚团聚……突然,电话响起,"起嘎安置点在工程推进中出了点状况,当地村民和施工方发生了争执"。他思索片刻后,立即打电话到铜都街道征迁办了解情况,并要求施工方、街道征迁办、区易地搬迁分指挥部、区国土局等有关人员赶赴工地待命。6点多赶到东川,他给家人发条短信后直接奔赴起嘎安置点。现场部分村民情绪激动。他详细了解情况,并听取多方意见后,现场召开座谈会协调化解征迁矛盾。随后,回到办公室,逐一核查完对门山、起嘎、洗尾嘎等集中安置点征迁情况后,已是晚上10点多,吃了一桶方便面后又开始撰写专题报告。

5月的一天,起嘎安置点周边公司的十几名工人到分指挥部反映:起嘎项目施工的临时弃土堆放有安全隐患。赖昱辉立即召集相关部门、建设单位和企业负责人召开座谈会。在详细了解情况后,他向人家说明了起嘎安置点项目情况,这是一项政治工程、民生工程,希望得到他们的理解和支持。同时安排人员尽快排除妨碍、消除隐患。协调会一直开到了下午7点,他顾不上吃晚饭,又带领相关人员到现场查看核实情况,顺利化解了矛盾纠纷,外围施工环境得以保障,确保了项目快速有序推进。

四、贫困户分房,他比谁都高兴

为了确保建档立卡贫困户搬得出、稳得住、逐步能致富,在加快推进安置点建设的同时,东川区还出台了《东川区易地扶贫搬迁进城集中安置工作实施方案》,从产业、就业、教育、卫生、社会保障、过渡管理、选举、党建、土地增减挂等12个方面明确搬迁过程中及后期的具体措施。安置点集中配套了道路、卫生院、物业管理用房、小学、幼儿园、农贸市场、居家养老服务中心、公厕、公交车等基础设施和公共服务设施建设。配套的扶贫农贸市场、商铺等资产,产生的全部收益用于补贴搬迁的群众;安置点及周边开发出760多个就业岗位,优先安置搬迁群众。

2018年10月21日,对门山安置点人头攒动,热闹非凡,经过了多少个日日夜夜的努力,对门山安置点迎来了第一批搬迁安置户分房入住。在分房现场,赖昱辉洋溢着笑容,手拿相机不时按下快门记录下搬迁户开心的瞬间,与搬迁群众聊天,向他们解疑释惑,并跟随搬迁群众参观新房。看到贫困群众对安置房比较满意,赖昱辉比安置户还要高兴。毕竟,这其中有他付出的辛勤汗水。

"开弓没有回头箭,既然干了'点长',工程不干完,再忙再累我也不能停歇。"赖昱辉说,项目建设要继续盯紧,后续发展产业也要进一步扎实谋划,而这一切,他这个"点长",责无旁贷。

绽放在易地扶贫搬迁安置点上的"铿锵玫瑰"

——记云南省宣威市住房和城乡建设局干部徐红梅、黄艳玲

徐红梅、黄艳玲,是宣威市住房和城乡建设局的两名普通女干部,工作二十多年来,一直奋战在市政项目建设一线。在宣威市易地扶贫搬迁城区安置点建设中,她们用柔弱的身躯撑起了项目建设质量的半边天,用她们爱岗敬业的实际行动,舍小家顾大家的家国情怀,彰显了宣威女性在脱贫攻坚中的责任与担当。

一、勇于担责　巾帼不让须眉

在宣威市易地扶贫搬迁城区安置点建设工地,记者看到了这两位传说中的"女汉子"。她们头戴安全帽,身穿迷彩服,脚踏一双水鞋,时而在高高的脚手架上爬上爬下,时而在只有二十多厘米宽的枕木上坦然地走来走去,两名女干部像钢铁侠一样穿梭在黄灰满天的工地上。

徐红梅,48岁,1992年到宣威市住房和城乡建设局抗震办工作。黄艳玲,40岁,1996年到宣威市住房和城乡建设局市政工程队工作。2018年6月抽调到宣威市易地扶贫搬迁建设项目指挥部质量技术组,主要负责城区安置点的招投标、合同管理、工程成本控制、施工管理。

宣威市易地扶贫搬迁城区安置工作组组长唐金春介绍说,宣威市易地扶贫搬迁城区安置点涉及全市24个乡镇街道3779户12512人,占全市新增易地扶贫搬迁任务的80%,项目体量大,涉及面广,工期紧、任务重,项目能否如期建成入住,

图为徐红梅与黄艳玲检查工程质量

关系到全市易地扶贫搬迁任务的圆满完成,更关系到全市 2019 年能否如期脱贫摘帽。工程的推进,核心在于质量、安全、进度的有机结合,指挥部特别需要像徐红梅、黄艳玲一样懂技术、懂安全,又能吃苦耐劳、乐于奉献的专业人才。接到抽调通知,两位女干部尽管知道任务艰巨,在兼负其他市政项目的情况下,仍然毫无怨言,毅然接下了工作任务。

二、精益求精　磨练缔造匠心

刚到指挥部的第一天,她们就迅速地融入到城区安置组紧张的作战氛围中,参与一期招标工作。"取消天棚抹灰工序,改为清水模板,可以节约投资 600 多万元。卫生间防水,把聚氨酯涂膜防水更改为聚乙烯丙纶防水,同样能满足防水要求,造价又低,节约成本 300 万……"讨论过程中,她们将多年的工作经验与实际相结合,提出了具有指导性的意见建议,为项目节约成本 1000 多万元。

"省钱并不是工作的最终目的,花最少的钱干出最好的工程才是我们工作以来的一直坚守的信念。"开朗乐观的徐红梅一本正经地对我们说。查看住房清单时,她俩建议把住房照明用的白炽灯,更换为更加耐用、省电、光照好的 LED 节能灯。尽管要增加十多万元的投资,但为了让百姓住得更加舒心,获得更多实惠,她俩还是坚持汇报和协商,更改了设计方案。

凭着对项目工程高度负责的敬业精神,她们对负责的每一件事都亲力亲为,精益求精。招标文件、各方合同、补充协议,从起草、修改,到对接洽谈,全过程参与;遇到专业性比较强的特种设备,每次都要对设备的技术参数进行详细的查询、学习,确保招标采购更加的科学、合理;项目开工后,她们一直坚守在工地,认真清点人工、材料、设备、施工机械使用的情况,及时对工程量清单漏项、工程量偏差进行梳理检查,及时预测汇报投资变化情况;施工过程中,认真检查或检测使用的建筑材料质量是否合格,施工现场是否存在安全隐患;为保证工程造价核算的精细化、精准化,她们每月都要到市场实地询价,掌握市场上建筑材料的价格波动情况;为加快审核效率,保证资金及时拨付,加快工程进度,她们每月审核两次报审清单,对全过程造价咨询部门提交的各类数据资料一一进行计算复核审查……

宣威市易地扶贫搬迁建设项目指挥部副指挥长刘国文评价说,她们俩就像指挥部的一双"眼睛",以忘我的敬业奉献精神,始终坚守在项目一线,协调引领城区安置点建设项目各方团结协作、攻坚克难,确保了项目建设扎实、有序、健康地开展。项目于 2018 年 10 月开工建设,目前已累计完成投资约 1.1 亿元,计划于 2019年 9 月 20 日前竣工,11 月 30 日前搬迁入住。

三、吃苦耐劳　尽显坚韧本色

在指挥部很多人的手机里,都留有一张这样的照片——"两双刚从泥塘里拔出来的脚"。黄艳玲兴致勃勃地跟记者讲起了照片背后的故事。工地一期浇筑罐桩的时候,深夜 11 点多钟,她们俩手握电筒到工地现场巡视,因光线太差,不小心陷进臭泥塘里,拔出来冲掉身上的泥浆,她俩穿着潮湿的裤子和鞋子,继续干活,直到凌晨 2 点多施工结束才回家休息。

项目指挥部的宁德建感叹说,她们俩太苦了!从 2018 年 9 月到工地,她俩一直坚持上班,除过年休息外,没有周末和节假日,每天早上 8 点左右到工地,晚上十一二点下班是常事,特殊时候要到凌晨三四点。冬天,工地位置高,寒风刺骨,别人都躲进了被窝,她们还在和施工人员一起加班。往往这项工作正在干,新的任务又接踵而来。尽管这样,她俩从没向组织发过牢骚,兢兢业业、尽心尽责。

四、舍小家顾大家　彰显责任担当

在黄艳玲的心里,最愧对的还是两个正在读高二的龙凤胎孩子。老公在外地上班,父母没住在身边,两个孩子正处在学习成长最为关键的时期,因为工作太忙,黄艳玲没能在孩子最需要时给予关心和照顾,孩子的心里满是委屈和不理解。面对着工作、家庭、生活的多重压力,看起来温柔娴静的黄艳玲,从不叫苦,从不讲条件,在工作与家庭两难选择之时,她总是舍小家顾大家,把对孩子的愧疚和满满的爱藏在了心里。

性格爽朗的徐红梅自我解嘲说,原来家里弄得干干净净、整整齐齐,因为长时间的拉长班,现在连个人卫生都不讲究了,洗个澡都要抽时间。因为工作忙,徐红梅只能请亲戚在家里照顾八十多岁的婆婆。上有老,下有小,她们背负着比常人更多的生活压力,奋战在脱贫攻坚一线,以坚强乐观的生活心态,务实担当的工作作风,吃苦耐劳的坚韧品质,不计得失的奉献精神,在这片属于男性的天空里留下了一抹最亮丽的色彩。

通过坚定执着的奋斗精神,非常的决心、非常的举措、非常的付出,她们与施工方、设计方共同妥善解决了一个又一个的难题,没有因技术问题而耽搁施工时间,更没有出现因技术问题返工和增加成本的情况,为保证项目稳妥有序推进和搬迁群众住上安全房、放心房奠定了坚实的基础。

一千六百七十个日夜的
易地扶贫搬迁"路"

——记西藏自治区林芝市发展改革委干部王石岗

天色灰蒙,小雨淅沥。王石岗急匆匆地驶出单位大院,这样的场景很常见,熟悉他的同事们都知道,他这是又奔向他的"钟情"之地——朗县洞嘎镇江组集中安置点了。从2015年至今,王石岗仅到这个安置点就达十余次。王石岗2011年从西藏大学毕业后,毅然选择离家乡3000余公里外的西藏林芝市工作。

2015年年底,西藏作为全国脱贫攻坚战的主战场,林芝市与西藏其他六市地一样,属于全国集中连片贫困区域,还有0.66万户2.28万贫困人口,其中759户3392贫困人口居住在"一方水土养不起一方人"的高寒地区、地方病高发区、资源匮乏区、高山峡谷区、生态脆弱区。

当时,正在朗县洞嘎镇扎西塘驻村的王石岗接到一项艰巨任务,十天之内完成编制《林芝市"十三五"易地扶贫搬迁规划》。他立即返回到单位,第一时间组织成立易地扶贫工作专班。易地搬迁工作政策性强,工作辛苦,责任重大,更关系着群众的切身利益,作为一个刚参加工作不到4年的年轻干部来说,压力可想而知,但他却没有半点退缩和搪塞,义无反顾地扛起了这个"担子"。

为了尽快转变角色,熟悉易地扶贫搬迁工作,王石岗争分夺秒,不眠不休,认真学习国家和自治区关于易地扶贫搬迁一系列政策文件。在与其他同志认真交流探讨后,初步确定了规划提纲,经过整整一周的时间,不断修改完善,形成了《林芝市"十三五"易地扶贫搬迁规划》,规划总投资4.6亿元,共30个安置点,其中集中安置点25个,分散安置点5个,涉及7县(区)759户3392人,安置点同步规划水电路信网以及产业项目,为各县(区)第一时间启动实施易地扶贫搬迁工作指明了方向,提供了遵循。

"易地搬迁工作是一项重要的民生工程,不能出现丝毫差错。"这是王石岗常说的一句话。

为了易地扶贫搬迁安置点工程保质保量地完成,他自带行李、伙食,驻扎在项目部。拟方案,拟计划,盘数据,写总结,做动员,进村组,入农户,到田头,接信访,搞调研,搞培训,搞协调……这就是王石岗日常的一天。

墨脱县格当乡多龙岗村是林芝市易地扶贫搬迁最大的集中安置点,新建安置房 90 栋,搬迁来自 3 个乡 3 个村的群众 90 户 382 人。

易地搬迁工程中最难做的工作就是拆与迁,对故土的留恋,对原有的宅基地、耕地、林地和草地所属权的担心。在迁出地墨脱县甘登乡多卡村,有一个心态极其保守、思想极其落后的搬迁户——丁增。

工作人员先后多次上门做工作,讲解党的易地扶贫搬迁好政策,国家保证每一位搬迁户搬得出、稳得住、有事做、能致富,但是丁增都是婉言拒绝,仍然不愿意搬离家乡。

多卡村是典型的"一方水土养不好一方人"的地方,这里不通路、不通水、不通电,王石岗就背着水、食物、被子,早上 8 点出发,徒步近 8 个小时,才抵达丁增家。王石岗坚持公正公平、入情入理,上门做了 3 天 3 夜的工作,与丁增一家同吃、同住、同劳动、同生活,终于感动了丁增全家,顺利搬迁。

2019 年 3 月 8 日,王石岗在墨脱县检查安置点项目建设进展情况后,返回波密县路途中,在嘎隆拉隧道遇到雪崩,车辆无法再继续前行。3 月的西藏,寒风凛冽,大雪纷飞,王石岗挨饿受冻地在车上待了一夜,第二天才到达波密县。

往后的日子里,他白天处理业务工作,晚上入户走访,再挤出时间整理众多搬迁户档案,每天的日程被安排得满满当当,但他没有多做抱怨,始终满怀热情,把这份工作当成事业来做。

"小王,搬了新房真好,家具电器什么都有。我们这里离城区比较近,还可以到城里打打零工,又可以顾家又可以增加收入。"在做群众工作时,王石岗总是能诚恳地倾听诉求,耐心地解答政策,打消贫困群众的各种顾虑和不理解,并尽自己最大努力帮助搬迁点群众解决生产生活中的困难。久而久之,大家都认识了这位认真负责的年轻干部,熟悉他的搬迁户每次见到他,都会亲切地和他打招呼,邀请他到家里面坐坐拉拉家常。

"我们原来住在察瓦龙乡卡地村,那里山高路险,每次下雨出行都担惊受怕的,现在好了,搬迁到下察隅镇卡地村,新房住得很踏实。附近就有幼儿园,孙子上学方便了,也放心娃娃在外面玩耍。尽管腿脚不方便,现在也可以接送孙子上下学,到亲戚家走走逛逛,原来在老家常年都不敢出门!"搬迁户布地说道。

每每听到这些,王石岗心中也久久不能平静,他知道自己每天平凡的工作,价值就在这里,自己所有的付出都是值得的,这也是他4年7个月1670个日夜辛勤工作的最大动力。

为了让搬迁户住得更贴心、更温馨、更便利,王石岗跑部门、走基层、要政策、求帮助,风雨无阻、忙个不停,皮肤黑了、身子瘦了……

春风化雨解民意　真抓实干促搬迁

——记陕西省铜川市印台区红土镇党委委员副镇长李诗豪

"我要把这盆最好最漂亮的兰花送给李镇长",张金荣指着家中长势最好的一盆兰花对检查组的人员说。这是在一次铜川市移民搬迁大检查过程中,在搬迁户张金荣新居内发生的一幕。他提到的李镇长,就是中共红土镇委员会委员,红土镇人民政府分管脱贫攻坚工作的副镇长李诗豪同志。

一、真情帮扶化解入住难

红土镇共有易地扶贫搬迁贫困户 161 户,搬迁前大都居住在高海拔山区,面临出行难、吃水难、上学难、就医难、增收难以及住房安全无保障等诸多问题。虽然搬迁人数不多,但搬迁群众的情况十分复杂,搬迁工作面临很多困难和挑战。有的群众对搬出去以后的生活缺乏信心,有的群众不愿腾退旧宅基地,有的群众对搬迁后回迁出地务农产生顾虑。为了打消群众的担心和顾虑,他带领镇村干部逐户开展搬迁动员工作,了解群众的困难和需求,听取群众的意见和建议,不断完善搬迁方案,基本做到因户施策、一户一策。在全镇领导干部的共同努力下,群众搬迁意愿有了很大提高,2019 年年底所有搬迁户全部入住新居。

金华山村的张金荣便是一个典型代表,祖祖辈辈都是靠山吃山,到了他这一代却要搬到镇上去,不仅离自家的土地远了,生活上的开支也更大了,靠什么维持生计是个大问题,因此迟迟不愿搬迁。了解到这一情况,李诗豪多次来到张金荣家中,耐心地讲解搬迁政策,特别是配套的就医、上学和产业发展等后续扶持政策。在一次入户过程中,李诗豪无意中发现张金荣家中的兰花长势喜人,这在山区农户是难得的景象。他当即鼓励张金荣在搬迁以后搞兰花种植,也正是这个建议打动了张金荣,最终同意搬迁。如今,张金荣在新居内安心养起了兰花,销售收入相当可观。他说新家的暖气好,很适合兰花生长,不像以前在村里,海拔高而且也没有暖气,兰花很难养活。现在不仅住上了新房子,收入也高了,这样的幸福生活张金荣以前做梦都没想到。他表示要感谢李镇长的启发,更要感谢党和国家的好政策,希望将来能发挥自己的特长带动周围更多的人用自己的双手勤劳致富。

二、巧用政策破解腾退难

搬迁入住完成后,又面临旧宅基地腾退这一棘手的问题。红土镇共有旧宅基地腾退拆除户 127 户,其中旧宅基地是连排房的 21 户,无旧宅基地的 13 户。旧宅基地交回村集体以后,种地怎么办?农具放在哪里?这是搬迁群众普遍存在的疑问。面对这块难啃的"硬骨头",他更是迎难而上、身先士卒,夜以继日地入户做思想工作,一户一户见面,一人一人谈心,终于解决了所有搬迁户的顾虑。

一是通过土地流转增加群众收入。结合当地产业发展需求,将腾退的土地流转给村集体经济组织经营,搬迁群众可获得土地流转收益。金华山村通过建立"村集体+农户"的利益联结机制,将腾退的土地全部流转给村集体经济组织发展中药材种植产业,群众不仅获得旧宅基地腾退补贴资金和土地流转收入,还能额外获得产业收益分红,为巩固和拓展脱贫攻坚成果、衔接乡村振兴打下了基础。二是建设周转用房实现平稳过渡。对不愿意流转土地的群众,协调各村建起了搬迁周转用房,解决了搬迁群众的农具存放以及农忙季节劳作休息的问题。三是连排房再利用增加集体资产积累。对于无法拆除的连排房,全部进行封门封窗并移交村集体管理,将来可以用作生产用房或其他用途统筹调配使用,这样一来不仅减少了拆除费用,也增加了村集体的资产积累。

三、心系群众赢口碑

易地扶贫搬迁是一项史无前例的浩大工程,是贫困群众获得感最强的扶贫政策之一,但也面临着前所未有的困难和挑战。分管搬迁工作以来,搬迁群众的急难愁盼是李诗豪最大的牵挂。红土镇地处山区,山路崎岖难行,群众举家搬迁不是一件易事。为了让群众早日住上新居,他主动为群众联系搬家所用车辆,对老人户、残疾户等行动不便的搬迁群众更是亲自帮忙搬家具,并联系帮扶单位及帮扶干部为困难群众提供基本生活用品。群众搬迁入住后,为了提升后续服务保障,他多方联系愿意承担安置点物业工作的企业,解决群众入住后的用水用电、垃圾清运、冬季供暖等问题。同时,通过招商引资,为红土镇安置点引入了生产苹果发泡网的社区工厂,为搬迁群众就近就业提供了便利条件。

图为李诗豪(左二)入户动员群众搬迁入住

红土镇易地扶贫搬迁的各项任务能够顺利推进,彰显了全镇搬迁干部不畏困难、直面挑战的决心和勇气。作为分管副镇长,李诗豪同志认真负责的工作态度、耐心细致的工作作风和灵活多样的工作方法受到全镇干部和群众的一致认可,分别在2018年度和2019年度被评为"铜川市移民搬迁先进个人",在2018年度被评为"印台区脱贫攻坚先进个人"。

在红土镇工作的五年时间,他收到过群众送来的锦旗,收到过讨薪农民工的感谢信。收到张金荣送来的兰花后,他托人送去了300元钱,并叮嘱他一定要收下。这盆兰花一直摆在李镇长的办公桌上,他说虽然搬迁工作很辛苦、压力很大,但只要一闻到兰花的阵阵清香,一想到能让村民们搬出大山、过上新生活,就立刻充满了干劲和动力,现在搬迁和腾退工作基本全面完成了,下一步还要继续抓好后续扶持工作,确保群众搬得出、稳得住、有就业、能致富。

站在高原小镇移民大船上的"一名舵手"

——记甘肃省武威市天祝县松山镇安置点负责人李生荣

◆◇◆

"大家来自不同的乡镇,都是乡里乡亲,有什么事情随时都可以来村委会找我们,能办的我们着手办,不能办的我们协调着办,总会给大伙儿一个交代,大家说好不好?"

"2 组赵老汉家里摆寿宴的事我们一直在做工作!上庄子里娶媳妇的两家,一家工作已经做通了,剩下的一家今天中午前我们一定安顿好!"在新冠肺炎疫情防控阻击战正在紧锣密鼓的时候,他向副县长汇报说。

这是李生荣同志在 5 号、7 号安置点工作的场景。

天祝县松山镇 5 号、7 号安置点是武威市易地扶贫搬迁安置区之二,是"十三五"时期天祝县易地扶贫搬迁工程的主战场。共建成住房 2367 套,安置天祝县哈溪、安远等 9 个乡镇近万人。

近两年,他穿梭在安置点的大小巷道,走遍了来自各个乡镇的搬迁群众分布点,在他的心里,这里的一切都深深地烙下了印记,白墙青顶的安置房格外鲜艳。

一、吹集中号——做移民乡镇的"通信员"

"是尕李哥吗?"谈话间,大红沟的副镇长便打来了电话,"我们那些电路、上下水不通的,你得操心着对接一哈,我们点上的干部你就组织上,我们都信得过你!"电话那头传来了一阵急促的声音。

"好的镇长,一定办妥!"他负责地回答着。

诸如此类的电话,有打进来的,也有他打出去的;有沟通代人接物的,也有咨询装修装潢的。用他自己的一句话"我的手机一天得充三回电……"在整个实施搬迁的过程中,他的上下衔接、沟通联络已经不可或缺,搬迁群众遇到的各种问题,之所以能够逐一化解,得益于他这个"百事通",有可以复制推广的鲜活经验,也有助推搬迁进度的小窍门、小办法,总之在他这里没有解决不了的搬迁问题,也不存在搬迁不动的群众。其他乡镇的主要领导常常说"生荣同志要是能去我们乡镇组织搬迁任务,那我就可以歇歇了"。李生荣同志手里的"集中号",是推进易地搬迁工作的需要,更体现了一个安置点负责人的履职担当。

二、画同心圆——做民族团结的"排头兵"

安置点群众来自天祝县 9 个乡镇,有汉、藏、土等多个民族,李生荣同志深知民族团结是各项工作能够得以顺利开展的必要保证。因此,在不放松工作业务及政治理论学习的同时,不断加强党的民族宗教政策的学习,面对面为搬迁群众宣传民族宗教政策知识,使"三个离不开""五个认同"的思想更加深入人心,不断增强了安置点群众维护民族团结的自觉性和坚定性。

每逢藏历新年等少数民族传统节日,他都不忘到少数民族群众家中走访慰问,鼓励大家相互帮助,抱团发展,不断巩固手足相亲、守望相助,共同勤劳致富的民族团结正能量。在搬迁群众中也未曾听到过不和谐的声音,安置点呈现出一派和谐稳定的良好局面。

三、办为民事——做解惑帮困的"贴心人"

李生荣同志深知,解惑帮困不能光喊在口头上,最重要的是落实在具体行动中,他从办实事、好事入手。搬迁群众在生活中无论遇到什么困难,他都会伸出援助之手。

2019 年 6 月,他又一次答应在暑假陪妻子、儿子一家人一起出去散散心,这已经是他第三次这样向家人作出承诺了。就在准备出发的前一天,一场暴雨侵袭了移民点,大面积受灾,他二话没说,冒雨带领移民乡镇和村组干部投身救灾抢险一线,搬运沙袋、疏通巷道积水……直至第二天凌晨 6 点,汛情才得以缓解。之后,一眼未合的他,又带领村组干部挨家挨户走访慰问受灾群众,记录受灾情况,并积极为受灾群众争取救助资金。他说"搬迁群众搬到这里不容易,哪怕我多流点汗、多吃点苦、多跑跑腿,也不能让搬迁群众对党委、政府失望,不能让搬迁群众的心着凉",连续半月,他夜晚入户走访了解灾情,白天到帮扶单位和民政部门争取资金,为400多户受灾群众争取了救助资金,解了他们的燃眉之急。

四、奔小康路——做脱贫致富的"领头雁"

"今年我们的藜麦和食用菌效益好得很,日子比当时在东坪的时候要好出来真正半截子,一开始还不种么,在李负责人苦口婆心的念叨下,才有了个好结果,以后他的话我们就好好听,嘿嘿……"马老汉对融媒体的记者说,脸上洋溢着幸福的笑容。

短短1年多的时间,在他的走访动员下,搬迁群众逐步增强了内生动力。按照市委、市政府着力发展沿山、沿川、沿沙"三大特色产业带",重点建设"八大产业"

图为李生荣在易地扶贫搬迁安置点宣讲扶贫政策

的总体要求,天祝县委、县政府积极发展"牛羊鸡马菜菌藜药"八大特色产业,安置点中部菜、菌、藜的产业格局逐步形成。贫困户通过种植藜麦、食用菌、养畜暖棚、务工等途径增加了收入,日子也是越过越红火。这些"移民亲戚"每次来镇上办事,总不忘到李生荣同志的办公室坐一坐,跟他唠两句家常,逢人便夸"生荣这小伙子就是个干实事的人!"

路漫漫其修远兮,吾将上下而求索。李生荣同志干工作的劲头正足,为群众办实事的热情正高,做一名模范党员的决心正大。凭着他对移民群众的一片真情和挚爱,基层工作将是他践行爱国奋斗精神最好的平台。

不忘初心　牢记使命
搬迁路上见证为民情怀

——记青海省尖扎县人民政府县长旦增

且增,男,藏族,中共党员,大学学历,现年51岁,现任中共尖扎县委副书记、县人民政府县长。一说到他,乡镇扶贫干部脑海中就立刻会浮现出一个头顶草帽、脚蹬运动鞋、皮肤黝黑,下基层、跑工地、入农户,在一线忙碌的身影。老百姓经常用这样一句话评价和赞誉他,"他是一个心里只装着工作,有责任感、有事业心的好干部"。

一、明方向,求突破,只为"拔穷根"

2016年,他怀着一颗强烈的事业心和使命感,来到了尖扎县工作。尖扎县经济社会发展底子薄、基础差,条件艰苦、生态环境脆弱、自然灾害频发,高寒牧区和脑山乡镇连片贫困状况十分突出,贫困程度深、减贫成本高、脱贫难度大。他深入各乡镇调研,半年多的时间里,足迹踏遍尖扎的山山水水、角角落落,全面掌握每一个村的基本情况和致贫原因。为切实解决"一方水土养不好一方人"这一实际问题,他把易地扶贫搬迁作为头等工作和脱贫攻坚的重要举措来抓,提出了"山上问题,山下解决"的易地扶贫搬迁安置思路,按照"搬得出、稳得住、能致富"的要求,把"十三五"期间的建档立卡贫困户作为重点扶持对象,采取整村整社、分散搬迁、集中安置、自主安置相结合方式,整合各类资金2.72亿元,高标准、高起点、高质量地先后打造了昂拉乡德吉村、尖扎滩乡萨尕尼哈等7个易地扶贫搬迁安置点,将929户3593人(占到全县贫困人口的30%)从不适宜发展的地区搬迁至生存条件、发展空间相对较好的区域。3年来，在省、州委政府和县委的坚强领导下，在旦增和全县各族干部群众的共同努力下，尖扎县先后获得"全省脱贫攻坚先进集体""全省'十三五'易地扶贫搬迁工作先进县"等荣誉称号。

二、奔一线，促宣传，只为"搬得出"

在长期的工作实践中，旦增深刻地认识到，易地扶贫搬迁工作"一朝一夕、一人一力"是不可能出成效的，需要广大干部和群众的共同努力。他经常讲，"在脱贫致富的道路上，我们政府始终扮演的是'引路人''铺路人'的角色，最终实现长久脱贫还是要靠贫困群众自食其力"。2016年，在打造易地扶贫搬迁点德吉村之初，一些搬迁贫困户可以说是典型的"懒汉"，"等、靠、要"思想比较严重，"干部干、群众看"等情况不同程度的存在，影响了易地扶贫搬迁工作进程。为改变被动局面，他坚持物质脱贫与精神脱贫"两手抓、两促进"，充分发挥少数民族干部的"双语"优势，经常到群众中去做宣传、拉家常、做思想工作，不厌其烦地给群众讲道理、讲政策，带头组织全县各部门对易地扶贫搬迁户实行党员干部结对扶贫，让搬迁群众知晓易地扶贫搬迁政策所带来的产业发展、就业岗位等实实在在的实惠，让政策源于群众，坚持问计于民，问需于民，使搬迁贫困群众拥有更多的知情权、参与权，充分发挥群众的积极性、创造性。在政策落地和兑现过程中，尽可能地满足群众的意愿，主动接受群众的监督，带领县乡扶贫干部苦干实干，用实际行动让搬迁群众看在眼里、记在心里，从而使更多的贫困群众认同并支持易地扶贫搬迁工作，树牢了贫困群众的脱贫之志。在他和全体扶贫干部的共同努力下，全县9642名贫困群众对易地扶贫搬迁政策知晓率达到90%以上，昂拉乡德吉村、尖扎滩乡萨尕尼哈等7个易地扶贫搬迁安置点的入住率均达到了100%。不论是乡镇扶贫干部还是搬迁群众中的"钉子户"，都被他的言行潜移默化地影响着、感染着，如今都已成为易地扶贫搬迁的宣传员。

三、勤思考，善创新，只为"稳得住"

搬迁只是第一步，如何让这些贫困群众"稳得住"，成为摆在他面前的一道难题。为了真正做到让搬迁群众"稳得住",他不断探索易地扶贫搬迁与生态文明建设、乡村振兴战略、文化旅游、藏区社会治理、特色农业、新能源产业相结合的新路子,深度挖掘各安置点资源优势,统筹推进规划编制、政策制定、资金安排、项目建设、督导检查、问题整改和后续帮扶等各项工作。其间,他每天天不亮就起床,带着司机到搬迁工地看施工进度,看监理日记。几乎每天下班都去和搬迁群众聊一聊,听听他们的想法和意见。为了保证易地扶贫搬迁安置点工程质量,让更多的搬迁群众安心,他鼓励各迁出地村社选派关心村集体、为人公道正派、敢于担当的群众成立易地扶贫项目群众监督委员会,对安置点住房及"水电路"等基础设施建设质量进行监督,不仅提高了工程质量,还间接性地让搬迁群众参与"新家园"的建设,有效提升了搬迁群众的归属感。几年来,他也不知道自己到底跑了多少趟搬迁安置点施工现场,开了多少次座谈会和现场办公会,协调解决了多少矛盾和问题,但几乎每个搬迁点的群众都认识他,都说他是好县长。

四、抓产业,谋发展,只为"能致富"

"搬得出、稳得住"关键要有后续发展产业,实现稳定脱贫致富。在发展后续产业上,他放眼长远,立足当前,积极创新探索后续产业与乡村振兴战略相结合、与新能源利用相结合、与发挥资源优势相结合、与发挥区位优势相结合、与文化旅游业相结合的发展模式。针对昂拉乡德吉村、尖扎滩乡萨尕尼哈、措周乡莫合加社、康杨镇寺门村、当顺乡东果村、尖扎滩乡来玉村、县城易地扶贫安置楼7个易地扶贫搬迁安置点分别打造了一批乡村旅游业、生态畜牧业、设施农业、水产养殖业、拉面经济、农业采摘观光、商铺就业等后续发展产业,确保每个易地扶贫搬迁安置点都有规划科学、发展良好、特色鲜明的后续产业。在打造德吉村后续产业时,在充分征求搬迁群众意愿基础上,他确立了依托德吉村黄河水利风景、气候、海拔、区位等优势,培育以乡村旅游为龙头,特色农业、文化、光伏等一二三产业深度融合的"多业共生、多轮驱动"扶贫特色产业。在他的带领下,县扶贫、农牧、旅游、交通、水利等行业部门通过"多个渠道注水,一个池子蓄水"的办法整合资金,将民俗文化、射箭文化、黄河文化、农耕文化等特色文化元素,积极融入到基础设施和公共服务设施建设中,规划建设了独具民族风格的藏式住宅,实施了休闲广场、民俗风情园、水上游乐码头、自驾游营地、露天沙滩、婚纱摄影基地、花海、农耕体验、农家乐、美食广场等文化旅游后续产业项目。通过把发展农民专业合作社作为壮大村集体经济的主要途径,因地制宜引导和扶持村民创办农业合作社,培育特色农业产业。通过流转租赁土地230亩,分别利用40亩土地创办苗木合作社、利用160亩土地创办藏茶种植合作社、利用30亩土地建设农事体验园,间接带动当地群众就业150人以上。通过华能集团对口援建,为251户易地扶贫搬迁贫困户安排光伏扶贫项目,采用"自发自用、余电上网"模式,每户屋顶光伏装机8.4千瓦,每年可实现4200元以上稳定收入,总收入达100万元每年,带动就业15人。正是有了他不计其数的奔波,攻坚克难的实干劲头,才找准了德吉村发展和扶贫的契合点,做大做强了后续产业,使这个易地扶贫搬迁黄河岸边的小山村发生了翻天覆地的变化,山绿了,水清了,村子更美了,群众生活富裕了。如今,德吉村年旅游综合收入已达600余万元,户均分红达4000元以上。德吉村从一个不知名的易地扶贫搬迁村,华丽转身成黄南州文化旅游的一张新名片,被游客称为青海的"小三亚"。2018年被评为"中国最美休闲乡村"和3A级旅游景区。德吉村70%的劳动力实现就业,真正实现了让群众就近就地就业。搬迁群众人均收入从2016年的3500元增长到2018年的9800元,村集体经济从无增长到32万元,251户搬迁群众彻底摆脱了贫困。

这辈子就扑在了移民搬迁事业上

——记宁夏回族自治区隆德县易地扶贫搬迁干部党斌

"居住大山深处，交通不便，有的村民从没坐过公交车，还有上了年纪的村民没有出过一次村。"

"村民故土难离，不愿意搬迁，我就给他们讲已经移民的村民的生活，讲解移民搬迁对子孙后代的好处。"

最终，大家想开了，就愿意搬迁了……

隆德县地处六盘山西麓，干旱缺水、土地瘠薄、资源匮乏，成为当地群众摆脱贫困路上的"拦路虎""绊脚石"。

"一方水土养不起一方人，曾是身居大山深处村民的真实写照。"隆德县扶贫办副主任党斌说。

穷则思变。为了摆脱贫困，让老百姓过上好日子，隆德县按照"易地搬迁脱贫一批"的要求，帮助群众"挪穷窝、改穷业、断穷根"。

20 世纪 80 年代初至"十三五"初，隆德县先后实施了 5 次大规模政策性移民，8 万多人搬离故土，开启新生活。

在这场持续 30 多年的追梦行动中，当地扶贫干部一任接着一任干，为之默默奉献。

自 1998 年以来，党斌在扶贫搬迁一线度过 20 多年，先后参与并组织 4 次大规模政策性移民搬迁，他的足迹踏遍了隆德县各乡镇，累计徒步 3 万多公里，脚上的水泡总是旧的没好，又添了新的。

需要搬迁的村组，大多地处偏僻，交通不便，群众分散居住，一个山头一户人家，出行依靠羊肠小道。为了做到搬迁不落一户、不落一人，党斌经常顶着烈日、冒着风雨，进村入户摸排登记。

一次,党斌前往原崇安乡最偏远的苏台村,由于进出该村唯一的土石道路狭窄,车辆无法通行,他把车停在乡政府,徒步走了2个多小时才到达苏台村。顾不上歇息,他带着登记册一家挨着一家走访。

苏台村位于林区,原有40户村民,经前几年搬迁和自发移民,留下7户。随着村里人数减少,野生动物纷纷下山"抢食",能种庄稼的土地减少,村民们的生活空间被压缩,只能依靠采卖山货维持,日子过得艰难。

"已经搬迁的村民都用上自来水、住上砖瓦房,平坦的公路通到家门口。人家都过上了好日子,你们愿不愿意搬?"党斌拿出移民群众的生活照片,给仅剩的村民做思想工作。

"一定离开大山,开始新生活。"看过照片,听了党斌介绍后,村民们纷纷答应搬迁。至此,党斌松了一口气。村民在登记册上签字后,他趁着夜色返回家,已是深夜11时了。

"扶贫移民,三分搬迁,七分靠做思想工作。"杨沟乡地处偏僻山区,大山阻断了村民致富的梦想,农作物收获,却无法运送出去变现,年轻人翘首期盼搬迁,老年人故土难离,瞻前顾后。

"我出生在农村,理解上了年纪的人搬离故居,会在心理上带来哪些不适。"党斌一遍遍上门宣讲移民扶贫政策,帮助村民分析移民长远好处,讲述历年移民搬迁后脱贫致富的故事,又组织村民到安置地实地察看,打消了他们的搬迁顾虑。

从"要我搬"到"我要搬",村民的心结打开了,移民的事情变得容易起来。

党斌心知移民安置点建设关系到扶贫搬迁民生大计,不能有一点马虎。作为安置点建设负责人,他和同事们一起规划、设计和建设移民新村,绘制草图、计算面积、编号,每一块地他都要用尺子测量五六次。

在桃联安置点建设期间,党斌发现建房用的钢筋不合格,他立即将32户移民准备使用的15吨不合格钢筋全部清理出工地,拆除已浇灌完成的地圈梁,停工整改。直至合格钢筋运到工地,这才复工。

移民中,有一家三代人一起生活的大家庭,也有一家两三口人的小家,党斌根据移民住房实际,凭借多年的工作经验,提出"统一规划、统一设计、统一监理"及移民自建和联建方式,按照人均住房面积不超过25平方米的标准要求,建设移民安置房,既节省了成本,又满足了大家的住房需求。

那段时间,党斌吃住在工地上,每天行走20多公里,三四个月回不了家。由于劳累过度,他患上静脉曲张。但党斌哪里顾得了那么多,百姓的事始终是大事,总是摆在第一位的。他一股子劲干了下来，"十三五"12个移民安置点保质保量完成。

安居才能乐业，搬得出，还要稳得住。"开对了方子，还要找准路子。"党斌认为，搬出旧房住入新房只是第一步，让群众安下心、扎下根、有事做、快致富才是根本。

党斌坚持变"输血"为"造血"理念，在工程建设的同时，谋划脱贫致富产业。他结合当地群众养牛传统，给每户移民配套建设一栋标准化养殖圈棚，每户补助2头牛犊。又根据移民不同能力和需求，组织就业培训，帮助扶持创业，引导发展特色产业。

如今，安置点成了人们创造新生活的起点，养殖业、种植业快速发展，农民人均可支配收入近万元。从"一方水土养不起一方人"到"换一方水土富一方人"，移民如愿过上了幸福日子，发展的底色愈加浓厚。

怀真情　甘奉献　脱贫攻坚勤耕耘

——记新疆维吾尔自治区喀什地区岳普湖县发展改革委干部汪龙

"朋友,我的孩子结婚了,房子不够住了,能不能帮忙一下。"

"儿子娃娃,感谢你给我从工厂要来工资。"

"巴郎,我的儿媳今年因为疫情影响,失业了,能不能帮她找一个稳定的就业工作。"

……

"朋友、儿子娃娃、巴郎",这些土味昵称说的正是喀什地区岳普湖县发展改革委干部汪龙。

2018年以来,在全县易地扶贫搬迁工作人员调动频繁,工作任务重,时间紧的情况下,汪龙主动挑起重担,保持退伍不褪色的军人本质,解决易地扶贫搬迁工作重点、难点、搬迁户反馈困难诉求几十余件(次),在易地扶贫搬迁户"搬得出、稳得住"中以情暖人,用真心换真情。

一、用真心,换真情,为民办事赢民心

为了让党的惠民政策深入人心,汪龙的身影总是出现在各个安置点,开展易地扶贫搬迁政策宣讲,分发维汉双语版易地扶贫搬迁政策,促进安置点党支部建设,鼓励搬迁户积极写入党申请书,在入户走访时,注重那些心理脆弱或因残、因病致贫的贫困户的心理疏导。岳普湖镇1村的贫困户阿卜杜热依木·如孜一家有6口人,丈

夫与妻子因残在家,汪龙在走访中,了解到该情况后,通过与驻村工作队一起努力,使他的大儿子到县便民警务站当了保安,二儿子劳务输出到伊犁,顺利实现了就业。与此同时,还经常与村干部深入其家中讲解扶贫政策,提振脱贫的信心,并通过一系列的帮助,他家经济状况有了很大的转变,现在人也精神了,并于2019年年底顺利实现脱贫。

易地搬迁户罕左拉·吐尔洪,有个8岁的孩子是一级残疾,因为安置房在四楼,上下楼非常困难,送医治疗时也非常麻烦,汪龙了解到该情况后,立即与社区干部联系,逐户摸排梳理,从中找出11户有条件可以与罕左拉·吐尔洪家调换住房的房源,并逐户上门做思想工作,经过努力,罕左拉·吐尔洪的房子终于换到了一楼,拿到住房钥匙的时候,罕左拉·吐尔洪流下了感动的泪水,激动地说:"现在孩子的问题解决了,心里的一块石头落地了,感谢党的好干部。"

图为汪龙入户讲解不动产证,消除群众担忧

二、讲奉献,严要求,兢兢业业出实绩

汪龙把扎根基层、服务基层作为其工作准则,脚踏实地、埋头苦干,长期坚守在工作一线,默默耕耘,熬夜加班,全力做好全县易地扶贫搬迁工作,推动岳普湖县12个易地扶贫搬迁安置点,965套安置房建设任务竣工验收;积极协调相关单位、企业拨付资金两亿两千多万元;统筹各乡镇完成965户3980人全部搬迁入住;按

计划完成 843 套旧房拆除、753.74 亩土地复垦复绿工作;在县委、县政府统一实施的一系列扶贫措施中,就近协调多种方式促进了 1586 名搬迁户就业增收,人均收入在 5000 元以上的搬迁户达到 912 户 3658 人;完成办理不动产证 965 户;完成归纳整理、完善档案资料 300 余盒 2000 余册。

2019 年 8 月,在时间紧、任务重的情况下,汪龙同志更是加班加点,独立高效完成国家巡查监管系统、全疆巡查监管系统录入工作。在完善村级扶贫干部组织培训系统时,总结了一套基础信息收集目录与注意事项,保证了全县的信息数据按时保质保量完成。

图为汪龙入户宣讲党的惠民政策

三、守初心,担使命,脱贫攻坚勤耕耘

2016 年,汪龙从甘肃老家一路向西,来到 3000 公里之外的喀什工作,在上有年迈的老人需要照顾,下有年幼的孩子需要呵护,妻子也在脱贫攻坚一线工作的情况下,他深知其间所要经受的困难、艰辛与割舍,然而,他没有眷顾与退缩,而是怀着对岳普湖县贫困群众的殷殷深情,怀着帮助贫困群众脱贫致富的初心和打赢脱贫攻坚战的决心,始终高标准严格要求自己,哪怕再苦再累,事事都以工作为重,处处都从大局出发,始终以实际行动践行着自己的诺言。

易地扶贫搬迁群众的"好书记"

——记新疆维吾尔自治区塔城地区和布克赛尔县巴音托洛盖社区党总支书记娜则古丽·吾拉孜别克

自2018年8月，来自和布克赛尔县11个乡场镇的159户554名搬迁群众住进了巴音托洛盖社区易地扶贫搬迁安置点，占全县易地搬迁户的93%，他们是深度贫困人口，也是整体易地搬迁到城市生活的牧民。从此巴音托洛盖社区年轻的娜则古丽·吾拉孜别克书记就带领着社区党总支全体干部，始终把实现"易地扶贫群众搬得出、稳得住、脱得贫、能致富"当使命，把搬迁群众当成自己的亲人，把搬迁群众的事时刻记在心上，切切实实地为搬迁群众解决各种问题，积极探索，不断寻求社区治理方法，用心用情服务好易地扶贫搬迁群众。

一、用"激情"筑易地搬迁攻坚堡垒

"怎样能够让大家融入社区大家庭，尽快地适应县城生活，是社区工作者必须思考的事情，社区团队是整个易地搬迁安置点的服务队，大家必须提高服务意识，大家必须做到，当老百姓来找我们办事的时候，一定要用心、用情。"这是娜则古丽对巴音托洛盖社区工作团队说得最多的话。因为她深知，要把加强社区基层组织建设作为重要抓手，以"抓党建强核心"为重点才能打开社区工作的局面。在她的细心指导下，社区始终坚持党建引领，充分发挥党组织核心领导作用，采取"三级网格化"管理服务体系、"社区周分析日"、"周五大扫除日"、"感恩教育日"等载体，凝聚了社区整个工作团队的合力，筑牢了易地扶贫搬迁安置点坚强有力的攻坚堡垒。

二、用"真情"为易地搬迁群众排忧解难

为全面摸清搬迁群众基本情况及存在问题,做好易地扶贫搬迁"后半篇文章",她提出需要实行"班子成员包联楼栋、社区干部包联单元"制度,明确职责,责任分工,切实开展"户户走访"。不仅做到了自己对 159 户的详细了解,也让各责任人对社区内的 159 户移民搬迁群众进行入户摸底核查,全面了解清楚搬迁群众家庭基本情况,就业、教育、医疗等扶贫政策落实情况。同时,她经常带领社区"两委"班子成员深入社区了解民意,帮助群众解决实际问题,并带领针对搬迁群众反映的突出问题,进行一一梳理,建立台账清单,限时整改。2020 年为完成脱贫攻坚任务,她多次走进搬迁户家中为搬迁户排忧解难,"手机 24 小时不关机"是她对社区所有居民的承诺。巴音托洛盖社区居民有困难彼此之间常说的一句话:"有困难就找娜书记",也是大家的共识。

三、用"温情"帮易地搬迁群众就好业

"稳得住、能致富"是扶贫搬迁工作的关键。部分搬迁群众在搬迁后无法像原来一样从事大规模的种植业、养殖业,加之又无一技之长,就业机会不多,合适工作难找,致富能力不强。她最操心和最在乎的也是搬迁群众的就业问题,为了精准掌握搬迁群众就业情况,她每周都要组织人员进行摸底核实就业的变动,生怕就业把握不准确,每过几天就要问问有没有地方要招人,为他们定位更好更合适的就业岗位。她将整个安置点划分为 3 个网格,组织力量逐户摸底排查,并根据搬迁群众需求开展全员培训,共开展"中式烹调师"、保安、家政、刺绣培训等 5 场次,培训搬迁群众 250 余人次。同时,她不忘积极对接扶贫车间、农贸市场等单位提供就业岗位,确保有劳动力的搬迁家庭至少 1 人稳定就业。让搬迁户实现稳定就业,有稳定的收入来源,增强了他们的"幸福感"。

娜则古丽总是说:"一个家庭的和谐幸福和家里的女主人有直接关系;家庭的和谐幸福,也直接影响着社区的和谐稳定。"所以在开展社区工作中,她特别关注妇女就业,紧盯如何发挥妇女作用助力脱贫攻坚,以"培育妇女手工人才、提升妇

女手工技能、促进妇女创业就业、增强妇女群众收入"为工作载体,扎实为搬迁妇女"增收梦"寻"出路"。在支持搬迁群众保留好本民族特色手艺上重点挖掘了搬迁群众民族刺绣人才阿合古丽·阿尔合别克,自主创业致富能手古丽巴尔亲·热玛占,等等。目前,易地搬迁户中有 150 名家庭妇女,其中有劳动能力的 140 人。近两年,已经实现就业的有 125 人。

四、用"倾情"促搬迁群众凝心聚力

她注重运用团队的力量,先后组织成立了拽妹妹舞蹈队、百姓宣传队等文化队伍,形成各年龄段群众参与、形式多样、活动不断的社区文化,并和大家通过精心组织举办丰富多彩的文体活动(红色座谈、电影进小区、红歌赛、《感党恩》朗诵赛、廉政文化进小区、党的创新理论飞入寻常百姓家宣讲活动、共度春节、古尔邦节、参观江格尔宫及爱国基地等),共开展 32 场次,丰富群众精神文化生活,得到了各族群众的一致赞许和好评。

"咱们社区就是一个家,不管大家来自哪个乡镇哪个村,在这里,巴音托洛盖社区就是我们的新家……"在对 2 个小区 3 栋 9 个单元逐户走访,了解搬迁群众生活状况后,针对部分搬迁群众生活方式难以转变,从乡村传统的生活方式转变到城镇楼房的生活不习惯的问题、对社区爱卫生讲文明的生活方式存在习惯上的不适应的问题,她带领社区全体工作人员以小区为单元,发动群众走出家门,同易地搬迁户们一同打扫院落卫生,用实际行动引导大家讲卫生、讲文明,通过开展感恩教育,入户用群众听得懂的语言宣传党的惠民政策,用身边的故事为他们加油鼓劲,增强了搬迁群众思想政治工作,引导了搬迁群众自觉拥护党的领导。

在巴音托洛盖社区工作的日子里,她始终认为社区就是一个家,大家庭里有不同的民族,去给搬迁群众办实事、办好事,你才能融入到他们当中。在新冠肺炎疫情防控期间,她带领社区干部、"访惠聚"工作队、网格员、下沉各支力量等作为信息摸排人员,拉网式逐户、逐人进行全面人员排查,做到小区不漏户、户不漏人,认真排查疫情。她按照"1+4+2"和"1+1+2"工作机制,在安置点 2 个小区任命小区指挥长 2 名、网格指挥长 2 名、楼栋指挥长 3 名、单元指挥长 9 名,实现了"三不出"(不出家门、不出单元门、不出小区)闭环式管理。她深知易地搬迁群众是新入住的特殊群体,一定投入更多的关爱,守护好安置点,她每日都在微信群里提醒居民减少外出,出门一定戴好口罩,回家后用酒精消毒等卫生常识,确保易地扶贫搬迁群众的生命安全和身体健康。她带领社区干部通过"居民微信群+二维码支付+物质配送"为易地搬迁群众提供了坚强的后勤保障,累计为易地搬迁群众办实事好事200余件。她发动搬迁群众纷纷自愿加入疫情防控工作中,彻底改变了仅靠社区17名工作人员单打独斗的局面。这些成果充分体现了她提倡的"社区就是一个家"的理念,得到搬迁群众的高度认可。

图为娜则古丽·吾拉孜别克(左一)深入搬迁群众家庭宣讲易地扶贫搬迁政策

她恪尽职守、带头担当履职,在易地搬迁这场大考验中站出来、作表率、聚民心、解民忧,巴音托洛盖社区因为有这样一位年轻的"主心骨"而从容平和。她始终坚守着党旗领航,充分发挥党支部战斗堡垒作用和党员先锋模范作用,她始终坚信社区建设需要合作的力量,社区靠群众,群众靠发动。"金杯银杯,不如群众的口碑。"心系易地搬迁群众的娜则古丽,怀着认真的态度和甘愿奉献的精神,一点点积累赢得了搬迁群众的尊重。她用自己的实际行动真正和易地搬迁群众连起了友谊之桥,用青春韶华诠释了初心使命,她坚信,只要易地搬迁群众是快乐和幸福的,她的付出就是值得的,就是有用的,就是绚烂的!

附　　录

新时期易地扶贫搬迁工作大事记

◇◇◇

2015 年 11 月 27 日,中央召开扶贫开发工作会议,决定实施"五个一批"精准脱贫工程。习近平总书记指出,贫困人口很难实现就地脱贫的要实施易地搬迁,按规划、分年度、有计划组织实施,确保搬得出、稳得住、有事做、能致富。

2015 年 11 月 29 日,经国务院领导同志审定,国家发展改革委、国务院扶贫办会同财政部、原国土资源部、中国人民银行印发实施《"十三五"时期易地扶贫搬迁工作方案》,明确了新一轮易地扶贫搬迁工作的指导思想、总体原则、主要目标和搬迁对象与安置方式、建设内容与补助标准、信贷资金运作、政策保障等内容,是"十三五"时期易地扶贫搬迁工作的指导性文件。

2015 年 12 月 1 日,全国易地扶贫搬迁工作电视电话会议召开,李克强总理作出重要批示,时任副总理汪洋同志出席会议并讲话,部署实施新时期易地扶贫搬迁工作,脱贫攻坚"当头炮"正式打响。

2016——制度建设年

2016 年 3 月 14 日,时任国务院副总理、国务院扶贫开发领导小组组长汪洋同志主持专题会议研究易地扶贫搬迁工作时指出,易地扶贫搬迁是生存条件恶劣地区贫困群众脱贫的根本措施,是新一轮脱贫攻坚的标志性工程,要按照党中央、国务院决策部署,紧盯脱贫目标,从实际出发,积极稳妥推进,切实做到搬迁一户、脱贫一户。

2016 年 8 月 22 日至 23 日,全国易地扶贫搬迁现场会在贵州召开,李克强总理作出重要批示,时任国务院副总理汪洋同志出席会议并作重要讲话,全面部署推进易地扶贫搬迁工作,要求进一步加强组织领导、强化脱贫导向、理顺工作机制、推进项目建设、促进自力更生、推进考核监督,确保搬迁一户、脱贫一户。

2016年9月20日,经国务院同意,国家发展改革委印发实施《全国"十三五"易地扶贫搬迁规划》,进一步细化了"十三五"时期易地扶贫搬迁工作的总体思路、迁出区域与搬迁对象、搬迁方式与安置方式、主要建设任务、资金测算与筹措、搬迁进度及投资安排、搬迁后续脱贫发展路径和保障措施,是各地推进新时期易地扶贫搬迁工作的纲领性文件。

2016年2月17日,原国土资源部印发《关于用好用活增减挂钩政策积极支持扶贫开发及易地扶贫搬迁工作的通知》,允许将土地增减挂钩节余指标在省域范围内流转使用,大力支持易地扶贫搬迁工程建设。同时,为每个国家扶贫开发工作重点县专项安排新增建设用地计划600亩。

2016年2月25日,国家发展改革委印发《易地扶贫搬迁专项建设基金监督管理暂行办法》,对"十三五"时期易地扶贫搬迁专项建设基金的运作、使用和管理等作出规定。

2016年2月29日,国家发展改革委、国务院扶贫办印发《关于严格控制易地扶贫搬迁住房建设面积的通知》,按照"保基本、促脱贫"的目标要求,明确要求"建档立卡贫困户人均住房建设面积不超过25平方米",并要求有关省份切实加强对安置住房建设相关工作的督导检查,指导有关市(县)政府和组织实施部门全面准确把握政策,严格执行建设标准。

2016年3月1日,财政部、国务院扶贫办印发《关于做好易地扶贫搬迁贷款财政贴息工作的通知》,明确安排"十三五"时期建档立卡贫困人口易地扶贫搬迁低成本长期贷款贴息的政策,并明确了对贴息贷款的运作和管理等内容。

2016年3月至6月,国家发展改革委分别印发《关于下达易地扶贫搬迁工程2016年中央预算内投资计划的通知》和《关于下达2016年第二批易地扶贫搬迁工程中央预算内投资计划的通知》,分两批下达2016年易地扶贫搬迁工程中央预算内投资193.6亿元,用于支持约249万建档立卡搬迁对象住房建设。

2016年3月17日至25日,按照国务院扶贫开发领导小组统一部署,中央农村工作领导小组办公室、国家发展改革委、国务院扶贫办、财政部、中国人民银行等五部门负责同志带队组成5个宣讲督导组,赴贵州、四川、陕西、甘肃、云南等10个易地扶贫搬迁重点省份开展政策宣讲和工作督导。

2016年3月31日,国家发展改革委、国务院扶贫办、财政部、中国人民银行联合印发《关于下达 2016 年易地扶贫搬迁任务和贴息贷款规模的通知》,向 22 个有易地扶贫搬迁任务的省份下达 249 万建档立卡搬迁对象建设任务和 828.5 亿元贴息贷款控制规模,并对任务分解、贷款承接和项目组织实施提出了要求。

2016 年 4 月,为进一步统一思想,明确新时期易地扶贫搬迁政策要求,凝聚各级做好易地扶贫搬迁工作共识,国家发展改革委组织 22 个省份开展集中政策宣讲,宣讲范围下沉到县、乡、村三级。初步统计,直接听取宣讲的基层干部群众超过 20 万人。

2016 年 4 月 26 日至 27 日,国家发展改革委指导国家开发银行、中国农业发展银行举办全国易地扶贫搬迁投融资专题培训班,重点围绕投融资政策、资金运作模式、操作流程及土地增减挂钩政策等,对省级和市县级发展改革、财政、扶贫部门和省级投融资公司有关负责同志进行了培训,进一步提升干部政策理论水平和对新时期易地扶贫搬迁政策的准确理解。

2016 年 6 月,国家发展改革委组织 22 个省份就易地扶贫搬迁政策执行情况进行全面自查。各省份共派出 50 余个检查组,对 440 个县、1436 个安置区项目和 537 个迁出点进行了实地检查,入户走访建档立卡搬迁户 2912 户 10856 人,完成新时期易地扶贫搬迁的第一次全方位"体检"。

2016 年 6 月 5 日,国家发展改革委印发《易地扶贫搬迁中央预算内投资管理办法》,明确了易地扶贫搬迁中央预算内投资管理的总体要求、计划管理、资金管理、监督管理等相关规定。

2016 年 10 月 16 日,国家发展改革委以"精准搬迁、精准脱贫"为主题,举办 2016 年扶贫日论坛易地扶贫搬迁平行论坛,来自中央农办、国家发展改革委、财政部、原国土资源部、中国人民银行、原中国银监会、国务院扶贫办等部门和国家开发银行、中国农业发展银行等金融机构有关负责同志,全国 22 个有易地扶贫搬迁任务的省份发展改革委的负责同志以及部分省、市、县和乡镇从事易地扶贫搬迁工作的干部群众,带动搬迁群众脱贫致富的部分龙头企业代表,共约 180 人参加论坛,解读交流政策要点,探讨各地典型经验做法,人民日报社、人民网等媒体全程直播。

2016 年 10 月 17 日,国家发展改革委组织召开 22 省(自治区、直辖市)发展改革系统工作推进会。

2016 年 11 月,国家发展改革委组织 8 个稽察组,重点对贵州、陕西、四川、广西、湖北、湖南、云南、甘肃等 8 省(自治区)32 个县(市、区)易地扶贫搬迁工作进行专项稽察。

2016 年 12 月 17 日,国家发展改革委、国务院扶贫办出台《易地扶贫搬迁工作成效考核暂行办法》,明确新时期易地扶贫搬迁工作考核对象、内容、程序和结果运用、奖惩措施等具体内容。

2017——工作推进年

2017 年 1 月,国家发展改革委建立易地扶贫搬迁常态化专项稽察机制,计划每 2 个月组织一次易地扶贫搬迁专项稽察,上半年实现对 22 个省份易地扶贫搬迁专项稽察全覆盖,年底前实现稽察发现问题整改落实情况"回头看"全覆盖。

2017 年 2 月 20 日,国家发展改革委、国务院扶贫办、财政部、中国人民银行印发《关于下达 2017 年易地扶贫搬迁任务和贴息贷款规模的通知》,下达河北等 21 个省(自治区、直辖市)2017 年 320 万建档立卡贫困人口搬迁建设任务和 1115.2 亿元贴息贷款规模。

2017 年 3 月 7 日,国家发展改革委印发《关于下达易地扶贫搬迁工程 2017 年第一批中央预算内投资计划的通知》,下达河北等 21 个省(自治区、直辖市)易地扶贫搬迁中央预算内投资 189 亿元,用于支持搬迁建档立卡贫困人口 242.49 万人。

2017 年 3 月 11 日,国家发展改革委、最高人民检察院、国务院扶贫办有关负责同志召开座谈会,研究对第一批易地扶贫搬迁预防监督重点项目挂牌督办工作。

2017 年 3 月 17 日,国家发展改革委组织召开易地扶贫搬迁专项稽察培训会,部署 3 月份专项稽察工作,对近 70 名稽察工作人员进行易地扶贫搬迁政策培训。随后,由 11 位稽察特派员带队,11 个专项稽察组分赴山西、福建、河南、江西、广西、重庆、云南、青海、新疆 9 个省(自治区、直辖市)22 个县(区)开展第二轮易地扶贫搬迁专项稽察。

2017 年 4 月 27 日,国家发展改革委根据 2016 年省级党委、政府扶贫开发工作成效考核结果,向 22 个省份印发通知,逐条列出涉及易地扶贫搬迁工作的问题,要求有关省份做好整改工作。

2017 年 5 月 8 日,部分省份易地扶贫搬迁工作推进会在山西省太原市召开。时任中共中央政治局委员、国务院副总理、国务院扶贫开发领导小组组长汪洋同志出席会议并讲话。国家发展改革委副主任林念修汇报了近期全国易地扶贫搬迁有关工作情况,山西、福建、江西、河南、广西、重庆、云南、青海、新疆9省(自治区、直辖市)政府负责同志发言。山西等9个省(自治区、直辖市)政府负责同志,发展改革、扶贫部门负责同志,国家发展改革委、财政部、原国土资源部、中国人民银行、原中国银监会、国务院扶贫办、国家开发银行、中国农业发展银行等部门和金融机构负责同志,最高人民检察院和审计署相关司局负责同志参加了会议。

2017年5月11日,按照部分省份易地扶贫搬迁工作推进会精神,国家发展改革委向第二轮专项稽察的山西、福建、河南、江西、广西、重庆、云南、青海、新疆9个省(自治区、直辖市)发展改革委印发整改通知,要求有关省份抓紧做好问题整改工作。

2017年5月15日,国家发展改革委召开5月份易地扶贫搬迁专项稽察行前培训会,部署5月份专项稽察相关工作,对近50名稽察工作人员进行易地扶贫搬迁政策培训。随后,由14位稽察特派员带队,14个专项稽察组分赴河北、内蒙古、吉林、安徽、山东、湖北、湖南、四川、贵州、西藏、陕西、甘肃、宁夏13省(自治区)28个县(区、市、旗)开展第三轮易地扶贫搬迁专项稽察,实现了对22个省份易地扶贫搬迁专项稽察全覆盖。

2017年5月22日,国家发展改革委、国务院扶贫办、财政部、中国人民银行印发《关于下达云南省2017年易地扶贫搬迁建设任务和国家贴息贷款规模的通知》,下达云南省2017年20万建档立卡贫困人口搬迁建设任务和70亿元贴息贷款规模。

2017年5月31日,国家发展改革委根据审计署5月27日通报的《2017年第一季度国家重大政策措施贯彻落实跟踪审计结果》,向指出易地扶贫搬迁问题的省份发函,要求各地高度重视、立即组织核查整改。同时,举一反三,对省域范围内类似问题认真开展梳理排查。

2017年6月5日,国家发展改革委印发《关于下达云南省2017年易地扶贫搬迁工程中央预算内投资计划的通知》,下达云南省易地扶贫搬迁中央预算内投资11亿元,用于支持搬迁建档立卡贫困人口13.66万人。

2017年6月17日,按照部分省份易地扶贫搬迁工作推进会精神,国家发展改革委向第三轮专项稽察的河北、内蒙古、吉林、安徽、山东、湖北、湖南、四川、贵州、西藏、陕西、甘肃、宁夏13省(自治区)发展改革委印发整改通知,要求有关省份抓紧做好问题整改工作。

2017年7月11日,国家发展改革委、国务院扶贫办会同财政部、原国土资源部、中国人民银行、原中国银监会等有关部门和国家开发银行、中国农业发展银行等金融机构,按照工作程序形成2016年易地扶贫搬迁工作成效试考核结果并通报各地。

2017年7月下旬,国家发展改革委派出8个专项稽察组30人,由8名稽察特派员带队,分赴山西、福建、江西、河南、广西、重庆、云南、青海8省(自治区、直辖市)28个县(区)开展易地扶贫搬迁专项稽察发现问题整改落实情况第一轮"回头看"。

2017年9月11日,国家发展改革委印发《关于下达易地扶贫搬迁工程2017年第二批中央预算内投资计划的通知》,下达湖北等8个省(自治区)中央预算内投资44亿元,用于支持搬迁建档立卡贫困人口56.64万人。

2017年9月16日至17日,全国易地扶贫搬迁现场会在四川省召开。中共中央政治局常委、国务院总理李克强作出重要批示,时任国务院副总理、国务院扶贫开发领导小组组长汪洋同志出席会议并讲话。会议深入学习贯彻习近平总书记关于扶贫工作的重要论述,落实李克强总理重要批示精神,全面总结易地扶贫搬迁工作进展及成效、交流情况,安排部署下阶段工作。中央农办、财政部、原国土资源部、住房城乡建设部、交通运输部、农业农村部、中国人民银行、原国家林业局、原中国银监会、国务院扶贫办、国家开发银行、中国农业发展银行等部门及金融机构的负责同志,最高人民检察院、审计署、国家旅游局相关司局负责同志,河北、山西等16个省(自治区、直辖市)政府负责同志,22个有易地扶贫搬迁任务的省(自治区、直辖市)发展改革、扶贫(移民)部门主要负责同志参加了会议。

2017年9月21日,按照部分省份易地扶贫搬迁工作推进会和全国易地扶贫搬迁现场会精神,国家发展改革委向第一轮"回头看"的山西、福建、江西、河南、广西、重庆、云南、青海发展改革委原汁原味反馈"回头看"报告,要求有关省份继续扎实推进问题整改工作。

2017年9月下旬,国家发展改革委派出7个专项稽察组28人,由7名稽察特派员带队,分赴西藏、河北、吉林、内蒙古、陕西、新疆、甘肃7省(自治区)22个县(区)开展易地扶贫搬迁专项稽察发现问题整改落实情况第二轮"回头看"。

2017年10月10日,2017年扶贫日易地扶贫搬迁论坛在北京会议中心举办。论坛以"聚焦后续脱贫发展,增强群众内生动力"为主题,由国家发展改革委地区经济司承办,来自人力资源社会保障部、原国土资源部、交通运输部、水利部、农业农村部、商务部、中国人民银行、国家林业局、国家旅游局、原中国银监会、国务院扶贫办、全国工商联、国家开发银行、中国农业发展银行等部门和单位有关司局负责同志,全国22个有易地扶贫搬迁任务的省份发展改革委负责同志以及部分省、市、县从事易地扶贫搬迁工作的干部群众,带动搬迁群众脱贫致富的部分龙头企业代表,共约100人参加了论坛。

2017年10月23日,按照部分省份易地扶贫搬迁工作推进会和全国易地扶贫搬迁现场会精神,国家发展改革委向第二轮"回头看"的西藏、河北、吉林、内蒙古、陕西、新疆、甘肃发展改革委反馈了"回头看"报告,要求有关省份继续扎实推进问题整改工作。

2017年11月下旬,国家发展改革委派出7个专项稽察组29人,由7名稽察特派员带队,分赴安徽、山东、湖北、湖南、四川、贵州、宁夏7个省(自治区)28个县(区)开展易地扶贫搬迁专项稽察第三轮"回头看",实现了对22个省份专项稽察发现问题整改落实情况"回头看"全覆盖。

2018——全面建设年

2018年1月25日,按照部分省份易地扶贫搬迁工作推进会和全国易地扶贫搬迁现场会精神,国家发展改革委向第三轮"回头看"的安徽、山东、湖北、湖南、四川、贵州、宁夏发展改革委原汁原味反馈"回头看"报告,要求有关省份继续扎实推进问题整改工作。

2018年2月27日,国家发展改革委印发《关于下达易地扶贫搬迁工程2018年第一批中央预算内投资计划的通知》,下达易地扶贫搬迁工程2018年第一批中央预算内投资约223亿元,用于支持260万建档立卡贫困人口安置住房建设。

2018年4月4日,国家发展改革委发布《中国的易地扶贫搬迁政策》白皮书,回应社会关切,阐释新时期易地扶贫搬迁政策,介绍阶段性工作进展。

2018年5月21日,国家发展改革委印发《关于下达易地扶贫搬迁工程2018年第二批中央预算内投资计划的通知》,下达易地扶贫搬迁工程2018年第二批中央预算内投资约21.8亿元,用于支持27.3万建档立卡贫困人口安置住房建设。

2018年6月13日,财政部、国家发展改革委、国务院扶贫办、自然资源部、中国人民银行5部门联合印发实施《关于调整规范易地扶贫搬迁融资方式的通知》。明确指出,坚决查处纠正违法违规融资行为,调整易地扶贫搬迁融资方式,规范发行地方政府债券融资,保持中央财政支持力度不减。

2018年9月11日,财政部、国家发展改革委、国务院扶贫办、中国人民银行4部门联合印发实施《关于进一步做好调整规范易地扶贫搬迁融资方式有关工作的通知》明确提出,要确保易地扶贫搬迁融资方式调整规范到位,严格落实已承贷承接融资资金偿还归还要求。

2018年9月17日,国家发展改革委印发实施《易地扶贫搬迁事中事后监管巡查工作方案》。提出从2018年下半年开始,对"十三五"时期有易地扶贫搬迁任务的22个省份开展事中事后监管巡查,强化政策"红线",防止搬迁后遗症。巡查工作以搬迁对象、安置点选址、政策执行、工程建设、资金使用、后续帮扶等为重点,根据监管巡查结果,向被巡查省份下发整改通知,并抄报省级人民政府。重大问题,向党中央、国务院报告。

2018年9月21日,国家发展改革委印发《关于下达易地扶贫搬迁工程2018年第三批中央预算内投资计划的通知》,下达易地扶贫搬迁工程2018年第三批中央预算内投资约10.3亿元,用于支持11.3万建档立卡贫困人口安置住房建设。

2018年10月12日,国家发展改革委、国务院扶贫办印发实施《关于进一步加强易地扶贫搬迁工程质量安全管理的通知》。明确指出,各地要高度重视工程质量安全管理工作,压实工程质量管理责任,切实加强过程质量管控,强化工程质量安全督查问责。

2018年10月15日至16日,全国易地扶贫搬迁现场会在河南省南阳市召开。会议深入学习贯彻习近平总书记关于扶贫工作的重要论述,落实李克强总理要求,按照《关于打赢脱贫攻坚战三年行动的指导意见》有关工作部署,总结前一阶段易地扶贫搬迁工作进展、成效和存在的主要问题,交流各地经验做法,研究部署最后攻坚阶段的重点工作,确保高质量完成易地扶贫搬迁任务。国务院副总理、国务院扶贫开发领导小组组长胡春华出席会议并讲话。

2018年10月17日,2018年扶贫日系列论坛—易地扶贫搬迁论坛在北京召开。论坛以"聚焦深度贫困地区,全面提升搬迁质量脱贫成效"为主题,交流各地好经验好做法,探讨提升搬迁质量和脱贫成效的方法。本次论坛由国家发展改革委地区经济司承办,人力资源和社会保障部、自然资源部、农业农村部、商务部、文化和旅游部、中国人民银行、银保监会、国务院扶贫办、国家开发银行、中国农业发展银行等部门和单位的有关负责同志,全国22个有易地扶贫搬迁任务的省份发展改革委负责同志以及部分省、市、县从事易地扶贫搬迁工作的干部群众,带动搬迁群众脱贫致富的部分企业代表,共约 120 人参加了论坛。

2018 年 11 月 29 日,财政部、国家税务总局印发实施《关于易地扶贫搬迁税收优惠政策的通知》。

2019——巩固提升年

2019 年 3 月 19 日,国家发展改革委印发实施《2019 年易地扶贫搬迁监管巡查工作方案》,明确提出要坚持问题导向、较真碰硬,持续加大易地扶贫搬迁监管巡查力度,广泛调动各方力量形成监管合力,强力推动地方整改问题、改进工作,确保易地扶贫搬迁政策执行不走偏、资金项目管理规范高效。

2019 年 3 月 19 日,国家发展改革委印发《关于下达易地扶贫搬迁工程 2019 年第一批中央预算内投资计划的通知》,下达易地扶贫搬迁工程 2019 年第一批中央预算内投资约 58.1 亿元,用于支持 69.2 万建档立卡贫困人口安置住房建设。

2019 年 4 月 1 日至 3 日,国家发展改革委举办易地扶贫搬迁监管巡查工作培训启动暨政策宣讲会,组织山西、云南等 9 个省份业务骨干,深入学习习近平总书记关于扶贫工作的重要论述,系统讲解新时期易地扶贫搬迁相关政策以及监管巡查工作的方式方法,并就有关问题开展交流讨论。

2019 年 4 月 10 日至 19 日,国家发展改革委抽调 80 余名业务骨干组成 9 个巡查组,对河北、内蒙古、湖北、广西、四川、重庆、陕西、甘肃 8 省份开展了 2019 年第一轮监管巡查,及时发现各地存在的问题并指导其进行整改。

2019 年 4 月 11 日至 12 日,全国易地扶贫搬迁后续扶持工作现场会在贵州省黔东南州召开。会议深入学习贯彻习近平总书记关于扶贫工作的重要论述,认真落实李克强总理重要批示要求,总结分析易地扶贫搬迁特别是后续扶持工作进展情况,交流经验做法,安排部署下一阶段重点工作。李克强总理作出重要批示,国务院副总理、国务院扶贫开发领导小组组长胡春华出席会议并讲话。

2019 年 5 月 8 日,国家发展改革委印发实施《关于上下联动进一步加强易地扶贫搬迁监管巡查工作的通知》。

2019 年 5 月 27 日至 28 日,国家发展改革委在云南省曲靖市组织开展 2019 年易地扶贫搬迁第二轮监管巡查培训班暨政策宣讲会,组织四川、广西等 8 个省(自治区、直辖市)业务骨干,深入学习习近平总书记关于扶贫工作的重要论述,系统讲解新时期易地扶贫搬迁相关政策以及监管巡查工作的方式方法,并就有关问题开展交流讨论。

2019年5月29日至6月5日,国家发展改革委抽调80余名业务骨干组成9个巡查组,对吉林、江西、安徽、云南、贵州、西藏、青海、新疆8省(自治区)开展了2019年第二轮监管巡查,及时发现各地存在的问题并指导其进行整改。

2019年6月12日,国家发展改革委印发《关于下达易地扶贫搬迁工程2019年第二批中央预算内投资计划的通知》,下达易地扶贫搬迁工程2019年第二批中央预算内投资约14.2亿元,用于支持16.7万建档立卡贫困人口安置住房建设。

2019年6月12日,国家发展改革委在安徽省金寨县组织召开了"三区三州"易地扶贫搬迁工程建设推进会,了解工程建设过程中遇到的困难和问题,交流经验做法,研究具体措施。进一步推动"三区三州"加快易地扶贫搬迁工程建设进度,确保如期保质完成搬迁建设任务。四川、云南、甘肃、青海、西藏、新疆等省(自治区)发展改革部门负责同志及业务处负责同志,四川凉山州、甘肃临夏州、云南怒江州发展改革部门负责同志,部分"三区三州"县发展改革部门负责同志参加会议。

2019年6月17日,国家发展改革委、财政部、国务院扶贫办等14个部门联合印发实施《新时期易地扶贫搬迁工作百问百答》,细化完善政策、厘清政策边界、规范工作程序,进一步加强对各地易地扶贫搬迁工作的指导。

2019年6月29日,国家发展改革委、财政部、国务院扶贫办等11个部门联合印发实施《关于进一步加大易地扶贫搬迁后续扶持工作力度的指导意见》,指导各地切实加大对易地扶贫搬迁建档立卡贫困人口后续扶持力度,着力推进公共服务、产业培育、就业帮扶、社区管理、社会融入、拆旧复垦复绿、权益保障等各项工作,推动易地扶贫搬迁后续扶持工作与推进新型城镇化、压茬推进乡村振兴战略有机衔接,有效提升搬迁群众的获得感、幸福感、安全感。

2019年7月3日,国家发展改革委、国务院扶贫办、自然资源部、住房和城乡建设部联合印发《关于开展易地扶贫搬迁工程质量安全集中排查工作的通知》,在22个有易地扶贫搬迁任务的省份组织开展易地扶贫搬迁工程质量安全集中排查工作。

2019年7月19日至21日,国家发展改革委在京举办2019年易地扶贫搬迁监管巡查工作第三期培训班暨政策宣讲会,会议深入学习贯彻习近平总书记在解决"两不愁三保障"突出问题座谈会上重要讲话精神,学习李克强总理对全国易地扶贫搬迁后续扶持工作现场会重要批示精神和胡春华副总理在全国易地扶贫搬迁后续扶持工作现场会上重要讲话精神,启动 2019 年第三轮易地扶贫搬迁常规性监管巡查工作。同时,宣讲易地扶贫搬迁政策,培训监管巡查工作有关标准、方法和重点内容,提高监管巡查工作人员能力水平。

2019 年 7 月 21 日至 8 月 2 日,国家发展改革委抽调 80 余名业务骨干组成 9 个巡查组,对山西、河南、湖南、宁夏、新疆、福建 6 省(自治区)开展了 2019 年第三轮监管巡查,及时发现各地存在的问题并指导其进行整改。

2019 年 8 月 22 日至 23 日,国家发展改革委在湖北省恩施州召开全国发展改革系统易地扶贫搬迁工作现场会。会议深入学习贯彻习近平总书记在解决“两不愁三保障”突出问题座谈会上的重要讲话精神,认真落实李克强总理重要批示和胡春华副总理在全国易地扶贫搬迁后续扶持工作现场会上的重要讲话要求,全面梳理分析专项巡视和易地扶贫搬迁监管巡查等各类监督检查发现的突出问题,交流问题整改和工作推进的经验做法,研究易地扶贫搬迁后续扶持重点领域补短板思路举措,部署下一阶段易地扶贫搬迁工作。

2019 年 9 月 18 日至 19 日,国家发展改革委在重庆市举办全国易地扶贫搬迁后续扶持工作专题培训班,深入学习贯彻习近平总书记关于扶贫工作的重要论述,宣讲解读新时期易地扶贫搬迁后续扶持工作相关政策要求,进一步指导各地抓细抓实后续扶持工作,落实后续脱贫举措,确保中央专项巡视等各类监督检查反馈的相关问题整改落实到位。

2019 年 10 月 14 日,2019 年扶贫日全国易地扶贫搬迁论坛在北京成功举办。论坛以“聚焦易地扶贫搬迁后续扶持,提升搬迁群众脱贫发展能力”为主题,总结交流易地扶贫搬迁后续脱贫发展的经验做法,探讨提升后续扶持工作质量的方法路径。本次论坛由国家发展改革委地区振兴司承办,教育部、财政部、人力资源和社会保障部、自然资源部、农业农村部、商务部、文化和旅游部、卫生健康委、中国人民银行、国务院扶贫办等部门和中国宏观经济研究院、中国国际工程咨询有限公司等单位的有关负责同志和专家,全国 22 个有易地扶贫搬迁任务的省份发展改革委负责同志,部分市、县易地扶贫搬迁工作一线同志,以及带动搬迁群众脱贫致富的部分企业代表,共约 200 人参加了论坛。

2019 年 11 月 4 日,国家发展改革委印发《关于下达易地扶贫搬迁工程 2019 年第三批中央预算内投资计划的通知》,下达易地扶贫搬迁工程 2019 年第三批中央预算内投资约 4118 万元,用于支持 5882 名建档立卡贫困人口安置住房建设。

2019年11月4日,国家发展改革委印发《关于下达易地扶贫搬迁工程2019年第四批中央预算内投资计划的通知》,下达35.29亿元中央预算内投资,支持145个大型安置区配套教育、医疗设施补短板项目建设。

2019年11月19日至12月8日,国家发展改革委会同国务院扶贫办、财政部等16个部门和单位组成7个排查组共183人,对22个省份的46个县(市)开展了"十三五"易地扶贫搬迁全面排查实地抽查。全面梳理各地"十三五"易地扶贫搬迁工作进展,客观准确评价工作成效,督促问题整改落实,确保如期高质量完成易地扶贫搬迁任务。

2019年12月16日,国家发展改革委、国务院扶贫办、自然资源部、住房和城乡建设部联合印发《关于抓紧完成易地扶贫搬迁工程质量安全集中排查发现问题整改工作的通知》,督促指导22个有易地扶贫搬迁任务的省份抓紧整改易地扶贫搬迁工程质量安全集中排查工作中发现的问题。

2020——决战决胜年

2020年2月20日,国家发展改革委联合国务院扶贫办、教育部、民政部、财政部、人力资源和社会保障部、自然资源部、住房和城乡建设部、农业农村部、商务部、中国人民银行、国务院国资委、国家林草局等12个部门印发了《关于印发2020年易地扶贫搬迁后续扶持若干政策措施的通知》,从完善安置区配套基础设施和公共服务设施、加强安置区产业培育和就业帮扶、强化安置社区管理、保障搬迁群众合法权益、加大工作投入力度、加强统筹指导和监督检查等方面制定出台了25条政策措施。

2020年3月10日,国家发展改革委印发《关于建立"十三五"易地扶贫搬迁安置区扫尾工程和大型安置区教育、医疗设施补短板项目建设进展定期调度机制的通知》,对"十三五"易地扶贫搬迁安置区住房主体、装修装饰和配套设施需"扫尾"的26个项目、2019年年底安排中央投资支持的145个大型安置区教育医疗设施补短板项目加强定期调度、开展挂牌督战。

2020年3月11日,国家发展改革委印发实施《关于深入贯彻落实习近平总书记重要讲话精神决战决胜易地扶贫搬迁工作的通知》,督促各地进一步瞄准突出问题、压紧压实责任,加大易地扶贫搬迁工作力度,确保搬迁群众稳得住、有就业、逐步能致富。

2020年3月13日,国家发展改革委印发《新时期易地扶贫搬迁成效宣传工作方案》,进一步推动新时期易地扶贫搬迁成效宣传工作,全面展现搬迁工作取得的伟大成就,讲好贫困群众搬迁脱贫故事,为决战决胜脱贫攻坚营造良好舆论氛围。

2020年4月26日,国家发展改革委印发《新时期易地扶贫搬迁成效宣传工作方案》,力求向国际社会充分展现我国易地扶贫搬迁取得的伟大成就,展示易地扶贫搬迁促减贫的"中国方案",讲好贫困群体融入新社区、拥抱新生活的"中国故事"。

2020年4月27日,国家发展改革委组织召开全国发展改革系统决战决胜脱贫攻坚工作视频会议。会议要求各级发展改革部门要着力抓好易地扶贫搬迁工程建设扫尾、搬迁群众后续扶持、问题整改"清零"等工作,从严从实挂牌督战,分区分类精准落实后续帮扶举措,压紧压实整改责任,实事求是讲好搬迁脱贫故事,确保"十三五"易地扶贫搬迁圆满收官。

2020年5月26日,国家发展改革委组织召开易地扶贫搬迁安置区扫尾工程建设视频会议,要求有关地方进一步提高政治站位,坚决杜绝松劲懈怠思想,一鼓作气、连续作战,不获全胜、决不收兵。

2020年6月18日,国家发展改革委办公厅印发《关于组织开展"十三五"易地扶贫搬迁全面评估核查工作的通知》,在全国范围内启动"十三五"易地扶贫搬迁全面评估核查工作,全面检验各地"十三五"易地扶贫搬迁任务完成情况、政策目标实现情况、搬迁群众脱贫发展情况,确保评估核查过程扎实、评估核查结果真实,确保如期高质量完成"十三五"易地扶贫搬迁工作任务。

2020年7月13日,国家发展改革委组织召开全国发展改革系统易地扶贫搬迁工作视频推进会议,传达学习习近平总书记近期关于易地扶贫搬迁工作的重要指示精神,通报易地扶贫搬迁工作进展。指导地方进一步加强易地扶贫搬迁后续扶持,进一步加强宣传引导,抓紧谋划"十四五"工作思路和举措,巩固易地搬迁脱贫成果,推动全面脱贫与乡村振兴有效衔接。

2020年8月至10月,国家发展改革委先后分两批,组织22个任务省份通过交叉检查方式,对各省份"十三五"易地扶贫搬迁自查评估情况进行了抽查复核。并于9月26日至27日、11月4日在京召开汇报会,听取各抽查组情况汇报。

2020年10月14日,2020年全国易地扶贫搬迁论坛在北京成功举办。论坛以"决战决胜易地扶贫搬迁 巩固搬迁脱贫成果"为主题,交流易地扶贫搬迁后续扶持的经验做法,探讨巩固搬迁脱贫成果的路径方法。本次论坛由国家发展改革委地区振兴司主办,中央农办、教育部、民政部、财政部、人力资源社会保障部、自然资源部、住房城乡建设部、农业农村部、国家卫生健康委、中国人民银行、国务院扶贫办、共青团中央等部门和中国人民大学、中国国际工程咨询有限公司等单位的有关负责同志和专家,全国22个有易地扶贫搬迁任务的省份有关负责同志,部分市(州)、县(市、区)易地扶贫搬迁工作一线干部、集中安置社区负责同志,国家发展改革委有关司局和直属事业单位相关负责同志,部分企业代表和搬迁群众代表共约200人参加了论坛。

2020年10月17日,2020年全国脱贫攻坚奖表彰大会及先进事迹报告会在京举行,会议传达学习了习近平总书记重要指示和李克强总理重要批示精神,对全国脱贫攻坚奖获奖者进行表彰。汪洋主席在会前接见了全国脱贫攻坚奖获奖者并合影留念。胡春华副总理出席表彰大会并发表重要讲话。在此次表彰大会上,由国家发展改革委地区振兴司贫困地区发展处会同国务院扶贫办规划财务司专项处申报的"国家易地扶贫搬迁项目组",荣获"全国脱贫攻坚奖组织创新奖"。

2020年10月21日至22日,全国易地扶贫搬迁后续扶持工作现场会在宁夏回族自治区召开。会议深入学习贯彻习近平总书记在决战决胜脱贫攻坚座谈会上的重要讲话和在陕西、山西、宁夏考察易地扶贫搬迁工作时的重要指示精神,总结"十三五"易地扶贫搬迁工作成效,分析面临形势,交流经验做法,部署"十三五"收官阶段重点工作,研究"十四五"巩固易地扶贫搬迁脱贫成果的相关举措。中共中央政治局委员、国务院扶贫开发领导小组组长胡春华出席会议并讲话。国家发展改革委、国务院扶贫办、国家开发银行、中国农业发展银行等部门和单位负责同志;财政部、人力资源社会保障部、自然资源部、农业农村部、商务部、文化和旅游部、中国人民银行、国家林草局、全国供销合作总社等部门有关司局负责同志;宁夏回族自治区党委、政府主要负责同志及相关部门负责同志;贵州、四川、云南等12个"十三五"搬迁任务超过20万人的省(自治区、直辖市)政府分管负责同志,发展改革、扶贫部门负责同志;河北、安徽、江西等9个"十三五"搬迁任务少于20万人的省(自治区)发展改革、扶贫部门负责同志;"三区三州"相关市(地、州)政府负责同志参加了会议。

2020年11月17日至18日,国家发展改革委在云南省昭通市召开了全国发展改革系统易地扶贫搬迁工作现场会。会议深入学习贯彻习近平总书记在决战决胜脱贫攻坚座谈会上的重要讲话和在陕西、山西、宁夏考察易地扶贫搬迁工作时的重要指示精神,落实全国易地扶贫搬迁后续扶持工作现场会精神,交流后续扶持工作的经验做法,研究巩固易地搬迁脱贫成果的相关举措,部署下一阶段易地扶贫搬迁后续扶持发展工作。

2020年12月3日,国家发展改革委牵头在国务院新闻办公室举办易地扶贫搬迁工作新闻发布会,国家发展改革委、国务院扶贫办、民政部、人力资源社会保障部等部门介绍易地扶贫搬迁工作情况,并答记者问。国家发展改革委负责人在新闻发布会上宣布:"十三五"易地扶贫搬迁任务已全部完成,960多万易地扶贫搬迁贫困人口全部脱贫胜券在握。

2020年12月,国家发展改革委在"十三五"易地扶贫搬迁全面评估核查工作基础上,全面回顾5年来易地扶贫搬迁工作历程,系统梳理总结工作推进中的主要做法、亮点成效和经验启示,起草形成了《"十三五"易地扶贫搬迁工作总结评估报告》上报党中央、国务院,获得中央有关领导同志充分肯定。

2021年2月25日,全国脱贫攻坚总结表彰大会在北京人民大会堂隆重举行。中共中央总书记、国家主席、中央军委主席习近平向全国脱贫攻坚楷模荣誉称号获得者颁奖并发表重要讲话。大会还对全国脱贫攻坚先进个人、先进集体进行表彰。习近平总书记在讲话中指出,全国累计建成集中安置区3.5万个、安置住房266万套,960多万人"挪穷窝",摆脱了闭塞和落后,搬入了新家园。在此次总结表彰大会上,鉴于易地扶贫搬迁工作取得的突出成绩,国家发展改革委地区振兴司、评估督导司评估督导三处获全国脱贫攻坚先进集体荣誉称号。

2021年3月,国家发展改革委在京成功举办主题为"人类减贫史上的伟大壮举——'十三五'易地扶贫搬迁工作巡礼"的成就展,系统回顾"十三五"以来全国推进实施易地扶贫搬迁的工作历程,全面展现搬迁安置工作取得的伟大成就。

全国"十三五"时期易地扶贫搬迁典型案例名单

◇◇

一、"十三五"搬迁工作成效明显县

河 北	承德市丰宁县
	张家口市沽源县
	保定市涞源县
山 西	大同市天镇县
	忻州市岢岚县
	忻州市保德县
	吕梁市临县
	晋中市榆社县
内蒙古	赤峰市翁牛特旗
	乌兰察布市卓资县
吉 林	白城市通榆县
安 徽	安庆市岳西县
	阜阳市颍上县
福 建	龙岩市长汀县
	宁德市寿宁县
江 西	赣州市石城县
	九江市修水县
	赣州市于都县

山 东	菏泽市鄄城县
河 南	三门峡市卢氏县
	南阳市淅川县
	平顶山市鲁山县
	洛阳市栾川县
湖 北	十堰市郧西县
	十堰市郧阳区
	恩施州宣恩县
	恩施州建始县
	黄冈市英山县
	襄阳市保康县
	宜昌市秭归县
湖 南	邵阳市隆回县
	岳阳市平江县
	常德市桃源县
	张家界市慈利县
	永州市宁远县
	怀化市溆浦县
	娄底市双峰县
	湘西自治州凤凰县
广 西	南宁市隆安县
	百色市田东县
	百色市右江区
	贺州市平桂区
	河池市都安瑶族自治县
	河池市凤山县
	崇左市龙州县
重 庆	彭水苗族土家族自治县
	城口县
	云阳县

续表

四川	泸州市古蔺县
	泸州市叙永县
	广元市旺苍县
	眉山市仁寿县
	宜宾市屏山县
	达州市渠县
	达州市万源市
	巴中市南江县
	凉山州昭觉县
贵州	遵义市习水县
	六盘水市水城县
	安顺市紫云苗族布依族自治县
	毕节市织金县
	毕节市威宁彝族苗族回族自治县
	铜仁市松桃县
	黔东南州榕江县
	黔南州三都水族自治县
	黔南州罗甸县
	黔西南州册亨县
云南	昆明市东川区
	曲靖市会泽县
	昭通市镇雄县
	保山市昌宁县
	红河哈尼族彝族自治州屏边苗族自治县
	文山壮族苗族自治州广南县
	普洱市江城哈尼族彝族自治县
	丽江市宁蒗彝族自治县
	怒江傈僳族自治州泸水市
西藏	日喀则市康马县
	林芝市察隅县
	那曲市比如县
	昌都市卡若区

陕　西	宝鸡市陇县
	渭南市合阳县
	延安市黄龙县
	汉中市镇巴县
	安康市白河县
	商洛市山阳县
甘　肃	武威市古浪县
	天水市甘谷县
	庆阳市环县
	定西市陇西县
	陇南市宕昌县
	临夏回族自治州东乡族自治县
青　海	海东市乐都区
	黄南藏族自治州泽库县
宁　夏	固原市西吉县
新　疆	喀什地区叶城县
	喀什地区莎车县
	和田地区于田县
	克州阿克陶县
	阿勒泰地区青河县

二、"十三五"搬迁工作担当有为集体

河　北	省发展和改革委员会易地扶贫搬迁办公室
	承德市发展和改革委员会
	邯郸市发展和改革委员会
	张家口市尚义县大青沟镇人民政府
	张家口市张北县公会镇人民政府
	邢台市内丘县发展和改革局

续表

山　西	省扶贫办移民处
	省扶贫开发投资有限公司
	忻州市扶贫开发办公室
	吕梁市扶贫开发办公室
	太原市阳曲县大盂镇人民政府
	晋中市昔阳县易地扶贫搬迁领导小组
	长治市壶关县扶贫办
	晋城市沁水县扶贫办
	临汾市大宁县易地扶贫搬迁工作领导小组
	运城市夏县埝掌镇人民政府
内蒙古	自治区发展和改革委员会易地扶贫搬迁工作领导小组办公室
	赤峰市发展和改革委员会
	包头市达尔罕茂明安联合旗发展和改革委员会
	通辽市科尔沁左翼中旗发展和改革委员会
吉　林	白城市通榆县发展和改革局
	延边州和龙市八家子镇人民政府
安　徽	省发展和改革委员会以工代赈处
	六安市发展和改革委员会
	黄山市歙县发展和改革委员会
	亳州市利辛县胡集镇党委、政府
福　建	省发展和改革委员会区域经济处
	三明市发展和改革委员会
	龙岩市农业农村局
	三明市大田县华兴镇人民政府
江　西	赣州市发展和改革委员会
	九江市修水县城乡一体化办公室
	赣州市于都县扶贫办公室
	赣州市寻乌县扶贫办公室
	抚州市广昌县扶贫办公室
	宜春市铜鼓县扶贫办公室
山　东	泰安市发展和改革委员会
	临沂市发展和改革委员会

河 南	三门峡市发展和改革委员会
	驻马店市发展和改革委员会
	南阳市西峡县发展和改革委员会
	信阳市易地扶贫搬迁领导小组办公室
	信阳市平桥区肖店乡党委、政府
	鹤壁市淇县易地扶贫搬迁领导小组办公室
	平顶山市鲁山县易地扶贫搬迁领导小组办公室
	洛阳市洛宁县易地扶贫搬迁领导小组办公室
湖 北	十堰市发展和改革委员会
	恩施州发展和改革委员会
	黄冈市发展和改革委员会
	襄阳市南漳县发展和改革局
	宜昌市长阳土家族自治县扶贫开发办公室
	咸宁市通城县发展和改革局
	孝感市大悟县住房和城乡建设局
	随州市广水市发展和改革局
	黄石市阳新县白沙镇人民政府
	荆门市沙洋县高阳镇人民政府
	神农架林区发展和改革委员会
	荆州市松滋市发展和改革局
	省发展和改革委员会振兴处
	省人民政府扶贫开发办公室开发指导处
湖 南	邵阳市发展和改革委员会
	永州市发展和改革委员会
	怀化市易地扶贫搬迁工作联席会议办公室
	娄底市发展和改革委员会
	株洲市醴陵市发展和改革局
	衡阳市衡南县发展和改革局
	郴州市桂东县发展和改革局
	邵阳市绥宁县发展和改革局
	常德市石门县发展和改革局
	张家界市桑植县发展和改革局
	郴州市汝城县易地扶贫搬迁联席办
	怀化市麻阳苗族自治县易地扶贫搬迁工作联席会议办公室
	怀化市沅陵县易地扶贫搬迁工作联席会议办公室
	娄底市涟源市易地扶贫搬迁工作联席会议办公室
	娄底市新化县易地扶贫搬迁工作联席会议办公室
	湘西自治州发展和改革委员会

广 西	自治区发展和改革委安置处
	自治区易地安置中心扶贫移民安置部
	自治区财政厅农业处
	南宁市马山县白山镇人民政府
	柳州市融安县扶贫搬迁专责小组
	桂林市全州县水库和扶贫易地安置中心
	防城港市防城区发展和改革局
	贵港市覃塘区扶贫和水库移民管理局
	玉林市兴业县水库和扶贫易地安置中心
	百色市德保县水库和扶贫易地安置中心
	贺州市八步区水库和扶贫易地中心
	河池市大化瑶族自治县扶贫易地安置中心
	来宾市忻城县发展和改革局
	崇左市天等县水库和扶贫易地安置中心
重 庆	黔江区发展和改革委员会
	石柱土家族自治县发展和改革委员会
	武隆区发展和改革委员会
	忠县发展和改革委员会
	彭水苗族土家族自治县发展和改革委员会
	城口县发展和改革委员会
四 川	泸州市古蔺县发展和改革局
	泸州市叙永县发展和改革局
	广元市以工代赈办
	广元市朝天区以工代赈事务中心
	遂宁市船山区发展和改革局
	乐山市峨边彝族自治县发展和改革局
	南充市发展和改革委员会
	南充市仪陇县发展和改革局
	宜宾市叙州区发展和改革局
	广安市华蓥市发展和改革局
	广安市岳池县发展和改革局
	达州市大竹县以工代赈服务中心
	达州市宣汉县普光镇政府人民政府
	巴中市发展和改革委员会
	巴中市恩阳区发展和改革局
	凉山州发展和改革委员会以工代赈办
	凉山州雷波县发展改革和经济信息化局
	凉山州甘洛县发展改革和经济信息化局

续表

贵　州	省发展和改革委员会地区经济处（以工代赈办）
	省财政厅农业处
	省人力资源和社会保障厅职业能力建设处
	省生态移民局后续发展处
	国家开发银行贵州省分行客户五处
	农业发展银行贵州省分行扶贫业务处
	省扶贫开发投资有限责任公司工程项目管理部
	贵阳市开阳县农业农村局
	遵义市生态移民局
	六盘水市盘州市生态移民局
	安顺市关岭县生态移民局
	毕节市纳雍县生态移民局
	毕节市织金县惠民街道办事处
	铜仁市德江县生态移民局
	铜仁市思南县生态移民局
	黔东南州生态移民局
	黔东南州剑河县生态移民局
	黔南州惠水县扶贫开发办公室（生态移民局）
	黔西南州生态移民局
	黔西南州贞丰县生态移民局
云　南	省发展和改革委员会易地扶贫搬迁处
	曲靖市发展和改革委员会
	昭通市搬迁安置局
	昭通市昭阳区搬迁安置局
	玉溪市峨山县发展和改革局
	保山市龙陵县发展和改革局
	楚雄彝族自治州发展和改革委员会
	红河哈尼族彝族自治州发展和改革委员会
	文山壮族苗族自治州麻栗坡县发展和改革局
	普洱市景谷县发展和改革局
	西双版纳傣族自治州景洪市景哈乡人民政府
	大理白族自治州发展和改革委员会
	德宏傣族景颇族自治州发展和改革委员会
	昆明市寻甸回族彝族自治县发展和改革局
	丽江市宁蒗彝族自治县易地扶贫搬迁项目指挥部办公室
	怒江傈僳族自治州易地扶贫搬迁攻坚战指挥部
	迪庆藏族自治州发展和改革委员会
	临沧市临翔区发展和改革局

续表

西藏	拉萨市达孜区脱贫攻坚指挥部易地扶贫搬迁组
	日喀则市定日县脱贫攻坚指挥部易地扶贫搬迁组
	日喀则市南木林县住房和城乡建设局
	林芝市察隅县发展和改革委员会
	昌都市察雅县脱贫攻坚指挥部易地扶贫搬迁组
	昌都市卡若区脱贫攻坚指挥部易地扶贫搬迁组
	那曲市双湖县脱贫攻坚指挥部易地扶贫搬迁组
	阿里地区改则县脱贫攻坚指挥部易地扶贫搬迁组
陕西	省自然资源厅移民办
	省发展和改革委员会县域经济处
	西安市自然资源和规划局移民办
	宝鸡市统一征地移民搬迁办公室
	咸阳市长武县移民（脱贫）搬迁工作办公室
	铜川市印台区移民（脱贫）搬迁工作办公室
	渭南市富平县移民（脱贫）搬迁工作办公室
	延安市洛川县移民搬迁工作办公室
	榆林市吴堡县脱贫攻坚移民搬迁办公室
	汉中市洋县移民（脱贫）搬迁工作办公室
	安康市石泉县移民（脱贫）搬迁工作办公室
	商洛市自然资源局（移民办）
甘肃	省以工代赈易地搬迁办公室
	兰州市榆中县发展和改革局
	天水市张家川回族自治县发展和改革局
	武威市以工代赈办
	张掖市民乐县圆梦苑社区管理委员会
	庆阳市合水县发展和改革局
	平凉市静宁县发展和改革局
	白银市会宁县发展和改革局
	定西市以工代赈中心
	陇南市西和县发展和改革局
	临夏回族自治州临夏县发展和改革局
	甘南藏族自治州夏河县发展和改革局
青海	西宁市湟中区田家寨镇人民政府
	海东市民和回族土族自治县北山乡人民政府
	海东市互助土族自治县扶贫开发局
	黄南藏族自治州扶贫开发局

续表

宁 夏	自治区扶贫办移民管理处
	银川市兴庆区扶贫开发办公室
新 疆	自治区发展和改革委员会地区经济处
	和田地区发展和改革委员会
	和田地区皮山县发展和改革委员会
	和田地区策勒县发展和改革委员会
	喀什地区麦盖提县发展和改革委员会
	喀什地区塔什库尔干县塔提库力安置区党工委
	克州阿图什市发展和改革委员会
	阿克苏地区发展和改革委员会
	塔城地区托里县发展和改革委员会
	伊犁州尼勒克县发展和改革委员会

三、"十三五"美丽搬迁安置区

河 北	承德市丰宁县人才家园集中安置区
	张家口市康保县怡安社区
	张家口市张北县公会镇安置区
	邯郸市大名县金乡水岸集中安置区
	保定市阜平县阜东新区安置区
	石家庄市灵寿县团泊口安置区
山 西	大同市云州区西坪镇坊城新村搬迁安置区
	大同市天镇县万家乐搬迁安置区
	大同市灵丘县红石塄乡龙渠沟社区搬迁安置区
	朔州市右玉县威远镇康平村搬迁安置区
	忻州市岢岚县宋家沟乡宋家沟村搬迁安置区
	忻州市河曲县幸福小区搬迁安置区
	忻州市保德县惠民家园搬迁安置区
	吕梁市临县城北搬迁安置区
	吕梁市岚县易居苑搬迁安置区
	吕梁市石楼县石楼小镇搬迁安置区
	长治市平顺县同兴苑搬迁安置区

续表

内蒙古	兴安盟突泉县突泉镇醴泉小区安置区
	赤峰市林西县大营子乡老君沟村安置区
	赤峰市敖汉旗新惠镇北城安置区
	鄂尔多斯市鄂托克前旗敖勒召其镇马场井村安置区
吉林	白城市通榆县边昭镇三村联建安置区
	延边州和龙市福洞镇镇区集中安置区
安徽	阜阳市颍上县夏桥镇徐家湾易地扶贫搬迁安置区
	安庆市潜山市源潭镇长和安置区
	黄山市歙县霞坑镇霞坑新村易地扶贫搬迁安置区
	六安市金寨县关庙集镇安置区
福建	龙岩市长汀县南站幸福小区
	南平市松溪县上合新村集中安置区
	三明市将乐县白莲镇易地扶贫搬迁集中安置区
江西	赣州市石城县铜锣湾易地扶贫搬迁安置区
	宜春市万载县茭湖乡集镇安置点
	九江市修水县黄沙镇汤桥村姜家坳安置区
	九江市武宁县武安锦城·梦想家园安置区
	赣州市南康区家具产业园易地扶贫搬迁安置区
	赣州市于都县黄麟乡黄龙村塘背移民安置区
山东	泰安市东平县大羊镇西王社区
	菏泽市鄄城县左营镇左南安置区
河南	三门峡市渑池县张村镇康乐安置区
	南阳市内乡县马山口镇幸福社区
	信阳市固始县段集镇乐道安置区
	鹤壁市淇县雨露社区
	驻马店泌阳县产业集聚区苗楼易地搬迁安置社区
	平顶山汝州市大峪镇下焦村安置点
	洛阳市栾川县狮子庙镇安置社区
	洛阳市嵩县德亭镇德福苑社区
	安阳市林州市幸福家园易地扶贫搬迁安置区
湖北	十堰市郧阳区青龙泉社区
	十堰市房县军店镇中村村凤凰山安置区
	十堰市郧西县关防乡沙沟村河东湾安置区
	十堰市丹江口市习家店镇习家庄安置区
	恩施州咸丰县坪坝营镇杨洞安置区
	恩施州恩施市白杨坪镇青春大道安置区

续表

湖　北	恩施州巴东县官渡口镇晴帆园安置区
	黄冈市罗田县胜利镇区武钢新村安置区
	襄阳市谷城县赵湾乡莫家河安置区
	宜昌市长阳土家族自治县榔坪镇龙潭河安置区
	咸宁市崇阳县青山镇朝阳小区安置区
	孝感市孝昌县周巷镇绿林幸福新村安置区
	黄石市阳新县木港镇坳头小区安置区
	荆门市沙洋县官垱镇高桥安置区
湖　南	长沙市宁乡市黄材镇"千手"爱心大屋
	衡阳市常宁市西岭镇石山安置区
	邵阳市武冈市湾头桥镇善星小区
	邵阳市新邵县潭府乡水口村集中安置区
	邵阳市邵阳县梅溪嘉园安置区
	岳阳市平江县洪家墩安居小区
	张家界永定区茅岩河镇温塘易地扶贫搬迁集中安置区
	常德市桃源县西安镇集镇安置小区
	益阳市安化县茶乡花海安置区
	郴州市桂东县沙田镇周江集中安置点
	永州市江华瑶族自治县县城四联安置区
	怀化市麻阳苗族自治县龙升家园安置区
	怀化市沅陵县太安社区安置区
	怀化市会同县工业集中区安置区
	娄底市双峰县青树坪镇青树村集中安置区
	湘西自治州永顺县芙蓉镇太坪村安置区
	湘西自治州凤凰县禾库镇安置区
	湘西自治州泸溪县武溪镇上堡安置区
广　西	南宁市上林县西燕幸福小区安置点
	柳州市融水苗族自治县苗家小镇
	桂林市灌阳县江东移民新区
	梧州市苍梧县石桥镇老乡家园安置点
	贵港市港北区老乡家园—港北区移民安置小区
	百色市田阳区老乡家园三期安置点
	百色市隆林各族自治县鹤城新区安置点
	百色市靖西市老乡家园安置点
	河池市南丹县里湖王尚安置点
	河池市环江毛南族自治县城西移民安置点

广 西	河池市罗城仫佬族自治县仫佬家园安置点
	河池市东兰县向阳新城安置小区
	来宾市武宣县幸福小区安置点
	崇左市宁明县爱店安置点
重 庆	黔江区李家溪安置点
	云阳县后叶镇易地扶贫搬迁集中安置区
四 川	泸州市叙永县江门古寨安置区
	泸州市古蔺县"三个中心"安置区
	泸州市古蔺县"潭酒小镇"安置区
	广元市苍溪县白鹤乡易地扶贫搬迁安置区
	广元市旺苍县三江镇桃红村易地扶贫搬迁安置区
	广安市广安区花桥镇蒲莲社区集中安置区
	达州市大竹县月华镇月华九银村集中安置区
	达州市达川区陈家乡大田坝村集中安置区
	达州市宣汉县白马镇玉家坝集中安置区
	达州市万源市石塘镇瓦子坪村集中安置区
	巴中市南江县赤溪镇西厢村安置区
	巴中市通江县板桥口镇安置社区
	甘孜州道孚县鲜水镇鲁都新村集中安置区
	甘孜州甘孜县斯俄乡吉绒隆沟集中安置区
	凉山州越西县城北感恩社区
	凉山州雷波县莫红乡桃园新村安置区
	凉山州美姑县洒库乡小集镇安置区
	凉山州盐源县梅雨镇龙家湾社区
贵 州	贵阳市开阳县城关镇蒋家寨安置点
	遵义市正安县瑞濠街道安置点
	遵义市习水县岷山安置点
	遵义市桐梓县蟠龙安置点
	六盘水市水城县野玉海安置点
	六盘水市钟山区月照街道幸福里社区(水月产业园区安置点)
	安顺市西秀区彩虹社区安置点
	安顺市普定县鑫旺大市场安置点
	安顺市镇宁自治县景宁小区安置点
	毕节市七星关区柏杨林安置点
	毕节市大方县奢香古镇安置点
	毕节市黔西县锦绣花都安置点

贵　州	铜仁市万山区旺家花园安置点
	铜仁市大龙开发区德龙新区安置点
	黔东南州天柱县联山安置点
	黔东南州凯里市上马石安置点
	黔南州惠水县明田安置点
	黔南州三都县中和镇雪花湖安置点
	黔南州平塘县 2017 年县城安置点
	黔西南州普安县东城区布依茶源小镇安置点
	黔西南州安龙县蘑菇小镇
	黔西南州晴隆县阿妹戚托安置点
云　南	昆明市东川区进城集中安置区
	曲靖市会泽县县城安置区
	曲靖市宣威市复兴佳园安置区
	昭通市昭阳区靖安安置区
	昭通市鲁甸县卯家湾安置区
	昭通市镇雄县鲁家院子安置区
	玉溪市新平县戛洒镇关圣庙片区易地扶贫搬迁建设项目安置区
	保山市隆阳区芒宽乡芒宽集镇安置区
	保山市隆阳区辛街乡辛街集镇安置区
	楚雄彝族自治州元谋县元马镇甘塘安置区
	红河哈尼族彝族自治州元阳县南沙镇学府苑安置区
	文山壮族苗族自治州马关县幸福社区
	普洱市澜沧县上允镇上允村劳公拢集中安置区
	西双版纳傣族自治州勐海县勐遮镇曼令村曼回新村集中安置区
	大理白族自治州宾川县金牛镇彩凤村委会大坪地集中安置区
	德宏傣族景颇族自治州陇川县城子林场安置点
	丽江市宁蒗县易地扶贫搬迁进城集中安置区
	怒江傈僳族自治州泸水市大兴地镇维拉坝安置区(珠海社区)
	迪庆藏族自治州维西县保和镇兰永村县城集中安置点(康恩家园)
	临沧市临翔区蚂蚁堆乡蚂蚁堆村驿亭新村集中安置区
西　藏	拉萨市曲水县"三有"村易地扶贫搬迁集中安置点
	日喀则市拉孜县县城易地扶贫搬迁集中安置点
	日喀则市谢通门县县城集中安置点
	山南市加查县冷达乡共康村集中安置点
	昌都市八宿县白玛镇西巴安置点
	昌都市江达县扶贫开发区集中安置点
	阿里地区改则县"圆梦新居"易地扶贫搬迁安置点

续表

陕 西	西安市周至县马召镇安富园社区
	宝鸡市麟游县南坊新城移民搬迁安置社区
	咸阳市淳化县十里塬镇福缘社区
	铜川市耀州区照金镇圣源小区
	渭南市临渭区双创家园社区
	延安市延川县社管中心郭家塔安置社区
	榆林市靖边县海则畔二区移民搬迁安置区
	汉中市西乡县骆家坝安置区
	汉中市宁强县阳平关镇子龙新区
	安康市平利县老县镇锦屏社区
	安康市汉滨区县河镇红升社区
	商洛市丹凤县凤冠新城安置区
甘 肃	兰州市永登县2017年武胜驿镇易地扶贫搬迁项目
	天水市清水县黄门镇小河新村
	武威市古浪县绿洲小城镇移民安置区
	武威市天祝藏族自治县松山滩5号移民安置区
	张掖市临泽县新华镇生态区安置点
	庆阳市环县八珠乡八珠塬安置区
	平凉市泾川县王村镇朱家涧安置点
	白银市景泰县寺滩乡疃庄安置点
	定西市安定区香泉镇陈家屲村易地扶贫搬迁安置区
	陇南市武都区坪垭藏族乡易地扶贫搬迁安置区
	临夏回族自治州广河县康家易地扶贫搬迁安置区
	甘南藏族自治州玛曲县阿万仓镇曲美多安置点
青 海	海东市互助土族自治县五十镇班彦新村安置区
	海东市乐都区七里店安置区
	黄南藏族自治州尖扎县德吉村安置区
	果洛藏族自治州玛沁县久美家园安置区
宁 夏	银川市金凤区丰登镇润丰安置区
	中卫市沙坡头区金沙移民安置区
新 疆	喀什地区莎车县永安管委会安置区
	喀什地区叶城县阿克塔什安置区
	和田地区于田县达里雅布依乡安置区
	和田地区和田县英阿瓦提乡沙田社区安置区
	克州阿克陶县昆仑佳苑安置区
	阿勒泰地区青河县阿魏灌区安置区
	阿克苏地区柯坪县阿恰勒镇幸福村安置区
	塔城地区托里县金准区安置区

四、"十三五"奋进易地搬迁干部

河北	朱旭明	承德市平泉市发展和改革局搬迁办副主任
	苗云燕(女)	邯郸市魏县发展和改革局重点办主任
	李润军	张家口市康保县康保城乡发展建设投资有限公司董事长兼总经理
	邓海英(女)	保定市涞源县搬迁办副主任
	欧阳正仲	石家庄市行唐县上闫庄乡党委书记
	程立杰	邢台市内丘县发展和改革局科员
	骆开海	秦皇岛市发展和改革委员会区划办一级主任科员
	史云涛	省发展和改革委员会农业区划办公室农经师
	秦 伟	省扶贫办专项扶贫处三级主任科员
山西	李坤峰	省发展和改革委员会以工代赈办副主任
	王心敏(女)	省财政厅农业处四级主任科员
	侯 国	省自然资源厅用途管制处副处长
	邵丽峰(女)	省勘察设计研究院高级工程师
	周希泉	省扶贫办移民处四级调研员
	张 楠	省扶贫办移民处科长
	赫秋玲	太原市娄烦县扶贫办移民科科员
	朱彦君	朔州市应县扶贫办易地扶贫搬迁站站长
	李海东	忻州市代县扶贫办主任
	陈小林	吕梁市临县扶贫办主任
	冯玉全	晋中市左权县人民政府副县长
	张志臣	阳泉市扶贫办行业指导站站长
	高卫东	长治市武乡县扶贫办副主任
	史大为	晋城市扶贫办易地搬迁办公室科长
	王爱东	运城市垣曲县人民政府党组成员
内蒙古	许静轩	自治区发展和改革委员会基础产业处四级调研员
	李本伟	包头市发展和改革委员会地区经济处二级主任科员
	杨梦轩	兴安盟发展和改革委员会国民经济综合科科长
	杨 凯	赤峰市发展和改革委员会投资科副科长
	左雪娇(女)	锡林郭勒盟正镶白旗发展和改革委员会国民经济规划与综合改革股股长
	张日旺	乌兰察布市发展和改革委员会移民开发科科长

吉 林	袁庆学	白城市通榆县发展和改革局副局长
	薛垂国	延边州和龙市人大常委会副主任
	武金元	延边州和龙市福洞镇扶贫办主任
安 徽	丁士礼	黄山市发展和改革委员会主任
	胡腾阳	省发展和改革委员会一级主任科员
	李光超	宿州市发展和改革委员会主任
	王 莉(女)	安庆市宿松县发展和改革委员会
	汪 瀚	六安市金寨县发展和改革委员会
	朱晓宇(女)	六安市霍山县上土市镇党委副书记
福 建	刘新秀(女)	宁德市寿宁县人民政府副县长
	李 晴(女)	省发展和改革委员会区域经济处四级主任科员
	金 星(女)	南平市浦城县农业农村局扶贫办科员
	王 建	三明市发展和改革委员会区域科科长
	王文强	南平市政和县发展改革和科技局综合股副股长
	严永平	龙岩市漳平市和平镇党委书记
江 西	程扶摇	原九江市修水县杭口镇人民政府扶贫专干
	汤建宁	省扶贫办搬迁移民处二级主任科员
	盛小平	省鄱湖办(苏区办)鄱建处二级主任科员
	梁 朵(女)	宜春市铜鼓县扶贫办搬迁股股长
	朱秋生	九江市修水县委常委、茶科所党委书记
	杨 敏(女)	赣州市龙南县扶贫办干部
	刘必应	赣州市石城县精准扶贫办副主任
	张齐武	赣州市南康区十八塘乡党委书记
	罗 通	抚州市广昌县扶贫办副主任
山 东	赵典鲁	泰安市东平县发展和改革局党组成员、副局长
	王 娜(女)	临沂市费县发展和改革局四级主任科员
	沈 欣	菏泽市鄄城县左营镇党委副书记、镇长
河 南	乔长恩	南阳市发展和改革委员会党组书记、主任
	洪 源	省发展和改革委员会地区振兴处四级主任科员
	张学兵	三门峡市发展和改革委员会地区振兴科科长
	陈晓波	南阳市发展和改革委员会四级主任科员
	屈 坤	信阳市光山县搬迁办科员
	马中秋(女)	信阳市淮滨县发展和改革委员会党组成员
	关学堂	鹤壁市发展和改革委员会农村经济科(地区振兴科)科长
	白中华	驻马店市泌阳县发展和改革委员会副主任
	李伟华	新乡市卫辉市发展和改革委员会股长
	司云飞	洛阳市栾川县搬迁办主任
	王聘聘	洛阳市汝阳县搬迁办副主任、发展和改革委员会农经股股长
	郑博月	平顶山市汝州市发展和改革委员会副主任

续表

	姓名	职务
湖 北	常 恒（女）	十堰市发展和改革委员会地区经济科负责人
	黄志城	十堰市竹山县易迁办干部
	陈文峰	十堰市竹溪县丰溪镇副书记
	孙 林	十堰市房县青峰镇党委副书记、镇长
	潘明琴	十堰市张湾区住房和城乡建设局城建科科长
	任宏伟	十堰市武当山特区农业农村局干部
	向益猛	恩施州利川市发展和改革局局长
	张金科	恩施州来凤县易迁办常务副主任
	廖小平	恩施州鹤峰县易迁办常务副主任
	何俊华	黄冈市罗田县人大常委会副主任
	丁 佳	黄冈市团风县马曹庙镇人民政府干部
	散先国	襄阳市南漳县发展和改革局副书记、副局长
	向文锋	宜昌市五峰土家族自治县长乐坪镇党委委员、副镇长
	郭超喜	咸宁市通山县易迁办主任
	时运泰	孝感市安陆市发展和改革局局长
	胡 方	随州市曾都区万店镇人民政府扶贫办副主任
	王志坚	黄石市阳新县易迁办主任
	段龙军	荆门市京山市扶贫办干部
	李 剑	神农架林区发展和改革委员会干部
	李大全	荆州市发展和改革委员会科长
	刘晓钢	省扶贫投资开发有限公司副总经理
湖 南	刘 准	省易地扶贫搬迁工作联席会议办公室综合计划组组长
	黄春林	省易地扶贫搬迁工作联席会议办公室建设管理组组长
	朱士峰	省易地扶贫搬迁工作联席会议办公室综合计划组一级主任科员
	陈外晚	株洲市茶陵县发展和改革局易地扶贫搬迁工作领导小组办公室副主任
	蔡 颖（女）	湘潭市湘乡市梅桥镇人大副主席兼易地搬迁工作联络员
	谢小军	邵阳市新宁县委常委、常务副县长
	段仁国	邵阳市新邵县发展和改革局党组成员、副局长，县易地扶贫搬迁联席办主任
	李小银	邵阳市武冈市大甸镇党委副书记、镇长
	柳 旭（女）	岳阳市湘阴县发展和改革局副局长
	朱琼英（女）	张家界市慈利县发展和改革局党组书记、局长，县联席办主任
	王 杰	常德市桃源县龙潭镇党委书记
	高仁国	常德市安乡县发展和改革局党组副书记、副局长
	肖 斌	益阳市发展和改革委员会评审中心主任
	彭加发	郴州市永兴县发展和改革局党组书记、局长、四级调研员

续表

湖南	唐继华	永州市发展和改革委员会农经科科长
	唐志光	永州市新田县发展和改革局副局长、县易地扶贫搬迁联席办主任
	蒋 全	永州市宁远县发展和改革局副局长、易扶办主任
	田 敏	怀化市发展和改革委员会二级调研员、市易地扶贫搬迁联席办主任
	肖 然	怀化市溆浦县易地扶贫搬迁联席办副主任
	储昌春	怀化市靖州县人民政府党组成员、易迁办主任
	杨 维	娄底市发展和改革委员会党组书记、主任,易扶联席办主任
	贺展翅	娄底市双峰县发展和改革局党组书记、局长,县联席办主任,县扶贫投资有限公司董事长
	田宏应	湘西自治州龙山县发展和改革局党组成员、副局长
	叶 茂	湘西自治州保靖县发展和改革局副局长
广西	覃义平	自治区发展和改革委员会水库和扶贫易地安置处处长
	梁永文	自治区水库和扶贫易地安置中心副主任
	唐 诺	自治区水库和扶贫易地安置中心部长
	吴甲信	自治区民政厅基层政权建设和社区治理处主任科员
	陈国栋	南宁市马山县乔利乡党委副书记、乡长
	韦志培	柳州柳江区发展和改革局党组书记、局长
	刘 建	桂林市资源县水库和扶贫易地安置中心主任
	薛 峰	梧州市发展和改革委员会一级调研员
	黄 迪	防城港市上思县发展和改革局干部
	周文敏(女)	钦州市灵山县文利镇升安村党支部书记
	莫远勤	贵港市桂平市水库和扶贫易地安置中心副主任
	罗安华	玉林市兴业县大平山镇人民政府扶贫办干事
	罗加攀	百色市发展和改革委员会副主任、水库和扶贫易地安置管理局局长
	潘卫红	百色市西林县足别瑶族苗族乡南灰村村支书
	龚茂波	百色市乐业县水库和扶贫易地中心主任
	罗敬资	贺州市水库和扶贫易地安置中心主任
	梁江梅(女)	河池市水库和扶贫易地安置局扶贫易地安置科科长
	周明锋	河池市天峨县人民政府副县长
	覃泽勤	河池市宜州区政法委书记
	覃汉超(女)	来宾市象州县发展和改革(粮食)局局长
	黄景州	崇左市大新县水库和扶贫易地安置中心主任

续表

重庆	郎凤琴(女)	丰都县武平镇人民政府经发办干部
	刘成勇	石柱土家族自治县中益乡坪坝村党支部书记
	唐述德	巫山县扶贫办副主任(县搬迁办主任)
	胡小强	巫溪县发展和改革委员会科长、生态建设服务中心副主任(兼)
	易川	秀山土家族苗族自治县孝溪乡农业服务中心主任
	刘胜	忠县发展和改革委员会副主任
	邹艺	酉阳土家族苗族自治县发展和改革委员会副主任
	王文锋	云阳县发展和改革委员会副主任
	王传军	彭水苗族土家族自治县发展和改革委员会主任
四川	杨敏	成都市简阳市发展和改革局党组书记、局长
	李富君	自贡市荣县发展和改革局党组成员、机关委员会书记
	谢虹	攀枝花市发展和改革委员会农经科科长
	王琴(女)	泸州市古蔺县发展和改革局局长
	王莉(女)	泸州市叙永县发展和改革局局长
	陈爱明	德阳市中江县发展和改革局易地搬迁办主任
	魏红军	广元市以工代赈办党组书记、主任
	马在普	广元市剑阁县发展和改革局党组成员、副局长
	杜锐	遂宁市大英县人民政府副县长
	田茂旭	遂宁市射洪市发展和改革局副局长
	付建英(女)	内江市发展和改革委员会规划科副科长
	马涛	乐山市峨眉山市桂花桥镇政府扶贫专干
	郑常贵	南充市发展和改革委员会以工代赈办主任
	蒋倩(女)	南充市高坪区东观镇政府副镇长
	徐长华	眉山市东坡区发展和改革局总经济师
	李波	宜宾市兴文县农业农村局局长
	任正才	宜宾市珙县发展和改革局以工代赈办副主任
	熊中华	广安市广安区发展和改革局以工代赈和产业股负责人
	张文秀(女)	广安市武胜县石盘镇政府劳保中心主任
	马明	巴中市南江县发展和改革局副局长
	杨泓	巴中市平昌县以工代赈办主任
	唐坤	资阳市雁江区发展和改革局党组书记、局长
	李椿晨	阿坝州阿坝县发展和改革局局长
	黎平	凉山州喜德县人民政府县长
	杨国华	凉山州盐源县发展改革和经济信息化局经信局工作人员
	黄七斤	凉山州木里县发展改革和经济信息化局副局长
	郑贵琼(女)	凉山州雷波县发展改革和经济信息化局副局长(挂职)

	曾凡勤	省发展和改革委员会地区经济处(以工代赈办)处长、一级调研员
	何兴宇	省生态移民局一级主任科员
	李 波	省生态移民局四级调研员
	覃远曦	省生态移民局一级主任科员
	刘空濛	省生态移民局一级主任科员
	令狐华平	省生态移民局一级主任科员
	柯 娜(女)	省生态移民局四级调研员
	王辉永	省生态移民局四级调研员
	李 玲(女)	省生态移民局四级调研员
	肖凌华	省扶贫开发投资有限责任公司工程项目管理部副主任
	刘开仙(女)	贵阳市修文县龙场镇龙潭居委会党支部书记
	王念桥	遵义市红花岗区委常委、常务副区长
	杨 令	遵义市正安县瑞濠街道党工委书记
	周 刚	六盘水市六枝特区岩脚镇生态移民工作站负责人
贵 州	万必娥(女)	六盘水市钟山区月照街道幸福里社区支部书记
	黄 剑	安顺市生态移民局搬迁安置科科长
	沈 辉(女)	安顺市西秀区新安街道办事处党工委副书记、彩虹社区党支部书记
	吴 勇	毕节市大方县生态移民局副局长
	董 霞(女)	毕节市黔西县锦绣街道党工委书记
	周 坤	毕节市织金县惠民街道办事处主任
	罗金松	铜仁市玉屏县扶贫办(生态移民局)副主任
	尹 华	铜仁市印江县生态移民局党组副书记、副局长
	汪元波	铜仁市思南县生态移民局副局长
	金光翔	黔东南州雷山县委常委、统战部部长,县移民局局长
	张荣	黔东南州凯里市扶贫办(凯里市生态移民局)党组书记
	宋信琼(女)	黔南州长顺县民政局局长、长顺县广顺镇移民攻坚队队长
	钟少兰(女)	黔南州荔波县委常委、统战部部长,县扶贫办党组书记
	张 平	黔西南州兴义市生态移民局党组成员、副局长
	黄成明	黔西南州安龙县生态移民局工作员
	葛 娟(女)	黔西南州册亨县弼佑镇人民政府副镇长
	赖昱辉	昆明市发展和改革委员会副主任
	代玉莲(女)	曲靖市发展和改革委员会党组成员、副主任
云 南	尹 斌	曲靖市富源县易地扶贫搬迁建设指挥部办公室副主任
	刘保强	曲靖市罗平县发展和改革局党组成员
	周 祥	昭通市昭阳区委副书记、昭阳靖安安置区临时党工委书记
	李 燕(女)	昭通市发展和改革委员会地区科科长

云　南	罗昌武	昭通市鲁甸县卯家湾安置区临时党工委(管委会)办公室常务副主任
	罗文才	玉溪市通海县发展和改革局扶贫股股长
	李新全	保山市发展和改革委员会地区经济和扶贫科科长
	杨嘉成	保山市施甸县易地办主任
	曾　斌	楚雄彝族自治州大姚县发展和改革局保留正科级待遇干部
	余永生	红河哈尼族彝族自治州石屏县发展和改革局局长
	何　青	红河哈尼族彝族自治州绿春县发展和改革局副局长
	胡世胜	文山壮族苗族自治州麻栗坡县人民政府副县长
	冯正明	普洱市发展和改革委员会副主任
	杨华清	普洱市景东县发展和改革局副局长
	舒　进	大理白族自治州发展和改革委员会主任
	梁常青	德宏傣族景颇族自治州芒市镇人民政府新农办主任
	吴红武	丽江市宁蒗彝族自治县交通局局长、易地办主任
	茶丰宇	怒江傈僳族自治州发展和改革委员会易地扶贫搬迁科科长
	胡捌林	怒江傈僳族自治州泸水市易地扶贫搬迁指挥部干部
	赵雁玲(女)	怒江傈僳族自治州兰坪县发展和改革局副局长
	李健全	迪庆藏族自治州香格里拉市发展和改革局正科级干部
	杜　海	临沧市云县发展和改革局干部
	程　坤	省发展和改革委员会易地扶贫搬迁处处长
	虞跃江	省发展和改革委员会易地扶贫搬迁处一级主任科员
	李睿智	省发展和改革委员会公共资源交易平台建设管理处副处长
西　藏	阿旺次仁	拉萨市墨竹工卡县甲玛乡人大主席
	普布次旺	日喀则市发展和改革委员会办公室副主任
	梁　强	昌都市察雅县食品药品稽查局局长
	朱辉龙	昌都市边坝县发展和改革委员会副主任
	付孟建	昌都市左贡县发展和改革委员会工作人员
	罗　布	阿里地区噶尔县左左乡人民政府工作人员
	孙　力	阿里地区改则县发展和改革委员会工作人员
	拉巴顿珠	那曲市安多县扎仁镇人民政府工作人员
	嘎玛曲扎	那曲市嘉黎县鸽群乡人民政府二级主任科员
	王石岗	林芝市发展和改革委员会副主任科员
	旦增曲旦(女)	林芝市察隅县发展和改革委员会副主任科员
	次曲珍(女)	林芝市察隅县古拉乡人民政府副乡长

续表

陕 西	许 城	西安市自然资源和规划局一级主任科员
	王宏钧	宝鸡市千阳县发展和改革局副局长
	窦朝华(女)	咸阳市乾县自然资源局移民办干部
	安太平	铜川市耀州区移民(脱贫)搬迁办公室主任
	李诗豪	铜川市印台区红土镇人民政府副镇长
	郭建伟	渭南市韩城市自然资源局副局长
	周晓利	渭南市华州区移民(脱贫)搬迁工作办公室副主任
	雷明军	延安市吴起县移民搬迁工作办公室主任
	张志宏	延安市安塞区移民搬迁工作办公室主任
	刘海东	榆林市佳县脱贫攻坚移民搬迁办公室主任
	杜新成	汉中市南郑区碑坝镇党委书记
	崔 涛	汉中市勉县移民(脱贫)搬迁工作办公室副主任
	范小东	安康市平利县移民(脱贫)搬迁工作办公室主任
	周 浩	安康市旬阳县移民(脱贫)搬迁工作办公室主任
	王文婷(女)	商洛市移民(脱贫)搬迁工作办公室四级主任科员
	邵小宏	商洛市商州区农村住房安全保障局局长
	曹保林	省自然资源厅移民办一级主任科员
	柳智利	省自然资源厅移民办三级主任科员
甘 肃	曹育彬	省发展和改革委员会以工代赈办副主任(正处长级)
	康 伟	省发展和改革委员会重点处副处长
	潘 帅	省经济研究院信用信息管理中心副主任
	李星星	兰州市发展和改革委员会易地扶贫搬迁专干
	杨新鸿	天水市发展和改革委员会二级调研员
	王永兴	武威市天祝藏族自治县发展和改革局项目建设服务中心主任
	郑 诚	武威市古浪县横梁乡党委副书记
	任培爱	张掖市民乐县发展和改革局党组成员、副局长
	黄一文	庆阳市镇原县人民政府副县长
	李 霞(女)	庆阳市庆城县蔡口集乡党委书记
	韩收贤	平凉市庄浪县发展和改革局副局长
	胡瑞峰	白银市以工代赈易地搬迁办公室副主任
	曲少峰	定西市发展和改革委员会地区振兴科负责人
	苏 浩	陇南市宕昌县常务副县长
	马江文	陇南市文县发展和改革局干部
	王进伟	临夏回族自治州积石山县发展和改革局局长
	马福辉	临夏回族自治州东乡县锁南镇城南社区城南社区书记
	才让加	甘南藏族自治州发展和改革委员会以工代赈易地搬迁办公室主任

续表

青 海	鲁自治	海东市互助土族自治县扶贫开发局副局长
	何多明	海东市乐都区扶贫开发局副局长
	鹏杰加	海南藏族自治州兴海县扶贫开发局管理九级
	索南文青	玉树藏族自治州扶贫开发局主任
	孕 玛	玉树藏族自治州称多县扶贫开发局办公室主任
	扎西加	黄南藏族自治州泽库县扶贫开发局管理八级
宁 夏	穆 华	中卫市海原县扶贫办党组书记、主任
	张玉海	固原市原州区扶贫办党组书记、主任
	杨国林	吴忠市同心县扶贫办党组书记、主任
新 疆	徐卫新	自治区发展和改革委员会地区经济处处长
	解 琳(女)	喀什地区莎车县发展和改革委员会主任
	钱国彪	喀什地区叶城县阿克塔什易地扶贫搬迁安置区党组织书记
	王小维	喀什地区巴楚县幸福园社区安置区扶贫专干
	杨俊志	和田地区发展和改革委员会区域经济协调发展科科长
	杨 敬	和田地区皮山县木奎拉乡和佳勒村支部书记
	加尔肯巴衣·买买吐逊	克州乌恰县巴音库鲁提乡人民政府副乡长、托帕口岸安置区第一书记
	马 豫(女)	克州阿克陶县发展和改革委员会四级主任科员
	候晶哲	阿克苏地区发展和改革委员会农经科科长
	马拜提·斯坎旦尔	阿克苏地区温宿县吐木秀克镇四级主任科员
	李欢欢(女)	阿勒泰地区布尔津县发展和改革委员会对口援疆工作服务中心副主任
	季 成	阿勒泰地区青河县阿热勒镇副镇长
	杨艳娟(女)	哈密市伊州区东郊幸福村管委会党委书记
	娜则古丽·吾拉孜别克(女)	塔城地区和布克赛尔蒙古自治县和布克赛尔镇巴音托洛盖社区党总支书记
	吐尔逊别克·别力克别克	伊犁哈萨克自治州特克斯县喀拉托海镇也什克勒克村党支部书记

五、"十三五"励志易地扶贫搬迁群众

河 北	梁 强	承德市平泉市茅兰沟乡五家村安置区
	段法合	邯郸市魏县沙口集乡贺祥社区
	冯学成	邯郸市大名县黄金堤乡金乡水岸集中安置区
	张海英	张家口市沽源县黄盖淖镇安置区

续表

河北	韩玉荣(女)	张家口市阳原县大田洼乡朝阳新村
	席卫琴(女)	张家口市张北县公会镇安置区
	耿考英(女)	张家口市蔚县南杨庄乡宜兴社区
	张林祥	邢台市内丘县恒源和谐小区
	王永红(女)	邢台市内丘县天和小区
	田小磊	保定市涞源县福泽园社区
	文华容(女)	保定市阜平县阜东新区安置区
	陈玉清	石家庄市行唐县上闫庄乡庙岭沟社区
山西	张巧珍(女)	太原市娄烦县娄烦镇安逸搬迁安置区
	李爱萍(女)	太原市阳曲县黄寨镇新星苑搬迁安置区
	姜 宏	大同市广灵县梁庄乡易和村搬迁安置区
	白高山	大同市云州区西坪镇坊城新村搬迁安置区
	史志强	大同市浑源县东坊城乡荆庄村搬迁安置区
	郝明亮	大同市新荣区花园屯乡西寺村搬迁安置区
	马晓青(女)	忻州市静乐县鹅城镇小康苑搬迁安置区
	曹六仁	忻州市岢岚县岚漪镇广惠园搬迁安置区
	王瑞国	忻州市河曲县文笔镇幸福小区南区搬迁安置区
	王新民	吕梁市岚县岚城镇易居苑搬迁安置区
	赵丽云	吕梁市方山县圪洞镇安居苑搬迁安置区
	杨林生	吕梁市中阳县车鸣峪乡弓阳新村搬迁安置区
	王海成	阳泉市盂县西烟镇洪镇村搬迁安置区
	李春香(女)	长治市沁县杨安乡许庄村搬迁安置区
	程森林	晋城市陵川县附城镇后山村搬迁安置区
	王海鸥	晋城市泽州县金村镇金福苑搬迁安置区
	任永军	临汾市永和县坡头乡搬迁安置区
	左建兵	临汾市乡宁县西交口乡院上新村搬迁安置区
	贺仁杰	运城市万荣县解店镇恒泰花苑搬迁安置区
	李云才	运城市闻喜县桐城镇幸福港湾搬迁安置区
内蒙古	梁忠厚	呼和浩特市和林格尔县大红城乡大红城安置区
	宋玉合	兴安盟乌兰浩特市葛根庙镇葛根苗设施农业园安置区
	徐国宇	通辽市库伦旗扣河子镇五星村安置区
	兰国利	赤峰市林西县十二吐乡西山根村产业园区集中安置区
	青格勒图	锡林郭勒盟正蓝旗桑根达来镇巴音苏日格嘎查分散安置户
	陈共和	乌兰察布市丰镇市南城区獾子窝移民村安置区
	杨保平	巴彦淖尔市五原县银定图镇兴旺村分散安置户
	苏龙格(女)	阿拉善盟阿拉善右旗巴丹吉林镇安置区

吉 林	叶朝贵	白城市通榆县乌兰花镇陆家村、迷仁村二村联建安置区
	刘振泉	白城市通榆县苏公坨乡农牧村、乔围子村二村联建安置区
	李守华	延边州和龙市福洞镇镇区集中安置区
	李亚莉(女)	延边州和龙市头道镇龙坪村集中安置区
安 徽	赵教育	亳州市利辛县巩店镇刘寨中心村安置区
	储昭才	安庆市岳西县主簿镇余畈村彭湾安置区
	肖 义	宿州市萧县杨楼镇新廷御园新村安置区
	徐志平	阜阳市临泉县艾亭镇艾西村安置区
	余江涛	安庆市潜山市官庄镇分散安置户
	詹绪旺	安庆市太湖县刘畈乡分散安置户
	吴丽瑶(女)	黄山市歙县北岸镇城东安置区
	高小青(女)	宿州市泗县大庄镇清水湾景苑安置区
福 建	兰恩兴	宁德市福鼎市佳阳乡育阳新村安置区
	刘春生	龙岩市长汀县长汀南站幸福小区
	卢顺和	龙岩市永定区陈东乡榕蛟村
	范忠铭	龙岩市连城县文亨镇福坑村
	林 亿	龙岩市上杭县溪口镇三溪村
	钟深其	三明市将乐县黄潭镇黄潭村
	吴光进	三明市清流县沙芜乡铁石村九龙新村
	黄加荣	三明市永安市青水畲族乡罗溪畲族村
江 西	李学明	宜春市万载县梦想花苑安置区
	刘礼坑	赣州市石城县"进城进园"铜锣湾安置区
	罗贤华	上饶市广信区五府山镇甘溪村卜家安置区
	吴自建	上饶市余干县峡山集镇安置区
	王小荣	赣州市南康区家具产业园安置区
	符次生	吉安市永丰县中村乡龙头村安置区
	程香男	抚州市广昌县长桥乡梦想家园安置区
	张面枝(女)	上饶市玉山县南山乡港口村集中安置区
	古兆有	赣州市寻乌县进园移民安置区
	乐明珠(女)	上饶市弋阳县叠山镇慈竹村集中安置区
	冯德福	宜春市铜鼓县三都工业园安置区
	胡尚海	九江市修水县上奉镇观前村集镇安置区
山 东	尹朝连(女)	济南市南部山区西营街道积米峪安置区
	胡海洋	泰安市东平县彭集街道后亭安置区
	裴超群	临沂市费县朱田镇崔家沟安置区
	李春梅(女)	菏泽市鄄城县左营镇左南安置区

续表

河南	梁举光	三门峡市陕州区张茅乡东村安置区
	刘　娟（女）	三门峡市卢氏县兴贤里安置区
	范金锁	三门峡市卢氏县潘河乡潘河家园安置区
	王文卿	南阳市南召县太山庙乡新街安置区
	周义龙	南阳市桐柏县月河镇镇东安置区
	刘占立	南阳市内乡县七里坪乡思源安置区
	喻云意	信阳市光山县文殊乡东岳村安置区
	吕佩恒	信阳市罗山县尤店乡李店社区安置区
	邹文义	信阳市息县县城大何安置区
	闫青秀	鹤壁市鹤山区姬家山乡幸福花苑安置区
	董小尿	驻马店市驿城区沙河店镇新时代家园安置区
	李开东	驻马店市确山县石滚河镇思源社区安置区
	柴金娥（女）	洛阳市嵩县黄庄乡汝南社区
	崔克玲	洛阳市嵩县车村镇幸福家园社区
	崔大伟	平顶山市鲁山县梁洼镇应源安置区
	陈留申	平顶山市汝州市大峪镇下焦村安置区
湖北	朱方明	十堰市郧阳区柳陂镇龙韵村安置区
	杨世金	十堰市郧西县土门镇平原村三、四组安置区
	郑传波	十堰市竹山县上庸镇磨滩村马槽二期安置区
	李华兵	十堰市竹溪县汇湾镇堰丰村五组安置区
	窦联海	十堰市房县姚坪乡平沟村中阳坡安置区
	梅俊启	十堰市茅箭区大川镇福源小区安置区
	徐开梅（女）	十堰市张湾区汉江路街办柳家河村二组鹰卧沟安置区
	陈富林	十堰市丹江口市均县镇寨河村分散安置户
	蹇再周	恩施州恩施市芭蕉乡大鱼龙村安置区
	张民超	恩施州利川市南坪乡黄田村安置区
	高　华	恩施州巴东县茶店子镇梅花山安置区
	李吉海	恩施州宣恩县李家河镇二虎寨安置区
	罗美华（女）	恩施州咸丰县坪坝营镇杨洞安置区
	宋　燕（女）	恩施州鹤峰县中营镇刘家湾村堰口安置区
	童庆洲	黄冈市团风县方高坪镇天然安置区
	胡云霞	黄冈市蕲春县张塝镇古木安置区
	邹胜华	襄阳市谷城县赵湾乡桃庄村高家梁集中安置区
	王相银	襄阳市保康县过渡湾镇鸿兴园村分散安置户
	张心国	宜昌市兴山县古夫镇麦仓村二组分散安置户
	李佑成	宜昌市远安县旧县镇石桥坪村安置区

续表

湖北	夏雄伟	咸宁市通山县石门村新屋畈安置区
	龙泽利	咸宁市嘉鱼县观音寺村集中安置区
	张福南	孝感市孝昌县花园镇惠安新村安置区
	江光阳	随州市随县新街镇金鸡山村三组安置区
	石伟慧、柯正礼	黄石市阳新县兴国镇七里岗安置区
	吴昌成	荆门市京山市洞冲易地扶贫搬迁安置区
	张维林	神农架林区木鱼镇红花坪村珍珠河安置区
	胡 忠	荆州市松滋市刘家场镇鄢家岗村安置区
湖南	廖起初	长沙市宁乡市沙田乡沙田千手爱心大屋安置区
	邓晚文	株洲市茶陵县思聪街道茶冲村烈星二组分散安置户
	危 丹（女）	湘潭市湘乡市梅桥镇梅桥安置区
	罗五成	衡阳市耒阳市导子镇沙明安置点
	邓先力	衡阳市耒阳市哲桥镇樟树社区二组分散安置户
	唐跃春	衡阳市衡南县三塘镇三湖村集中安置点
	周月秋	衡阳市常宁市塔山瑶族乡东江村集中安置点
	林南军	邵阳市武冈市秦桥镇 2017 年集中安置项目
	刘小花（女）	邵阳市邵阳县塘渡口镇梅溪村 2018 年集中安置项目
	蒋达财	邵阳市新宁县崀山镇连山村分散安置户
	蒲保文	邵阳市城步县丹口镇集中安置户
	袁光维	邵阳市 2018 年绥宁县红岩镇沈家村集中安置项目
	苏深根	岳阳市平江县汉昌镇洪家塅安居小区
	毛 龙	岳阳市岳阳县月田镇平头铺安置点
	刘宪忠	常德市临澧县烽火乡哗溪桥村黄泥组集中安置区
	汤永红	张家界市永定区官黎坪办事处杆子坪安置点
	刘中华	益阳市安化县乐安镇尤溪村集中安置区
	王国其	益阳市南县华阁镇小集中安置点
	周伏清	益阳市桃江县武潭镇武潭社区
	邓小梅（女）	郴州市桂东县寨前镇流源村摇前组（一期）2016 年集中安置项目
	盘庭富	永州市江华瑶族自治县湘江乡县城四联安置区
	李湘富	永州市道县横岭瑶族乡浪石安置区
	冯卯生	永州市蓝山县汇源乡县城集中安置点
	李述云	怀化市鹤城区黄金坳镇花果园安置区
	张兴兵	怀化市芷江县梨溪口乡县七里桥 2017 年集中安置项目（二期）
	唐要来	怀化市洪江市湾溪乡集镇 2016 年集中安置项目
	滕 园	怀化市麻阳苗族自治县高村镇龙池村城西 2018 年易地扶贫搬迁集中安置项目
	刘喜红	娄底市娄星区双江乡新庄村分散安置点
	刘建春（女）	娄底市涟源市古塘乡集中安置点
	田云强	湘西自治州凤凰县吉信镇安置区
	张文志	湘西自治州古丈县岩头寨镇县城政府集中购房安置点
	田 超	湘西自治州永顺县万坪镇安置点（幸福小区）

续表

广 西	彭金连(女)	南宁市上林县澄泰乡象山安置点
	黎枝强	南宁市隆安县都结乡震东集中安置区
	韦远周	南宁市良庆区那陈镇安置点
	邹 猛	柳州市柳江区里高镇老乡家园安置点
	赵有胜	桂林市永福县广福乡坪岭安置小区
	杨昌明	桂林市全州县才湾镇集中安置点
	肖云芳(女)	桂林市全州县白宝乡老乡家园—工业园区安置点
	蒙明贤	钦州市钦北区大直镇老乡家园安置点
	刘清芳(女)	贵港市平南县大洲镇老乡家园—工业园区安置小区
	覃增划	贵港市港北区中里乡老乡家园—港北区移民安置小区
	邓灿新(女)	玉林市容县容州镇石寨安置点
	黄立新	玉林市兴业县石南镇老乡家园安置点
	胡安荣	玉林市博白县那林镇安置点
	蓝茂东	百色市田东县思林镇安置点
	韦孟积(女)	百色市德保县城关镇峒奇村中屯安置点
	田炳刚	百色市西林县马蚌镇百色深圳小镇
	卢保益	百色市田阳区五村镇老乡家园一、二期安置点
	关裕安	贺州市八步区贺街镇安置点
	陈明林	贺州市钟山县红花镇幸福苑安置点
	黄晓花(女)	贺州市富川瑶族自治县新华乡立新安置点
	马祖宋	河池市南丹县里湖瑶族乡里湖王尚安置点
	张首帮	河池市巴马瑶族自治县所略乡六能安置点
	崔德交	河池市天峨县八腊瑶族乡长安家园安置点
	梁信玲(女)	来宾市武宣县黄茆镇幸福小区安置点
	赵子兴(女)	来宾市忻城县城关镇聚福新城安置点
	黄 琴	崇左市大新县昌明乡和乐城安置点
	农雪梅(女)	崇左市大新县雷平镇和乐城安置点
	梁道明	崇左市天等县宁干乡龙岩安置点
重 庆	余隆荣	丰都县虎威镇五角丘集中安置区
	王建民	黔江区城南街道李家溪易地扶贫搬迁安置区
	谭弟双	石柱土家族自治县中益乡全兴村集中安置区
	杨建国	巫山县当阳乡里河村忍子坪集中安置区
	余川江	武隆区火炉镇向前村南泥坎集中安置区
	邱宪荣	秀山土家族苗族自治县石耶镇青龙村分散安置户
	卜永华	秀山土家族苗族自治县平凯街道平马寺村分散安置户
	刘凤华	忠县花桥镇东岩村六组分散安置户
	阳水生	酉阳土家族苗族自治县酉酬镇双禄村分散安置户
	李顺伟	城口县修齐镇东河村老木营安置区
	陈义朋	奉节县太和土家族乡石板村分散安置户
	赵秋凡	南川区太平场镇河沙村河沙集中安置区

续表

	钟长远	自贡市大安区何市镇青杠村二组
	王应芳	攀枝花市仁和区大田镇乌喇么村
	丰万银	攀枝花市盐边县渔门镇核桃箐村
	邓光进	德阳市中江县回龙镇沿河村
	蹇桂明	绵阳市北川县漩坪乡四松村四组
	陈雪(女)	广元市苍溪县龙王镇箭口村一组
	魏诗文	广元市剑阁县柏垭乡新庙村五组
	陈勇	遂宁市安居区拦江镇安乐山村
	陈建华	遂宁市大英县天保镇沙石咀村四社
	庞作礼	内江市资中县银山镇观音寺村五社
	李希全	乐山市峨眉山市桂花桥镇红旗村九组
	吴登洪	乐山市犍为县孝姑镇百支溪村八组
	陈财勇	南充市蓬安县锦屏镇卢家坪村五组
	姚素琼(女)	南充市南部县八尔湖镇纯阳山村三社
	王德胜	南充市营山县新店镇千坵村一社
	徐涌	眉山市仁寿县怀仁街道办钢铁社区二组
	郭显军	眉山市丹棱县张场镇万年村一组
	赵恩荣	宜宾市南溪区裴石镇石林村七组
四川	周文兵	宜宾市珙县孝儿镇宝山村八组
	谢世贤	广安市邻水县观音桥镇六合寨村四组
	周天莲(女)	广安市广安区兴平镇文明村八组
	刘后浪	达州市达川区万家镇碗厂沟村三组
	陈光荣	巴中市恩阳区茶坝镇新寺梁村
	张金奎	巴中市南江县正直镇育林村集中安置区
	杨登涛	巴中市平昌县土垭镇晨光村
	蒋勇	资阳市乐至县宝林镇天台村
	周龙	阿坝州壤塘县中壤塘镇壤塘村
	阿扎	阿坝州马尔康市沙尔宗镇尼市口村
	韩群英(女)	阿坝州理县蒲溪乡奎寨村
	张光君	甘孜州丹巴县岳扎乡八利村
	洛绒克哲	甘孜州炉霍县充古乡各汝村
	呷莫沙子	凉山州甘洛县阿尔乡眉山村
	比机拉格	凉山州金阳县青松乡色格村底舒组
	阿吾尔呷	凉山州普格县月吾乡跃进村
	五期木子乃(女)	凉山州越西县梅花乡普顶村青林组
	阿布益西	凉山州木里县水洛乡其拉村

续表

贵　州	蒋　刚	贵阳市开阳县城关镇蒋家寨安置点
	谢兴照	贵阳市清镇市站街镇枫渔小区安置点
	李厚学	贵阳市修文县龙场街道龙潭社区安置点
	肖锡奎	遵义市红花岗区城区安置点
	阳臣礼(女)	遵义市播州区播南街道城区白龙小区安置点
	赵　刚	遵义市桐梓县海校街道柏果树社区安置点
	母先国	遵义市习水县岷山路安置点
	卢　丽(女)	六盘水市六枝特区2017年牂牁大道安置点
	何小三	六盘水市盘州市思源安置点
	杨燕林	六盘水市水城县新桥街道新业社区安置点
	胡永秀(女)	六盘水市钟山区水月园区安置点
	陈兴福	安顺市平坝区天龙镇高田村安置点
	黄朝海	安顺市普定县玉秀街道玉秀社区安置点
	王晓芬(女)	安顺市镇宁自治县宁西街道景宁小区安置点
	鲁志坤	安顺市黄果树旅游区黄果树镇安置点
	周　巧(女)	毕节市七星关区柏杨林街道幸福社区安置点
	郑　国	毕节市织金县惠民街道惠泽社区安置点
	金开富	毕节市纳雍县利园街道蟠龙社区安置点
	刘高敏(女)	毕节市威宁自治县五里岗街道欣荣家园安置点
	朱　余(女)	毕节市赫章县金银山街道银山社区安置点
	徐廷林	铜仁市碧江区正光街道安置点
	何　英(女)	铜仁市万山区丹都街道旺家安置点
	贺忠义	铜仁市石阡县平阳社区安置点
	杨政艮	铜仁市铜仁高新区新兴产业园安置点
	张月轩	铜仁市大龙开发区德龙新区安置点
	杨　美(女)	黔东南州凯里市上马石安置点
	杨秀华	黔东南州凯里市白午清平小区安置点
	梁艳铃(女)	黔东南州从江县银新社区安置点
	王弟军	黔东南州天柱县联山街道安置点
	杨少军	黔东南州榕江县富民小区安置点
	罗肇邦	黔南州都匀市沙包堡办事处金恒星安置点
	李维超	黔南州福泉市道坪镇五新社区安置点
	张仕英(女)	黔南州瓮安县银盏镇江口坝社区安置点
	郭正飞(女)	黔南州龙里县县城集中安置点奋进社区安置点
	邹元江	黔南州独山县鄢家山安置点
	彭宪英(女)	黔西南州兴义市永安社区安置点
	梁启学	黔西南州兴仁市“在水一方”安置点
	梁少飞	黔西南州普安县茶源街道办事处纳茶社区安置点
	张平原	黔西南州安龙县蘑菇小镇安置点
	陈红珍(女)	黔西南州晴隆县东观街道阿妹戚托安置点

	樊同学	昆明市东川区进城集中安置区
	张进增	昆明市禄劝县屏山街道地多村洗马塘集中安置区
	牟爱先	楚雄彝族自治州元谋县姜驿乡贡茶安置点
	杞 亮	楚雄彝族自治州大姚县易地扶贫搬迁小康苑集中安置区
	李自清	德宏傣族景颇族自治州芒市梦嘎镇蔡坪新村安置点
	彭明开	德宏傣族景颇族自治州陇川县坝区景罕曼环集中安置点
	陆富春	迪庆藏族自治州香格里拉市三坝乡东坝二村拉丁安置点
	邓兴明	迪庆藏族自治州维西县县城易地扶贫搬迁安置点(康恩家园)
	徐忠文	红河哈尼族彝族自治州金平县老集寨乡转宝田易地扶贫搬迁安置点
	王孟波	红河哈尼族彝族自治州红河县三村乡拢玛村易地扶贫搬迁安置点
	杨红梅(女)	丽江市永胜县县城集中安置点(梨园小区)
	朱加华	丽江市华坪县永兴乡永兴街安置区
	李小波	怒江傈僳族自治州福贡县匹河怒族乡托坪村五湖安置点
	余文清	怒江傈僳族自治州贡山县普拉底乡南大门安置点
	高建明	玉溪市通海县高大乡代办乜熊箐安置点
	张和文	玉溪市新平县建兴乡马鹿集镇易地扶贫搬迁安置点
云 南	王仕文	昭通市昭阳区靖安新区安置区
	罗富燕(女)	昭通市鲁甸县卯家湾安置区
	周正武	昭通市镇雄县高山大地安置点(万和社区)
	唐贵族	昭通市永善县红光安置区
	师祖文	曲靖市会泽县县城安置区
	黄兆严	曲靖市宣威市乐丰乡乐融安置点
	李参飞	曲靖市富源县富村镇集中安置点
	张挎富	曲靖市罗平县马街镇阿西者易地扶贫搬迁集中安置点
	朱江进	普洱市墨江县景星镇新华村分散安置户
	李争华	普洱市思茅区龙潭乡小田安置点
	桑 查	西双版纳傣族自治州勐海县打洛镇曼轰村南板新村集中安置区
	拉 爬	西双版纳傣族自治州景洪市嘎洒镇曼点村坝勐村小组安置点
	李春菊(女)	保山市施甸县县城集中安置区
	李生祥	保山市腾冲市五合乡黑果林安置点
	字光平	临沧市临翔区蚂蚁堆乡蚂蚁堆村驿亭新村
	张廷街	临沧市凤庆县鲁史镇宝华村沙坝河安置点
	刘学成	大理白族自治州云龙县诺邓镇福堂社区
	沈文祥	大理白族自治州剑川县老君山镇新和村易地扶贫搬迁集中安置点索玛小镇
	吴有兵	文山壮族苗族自治州麻栗坡县董干镇马林安置点
	马有福	文山壮族苗族自治州砚山县八嘎乡新发寨安置区

续表

西藏	德 吉(女)	拉萨市曲水县茶巴拉乡色麦村易地扶贫搬迁安置点
	格 西	拉萨市文创园区同心苑社区易地扶贫搬迁安置点
	国 杰	日喀则市江孜县康卓乡帮玉塘易地扶贫搬迁安置点
	普 琼	日喀则市南木林县南木林镇昌国村易地扶贫搬迁安置点
	拉姆卓嘎(女)	昌都市察雅县吉塘镇吉塘居委会易地扶贫搬迁安置点
	加永拉措(女)	昌都市卡若区城关镇明珠花园易地扶贫搬迁安置点
	朗 杰	昌都市洛隆县孜托镇阿托卡易地扶贫搬迁安置点
	丁增尼玛	昌都市左贡县田妥镇亚中村易地扶贫搬迁安置点
	次 努	阿里地区措勤县措勤镇扎日南木措居委会易地扶贫搬迁集中安置点
	灭 拉	阿里地区措勤县措勤镇扎日南木措居委会易地扶贫搬迁集中安置点
	索南益西	阿里地区噶尔县狮泉河镇康乐新居居委会易地扶贫搬迁集中安置点
	扎西顿珠	阿里地区改则县改则镇圆梦新居居委会易地扶贫搬迁集中安置点
	白玛顿多	阿里地区噶尔县狮泉河镇康乐新居居委会易地扶贫搬迁集中安置点(阿里地区革吉县跨县安置)
	布 桑	那曲市安多县县城卓格小区易地扶贫搬迁集中安置点
	阿 达	那曲市尼玛县阿索乡亚荣村赞玛日易地扶贫搬迁集中安置点
	次 沙	那曲市索县县城日西库易地扶贫搬迁集中安置点
陕 西	陈秋秋(女)	西安市临潼区穆寨街道东岳村西王坡移民搬迁安置点
	刘小阳	宝鸡市陇县固关镇镇区集中安置点
	赵晓卫	咸阳市礼泉县昭陵镇京润园
	薛世凯	铜川市印台区王石凹街道鑫光小区
	孙红亮	铜川市宜君县五里镇镇区安置点
	彭双明	渭南市合阳县城关街道万众幸福苑
	胡娟娟(女)	渭南市临渭区桥南镇向阳社区
	王凤凤(女)	渭南市富平县老庙镇毓秀家园
	张志亮	延安市安塞区坪桥镇惠泽园小区
	康 丽(女)	延安市甘泉县桥镇乡红旗花园
	孟晓艳(女)	延安市洛川县石头镇石头社区
	雷庭忠	榆林市横山区横山镇九川府村
	王和亮	汉中市镇巴县兴隆镇水田坝袁家桥移民安置点
	杨彩琴(女)	汉中市略阳县徐家坪镇集镇安置点
	蒋定军	汉中市西乡县私渡镇四柏黄滩移民安置点
	邓小明	汉中市宁强县高寨子街道筒车河安置点
	文治荣	安康市宁陕县筒车湾镇海棠园安置区
	蒲立艳(女)	安康市岚皋县民主镇民主集镇安置区
	殷书红(女)	安康市镇坪县城关镇文彩安置社区
	黄国洪	安康市紫阳县界岭镇仁和社区
	汪显平	安康市平利县老县镇锦屏社区
	王江科	商洛市商州区腰市镇屈村集中安置点
	王小英(女)	商洛市山阳县城关街办宏祥小区
	陈俊桦	商洛市柞水县小岭镇黄金移民小区

甘 肃	郝彦虎	兰州市榆中县夏官营镇集中安置区
	裴小林(女)	天水市麦积区石佛镇三阳新村安置区
	尹应忠	天水市秦安县王尹镇陶杨村安置区
	王世芳(女)	武威市天祝藏族自治县松山镇松山滩5号安置区
	高荣山	武威市古浪县干城乡富源新村安置区
	王岐山	武威市古浪县横梁乡绿洲小城镇安置区
	王守旭	金昌市永昌县东寨镇红光园艺场安置区
	徐维荣	张掖市高台县罗城镇常丰公寓楼安置区
	潘炳辉	张掖市山丹县老军乡硖口新城安置区
	郑九林	庆阳市环县八珠乡白塬村李咀组安置区
	兰双勤	庆阳市宁县金村乡兰庄村安置区
	马文成	平凉市崆峒区峡门乡颉岭村常湾社安置区
	冯武兴	平凉市灵台县西屯镇柳家铺村南头社安置区
	马志强	白银市靖远县糜滩镇碾湾坪安置区
	杨 林	白银市平川区黄峤镇神木头安置区
	陈远景	定西市临洮县中铺镇上铺村安置区
	陈 鹏	定西市安定区香泉镇香泉镇陈家屲村十社安置区
	白清明	陇南市康县三河坝镇席坝村安置点
	胡文斌	陇南市徽县榆树乡苟店村桃园社安置区
	王梅兰(女)	临夏回族自治州和政县新营镇三坪村安置点
	马阿力	临夏回族自治州永靖县王台镇湾子村安置点
	张继鹏	临夏回族自治州康乐县八松乡魏寨村安置区
	马玉海	甘南藏族自治州临潭县店子镇业仁村马旗社安置区
	老西日	甘南藏族自治州玛曲县齐哈玛镇吉勒合村安置点
青 海	张进文	西宁市湟源县城关镇池汉新村安置区
	孙起科	海东市乐都区碾伯镇七里店安置区
	曾梅葆(女)	海东市民和回族土族自治县新民乡毛拉山村安置区
	韩木沙	海东市化隆回族自治县德恒隆乡牙曲村
	永 花(女)	海西藏族自治州德令哈市蓄集乡陶尔根家园安置区
	才 尕	玉树藏族自治州囊谦县娘拉乡上拉村支曲卡安置区
	拉毛加	黄南藏族自治州河南蒙古自治县优干宁镇幸福小区安置区
	加羊索南	黄南藏族自治州尖扎县昂拉乡德吉村安置区
宁 夏	马如林	固原市隆德县官庄乡前庄安置点
	张安宁	银川市宁东管委会宁东镇中心社区盛世花园安置区
	鲁永胜	吴忠市盐池县王乐井乡曾记畔安置区
	王治成	吴忠市青铜峡市邵岗镇玫香园安置区

新　疆	达伍提·萨伍提	喀什地区叶城县柯克亚乡南环 B 区安置区
	马木提·麦麦提	喀什地区伽师县和夏阿瓦提镇莫玛墩村安置区
	艾买提·艾则孜	喀什地区岳普湖县阿其克乡巴扎村安置区
	帕提马汗·塔西达尔（女）	喀什地区塔什库尔干县塔吉克阿巴提镇安置区
	阿卜杜拉·麦麦提	喀什地区英吉沙县芒辛镇亚吐格曼村安置区
	布海里且姆·艾则孜（女）	和田地区和田市拉斯奎镇和美社区安置区
	阿布拉江·吾吉麦麦提	和田地区皮山县固玛镇奋进社区安置区
	热孜万古丽·艾尔肯（女）	和田地区策勒县固拉合玛镇小康新区安置区
	吐尔孙·尼亚孜	克州阿图什市阿湖乡阿尔赛安置区
	沙尔达红·依斯马音	克州乌恰县巴音库鲁提乡托帕口岸安置区
	买买提乌拉依木·坚托尔	克州阿克陶县阿克陶镇昆仑佳苑安置区
	艾则孜·库万	阿克苏地区乌什县阿克托海乡苏依提喀村安置区
	阿米乃姆·热西提（女）	阿克苏地区沙雅县海楼镇科克布运村安置区
	艾合买提·艾山	阿克苏地区拜城县克孜尔乡邱纳克买里村安置区
	赛尔森汗·沃赛尔汗	阿勒泰地区哈巴河县萨尔塔木乡塔依索依干安置区
	木合亚提·阿努尔别克	阿勒泰地区吉木乃县吉木乃镇夏尔合特规划区安置区
	吐门巴依尔·多尔吉	阿勒泰地区阿勒泰市汗德尕特乡角沙特村红桥安置区
	乃德米提	巴州和静县巴音布鲁克镇金水湾安置区
	哈依沙·加克斯巴依	哈密市伊州区德外里如克哈萨克民族乡南戈壁开发区安置区
	哈依热别克·木哈什	塔城地区塔城市恰夏镇窝尔塔阿树塔斯村安置区

责任编辑：张　燕
封面设计：胡欣欣
责任校对：黎　冉

图书在版编目（CIP）数据

人类减贫史上伟大壮举："十三五"千万贫困人口易地扶贫搬迁纪实/国家发展和
　改革委员会 编. —北京：人民出版社,2021.6
ISBN 978－7－01－022664－4

Ⅰ.①人… 　Ⅱ.①国… 　Ⅲ.①不发达地区-扶贫-移民-研究-中国　 Ⅳ.①F126

中国版本图书馆 CIP 数据核字（2020）第 227358 号

人类减贫史上伟大壮举

RENLEI JIANPINSHI SHANG WEIDA ZHUANGJU

——"十三五"千万贫困人口易地扶贫搬迁纪实

国家发展和改革委员会　编

人民出版社 出版发行
（100706　北京市东城区隆福寺街 99 号）

中煤（北京）印务有限公司印刷　新华书店经销

2021 年 6 月第 1 版　2021 年 6 月北京第 1 次印刷
开本：787 毫米×1092 毫米 1/16　印张：41.75
字数：640 千字

ISBN 978－7－01－022664－4　定价：158.00 元

邮购地址 100706　北京市东城区隆福寺街 99 号
人民东方图书销售中心　电话（010）65250042　65289539